DOWNSIZING
DEMOCRACY

Downsizing Democracy: How America Sidelined Its Citizens and Privatized Its Public
by Matthew A. Crenson and Benjamin Ginsberg

ⓒ 2004, The Johns Hopkins University Press
Korean Translation Copyright ⓒ Humanitas Publishing Inc., 2013
All rights reserved. Published by arrangement with The Johns Hopkins University Press, Baltimore,
Maryland. No part of this book may be reproduced or transmitted in any form or by any means, electronic
or mechanical, including photocopying, or by any information storage and retrieval system, without
permission in writing from Humanitas and The Johns Hopkins University Press.

Korean edition is published by arrangement with The Johns Hopkins University Press
through Guy Hong Agency.

이 책의 한국어판 저작권은 The Johns Hopkins University Press와의 독점 계약으로 후마니타스(주)에 있습니다.
저작권법에 의해 한국 내에서 보호를 받는 저작물이므로 무단 전재와 무단 복제를 금합니다.

1판 1쇄 ㅣ 2013년 1월 31일
1판 3쇄 ㅣ 2015년 11월 2일

지은이 ㅣ 매튜 A. 크렌슨 & 벤저민 긴스버그
옮긴이 ㅣ 서복경

펴낸이 ㅣ 정민용
편집장 ㅣ 안중철
편 집 ㅣ 윤상훈, 이진실, 최미정, 장윤미(영업)
기획위원 ㅣ 박상훈

펴낸 곳 ㅣ 후마니타스(주)
등록 ㅣ 2002년 2월 19일 제300-2003-108호
주소 ㅣ 서울 마포구 양화로 6길 19(서교동) 3층
전화 ㅣ 편집_02.739.9929/9930 영업_02.722.9960 팩스_0505.333.9960

홈페이지 ㅣ www.humanitasbook.co.kr
페이스북 ㅣ facebook.com/humanitasbook
트위터 ㅣ @humanitasbook
블로그 ㅣ humanitasbook.tistory.com
이메일 ㅣ humanitasbooks@gmail.com

인쇄 ㅣ 천일_031.955.8083 제본 ㅣ 일진_031.908.1407

값 23,000원

ISBN 978-89-6437-168-8 03300

이 도서의 국립중앙도서관 출판시도서목록(CIP)은 e-CIP홈페이지(http://www.nl.go.kr/ecip)와
국가자료공동목록시스템(http://www.nl.go.kr/kolisnet)에서 이용하실 수 있습니다.(CIP제어번호: CIP2013000345)

다운사이징
데모크라시

매튜 A. 크렌슨, 벤저민 긴스버그 지음

서복경 옮김

후마니타스

차례

| 일러두기 |

1. 본서는 다음 저서의 한국어 완역본이다.

   Matthew A. Crenson and Benjamin Ginsberg, *Downsizing Democracy: How America Sidelined Its Citizens and Privatized Its Public* (The Johns Hopkins University Press, 2004).

2. 단행본, 전집, 정기간행물에는 겹낫쇠(『 』)를, 논문이나 논설, 기고문, 단편 등은 큰따옴표(" ")를, 공연물, 텔레비전 프로그램, 법안 명 등에는 홑꺾쇠(〈 〉)를 사용했다.

3. 원저의 주석은 후주로, 옮긴이의 설명은 각주로 처리했다.

4. 옮긴이의 첨언은 [ ]로 표시했다.

5. 이 책에서 citizenship은 책 전체를 관통하는 핵심 개념이다. 정치 공동체 대한 책임과 권리를 담지한 주체로서 시민(citizen)의 자격, 공적 정향 등의 다의적 함의를 갖지만, 이 책에서는 '시민권'으로 번역한다. 권리의 주체로서 시민이 객체화되고 주변화되는 역사적 과정을 보여 주는 것이 이 책의 핵심 주제이며 대개 이 맥락에서 벗어나지 않기 때문이다.

서문

평범한 시민들은 2백여 년이 넘도록 서구 정치 무대의 중요 행위자였다. 18세기에 그들의 전위부대는 세계 전역에 울린 총성*과 더불어, 그리고 국민 총동원령**에 민첩히 응함으로써, 정치적 삶의 공간을 성공적으로 열었다. 이후 수십 년 동안 수천만 명이 넘는 시민들이 유권자, 시민군, 납세자, 배심원 그리고 시민 행정가 ─ 비록 오늘날에는 정실

---

* 이 문구는 랠프 월도 에머슨(Ralph Waldo Emerson)의 시 "콩코드 찬가"에 나오는 시구다. 매사추세츠 주에 위치한 콩코드는 미국과 영국의 군대가 최초로 전투를 치른 지역으로, 에머슨은 이 전투에서 영국군에 맞서 싸운 농부들의 총성을 "세계 전역에 울린 총성"으로 묘사한 바 있다.

** Levée en masse를 번역한 것으로, 1793년 프랑스대혁명 전쟁 와중에 국민의회가 외국 군대의 침입에 맞서 내린 국민 총동원령을 말한다.

인사patronage employees라는 이름으로 폄하되긴 하지만 — 로 충성스럽게 봉사했다. 시민들은 서구가 세계의 많은 지역을 정복할 수 있도록 국가에 행정력과 강제력 그리고 추출 능력을 제공하는 중추적 역할을 했다.

시민들은 그 대신 법적 권리, 연금, 그리고 잘 알려진 바대로 투표권을 포함한 다양한 보상을 받았다. 투표권의 역사는 종종 고통스러운 대중투쟁의 결과로, 원하지 않던 지배자들로부터 정치 참여의 기회를 쟁취하는 과정으로 기술된다. 하지만 이런 봉사와 보상 사이의 암묵적 교환은 시민들을 더 깊고 완전한 정치적 삶으로 이끌었다. 시민 행정가들은 활력 있는 정당 조직의 대들보가 되었다. 수천만의 평범한 시민들이 정부의 세입 기반에 포함되면서, 대중의 순응을 장려하고 이해 갈등을 중재할 대의 기구와 정치제도의 힘도 함께 커졌다. 국가가 시민군에 의지할수록 참여의 폭도 넓어졌다. 싸워야 할 시민들이 투표권을 요구했기 때문이다. 당시 정부가 평범한 시민의 지지와 협력에 의존했던 것은 대중의 정치 참여를 넓히는 데 결정적으로 중요한 역할을 했던 것이다.

이제 시민의 시대는 끝나 가고 있다. 오늘날 서구 국가들은 평범한 시민들의 참여 없이도 군대를 모으고 세금을 걷고 정책을 집행하는 방법을 발견했다. 이런 근본적인 변화는 정치 엘리트들이 대중의 정치 참여에 의지하지 않고 권력을 유지하며 행사할 수 있는 길을 열었다. 어떤 면에서 이런 변화의 징후는 미국에서 가장 뚜렷하다. 미국에서는 일반 시민이 정치의 변방으로 밀려나면서 60년 이상 투표율이 하락했다. 건국 초기 예외적일 만큼 인상적이었던 민주주의의 발전에도 불구하고, 오늘날의 정치 엘리트들은 유권자 대중을 주변화했고, 점차 법원과 관료들에 의존해 자신들이 원하는 것을 얻고 있다. 우리는 이런 경향을 대중민주주의popular democracy*와 구분해 개인민주주의personal democracy

라고 부른다. 대중민주주의는 엘리트들이 정치의 장을 장악하기 위해 비엘리트들을 동원해야 했던 방식이었다. 반면 현재의 경향이 '개인적' 인 이유는 새로운 통치 기술들이 대중을 사적 시민들의 집합으로 해체 시키고 있기 때문이다. 민주주의에 대한 대중의 경험은 집단적인 것이 아니라 점점 개인적인 것이 되어 가고 있다.

최근 수십 년 동안 평범한 미국인들은 시민에서 '고객'customers(워싱 턴 정가에서는 흔히 이렇게 부른다)이라고 불리는 존재로 변해 왔다. 이 '고 객들'은 집단으로 정치과정이나 통치 과정에 참여하도록 권유받지 않 는, 정부가 제공하는 서비스의 개별 수혜자들이다. 예컨대 미국 전 부 통령 앨 고어Al Gore의 '연방 정부 성과 평가 위원회(이하 평가 위원회)'** 의 보고서를 보자. 평가 위원회는, '기업형' 정부라는 관점으로 말미암아, 대부분의 공화당 의원들조차 그 설치를 승인했던, 클린턴 시기 몇 안 되는 기구 가운데 하나다. 보고서는 미국 국민을 언급할 때 '시민'이라 는 용어를 사용하지 않는다. 대신 시민을 정부로부터 서비스를 제공받

---

* popular는 라틴어 populus를 어원으로 하며, populus는 영어의 people, 불어의 peuple 에 상응하는 의미다. people은 한 공동체 구성원 전체를 의미하기도 하고, 소수의 엘리트 나 통치 계급을 제외한 나머지 다수를 의미하기도 한다. 우리말로는 맥락에 따라 인민, 시 민 등으로 번역될 수 있지만, popular democracy를 시민 민주주의로 번역할 경우 'civic' 의 의미로 오인될 수 있고, 인민 민주주의로 번역할 경우 한국 사회의 역사적 맥락에서 다 른 함의를 전달할 수도 있어 '대중민주주의'로 번역한다.

** 연방 정부 성과 평가 위원회(National Performance Review, NPR)는 1993년 취임한 클 린턴 대통령이 앨 고어 부통령을 책임자로 지명해 연방 정부의 활동을 평가하고 정부 개혁 의제를 검토하기 위해 구성한 위원회다. 그 활동 결과를 담아 제출한 보고서의 명칭도 NPR 이다. 위원회의 명칭은 1998년 '정부 혁신을 위한 범정부 협의회'(National Partnership for Reinventing Government)로 바뀌었다.

는 '고객'으로 간주한다. 보고서는 제2장 "고객 제일주의" 서문에서, "많은 사람들은 연방 정부에 고객이 있다는 점을 이해하지 못한다. 우리에게는 고객이 있다. 바로 미국 국민들이다."라는 고어의 말을 인용한다. 시민이 고객으로 변형된 것은 중요한 의미를 갖는다. 과거 시민들은 정부를 소유하는 존재로 인식되었다. 반면 고객은 정부로부터 쾌적한 서비스를 받는 존재로 간주될 뿐이다. 게다가 시민들은 공공의 목적을 위해 창조된 집단적 존재로, 정치 공동체의 구성원들이다. 하지만 고객은 시장에서 개인적 필요를 충족하려는 개별 구매자들이다. 고객들의 경험 속에는 집단 이익을 달성하기 위한 집단 동원이 빠져 있으며, 이와 같은 경험의 부재는 단순히 포토맥 강(워싱턴 정가)을 따라 유행하는 의미상 변화의 문제에 그치지 않는다. 공무원들은 고객 친화적 태도를 견지하기 위해 항상 친절하고 좀 더 '이용자 친화적'이 되도록 교육받는다. 공공 기관들은 고객 친화적 환경을 조성하고 고객 만족도 조사를 실시해야 한다. 하지만 평가 위원회 보고서는 고객이 연방 정책의 내용과 집행에 실제 영향력을 행사할 수 있는 방법에 대해서는 말하지 않는다.

2000년 대통령 선거 직후 벌어진 일련의 상황은 미국에서 시민의 역할이 퇴조하고 있음을 분명히 보여 주었다. 전국적인 뉴스 매체들은 소위 여론전이, 플로리다 선거인단 25명의 투표 결과를 둘러싼 법 제도 투쟁만큼이나 중요하다고 주장했다. 하지만 이런 주장은 명백한 착각이다. 각 후보들이 언론을 통해 자신의 주장을 알리기 위해 수십 명의 대리인을 고용했다는 점에서 여론을 완전히 무시했다고 말할 수는 없겠지만, 후보들 가운데 누구도 대중의 지지를 끌어내기 위해 적극적으로 노력하지 않았다. 확실히 어떤 후보도, 대규모 시위와 저항을 조직하라는, 제시 잭슨Jesse Jackson 목사 같은 정치 활동가들의 요구에 관심이 없었다. 두 후보가 간헐적으로 대중에게 얼굴을 비친 것은 대중의 열정이 일어나길 바라고 한 것이 아니었다. 그들이 진짜 원했던 것은 주요 정치 동맹자들의 결의를 다지고, 부유한 기부자들이 수천만 달러에 이르는 선거 비용을 대기 위해 지갑을 여는 것이었다. 앨 고어와 조 리버먼Joe Lieberman은 대중에게는 거의 모습을 나타내지 않은 채, 정치자금 기부자들에게 전화를 하는 데 오랜 시간을 들였다. 공화당 자금 담당자들도 마찬가지로 미국 전역에서 모금 활동을 벌였다. 앨 고어는 이 전투에서 대중의 역할은 그다지 중요하지 않다는 사실을 정확히 인식하고 있었다. 11월 28일, 대선에서 여론의 역할을 묻는 텔레비전 리포터의 질문에 대해, 고어는 "나는 이 문제에서 [여론이] 중요하지 [않다고] 확신한다. 이것은 법적인 문제이기 때문이다."라고 답했다. 이는 선출직 공직 후보자의 입에서 나온 상당히 중대한 발언이었다.

플로리다 전투 과정에서 언론 매체는 두 정당 사이에서 벌어지는 총력전이 평화적으로 해결되고 있다는 사실을 자랑스럽게 역설했다. 물론 다른 나라라면 있었을지도 모르는 탱크나 군대는 거리에 없었다. 부통령 관저 밖에 시위대 수십 명이 있었을 뿐이다. 전국 언론 매체들은 정치적 소요의 부재가, 미국 민주주의의 성숙과, 법의 지배에 대한 미국인들의 깊은 존중을 보여 주는 증거라고 보도했다. 하지만 집권을 둘러싼 투쟁 과정에서 대중의 정치 정서가 표출되지 않고 어떤 종류의 대중적 정치 행위나 저항도 거의 없었다는 것이, 정치적 안녕의 징후로 해석되어서는 안 된다. 사실은 정확히 그 반대다. 수백 명, 기껏해야 수천 명의 정치 지도자와 활동가들만이 누가 권력을 가질 것인가를 둘러싼 경쟁에 참여했을 뿐이다. 아마 또 다른 수십만 명은 텔레비전에서 그 전투를 관전했거나 정기적으로 신문 기사를 접했을 것이다. 하지만 대부분의 미국인들은 플로리다 전투에 그다지 관심이 없었다. 여론조사 결과가 암시하듯이 그들은 어떤 결과든 받아들일 준비가 되어 있었고 실제로 그러했다. 대중이 자신의 감정을 거의 표출하지 않았고 시위자들도 별로 없었던 건 분명하다. 하지만 그것은 미국인들이 그만큼 성숙해서가 아니다. 대부분의 미국인들은 눈앞에서 벌어지고 있는 정치 투쟁이 자신들을 필요로 하지 않다는 걸 알았기 때문에 움직이지 않았던 것이다.

미국의 정치과정에서 시민의 중요성이 감소하고 있다는 더 강한 확증이 필요하다면, 9·11 테러 공격 이후 뉴욕과 워싱턴에서 벌어진 일련의 사건을 보라. 부시 대통령은 시민들에게 두려움을 가라앉히라고 했고, 위기에 직면해 자신의 본분을 다하라고 요구했다. 대통령이 평범한 미국인들에게 요구한 본분이란 정확히 무엇일까? 그는 시민들에게 애국가를 부르고 애국적인 생각을 하며, 무엇보다 쇼핑을 하라고 조언했다. 다른 말로 하면, 정부는 시민을 필요로 하지 않으며, 시민들은 경제나 부양하고 방해되지 않게 얌전히 있는 것 말고는 할 일이 없다는 말이다. 2백 년도 더 전에 미국인들은 전 세계에 총성을 울리며 정치의 장에 들어섰다. 오늘날 정치의 장에서 그들은 전 세계에서 결제가 가능한 신용카드를 손에 쥔 존재로 간주될 뿐이다.

대중민주주의에서
개인민주주의로

19세기 미국은 민주주의 제도, 특히 정당의 활력이라는 측면에서 단연 예외적인 곳이었다. 노예제 폐지는 늦었지만 미국은 백인 남성 보통선거권을 최초로 도입했다. 19세기 중반 유럽 국가들이 대중민주주의를 향한 발걸음을 주춤거리고 있을 때, 미국의 역동적인 정당 조직은 대통령 선거 캠페인에서 유권자의 70~80퍼센트를 동원해 냈다. 남부를 제외하면 연방의회 중간 선거에서도 투표율은 60퍼센트를 무난히 넘겼다.[1]

오늘날 미국 정치는 풀뿌리 유권자의 참여가 얼마나 열정적인가 하는 측면에서 보면 더 이상 예외적이지 않다. 예컨대 1998년 중간선거에서는 등록 유권자˙의 3분의 1만이 투표를 했다. 2000년 대통령 선거에서는, 연방 대법원 판사 9명을 논외로 하면,** 전체 유권자 가운데 절반 정도만이 투표했을 뿐이다. 후보자들은 지지자들을 투표하게 하는 데 이전보다 더 많은 돈을 쓰고 있으며 다수의 유권자들에게 자신의 목소리와 이미지를 전달하기 위해 대중매체를 활용하고 있지만, 시민의 반응은 꾸준히 약해져 왔다. 유권자 동원의 물결이 퇴조하고 있는 이면에는 새로운 미국 예외주의가 자리 잡고 있는데, 오늘날 유럽 국가들의 투표율에 턱없이 미치지 못하는 낮은 투표율이 이를 상징한다.

투표는 시민 참여의 가장 일반적인 수단이며, 투표하는 유권자가 줄어든 것은 미국 정치에서 시민의 역할이 위축되고 있음을 보여 주는 가장 명확한 징표다. 하지만 시민 행동주의의 퇴조는 텅 빈 투표함을 넘어 사회 곳곳에서 발견된다. 19세기에는 여론조사가 없었으므로 투표 이외의 다른 정치 참여 형태를 추적하기 어렵지만, 19세기 말 이래 대중 정치가 전반적으로 하락하고 있다는 분명한 조짐들이 있다.[2] 지난 30~40년의 증거들은 아무리 좋게 보아도 정치 행동주의의 정체

---

* 미국의 투표제도는 일정 연령 이상의 모든 국민이 투표권을 갖는 우리나라와 다르다. 전체 투표 가능 인구 가운데 유권자 등록을 한 사람들만이 투표권을 가지며, 투표율도 두 종류, 즉 등록 유권자 대비 투표자의 비율과 전체 투표 가능 인구 대비 투표자의 비율로 계산된다.

** 2000년 대통령 선거 결과가 사실상 연방 대법원에 의해 결정된 사건을 빗대어 한 말이다. 당시 플로리다 주 대통령 선거 선거인단 투표에서 대량의 무효표가 발생하는 등 논란이 발생했다. 박빙의 선거에서 플로리다 주 선거인단의 투표 결과에 따라 대통령 당선자가 갈릴 상황이었다. 민주당 측에서는 플로리다 주 선거인단 투표의 수작업 재검표를 요구했고, 주 법원은 수작업 재검표 진행과 그 결과를 연방선거 최종 결과에 반영해야 한다고 결정했다. 하지만 공화당 측에서는 연방 대법원에 상고를 하면서 재검표 중단을 요구했고, 연방 대법원은 주 법원의 결정을 파기하고, 재심을 결정함으로써 사실상 부시 후보의 당선을 확정했다.

stagnation를 의미한다고밖에 볼 수 없다. 사실, 1950년대 이후부터는 정치 후원금을 내는 것이 유권자가 정당을 상대로 할 수 있는 유일한 정치 행위가 되어 버렸는데, 과연 정치자금을 기부하는 일이 능동적인 정치 참여의 지표일 수 있는지, 혹은 정치 활동을 대체하는 무엇인지에 대해서는 분명하지 않다.[3] 유서 깊은 시민 배심원 제도조차 판사, 변호사, 민간 중재인들만 참여하는 형사 사법 체제에 자리를 내주고 있다.[4]

9·11 테러 직후에 있었던 조지 W. 부시George W. Bush 대통령의 대국민 호소를 통해, 우리는 미국에서 일반 시민의 역할이 얼마나 줄어들었는지를 더욱 명확히 살펴볼 수 있다. 부시가 미국인들에게 희생하고, 채권을 사고, 자원입대하거나 헌혈을 하라고 요구했는가? 전혀 아니다. 실제로 대통령이 미국인들에게 조국을 위해 할 수 있는 최선으로 요구한 것은, 정부가 테러에 맞서 싸우는 동안 더 많이 소비하라는 것이었다. 바꿔 말하면, 국가 안보는 직업 행정가와 군인에게 맡기는 것이 최선이며 평범한 시민들은 그저 잠자코 있으라는 것이다.[5] 수천만 미국인들은 조기를 내걸었고 조국을 위해 뭔가 할 수 있는 일이 있기를 바랐다. 하지만 그들의 조국은 그들에게 아무것도 원하는 게 없는 것 같았다. 부시 대통령은 몇 달 후 있었던 2002년 연두교서에서 미국인들에게 지역 봉사 활동에 매진하라고 제안했다. 하지만 봉사할 수 있는 방법과 봉사의 목적에 대해서는 언급이 없었다.

그렇다고 미국 민주주의가 죽은 것은 아니다. 하지만 변형을 겪고 있으며 미국의 시민권도 그러하다. 이런 변화가 미국 정치에서 일반 대중의 자리를 빼앗으려는 어떤 거대한 음모에서 비롯된 것은 아니다. 사실 시민들은 20세기에 있었던 일련의 정치 개혁을 통해 그 어느 때보다 정치과정에 가까이 접근할 수 있는 권리를 보장받았다. 예비선거제, 주민 투표제와 주민 소환제, 선샤인법,* 정책 변화 전에 대중에게 미리 고지하고 공청회를 개최하도록 한 입법 예고제 도입과 같은 조치는 정부를 그 이전보다 훨씬 반응적으로 만든 것처럼 보인다. 또한 정부는 액션,** 비스타,*** 아메리코,**** 평화봉사단*****을 통해 공공선이라는 비전에 헌신하는 시민 활동을 지원하고, 한때 순수하게 사적 영역으로 간주되던 수많은 삶의 영역으로 시민권의 이념을 확장시켰다. 이제 성 역

---

* 선샤인법(sunshine laws)은 미국 각 주와 연방 정부의 회의를 공개해 유권자들의 알 권리를 보장하는 법률을 통칭한다.

** 액션(ACTION)은 장애인 이동권 증진을 목적으로 한 정부 지원 공익단체다. 공식 명칭은 '부활절 실스 프로젝트 액션'(Easter Seals Project ACTION)이고 액션은 '장애인이 이용할 수 있는 대중교통'(Accessible Community Transportation In Our Nation)의 약자이다. 1988년 미 연방의회는 이 단체에 장애인 이동권 증진 관련 활동 권한을 위임하고 재정을 지원하기로 결정했으며, 2년 뒤인 1990년에는 〈미국 장애인법〉(1990 Americans with Disabilities Act)을 통과시킨 후 이 법에 따라 액션의 좀 더 포괄적인 활동을 지원하고 있다.

*** 비스타(VISTA)는 빈곤층 지원을 목적으로 하는 정부 지원 공익 자원봉사 단체다. 린든 존슨 행정부가 '가난과의 전쟁'을 선포하면서 정책 실현의 한 방안으로 입법한 〈1964년 경제 기회법〉(Economic Opportunity Act of 1964)에 근거해 지원되는 단체이며, 비스타는 '미국을 돌보는 자원봉사자들'(Volunteers in Service to America)의 약자다.

**** 아메리코(Americorps)는 미국 전역 3천 개 이상의 공익단체, 공공 기관, 종교 기관 네트워크로 1993년 클린턴 행정부하에서 만들어졌다. 클린턴 행정부는 전국에 흩어져 있는 공익 목적의 단체들을 하나로 묶어 지원하는 정책을 추진했고, 그 결과 연방 정부의 독립기관으로 '국가 및 지역사회 봉사단'(Corporation for National and Community Service)이 설치되었으며, 아메리코는 이 기관이 추진하는 프로그램 가운데 하나다. 활동 목표는 다양한 단체들의 네트워크인 만큼 문맹 퇴치, 공중위생 증진, 서민 주택문제 해결, 직업교육 등 다양하다.

***** 평화봉사단(Peace Corps)은 1961년 케네디 행정부에서 행정명령으로 설치되었다가 의회의 승인을 얻은 연방 정부 독립기관으로, 미국과 다른 국가들 간의 상호 이해 증진과 교류를 목적으로 한 단체다.

할, 인종, 나이, 성적 취향, 신체장애는 공적인 고려의 대상이 되었다. 사회학자 마이클 셔드슨Michael Schudson에 따르면, "시민권의 범위는 모든 곳으로 확장되었으며," 미국에서 삶의 새로운 정치적 차원들은 "투표율의 하락"을 보완할 수 있다고 한다.[6]

그러나 시민 참여의 새로운 기회들은 시민권의 본질을 바꾸어 놓았다. 시민이 정부에 개인적으로 접근할 기회가 늘어남에 따라 집단 동원의 유인은 줄어들었다. 평범한 미국인들에게 이것은, 동원된 대중의 구성원으로서가 아니라 개인으로서 정부와 관계를 맺는 것이 표준 관행으로 자리 잡았음을 의미한다. 동시에 특별한 정치적 지위에 있는 미국인들은 유권자의 정치적 지지를 조직하지 않고도 시장·법원·행정절차와 기타 정치 채널을 활용해 자신들이 원하는 것을 얻을 수 있는 방법을 발견했다. 간단히 말해 이제 엘리트들은 비엘리트들을 동원할 유인이 사라졌으며, 비엘리트들은 서로 함께할 유인이 사라졌다. 이 두 가지 환경은 서로 결합해 작동하면서, 정부에 대해 개인으로서 접근하는 새로운 정치를 낳았고, 그 가능성을 이용할 수 있는 지위의 사람들을 위한 '개인민주주의'의 새로운 시대를 만들어 냈다.

대중 참여의 최근 경향은 예측과는 반대로 움직인다는 점에서 무엇보다 충격적이다. 예컨대 정치 행동주의의 가장 강력한 예측 변수로 교육 변인이 사용되어 왔지만, 지금 미국에서는 교육 수준이 높아져도 정치 참여가 늘지 않는다.[7] 개인민주주의는 그 이유를 설명해 준다. 교육 수준이 높아지는 것과 더불어 정부에 대한 접근 능력도 늘어나면서, 비슷한 이해관계를 가진 동료 시민들과 연합하지 않고도 자신이 원하는 바를 얻을 수 있게 된 것이다.

교육 수준의 상승과 정치 참여의 하락이 결합되는 것만큼이나 흥미로운 것이, 워싱턴에서의 '이익 옹호 행위 폭발' 현상과 벨트웨이* 밖 침묵 사이의 결합이다. 폭발 강도에 대한 추정치는 다양하지만, 워싱턴 에서 로비를 펼치는 단체의 숫자가 극적으로 늘었다는 점에 대해서는 모두가 동의하고 있으며, 1960년대 후반 기준으로 오늘날 네 배 정도 는 늘어난 것 같다. 하지만 이익집단의 숫자가 급증한 것에 비견할 만 큼 조직적인 대중 활동이 증가한 것은 아니다. 직접 참여의 후퇴를 나 타내는 정치자금 기부만 늘어났을 뿐이다.[8] 현대 민주정치에서 가장 흥 미로운 이상 현상은, 대중은 동원되지 않는데 엘리트 간의 갈등은 격화 되는 불일치다.[9] 이런 조합은 정치적 민주주의에 대한 신고전주의 이론 의 예측과도 어긋난다. 로버트 달Robert Dahl, 모리스 뒤베르제Maurice Duverger, 키V. O. Key, 샤츠슈나이더E. E. Schattschneider 등이 발전시켜 온 이 이론은, 엘리트 간 경쟁과 갈등의 수준이 높아질수록 대중의 정치 참여 도 증가할 것이라고 주장한다. 지도자와 정당들이 경쟁적으로 지지를 동원하고자 나설 것이기 때문이다.

키는 '하층민을 지지자로 줄 세우'기 위해 지방 정당 조직을 건설했 던 제퍼슨주의자들이 대중 동원의 시대를 열었다고 생각했다. 반대파 였던 연방주의자들은 그와 같은 관행을 몹시 혐오했지만, 그들 역시 곧 그와 같은 방식을 택하지 않으면 관직과 권력에서 밀려날 위험에 처하 게 될 것임을 깨달았다.[10] 19~20세기 초, 정당 지도자와 후보자들은 전

---

* 벨트웨이(Beltway)는 워싱턴 D.C.를 둘러싼 495번 주간(州間) 고속도로를 말한다. 캐피 털 벨트웨이(Capital Beltway)라고도 불리는데, 워싱턴 D.C.를 띠처럼 둘러싼 공간적 구 획이라는 의미와, 워싱턴 D.C. 안에 몰려 있는 연방 정부 관료, 로비스트, 정치 컨설팅 전문 가, 미디어 논평자들을 포함한 기득 정치집단 안팎의 구획이라는 이중적 의미로 쓰인다.

장의 장군처럼 정치적인 전쟁을 수행했고 투표자 부대를 동원했으며, 정당 갈등이 격화될 때마다 동원된 투표자의 숫자는 증가했다. 하지만 20세기 어느 시점엔가 집권 경쟁과 시민 동원의 연결 고리는 약해지다가 결국 사라졌다. 지난 몇 년 동안 워싱턴에서의 정당 경쟁은 그 어느 때보다 적대적이 되었지만, 이런 적의가 대중 동원으로 전환되지는 않았다. 한때 의회 내 정당 갈등의 강도에 따라 투표율이 오르내렸던 시절이 있었지만 1960년대 후반 이래 의회 갈등과 투표 참여의 흐름은 더 이상 함께 움직이지 않았고, 투표율은 계속해서 하락했다.[11]

19세기 말까지 미국 엘리트들은 대중의 참여를 장려했는데, 이는 비엘리트들의 적극적인 지지가 필요했기 때문이다. 국가 건설 초기, 연방 정부는 주와 지방에 귀속돼 있던 시민들의 충성심을 얻어 내야 했다. 헌법 기초자들이 거주민들의 참정권과 대표권을 확대해 새로운 연방 정부에 대한 지지와 교환해야 했던 것은 이런 이유가 컸다. 헌법 제정 회의에 [펜실베이니아] 대표로 참석했던 제임스 윌슨James Wilson은 "연방이라는 피라미드를 높이 올리기 위해서는 가능한 한 넓은 토대"가 필수적이라고 설파했다.[12] 헌법이 비준된 후 적어도 1백여 년 동안 연방 정부는 거대한 나라의 작은 정부인 채로 있었다. 연방 정부의 생존과 통치는 시민군, 시민 납세자, 시민 행정관의 지지에 달려 있었다.

정부가 시민을 필요로 했다는 사실이 정치 경쟁의 조건을 만들었다. 관직과 영향력을 얻고자 경쟁하는 집단과 정당들은 시민을 조직하고 동원해야 했다. 대중의 지지는 권력의 원천이었으며, 정치 지도자들은 집권 경쟁을 통해, 20세기 초까지 지속된 높은 참여율을 일궈 냈다. 그러지 않았다면 대다수의 시민들, 특히 저학력·저소득층 시민들은 정치에 참여하지 못했을 것이다. 제한된 정보, 공적 문제에 대한 낮은 관심, 의사소통 기술의 미발달이 그들을 공적 삶의 변방에 남겨 두었을 것이기 때문이다. 활발하게 경쟁했던 지도자들이 그들을 공공의 장으로 끌어들였기 때문에 그들은 활성화될 수 있었다.[13]

대중의 지지가 필요했던 정치인들은 시민의 충성심에 대한 대가로 정치적 권리와 유인을 제공해야 했다. 엘리트들은 먼저 정치적 대표권을 보장했고 참여의 통로를 열었다. 나중에는 좀 더 구체적인 혜택을 약속했다. 오늘날에도 상호 경쟁하는 정치인들이 투표의 대가로 유권자들에게 의료 혜택, 사회 서비스, 노령연금, 고용 보장을 제공하기는 한다. 하지만 현재 그 약속들은 예전보다 훨씬 의례적이다. 새로운 지지를 이끌어 내기보다는 이미 형성된 지지층을 유지하고 주요 이익집단을 만족시키는 것이 목적이기 때문이다. 신규 유권자 집단을 활성화하고자 하거나 이들에게 새로운 혜택을 제공하기보다는, 기존의 정치 기반을 유지하기 위한 프로그램에 더 많은 노력을 기울이는 것이다.

이것은 엘리트들이 일반 유권자들의 지지와 봉사 없이 권력을 획득하고 유지할 수 있다는 것을 발견하면서 일어난 일들이다. 엘리트들은 지지 기반을 확대하기 위해 공적 혜택의 범위를 넓히기보다는, 교육, 보건, 복지, 노령연금을 정부가 아닌 사적 시장을 통해 충당하는 것을 장려한다. 투표자를 동원해 연방 피라미드의 기반을 넓히는 것이 아니라, 무기력한 [정치적] 교착상태를 양산한다는 것을 빌미로 대의제도를 깎아내린다. 대의제도의 경직화에 대한 처방으로 연임(중임) 제한term limit이 제시되며, 민영화, 탈규제, 사법부의 역할 확대가 민주주의의 교착상태를 우회할 경로로 제안된다.

예전에도 상층계급은 정치경제적 목표를 달성하기 위해 대중 정치에만 전적으로 의존하지는 않았다. 19세기에 대중민주주의가 등장하자, 그들은 민첩하게 선거 자금을 기부하고 로비스트를 고용해 다수결 주의의 파고를 넘어서려 했다.[14] [대중민주주의의] 정치적 혁신을 뒤에서 조작하려는 기득 세력의 책략을 간파한 개혁가들은 선거에서는 '큰손' 의 영향력에, 의회에서는 이익집단 로비의 위력에 대항해 싸웠다.[15] 하지만 여기에 민주주의의 진전을 뒤집으려는 반동적 음모 같은 것은 존재하지 않았다. 정치자금과 로비는 엘리트들이 민주주의의 선거제도 및 대의제도 내에 들어와 민주적 게임을 해야 한다는 사실을 인정하는 징표였다. 반면에 이른바 정부를 민주화 — 법원에 접근하거나 행정 규칙의 제정 과정에 접근할 수 있는 기회의 확대 등 — 하는 것으로 간주되고 있는 오늘날의 개혁 조치들은, 실제로는 정치 엘리트들이 대중 정치의 장을 우회해 민주적 지지를 동원하지 않고도 권력을 행사할 수 있도록 만들고 있다.

현대적 시민 만들기

미국 정치에서 새로운 시대의 조짐들은 미묘하고도 광범위하다. 예컨대 최근 미국 공립학교 시민교육의 변화를 보자. 시민교육의 목적은 청소년들에게 공통의 정치적 이상과 신념을 가르치고, 민주주의에서 공적 삶을 지배하는 행위규범을 내면화하는 것이다. 미국에서 공립학교가 창설된 애초의 목적 가운데 하나는 바로 훌륭한 시민성을 양성하는 것이었다.[16] 학생들이 집단적인 정치 활동을 경험할 수 있도록, 특히 선거 과정을 준비할 수 있도록 교과과정 외의 커리큘럼들이 마련되었다.[17] 학생들은 팀장, 학급 임원, 학생 자치회 대표를 선출하는 선거를 실시했다. 실제 선거와 유사한 모의 선거를 실시하기도 했다.

현재 학교들이 이 모든 의례를 포기한 것은 아니다. 하지만 이런 종류의 선거 연습에서 '학생 봉사 학습'으로의 분명한 전환이 있었다. '학생 봉사 학습' 과정은 메릴랜드 주에서 처음 고등학교 졸업 필수 학점으로 지정된 뒤, 다른 주들에서도 빠르게 확산되고 있다. 초·중등 학생들에게는 자선단체, 시민 단체, 공익단체에 공공서비스를 제공하는 '자원봉사자'가 되도록 교육한다. 또한 봉사 학습은 대학 캠퍼스에서도 증가하고 있으며, 캘리포니아의 대학들에서는 졸업 필수 학점으로 이수하게 해야 한다는 요구들이 있었다.[18]

전통적인 시민교육은 학생들이 급우들과 학급·팀·학교를 운영하는 것과 마찬가지로, 동료 시민들과 더불어 나라를 통치할 수 있도록 가르쳤다. 반면 봉사 학습은 시민권에 대해 근본적으로 다른 것을 가르친다. 시민권은 더 이상 통치를 위한 집단 행위에 관한 것이 아니다. 학생들은, 투표하는 대중이 한때 정부에 대해 요구했던 공공서비스, 주로 정부가 방치했거나 제공할 준비가 되어 있지 않은 서비스들을 생산하도록 요구받는다. 봉사 학습이 주권 행사 훈련을 대체해 온 것이다.

한 연구에 따르면, 봉사 학습에 참여한 전체 학생들 가운데 절반 이상이, 다른 사람들에게 어떠한 직접적인 도움도 제공하지 않는, 환경이나 미화 프로젝트를 진행했다고 한다. 하지만 이 프로그램들이 의도한 주요 수혜 대상은 서비스를 받는 사람들이 아니라 학생들 자신일 수 있다. 봉사 학습의 경험은 개인적인 만족감과 '자긍심'을 북돋울 것이기 때문이다.[19]

봉사 활동으로의 전환이라는 유사한 움직임은 젊은이들(18~24세)의 시민적 활동에서도 발견된다. 과거 25년 동안 젊은 층의 투표 참여는 12퍼센트[포인트] 이상 하락한 반면, 아메리코나 예수회 자원봉사단 같은 유사 공공 기관과 민간 자원봉사 조직에 대한 참여는 큰 폭으로 증가했다.[20] 사회학자 니나 엘리어숍Nina Eliasoph은 지역 활동가들에 관한 최근 연구에서, 일반 성인들 사이에서도 비슷한 경향이 있음을 발견했다. 시민 활동가들은 지역사회 봉사 프로젝트는 선호하지만 '정치'를 기피하는 경향이 있었다. 그들은 정치 현안에 관한 이야기는 합의에 이르거나 분명한 결론에 도달하기 어렵기 때문에 소모적이라고 생각했다. 더 중요하게는, 자신과 같은 자원봉사자들이 정치적인 문제에 노력을 기울인다 하더라도 바뀌는 게 없을 것이라고 확신한다는 점이다. 대신 그들은 '변화를 만들어' 낼 수 있는 지역사회 봉사 프로젝트, 특히 아동복지 프로젝트에 집중하는 경향이 있다. 엘리어숍에 따르면, 자원봉사자들은 그런 노력이 논쟁적이지 않을 것이라고 생각하고, "'아동에 대한 관심'을 '개인적 삶에 대한 관심'으로 받아들인다. 그것은 평범한 시민들이 만들어 낼 수 있는 유일하고도 실질적인 변화가 개인적인 감정의 변화[에 불과하다는 점]를 의미한다."[21] '변화를 일으키고 있다'라는 확신으로부터 나오는 개인의 만족감, 활동가 자신의 감정이 특히 중요하다는 것이다.

오늘날 시민권으로 통하는 것은, "개인적인 것이 정치적인 것"이라는 페미니즘의 금언을 뒤집어 놓는다. 정치적인 것이 개인적인 것으로 변형된 것이다. 사람들은 정치 행위를 통해 자신의 '힘[역량, 권한]이 강화되는 것'empowering을 느낄 수 있어야 한다. 정치 행위에 참여하는 사람들의 자긍심이 고취될 수 있어야 한다는 것이다. 혼란이나 모호함, 좌절을 유발해서는 안 된다.

이 새롭고 봉사 지향적인 시민권에 대한 편의적인 해석은, 그것이 자기만족과 자긍심을 중히 여기는 문화적 맥락에서 비롯되었다고 보는 것이다. 하지만 그런 진단은 지역사회에서 유용한 일들을 하고 있는 자원봉사자들의 실질적 희생을 간과한 것이다. 또한 시민권의 의미를 새롭게 바꾸어 왔던 미국 정치 엘리트들의 권위 있는 노력을 무시하는 것이다. "국가가 여러분을 위해 무엇을 해줄 것인가를 묻지 말고, 여러분이 국가를 위해 무엇을 할 수 있는지를 물어라." 케네디John F. Kennedy 대통령의 취임사는 평화봉사단, 나중에는 비스타로 결실을 맺었다. 〈1990년 전국 지역사회 봉사법〉National Community Service Act of 1990은 훨씬 더 넓은 [범위의] 자원봉사자들을 포괄했으며, 부시George H. W. Bush 대통령의 '천 개의 등불'●에 연료를 공급하기 위해 2억 달러 이상의 정부 재정이 지원되었다. 1993년 클린턴 대통령은 5억 달러 규모의 아메리코 프로그램으로 이 기획을 이어받았다. 한편 조지 W. 부시 대통령은 9·11 테러 공격 이후 전국의 학교에 '애국심 쇄신'을 독려하게 했다. 하지만 대통령이 학생들에게 구체적으로 아프가니스탄 어린이 돕기 모금으로 애국심을 보여 줄 수 있다고 제안했을 때, 그것은 애국심을 봉사학습과 유사한 것으로 해석하는 것처럼 보였다.[22] 부시의 이어진 자발적 쇄신 요구도 유사한 경향을 갖는다.

이런 프로그램들은 의심할 나위 없이 훌륭한 사람들의 훌륭한 행동을 고무하지만, 다른 한편 정부가 시민권에 대한 우리의 신념을 변화시

● 천 개의 등불(A thousand points of light)은 전국에 흩어져 있는 자원봉사자 단체들을 가리키는데, 1990년 자원봉사자 단체들을 지원하는 등불 재단(Points of Light Foundation)이 만들어졌고 이 재단을 중심으로 미국 전역에 2백여 개 자원봉사 단체를 연결한 네트워크가 건설되었다. 1988년 당시 공화당 (전당대회에서, 조지 H. W. 부시의 대통령 후보 수락 연설에서) 처음 등장했으며, 1989년 1월 취임사에서 재차 언급되었다.

킨 결과이기도 하다. 이제 우리는 정부에 대해 요구하는 것이 아니라 직접 수행하며, 그럼으로써 서비스를 실천하고 변화를 만들어 낸다는 개인적 만족감과 확신을 얻는 것이다.

공공 행정의 새로운 과학

시민들이 스스로를 공무원처럼 사고하도록 요구받는 동안, 연방 정부가 고용한 공무원들도 그들이 봉사하는 시민들에 대해 새로운 관점을 갖도록 장려되었다. 이 새로운 관점은 1993년, 정부를 '재창조'한다는 클린턴 행정부의 캠페인 선언인 "연방 정부 성과 평가 보고서"에 등장했다. 이 보고서는 연방 관료제의 기능을 개선하기 위해 진행되었던 앞선 연구들의 연장선상에 있다. 그러나 앞선 연구들은 공공 관료제의 민주적 책임성을 강조했고, 그 내용은 1949년 1차 후버 위원회*가 만든 보고서의 핵심 사항 가운데 하나였다. "대통령과 그의 핵심 참모들, 행정 각부의 수장들은 행정부 활동에 대해 의회와 국민에게 책임을 져야 한다." 이 진술은 자명한 사실이라는 점에서 진부하기조차 하다. 하지

---

* 후버 위원회는 미국 연방 정부 개혁 방안을 제출하기 위해 1947~49년, 1953~55년 두 차례에 걸쳐 활동했던 위원회로, 전임 대통령이었던 허버트 후버(Herbert Hoover)가 위원장을 맡아 후버 위원회라는 별칭이 붙었다. 공식 명칭은 '행정부 조직에 관한 위원회' (Commission on Organization of the Executive Branch of the Government)이며, 의회에서 통과된 법률에 따라 설치되었고, 당시 대통령이었던 해리 트루먼(Harry S. Truman), 드와이트 아이젠하워(Dwight D. Eisenhower)가 각각 1차와 2차 위원회의 위원장 및 위원을 임명했다. 1차 위원회는 1949년 활동을 종료하면서 273개의 권고안을 제출했고, 이 가운데 상당 부분이 실제 정책에 반영되었다.

만 정치학자 제임스 윌슨James Q. Wilson이 지적한 바대로, 부통령 앨 고어가 감독한 "연방 정부 성과 평가 보고서"에는 이와 유사한 어떤 진술도 나타나지 않는다. 민주적 책임성이라는 주제는 거의 언급되지 않는다. 그뿐만 아니라 보고서에는 시민이 등장하지 않는다. 시민은 '고객'으로 변형되고, 부통령이 천명한 보고서의 명시적 목적은 "고객 친화적인 연방 정부를 만드는" 것이었다.[23]

이런 목적이 반드시 비민주적인 것은 아니다. 부통령의 요점은 연방 공무원들이 고객의 필요를 충족하도록 노력하고 존중해야 한다는, 다른 말로 정부가 국민에 대해 더 반응적이어야 한다는 것이다. 하지만 '시민'과 '고객' 사이에는 결정적인 차이가 있다. 앞서 지적했듯이, 시민은 정부를 소유한다는 인식에 기초를 두지만 고객은 정부의 서비스를 받을 뿐이다. 시민은 집단적 존재로서 공적 목표를 가지며 정치 공동체에 속한다. 하지만 고객은 시장에서 개인적 필요를 충족하려는 개별 구매자다. 고객은 집단적 이해를 달성하기 위한 집단 동원에 참여하지 않는다.

또한 공적 책임성을 강조했던 기존의 경향에서 벗어나, 고객 서비스가 행정 관료들을 훈련하는 초점이 되어 왔다. 1950년대, 정치학자 프리츠 모르슈타인 마르크스Fritz Morstein Marx는 당대 관료가 따라야 하는 정설을 다음과 같이 요약한 바 있다. "공적 책임이란 …… 명백한 공적 혜택을 제공하고 대중의 기대를 충족할 필요를 말한다. …… 더 나아가 민주정치에서 공적 책임은 국민의 대표자들이 만든 일반 지침인 법률에 대해 관료들이 기꺼이 복종할 것을 요구한다."[24] 하지만 최근 문헌들을 보면 대중은 섬겨야 하는 존재가 아니라, '관리'되어야 하는 개인 고객들의 단순한 집합으로 인식되고 있다.

임무를 수행하기 위해서는 외부 집단의 지지를 얻도록 노력해야 한다. …… 일반 대중을 대할 때는, 그들 대부분이 이슈의 복잡함을 제한적으로만 이해하고 있을 것이라고 예상해야 한다. …… 당신과 입장을 같이하는 대중이 있으면 좋겠지만 그것이 항상 가능한 것은 아니다. 당신 조직의 임무가 공동체 집단들[의 이해]과 충돌하는 것일 수도 있다. …… 당신이 할 일은 조직의 사명을 옹호하는 것이다. …… 정책 목표를 유지하면서 대중의 항의·모욕·시위로부터 고통 받을 준비를 하라.

하지만 그 고통은 언론 매체, 대의제도, 지역사회 단체, 전체 대중을 효과적으로 관리함으로써 최소화될 수 있다.[25] 시민은 고객으로 강등되었고, 공공 행정은 고객 관리로 격하된 것이다.

사회자본의 정치

미국 시민의 정치적 역할이 줄어들었다고 해서 시민권 그 자체가 지닌 윤리적 중요성이 줄어든 것은 아니다. 사실 시민권은 미국 사회에 결핍되어 있다고 알려진 덕목과 가치들 — 시민 의식, 공동체 정신, 타인에 대한 책임 — 의 담지체가 되어 버린 것 같다. 최근 학자들 사이에서 '시민권 개념에 대한 관심이 폭발'하고 있는 것은 부분적으로 시민권의 실천이 퇴보하고 있다는 문제의식에서 비롯된 것이다.[26] 공립학교 체제에서 새롭게 요구되고 있는 지역사회 서비스들은, 시민의 공공 정신이 아니라 소비자의 탐욕만을 자극하는 시장 주도 사회에서 약해진 공적 정향을 다시 활성화하고자 도입된 것이다. 흔히 미국의 시민 공동체를 갉아먹었다고 비난받는 텔레비전 산업의 한 대표 주자는 최근, 잃어버린 시민적 덕목에 대해 찬사를 늘어놓았다. 앵커 톰 브로코Tom Brokaw의

베스트셀러 저작『위대한 세대』The Greatest Generation는, 대공황의 어려움과 제2차 세계대전의 위기를 견뎌 낸 시민 세대를 찬미한다.[27] 이들은 그동안 우리가 잃어버린 것들이자 우리가 닮아야 했던 모델이다. 어떤 의미에서 이 세대는 페리클레스Pericles의 유명한 장례 연설에서 칭송되었던 전사한 군인, 아테네를 구하기 위해 자신을 희생했던 시민 영웅들에 버금가는 근대 미국의 영웅들이다.

우리는 시민권이라는 도덕적 관점과 시민의 정치적 행동이 근본적으로 구분되기 시작하는 것을 목도하고 있다. 많은 사람들이 그 불일치를 인정하면서도, 습관적으로 그 원인을 오늘날 시민들의 도덕·문화·사회적 자원의 결핍이나, 개인의 이익을 벗어나 더 큰 이익을 위해 행동하지 못하게 하는 어떤 결함 탓으로 돌린다.[28] 대체적인 진단은 미국이 '사회자본' — 집단적 기획들을 지탱했던 인간관계와 상호 신뢰 — 을 희생한 대가로 부와 권력을 축적해 왔다는 것이다. 로버트 퍼트남Robert Putnam은 그의 책과 논문에서, 1960년대 이래 시민 참여가 전반적으로 하락하고, 미국이 점점 더 고립적이며 상호 불신하는 시민들의 국가로 변모하는 현상을 상세히 기록한다.[29] 타인에 대한 봉사조차도 점차 홀로 하는 어떤 것이 되어 버렸다. 퍼트남에 따르면 1970년대 중반 이래 개인의 '자발적인 봉사'는 증가했지만, 지역사회 차원의 봉사 프로젝트에 대한 참여는 하락했다.[30] 이타주의 자체가 개인화된 것이다.

퍼트남은 일련의 사회문화적 병증을 사회자본의 침식 탓으로 돌리지만, 그 침식의 정치적 결과야말로 미국 민주주의와 시민권에 대한 모든 평가에서 가장 비중 있게 다루어져야만 한다. 사회자본이 침식된 것의 정치적 결과는 정치 참여의 원천들을 뒤흔들어 놓았다는 것이다. 한때 공식적인 결사체와 비공식적인 사회화가 협력의 습관을 심어 주었고 사적 이해를 공공 정신으로 승화시켰지만, 이제 민주적 시민권의 실천을 지탱했던 사회적 유대는 약화되거나 해체되었다. 사회자본의 고갈은 풀뿌리 민주주의를 허약하게 만들고, 공공의 광장에 사람들이 모이지 않게 하며, 민주정치의 유효성을 손상해 사람들이 점점 더 서로를 불신하게 만들었다.

퍼트남은 텔레비전과 세대 변화라는 단 두 가지 요인을 통해, 시민 참여가 하락하는 현상의 4분의 3을 설명할 수 있다고 말한다. 텔레비전은 놀이를 집에서 즐기는 개인적인 것으로 만들었다. 앞선 세대 미국인들의 오락거리 ─ 사랑방 모임 문화, 교회 사교 모임 ─ 는 이제 상품을 판매하기 위해 시청자를 잡아 두려고 만든 계산된 오락거리와 경쟁하고 있다. 오랫동안 한 곳에 정착하기보다는 자유롭게 이동하는 성향을 가진 것으로 알려졌던 미국인들은, 이제 집에만 틀어박혀 있는 사람들이 되어 버린 것 같다.[31]

또한 미국인들은 공황을 이겨내고 제2차 세계대전에서 싸웠던 자기 희생적인 '시민 세대'의 공적 헌신을 포기해 왔다. 전쟁에 대한 집단적 경험과 단합된 힘이 사라지면서, 20세기 후반에 태어난 미국인들은 내향적으로 변모했다. 퍼트남에 따르면, 개인적 성취에 대한 만족과 물질적 안락이, 앞선 세대의 애국심과 공동체의 조화를 대체했다. 새로운 세대는 이질적이지만, [사회적으로는 자유주의적이지만 경제적으로는 보수적인] 여피YUPPIE, 뉴에이지 추종자들, 소파에서 채널을 돌리며 감자 칩을 먹는 이들은 공통적으로 앞선 세대가 가졌던 공적 관심에서 멀어져 있다. 하지만 부패한 시민사회, 쇠락한 시민권에 대한 퍼트남의 그림은 몹시도 불완전하다. 제2차 세계대전의 애국 세대가 공적 책임에 잘 부응할 수 있었던 것은, 누군가 그들에게 그렇게 하도록 요구했고, 그 요구가 저항할 수 없을 만큼 긴급하고 정당한 것으로 보였기 때문이다. 퍼트남의 묘사는, 그 세대의 후예들이 자신들에게 지지를 구하는 설득력 있는 호명을 누구로부터도 받지 못했기 때문에 정치적으로 무력한 것일 가능성을 무시한다. 시민권의 쇠퇴로 보이는 것이 실제로는 정치적 리더십의 실패일 수 있는 것이다.

퍼트남에 대한 몇몇 비판자들은, 서로 다른 방향에서 접근하기는 하지만 퍼트남의 주장이 이런 점을 간과했다는 데에는 분명히 동의하고 있는 것 같다. 예컨대 최근, 에버렛 래드c. Everett Ladd는 미국에서 시민 참여가 쇠퇴했다는 퍼트남의 중심 주장에 도전했다. 래드는 기존의 집단적 유대는 사라졌을 수 있지만 그 자리에 새로운 관계가 등장했다고 주장한다. 하지만 새로운 유대 관계는 그들이 계승한 과거의 것과 구조적으로 다르다. 래드에 따르면, "그 경향은 중앙 집중화된 전국 조직들로부터 멀어진, 분권화되고 지방적인 것이다."[32] 달리 말하면, 시민 참여의 그물망이 점차 전국 조직, 엘리트들과는 분리되고 있다는 것이다. 사회적이고 시민적인 상호작용은 지속되지만, 전국적 리더십들이 이 관계를 더 큰 국가적인 목표를 위해 참여자들을 동원하는 데 활용하지는 않는다.

사회학자 테다 스카치폴Theda Skocpol은 시민사회의 쇠퇴를 '위로부터의 해체'라는 관점에서 추적한다. 미국의 기득권층들은, 한때 지방 지부와 전국 조직을 연결하면서 다양한 계급 출신의 회원들로 구성되어 있던 연합 조직들로부터 빠져나갔다. 그 대신 워싱턴에 본부가 있지만 풀뿌리 기반은 거의 없는, 실무진이 주도하는 이익 단체들을 지지하기 시작했다. 스카치폴은 위로부터 건설된 엘리트 주도 연합의 사례로 '전국 학부모-교사 협회'•와 같은 시민사회의 일부 핵심 조직들을 지목했다.[33] 그에 따르면, "미국의 고전적인 결사체 조직가들은 (그것이 도덕적 영향력이든 정치적 영향력이든 간에) 전국적인 영향력을 획득하기 위해 연방·주·지방 단위의 조직을 연결해 대의제 통치 기구에 참여하는 것을 최선의 방식으로 여겼다."[34] 그런 결사체들은 회원들의 힘과 회비에 의존했다. 하지만 오늘날 그 조직들은 창립 기부금, 부유한 후원자의 후원, 우편을 통한 기금 모금이나 소송 수익으로 유지된다.

이익집단들이 대중적 회원 기반을 동원하지 않고도 원하는 바를 얻을 수 있는 새로운 정치 틈새시장의 출현은, 시민사회의 쇠퇴가 아니라 정부 제도의 변화에 그 책임이 있다. 사실 정치제도가 시민사회의 산물인 것만큼이나 시민사회 역시 정치제도의 산물이다. 스카치폴이 말한, 계급을 가로지르는 연합 조직은 연방 정부의 구조 안에서 영향력을 행사하기 위해 고안된 모델이었다. 시민적 전통은 국가가 그저 가만히 있었음에도 자발적으로 성장해 온 것이 아니다. 대개의 경우, 공적 권위의 행사가 시민 문화를 만들며, 민간 기구들이 사회에 뿌리내릴 수 있는지 여부를 결정한다.

시민을 형성하는 시민사회의 역할에 관한 퍼트남의 주장을 뒷받침한 최초의 근거 중 하나는, 이탈리아 지방정부의 성과에 대한 연구였다. 북부 지방정부의 성공과 남부 지방정부의 실망스러운 성과는 1천

• 전국 학부모-교사 협회(Parent Teacher Association, PTA)는 1897년 워싱턴에 설립된 '전국 어머니 회의'를 모태로 발전했다. 전국 각 학교의 학부모-교사 회의를 연방-주-지방 조직으로 연결해 자원봉사 활동과 함께 주·연방 정부 정책 결정에 영향력을 행사한다. 한 자료에 따르면, 미국 전역 각급 단위 학교의 90퍼센트 정도에 학부모-교사 회의가 있으며, 이 가운데 25퍼센트 정도가 이 단체와 연관을 맺고 있고 나머지는 독립 단위로 운영된다고 한다.

년 동안 지속된 두 지역의 '시민적 전통' 간의 차이에서 비롯되었다는 것이다. 하지만 정치학자 시드니 타로Sidney Tarrow는 시민적 전통의 이런 차이가 정부 자체의 산물일 수 있다고 응수한다. 남부를 점령했던 외세는 이탈리아 자국민들 사이에 연합이나 동맹이 형성되지 못하도록 하는 것이 유리하다고 판단했다. 반면 19세기 북부에서는 서로 경쟁하는 정당들이 스포츠클럽, 상호부조회, 레크리에이션 모임을 창설하면서 지지자들을 동원했다. 시민사회는 정치의 산물이며 시민사회의 부재 또한 마찬가지라는 것이다.[35]

최근 좌우 모두에서 시민들의 정치의식 실종, 집단 정서의 퇴조, 공공 정신의 소멸을 한탄하는 소리가 들린다. 우리는 오래된 공동체의 덕목, 자발적 참여 문화, 권리에 대한 기대를 스스로 포기했다는 훈계를 듣고 있다. 시민으로서 우리는 더 이상 국가를 위해 충분히 훌륭하지 못한 것 같다. 무엇보다도 우리는 자기희생이라는 기율을 잃어버리고, 완벽하게 자기 이익만을 추구하는 존재가 된 것처럼 보인다.

하지만 역사가 피터 리젠버그Peter Riesenberg가 지적하듯이, 자기중심적 이익 추구는 시민권과 항상 동반자 관계였다.[36] 페리클레스조차도 시민의 공적 희생과 사적 이해의 긴밀한 관계를 인정했다. 정치 공동체가 좋은 시민을 고무할 수 있는 유인을 제공해야 하는 것이다. "최고의 포상prize이 있는 곳에, 포상을 위해 경쟁하는 최선의 시민들도 존재한다."[37]

누가 시민을 필요로 하는가?

국가는 시민을 필요로 하기 때문에 시민적 의무에 대한 '포상'을 제공한다. 그리스·로마 시대에 시민권의 확장은 종종 병력, 특히 보병에 대한 필요 때문에 이루어졌다. 20세기가 시작될 무렵 역사가 오토 힌체Otto Hintze는 근대국가에서 시민군에 대한 의존과 투표권 확대 사이에 이와 유사한 관계가 있다고 지적했다. 힌체는 민병대의 존재가 민주주의 초기 출발과 연관이 있고, 중앙집권적 체제나 권위주의 체제에서조차도 시간이 더 많이 걸릴 수는 있지만 보편적 군역은 결국 보통 선거권으로 귀결되었다고 주장한다.[38]

당연히 군대는 장비를 갖추어야 하고 군량을 지급받아야 하며 임금과 연금을 받아야 했는데, 이 때문에 국가는 납세자들을 더욱 필요로 했다. 그리고 국가가 납세자들을 필요로 했다는 사실은 시민권을 확대해야 할 또 다른 이유가 되었다. 미국 식민 이주자들이 "대표 없이 납세 없다"라고 주장하기 훨씬 이전에, 영국은 납세자들을 시민으로 인식하기 시작했다. 영국은 납세자들에게 좀 더 평화적으로 돈을 끌어내는 단계에서, 과세 대상이 되는 부 자체를 확대하는 단계로 나아갔다. 재산권, 교역을 하거나 상업에 종사할 권리, 법원에서 보호받을 권리는 모두 납세자들의 번영을 증대하고 국가의 세입 기반을 확장했다.[39] 프랑스 절대왕정에서 납세자가 시민으로 변모된 것은 더 나중이었지만, 왕실 재정의 위기로 루이 16세가 수세기 만에 처음 신분제 의회를 소집하면서 사태는 급진전되었다.[40] 몇 년 안에 파리의 거의 모든 사람은 서로를 '시민'이라고 부르게 되었다.

유럽의 근대국가들은 상비군과 그들에게 지불할 돈이 필요했기 때문에 근대 시민권을 창조했지만, 국가의 존재 자체가 시민권의 조건을 정의했다. 근대국가는 과거처럼 개인이 가족, 혈족, 부족, 길드, 신분 질서의 구성원이 됨으로써 소속되는 간접적인 방식이 아니라, 개인이 직접 소속되는 조직이었다. 그리고 국가 자체가 정치적 충성의 유일하고도 가장 중요한 대상으로서, 이처럼 뒤죽박죽 섞여 있던 전근대적인 관할권을 대체했던 것이다.[41]

이렇게 이해할 때, 근대국가와 근대 시민권의 관계는 동어반복과 같다. 시민권의 정의는 국가에 대한 정의에 내재해 있다. 하지만 시민권이 담지한 내용은 피치자와 국가의 수직적 관계 그 이상이다. 동료 시민들과의 관계, 그들을 하나의 정치 공동체로 묶어 줄 수 있는 혈연, 신념, 문화적 유대를 포함한다. 또한 시민권은 이것을 넘어, 국가를 통치하는 데서의 역할, 국가 권위에 대한 지지라는 행태적 함의도 갖는다. 통치에 대한 이런 개입은 통치자이면서 피치자라는, 시민에 대한 아리스토텔레스Aristotle의 정의가 의미했던 그 행위였다. 통치자의 지위는 [그 자체로] 시민들이 국가에 봉사한 대가로 얻는 포상이었고, 페리클레스가 말한 바처럼 그 상이 가치 있는 것일수록 시민권의 기준 역시 높아질 것이다. 고대사회에 대한 페리클레스의 언급뿐만 아니라 근대국가가 시민군과 납세자들을 양성했다는 사실은, 최근 미국 시민권의 쇠퇴가 시민들의 개인적 특성, 문화적 가치, '사회자본'에 대한 접근권 등의 산물이라는 관점에 대해 대안적 관점을 제시해 준다.

시민은 국가와 정치 엘리트들이 이들을 필요로 하고 동원하기 때문에 정치적으로 이끌리는 것이다. 만약 시민들이 수동적이고 정치에 무관심하고 개인적 관심사에 매몰되어 있다면, 그 이유는 우리의 정치 질서가 더는 정치에 대한 집단적 참여의 유인을 제공하지 않기 때문일 수 있다. 국가가 더는 과거처럼 시민을 필요로 하지 않거나, 시민들이 정치 엘리트들에게 성가신 존재가 되었거나, 그것도 아니면 시민적 '포상'이 국가가 감당하기에 너무 값비싸졌기 때문일 수 있다.

물론 시민은 단지 그들이 제도적으로 불편해졌다는 이유로 사라지지는 않는다. 집단적 시민을 해체하기 시작한 정치체제는 거주민들을 정치적으로 관리하기 위한 다른 기제들을 만든다. 미국의 전반적인 제도들은 점점 더 시민들의 요구를 개별적인 것으로 해체하고 탈정치화하는 방향으로 작동하고 있다.

　미국 정부의 '재창조'는 시민을 '고객'으로 재창조했다. 정부는 집단 동원보다는 에너지가 덜 드는 대안으로, '이해 당사자들'이 정책 결정 과정에 쉽게 접근할 기회를 제공했다. 국가는 집단 행위 대신 개인 권리를 강조하며, 집단 이익의 표출이 아니라 개인 선택을 장려하는 정책 집행 장치들을 개발하고 있다. 또한 시민들이 '여론 주도층' 주위에 결집할 기회를 줄이고, 정치 기획자들이 유권자 대중을 조직할 유인을 약화시켰다. 정부 자신의 기능만이 아니라 대중 자체를 개인화하기 시작했다. 미국 정치는 개인민주주의의 시대로 들어선 것이다.

개인민주주의의 짧은 역사

과거 미국 정부의 통상 운영은 오늘날보다 훨씬 더, 대규모 대중 동원에 의존했다. 정당·선거·이익집단에 초점을 맞춘 정치적 민주주의의 개념은 이런 대중 주권의 쇠퇴라는 차원을 간과하는 경향이 있다. 하지만 아리스토텔레스가 주목한 것처럼 완전한 시민은 통치하고 통치 받는 두 가지 역할을 수행하며 이 역할들은 서로 긴밀히 엮여 있다. 정부의 통치가 시민의 협력에 의존할수록, 정부는 시민의 통치를 달게 받아들였다. 정부가 대중 없이도 공공 업무를 관리하는 법을 배우면서, 공공 정책의 수정이나 정치제도의 변경을 요구하는 대중 동원의 기회 역시 줄어들었다.

미국 시민의 탈동원화를 향한 첫 번째 단계들 중 어떤 것은 '혁신의 시대'*로 거슬러 올라간다. 당시 개혁가들은 후원-수혜 관계를 폐지하고 정당 조직을 무력화함으로써 정부의 낭비와 무능력을 없애고자 했다. 당시 정당 조직들이 '공공 정신'으로서의 시민권을 타락시키는 방식으로 노동계급과 이민 유권자들을 동원한다고 생각했기 때문이다.[42] 소속 정당과는 별개로 후보자와 정책을 자율적으로 판단해야 한다는, 시민에 대한 혁신주의자들의 관점은 개인민주주의의 초기 형태였다. 하지만 시민의 집단 동원을 좌절시킨 가장 중대한 움직임은, 미국 역사상 시민적 의무를 마지막이자 가장 대규모로 동원했던 제2차 세계대전이 끝난 후 일어났다.

이런 움직임은 뉴딜에 대한 전후 보수적 반동의 표출이었다. 〈1946년 행정절차법〉**과 〈1947년 태프트-하틀리 법〉***은, 뉴딜 정책

---

* 혁신의 시대(Progressive Era)는 19세기를 통해 유입된 대규모 이민노동자들을 기반으로 급격한 산업화를 경험했던 미국 사회를, 정치·경제·사회 등 모든 면에서 효율성을 기준으로 재조직화하고자 했던 역사적 시기를 말한다. '혁신의 시대'는 지금까지 국내에서 '진보(주의) 시대'로 많이 번역되었으나, 이 글에서는 기존 체제의 근본적 변화를 시도했다는 의미를 살려 '혁신'으로 번역한다. 당대 미국의 정치·사회를 주도했던 경향을 '진보(주의)'라는 용어로 이해되기 어렵기 때문이다. 기존의 정치·경제·사회체제를 부패와 비효율로 특징짓고, '깨끗하고 효율적'인 체제로 근본적으로 변화시키고자, 그 과정에서 특히 정당제도·선거제도·관료제의 부패와 비효율이 주된 개혁의 대상이었고 더 나아가 정치의 영역을 축소하고자 했던 것이 특징이었다. 이런 정향들을 혁신주의(progressivism), 혁신 운동(progressive movement)이라 한다. 구체적인 시기 구분은 논자들마다 다르나 가장 넓게 잡을 때 1890년대에서 1920년대까지로 볼 수 있으며, 미국 의회 도서관에서 제공하는 자료에 따르면 1890~1913년이 이 시기에 해당한다. 혁신주의에 대한 더 자세한 내용은 이 책 3장 가운데 "동원의 해체 : 혁신주의의 유산" 부분을 참조.

을 집행하는 규제 기관들에게 규칙 제정과 판결의 기준을 제시해 이들 기관의 권위에 재갈을 물리려고 고안된 것이다. 입법의 표면적 목적은 규제 대상 이익집단들이 규제 기관을 '포획'하지 못하도록 막겠다는 것이었다. 당시 의회 보수주의자들의 최대 관심은 '전국 노동관계 위원회'•에서 노동조합이 갖는 특권적 지위였다. 의회는 규제 과정에서 이익집단의 영향력을 차단하기 위해 입법 예고제, 공개 설명회를 의무화해 행정규칙 제정 과정이 대중에 공개되도록 했다. 〈행정절차법〉은 뉴딜의 규제 기관과 행정법 판사들 사이에 방화벽을 구축함으로써, 판결

•• 〈1946년 행정절차법〉(Administrative Procedure Act of 1946)은 연방 정부의 행정 규제를 소송과 사법부 판결의 대상으로 인정함으로써, 정부 규제에 불만을 가진 사람(기업)이 사법부를 통해 규제와 관련해 문제를 제기하거나 규제 철회를 요구할 수 있도록 하는 내용을 담고 있다. 정치적 맥락을 보면, 루스벨트 행정부의 다양한 시장규제를 반대했던 세력들이 의회 입법과 사법부 판결을 통해 행정부의 시장규제를 제어하려던 일련의 노력이 있었고, 그 정점에 위치한 것이 〈행정절차법〉 도입을 둘러싼 갈등이었다. 1939년 의회 내 반대파들이 통과시킨 법안은 대통령의 거부권 행사로 무력화되었지만, 결국 행정부 역시 타협할 수밖에 없었고 그 타협의 결과로 탄생한 것이 〈1946년 행정절차법〉이다.

••• 〈1947년 태프트-하틀리 법〉(Taft-Hartley Act of 1947)은 1947년 제정된 미국의 노사관계법으로, 제안자 태프트와 하틀리의 이름을 딴 별칭으로 불리며, 1935년 제정된 〈와그너 법〉(Wagner Act)을 수정한 법이다. 이 법은 기업의 부당노동행위를 금지했던 〈와그너 법〉을 수정해 노동조합의 부당노동행위를 금지 대상으로 추가했고, 노동조합 의무 가입제(closed shop)를 금지했으며, 연방 공무원과 정부기업 노동자의 파업을 금지했고, 노동조합 간부에게 공산당원이 아니라는 선서를 의무화하는 등의 내용을 담고 있다. 이 법은 제정 전부터 노동조합의 강력한 반대에 직면했으며, 지금까지 여러 차례 폐지 및 개정 시도가 있었으나 유지되고 있다. 법 제정 당시 대통령이었던 트루먼은 이 법안을 '노예노동 법률안'이라고 칭하고 민주주의 사회의 핵심 원리와 충돌하는 법이라 하여 반대한 바 있다.

• 전국 노동관계 위원회(National Labor Relations Board, NLRB)는 1935년 뉴딜 정책의 일환으로 노동자들의 단결권과 단체교섭권을 보호하려는 취지에서 제정된 〈와그너 법〉의 시행 기관이었다. 자세한 내용은 이 책의 6장 가운데 "뉴딜과 이익집단 자유주의"를 참조.

에 노동조합 등 이익집단의 영향력이 행사되는 것을 막고자 한 것이다. 그리고 마침내 의회는 규제 기관의 결정이 법원에 제소될 수 있다고 선언했다.[43]

또한 의회는 규제 과정의 분파적 편향을 없애는 과정에서, 시민들이 이익집단을 만들고 동원하려는 유인을 감소시킬 수 있었다. 〈행정 절차법〉이 통과된 이후, 이익집단들이 기관의 규칙 제정자들에게 성공적으로 압력을 행사했다 하더라도 이런 압력이 판사들의 판결에 영향을 미치기는 어려워졌으며, 규칙 제정 과정이 공개되었으므로 그 과정에 접근하기 위해 단체를 조직하고 회원을 동원할 필요도 크게 줄어들었다. 특히 불리한 결정에 대해 규제 기관이 아니라 법원에 제소할 수 있게 된 후부터는 더욱 그러했다. 전후의 규제 개혁은 적어도 형식적인 의미에서는 충분히 민주적이었다.[44] 실제로도, 행정규칙의 사전 예고제와 공개 설명회 규정이 마련되고, 기관의 결정에 불복해 법원에 제소할 수 있게 됨으로써, 정부는 시민 참여에 좀 더 완전히 개방되었다고 주장할 수 있다. 〈태프트-하틀리 법〉은 고용주의 부당노동행위만이 아니라 비민주적 노조의 전횡으로부터도 개별 노동자들을 보호할 수단으로 정당화되었다. 하지만 정책 결정에 개인적으로 접근할 수 있도록 한 새로운 규제 체제는 집단 동원의 가치를 떨어뜨렸다.

전후 보수적 반동에 의해 부과되었던 법률적 양식의 행정은, 1960~70년대에 이르면 보수주의자들이 예견할 수 없었던 정책 유형들, 즉 시민권, 산업위생과 안전, 환경보호, 소비자 보호에 이르기까지 확대되었다.[45] 법률 중심의 정책 결정 과정에서 한 단계 더 나아간 것이 공익을 위한 규제 수단으로서 공익 소송을 활용하는 것이었다. 1940년대부터 민권운동은 목표를 달성하기 위해 소송을 이용했다. 하지만 당시 소송이 활용된 이유는 아프리카계 미국인들이 투표권을 갖지 못했고, 민주적 정책 결정의 영역에서 심각하게 불리한 소수자 지위에 있었기 때문이다. 시민 불복종 운동처럼 소송도 선거에서 무력했던 상황을 극복하기 위한 방편이었던 것이다. 하지만 1970년대에는 소수자라는 지위 때문이 아니라, 이들이 대표하려는 이해 당사자들이 조직되어 있지 않고 광범위하게 흩어져 있기 때문에 민주주의의 방법으로는 능력을 발휘하기 힘든 공익단체들이 등장했다. 이 단체들은 잠재적 지지자들을 동원하기보다 소송에 더 많은 에너지를 쏟았다. 이들은 자신들의 요구에 부응하는 연방 판사들의 도움을 받았고, 환경보호청과 같은 연방 기관에 대항하는 수단으로 소송을 활용했다. 사법부를 통해 연방 기관이 준수해야 할 규제의 기준을 확립하기 위해서였다.[46]

뒤이어 '이익 옹호 행위의 폭발'이 있었다. 소비자·어린이·장애인·노인, 혹은 일반 대중처럼 흩어져 있는 인구 집단을 대표한다는 조직들이, 의회나 연방 관료를 향해 전통적인 로비를 하고 이해 당사자를 대표해 소송을 하겠다고 워싱턴에 사무실을 열었다. 하지만 정작 이해 당사자들과 그들을 대표한다는 조직 사이에 뚜렷한 연관을 찾기는 힘들었다. 소송에는 돈, 연구, 전문 지식이 필요했지만 많은 지지자를 동원할 필요는 없었다. 이 단체의 '회원'들이란, 단체의 정치적 목표나 전략을 논하기 위해 서로 만나 본 적도 없는, 익명의 기부자 우편 발송 명단에 불과한 경우가 많았다. 실제로 몇몇 영향력이 큰 단체들은 재단 기부금으로 운영되었고, 소송비용은 법원 판결로 얻어 냈으며, 일부 단체들은 연방 정부 기금을 받기도 했다.[47]

국가 정책 결정의 법률화는 미국식 시민권 이념에 내재해 있던 개인 권리에 대한 강조를 더욱 두드러지게 만들었다. 공익 소송은 과거의 권리를 주장했을 뿐만 아니라 새로운 권리를 발명했고, 그 과정에서 국가 정치 담론의 성격을 바꾸어 놓았다. 법학자 메리 앤 글렌든Mary Ann Glendon은 권리의 언어가 대화를 중단시킨다고 주장한다. 법적 권리의 언어는 "민주주의 체제의 활력을 지속하는 데 관건인 공적 정당화public justification, 의사소통, 심의의 과정에 찬물을 끼얹는다."[48] 권리에 대한 주장은 다른 모든 주장을 눌러 버린다. 물론 어떤 경우, 경쟁하는 권리들 사이의 논쟁이나 이미 인정된 권리를 새로운 조건으로 확장하려는 시도는 정치적 논의를 자극할 수 있다. 하지만 권리라는 것은 일단 확립되면, 시민권을 둘러싼 공적 유대를 일깨우고 새롭게 하는 집단행동에 참여하지 않아도, 개인적 차원에서 발동될 수 있는 것이다.

이익집단 소송의 엄청난 증가와 이에 따른 권리 기반right-based 정치는, 앞서 언급한 미국 정치의 이상 현상들 가운데 하나를 이해하는 데 도움이 된다.[49] 즉, 1970년대 이후 워싱턴의 로비스트와 이익집단의 숫자는 전례 없는 수준으로 급격히 늘어났지만, 평범한 미국인들 사이에서 그에 상응할 만큼 단체 회원 가입이 증가하지는 않았다는 것이다. 이런 모순에 대한 한 가지 가능한 설명은, 최근 이익집단들 가운데 일부가 예전보다 훨씬 더 좁은 이해관계를 과녁으로 삼기 시작했다는 것이다.[50] 하지만 좀 더 설득력 있는 설명은 현대 이익집단들이 대중의 지지를 동원하기보다 소송, 연구, 여론조사, 기금 모금과 언론과의 관계를 더 중요하게 생각하는 경향이 있다는 것이다. 전국 총기 협회National Rifle Association나 미국 은퇴자 협회AARP처럼, 실제 대규모 풀뿌리 회원들을 가진 소수의 워싱턴 소재 이익집단들도 회원들과 우편으로만 연결될 뿐이다.[51] 의회에서 정당 엘리트 간의 충돌이 그런 것처럼, 워싱턴에서 이익집단들 간의 갈등은 시민의 동원과 점차 분리되고 있으며, 이에 따라 시민권의 범위도 협소해지고 있다.

　워싱턴의 이익집단들이, 자신들이 대표하겠다는 이해 당사자들로부터 자유롭게 부유하는 동안, 연방 정부는 풀뿌리 유권자들과 점점 더 확고하게 결합하고 있는 것처럼 보인다. 1960년대 린든 존슨Lyndon B. Johnson 행정부가 '가난과의 전쟁'war on poverty에서 표방했던 '가능한 최대치의 참여'Maximum feasible participation는 논란이 많은 연방 정책 표어였다.[52] 다양한 연방 정부 프로그램들은 곳곳에 시민 참여를 의무화했다. 그러나 공공 관료제와 민간 이익집단은 서로 반대 방향으로 움직이는 것 같지만, 실상 둘은 같은 장단에 맞춰 춤을 추고 있었다. 공익단체와 민간단체 모두 규제 관련 행정과정과 정책 집행을 외부에 공개한다고 했지만, 그들이 달성한 성과는 정확히 그 반대였다. '가능한 최대치의 참여'라는 주장의 실제 결과는 대중의 최소 동원이었다. 지역사회 활동 프로그램, 모델 도시 프로그램* 및 기타 연방 정부의 가난 구제 정책이 시도한 참여 행정의 핵심 효과는, 도시 저항운동의 실질적인 혹은 맹아적인 지도자들을 포섭하는 등의 방식으로 정치적 압력을 흡수하고 없애 버렸다는 것이다.[53] 또한 참여 프로그램은 실체가 없었다. 참여 프로

---

　* 지역사회 활동 프로그램(Community Action Program)과 모델 도시 프로그램(Model Cities Program)은, 미국 제36대 대통령 린든 존슨(1963~69년) 행정부에서 시도된 정책 프로그램이다. 린든 존슨은 '위대한 사회', '가난과의 전쟁' 등을 슬로건으로 내걸었고 임기 동안 도시 빈민 구제와 의료 개혁 등을 역점 사업으로 추진했다. 지역사회 활동 프로그램은 〈1964년 경제 기회법〉의 통과로 시행된 도시 빈민 구제 프로그램이며, 모델 도시 프로그램은 1966년 제정된 〈시범 도시와 대도시 개발 계획법〉(Demonstration Cities and Metropolitan Development Act of 1966)에 따라 시행된 연방 각 주 도시 재개발 지원 프로그램이다. 이 프로그램들은 시행 과정에서 관료와 자원봉사자, 그리고 저소득층 주민들의 참여를 정책 내용으로 포괄하고 있었다.

그램의 설계에 따르면, 국민들이 정책을 결정할 수 있게 하려면 공직에 있는 정책 결정자들은, 분명한 목표하에 정확하게 고안된 프로그램을 제안하지 말아야 했다. 분명한 목표와 세부 프로그램은 국민들의 선택을 가로막으리라는 것이었다. 그 직접적인 결과는 정치학자 시어도어 로위Theodore Lowi가 지적한 바대로다. "정책의 중심 방향과 지침이 없다는 것은 실망한 사람들에게 분노를 표출할 대상을 빼앗는 것이다. 이것은 대중의 사기를 저하시키는 온정주의다."[54]

규칙과 목표가 명백히 공표되지 않은 정책은 정책 담당자와 지지자가 분명하지 않기 때문에 반대 입장으로부터의 공격을 방어하고 정당화하기도 어렵다. 1980년대 레이건 행정부의 감세 정책으로 재정 적자를 줄이는 것이 연방 정치의 최우선 목표가 되었을 때, 지역사회 활동 프로그램의 마지막 흔적은 1970년대 도입되었던 세입 교부금, 정액 교부금 프로그램*과 함께 쓸려 나가 버렸다.[55] 앞선 참여 프로그램들과 마찬가지로, 공허하게 정의된 목표와 산재된 수혜자 집단이라는 정치적 무력함은, 프로그램을 지켜 내는 데 필요한 명분과 지지자들을 만들어 낼 수 없었고, 프로그램의 폐지에 저항할 세력도 형성해 내지 못했던 것이다.

* 세입 교부금(revenue sharing)과 정액 교부금(block grant)은 주 정부의 재정 능력을 강화하기 위한 연방 정부의 지원 프로그램이다. 세입 교부금은, 특정 항목의 세금을 주 정부가 걷어 재원으로 사용할 경우 주들 간에 세원 편차가 심하거나 비효율적일 수 있으므로, 연방 정부가 일괄적으로 걷어 특정 기준에 따라 각 주에 배분함으로써 불균형을 시정하는 방식이다. 정액 보조금은 연방 정부가 구체적인 지출 항목을 지정해 보조금을 교부하는 세목별 보조금(categorical grant)과는 달리, 지역 사업 등의 포괄적 용처만을 규정하고 구체적인 지출 항목은 주 정부가 결정하도록 하는 보조금 교부 방식이다.

지역사회 활동을 대신한 것은, 큰 정부의 대체재이자 작은 정부의 도구로서 시장의 덕성을 찬양했던 새로운 보수적 정책 체제였다. 민영화와 바우처 제도는 공공 부문이 관료적 비효율성과 낮은 반응성에서 벗어날 수 있는 대안으로 인식되었다. 하지만 변화된 정책들은 시민권이 침식되는 새로운 단계에 들어섰음을 의미했다. 바우처 제도와 '선택' 프로그램은 공공 정책을 사적 결정으로 해체하도록 고안되었다. 예컨대, 학교 바우처 시스템에서 자녀 교육에 불만을 가진 부모는 불평을 하거나 다른 부모들과 연대해서 항의를 조직할 필요가 없다. 그저 좀 더 만족스러운 다른 학교로 아이들을 보내는 선택을 할 수 있을 뿐이다.

20세기 미국 정치에는 서로 너무나 이질적인 운동과 정책들을 관통해 흐르는 저류가 존재한다. 〈행정절차법〉을 지지했던 전후 보수파들과, '가난과의 전쟁'에 착수했던 '위대한 사회'의 자유주의자들이 이념적 동지였다고 말할 수는 없을 것이다. 하지만 그들은 공통의 정치적 감성으로 연결되어 있었고 이를 매개로 선대 혁신주의자들, 더 나아가 후대의 레이건-부시 보수주의자들과도 연결된다. 이들을 묶어 주는 것은 바로 민주주의를 개인화하는 경향으로, 이들은 시민들이 개인으로 정치, 정책 결정, 행정에 접근할 수 있게 함으로써 집단행동의 빈도와 필요성을 감소시키려 했다.

개인민주주의는 집단적 공격으로만 돌파할 수 있었던 정치의 장벽을 낮춘다. 정보의 자유, 정보공개법, 공청회 의무화, 입법 예고제와 공개 설명회 규정, 위원회 등의 '시민' 대표 할당제, 공공 기관의 '전화 상담 서비스', 개인이 선택할 수 있는 복지 서비스 등 이 모든 것과 기타 정책들은 시민들이 혼자서 정치를 하도록 만들었다. 그러나 외견상 시민 친화적으로 보이는 개인민주주의의 이런 장치들이 갖는 주된 효과는 미국 정치에서 시민의 역할을 위축시켰다는 점이다. 한때 정부 권력자와 정책 결정자가 되기 위해 지지자를 동원했던 조직가와 엘리트들은, 이제 소송을 통해 예전과 유사하거나 더 나은 결과를 얻을 수 있다는 사실을 발견한다. 또는 흩어져 있거나 목소리를 갖지 못하는 이해 당사자들을 대표한다고 주장함으로써, 연방 정책의 정당성에 필수적인 '이해관계자'의 자격을 얻을 수 있음을 깨달았다.

지도자들이 더 이상 대중 동원 전략을 선호하지 않게 되었을 때, 시민들에게는 혼자서 이용할 수 있는 장치들이 남게 되었다. 오늘날 이런 장치들이 부족한 것은 아니다. 하지만 이런 종류의 수단들은 약화된 시민권 행사에만 적용될 수 있을 뿐, 집단적 목표를 위한 정치동원을 낳는 경우는 드물다. 더 빈번하게 나타나는 결과는 서비스 개선을 위한 개인행동이나 개별화된 처방이다. 시민들에게 남겨진 한 가지 선택지는, 정치적 이슈를 제기하거나 공공 정책의 변화를 요구하는 것이 아니라 공공재를 직접 생산하거나 봉사 활동 — 환경 정화 또는 노숙자들에게 식사를 제공하는 일 따위 — 을 하는 것이다. 개인민주주의의 이런 차원은 개인적 만족감을 얻을 수 있고, 도움이 필요한 사람들이나 지역사회에 분명 기여할 것이다. 하지만 정치적 민주주의의 실행을 의미하는 것은 아니다. 한때 민주적 목적으로 계몽되었던 시민들의 국가는 천 개의 등불로 해체되어 왔다.

2

시민의 부상과 몰락

2백여 년이 넘도록 서구의 여러 정부들은 시민들의 동의와 함께 그들의 능동적이고 적극적인 협력 덕분에 생존해 왔다. 서구의 시민들은 국가의 행정적·강제적·추출적 능력에 이바지함으로써, 스스로를 단순한 피치자 집단에서 시민권의 존엄한 주체로 격상시켰다. 그들은 18세기 세계 전역을 울리는 혁명의 총성과 함께 소란스럽게 등장했다. 그러나 얼마 지나지 않아 이들은 국가의 안녕과 안정을 가져다주었고, 공공질서의 토대이면서 정부가 작동할 수 있는 동력으로 재등장했다.

시민들은 봉사의 대가로 다양한 혜택을 받았는데, 그중에서 가장 널리 알려진 것이 투표권이다. 보통선거권의 역사는 통상 격렬한 대중 투쟁 후, 원치 않는 지배자들로부터 정치 참여의 기회를 쟁취한 것으로 묘사되곤 했다. 그러나 샤츠슈나이더가 주목했듯이, 미국을 비롯한 여러 국가에서 투표권을 보장받는 데서의 어려움은 종종 과장되어 왔다.[1] 정치 엘리트들은 투표권 확대 요구를 받아들이는 것이 자신의 권력을 위협할 것처럼 보일지라도 그만한 가치가 있다는 것을 배웠다. 시민을 정치 질서 안으로 통합함으로써, 엘리트들은 전비를 충당하고 세입을 올리며 정부를 운영할 수 있는 국가 능력을 확장할 수 있었다. 18세기만 해도 각국 정부는 보통선거권의 확대를 요구하는 목소리에 저항했지만, 19~20세기에 이르러 서구 체제들은 이 문제를 좀 더 우호적인 관점에서 바라보았다.

시민이 국가에 봉사하고 국가는 그들에게 혜택을 주는 암묵적인 교환은, 시민들을 더 깊고 완전하게 정치적 삶으로 끌어들였다. 시민 행정가들은 정당 조직이 활발하게 운영되도록 에너지를 공급했다. 또한 수천만의 평범한 시민들이 정부의 세입 기반에 포함되면서 대의 기구들의 힘도 커졌다. 대의 기구는 대중이 세금 징수원에게 협력하도록 도왔고 조세 부담을 둘러싼 갈등을 완화시켰다. 국가가 시민군에 의지하면서 군인인 시민들은 투표권을 요구하게 되었으며, 그 결과 참여의 경계는 확대되었다.

하지만 새로운 천 년이 시작되면서, 서구 국가들은 점차 시민의 지지와 협력에 의지하지 않게 되었으며 대중의 참여 범위는 협소해졌다. 오늘날 각국 정부는 광범한 시민들의 참여가 없어도 군대를 모으고 세금을 걷으며 정책을 집행할 수 있게 되었다. 이런 변화와 함께 정치 엘리트들은 대중의 정치 참여에 점차 덜 의지하게 되고, 대중 정치가 아닌 다른 방식으로 권력을 유지하고 행사할 수 있게 되었다. 총성과 함께 시작된 근대 시민의 시대는 조용히 사라져 가고 있다.

몇몇 측면에서 이런 변화의 징후는 미국에서 가장 뚜렷하다. 알렉시 드 토크빌Alexis de Tocqueville이 주목했던 미국의 예외적인 민주주의와 현대 정치의 민주적 탈동원은 극적인 대조를 이룬다. 2000년 대통령 선거는 새로운 질서의 상징이다. 오랫동안 가장 치열했고 경쟁적이었던 선거는 이제 고작 유권자의 절반 정도만 투표하고, 득표 집계는 무엇 하나 분명하지 않은 채 승패가 사법부의 판결로 가름되는 선거가 되었다. 소송에 매달렸던 2000년 선거 후보자들처럼, 현대 정치 엘리트들은 미국 유권자들을 주변화시키고 있으며, 원하는 것을 얻기 위해 점점 더 법원과 관료에 의지한다.

미국 예외주의의 정수는 미국이 다른 나라와는 다르며 다른 방식으로 국가를 세웠다는 것이다. 미국은 혈연과 영토의 원칙에 근거한 공동체가 아니라 정치적 신념에 기반을 둔 공동체였다. 결코 감상주의자가 아니었던 정치학자 한스 모겐소Hans Morgenthau는 미국의 중심에 놓인 영적인 어떤 것을 간파했다. 모겐소에 따르면, 미국은 국가 건설 이후 역사에 대한 회고적 성찰을 통해 국가의 책무를 인식해 갔던 다른 나라들과는 다르다고 한다. "국가가 건설되고 나중에 국가 목표를 발견하게 되는 일반적인 규칙은 한 가지 완벽한 예외에 직면했다. 미국은 그 수순을 뒤바꾼 유일한 나라다. 미국은 국가 목표를 사후적으로 인식하지 않았으며, 처음부터 특별한 목적을 가지고 건설되었다."[2]

존 윈스럽*은 모겐소가 미국 정치에서 보았던 것, 즉 목적의식이

---

* 존 윈스럽(John Winthrop)은 잉글랜드의 지방 지주 출신으로, 1629년 잉글랜드의 청교도들이 아메리카 대륙 뉴잉글랜드 지역에 식민지를 건설할 수 있는 특허장을 국왕으로부터 교부받은 후, 매사추세츠 만 지역에 새롭게 건설할 식민지 초대 총독으로 선출되었으며,

먼저 존재했던 상황을 잘 보여 준다. 미국으로 향하는 대서양 한가운데 아벨라 호 갑판에서 곧 매사추세츠 만 식민지 초대 총독이 될 윈스럽은, 그 지역 최초의 시민이 될 동료 여행객들에게 설교를 시작했다. 설교 주제는 아직 시작되지 않은 황야에서의 사명에 관한 것이었다. 물론 윈스럽이 생각한 목적은 정치적이면서도 종교적인 것이었다. 하지만 소수의 어느 한 분파가 아니라 모든 인류를 향한 보편적 목적이기도 했다. 설교 중 가장 유명한 구절에서, 그는 동료 여행객들에게 "우리는 언덕 위의 도성●으로 존재할 것이며, 모든 이들의 눈이 우리에게 쏠려 있음을 생각해야" 한다고 촉구했다. 윈스럽은 설교의 정점에 이르기 전 좀 덜 유명한 구절에서, 청교도 정치 공동체를 결속시킬 종교적 유대의 본질에 대해서도 밝혔다. "우리 각자는 서로 멀리 떨어져 있겠지만 …… 사랑의 유대로 함께 묶여 있음을 알아야 한다."[3]

출발부터 미국의 정치체제는 공간적 인접성을 바탕으로 하는 단순한 영토 공동체가 아니었다. 일종의 믿음을 같이하는 동료들 간의 협약이었다. 미국은 수세기 동안 영국계 미국인들의 나라로 존재했지만, 인종적 정체성보다 더 중요한 다른 정체성으로 스스로를 정의하고자 했다. 미국인들은 미국이, 보편적으로 공유하고 있는 정당한 목적이나 원

1630년 아벨라 호를 타고 아메리카 대륙으로 향했다.

● '언덕 위의 도성'(City on a hill)이란 "마태복음" 5장 14절에 등장하는 구절이다. "마태복음" 5~7장은 예수가 제자들과 군중에게 설교한 산상수훈의 내용을 담고 있으며, 그 가운데 5장 14절의 전문은 다음과 같다. "너희는 세상의 빛이라, 언덕 위의 도성은 숨기우지 않을 것이요"(You are the light of the world, A city on a hill cannot be hidden). 이 구절은 하느님의 새로운 나라를 건설할 민족으로 선택되었으며, 모두에게 우러러 귀감이 되어야 함을 역설하는 구절로 해석된다.

리에 기초한 나라라고 주장했다. 청교도의 원리가 나라의 기초이기를 그만둔 지 오랜 시간이 지났지만 본래의 종교적 울림은 여전히 남아 있었다. 영국의 언론인 체스터튼G. K. Chesterton에게 미국은 교회의 영혼을 가진 나라였다. 군나르 뮈르달Gunnar Myrdal은 미국인들을 사도신경의 사람들이라고 표현했다. 미국인들은 미국을 다른 어떤 나라와도 구별되는 다른 나라로 만들고자 했다. 새뮤얼 헌팅턴Samuel Huntington이나 루이스 하츠Louis Hartz 같은 저자들은 미국인들의 종교적 신념에는 문제가 많다고 생각했지만, 어느 누구도 그 힘을 거부하기는 힘들었다.[4]

하지만 이념을 기반으로 구성된 정치 공동체는 피나 영토에 뿌리를 둔 공동체보다 훨씬 더 쉽게 스스로를 재정의하거나 해체시킬 수 있는지도 모른다. 모든 국가가 상상된 공동체이지만 어떤 국가들은 다른 국가들보다 훨씬 더 가공적이다. 내전(남북전쟁)을 통해 미국은, 국가의 존재 자체를 위협할 수 있는 상상도 가능하다는 것을 보여 주었다. 오늘날 우리는 그런 극적인 분열에 직면하지는 않았지만, 미국 시민들의 역할과 정치적 믿음이 크게 변화되어 다시 정의해야 할 만큼 미국 시민 정신의 유대는 약해졌다.

미국인들이 민주주의라는 목적으로 결속된 사람들이라는 미국 예외주의 시각은 애국심에서 비롯된 자부심의 표현일 수 있지만, 19세기 공화국에서 시민들을 하나의 국가로 묶어 줄 다른 무엇은 거의 없었다. 연방*의 명분에 헌신했던 자원병이 없었다면 남북전쟁이라고 하는,

---

* 미국 정치사에서 '연방'(the Union)은 남북전쟁 당시 연방에서 탈퇴한 남부연합[Confederate States of America(C.S.A), Confederacy]에 참여하지 않고 남아 있던 북부 주들의 연합을 말한다. 남북전쟁 이전까지 미연방은 'a union of states'로 불렸고 'the Union'

국가를 유지하기 위한 강제적 노력도 성공할 수 없었을 것이다. 제퍼슨 Thomas Jefferson 대통령이 거주민들의 동의를 구하지 않고 루이지애나 영토를 획득한 것*은 미국 예외주의 시각에서 보자면 일탈 사례다. 루이지애나 거주민들은 원리에 따른 신념 때문이 아니라 매매 행위로 시민이 되었다. 하지만 새로 영토를 획득한 정부는 너무 허약했기 때문에 거주민들을 특별히 존중할 수밖에 없었고, 파리와 마드리드에 대한 충성심을 워싱턴에 대한 것으로 바꿔 워싱턴 정부의 통치를 받아들이도록 하기 위해서는 거주민들의 자발성에 크게 의존할 수밖에 없었다. 당국은 루이지애나 거주민들의 협력을 이끌어 내기 위해, 영국 관습법이 아니라 유럽 대륙의 민법전을 따르는 것을 허용했다.[5] 루이지애나 법원은 지금도 여전히 대륙법**을 따른다.

은 보통명사로 사용되었다. 그러나 남북전쟁이 발발하면서 'the Union'은 남부 분리주의자들과 연방 유지론자들을 구분해 연방의 정통성을 인정한다는 함의로 쓰이게 되었다. 1860년 대통령 선거에서 남부에 속한 주들은 노예제 폐지를 주장한 공화당의 링컨에 반대하면서 연방에서 탈퇴할 것을 공공연하게 주장했고, 링컨이 당선된 이후 사우스캐롤라이나·미시시피·플로리다·앨라배마·조지아·루이지애나·텍사스·버지니아·아칸소·테네시·노스캐롤라이나의 11개 주가 연방에서 탈퇴한 뒤 남부연합을 결성했다. 반면 캘리포니아·코네티컷·델라웨어·일리노이·인디애나·아이오와·캔자스·켄터키·메인·메릴랜드·매사추세츠·미시건·미네소타·미주리·뉴햄프셔·뉴저지·뉴욕·오하이오·오리건·펜실베이니아·로드아일랜드·버몬트·위스콘신의 23개 주는 연방에 남아 내전에 임했다. 전쟁 중에 네바다·웨스트버지니아가 연방에 합류했다.

* 제퍼슨 대통령 때 연방 정부는 당시 프랑스가 점령하고 있던 루이지애나 땅을 대금을 지불하고 구매했으며, 그곳에 거주하고 있던 사람들은 미연방의 시민이 되었다.

** 근대의 법체계는 유럽 대륙을 중심으로 발전된 대륙법(civil law)과 영국을 중심으로 발전된 관습법(common law)으로 구분된다. 대륙법은 입법권을 가진 입법자에 의해 제정된 성문의 법률을 중심으로 발전한 반면, 관습법은 개별 사건에 대한 법원의 판례를 중심으로 하는 것이 특징이다. 영토 병합 당시 루이지애나에는 대륙계 이주민들이 다수를 차지하고

19세기 미국 시민들은 정부에 협력했고 그 대신 정부에 대해 자신들의 요구를 제안할 수 있었다. 물론 미국이 정부의 업무를 수행하기 위해 시민을 고용한 유일한 나라는 아니다. 19세기 미국이 여타 유럽 국가들과 달랐던 점은, 대륙의 시각에서 보면 예외적인 범위까지 시민 통치에 의존했다는 점이다. 미국의 헌법 기초자들은 대개 급진 민주주의자들이 아니었지만, 새로운 체제가 시민의 지지를 얻기 위해서는 대중에게 정치 참여의 기회를 제공해야 한다는 것을 알았다. 그들에게는 다른 선택지가 없었던 것이다. 헌법이 완성되고 40여 년 후 미국을 방문했던 토크빌은, 미국에 유럽인들이 생각하는 국가는 없다고 기록했다.[6] 대륙에서 왕정의 초기 단계부터 존재했던 직업 공무원이 미국에는 없었다. 상비군도 없었다. 중앙에서 파견된 관리가 통치하는 것이 아닌, 시민 자치 정부만 존재하는 변방의 땅들도 국가 영토로 간주되었다. 미국 정부가 시민들의 정서에 특히 민감하고 인민주권 원리에 헌신적이었던 것은 당연했다. 당시 미국이 다른 어떤 국가들보다 민주적일 수 있었던 한 가지 이유는, 국민의 선한 의지, 협력, 봉사에 전적으로 의지할 수밖에 없었기 때문이다.

시민 행정가의 부상과 몰락

19세기 초 미국은 분명 관료 국가가 아니었다. 직업 공무원이 없었기

있었기 때문에, 영국적 전통의 관습법을 강요할 경우 발생할 갈등을 고려해 대륙법 체계의 존속을 허용했다.

때문에, 초창기 미국의 행정은 국민들에게 직접 의존할 수밖에 없었다. 19세기 미국의 행정가들은 전문성이 부족했을 수는 있지만, 공공 행정의 다른 핵심인 충성심과 대중적 명망을 가지고 있었다. 사실 전문성이 뛰어난 관료들을 가진 유럽 국가들도 전문성만으로는 불충분하다는 것을 오래전에 인정했다. 더 근본적인 두 가지 특성도 핵심적으로 중요했던 것이다. 첫째, 행정가들은 그들이 봉사하는 국가에 충성심을 가져야 하고, 둘째, 국민이 정부 정책에 순응하도록 만들 수 있어야 했다.

초기 근대 유럽에서 이 두 가지 조건을 충족하는 행정가를 얻는 것은 능력 있는 행정가를 얻는 것보다 훨씬 더 어려웠다. 예컨대 영국과 프랑스의 성직자들은 합당한 능력을 갖춘 훈련된 행정가들의 수원지水源池였다. 16세기 잉글랜드의 울지, 17세기 프랑스의 리슐리외와 마자랭*은 이런 행정 전통을 대표하는 인물들이다. 이 추기경들은 잉글랜드와 프랑스가 신생 국민국가의 행정 구조를 갖추어 나가는 과정에서 주교와 사제들을 행정직으로 불러 들였다. 하지만 토머스 베켓**의 사례에서 볼 수 있듯이 왕들이 늘 성직자 공무원들의 충성심에 의지할 수는 없었는데, 왕과 교황이 세속 권력을 두고 다툴 때에는 특히나 그러

* 울지(Thomas Cardinal Wolsey)는 로마 가톨릭 교회의 추기경이었으며, 헨리 8세 때 막강한 권력을 행사했다. 리슐리외(Cardinal-Duc de Richelieu)는 프랑스의 성직자이자 귀족이었으며, 1616년부터 총리를 지낸 정치인이다. 1642년 리슐리외가 죽자 이탈리아 출신으로 로마 가톨릭의 추기경이었던 마자랭(Jules Cardinal Mazarin)이 총리가 되었다.

** 토머스 베켓(Thomas Becket, 1118?~70)은 영국의 성직자이자 정치가다. 1155년 대법관이 되면서 헨리 2세하에서 공직을 맡아 행정 능력을 발휘했으나 1164년 교회 재판권을 제한하는 〈클래런던 재판법〉에 반대해 왕과 대립하다가 프랑스로 망명했던, 1170년 런던으로 돌아왔으나 왕과 대립하는 과정에서 살해되었다.

했다.

근대 초, 스페인의 왕들은 국가 관리와 재정 운영에 탁월한 수완을 보인 유대인 공동체와 손을 잡음으로써, 교회에 종속되는 것을 피하려 했다. 그 결과 특히 카스티야 지방에서는 명목상 가톨릭으로 개종한 유대인 '개종자들'이 고위 행정직에 많이 진출했다. '개종자들'은 왕에게 충성을 다 바쳤으며, 왕은 유대인을 적대시하는 사회에서 이들의 유일한 보호자가 되어 주었다. 하지만 반유대주의 정서로 인해 대중은 '개종자들'이 관리하는 국가 통치에 저항감을 가졌으며, 유대인들이 체제를 전복시킬 것이라고 비난했던 반대 세력들은 왕정이 정통성을 잃었다고 주장했다.[7]

행정 관료의 충성과 대중의 순응이라는 두 가지 문제에 대한 미국식 해결책은 '후원 관계'였다. 후원 관계가 미국의 발명품은 아니다. 최소한 튜더왕조 이후 잉글랜드는 이 방법을 알고 있었고 실제로 적용했다. 튜더왕조는 지방민들의 신뢰를 중앙 국가로 가져오기 위해 덕망 있는 지방 귀족들을 행정관으로 충원했다. 기존 사회의 위계질서가 행정 당국을 떠받치는 구조적 틀이 되어 주었던 것이다. 또한 행정관이 된 지방 귀족들은 후원자가 권좌에 있어야 그 지위를 유지할 수 있었기에, 후원자의 정치적 생명에 분명한 이해관계를 가지게 되었고 그에게 충성을 바쳤다. 후원 관계와 공공 행정은 근대국가 관료제가 출발했을 때부터 동반 관계였지만 후원 관계가 반드시 효율적인 통치를 보장한 것은 아니다. 정치

• 개종자들(Conversos)이라는 용어는, 1300~1400년대, 가톨릭을 국교로 채택하고 있던 스페인과 포르투갈에서 공직 등 사회생활의 자격을 얻기 위해 가톨릭으로 개종한 유대인이나 무슬림들을 가리킨다.

지도자들의 입장에서는 가장 유능한 인재를 선발할 필요가 있었지만, 18세기 잉글랜드에서는 "아무리 야심 찬 공직자라도 적절한 연줄이나 고위직에 막강한 인척이 없이는 원하는 직위를 얻을 수 없었다."[8]

정치학자 마틴 셰프터Martin Shefter가 지적하듯이, 미국에서 정치적 후원 관계는 유럽 대부분의 국가들에서보다 훨씬 더 광범위했다. 이는 직업 공무원이 등장하기 오래전부터 대중정당이 존재했기 때문이다. 강한 정당이 있고 직업 공무원 전통이 없었기에 행정 관직은 후원 관계에 따라 자유롭게 배분될 수 있었다.[9] 정당들은 망설임 없이 행정 자원을 활용했다. 이렇게 미국 국가 시스템의 일부가 되어 버린 후원 관계가 엽관제*다. 미국 제7대 대통령 잭슨과 그의 지지자들Jacksonians은, 정치적 동료들에게 보상을 하고 국고를 이용해 정당 조직을 건설하고자 이 제도를 도입했다는 혐의를 받는다.** 이 혐의가 근거 없는 것은 아니다. 하지만 후원 관계는 튜더왕조에서 그러했듯이 다른 목적에도 기여했다. 1828년 대통령에 당선된 후 잭슨 행정부는, 정부 관직을 요구하는 지지자들과, 새로운 연방 정부의 정책을 사사건건 방해하는 [직전 행정부인] 애덤스 행정부 시기의 공무원들을 마주해야 했다. 이에 대

---

* 엽관제(spoils system)란 선거에서 승리한 정당이 내각이나 대사직 등 임명직 공직이나 각종 이권을 지지자들에게 나누어 줌으로써, 선거에서의 노력을 보상하고 지지자들의 충성심으로 정부 운영의 동력을 확보하려 했던 관행을 말한다.

** 앤드루 잭슨(Andrew Jackson) 대통령(1829~37년 재임)과 그의 지지자들은 미국 정당정치에 획을 긋는 변화를 가져왔기에 이 시대에 도입된 일련의 제도와 정치 행태를 일컬어 잭슨 민주주의라고 한다. 잭슨 민주주의는 당시까지 정치 엘리트 중심의 정당 조직을 대중 동원이 가능한 형태로 전환시켰고, 대통령 선거인단 투표에 해당 지역 유권자들의 지지를 그대로 반영하게 하는 등 대중 정치의 등장을 가져왔다고 평가받는다.

한 잭슨 행정부의 처방은, 애덤스 행정부의 공직자들을 내보내고 그 자리를 충성스러운 잭슨 지지자들로 대체하는 것이었다.[10]

잭슨은 공공 행정이 특별한 능력을 요구하는 것은 아니라며, 새로 충원한 당파적 행정가들의 능력에 대한 우려를 털어 내버렸다. "모든 공직자의 임무는 아주 쉽고 단순한 것이거나 그렇게 될 수 있는 것들이어서, 보통의 지능을 가진 사람들이라면 누구나 충분히 수행할 수 있다. 그리고 나는 일반적으로 공직 경험을 통해 얻을 수 있는 이점보다, 한 사람이 오래 연임하는 데서 오는 손실이 더 크다고 생각한다."[11]

앤드루 잭슨 정부에서 정부 행정 인력의 10~20퍼센트 정도가 새 정부 지지자들의 자리를 위해 해고되었다. 해고 공무원의 숫자가 '늙은 히코리'*의 반대파들이 주장하는 만큼은 아니었지만, 잭슨 정부는 행정부가 바뀔 때마다 공직에 지지자들을 임명함으로써 공무원의 충성심을 보장받는 원칙을 확립했다. 휘그 출신의 제9대 대통령 윌리엄 헨리 해리슨William Henry Harrison이 백악관에 입성한 1840년, 신임 내각은 민주당 출신 전임 대통령[마틴 밴 뷰런Martin Van Buren]이 임명한 공직자들을 충성스러운 휘그 지지자들로 교체했다. 1년 안에 2천3백여 명의 민주당원들이 신임 대통령 지지자들에게 자리를 내주었다. 1844년 민주당이 정권을 잡았을 때에는 수천 명의 휘그 공직자들이 민주당 사람들로 다시 교체되었다.

후원 관계는 관료의 충성을 보장하는 데 도움이 되었을 뿐만 아니

---

* '늙은 히코리'(Old Hickory)는 앤드루 잭슨의 별명이다. 잭슨이 명망을 얻은 것은 1812년 영미 전쟁에 참전해 전공을 올리면서였는데, 당시 그는 강인한 장군의 이미지를 가졌고 그 이미지는 질기고 단단한 히코리 나무에 비유되었다.

라, 정책에 대한 시민들의 동의를 이끌어 내는 정부의 능력을 강화해 주었다. 미국에서 정부 정책에 대해 시민의 동의를 얻는 것은 잉글랜드에서보다 훨씬 민감한 문제였다. 미국 정부는 약했고 권력은 변방까지 미치지 못했다. 시민들이 루이지애나 구입지의 광대한 영토에 정착하기 시작한 이후에는 특히 그랬다. 1820년대까지 개척지의 정착민들은 일상생활에서 연방법을 무시했으며 스스로 무장함으로써 폭력과 위협을 통해 정착지 자산을 지켰다. 프랑스나 스페인 정부로부터 영토를 하사받았던 정착민들은 워싱턴에 대한 충성심이 훨씬 더 낮았을 것이다. 남부에서는 주 자치령을 택하고 연방 법령의 시행을 거부함으로써, 정부의 의지를 실현할 군사력조차 갖지 못한 연방의 권위에 도전했다. 이런 상황에서 연방 공무원들은 행정가 이상이 되어야 했다. 국민의 충성심을 얻고 정부의 정통성을 인정받아야만 했던 것이다.

튜더왕조와는 달리, 미국의 민주주의 통치자들은 지방민들에게 통치의 권위를 인정받았던 귀족들을 행정관으로 임명할 수 없었다. 남부 외에는 지주 귀족들이 없었고 신분적 위계질서가 유럽보다 훨씬 약했기 때문이다. 1820년대의 정치경제적 변화는 신분과 특권에 의한 구분을 지탱했던 제도들을 더욱 약하게 만들었다. 하지만 정당들은 점점 더 강해졌고 정당의 지방 지도자들은 연방 공직에 진출할 수 있는 가장 유력한 후보자들이었다. 정당 정치인들은 인근 거주민들의 지지를 얻었고 존경까지는 아니더라도 투표를 호소할 수 있었기에, 주민들을 연방법에 따르도록 만들고 [그들에게서] "정부에 대한 주민의 호의와 애정을 이끌어 낼 수 있었다."[12]

이 시기부터 20세기 초반까지, 후원 관계에 기초한 공직자들은 자신이 지지하는 정치인의 성공을 통해 관직을 보유했으며, 역대 정부에게는 충성스러운 행정가를 충원하는 수원이 되어 주었다. 또한 유권자의 표를 모아 정권의 지지 기반이 창출될 수 있도록 도왔다. 시민들에게는 사회 서비스에서부터 법률 지원, 취업에 이르기까지 개인에 맞는 맞춤형 혜택을 제공했다. 때때로 이들 시민 행정가는 국가의 강제력이 미치지 못하는 상황에서 [정부 정책에 대한] 대중의 복종을 이끌어 냈다. 공화당으로부터 혜택을 입었던 노동자들은, 남북전쟁 기간에 군대에 징집되는 것을 받아들였고, 국채 판매와 세금 징수가 원활하게 이루어지도록 도왔다. 북부의 유능한 정당과 후원 조직은 연방the Union이 승리하는 데 예상 밖의 커다란 역할을 했던 것이다.

시민 행정가들은 중앙정부의 운영을 도왔을 뿐만 아니라 지방민들의 자질구레한 사정, 각종 민원, 재판의 어려움을 해결하는 데에도 중요한 역할을 했다. 1920~30년대 시카고 정당정치에 대한 해럴드 고스넬Harold Gosnell의 고전적 연구는, 행정가들이 개별 시민의 필요에 맞추어 정부 정책을 어떻게 바꾸어 냈는지를 보여 준다. 이들은 유권자들이 퇴직 군인연금 수급 자격을 얻을 수 있도록 돕고, 인척들이 시민권을 얻도록 해주었으며, 주택 소유자 대부 회사[페니메이나 프레디맥과 같은 정부 지원 기업]를 통해 정부로부터 주택 보조를 받도록 도왔다. 시민 행정가들 덕분에 병자들은 공공 의료 서비스를 받을 수 있었고, 이민자 기업가들은 중소기업을 운영하는 데 필요한 허가증을 얻을 수 있었으며, 복잡한 건축 규정을 충족하거나 회피하는 방안을 알 수 있었고, 그들의 비행 자녀들은 형법 시스템에 대처해 나갈 수 있었다.[13]

19세기 후반 세계 각지에서 모여든 미국 상층계급들의 관점에서 보면, 이런 후원 관계에 토대를 둔 특수주의 행정 스타일은 부패와 정실 정치를 의미했는데 이런 진단이 틀린 것은 아니었다. 하지만 후대의 몇몇 관찰자들은 후원 정치와 이를 지탱했던 정당 조직을 좀 더 관대하게 분석하기도 했다. 사회학자 로버트 머튼Robert Merton은 "비인격성이 만연한 우리 사회에서, 지구당을 통해 움직이는 정당 조직은 도움이 필요한 사람들에게 인간적이고 인격적인 모든 형태의 지원을 제공해 사회의 중요한 기능을 충족한다."며 복지 당국의 "한정된 원조를 냉정하게 관료적으로 배분하는" 시스템을 대체할 환영할 만한 대안이라고 설파했다.[14] 오늘날 고객 친화적 관료들은 선대 관료들보다 사람의 온정을 담아 서비스를 제공하고 지원하는 훈련이 더 잘되어 있을지도 모른다. 하지만 그들의 직업은 집권당에 대한 충성도로 좌우되지 않으며, 고객을 정치적으로 동원해야 하는 역할을 맡고 있는 것도 아니다. 공공 행정은 여전히 민주주의의 도구이지만, 그 역할에서 시민을 참여시키고 유권자를 동원하는, 민주주의를 위한 정치적 기능은 상당 정도 사라졌다.

시민 행정가들은 19세기 대중 참여를 넓히는 데 도움이 되었던 정당 조직의 뼈대였다. 현대 직업 관료들과는 달리 19세기의 시민 행정가들은 대중의 정치 참여에 따라 자신의 권력과 지위가 좌우되었기 때문에, 참여를 확장하는 데 이해관계가 컸다. 또한 정부가 시민 행정가들에게 의지하면서 국가 또한 대중의 참여와 밀접한 관계를 갖게 되었다. 19세기 미국의 정당들은 정당과 후원 관계에 있는 수십만 노동자들을 선거 운동원으로 활용하면서 엄청난 선거 동원 기록을 세울 수 있었다. 일부 지역의 정당 조직들은 90퍼센트에 이르는 투표율을 유지했다. 미국 정치에 획을 그었던 1896년 대통령 선거*에서, 공화당 선거 운동원들은 선거운동의 일환으로 오하이오 변두리에 있던 윌리엄 매킨리 William McKinley 후보의 고향을 행진하기 위해, 연방 각 주에서 공화당원

25퍼센트 이상을 불러냈다.[15] 시민 행정가들은 직접 대중 정치의 세계를 확장하고 정교하게 발전시켰다.

혁신주의자들은 정당과 동료 당원에 충성하는 단기 아마추어 시민 행정가들을 국가에 충성하는 직업 관료로 대체하기 위해 싸웠다. 따라서 독립적인 공무원 선발 위원회는 정치적 충성과 봉사가 아니라 경쟁적 시험을 통해 [개인의 능력과 실력을 기준으로] 정부 고용인들을 선택하는 실적주의제merit system의 확대를 지지했다.

또한 혁신주의자들은 정치와 행정의 분리를 주장했다.[16] 우드로 윌슨Thomas Woodrow Wilson은 교수 재임 시절에 정치와 행정의 분리에 대한 신념을 표명한 바 있었다. 행정은 효율성 극대화의 관점에서 공적 목표를 달성하기 위한 과학이나 기술이었다. 하지만 행정가들은 그런 목적을 정의하는 일을 하는 게 아니다. 목적을 정의하는 일은 정치인의 일이다. 행정가들은 모든 사람에게 봉사하면서 어느 누구에게도 봉사하지 않는 정치적으로 중립적인 전문가들로, 당대 정부의 당파적 목적이 아니라 공적 이해에 복무해야 했다.[17] 정치에서 행정을 분리해 냄으로

● 정당 체제의 시기를 구분할 때, 일반적으로 첫 번째 정당 체제는 국가 건설 이후 연방주의자와 민주-공화당 간의 정치 갈등을 중심으로 정치가 전개되던 시기, 두 번째 정당 체제는, 앤드루 잭슨 주도의 근대적 민주당과 휘그당이 경쟁했던 시기를 말한다. 그리고 세 번째 정당 체제가 바로 1896년 대통령 선거(공화당 윌리엄 매킨리 당선)부터 1932년 대통령 선거(민주당 프랭클린 루스벨트 당선)까지다. 1896년 선거는 민주당에 대한 남부의 견고한 지지와 남부 이외 지역에서 공화당의 배타적 지지 기반이 형성되는 계기로 평가된다. '1896년 체제'라는 용어를 최초로 사용했던 샤츠슈나이더는 그 특징으로, 민주당과 공화당의 지배적 분파가 남부와 남부 이외 지역에서 각자의 배타적인 지배권을 암묵적으로 보장함으로써 전국적 수준에서 유권자 동원이 급격하게 감소했던 것을 들고 있다(Schattschneider, *The Semisovereign People*, 1960). 이 시기는 정당정치의 부패 일소, 후원 관계에 따른 유권자 동원 행태에 대한 비판과 전문적 행정 관료제 도입 등을 주장했던 혁신의 시대와 겹친다.

써 관료제는 과거 의지했던 대중적 기반으로부터 거리를 두게 되었다. 이는 대중의 지지를 동원하거나 시민의 순응을 얻지 않고서도 정부가 기능할 수 있게 하는 직업 관료제가 출현했음을 의미했다.

공무원들을 대중의 정치적 동향으로부터 가능한 한 멀리 떨어뜨려 놓기 위해, 혁신주의 운동 진영의 학자와 지식인들은 '인사행정'을 고안했다. 인사행정의 원리는 군대와 유사한 지위 구분 체계, 근무 평가, 공무원이 평생 직업이라는 인식, 지역을 옮겨 다니는 순환 근무제, 급여·수당·승진 규정, 퇴직과 연금 규정으로 구체화되었다.[18] 인사행정의 기법들은 정부 공무원의 업무를 상명하달식으로 구성하고, 공무원들이 대중 정서의 변화나 지방 연고에 영향을 받지 않도록 만들었다. 정부는 짧은 임기의 시민 행정가들에게 의지했던 관행에서 벗어나 직업 공무원에 기대게 되었다.

연방 정부가 인사행정의 기본 원리 가운데 많은 부분을 받아들이게 된 계기는, 1905년 연방 행정 관행의 개선을 위해 시어도어 루스벨트 Theodore Roosevelt 대통령이 임명한 킵 위원회Keep Commission의 보고서였다.[19] 루스벨트의 후임 윌리엄 하워드 태프트William Howard Taft 대통령은 '경제와 효율 위원회'Commission on Economy and Efficiency를 창설했고, 위원회는 직위 구분과 노동 효율성 평가를 정교화해 킵 위원회의 작업을 보완했다.[20] 그들이 희망했던 대로 혁신주의자들은 정부를 대중적 정치 동원으로부터 분리해 내기 시작했다. 20세기 중반에 이르면 후원 관계는 일리노이 주 쿡 카운티Cook County와 같은 극소수의 보루에서만 살아남게 된다. 정부 기구는 시민 행정관들이 아니라 소수의 전문가들의 손에 장악되었다. 더 나중에는 공무원들조차 정부의 업무를 위탁 대행하는 민간 기업의 고용인들에게 자리를 내주기 시작함으로써,[21] 국가에 권

위를 부여했던 대중의 의지가 개입할 여지마저 박탈하는 단계로 나아
갔다.

과세 : 자발적 순응에서 자동화로

세입은 믿을 만한 행정관만큼이나 정부에 필수적이었다. 근대 초기 유
럽에서, 불안정한 과세 체계는 재정 불안정을 낳고 강한 국민국가의 발
전을 저해했다. 통치자들은 대개 자신이 소유한 영토에서 거둬들인 수
입, 귀족들이 마지못해 내는 기부, 금융업자로부터 빌린 대부금에 의존
했다. 이런 세입원은 불안정할 뿐만 아니라, 통치자들로 하여금 지주
귀족과 부유한 금융업자들에게 종속되도록 만들었다. 16세기 초반 유
럽의 군주들은 힘 있는 귀족들이나 은행가들에게 의존하는 정치적 불
편함에서 벗어나 좀 더 확실한 소득을 얻기 위해 새로운 세입 증가 조
치들을 도입했다. 예컨대 프랑스에서는 작물, 토지, 상업 거래에 과세
를 시도했고, 때때로 정부 관직을 매매하거나 교회 자산을 몰수하기도
했다. 15세기 호엔촐레른 왕가는 브란덴부르크-프러시아의 통치권을
갖게 된 후, 기존 봉건 세입 체계를 자산과 맥주 생산에 대한 과세 체계
로 대체했다. 그러나 새로운 조치의 효율성에는 한계가 있었다. 잉글랜
드 튜더왕조의 왕들은 다양한 직접세를 도입하려 했으나 의회의 세입·
세출 관할권을 빼앗을 수는 없었다. 전 유럽 차원에서는 이런저런 관세
와 소비세가 도입되었는데, 이 제도들은 대체로 세금을 걷는 데 들어가
는 비용이 실제 거둬들인 세입을 능가할 만큼 비효율적이었다.[22]
　18세기 초반, 유럽 정부들은 세입 기반을 일반 대중으로 확장했다.
국가는 소득세와 인두세를 부과하는 것에 더해, 은행가와 금융가만이

아니라 평범한 시민들도 구입할 수 있을 정도의 소액 채권을 판매하기 시작했다. 이 새로운 메커니즘은 왕실 재정을 점차 증가시켰고, 국왕의 가장 강력한 신민들인 귀족에 대한 의존도를 낮추었다. 하지만 세입 기반을 넓힌다는 것은, 국가가 충성심과 지지를 구해야 할 인구 규모가 그만큼 넓어진다는 것을 의미했다. 과세 대상이 늘어나면서 대표와 시민 참여를 확대하라는 요구가 등장했고 대의제도의 발전이 이루어졌다. 대부분의 경우 그 최종 결과는 국가권력이 확장된 것이었다. 그러나 일부에서는 세입 기반이 확대되는 과정에서 통제의 범위를 넘어 버려 권력을 잃기도 했는데, 혁명이 일어난 프랑스가 그 예다.

미국은 출발부터 넓은 세입 기반을 가지고 있었는데, 이는 유럽 왕국들이 수 세기 동안 시행착오를 거치면서 도달했던 단계였다. 미국의 지방·주·연방 정부는 공화국 초기부터 재정 수요 때문에 평범한 시민들에게 상당 정도 의존하고 있었다. 13개 식민지 정부는 미국혁명 이전에 이미 세입 기반을 확대할 수 있는 메커니즘을 갖추었다. 식민지의 재산세는 농민들에게 가장 무겁게 부과되었는데, 이들의 자산은 쉽게 평가될 수 있었기 때문이다. 또한 대부분의 식민지 주들은 인두세를 부과했다. 예를 들어 식민지 매사추세츠 주에서 한 사람은 20파운드의 가치가 있었고 파운드당 1페니 비율로 세금을 내야 했다.[23]

재산세와 인두세의 조합은 식민지 납세자의 범위를 확대했지만, 이는 일반 시민들이 정치에 영향력을 행사할 수 있는 실질적인 수단이 되기도 했다. 대부분의 식민지 의회는 비교적 소수의 엘리트들이 지배하고 있었지만, 평범한 납세자들은 납세 거부를 무기로 이들을 위협할 수 있었다. 식민지 시기에 조직적인 납세 저항은 일반적인 현상이었고, 식민지 정부는 이를 다룰 군사력을 갖추지 못했다. 그 결과 식민지 정부는 농민, 소매상인, 소규모 자산 보유자들에게 관심을 기울여야만 했다. 이들은 식민지 의회에서 의석을 차지할 힘은 없었지만, 정부가 절실히 필요로 하는 세입을 거부할 수는 있었기 때문이다. 예컨대 18세기 초 펜실베이니아 주에서 일어난 조세 저항은 식민지 정부가 더 공정한 재산세 체계를 도입하는 계기가 되었다. 독립 혁명 이후 1787년 셰이스의 반란,[*] 1794년 위스키 반란[**]은 식민지 조세 저항의 전통을 잇고 있다.

일부 식민지 정부들은 불만이 많은 납세자들을 자극하지 않기 위해 좀 더 상상력을 발휘해 소액 단위 이자부채권을 발급함으로써 현금 수입을 늘리려 했다. 결국 이것은 오늘날 지폐처럼 유통되었다. 마거릿 마이어스Margaret Myers에 따르면, 식민지 매사추세츠 주는 근대 역사에서 지폐를 발행한 최초의 정부였다.[24] 윌리엄 왕 전쟁(1689~97년)[***]의

---

[*] 셰이스의 반란(Shays' rebellion)은, 매사추세츠 주 서부에서 미국혁명 전쟁 참전 군인인 다니엘 셰이스(Daniel Shays)가 주도해 일으킨 무장봉기다. 미국혁명 전쟁 당시 각 주가 진 채무는 결국 개별 납세자들의 채무로 부과되었는데, 화폐경제가 상대적으로 발전해 있던 매사추세츠 주 동부와는 달리 서부는 여전히 물물교환 경제에 의존하고 있었기에 서부 소농들은 이를 감당하기가 힘들었다. 채무이행을 위해 소농들은 농지를 동부 출신의 투기꾼들에게 팔았는데, 당시 그 가격은 공정 시장가격의 3분의 1 수준에도 못 미쳤다고 한다. 그 결과 파산 상태에 이른 소농들을 중심으로 셰이스의 반란이 일어났고, 이는 조지 워싱턴 등 당시 정치 엘리트들에게 큰 영향을 미쳤다.

[**] 위스키 반란(Whiskey rebellion) 혹은 위스키 폭동이라고도 불리는 이 사건은, 1791년 증류주에 부과된 세금에 대한 반발로부터 시작되어 1794년 정점에 이른 대중 폭동을 말한다. 워싱턴, 펜실베이니아, 머난거힐라 계곡 등 여러 지방에서 발발했다. 미국의 새로운 연방 정부는 혁명전쟁의 채무를 해결하기 위해 증류주에 세금을 부과하기로 결정했는데, 대규모 증류주 제조업자들에게는 정액 요금을 부과한 반면, 중소 제조업자들에게는 갤런당 세금을 부과해 소농들의 커다란 반발을 초래했다(당시 소농들은 잉여 곡식을 주정으로 만들어 판매하는 것이 관행이었다).

후과로 식민지 정부들은 파산했고 돈을 빌릴 수도 없었다. 또한 대중의 저항에 부딪힐 것이 분명한 상황에서 조세 증액을 강제할 기제도 없었다. 이에 1690년에 식민지 정부는 상환 시점 기준 총 7천 파운드에 이르는 이자부채권을 발행해 재정난을 타개하고자 했다. 그 뒤 수십 년 동안, 총 19만4천 파운드의 채권이 새로 발행되었다.

매사추세츠 주에서 발행한 채권의 최소 단위는 50파운드로 그 유통이 제한되었다. 그러나 1720년대에 이르러 뉴욕 주는 25파운드짜리 이자부채권을 발행했고, 펜실베이니아 주는 12파운드짜리 채권을 발행했다. 이 소액 채권은 현금 경제에 관여하고 있는 사람들 상당수를 사실상 정부 채권 소유자로 만들었다. 1730년대 식민지 대부분에서는 훨씬 더 작은 단위의 채권이 유통되기 시작했다. 예컨대 1750년대 초 메릴랜드는 1달러, 2달러, 4달러, 6달러짜리 채권을 발행하기 시작했다. 독립 혁명기에 이르면 파운드와 달러로 표시된 채권은 일반적인 지폐로 통용되었고, 실제 주화를 대신해 미국의 주요 거래 수단이 되었다. 한 연구자에 따르면 1776년 지폐 형태로 유통된 채권은 총 유통화폐 1천2백만 파운드 가운데 거의 60퍼센트를 차지하고 있었다고 한다.[25]

널리 유통되는 채권에 대한 의존도는 식민지 정부가 평범한 시민들

●●● '윌리엄 왕 전쟁'은, 유럽에서 프랑스 루이 14세와 대동맹(Grand Alliance 혹은 League of Augsburg) 간에 벌어진 전쟁의 식민지 대리전이라고 할 수 있다. 유럽의 패권을 둘러싸고 루이 14세에 대항해 영국의 윌리엄 3세, 합스부르크 왕가, 네덜란드 동맹군(대동맹)이 대결을 펼쳤는데, 이들 간의 대립은 아메리카 식민지까지 연장되었다. 캐나다 지역에 식민지를 두고 있었던 프랑스가 이 지역 원주민들과 연합해 영국 식민지 변방 지역을 공격하면서 발발한 이 전쟁을, 영국의 식민지였던 미국 지역에서는 윌리엄 왕 전쟁이라고 부른다. 전쟁은 7년간 지속되다가 1697년 레이스웨이크 조약으로 마무리되었다.

의 요구에 관심을 기울일 수밖에 없었던 이유들 가운데 하나였다. 정부가 대중의 신뢰를 잃으면, 정부 발행 채권이 더 이상 통용될 수 없게 되고 채무 관계를 해결할 정부의 능력이 위협받기 때문이다. 예컨대 펜실베이니아 정부는 퀘이커 교도들의 평화주의 정서 때문에 정부 발행 채권이 군비 지출을 위해 쓰이지 않을 것이라는 서약을 해야만 했다.

독립 혁명을 거쳐 1789년 연방 정부가 구성된 후, 각 주들은 주요 세입원으로 재산세와 인두세에 널리 의존했다. 연방이 구성된 초기, 즉 주요 세입원을 각 주들이 독점하고 있는 상황에서, 연방 정부는 수출입 관세를 통해 재정의 일부를 조달했고 부족분은 국내외 신용 시장에서 빌려 충당했다. 하지만 남북전쟁 기간 동안 정부는 급격히 세입을 확대해야 했고, 전통적인 재정원인 국내 은행과 금융권으로부터 충분한 자금을 조달할 수 없게 되었다. 유럽 투자자들의 입장에서는 미연방 전역이 전장이 되어 버린 상황에서 미국 채권을 구매하는 데 확신이 없었으며 주저하고 있었다.[26]

이런 상황에서 연방 정부는 공산품에 대한 소비세, 소득세, 소액 투자자들에 대한 채권 판매, 여러 가지 형태의 법정화폐 발행 등을 포함해 새로운 세입원을 발굴해 나갔다. 세입을 확대하기 위한 이런 장치들은 대중이 인정해야 작동하는 것이므로, 정부는 총 40억 달러가 넘는 연방 군비 지출을 충당하기 위해서는 대중의 신뢰에 매달릴 수밖에 없었다. 전쟁이 끝나는 시점에는, 소비세와 소득세 수입이 12억 달러 이상을 차지하게 되었다. 1862년에는 다소 누진적인 소득세 체제가 법제화되었다. 연간 소득 1만 달러 이하의 모든 소득에 대해서는 3퍼센트, 그 이상의 소득에 대해서는 5퍼센트의 세율을 적용한다는 것이었다. 소득세법은 1864~65년 개정되어 5천 달러 이하 소득에는 5퍼센트, 그

이상에 대해서는 10퍼센트의 세율을 적용했다.[27]

남북전쟁 기간에 도입된 세 번째 주요 세입원은 소액 투자자들에게 정부 채권을 판매하는 것이었다. 1862년 재무부 장관 샐먼 체이스 Salmon P. Chase는 오하이오 주 공화당원인 은행가 제이 쿡Jay Cooke에게, 국내 은행이나 외국 투자자들에게 판매되지 않은 5억 달러어치의 정부 채권을 어떻게 처리할지를 상의했다. 쿡은 이전에 정부 채권을 구매한 적이 없는 일반 시민들에게 채권을 판매하는 안을 제시했다. 그는 평범한 미국인들의 애국심에 호소할 수 있을 것이라고 생각했고, 정부 채권을 소유한 많은 사람들이 자국의 안녕에 더 큰 관심을 가지게 될 것이라고 믿었다.[28] 쿡은 북부 지역에 2천5백 개의 판매 기관과 연계망을 확립하고, 정부 채권을 구매하는 것은 애국의 의무이며 현명한 투자라는 점을 언론을 통해 홍보했다. 공화당 정당 조직은 4년간의 긴 전쟁을 치르면서 대중의 지지와 정권의 재정을 유지하기 위해, 역사가 에릭 매키트릭Eric McKitrick이 "목적에 대한 부단한 지지"라고 불렀던 것을 설파하면서, 각급 단위 공동체에서 쿡의 판매 기관과 손을 잡고 활동했다.[29] 1863년 채권은 다 팔렸고 대부분은 금융기관이 아닌 개별 시민들의 수중에 들어가게 되었다.

전쟁 기간에 도입된 마지막 세입원은 4억5천만 달러에 이르는 법정화폐의 발행이었다. 소위 그린백*이라고 불린 이 지폐의 일부는 이

---

* 그린백(greenback)은 흔히 미 달러화를 가리키는 속어로 사용되는데, 전쟁 기간에 연방 정부의 재무성이 발행한 법정화폐의 명칭에서 유래했다. 연방헌법이 채택된 후, 연방 정부가 화폐 발행권을 가질 수 있는가를 둘러싼 논쟁이 거세게 일었는데, 최초의 연방 정부 화폐는 〈1862년 법정 통화법〉(Legal Tender Act of 1862)이 제정되면서 발행될 수 있었다.

자를 지급받는 것이었고, 나머지는 20년 장기 정부 채권 형태로 발행되었다. 그러나 그린백의 대부분은 태환이 안 되는 '불환지폐'*였다. 불환지폐는 연방 정부가 전쟁 기간에 민간에게 졌던 채무를 상환하는 형태로 발행된 것으로, 대중이 정부에 무이자 대출을 해준 형식이었다. 전쟁이 끝나고 나자 전시에 연방 정부가 발행한 지폐의 합법성이 문제가 되었지만, 결국 연방 대법원의 합헌 판결을 얻었다.[30]

남북전쟁 기간에 고안된 세입원들은 이후 수십 년 동안 연방 정부의 징세 노력에서 중요한 부분이 되었다. 소득세는 1895년 연방 대법원에서 위헌 판결을 받았으나, 1913년 수정 헌법 16조에 따라 재도입되었다. 19세기 후반에서 20세기 초반에 이르는 시기, 기업 및 금융 관계자들은 자신들을 대변했던 공화당과 함께, 소득세에 반대하며 거액의 채권을 판매해 연방 정부의 재정을 조달하는 안을 지지했다. 납세자들과 달리 채권 보유자들은 연방 정부의 운영을 위해 개인의 이익을 희생해야 했으므로, 채권 판매로 유지되는 정부는 채권을 구입한 기관과 개인에게 관심을 기울이는 경향이 있었다.

반대로 인민당원,** 다수 민주당원, 일부 자유주의 성향의 공화당

---

* 불환지폐(fiat money)는 태환지폐의 반대의 의미로 쓰였다. 20세기 중반 이전까지 각국은 금이나 은을 본위화폐로 하면서, 정부가 발행하는 법정화폐는 본위화폐의 교환가치에 의해 평가되었다. 하지만 금본위제 등이 폐지된 이후, 현대에 유통되는 정부 발행 화폐는 모두 불환지폐다.

** 미국 인민당(People's party, Populist party)은 1891년에 결성되어 1908년에 사라져 단명했지만, 당대 특히 1892년 대선과 1896년 대선에서 중대한 영향력을 가졌던 정치 세력이다. 인민당의 당원이나 인민당의 정치적 성향을 가졌던 사람들을 칭하는 인민주의자(Populists)로 더 많이 알려져 있으며, 19세기 러시아의 브나로드운동과 함께 포퓰리즘(인민주의)의 기원으로 꼽힌다. 노스캐롤라이나·앨라배마·텍사스 등 남부 주들의 면화 농장

원들은 소득세, 특히 누진세율 구조를 가진 소득세 제도를 지지했다. 이 제도는 정부의 관심을, 개인의 이익과 정치적 영향력을 동시에 증가시키고 있던 은행, 금융가, 엘리트 채권 보유자들에게서 다수의 평범한 미국인들에게로 돌리고, 이들에게 재정을 의존하게 만들었다.[31] 연방 정부가 채권을 발행해야 할 때도, 인민당원들과 대부분의 민주당원들은 재력가들이 아니라 일반 시민이 구매할 수 있는 소액 채권을 선호했다.

공공 재정에 대한 서로 다른 입장들 간의 논쟁은, 제1차 세계대전 기간에 우드로 윌슨 행정부가 의회의 반대를 무릅쓰고 증세를 통해 전비의 상당 부분을 조달하면서 격화되었다. 1917년 4월 의회 특별 회기에 보낸 교서에서, 대통령은 "막대한 채무를 지게 되더라도 …… 고통과 적으로부터 …… 우리 국민을 보호하는" 것이 정부의 의무라고 말했다.[32] 결과적으로 제1차 세계대전의 전쟁 비용은 적어도 부분적으로는 민주당과 인민당의 관점에 부합하는 방식으로 충당되었다. 우선 소득세는 미국이 참전 비용을 조달하는 데 결정적인 역할을 했다. 1918년 소득 4천 달러 이하 6퍼센트, 그 이상의 소득에는 12퍼센트의 세율이 적용되었던 소득세는, 전시 미국이 감당했던 군사비용 및 연관 비용인 330억 달러의 거의 3분의 1을 조달했다. 전쟁 비용의 나머지는 법인세, 소비세, 그리고 특히 정부 채무로 조달되었다.[33]

노동자들과, 캔자스·네브래스카 주 등의 밀 농장 노동자들을 주축으로 해 그 세가 급격히 확장되었다. 철도 산업, 은행업 등의 이해관계가 농업의 이해관계와 적대적이라고 인식했고 농업의 이해관계를 정부 정책에 적극적으로 관철하고자 했다. 또한 정치권력을 장악한 엘리트들에 대해 부정적이었고 비(非)엘리트들의 정치적 욕구를 대변하고자 했다. 1896년 대통령 선거에서 독자적인 후보를 내지 못하고 민주당 후보였던 윌리엄 제닝스 브라이언(William Jennings Bryan)을 지지한 이후 쇠락의 길을 걸었다.

정부는 남북전쟁 기간에 제이 쿡이 고안했던 것과 유사한 마케팅 기술을 사용했는데, '빌려서 사자' 캠페인을 통해 전 미국인들에게 '자유 대부'Liberty Loans와 '승리 대부'Victory Loans에 참여할 것을 촉구했다. 네 종류로 이루어진 이 대부 캠페인은 전시 220억 달러라는 경이적인 기록을 올렸다. 채권은 50달러의 소액 단위로 팔렸고 할부 구매가 허용되었다. 자유·승리 대부 캠페인은 판매·집회·홍보국으로 조직된 '전쟁 대부 기관'War Loan Organization이 진행했다. 전체 판매망은 지방은행과 연계해 일하는 수만 명의 자발적이고 평범한 시민들에 의해 움직였다. 애국심으로 충만했지만 가난 때문에 자유 대부 운동에 동참하기 어려웠던 사람들은 절약 우표, 전쟁 구제 증서, 학교·우체국·공장에서 발행하는 소액 채권을 구매했고 그 결과 10억 달러가 모였다. 우표는 장당 25센트였다. 절약 우표 16장 한 시트는 5달러짜리 이자 변동 채권으로 교환되었다. 우표와 저축채권은 시민 자원군들이 구입하기도 했다.[34]

이런 양상은 남북전쟁 시기와 유사했지만, 정부가 채권을 판매하기 위해 일반 시민의 애국적 열정에만 전적으로 의존한 것은 아니었다. 미 연방 정부는 1913년 연방준비제도˙를 창설하고 1915년 이를 재무부 국고 기관으로 지정하면서, 대부 능력을 크게 증대했다. 연방준비제도는 전시 재정 지원을 위해 정부가 약정한 회원 은행 대출에 우대 할인

˙ 연방준비제도(Federal Reserve System)는 연방 정부 법률에 근거해 설립된 중앙은행이다. 〈1913년 연방준비은행법〉(Federal Reserve Act of 1913)에 따라 도입되었고, 미국을 12개의 연방 준비 지구로 나누어 각각 설치한 연방준비은행(Federal Reserve Banks)과, 12개 연방준비은행들의 예산 및 할인율 등을 심의하는 연방준비제도이사회(Federal Reserve Board)로 출발했다.

율을 적용했다. 회원 은행이 빌리는 자금은 다시 대중이 전쟁 채권을 구매할 수 있도록 할부 대출을 촉진하는 데 사용되었다. 연방준비제도는 채권 판매가 성공할 수 있도록 경제에 충분한 자금을 제공함으로써, 결정적인 역할을 했던 것이다.[35] 제도 혁신과 주의 깊게 고안된 경제정책은 애국심을 고양했다. 평범한 시민들은 제1차 세계대전의 전비를 조달하는 데 중요한 역할을 했지만, 연방준비제도의 출현은 공공 재정에서 제도적 질서가 대중적 열정에 대한 의존을 점차 대체하는 새로운 시대의 도래를 알리는 것이었다.

조세 수입과 정부 대부는 대공황 때 다시 한 번 증가했고, 1941년 미국이 제2차 세계대전에 참전하면서 훨씬 더 극적인 증가를 보였다. 제2차 세계대전은 정부의 재정 조달에 분수령이 되었다. 우선 〈1942년 세입법〉Revenue Act of 1942은 소득세를 납부해야 하는 주택 소유자의 숫자를 늘려 소득세 세입을 1천3백만 달러에서 2천8백만 달러로 증가시켰고, 국가 세입 기반을 실질적으로 확장했다. 1944년 소득세율은 연간 소득 5백 달러에서 2천 달러 구간 3퍼센트, 2천 달러 이상에는 20퍼센트였고, 20만 달러 이상 최고 소득 구간에서는 명목 세율이 91퍼센트에 이르렀다.[36]

전시에 이루어진 두 번째 중요한 혁신은 〈1943년 당기 세금 납부법〉Current Tax Payment Act of 1943의 법제화였다. 1943년 이전까지 연방 소득세는 소득을 얻은 다음 해에 분기별로 납부하도록 되어 있었다. 이 시스템은 개별 납세자의 정직함, 선의, 선견지명에 상당 부분 의존하는 것이었다. 하지만 1943년 법에 따라 고용주들은 소득이 발생할 때 임금과 급여의 20퍼센트를 원천징수해 정부에 납부해야 했다.

〈1943년 당기 세금 납부법〉은 오랫동안 개별 납세자의 지지와 선의에 의존해야 했던 정부를 일부 자유롭게 만들었다. 그 법은 소득세 징수를 자동적으로, 납세자의 관점에서 보면 비자발적으로 이루어지게 한 것이다. 또한 고율의 세율로 인해, 1940년 10억 달러를 약간 상회하던 연방 소득세 세입이 1944년 20억 달러에 조금 못 미치는 수준으로까지 증가되었다. 시민들에게는 더 큰 강제의 의무가 부과된 반면 재무부는 시민의 순응에 덜 의존하게 되었던 것이다.

또한 제2차 세계대전을 거치면서 정부의 채무 관리 능력은 크게 강화되었다. 저축채권 프로그램˙은 채무 관리 능력을 뒷받침한 한 요소였다. 전쟁 기간 동안 미국 정부는 5백억 달러에 이르는 저축채권을 개별 시민들에게 팔았다. 재무부 전시재정과가 애국적 호소를 조직적으로 진행하고 6억5천만 장 이상의 광고 전단을 뿌리면서 노동자들을 급여 저축 계획에 등록하도록 장려했다. 이 계획에 따라 노동자들은 소득의 10퍼센트가량을 급여에서 자동적으로 공제해 저축채권에 투자하는 것에 동의했다. 과세와 마찬가지로 정부 채권의 구매 또한 지속적으로 시민의 동의를 얻기 위해 노력하지 않고도 자동적으로 이루어진 것이다. 전쟁이 끝날 무렵에 이르면 2천8백만에 가까운 노동자들이 이 계획에 참여했으며, 매월 자동적으로 대략 5억 달러의 채권을 구매하게 되었다.

일반 노동자들에게 팔린 저축채권은 제2차 세계대전 기간 동안 미국 재무부가 빌린 기금의 거의 3분의 1에 해당한다. 나머지 가운데

˙ 저축채권(saving bond)이란, 미국 정부에서 발행하는 채권 가운데 한 종류로, 시장에서 유통되지 않고 채권자가 매각을 원할 경우 정부가 다시 매입하는 채권 형태를 말한다.

1,350억 달러는 개별 투자자, 기업, 은행에 채권을 판매해서 거두어들였다. 제1차 세계대전 때와 마찬가지로 정부 채권 판매는 엄청난 애국적 열정을 불러일으켰는데, 영화배우, 전쟁 영웅, 기타 명사들의 호소가 중요한 역할을 담당했다. 하지만 정부 채권 판매의 실질적인 내용은 제1차 세계대전 때보다는 개별 시민의 애국심에 의존하는 정도가 훨씬 낮아졌다.

이전처럼 연방준비제도는 재무부의 채권 판매 기관으로서 기여했다. 그러나 연방준비제도의 활동 범위와 성격은 제2차 세계대전 기간에 커다란 변화를 겪었다. 1920년대 초 연방준비제도는 정부 채권을 사고파는 자금의 공급을 조절함으로써 공개시장조작*을 주도했다. 필요하다면 채권 구매 자금을 조달하기 위해 화폐를 찍어 낼 수도 있었다. 1942년 12개 연방준비은행들은 모든 정부 채권을 고정이율로 사들이는 정책을 시행했다. 정부 채권을 최저 보장 가격으로 연방준비은행들에 팔 수 있다는 사실 때문에 채권은 완전히 현금화가 가능한 이자변동 자금과 등가적인 것이 되었다. 이 정책은 보장된 가격으로 채권을 쉽게 되팔 수 있다는 점 때문에, 은행과 투자자들에게 정부 채권을 구매할 유인을 제공함으로써 채권 판매의 성공을 보장해 주었다.[37] 그러나 이는 정부가 전시에 필요한 엄청난 자금을 충당하는 데서, 개별 시민의 애국심과 지지에 덜 의존하게 되었음을 의미했다.

넓은 조세 기반과 소액 채권은 일단 연방 정부가 재력가들의 이해

---

* 공개시장조작(open-market operations)은, 중앙은행이 단기 금융시장이나 채권시장과 같은 공개시장에 개입해 금융기관을 상대로 국공채 등 유가증권을 시장가격으로 매매하면서 금융 조절을 시도하는 정책을 말한다.

관계에 종속되지 않고 연방 재정을 충당할 수 있도록 만들어 주었다. 그리고 세금과 채권을 다수 시민들의 손에 분배함으로써 정부는 민주주의의 약속을 이행해야 하는 가시적인 유인을 가지게 되었다. 정부는 세금을 징수하고 채권을 팔기 위해 광범위한 대중적 지지를 필요로 했고, 이는 대중 정서와 가치에 항상 민감할 때에만 유지될 수 있는 것이었다. 여기에서 과세와 대표의 역사적 관계가 성립된다. 이 원리가 혁명의 이유가 되기 이전에도 영국령 아메리카 식민지 정부들은 조세 저항의 가능성에 민감하게 반응했다. 식민지 정부는 거주민들에게 세금을 부과하는 과정에서 발생할 수 있는 저항을 회피하고자 공채라는 방식을 활용했지만, 이 또한 대중의 지지에 의존할 수밖에 없음을 깨달았다.

조세 체제 자체가 대중의 신뢰에 기초한 것이므로, 정부는 과세에 대한 대중의 정서를 반영할 수밖에 없었다. 〈1862년 세입법〉Revenue Act of 1862 이래 미국 조세법에 녹아 있는 누진과세의 원리는, 정의에 대한 대중의 정서를 받아들인 결과였다. 조세 전문가인 시드니 래트너Sidney Ratner에 따르면, 누진과세는 세금을 거의 내지 않았던 저소득 시민들에게도 과거보다는 높은 세율로 새로운 세금을 부과할 수 있도록 했다.[38] 또한 소수의 부유한 미국인들은 자신보다 덜 부유한 수천만의 시민들에게 조세 체제가 공정하고 과세 요구에 순응해야 한다는 점을 확신시키기 위해, 훨씬 더 고율의 세금을 받아들여야만 했다.

1980년대 이래 누진 소득세는 심각하게 약화되어 왔는데, 이는 정부 재정이 평범한 시민들의 선의에 덜 의존하게 되었음을 보여 준다. 조세 체제에 대한 대중의 신뢰를 확보하고 이를 통해 세원을 넓히는 것이, 정부에 점점 더 중요하지 않게 되었음을 의미하기 때문이다. 그러나 징세 방법과 정부 채권 판매 방식이 변화된 결과, 영향력을 잃은 것은 다수 평범한 시민들만이 아니었다. 정부 내 권위의 배분 또한 달라 졌다. 식민지 시대 이래 의회는 자신들의 동의 없이 행정부가 징세할 수 없다는 조건으로 정치적 입지를 얻었다. 그러나 레이건 행정부와 부시 행정부 시기 어떤 형태의 증세에도 견고하게 저항했던 공화당원들의 노력으로, 재정 적자는 증가했고 의회의 재정 권력이 약화되었으며, 경제에 대한 통제권은 재무부와 연방준비제도로 이전되었다.[39] 과거 미 연방 정부도 다른 대부분의 정치체제들처럼, 세금을 납부하고 정부 채권을 구매하는 수백만 시민들을 설득해야 하는 역사적 과제를 안고 있었다. 정부가 다수의 납세자들과 투자자들에게 의존할수록, 대중적 신뢰에 대한 정부의 부담이 늘어났던 시대가 있었다. 공공 재정의 이런 '민주적' 수단은 미국의 독립, 연방 국가의 생존, 양차 세계대전에서의 승리 등을 위한 비용을 지불할 수 있게 했지만 시간이 지날수록 그 영향력의 범위는 점차 줄어들고 있다.

　　정부 재정의 민주적 토대였던 미연방 저축채권은 이제 손주가 태어났을 때나 기념으로 사주는 선물이 되어 버렸다. 그 비중은 연방 채무의 1퍼센트도 되지 않는다. 연방 조세 체제는 납세자들의 협력에 의존하는 정도를 최소화하는 징세 기술을 발전시켜 왔다. 매년 거두어들이는 연방 조세 세입 2조 달러 가운데 절반 정도는 개인소득세에서 나온다. 그리고 총액의 대략 75퍼센트 정도를 차지하는 임금노동자 원천징수는 개별 납세자의 지지나 동의를 얻기 위한 어떠한 행위도 필요 없이 재무부로 들어간다. 또 다른 5억 달러는 노인 보험, 장애인 보험, 실업 보험을 위해 노동자 급여에서 징수된다. 한 조세 전문가는 최근 "임금·이자·배당금으로 생활하는 납세자는 …… 실제로 과세 요구에 저항할 기회가 없다."라고 지적한 바 있다.[40] 고용주들은 임금에서 소득세를 원천징수하고 이를 [국세청에 거래 및 소득 신고를 하는 서류 양식인] 1099서식으로 국세청에 보고한다. 국세청은 컴퓨터를 통해 이 보고서들과 개인의 납세 신고서를 대조한다. 비非급여 소득자의 경우 국세청은 은행·중개인·기업이 매년 작성하도록 되어 있는 금융거래 공개 제3자 정보 신고서 수백만 부를 검사한다. 이 정보 신고서 또한 납세자가 신고한 소득과 컴퓨터를 통해 대조된다.

간단히 말해 정부는 수백만 시민들로부터 그들의 납세 의지와 무관하게 세입을 거두어들이고 있는 것이다. 납세 기피가 사라진 것은 아니지만 미납되는 세금은 국가가 부과하는 전체 세금 액수에서 매우 작은 부분을 차지할 뿐이다. 과세에 저항하는 극소수 미국인들은, 다니얼 셰이스●의 시대로부터 주창되어 온 시민군을 동원하는 방식이 아니고도 관료주의적 위협과 형법 체계를 통해 손쉽게 관리된다. 정부 채무에 대한 재정 조달도 마찬가지다. 더 이상 수백만 시민들을 대상으로 수천 명의 자원봉사자들이 애국적 열정을 호소하는 식으로 시간 낭비를 해야 하는 소액 증권과 채권의 문제가 아니다. 오늘날에는 금융기관의 대표 수십 명만이 참석한 가운데 연방준비은행들에서 조용히 채권 경매가 이루어질 뿐이다.

한때 일반 시민들이 공공 재정에 지대하고도 능동적인 역할을 하고 그 결과 정부로부터 존중을 받았던 때가 있었다. 하지만 세금 징수와 공채 조달을 위한 새로운 방식들이 점차 발전하면서 시민에 대한 정부의 재정 의존도는 줄어들었고 그 과정에서 시민권도 축소되었다. 정부

●'셰이스의 반란'에 대한 옮긴이 주(이 책의 63쪽)를 참조.

가 세입을 위해 시민의 협력을 더 이상 필요로 하지 않는다는 것은 2001년 10월 명백해졌다. 테러 공격 직후 일부 의회 의원들은 재무부가 대 테러 전쟁에 재원을 조달하기 위해 전쟁 채권을 발행해 미국인들이 애국적 정서를 표출할 수 있는 수단을 제공해야 한다고 제안했지만, 부시 행정부는 그 제안에 대해 냉담했다. 정부 대변인은 미국인들이 '국가를 위해 자신의 돈을 지출하고자 한다면' 채권을 구입하는 것보다 쇼핑을 하는 것이 더 낫다고 발언한 바 있다.[41]

시민군 시대의 폐막

행정과 징세에 이어 근대국가의 세 번째 핵심 요건은 군사적인 자기방어 능력이다. 이 분야에서도 한때 국가 존망에 결정적이었던 평범한 시민들의 역할은 이제 훨씬 줄어들었다.

　근대 이전에도 잉글랜드의 요먼 궁수대*는 중세의 전장을 누비는 무시무시한 존재였다. 하지만 본격적인 시민군의 시대는 18세기 말에 시작되었다. 시민군 시대 이전 전쟁의 전형적인 양상은 몸값과 전리품을 노린 직업군인들의 싸움이었다. 현대의 기준에서 볼 때 군대의 규모는 작았다. 예컨대, 18세기 유럽의 가장 강력한 군대 중 하나였던 프러시아군의 규모는 8만여 명에 불과했다.[42] 대규모 전쟁이 벌어질 때면, 왕들은 으레 용병을 고용해 군사력을 확충하곤 했다. 하지만 용병들은

---

* 요먼 궁수대(yeoman archers)는 영국의 잉글랜드와 웨일스 지방에서 활동했던 평민들로 구성된 궁수 병력을 가리킨다. '요먼'(yeoman)의 뜻에 대해서는 여러 가지 설명이 있으나 중세에는 자신의 토지를 소유한 자유농민을 칭하는 뜻으로 쓰였다고 한다.

그저 고용된 자들에 불과했다. 용병 대장에게 충성을 바치는 경우는 있었지만 자신을 고용한 군주에게 충성하는 예는 드물었고 전쟁 도중 편을 바꾸기도 했다. 용병 대장은 전쟁 중 발생하는 사상자들을 자본손실로 간주하곤 했는데, 그들에게 강력한 군인은 사업의 밑천이었기 때문이다.

이런 군사적 관행은 프랑스혁명 와중에 등장한 '국민 총동원령'Levée en masse에 의해 도전받게 된다. 1793년, 프랑스에서는 '프랑스'와 '혁명'을 지키기 위해 30만 명에 이르는 자원군과 징집병이 등장했다. 프랑스 군대는 훈련받지 못했고 장비도 제대로 갖추지 못했지만, 대의에 헌신하는 열정으로 싸웠다. 나폴레옹 치하에서 평범한 사람들에 대한 프랑스 국가의 부름이 130만 명의 군대를 만들어 냈던 것이다. 훈련된 전문 직업군인이 아닌 민간 대중의 군대가 전투에서 승리함으로써, 프랑스는 왕국에서 제국으로 변모했고 대중의 지지가 군사력으로 전환될 수 있다는 사실을 보여 주었다.

프랑스혁명 이후 19세기에 들어와, 다른 유럽의 왕국들 역시 자국 신민들에게 프랑스군의 열정과 자기희생에 필적할 만한 신념을 불어넣으려고 노력했다. 전 국민의 병역은 민족주의 교의와 함께 유럽의 규범이 되었고, 곧 보통교육의 도입으로 군인에서 어린이들에게까지 민족주의가 확대되었다. 병역의 확대는 국민연금 체제의 도입으로 귀결되었는데, 이는 초기 퇴역 군인과 그 직계 존속에 대한 보상 제도에서 발전한 것이다. 그리고 마침내 투표권이 있었다. 선거권의 확대를 지지하는 사람들은, 선거권이 신민들에게 국가에 대한 귀속 의식을 부여하고 국가를 위해 싸우도록 고무할 것이라고 주장했다. "한 사람에 총 한 자루, 투표권 하나"라는 19세기 스웨덴의 슬로건은 핵심을 잘 포착하고 있다. 근대의 전쟁은 이렇게 정치적 목소리를 갖지 못했던 신민들을 근대의 시민으로 변모시켰던 것이다.

제1차 세계대전은 전쟁 수행을 위한 대중 동원과 함께 유럽과 북아메리카에 보통선거권 확장의 거대한 물결을 일으켰다.[43] 예컨대 캐나다에서는 〈전시 선거법〉Wartimes Election Act하에서, 군 복무 중인 가족을 가진 여성들에게 전쟁 기간에 투표권을 부여했다. 여성이 투표권을 갖는다면, 남편·아들·형제들이 승리를 위해 어떠한 희생이라도 각오하게 되리라고 확신했던 것이다.[44]

대부분의 유럽 지역에서는 여전히 용병과 직업군인에 의존하고 있었지만, 북아메리카 영국령 식민지에서는 이미 시민군이 영토를 지키고 있었다. 잉글랜드의 직업 군대는 여러 곳에서 이미 전투 중이었으므로, 잉글랜드는 북아메리카 13개 식민지 주가 캐나다 지역의 프랑스군, 개척지의 원주민, 아메리카 남서부의 스페인군과 맞서 스스로를 방어하도록 장려했다. 이런 목적으로 조직된 군사력이 결국에는 영국을 몰아내고 신생국가를 탄생시켰던 것이다.

식민지의 민병들은 독립 전쟁 당시 워싱턴이 이끌던 미국군 Continental Army의 다수를 이루었지만, 복무 기간이 짧아 군사적 효율성이 떨어졌다. 하지만 동시대 프랑스 혁명군처럼 대의를 위한 민병들의 열정은 훈련과 기율의 부족함을 보완했다. 또한 식민지의 비정규 군인들은 다른 장점을 가지고 있었다. 귀환한 뒤 자신이 속한 공동체에 애국적 대의를 불어넣는 중요한 역할을 담당했던 것이다. 덕분에 미국군은 지속적으로 민병을 충원할 수 있었고 식민지에서 생산되는 군량을 확보할 수 있었다.[45]

미국은 독립 전쟁에서 승리한 후에도, 군대 유지 비용을 줄이고 대규모 직업 군대가 신생 민주주의에 부과할 수 있는 정치적 위험을 피하기 위해 계속해서 민병대에 의존했다. 1792년과 1795년 연방 〈민병대법〉Militia Acts은 18~45세의 건강한 백인 남성 자유민이 주州 민병대에 입대할 수 있도록 하고, 대통령은 주 민병대가 1년 중 3개월 이내 기간 동안 연방 군대에 복무하도록 요구할 수 있게 했다. 당시 법령에는 민병대 입대 거부에 대한 제재 조항이 없었지만, 수천 명의 미국인들이 입대를 신청했고 군사훈련을 받아들였다.[46] 민병들은 군인만이 아니라 정치인을 만들어 냈다. 에이브러햄 링컨Abraham Lincoln처럼 부와 사회적 지위를 갖지 못한 다수의 촉망받는 공직자들이, 군 복무 경력을 바탕으로 동료 시민들의 지지를 이끌어 낼 수 있었다.

1812년 전쟁*에서 싸웠던 미국 군인들도 실제 모두 민병들이었다. 군인들의 압도적 다수는 6개월 미만으로 복무했고 병역 수행 능력은 낮았다. 어떤 경우에는 경쟁 관계에 있던 민병대들이 협력을 거부하기도 했고, 전쟁 도중 귀환을 결정해서 패배하기도 했다. 하지만 켄터키의 윌리엄 헨리 해리슨 장군, 뉴욕의 제이콥 브라운Jacob Brown 장군과 앤드루 잭슨 장군 등 능력 있는 장교가 이끄는 민병대는 잘 훈련된 대규모 영국 군대를 이겼고, 시민군이 직업군인과 싸워 이길 수 있다는 확

---

* 1812년 미국 전쟁, 1812년 영미 전쟁 등으로 불린다. 당시 영국은 유럽에서 나폴레옹 1세에 대항해 대프랑스동맹을 구성하고 프랑스와 전쟁 상태에 있었다. 1812년에는 유럽에서 영국과 프랑스 간의 전쟁도 있었기에 이와 구분하기 위해 영국 측에서는 1812년 미국 전쟁이라고 부른다. 전쟁은 아메리카에서 이미 독립을 선언한 미국 이외의 식민지 지역을 동원한 영국과, 미국 사이에 일어났다. 미국의 서부 개척을 방해하고 해상권을 장악하기 위해 미국 선박을 해상 나포한 영국에 대해, 미국은 1812년 6월 전쟁을 선포했고 이는 1815년까지 지속되었다.

신을 미국인들에게 심어 주었다.

1812년 전쟁 이후 주 민병대는, 주말에는 군사훈련을 하고 애국적인 행사에서 멋진 제복을 입고 행진을 했던 지방 지원군*에게 자리를 내주었다.[47] 하지만 지원군의 일부는 시민 소요가 일어났을 때 이를 진압하는 군사행동을 벌이기도 했다. 뉴욕 시의 한 지원군 연대는 1834년, 1836년, 1837년 대규모 폭동을 진압했다. 지원군 부대들은 최전선에서 원주민들에게 폭력을 행사했고, 미국-멕시코 전쟁에서는 소집 군인의 70퍼센트 이상이 이들이었다. 질병과 영양부족 때문에 많은 사상자들이 발생하기는 했지만, 지원군과 민병대원들은 21개월이라는 전쟁 기간 동안 잘 싸웠으며 부에나비스타에서는 그 맹위를 떨쳤다. 의회는 지원군의 전쟁 수행에 크게 만족했으며, 전쟁의 결과로 정규군의 규모를 3만 명에서 12만 명으로 대폭 확대하는 대대적인 제도 개혁을 단행했다. 지원병들이 국가의 군사적 필요에 언제든지 봉사하리라고 계산했던 것이다.

남북전쟁이 발발하자 연방 정부와 남부 연맹 정부는 주 민병대에 동참할 것을 요구했다. 1861년 링컨 대통령은 주지사가 임명한 장교의 통솔하에 석 달 동안 복무할 7만5천 명의 군인을 보내라고 각 주에 명했다. 전쟁이 지속되면서 대통령은 각 주에 더 많은 군대를 요구했다. 하지만 수많은 군인들이 죽어 나가면서 병력에 대한 수요는 곧 주 지원병들의 공급을 초과하기 시작했다. 1862년 7월, 심각한 병력 부족에 직

* 민병대는 직업을 가진 비정규 군인이었던 반면, 지방 지원군은 이후 확대되는 정규군과 민병대의 중간 정도 형태로 매주 군사훈련을 받는 준정규군의 지위를 갖는 자발적 지원병들이었다.

면한 의회는 각 주에 조달할 병력을 할당하고 이를 채우기 위해 군인을 징집하라는 전례 없는 조치를 취했다. 1863년에 들어서면서 초기에는 주나 지방정부보다 연방 정부가 시민군을 동원하는 데 더 많은 노력을 기울였다. 의회는 연방 차원에서 병역에 복무할 청년들을 직접 모집하는 징집법을 제정했다. 징집 대상이 된 사람들은 대체 복무할 사람을 고용할 수 있었다. 처음에는 16만 명의 징집병과 대체 복무병이 연방 군대에 복무했지만 곧 수만 명이 징집을 희망하면서 자원하기 시작했다. 2백만 명이 넘는 민병대, 징집병, 지원병, 그리고 '비자발적인 지원병'들이 연방 군대에 소속되어 싸웠고, 남부 연맹 측에서도 또 다른 1백만 명이 전쟁에 참여했다.

전쟁이 끝난 직후 남부의 각 주들은 전쟁의 여파 속에서 민병대 조직을 금했다. 하지만 공화당이 남부 주 정부들을 장악하면서 의회는 새로운 주 민병대 구성을 승인했다. 민병대는 병적을 가진 아프리카계 미국인들과 북부 출신 뜨내기들이 섞인 백인 장교들로 구성되었고, 남부 백인들은 이 '흑인과 백인이 뒤섞인' 민병대를 경멸했다.[48] 남부 백인들은 남부 연맹 출신 퇴역 군인들을 중심으로 자신들만의 민병대를 만들어 법 밖에서 활동했다. 이 부대들은 아프리카계 미국인 민병대원들에게 테러를 가하고 협박을 했으며 그 지도자들을 죽였다. 전후 재건 막바지 남부에서 공화당 정권이 붕괴하기까지, 공식 민병대와 법 외의 민병대는 양측 모두 다수 사상자를 내면서 수많은 격전을 치렀다.[49]

1870년대 초반 각 주들은 민병대를 재조직했고 '국가 방위군'National Guard으로 이름을 바꾸었다. 1900년까지 주 방위군에는 11만4천 명이 등록했다. 5개 주는 완전한 사단을 운영했고, 25개 주는 여러 개의 여단을 유지했으며, 나머지 주들은 최소한 한 개씩의 연대를 두었다. '전국'National이라는 단어에도 불구하고 방위군 부대들은 주가 관할했으며, 주지사들은 시민 소요를 진압하는 데 방위군을 주로 사용했다. 주지사들은 재건기 말과 제1차 세계대전 사이, 인종 폭동과 종교 분쟁을 진압하고 정치적 충돌에 개입하기 위해 방위군을 5백 회 이상 소집했다. 1870~90년대 대규모 파업과 노동쟁의가 한창일 때에는, 기업의 자산을 보호하고 시위대를 해산시키는 데 방위군이 종종 동원되었다. 방위군에 소속된 군인들은 사회 각층에서 징집된 시민군들이었지만, 장교들 대부분은 시위대에 공감하기 힘든 부유층이었다. 이 과정에서 주 방위군은 노동운동에 폭력을 사용함으로써 악명이 높아지게 되었다. 예컨대, 1894년 풀먼 파업* 당시 일리노이 주 방위군 제2연대는 군중을 향해 발포해 시위대 20명 이상을 죽였고 수많은 사상자를 냈다.

방위군이 시위 진압과 폭력에 연루되면서, 방위군을 재편하거나 심지어 해산하라는 요구가 등장했다. 이런 요구들은 정규군 장교단의 지지를 받았는데, 이들은 방위군을 경쟁자로 인식했고 훈련되지 않은 민간인 대령과 장군들이 정치적으로 승진하는 상황에 분개했기 때문이다. 하지만 실제 방위군의 자율성을 침식한 최초의 사건은 스페인-미국 전쟁**이었다. 전쟁 초기 의회는 〈지원병법〉Volunteer Act을 통과시켰다.

---

* 풀먼 파업(Pullman Strike)은 1894년 5월 일리노이 주에서 풀먼 사(Pullman Palace Car Company) 노동자 4천여 명이 시작한 파업을 말한다. 풀먼 사의 일부 노동자들이 노조의 결정 없이 우발적으로 파업을 일으켰는데, 이를 제재하기 위해 사측이 전체 노동자의 임금을 28퍼센트 인하하겠다고 결정하자, 이에 반발해 일어났다. 풀먼 사 노조가 파업을 벌인 직후 3일 만에 철도 노동자 4만여 명이 동조 파업에 돌입해, 시카고 서부 일대의 교통이 마비되는 대란이 일어났다.

** '스페인·미국 전쟁'은 1898년 4월에 발발해 12월 파리조약의 체결로 종전된 스페인과

이 법에 따라 '전국' 단위로 모집된 지원자들은 훈련을 받은 후 정규군 부대에 배속되었고 이들로 구성된 연대들이 창설되었다. 이들은 원정 부대의 일부가 되었고 방위군들은 해안 경비를 담당하게 되어 있었다.

하지만 이 법은 일정한 정치적 의도에 의해 수정되었고, 주 방위군 부대들은 정체성을 유지한 채 부대 전체가 일선 전투지 근무에 자원할 수 있게 되었다. 많은 방위군 부대들이 이런 경로로 일선에 투입되었다. 그러나 정규군은 주 방위군 부대가 규정된 병력에 이를 때까지 신규 병력을 충원하도록 했는데, 이때 충원된 신규 병력은 주로 출신 주 외부로부터 들어왔기 때문에 주 방위군들은 정체성의 약화를 경험하게 되었다. 〈지원병법〉은 또한 모든 장성급 장교와 그 지원 인력에 대한 임명권을 주지사가 아니라 대통령에게 부여했다. 그 결과 주 방위군 부대들은 더 완전하게 연방 군대로 통합되었다. 전시에 복무했던 대부분의 미군은 시민군이었다. 정규군은 3만 명이 약간 넘는 정도였지만, 연방 군대로 편입된 지원병들은 무려 23만3천 명이 넘었다. 그럼에도 시민군들이 직업군인들의 통솔을 받는 결과가 된 것이다.

전후 1903년 〈딕 법〉*은 연방 군대에 대한 주 방위군의 종속적 지

미국 간의 전쟁을 말한다. 전사를 보면 스페인 본국에 대한 쿠바의 독립 투쟁과 쿠바 독립에 동정적인 미 국민들의 여론이 한편에 있고, 다른 한편에는 스페인의 해외 영토에 대한 미국의 확장주의적 정서가 있었다. 전쟁을 직접 촉발한 계기는, 쿠바 내 미국인들의 재산 및 생명을 보호한다는 명분 아래 미국 정부가 아바나 항에 파견했던 군함 메인 호가 격침된 사건이었다. 전쟁은 미 해군의 승리로 종결되었고, 전쟁 결과 쿠바는 독립되었으며 스페인의 영토였던 필리핀·푸에르토리코·괌이 미국의 영토가 되었다.

* 〈딕 법〉(Dick Act)은 〈1903년 민병대법〉의 별칭으로, 오하이오 주 방위군 소장이며 상원 의원이었던 찰스 딕(Charles Dick)이 발의한 법안에 기초했기 때문에 〈딕 법〉으로 불린다.

위를 공식화했다. 주 방위군은 단순히 각 주에 배속된 군대가 아니라 미 연방 군대 조직의 일부임을 천명한 것이다. 모든 주 방위군 부대는 행정과 조직에서 정규군의 규율을 따라야 했고, 연방 정부로부터 무기와 장비를 배급받았다. 연방 대통령은 9개월을 넘지 않는 기간 내에서 연방의 방위를 위해 주 방위군 부대를 소집할 권한을 가졌다. 이 법에 따라, 일단 방위군 부대가 연방군으로 편입되면 주 배속 군대로서의 정체성은 없어졌고 연방 정규군의 지원부대가 되었다. 정리하면, 군사력이 필요한 시기에 주 방위군은 지원병의 충원 기반으로 기능했고 그 뒤에는 미 연방 군대로 통합되었던 것이다.

〈1916년 국가 방위법〉National Defense Act of 1916과 함께 주 방위군의 전국화 작업이 더욱 진척되었다. 여전히 각 주는 방위군 부대의 훈련을 책임졌고, 주지사는 비상사태가 발생하면 방위군의 힘을 사용할 수 있었다. 하지만 전시에 방위군 소속 군인들은 연방 군대로 징집될 수 있었다. 대통령은 징집된 모든 장교와 하사관에 대한 임명권을 가졌다. 그뿐만 아니라 이 법을 통해, 원정 전투를 완수했던 군인들을 하나의 단위로 묶어 놓음으로써, 오늘날 예비군의 원형이 만들어졌다. 이들은 주나 주 방위군과 연계되어 있지 않은 전직 정규군 소속 군인들이었다. 주 방위군을 연방 군대에 종속시키고 근대 예비군의 원형을 만들어 낸 것은, 미국에서 시민군의 역할이 감소되었음을 상징적으로 나타낸다.

제1차 세계대전에서 싸웠던 미군은 주로 징병을 통해 구성되었다. 1917년 〈선별 징병법〉*하에서 2천4백만 명 이상이 등록했고 3백만

| * 1917년 도입된 〈선별 징병법〉(Selective Service Act)은 지금까지 여러 차례에 걸쳐 다

명 정도가 징집되었다. 이 외에 70만 명의 젊은이들이 자원했으며 37만 명의 군인들이 주 방위군으로부터 징집되었다. 1918년 8월, 윌슨 대통령은 주 방위군 소속 군인들을 [부대가 아닌] 개인으로 징집했는데, 이는 방위군으로서 과거에 그들이 가졌던 주와의 유대를 단절하는 조처였다. 대부분의 방위군 부대들은 다른 부대에 통합되었고 과거의 정체성이나 공동체와의 유대를 상실했다. 1918년 7월, 미 연방 육군참모총장 페이턴 마치Peyton March 장군은 〈일반명령 73호〉를 통해 주 방위군을 미 연방 정규군에 통합하는 작업을 완료했다. 〈일반명령 73호〉는 "이 나라는 단 하나의 군대를 가질 뿐이며, 그것은 미 연방 군대다."라고 천명했다.[50] 방위군 출신 군인들이 제복에 출신 주의 휘장을 부착하는 것은 금지되었다. 차후로 'U.S.'는 미군이 가질 수 있는 공적 관계의 유일한 표식이 되었다. 미국이 독립을 획득하고 연방 분리 시도를 분쇄하는데 앞장섰던 지방 민병들은, 전국 단위로 모집된 이방인들의 군대에 자리를 내주었던 것이다.

하지만 연방 정부는 징집에 대한 저항을 줄이기 위해 지역사회의 지지를 구할 방도도 함께 모색했다. 이를 위해 실질적인 징병 업무는 시민 자원자들로 구성된 4천5백 개 지방 위원회에 위임되었다. 시민 위원회는 징집병들이 병역에 응할 때까지 의료 및 법률 조언을 제공하고

른 법률로 대체되었지만 미국 병역제도의 근간을 만든 법이다. 미국에서는 일정한 연령의 남성은 모두 병역 관리 기관에 등록해야 하며, 대통령은 전시나 위기 시에, 등록된 대상자들 가운데 선별적으로 징병할 권한을 갖는다. 현재에도 18세가 넘는 미국의 영주권자 및 시민권자 가운데 징병 대상자 등록을 하지 않으면 운전면허 교부가 거부되거나 학자금 융자, 장학금·보조금 지급, 연방 공무원 임용 등에서 불이익을 당할 수 있으며, 5년 이상의 징역이나 25만 달러 미만의 벌금이 부과될 수 있다.

이들을 지원했다.[51] 결과적으로 제1차 세계대전 시기 군대의 창설은 애국심을 고취하기 위한 전국 단위의 병력 충원과, 지역사회의 협력을 이끌어 내기 위해 고안된 지방행정을 혼합한 정책에 기초하고 있었다.

제1차 세계대전 때처럼 제2차 세계대전에서도 징집병과 시민 지원병의 군대가 주 방위군과 함께 싸웠는데, 주 방위군은 전체 연방 병력의 작은 부분만을 차지했다. 의회는 1940년, 미국 역사상 처음으로 평시 병력 모집에 관한 법률을 제정했다. 법률 제정 직후 5년 동안 1천만 명이 군대에 복무했고, 5백만 명이 군수산업에서 근무하는 것으로 병역을 대신했다. 여성 30만 명을 포함한 이 5백만 명의 미국인들은 최초의 대중 징집 때 그랬던 것처럼 애국심에서, 그리고 미래의 징집 의무를 미리 수행한다는 의미에서 군수산업 복무에 자원한 것이다. 지역사회 위원회들은 다시 한 번 징병 업무와 선별적 징병제도에 대한 지역사회의 지지를 이끌어 내는 역할을 담당했다.

하지만 전후 입법은 지역 및 지방 소속 군대의 지위와 시민군의 역할 자체를 훨씬 더 축소했다. 〈1952년 예비군법〉1952 Armed Forces Reserve Act에 따라, 예비역 대상자들뿐만이 아니라 육군 및 공군 주 방위군의 모든 군인으로 구성된 긴급 예비군Ready Reserve이 창설되었다. 긴급 예비군 제도는 주 방위군과 예비군의 구분을 약화했을 뿐만 아니라, 실제로 주의 병력이었던 주 방위군을 연방 예비군의 구성 부분으로 전환했다.

제2차 세계대전 후 한국전쟁과 베트남전쟁에서 예비군과 주 방위군의 역할은 거의 없었다. 한국전에서 싸웠던 군인들 가운데 방위군과 예비군에서 징집된 이들은 2퍼센트 미만에 불과했다. 베트남전의 경우, 존슨 대통령은 대중적 지지가 낮은 전쟁에, 공동체적 유대가 여전히 강한 예비군들을 보내기보다 징집병을 보내는 쪽이 정치적 저항을 낮출 것이라고 판단했다.[52] 하지만 전쟁에 대한 대중의 반대는 광범위한 징집 반대로 퍼져 나갔다. 당시 이런 움직임은 미군이 직업군인으로 완전히 전환되는 한 가지 계기가 되었다. 후일 군사정책 입안자들은, 신무기 체제의 기술적 복잡성 때문에 단기 징집병 군대보다는 고도로 훈련된 직업군인 군대가 필요했다고 주장한다. 1990년 페르시아 만 전쟁에서 다시 한 번 많은 수의 예비군들이 소집되었지만, 그들은 진정한 시민군이라기보다 대부분 과거 상비군에 소속되었던 군인들이었다.

지역사회에 기반을 둔 시민군들은 마침내 미군에서 사라졌다. 사실 일부 전문가들은 신무기 체제로 인해 대규모 군대가 필요 없어질 것이라고 주장한다.[53] 그들의 주장에 따르면 미래의 전쟁은 컴퓨터와 첨단 무기들이 수행한다는 것이다. 1999년 미국의 주도로 이루어진, 북대서양조약기구NATO 군대의 세르비아 공격은 대규모 사상자가 없는 신개념 전쟁의 모습을 미리 보여 주었다. 이 전쟁은 적군의 사정거리 밖에 있는 함대와 항공기에서 출발한 '스마트' 미사일과 폭탄에 전적으로 의존했다. 클린턴 대통령은 시민들의 희생을 호소하지도 않았고, 전쟁에서 단 한 명의 미군도 다치지 않을 것이라고 미국인들을 안심시켰다. 2001~02년 아프가니스탄에서 벌어진 미군의 군사행동도 주로 선진 기술과 파괴적인 공군력이 담당했다. 그리고 실제 위험한 전장으로 투입된 미국인은 극소수에 불과했다.

한때 이 나라의 병역을 책임졌던 시민들은 동료나 이웃들과 함께였고 서로 연대했으며, 국가와 어떤 부분에서든 연결되어 있었다. 그들은 군 당국 앞에 홀로 서있는 외로운 징집병들이 아니었다. 당당히 요구하고 존경받는 위치에 있었다. 당연하게도 시민군에 대한 정부의 의존은 투표권 확대, 공공복지 체제의 구축과 밀접한 연관을 가졌다. 테다 스카치폴은 내전[남북전쟁] 후 확립된 퇴역 군인 연금 제도에서 미국 복지 국가 발전의 기원을 찾을 수 있음을 보여 주었다. 이때 도입된 퇴역 군인 연금 제도는 20세기 들어 곧 퇴역 군인뿐만 아니라 그 미망인들에게도 확대되었다.[54]

나라를 위해 생명을 내놓아야 했던 민병대원들은, 재산 기준을 갖춘 사람들과 똑같이 투표할 자격이 있다고 스스로 생각했다. 혁명적인 민병대원들은 급진 민주주의자들이 성장할 수 있는 토양이 되었다. 1776년 필라델피아 민병대원들의 조직인 '필라델피아 병사 위원회'는, "자유민 위에 또 다른 계층을 만들려는 사람이 당신을 대표하게 하지 말자."라고 유권자들에게 호소했다.[55] 독립 혁명의 명분이 성취되고 나서 이어진 선거권 논쟁에서, 무장 민병대원들의 정서는 무시될 수 없었다. 식민지 전역에서 시민군들은 투표권을 확대하도록 압박했다. 주 민병대 단체들은 공동체를 위해 전장에서 싸운 사람이 투표에서 배제되어서는 안 된다는 이유를 들어, 재산을 기준으로 투표권을 제한하는 체제의 종식을 요구했다. 1776년 메릴랜드에서는 무장 민병대 단체들이 자신들이 주의 재산권 요건을 충족할 수 있는지를 투표에 붙이자며 선거에 나섰다. 혹은 투표권이 거부된 병사들이 병역을 거부하겠다고 위협하는 경우도 있었다. 그 결과 메릴랜드와 다른 주들에서는 독립 혁명 기간에 전장에 나가야만 하는 미국인들의 요구에 부응해 보편적인 투표권 확대가 이루어졌다. 1812년 전쟁은, "나라를 위해 싸울 만큼 충분히 선한 사람들은 투표할 자격 또한 충분하다."라는 명분 아래 많은 주에서 선거권 개혁을 이끌어 냈다.[56] 미국에서 여성 투표권은 영국이나 캐나다에서처럼 제1차 세계대전을 계기로 부분 도입되었다. 여성이 투표권을 가진다면 자국이 전쟁에서 승리할 수 있도록 더 열심히 지원 활동을 할 것이라는 논리 때문이었다.[57] 가장 최근으로는, 베트남전에 징병될 젊은이들의 지지를 이끌어 내기 위해 투표 연령을 18세로 낮추는 수정 헌법 26조가 고안되었다. 아마도 이것이 병역과 시민권이 함께한다는 것을 인정한 마지막 희미한 몸짓이었을 것이다.

시민의 쇠퇴와 몰락

미국 시민의 쇠퇴와 몰락의 책임을 물을 만한 특별히 반민주적이고 전면적인 공격을 찾기는 어렵다. 과거 수십 년 동안 진행된 정치적 탈동원화의 이면에는 대개 좋은 의도, 민주적인 목적들도 있었다. 많은 경우 시민권의 쇠락은 정부의 효율성과 책임성을 높이려는 노력의 의도하지 않은 결과였다. 조지 워싱턴George Washington 장군 이래 수 세대에 걸쳐 군사 개혁가들은 잘 훈련되고 높은 규율을 가진 직업군인들에 비해 시민군이 열등하다고 여겼다. 19세기 말 가장 영향력 있는 군사 전략가 중 한 사람인 에모리 업턴Emory Upton 장군은, 유럽과 아시아의 군사 전술과 군대 형성을 연구하라는 과제를 부여 받았다. 1904년 출판된 업턴의 중요한 저작 『미국의 군사정책』Military Policy of the United States은 그 연구의 결과물로, 중앙집권화된 관료적 통제를 받는 전문 병력은 시민군에 기초한 군대보다 본질적으로 월등하다는 것을 보여 주도록 기획되었다.[58] 업턴의 저작은 이후 반세기 동안 미군 장교단의 관점에 큰 영향을 미치게 된다.

　정부와 경제가 더욱 원활하게 작동하도록 만든 실천들도 시민권이 작동할 공간을 축소시켰다. 공무원 제도 개혁, 소득세 원천징수 제도, 연방준비제도의 공개시장조작은 모두 정부와 시장을 합리화하려는 강력한 개혁 정책이었다. 이 모든 정책은 정부가 국민의 능동적이고 집단적인 협력에 의존해야 할 근거를 약화시켰다.

시민에 대한 정부의 의존이 약해졌다는 것이, 정부가 시민을 완전히 배제하고 있음을 의미하는 것은 아니다. 하지만 이제 정부는 새로운 조건에서 시민을 대하기 시작했다. 19세기 말 혁신주의 개혁을 시작으로 정치에 대한 집단적 참여는 점차 개별적 접근으로 대체되었다. 주민 발의, 주민 투표, 주민 소환, 연방 상원 직접 선거제도는, 혁명과 함께 태어났고 국가와 함께 성장했던 대중민주주의의 거침없는 진전에 직접적인 기여를 할 것처럼 보였다. 하지만 혁신주의 이념은 집단이 아니라, 고립되고 독립적이며 스스로 움직이는 시민을 강조했다. 혁신주의의 민주주의는 대중을 집단적으로 동원하기 위한 핵심 기제였던 정당 조직을 없애려고 시도했다. 집단 동원은 점차 개인민주주의의 선택적 동원으로 전환되었다. 정부의 행정·재정·군사적 수단들은 더 이상 국민의 집단적 정치 참여를 요구하지 않게 되었다.

정부가 시민의 충성에 더 이상 의지하지 않게 된 것은 프랑스혁명과 미국혁명으로 시작되었던 정치 시대가 종언을 고하게 됨을 의미한다. 정부는 평범한 사람들의 능동적이고 집단적인 지지에 의지하지 않고도, 전쟁을 수행하고 세금을 걷고 정책을 집행할 수 있게 된 것이다. 사실 어떤 관점에서 보면 열정적인 시민들은 도움이 아니라 장애가 되어 버렸다. 코소보 전쟁이나 페르시아 만 전쟁과 같은 최근의 군사적 충돌에서 미국 정부는 의도적으로 대중의 열정을 자극하지 않으려고 애썼다. 그렇게 되면 정부가 국익이라고 생각하는 협소한 어떤 것으로 전쟁의 목표를 제한하기 어려워질 것이라고 판단했기 때문이다.

미국인들이, 예전 정치의 시대에 가졌던 공적 권리를 당장 잃어버릴 위험에 처한 것 같지는 않다. 시민권의 퇴화한 흔적들은 원래 목적이 물거품처럼 사라진 뒤에도 오래 존속할 수 있다. 로마의 원로원은 그 제도에 의미를 부여했던 공화국이 사라진 뒤에도 존속했으며, 원로원을 의례적으로라도 승인했던 서로마제국마저 몰락했지만 살아남았다.* 오늘날 대중민주주의의 제도들은 유지되고 있고 여전히 정치인과 공직자들은 이를 의무적으로 존중한다. 하지만 그 제도들은 개인민주주의의 제도들로 대체되고 있으며, 시민권의 중요한 특성들은 사라지고 있다. 평범한 시민들은 점점 더 일대일로 정부를 만나고 있으며, 한때 동원된 대중의 구성원으로서 누렸던 영향력을 점차 잃어 가고 있다.

---

* 오늘날에도 여러 나라의 제2원(상원)을 지칭하는 용어로 사용되는 Senate는 노인을 지칭하는 라틴어 senātus에서 유래한 것으로, 로마제국의 원로원(Roman Senate)에서 출발한 기관이었다. 395년 로마제국이 동·서로마제국으로 분리된 이후에도 원로원은 각각 유지되었고, 서로마가 멸망한 이후 동로마제국에서도 비잔틴 원로원(Byzantine Senate)으로 1204년까지 존속했다.

투표자 없는 선거

국가 안보, 공공 재정, 정부 행정이 시민의 협력과 능동적 지지에 의존하는 한, 정치의 권위는 민주적인 선거를 통해 만들어졌다. 투표에서 이기는 것은 대중의 인기를 증명하는 것만이 아니었다. 선거는 통치 능력에 대한 시험이었다. 승자의 정책을 승인해 주고, 시민 행정관, 시민 군, 시민 납세자, 채권 보유자들이 승자의 정책 수행에 협력할 준비가 되어 있음을 확인하는 것이다. 미 연방 정부는 일찍부터 여러 영역에서 국민들에게 의지했는데, 이는 미국이 다른 나라에 비해 백인 남성 보통 선거권을 일찍 도입하게 되었던 중요한 요인이었다. 또한 시민에 의존적이었다는 것은, 19세기 정치 엘리트들이 선거 경쟁이라는 핵심 수단을 통해, 공공사업에서 관세에 이르는 모든 현안에서 정책적 차이를 만들어 냈음을 의미한다.

정치 엘리트들이 경쟁적으로 유권자들을 동원하면서, 투표율은 그 뒤로는 결코 달성될 수 없는 수준에까지 이르렀다. 1890년대에 이르면 투표가 가능한 유권자들의 80퍼센트 정도가 대통령 선거 투표에 참여했고, 의회 중간선거midterm election* 투표율도 70퍼센트에 이르렀다. 남부가 아닌, 일부 지역에서는 유권자의 90퍼센트 이상이 정기적으로 투표권을 행사하기도 했다.[1]

하지만 오늘날에는 21세기 커뮤니케이션 기술의 발전에도 불구하고, 대통령 선거에서조차 유권자(유권자 등록을 한 사람이 아니라 전체 유권자 기준)의 절반 정도만이 간신히 투표에 참여하고 있다. 이런 현상을 설명하는 원인 가운데 아마 가장 중요한 것은 정치 엘리트들이 유권자를 동원하지 않고도 자신의 정책 목표를 달성할 방법을 찾았다는 점일 것이다. 오늘날 경쟁하는 엘리트들은 유권자 속에서 해결책을 구하기보다, 정책을 경쟁자의 손이 미치지 않는 장으로 옮겨 버리는 장치들인 소송이나 행정절차, 민영화나 바우처, 관료적 조정을 이용해 상대를 이기려고 한다. 그 과정에서 한때 자기편이 되어 달라며 도움을 요청받았던 수많은 시민들은 이제 수동적인 구경꾼으로 남게 되었다. 어제의 주연배우들이 오늘은 관중이 되었으며, 시민이 아니라 구경꾼과 소비자가 되어 버린 것이다.

---

* 미국 의회 선거는 대통령 선거와 같은 해에 실시되는 선거와, 대통령 임기 2년이 지난 후 실시되는 중간선거로 나뉜다. 435석의 하원 의원은 2년마다 선거가 시행되는 것이며, 1백 석의 상원은 임기가 6년으로 2년마다 총의석의 3분의 1씩 선거가 시행된다.

동원과 그 대안들

시민군의 시대는 '전투적인' 정치 경쟁의 시대였다.[2] 잘 조직된 정당들은 현실의 모든 유권자 집단 속에서 자신의 '군대'를 동원했다. 각 선거구의 유권자들은 정당 간부들과 밀접하게 연결되어 있었고, 이들은 다시 기율이 잘 잡혀 있고 재정이 튼튼한 정당 조직의 지원과 지도를 받았다. 당파성이 뚜렷한 언론은 거의 선전에 가까운 뉴스들을 열정적으로 퍼뜨렸다.[3] 선거 당일 수십만의 정당 당직자들은 유권자들이 마음의 결정을 내릴 수 있도록 가가호호 방문하고, 전단지를 나눠 주고, 투표를 촉구하며 때때로 금전적인 유인을 제공하기도 했다.[4] 수백만의 시민들이 선거운동 집회에 참석하고 연설을 듣고 행진을 벌였다. 선거 정치를 수행하는 것은 전국적인 오락거리이자 놀이였던 것이다.[5]

하지만 선거가 '우리 동네 유일한 게임'*은 아니었다. 19세기에도 정치인들은 가끔 선거에서 유권자를 동원하는 방식이 아닌 다른 방식으로 자신의 목적을 달성하곤 했다. 예컨대 노예제는 선거를 통해 해결하기에는 너무 큰 이슈였고, 결국 전쟁을 치러야 했다. 노예제 문제가 해결된 직후에는 최초의 탄핵 위기**를 맞았고, 오래지 않아 정치 개혁

---

* '우리 동네 유일한 게임'(the only game in town)이라는 표현은, 전쟁, 쿠데타 등의 비민주적 방식이 아니라 민주적 선거가 권력 획득의 유일한 수단이자 통로가 되는 정치 단계나 상황을 의미한다. 1971년 잭 트레이너(Jack L. Treynor, 필명 Walter Bagehot으로 발표)의 논문 제목에 사용되었다.

** 1868년 2월 앤드루 존슨(Andrew Johnson) 대통령에 대한 하원의 탄핵 발의 사건을 말한다. 탄핵 사유는 그 전해에 통과된 〈공직 임기법〉(Tenure of Office Act)을 지키지 않았다는 것이다. 하원은 존슨 대통령을 견제하기 위해 〈공직 임기법〉을 제정했으며, 법안은

가들은 형사 기소와 고발을 통해 위스키 반란과 트위드 링스* 문제를 풀었다. 선거에서도 탈법적인 폭력이 중요한 역할을 했고, 남부에서는 이런 폭력 때문에 유권자들이 투표에 참여하지 못하는 사태가 벌어지기도 했다.[6] 그럼에도 전국의 선거에서, 정부를 통제하고 국가정책에 영향을 미치려는 정치 세력들은, 전면적인 유권자 동원을 중심 전략으로 택했다.

하지만 19세기의 대중 동원 방식은 오늘날 미국 정치에서 더 이상 일반적이지 않다. 최근 미국의 투표율은 대통령 선거에서 평균 50퍼센트를 약간 상회하고 있다. 1998년 대통령 선거에서는 유권자의 49퍼센트에 약간 못 미치는 유권자들만이 투표에 참여했는데, 이 수치는 1924년 이래 최저 투표율이었다. 연방의회 중간선거에서는 유권자의 3분의 2 이상이 투표하지 않았다. 하지만 이런 평균 수치는 정치 참여의 중요한 특징을 보여 주지 못한다. 부유하고 교육받은 미국인들은 지금도 19세기 수준으로 투표에 참여하고 있다. 젊은이들을 제외할 때,

대통령이 상원의 인준을 통해 임명된 공직자를 해임하려면 상원의 의견을 묻도록 의무화함으로써 대통령의 인사권을 제한하는 내용을 담고 있었다. 존슨 대통령은 전임 대통령하에서 임명되었으며, 하원의 지지를 받고 있던 국방장관 에드윈 스탠튼(Edwin M. Stanton)을 해임했고, 하원은 이 건으로 탄핵안을 발의했다. 탄핵안은 상원 표결에서 1표가 모자라 통과되지 못했다. 한편 〈공직 임기법〉은 나중에 연방 대법원 위헌판결을 받아 시행 20년 만에 폐지되었다.

• '트위드 링스'(Tweed Rings)는 19세기 미국 정치인 윌리엄 트위드(William Marcy Tweed, 1823~78)와 그 측근들을 가리키는 표현이다. 트위드는 19세기 미국 정당정치가 가장 번성했던 도시 가운데 하나였던 뉴욕 시의 민주당 정당 머신 보스로 뉴욕 시의 공직을 두루 맡았으며, 거액의 횡령 혐의로 투옥되어 결국 감옥에서 사망했다. 19세기 말 혁신주의 운동이 개혁하고자 했던, 미국 정당정치의 부정적인 단면을 대표하는 정치인으로 꼽힌다.

대학 졸업자들 중 대통령 선거에 투표하는 사람은 80퍼센트에 가깝게 유지되고 있다. 이와는 대조적으로, 소득수준이 낮고 교육받지 못한 유권자들은 정치적으로 주변화되어 왔다. 예컨대 고등학교 이하의 학력을 가진 유권자들의 투표율은 1970년대 초반 50퍼센트 정도에서 현재 30퍼센트 정도 수준으로 떨어졌다.[7]

경쟁하는 정치 엘리트들은 분명 지금도 지지를 호소하고 있다. 정당과 후보자들은 1996년 전국·주·지방선거에서 대중의 지지를 얻기 위해 20억 달러를 사용했다.[8] 그러나 이 자금의 상당 부분은 선거 캠페인 마지막 달 텔레비전 광고 비용으로 지출된다. 광고는, 이미 유권자 등록을 하고 투표 의사를 가진 중산층 미국인들을 주요 대상으로 상정한다. 정교한 여론조사 기법은 후보자들이, 선거에 이미 관심을 가진 한정된 유권자층을 대상으로 그들의 구미에 맞는 정치광고에 집중할 수 있도록 돕는다.[9] 디렉트메일DM 기술의 발전, 전산화된 데이터베이스, 새로운 인터넷 선거 캠페인 기법들, 이 모든 것은 정치 엘리트들이 동원하고 싶은 유권자 집단만을 대상으로 한 '맞춤형' 선거 캠페인을 정치 성장 산업으로 만든다.[10]

오늘날에는 19세기 방식과는 달리, 어떤 정당도 유권자 등록을 하지 않는 수천만의 가난하고 교육받지 못한 미국인들을 동원하기 위해 애쓰지 않는다.[11] 오히려 많은 후보자들은 상대를 비방하고, 미등록 유권자들과 상대편 지지자들이 투표하러 가지 않도록 '네거티브' 캠페인을 벌여 의도적으로 투표율을 낮춘다.[12] 상당수의 미국인들이 네거티브 캠페인과 비방 전술에 질색한 나머지 정치에 참여하지 않으려 한다.[13] 미네소타 주지사 제시 벤추라*처럼 특별한 정치적 아웃사이더만이 미등록 유권자들을 등록시키기 위해 실질적인 노력을 기울일 뿐이다.[14] 미국의 주요 정당들 가운데 누구도 유권자 등록제를 폐지하거나 주중 투표일을 주말로 바꾸자는 내용의 선거 개혁을 지지하지 않는다. 서유럽에서 이 두 가지는 표준 규범으로 자리 잡았고, 유럽의 경험은 이 두 가지 변화만으로도 명백한 투표율 진작 효과가 있음을 시사한다.

대통령 선거에서는 투표 자격이 있는 6천만 명 이상의 미국인들이 투표를 하지 않는다.** 엄청난 규모의 잠재적 유권자층에 대해 정당들이 관심이 없다는 것은, 1960년대 중반 이후 양당 간의 격렬한 갈등과 최근 선거에서 나타난 박빙의 결과에 비춰 볼 때 매우 이상한 일이 아닐 수 없다. 정당들은 현재 등록한 유권자들의 충성심을 얻기 위해 모든 자원을 쏟아부었지만, 어느 정당도 결정적인 우세를 확보하지 못했다. 그럼에도 미등록 인구를 새로운 유권자로 동원하려 하지 않는 것이다. 미국의 정치 엘리트들에게는 정치적으로 무력한 이들을 활성화해 정치적 균형 상태에 변화를 기하려는 노력보다, 분점 정부와 정치적 교착상태***가 더 받아들이기 쉬운 것 같다.

---

* 제시 벤추라(Jesse Ventura)는 전직 프로 레슬러 출신으로, 제38대(1999~2003) 미네소타 주지사를 역임했다.

** 2000년 대통령 선거에서 투표 가능 연령대의 인구수는 2억1,395만4,023명이었는데 실제 유권자 등록을 한 인구수는 1억5,642만1,311명으로, 5,753만2,712명이 등록을 하지 않았다. 투표 가능 인구의 26.9퍼센트가 유권자 등록을 하지 않은 것이다. 이 선거에서 등록 유권자 중 67.4퍼센트가 투표에 참여했고, 투표 참여자는 전체 투표 가능 인구의 49.3퍼센트에 해당한다.

*** '분점 정부'(divided government)는 대통령제 국가에서 대통령의 소속 정당과 의회 제1당이 다른 상황에서 운영되는 정부를 말한다. 대통령이 국정을 운영하기 위해서는 의회를 통한 입법이나 결정이 필수적이지만, 집권당이 아닌 의회 제1당은 다음 대에 집권당이 되고자 하므로 현직 대통령의 정책 수행에 우호적이지 않아 대통령과 의회 제1당의 힘겨루기가 발생할 소지가 높다. 특히 투표율이 낮을 경우 대통령도 의회 제1당도 근소한 지지율

호명 투표 패턴*을 통해 확인되듯이 의회에서 정당 갈등은 19세기 이래 유례없는 분극화 수준을 보여 주고 있으며, 의회와 백악관의 싸움은 미국 역사에서 선례를 찾아보기 힘들 정도로 광포한 양상을 띤다. 민주당 의회는 공화당의 리처드 닉슨Richard Nixon 대통령을 관저에서 몰아냈고, 로널드 레이건Ronald Reagan 대통령에 대해서도 같은 일이 추진되었다.** 공화당 의회는 민주당 빌 클린턴Bill Clinton 대통령에 대해 탄핵을 추진했지만 실패했다. 그러나 중앙 정치에서 이렇게 거대한 전투가 벌어짐에도 어느 정당도 동원되지 않은 채 남아 있던 유권자들의 관심을 끌어내고자 노력하지 않았다. 전투는 워싱턴 벨트웨이 그 이상을 넘어 반향을 일으키지 못했고 참여는 계속해서 하락하고 있는 것이다.

엘리트의 전투와 대중의 무관심이 결합된 이런 현상은 잘 정립된 정치학 일반 이론에 도전장을 던진다. 그 일반 이론은 엘리트 간 갈등의 수준이 높아질수록 정치적 지지를 동원하기 위한 경쟁이 강화되면서 대중 참여도 증가할 것이라고 주장한다. 이와 관련해 샤츠슈나이더

격차에 따라 승패가 갈리므로 누구도 유권자 다수의 지지를 근거로 이 사태를 돌파하기 어려워 교착상태가 나타날 가능성이 높다.

* 호명 투표(roll call vote)란 미국 의회에서 가장 일반적으로 채택되는 표결 방식으로, 의원들은 자신의 이름이 호명되면 의안에 대한 찬반을 '예, 아니오'로 표명해 결정하기 때문에 호명 투표로 불린다. 법안에 따라 호명 투표의 결과는 기록되어 공개되는데, 최근 들어 법안에 대한 찬반이 점점 더 소속 정당에 따라 극명히 갈리는 양상을 보이고 있다.

** 1986년 11월 폭로된 이란-콘트라 사건에 레이건 대통령이 관여했는지를 민주당 의회가 조사한 사건을 말한다. 대통령 직속의 국가안전보장회의(NSC)가 불법적으로 이란에 무기를 판매한 다음 그 대금으로 니카라과 반군 콘트라를 지원했다는 스캔들로, 콘트라 반군 지원은 1984년 의회를 통과한 볼랜드 수정 조항을 위반한 것이었다. 조사 결과 레이건 대통령이 관여했음을 증명하지는 못했지만, 총 14명의 레이건 행정부 관료에 대해 17건의 소송이 제기되었던 1980년대 최대의 스캔들이었다.

는 1950년대 저작에서, 엘리트 경쟁에서는 패자가 대중 동원을 주도할 가능성이 높다고 지적한 바 있다. 패자들이 '갈등의 범위를 확장하고' 참여자의 수를 늘림으로써 결과를 바꾸려 하기 때문이라는 것이다.[15] 프랑스 정치학자 모리스 뒤베르제는 사회계층 서열에서 하층을 대변하는 정치 엘리트 집단이 대중 동원을 주도할 가능성이 높다고 보았는데, 잠재적 유권자가 가장 많기 때문이라는 것이다. 정치적으로 중상층 이상을 대변하는 경쟁자들도 그에 맞서 총력전에 동참하게 되는데, 뒤베르제는 이런 현상을 '좌파로부터의 전염*'이라고 명명했다.[16]

미국의 정치 현실은 대체로 1960년대 중반까지 이 모델과 일치하는 방향으로 작동했다. 제퍼슨주의자, 잭슨주의자, 공화주의자들은 모두 투표권을 확대했고, 투표에서 상대를 제압하기 위해 새로운 집단을 정치과정에 끌어들였다. 1930년대 뉴딜 지지자들은 노동계급의 일부와 소수민족 유권자들의 참여를 높임으로써 정치권력을 공고히 하고자 했다. 1960년대까지만 해도 민주당의 자유주의자들은 남부의 수백만 아프리카계 미국인들이 투표에 참여할 수 있도록 〈투표권법〉Voting Rights Act을 통과시키고 젊은이들에게 투표권을 부여하기 위해 헌법 제26조 수정 조항의 도입을 추진함으로써, 공화당과 민주당 내 보수 세력을 제압하려고 했다.

---

* 좌파로부터의 전염(contagion from the left)은 뒤베르제의 1951년 저작 『정당론』(Les Partis Politiques)에서 나온 용어다. 뒤베르제는 정당 조직 유형을 명사 정당과 대중정당으로 나누고, 전통적인 보수정당들은 의회 의원들과 정치 엘리트들을 중심으로 한 명사 정당 형태를 띠어 왔지만, 좌파 정당들이 대중을 적극적으로 동원하기 시작하면서 보수정당들도 득표 경쟁에서 밀리지 않기 위해 좌파 정당들처럼 대중 동원이 가능한 조직 형태로 변모했던 과정을 이렇게 표현한 바 있다.

하지만 최근 미국 정치는 과거의 민주주의 패턴과 결별한 것 같다. 빌 클린턴 대통령에 대한 탄핵 절차가 진행되고 있었음에도 1998년 의회 선거에서 유권자의 3분의 1 이상이 투표에 참여하지 않았다. 실제로는, 정당들이 정치적으로 무력한 이들의 동원을 의도적으로 자제한 것이다. 공화당 하원 의원 선거 위원장이었던 조지아 주 하원 의원 존 린드너John Lindner는, 공화당이 1998년 선거에서 신규 유권자 동원 전략을 사용할 것인가라는 질문에 대해, "우리가 군중에 맞추어 움직여야 한다고 생각하지는 않는다."라고 답했다.[17] 공화당이 대중 동원을 꺼리는 것은 이해될 수도 있다. 저소득·저학력의 미등록 유권자들이 선거에서 민주당을 찍을 수 있기 때문이다. 그러나 이런 태도는 민주당 또한 크게 다르지 않다. 1984년 대통령 선거에 나선 민주당 후보 월터 먼데일 Walter Mondale의 선거 캠프에서는 신규 유권자 동원 전략이 '시대에 뒤떨어진 사고'라고 조언했다.[18] 민주당은, 유권자 등록을 하고 투표 의사를 가진 사람들을 대상으로 여론조사를 실시한 결과 먼데일 후보의 패배가 거의 확실히 예견됨에도 유권자 등록 운동을 전면적으로 벌여 사태를 바꾸려고 노력하지 않았다.

샤츠슈나이더, 뒤베르제, 그리고 민주적 동원의 다른 이론가들은 투표 참여자가 늘어나는 것에 대한 엘리트들의 두려움에 충분히 주의를 기울이지 못했다. 과학적 여론조사의 시대에서조차, 새로운 참여자들의 정치 정향과 당파적 충성심은 항상 불확실하다. 예컨대 1960년대 민주당원들은 투표 연령을 18세로 낮추기 위해 노력했지만, 1970~80년대 투표 결과는 젊은 유권자들이 공화당을 도왔음을 보여 준다.

새로운 참여자들이 자신을 동원했던 정당을 계속 지지한다 하더라도, 그 결과 정당 지도자의 지위를 넘보는 당내 새로운 정치 엘리트들을 부상시킬 가능성이 크다. 기존의 기반 밖에서 지지를 동원하려는 정치 지도자들은, 당내에서 주변적 지위에 머물러 있는 자신의 세력을 확대해 중앙 진출을 노리는 경우가 많기 때문이다. 예컨대 제퍼슨주의자가 정치에 끌어들인 대중의 힘은 결국 자신의 후원 세력을 대체했고, 제퍼슨 공화주의를 잭슨 민주주의로 변모시켰다.[•] 참여의 규모를 확대하는 것은 쉽게 도모하기 힘든 위험한 전략인 것이다. 더비 경Lord Derby은 1867년 개혁에 따른 영국 유권자의 확대를 '어둠으로의 도약'leap into the dark이라는 유명한 구절로 표현했다.

오늘날 양대 정당은 과거보다 어둠을 훨씬 더 두려워하는 것 같다. 공화당은 유권자가 확대되면 공화당에 우호적이지 않은 저소득층 및 소수민족 유권자들이 유입되지 않을까 우려한다. 사실 일부 공화당 보수주의자들은 평범한 미국인들이 도덕성과 지성의 마비 상태에 빠져 있으므로 국가를 통치하는 데 참여하는 것이 적합하지 않다고 생각한다. 일부 우파 지식인들과 논객들은, 클린턴 대통령의 비도덕적인 행위에 대해 공화당이 탄핵 캠페인을 벌였음에도 대부분의 미국인들이 격

[•] 미국 제3대 대통령 토머스 제퍼슨(1801~09)과 제7대 대통령 앤드루 잭슨(1829~37)은 당대 다른 정치인들보다 선거권 확대와 정치적 평등을 상대적으로 더 옹호했던 인물이라는 공통점을 지닌다. 또한 제퍼슨 민주주의(Jeffersonian Democracy), 잭슨 민주주의(Jacksonian Democracy)라는 용어를 탄생시킬 만큼 미국 민주주의에 특정하게 기여한 인물들이다. 하지만 두 사람은 개인적인 배경이나 정치적 지지 기반에서 차이가 있었다. 제퍼슨은 부유한 농장주의 아들로 태어나 그 자신 역시 2백여 명의 노예를 거느린 농장주였고, 자산 기준에 따른 선거권 부여 요건을 납세와 자유민 요건으로 대체하자고 주장했다. 이후 제퍼슨주의자들은 주로 북동부 지역 주들(states)에서 투표권 자격 요건이 완화되는 효과를 거두었다. 반면 앤드루 잭슨은 자산계급 출신이 아니었고, 자격 요건을 더욱 낮춘 평등한 선거권을 주장해 서부 자작농을 중심으로 지지 기반을 확장해 나갔으며, 잭슨이 당선된 1828년 선거는 통상 미국 선거에서 백인 남성 보통선거권이 확립된 해로 간주된다.

분하지 않은 것은 그들의 도덕성이 마비되었기 때문이라고 설명한다.[19] 대중은 더 이상 민주주의를 위해 충분한 자질을 갖춘 존재가 아니라는 것이다.

유권자의 확대는 민주당에 유리한 것처럼 보일 수도 있다. 그러나 수천만의 새로운 유권자가 유입된다는 것은 현재 민주당 당직자들에게도 실질적인 위험을 의미할 수 있다. 신규 유권자들이 정당으로서 민주당에 대해 충성심을 가진다 해도 민주당의 현 지도부를 지지하지 않을 수 있는 것이다. 중상층 환경 운동가, 공익 법률가, 금연 운동가처럼 민주당과 연계된 일부 자유주의 세력들은 선거에서 유권자가 좀 더 완전하게 동원될 경우 영향력을 잃을지도 모른다.[20] 노동계급과 하층계급 백인들의 참여가 확대되는 것에 대해 자유주의 운동가들이 갖는 우려는 이해할 만하다. 그들은, 하층계급 백인들이 낙태할 권리와 적극적 차별 시정 정책affirmative action●을 반대하며, 공립학교에서도 기도 시간이 있어야 한다고 생각하며, 무제한적인 총기 소유를 지지한다고 보기 때문이다.[21]

물론 엘리트들은 항상 대중 참여에 대해 불안감을 갖는다. 오늘날 엘리트들이 과거 엘리트들과 다른 결정적인 차이는 어둠에 대한 두려움을 극복할 수 있느냐의 문제가 아니라 이를 회피할 수단을 발견했다는 것이다. 통치하기 위해 시민이 반드시 필요했을 때, 정치 지도자들

● Affirmative Action은 사용되는 맥락에 따라 적극적 조치, 적극적 평등 실현 조치, 적극적 차별 시정 조치, 적극적 고용 개선 조치, 차별 철폐 조처, 소수집단 우대 정책 등 다양하게 번역된다. 성차별, 소수 인종차별, 기타 소수자 집단 차별 등을 개선하는 정책을 포괄하며 이 글에서는 적극적 차별 시정 정책으로 번역한다.

은 그들을 동원하지 않을 수 없었다. 그것이 통치를 위한 유일한 길이었기 때문이다. 그러나 시민군, 시민 행정관, 시민 납세자의 협력 없이도 통치가 가능해지면서 유권자의 표를 버리는 것도 쉬워졌다. 오늘날 정치 지도자들은 과거와 같은 민주적 동원에 내재한 위험을 감수하지 않고도 자신의 목표를 추구할 수 있게 된 것이다.

거의 대부분의 미국 정치인들은 공개적으로 미국의 낮은 투표율을 개탄한다. 그러나 워싱턴에서는 투표율을 높이려는 어떠한 시도도 지지를 얻지 못한다. 1993년 클린턴 대통령이 서명한 일명 〈모터 보터법〉*은 공화당 의원 대부분의 격렬한 반대에 부딪혔다.[22] 민주당 의원들도, 복지 사무소를 이용하는 고객에 대해 자동 등록제를 실시하자는 제안처럼 하층민들의 등록을 극대화할 수 있는 조항들을 자진해서 삭제했다. 민주당 의원의 다수는, 1992년 부시 대통령이 앞서 이와 유사했던 법안에 거부권을 행사하자 사실상 이를 매우 반기기도 했다. 과정이 어떠했든 1993년 통과된 이 법안은 유권자 규모나 구성에 큰 영향을 미치지 못했다. 게다가 그 법으로 등록할 수 있었던 시민 가운데 극소수만이 실제로 투표권을 행사했을 뿐이다. 1996년 투표장에 나타났던 신규 등록 유권자의 비율은 이 법안이 처음 시행되었을 때보다도 떨어졌다.[23] 정치 동원을 위해서는 유권자 등록을 쉽게 하는 것 이상이 필

---

* 〈모터 보터법〉(Motor Voter Act)은 〈1993년 전국 유권자 등록법〉(National Voter Registration Act of 1993)의 별칭이다. 유권자 등록을 좀 더 쉽게 하기 위해 운전면허 등록 센터, 장애인 센터, 학교, 도서관에서 유권자 등록을 받고 우편으로도 등록할 수 있게 하는 등의 내용을 골자로 한다. 이 가운데 운전면허가 있는 유권자의 등록을 간편하게 했다는 점에서 〈모터 보터법〉이라고 불린다.

요하다. 후보자와 정당이 '전투적' 캠페인의 시대에 그랬던 것처럼 정치적 전투를 벌여야만 하는 것이다.

미국 유권자의 성장과 쇠퇴

미국 독립 혁명이 일어나기 25년쯤 전에도, 이미 아메리카 식민지에 거주하는 백인 남성의 상당수와 소수의 흑인 남성들은 투표권을 가지고 있었다. 영국에서처럼 투표권은 통상 토지를 소유한 자유민들에게 한정적으로 부여되었다. 투표권을 얻기 위한 소유 자산 기준의 최저선은 식민지 각 주마다 달랐는데, 버지니아에서는 보유한 토지의 가격보다는 면적을 기준으로 했다.

왕정 시대 영국에서는 극히 소수의 귀족들만이 토지를 소유할 수 있었기 때문에, 대부분의 남성들은 토지 소유 자유민이라는 요건을 충족시킬 수 없었다. 그러나 인구가 적고 토지가 풍부했던 식민지에서 토지 소유자가 되는 것은 상대적으로 쉬웠다. 또한 식민지가 지폐에 의존하게 되면서 발생한 인플레이션 효과는, 부동산의 명목 가치를 올려서 투표권을 가질 수 있는 유권자의 범위를 넓혔다. 미국 독립 혁명기에 이르면, 백인 남성의 50~75퍼센트는 토지 소유 자유민이라는 요건을 충족할 수 있었다.[24]

미국혁명 이전에 유권자층이 넓어질 수 있었던 이유는 상대적으로 쉽게 토지를 소유할 수 있었던 것 외에 또 있다. 앞서 보았듯이 식민지 정부는 납세자, 시민군으로부터 폭넓은 지지를 이끌어 낼 필요가 있었다. 시민들이 국가를 지키고 정부 재정을 받쳐 주었기 때문에 그들에게 투표권을 부여하지 않을 수 없었던 것이다. 독립 혁명 후 새롭게 등장한 연방 정부에 대해서는, 대중이 식민지 주 정부가 아닌 새로운 권위체로서 연방 정부의 권위를 인정하는 문제가 매우 중요했다. 이런 상황은 헌법 제정 회의에서 투표권에 대한 토론으로 구체화되었다. 많은 대표자들은 투표권 부여 조건이 관대했던 주들에서 발견되는 '과도한 민주주의'에 대해 우려를 표명했다. 하지만 헌법 제정자들은 그들이 건설하려는 새로운 연방 정부가 권위를 갖고 안정되기 위해서는 대중의 참여가 반드시 필요하다고 여겼다. 따라서 주별로 이미 시행되고 있던 투표권 제도를 후퇴시키는 제한 규정을 새롭게 부과할 수는 없었다. 매사추세츠 주 대표였던 (그리고 대중이 정치에 미치는 영향력을 불신했던 것으로 유명한) 엘브리지 게리Elbridge Gerry조차도, 강력하고 안정적인 중앙정부를 유지하는 데 광범위한 시민 참여가 필수적이라는 것을 인정했다.[25]

결국 헌법 제정 회의에 참여했던 대부분의 대표자들은 대중 참여가 주 정부에 대한 중앙정부의 힘을 키우고 시민들에게 충분한 신뢰를 주어, 새로운 정부가 효과적으로 기능할 수 있도록 한다는 데 수긍했다. 새로운 헌법은 각 주 의회 하원 선거 투표권을 가진 사람들에게 연방 하원 선거 투표권을 부여했다. 헌법은 자산 소유에 따른 투표권 제한 규정을 담은 채 시행되었지만, 그럼에도 백인 남성의 선거권은 크게 확대되었다.

자산 소유에 따른 투표권 제한 규정은 1802년 메릴랜드, 1810년 사우스캐롤라이나를 시작으로 대부분의 주에서 점차 폐지되었다. 제퍼슨주의자들과 잭슨주의자들은 모두 가난한 지지자들이 투표권을 행사할 수 있도록 선거권 확대를 지지했다. 제퍼슨은 세금을 내거나 군에 복무한 모든 남성은 투표권을 가져야 한다고 주장했다. 특히 제퍼슨주의자들은 자신들의 정치적 반대파인 연방주의자들이 권력을 쥐고 있던 북부에서 이 주장을 강하게 제기했다. 제퍼슨주의자들의 압력 아래 1820년대 코네티컷·매사추세츠·뉴욕에서는 투표를 위한 자산 보유 요건이 완화되거나 폐지되었다.

투표권을 제한했던 자산 소유와 자유민 요건은 미국혁명기에 이르러 심각한 도전에 직면하게 되었다. 군 복무 연령대의 남성들이 군대의 위험과 고충을 받아들이는 조건으로 투표권을 요구했기 때문이다. 그러므로 선거권 개혁 이슈는 독립이라는 좀 더 일반적인 문제와 연결되어 있었다. 독립을 지지하는 정치 엘리트들은 투표권 확대를 지지했다. 투표권을 갖는다면 군인들 또한 혁명의 성공에 개인적 이해관계를 갖게 될 것이라고 생각했기 때문이다. 영국 친화적 정서를 가진 정치인들은 다양한 투표권 제한 제도의 폐지를 반대했다.[26] 한편 대륙회의[•]는 병사들이 직접 부사관을 뽑게 해 독립 전쟁에 대한 주 민병대의 충성심을 이끌어 내려고 했다.

전쟁이 끝나자 퇴역 군인들과 그 지지자들은 전시 희생에 대한 보상으로 투표권의 확대를 요구했다. "병사도 중대장이나 연대장과 마찬가지로 투표할 충분한 자격이 있다."라는 주장이 메릴랜드 프레더릭 타운에 울려 퍼졌다.[27] 선거권 개혁을 반대하는 사람들 가운데 일부는, 군 복무 자체가 보상이며 전쟁의 실질적인 부담은 "전장에 있는 당신을 지원하기 위해 과중한 세금을 내고, 고통 받는 국가로 인해 애국자가 느

[•] 대륙회의(Continental Congress)란 미국 독립 혁명기 13개 영국 식민지 주의 대표자들이 모여 전쟁 수행 및 각 주 사이에 조정을 담당했던 기관으로 1774년 필라델피아에서 처음 소집되었다. 1775년 제2차 대륙회의가 필라델피아에서 소집된 이후 혁명에 성공하고 공식적인 미 연방 정부가 수립되기 전까지 실질적인 연방 정부로 기능했다.

끼는 모든 불안을 견뎠으며 …… 전쟁 영웅의 빛나는 특권도 (누리지 못한)" 민간인들이 감당했다는 주장을 폈다.[28] 펜실베이니아 민병대원들은 완전무장을 한 채 투표장에 나타나 이런 주장에 항의해 힘으로 맞섰다. 그들은 결국 투표할 권리를 얻었다.[29]

1790년대 후반 프랑스의 혁명정권에 반대하는 전쟁*에 미국이 개입할 가능성이 점쳐지자, 또 다른 투표권 확대의 물결이 밀려들었다. 예컨대 1797년 메릴랜드에서는, 저명한 주 의회 의원 마이클 태니 Michael Taney가 백인 남성의 보통선거권 확립에 관한 법안을 발의했다. 태니는 메릴랜드 주 정부가 곧 민병대원들에게 전쟁에 참여하도록 요구해야 할지도 모른다는 점을 지적했다. 독립 혁명 당시, 투표권을 주지 않으면 싸우지 않겠다던 민병대원들의 요구에 직면해서 결국 투표권 제한 요건을 완화할 수밖에 없었던 주 의회의 처지를 상기시키며, 다가올 전쟁에서는 이런 어려움에 직면하기 전에 먼저 해결하자고 권고한 것이다.[30] 결국 많은 주들이 토지 소유 요건을 납세로 대체하면서, 거의 모든 백인 남성이 선거권을 갖게 되었다.

'1812년 전쟁'에 이어 1842년 '도어의 반란**'이 일어나면서 북동부

---

* 1789년 프랑스대혁명 이후 집권한 혁명정부는 1793년 1월 21일 루이 16세를 처형했고, 당시 왕정 체제였던 유럽 국가들은 이를 계기로 반프랑스 동맹을 구축해 프랑스를 공격했다. 동맹의 중심에 섰던 영국의 식민지로부터 독립한 지 얼마 되지 않았던 미국에서도 이 전쟁에 대한 태도를 둘러싸고 논란이 벌어졌고, 결국 미국 초대 대통령은 '중립 선언'을 발표했다.

** 도어의 반란(Dorr's Rebellion)은 1841~42년 로드아일랜드에서 투표권 확대를 요구하며 토머스 도어(Thomas Wilson Dorr)가 주도해 일으킨 무장 반란을 말한다. 로드아일랜드에서는 1663년 이후 토지 소유자들만이 투표권을 가질 수 있었는데, 산업혁명 이전까지만 해도 대부분의 백인 남성들은 토지 소유 농민들이었으므로 이는 민주적인 제도로 인식

주들은 다시 민병대를 모집해야 했고, 그 과정에서 자산과 토지 소유 요건 기준은 더욱 낮아졌다.[31] 남부에서는 역설적으로 노예제가, 가난한 백인을 위한 선거권 개혁을 도왔다. 남부 각 주들은 도주한 노예를 추적하기 위해 시민 순찰대를 유지하고, 노예 폭동의 위협에 대처하기 위해 민병대를 모집했는데, 이 과정에서 노예를 소유할 수 없었던 가난한 백인 남성들에게 투표권을 확대했던 것이다.[32] 1820년대 버지니아와 노스캐롤라이나에서는 투표권이 없는 민병대원들이 노예 감시에 복무하는 조건으로 투표권을 요구했다. 1829년까지 몇몇 남부 주들은 백인의 단합을 도모하고 노예제를 유지하기 위해 군 복무 연령대의 백인 남성에게 체계적으로 투표권을 부여하기 시작했다.

19세기 마지막 수십 년 동안 미국의 모든 백인 남성이 사실상 투표권을 얻게 되었다. 물론 여성은 1920년까지 유권자의 범주에 포함되지 않았으며, 남부에서 아프리카계 미국인들이 재건기에 일시적으로 얻었던 투표권은 재건기가 끝나면서 다시 박탈되었다. 남북전쟁 직후에는 남부의 아프리카계 미국인 유권자들이 남부에서 공화당의 통제권을 보장한 반면, 과거 남부연합 소속 주들에서 남부연합을 지지한 백인들의 투표권이 박탈됨에 따라 민주당은 남부에서 공화당 권력에 도전할 수 없었다.* 아프리카계 미국인들의 지지에 힘입어 남부에서 공화

되었다. 그러나 본격적인 산업화와 함께 많은 백인 남성들이 비토지 소유 노동자가 되면서 투표권이 상실되는 문제가 발생했다. 1829년경에는 백인 성인 남성 가운데 60퍼센트가 투표권을 갖지 못했으며, 이런 맥락에서 도어는 투표권 확대를 요구하며 주 정부와 대립했다.

* 남북전쟁 직후 승리한 연방(the Union) 권력은 패배한 남부연합 소속 주들의 처리 문제에 직면하는데, 투표권과 관련해 두 가지 쟁점이 부상했다. 한 가지는 과거 남부연합 소속 주에서 노예 신분을 가졌던 아프리카계 미국인들에 대한 투표권 부여 문제였고, 다른 한 가

당의 지배권이 확립된 반면, 민주당을 지지했던 사람들의 선거 참여는 봉쇄된 것이다.[33] 그러나 1876년 협약* 이후 남부 백인들은 다시 투표권을 얻었고, 흑인 유권자들은 폭력과 경제적 어려움으로 인해 투표권을 행사할 수 없게 되었는데, 그 결과 남부의 공화당 기반은 붕괴되었다.[34] 남부에서 흑인들의 투표권은 근 1세기 이후 〈1965년 투표권법〉이 제정될 때까지 완전히 회복되지 못했다.

여성과 흑인이 배제되었음에도 19세기 후반 미국은 세계에서 가장 민주적인 국가였다. 당시 유럽에서는 투표권이 다양한 제약에 의해 가로막혀 있었고, 투표권을 가진 사람들도 완전히 동원된 것은 아니었다. 반면 미국에서는 모든 백인 남성이 투표권을 가졌을 뿐만 아니라 대부분이 이를 행사하고 있었다.[35]

지는 전쟁 이전 남부연합 주들의 백인 유권자들에게 투표권을 다시 부여하는 문제였다. 연방의 온건파들은 전쟁 이전 투표권을 그대로 부여해야 한다고 주장했지만, 급진파들은 일정 기간 투표권을 제한해야 한다고 주장했다. 타협안으로 제시된 것이 남부연합의 군, 정치 지도자들의 선거권 및 피선거권을 박탈한다는 것이었다. 정확한 규모를 추산하는 것은 불가능하지만 한 추정치에 따르면 이때 투표권을 박탈당한 백인들의 숫자는 1만~1만5천 명 규모였다고 한다.

* '1876년 협약'이란 이 해 대통령 선거에서 남부 주들과 공화당 대통령 후보 간에 이루어진 비공식적인 협약을 지칭한다. 이 선거에서 남부 주들은 민주당 대통령 후보 틸덴(Samuel J. Tilden)이 아니라 공화당 대통령 후보 헤이스(Rutherford B. Hayes)를 지지하는 조건으로, 사우스캐롤라이나·플로리다·루이지애나에 주둔하고 있던 연방군을 철수할 것, 최소한 1명 이상의 남부 민주당원을 내각에 입각시킬 것 등의 약속을 받아 냈다. 헤이스는 미국의 제19대 대통령이 되었고 연방군은 철수했다.

동원의 해체 : 혁신주의의 유산

19세기 선거 동원의 시대는 19세기 말 혁신주의의 등장으로 끝이 났다. 미 연방헌법 제정자들처럼 혁신주의자들도, 강하고 적극적인 정부를 원하는 상층계급을 대변했다. 그들은 국가 경제를 팽창시키고 사회 관계를 규율하며 세계무대에서 국익을 증진할 능력을 가진 정부를 원했다. 하지만 헌법 제정자들은 강한 국가를 건설하기 위해서는 광범위한 대중 참여를 감내하고 고무하는 일까지도 필요하다고 믿었다. 반면 혁신주의자들은 대중 동원을 효율적인 정부의 장애물로 인식했다. 그리고 대중의 능동성을 수용할 수 있는 정부의 능력을 확대한 것이 아니라 축소했다. 그들은 정당 체제를 약화시켰고, 유권자 등록제를 통해 수백만 이민자들과 노동계급 유권자들의 투표권을 박탈했으며, 대중의 지지가 아닌 전문가에 기초한 관료제가 발전하는 데 기여했다.

혁신주의자들이 반反정당 개혁을 위해 고안해 낸 목록들은 우리에게 친숙한 것들이다. 오스트레일리아식 투표 방식* 개혁은 투표용지를 인쇄하고 배포했던 정당의 전통적 특권을 빼앗고 분할 투표**를 촉

---

* 오스트레일리아식 투표 방식(Australian ballot)이란 후보자들이 나열되어 있는 투표용지를 공공 기관이 인쇄하고, 투표함이 있는 장소에서만 배부하며, 비밀투표로 투표자가 지지 후보를 표기하는 방식을 말한다. 1850년대 오스트레일리아에서 최초로 시행되었기에 오스트레일리아식 투표 방식이라고 불리며, 미국에서 최초로 시행한 주가 매사추세츠 주였기 때문에 매사추세츠 투표 방식으로도 불린다.

** 분할 투표는, 동시에 실시되는 서로 다른 공직 선거에서 유권자들이 소속 정당이 다른 후보나 각기 다른 정당을 지지하는 투표 행위를 말한다. 미국에서는 동시에 실시되는 대통령 선거와 상원 의원 선거, 하원 의원 선거에서 각기 다른 정당 소속 후보를 지지하는 현상이 여기에 해당하며, 우리나라처럼 1인 2표제에서는 국회의원 선거나 지방의회 선거의 정

진했다. 지방선거에서 소속 정당을 명시하지 못하도록 한 것은 풀뿌리 정당 조직을 약화시켰다. 행정 공직에 직업 공무원을 확대한 것은 정당 조직에서 많은 후원자들을 이탈시켰고, 노동자와 지지자들을 충원할 자원을 감소시켰다. 예비 선거제의 도입은 공직 후보 지명에 대한 정당 지도자들의 통제력을 약화시켰다. 이런 개혁이 정당 조직을 파괴할 수는 없었지만 정당의 활력을 떨어뜨렸고, 신문이나 시민 단체, 상공회의소, 오늘날 싱크 탱크의 전신인 지방 연구 기관 등 중상층 계급이 통제하는 기관들의 권력을 강화시켰다.[36]

혁신의 시대의 또 다른 중요한 개혁은 유권자 개인 등록제를 도입한 것이다. 이 제도는 수백만의 잠재적 유권자들을 실제 유권자 집단에서 제외시켰고, 오늘날까지 미국 선거의 투표율을 낮추는 주요한 요인이 되고 있다. 선거자격을 가진 개인들이 선거일 전에 미리 등록 사무소에 가서 자신의 자격을 증명하고 등록하게끔 했던 이 법안이 미국 전역에서 채택된 1890~1910년 사이, 미국의 투표율은 급격하게 하락했다. 등록제의 명분은 선거 과정에서 부패와 선거법 위반 행위를 줄이기 위함이었다. 하지만 많은 혁신주의자들에게 '부패'라는 용어는 당시 미국 대도시의 정치 관행, 즉 정치 머신이 이민자와 소수민족을 조직했던 정당정치 방식 전반을 지칭하는 일종의 암호였다. 혁신주의자들은 의심할 여지없이 당시 정당정치의 한 측면이었던 부패에 반대했을 뿐만 아니라, 미국의 창설자들이 민주주의의 타락한 모습으로 상상했던 것, 다시 말해 대도시 정당들과, 그들을 지지하는 노동계급 및 이민자들의

| 당 투표와 후보자 투표에서 서로 다른 정당을 지지할 경우에도 이 개념을 적용할 수 있다.

정치적 힘이 커지는 것에 대해서도 반대했다.

개인 등록제는 잠재적 유권자들에게 새로운 부담을 지웠고 미국의 선거판을 바꾸어 놓았다. 1890년 이후 채택된 등록 시스템에서, 선거 자격을 확보하는 것은 개별 유권자의 권리가 아니라 의무가 되었다. 이 의무는 심각한 부담으로 드러났다. 유권자가 되려는 개인은 등록 담당자 앞에서 자신의 신원·거주지·시민권에 대한 증거를 제출해야 했다. 등록제의 불편함은 주마다 다양하지만, 유권자들은 보통 주중 근무시간에만 등록을 할 수 있었다. 많은 잠재적 유권자들이 등록을 하겠다고 일당을 버릴 수는 없는 노릇이었다. 게다가 대개의 경우 유권자들은 선거 한참 전에 등록을 해야 하며 일부 주에서는 몇 달 전에 미리 등록을 해야 한다. 마지막으로 대부분의 개인 등록법은 최근 기록을 유지하기 위해 선거인명부를 주기적으로 다시 작성하도록 해놓았기 때문에, 유권자들은 자격을 유지하려면 종종 재등록을 해야 했다. 이런 모든 장애물은 선거 참여를 가로막는 장벽을 의미했다.[37]

1993년 〈모터 보터법〉과 주별로 유권자 등록 요건을 완화하는 일련의 변화로, 등록의 어려움은 상당히 감소되었다. 그럼에도 어떤 등록 규칙이든 투표 억제 효과를 갖게 마련이며, 저소득층과 저학력층에 대해서는 특히 그러하다. 투표 등록은 투표를 하는 행위보다 더 큰 정치적 관심과 참여를 필요로 한다. 시민의 입장에서 표를 찍는 일은 특정 선거 캠페인에 관심을 갖는 정도면 된다. 하지만 선거 몇 주나 몇 달 전에 등록을 하기 위해서는, 주변에서 쉽게 접할 수 있는 캠페인에 관심을 갖는 정도를 넘어 정치과정에 대해 좀 더 일반적이거나 추상적인 관심을 가져야만 하는 것이다.[38]

정치에 대한 추상적 이해는 주로 교육의 산물이다. 교육 수준이 낮은 사람들은 특정 선거 운동의 쟁점이나 이벤트를 계기로 마음이 움직일 수 있지만, 등록을 하기에는 너무 늦어 버린 경우가 보통이다. 미국 선거에서 유권자의 참여가 교육과 그로 인한 소득, 인종, 사회 계급 등의 배경과 높은 상관관계를 갖는 것은 대부분 이런 이유 때문이다. 등록제는 지속적으로 저소득·저학력 유권자의 투표 참여를 억누르고 있다. 그들은 여전히 투표장에 갈 수 있지만, 이는 현재 정당과 후보자들이 하려고 하지 않거나 할 수 없는 특별한 노력이 있어야만 가능하다. 그러나 후보자들은 앞에서 이미 밝혔던 이유들 때문에 잠재적 유권자들보다 실질적 유권자를 대상으로 하는 대중매체 캠페인을 더 선호한다.

혁신주의자들은 정부의 선거 기반을 축소한 데 이어 공무원 충원 기반도 제한했다. 그들은 시민 행정관들이 정당 조직에 봉사한 대가로 정부 공직을 얻는 관례를 없애길 원했다. 임기가 짧고 결정적으로 아마추어인 행정관들을, 국가 밖의 어떤 집단이 아니라 국가 자체에 충성심을 갖는 직업 관료로 대체하려고 마음먹었다. 그리고 정치적 연줄이 아니라 경쟁시험에 따라 독립적인 공무원 위원회가 자체 고용인을 충원하는 체제와 '실적주의제'를 지지했다.

이런 관료 체제는 행정과 분리된 정치를 가정한다.[39] 다른 말로 행정 관료는 정치적으로 중립적인 전문가나 기술자여야 하며, 집권당의 파당적 편향이 아니라 더 큰 공적 이해관계를 실현하는 효율적인 봉사자여야 한다는 것이다.[40] 혁신주의자들의 관료 이데올로기에서 볼 때, 집권당은 공적 이해관계를 정의하는 데 중요한 역할을 할 수 있지만, 직업 관료들은 더 이상 정부나 정부 정책을 위해 대중의 지지를 동원하는 역할을 해서는 안 된다. 정치적 동원에서 행정이 분리됨에 따라 한때 국가 행정 기구들이 의존했던 대중적 기반으로부터 국가는 점점 멀어졌다.

혁신의 시대에 등장한 인사행정은 정부 공무원들이 대중 정치의 동향으로부터 가능한 한 격리되도록 했다. 2장에서 지적했듯이, 인사행정은 직위 계층화 시스템, 효율성 평가, 직업으로서의 공직 개념, 급여·수당·승진·연금을 관할하는 규칙을 포함했다.[41] 인사행정의 이런 장치들은 공무원들을 대중 정서의 변화로부터 거리를 두게 해 정부 내부의 지시에 따르도록 만들었다. 이제 공무원은 충성할 대상과 지지자들이 국가 외부에 있는, 후원 관계로 얽힌 단기 노동자들이 아니라, 정규직과 유사한 직업 관료로 구성되었다.

인사행정의 기본 원리는 대부분 시어도어 루스벨트 대통령의 1905년 '킵 위원회'로부터 발전했다.[42] 앞서 살펴보았듯이 루스벨트의 후임인 태프트 대통령은 '경제와 효율 위원회'를 창설해 직무분류job classification 의 원칙과 작업장 효율성 기준을 정교화해 '킵 위원회'의 작업을 보완했다.[43] 혁신주의자들은 공공 행정을 대중 동원으로부터 격리하기 시작했던 것이다.

그러나 이런 노력이 모두 성공적이었던 것은 아니다. 루스벨트와 태프트의 위원회가 지지했던 행정개혁이 의회와 각 주에서 모두 채택되지는 않았다. 의회는 행정부에 대한 입법부의 감독권, 상원 의례*와 같은 관행을 통해 행정부에 대한 정치적 개입 능력을 유지했다. 그리고 주 수준에서는 많은 정당 머신들이 20세기에 들어서까지 직업 공무원

---

* 상원 의례(senatorial courtesy)란 연방 대통령이 임명권을 가진 공직 가운데, 연방 법원 소속 주 지방법원 판사처럼 각 주 관할범위 안에 있는 연방 공직자를 임명하기 전에, 대통령이 자기 정당 소속 주 원로 상원 의원에게 먼저 상의를 하고 의견을 구하는 관행을 말한다.

제도와 그 밖의 혁신주의 개혁에 대해 저항을 계속했다.

좀 더 일반적으로 보면, 혁신주의자들은 국가 자율성의 기초를 마련할 수는 있었지만 대중의 지지를 동원하지 않고 작동할 수 있는 정치 제도를 고안하지는 못했다. 대신 그들은 대중의 지지로부터 자유로운 국가의 전조가 되었던 새로운 제도들을 창안해 냈는데, 연방 거래 위원회Federal Trade Commission, 연방준비제도이사회, 그리고 점차 강력해진 주간 통상 위원회Interstate Commerce Commission가 그것이다. 이 모든 제도는 경제와 사회를 규제하는 데 연방 정부가 주도권을 행사할 수 있는 능력을 확대했다. 또한 혁신주의자들은 대중 정치 영역을 우회해 권력에 접근할 수 있는 새로운 채널을 만들었다. 기업과 전문직 엘리트들이 정부의 행정기관에 직접 접근할 수 있도록 만든 각종 자문 위원회, 입법 지원 기관, 지방 연구소 등이 이에 해당한다.[44]

그러나 당시까지만 해도 군인을 충원하고 세입을 늘리고 정책을 집행하기 위해서는 여전히 대중의 실질적인 지원이 필요했다. 우드로 윌슨은 제1차 세계대전 동안 미국인들이 감당해야 할 재정적·개인적 희생에 대한 대중적 지지를 불러일으키기 위해, 광고 대행사에 대규모 선전·홍보 활동을 요청하기도 했다.[45] 같은 시기, 혁신의 시대에 만들어진 새로운 행정기관들은 대중의 광범위한 정치적 지지가 없었기 때문에 약화되었고, 그들이 명목상 규제하고 있던 이해관계들에 의해 급격히 식민화되는 현상이 나타났다.[46]

혁신주의자들이 열어 놓은 정치적 가능성은 이후 수십 년 동안 충분히 활용되지 못했다. 얼마 지나지 않아 정부의 적극적인 역할을 지지하는 사람들은 다시 대중 동원 전략으로 되돌아갔다. 뉴딜과 제2차 세계대전 이후 등장한 민권운동이 대중 동원에 다시 의존했던 것이다.

부분적 재동원 : 뉴딜

1930년대 프랭클린 루스벨트Franklin D. Roosevelt와 그의 자유주의 동맹 세
력들은 혁신주의자들이 추진했던 과정을 되돌려, 정부 정책을 지지하
는 새로운 유권자들을 동원하고자 했다. 루스벨트 정부가 추진했던 정
책들 중 일부는 미완의 혁신주의 의제들도 포함되어 있었다. 1932년
대통령 선거와 의회 선거의 결과로, 프랭클린 루스벨트와 그의 정당은
백악관에 입성했고 20년 만에 처음으로 양원을 모두 장악했다. 하지만
민주당의 승리는 대공황이 야기한 경제적 위기의 결과였다. 국가의 일
부 강력한 사적·공적 기관들과 국부의 상당 부분이 뉴딜을 반대하는
보수주의자들의 손에 있었다. 1932년 민주당은 선거에서 승리했지만
그것만으로는 경제 위기를 극복하기도, 보수주의자들이 장악하고 있
던 정치권력을 변화시키기도 어려웠다.

이런 조건에서 뉴딜주의자들은, 반대파들에 맞서 자신들의 일시적
인 승리를 지속할 한 방편으로 대중 동원 전략을 사고했다. 반대파들은
법원과 연방 관료, 대부분의 대기업, 대학, 거대 법률 회사, 전국적 뉴스
매체에 손쉽게 접근할 수 있는 위치에 있었다. 이에 맞서기 위해 루스
벨트 행정부는 정당 조직을 확충하고 강화했으며, 생산직 노동자들과
가족이 투표에 참여할 수 있도록 노동조합과 유대 관계를 맺고자 애썼
다. 이런 노력의 결과로 상당수의 새로운 유권자들이 선거에 참여했으
며, 이후 35년 동안 민주당은 다수당이 될 수 있었다.[47]

경제 위기에 대처하는 과정에서 루스벨트 행정부는, 민주당의 선거
조직을 활성화하고 수백만의 유권자들을 뉴딜 동맹으로 끌어들일 수
있는 여러 가지 재정지출 프로그램을 도입했다. 행정부는 신임 대통령

에게 충성하는 민주당 조직을 가진 주 및 도시에서, 당 조직을 활용해 수백만 달러에 이르는 국가 재정을 시민들에게 분배했다. 이 프로그램들은 토목 사업국Civil Works Administration, 연방 긴급 구제국Federal Emergency Relief Administration, 공공사업 진흥국Works Progress Administration, 민간 자원 보존단Civilian Conservation Corps, 전국 청년국National Youth Administration과 같은 새로운 연방 기구의 주도로 시행되었다. 1930년대를 거치면서 모든 미국 가정의 거의 절반 정도가 이 프로그램 중 하나 이상의 지원을 받았으며, 시카고나 피츠버그 같은 도시의 민주당 조직은 정부 지원 예산의 분배를 통제하면서 수백만의 새로운 유권자를 등록시킬 수 있었다. 민주당의 새로운 지지자들은 대부분 실업 계층이었으며, 이들은 일자리나 긴급 구제 기금을 제공했던 정당 조직에 기꺼이 정치적 지지를 보냈다.

루스벨트는 당내 반대파들이 민주당 조직을 장악한 주와 지방의 경우, 자신을 지지하는 소수파에게 구제 기금을 풀어 정당 조직을 장악하도록 부추겼다. 예컨대 미시간과 미네소타에서 루스벨트를 지지하던 지방 민주당 내 소수파들은 정당 조직을 장악할 수 있었고, 연방 구제 기금 덕분에 새로운 민주당 유권자들을 대규모로 동원할 수 있었다.[48] 뉴욕 등 다른 주에서는 민주당 내 루스벨트 행정부 지지자들과 반대자들 간의 분파 투쟁으로 말미암아 당이 약화되었고 대중 동원 수단으로서의 효율성이 줄어들기도 했다.[49] 이 과정에서 뉴딜 후원 관계의 최대 수혜자는 공화당-퓨전Fusion 후보로 뉴욕 시장에 당선된 피오렐로 라 과디아•였다.

• 피오렐로 라 과디아(Fiorello La Guardia)는 이탈리아계 미국인으로, 1934년부터 1945

정당 조직만이 아니라 노조 역시 새로운 유권자를 동원하기 위한 뉴딜 캠페인에 참여했다. 특히 새롭게 창설된 산업별 노동조합 회의 CIO(이하 산별노조 회의)와 가까운 노조들이 그 대상이었다. 루스벨트는 노동자의 단결권을 보장하는 〈와그너 법〉*을 지지했는데, 이는 당시 산별노조 회의 소속 노조들이 간절히 원했던 정책이었다. 미국 제조업 기업주들과의 사활을 건 투쟁에서 번번이 가로막혔던 권리였기 때문이다. 산별노조 회의는 입법에 대한 응답으로 민주당에 전면적인 지지를 보냈다. 산별노조 회의와 소속 노조들은 1936년 루스벨트의 재선 선거운동에 2백만 달러에 이르는 기부금을 제공했다. 지방 민주당 조직이 약하거나 존재하지 않는 곳에서 산별노조 회의는 유권자 모임과 집회를 조직하고 등록 운동을 전개했으며, 유권자를 투표장으로 인도하는 등 민주당 조직으로 기능했다.[50]

1944년, 민주당 후보를 지원하기 위해 수만 명의 노조원들을 조직했던 산별노조 회의 정치 활동 위원회**는 전국 민주당 선거운동 기구

년까지 뉴욕 시장을 지냈다. 라 과디아는 연합 공천으로 선거에 출마해 당선되었다. 영미권 국가에서는 연합 공천 후보를 일컬어 퓨전 후보라고 칭한다. 그는 공화당 소속이면서도 뉴딜 정책의 열렬한 지지자였으며 1940년 대통령 선거에서는 루스벨트를 지지했다. 뉴욕 시민들에게 인기가 높았으며 뉴욕에는 그의 이름을 딴 라 과디아 공항이 있다.

* 〈와그너 법〉(Wagner Act)의 정식 명칭은 〈전국 노동관계법〉(National Labor Relations Act)이며, 당시 법안을 발의했던 상원 의원 로버트 와그너((Robert. F. Wagner)의 이름을 딴 것으로 1935년에 제정되었다. 노동자들의 결사권, 단체교섭권 및 행동권을 보장하고 기업주의 불법적인 노동 행위 강요 및 노조 탄압에 대해 제재할 수 있는 장치를 만든 법으로, 미국 노조 운동의 획기적 전기를 마련한 것으로 평가받는다. 하지만 제정 직후부터 기업주와 보수 세력들의 끊임없는 폐지 요구에 직면했으며, 결국 제2차 세계대전 후 〈1947년 태프트-하틀리 법〉으로 대폭적인 수정을 겪었다.

** 정치 활동 위원회(Political Action Committee)는 정치자금 모금을 위한 법정 기관의

의 핵심 부문이 되었다. 루스벨트 행정부는 지방 정당 조직과 노동조합의 도움으로 북부 지역에서 투표율을 끌어올릴 수 있었고, 새롭게 참여한 유권자들은 이후 상당 기간 동안 민주당을 안정적으로 지지했다. 남부 이외의 지역에서 대통령 선거 투표율은 1928년 전체 유권자의 57퍼센트에 못 미치는 수준에서 1940년 73퍼센트 이상으로 증가했다. 신규 유권자의 상당 비율은 실업자들이었고 뉴딜 프로그램의 후원으로 구제 기금을 받고 있었다. 이들의 압도적 다수는 민주당을 지지했다. 1936년 8월 갤럽이 실시한 여론조사에 따르면, 연방 구제 기금을 받았던 미국인의 82퍼센트가 루스벨트에게 투표할 의사를 갖고 있었다. 이시기 루스벨트 행정부가 동원한 수백만의 유권자들은 민주당 동맹에 속하게 되었고, 한 세대 동안 미국 정치에서 민주당의 지배를 보장할수 있는 안정적인 지지 기반이 되었다.[51]

한편 1930년대 새로운 유권자를 조직하고 동원하려는 민주당의 노력은 북부에 한정되어 있었다. 따라서 루스벨트는 민주당 남부 분파의지지를 유지하는 것이 자신의 입법 의제를 성사하고 대통령직을 유지하는 데 관건이라고 생각했다. 그는 과거 남부연합의 정치 기득 세력이나 그 지역의 인종차별적 질서에 도전하지 않았다. 대부분의 뉴딜 프로그램 집행은 주 단위로 분산되어 있었기 때문에, 남부의 주 정부들은그 지역의 관습에 맞게 프로그램을 조정했다. 예컨대 남부 주에서 새로

명칭이다. 미국 〈연방 선거운동법〉(Federal Election Campaign Act)에 따라 이익집단이 특정 정치 후보 혹은 여러 명의 후보를 지원하기 위해서는, 이들의 캠페인에 직접 재정을 지원해서는 안 되며 독자적인 정치 활동 위원회를 꾸려 등록하고, 등록된 위원회를 통해 회원들에게서 정치자금을 걷거나 기부를 받아 위원회의 정치 활동을 지원할 수 있도록 되어 있다.

운 아동 부양가족 지원금Aid for Families with Dependent Children, AFDC 프로그램의 혜택은 흑인들에게 거의 돌아가지 않았다.[52] 또한 남부 토지 소유자들을 달래기 위해, 연방 최저임금제와 노동 관련 입법의 적용 대상에서 농업 노동자들은 제외되었다.

남부에 사는 대부분의 흑인들과 저소득층 백인들은 잠재적인 민주당 지지 유권자들이었지만, 인두세와 문자 해독 능력 시험 조항을 포함한 선거제도, 흑인의 경우 폭력의 위협 때문에 투표권을 박탈당하고 있었다. 당시 남부는 전국에서 투표율이 가장 낮았는데, 1924년 대통령 선거 투표율이 18퍼센트에 불과했다. 공화당 경쟁자들과 싸워야 했던 북동부 주들과는 달리 남부는 민주당 일당 지배 체제였기에, 남부의 민주당 지도자들은 투표율을 올리는 데 관심이 없었다. 그들 대부분은 유권자 동원을 자신의 권력에 대한 위협으로 생각했고, 등록 유권자를 확대하려는 모든 노력에 저항했다. 루스벨트는 이런 지역 질서에 개입하는 것을 자제했으며 제2차 세계대전 후 트루먼 행정부도 매우 유사한 경로를 따랐다. 트루먼 대통령이 '딕시'* 작전'Operation Dixie을 좌절시키는 데 일조한 것이 한 예다. '딕시 작전'은 산별노조 회의가 노련한 노조 조직가들을 이용해 남부 흑인 노동자들과 소작인들을 조합원으로 가입시키고, 이들에게 선거권을 부여하려는 야심 찬 계획이었다. 트루먼 행정부는 '딕시 작전'에 대한 남부 민주당 '딕시크랫'** 분파의 반발로

---

* 딕시(Dixie)는 미국 내전 시기 남부연합에 속했던 11개 남부 주를 일컫는 별칭으로, 1859년 다니얼 에밋(Daniel D. Emmett)이 작곡한 남군 병사들의 행진곡에서 유래했다.

** 딕시크랫(Dixiecrat)은 민주당 남부의 보수적 분파를 지칭하는 것으로, 이들은 루스벨트 정부에서 공화당 보수파들과 합세해 뉴딜 개혁에 반대했으며, 트루먼 정부의 인종차별

민주당 동맹이 파괴되어, 1948년 대통령의 재선 기회를 망칠까 봐 두려워했다.[53]

북부에서 루스벨트의 정치적 노력은 유럽 사회민주당들이 갖는 동맹과 유사한 형태의 민주당 동맹을 만들어 냈다. 민주당 동맹은 중산층 지식인, 전문직이나 유사 전문직 계층, 조직 노동자, 저소득층을 포괄했다. 기업계 일부도 특정 민주당 프로그램을 지지하거나, 뉴딜을 급진적인 사회·경제 개혁 프로그램을 대신할 만한 수용 가능한 대안으로 인식했다. 또한 민주당 동맹은 이민자 출신의 유권자와 사실상 아프리카계 미국인 전체를 포괄했다. 이 동맹은, 루스벨트 첫 번째 임기 후반부에 추진된 사회 개혁과 경제 규제 프로그램의 대중적 지지 기반이 되었다.

뉴딜 동원의 결과 1934년 의회 중간선거에서 양원에서 다수당이었던 민주당의 의석이 더욱 늘어났다. 루스벨트는 이에 힘입어 소위 제2차 뉴딜을 시작했다. 제2차 뉴딜을 통해 〈와그너 법〉, 〈사회보장법〉 Social Security Act, 〈1935년 은행법〉 Banking Act of 1935, 〈공익사업 지주 회사법〉 Public Utility Holding Company Act(휠러-레이번법 Wheeler-Rayburn Act) 〈1935년 세입법〉 Revenue Act of 1935 등이 만들어졌다. 일련의 조치의 마지막은 '부자 증세' Soak the Rich 법이라는 별칭을 가졌던 입법으로, 연방 소득세율을 올리고 연방 정부의 세입 기반을 현대적으로 확장하는 길을 열었다. 뉴욕·펜실베이니아와 같은 주에서 새로운 유권자가 급격히 유입되면서 힘을 얻은 민주당은 1934년 의회 선거에서 압승을 거두었고, 그 결과

|
철폐 조치에 반대했고, 1952년 대선에서는 공화당 아이젠하워 후보를 지지했다.

양당의 루스벨트 반대자들을 일거에 제압하거나 적어도 일시적으로 기를 꺾어 놓았으며 새로운 입법 프로그램을 위한 길을 열었다.[54]

뉴딜 동원은 이처럼 인상적이기는 했지만, 불완전하고 일시적인 것이기도 했다. 루스벨트가 의지했던 두 가지 힘, 조직 노동과 도시의 정치 머신은 둘 다 제2차 세계대전 이후 정치적 힘을 잃었기 때문이다. 노동은 급진파와 온건파 간의 투쟁으로 분열되었고,[55] 새로운 정치 기술은 선거 과정에서 머신의 지배력을 위협했다. 후보자들은 새로운 방송 매체를 사용하면서 조직의 지원 없이도 성공적으로 선거 경쟁을 치를 수 있었다.[56] 1950년대 북부의 투표율은 뉴딜 이전 수준으로 되돌아갔다.

뉴딜 시기 정치적 변화의 가능성은 남부 민주당에 의해 훨씬 더 심각한 제약을 받았다. 남부 지역은 뉴딜의 사회보장 프로그램과 농업 지원 프로그램의 혜택을 받았다. 하지만 민주당의 남부 보수주의자들은 행정부의 조세개혁과 규제 개혁 대부분을 반대했고, 민주당 동맹 안에서 자유주의 세력과 노동 세력의 영향력이 커지는 것을 우려했으며, 남부의 인종차별주의 체제를 보호하는 데 강하게 집착했다. 의회의 선임자 우대 원칙으로 인해 남부 출신 의원의 다수가 양원 핵심 지도부의 지위에 있었고, 이들은 뉴딜 개혁 조치를 방해하며 사회적·인종적 개혁 조치들이 남부에 침투할 수 없게 막는 역할을 담당했다.

1939년 남부 민주당 의원들과 공화당 보수파 의원들은 보수 동맹*

---

* 일반적으로 미국의 정치 지형에서 민주당과 공화당은 상대적인 좌와 우의 위치를 갖지만, 각 정당 내부에는 상대적으로 더 보수적인 분파와 더 진보적인 분파가 공존해 왔다. 정치 세력 구분을 교차해 보면 민주당 진보파, 민주당 보수파, 공화당 진보파, 공화당 보수파로 구분할 수 있다. 그런데 미국 정치사에서 '진보적'(progressive)이라는 용어는 1890년

을 결성해, 구제 기금을 대폭 삭감하고 법인세를 인하하고 전국 노동관계 위원회에 대한 조사에 착수했으며 '연방 극장 프로젝트'*를 폐지했다. 이후 30년 동안 보수 동맹은 자유주의적 사회경제 조치들이 입법화되는 것을 막는 데 중요한 역할을 담당했다. 공화당 보수파들은 인종 문제에 대한 남부의 자율성을 옹호했다. 남부 출신 민주당 의원들은 조직 노동과 자유주의자들이 사회경제적 개혁을 추진하는 것을 막기 위해 공화당과 행보를 같이했다. 보수 동맹은 1944년, 1946년, 1950년, 1960년, 1963년 제출된 주요 시민권 법안의 입법화를 가로막았고, 1940년대부터 1960년대 초반까지 트루먼 대통령과 케네디 대통령이 주도했던 전국 의료보험 제도의 도입 노력을 매우 성공적으로 막아냈다.[57] 남부 백인 민주당원들이 남부 흑인들에 대한 투표권 부여를 거부했을 때 이를 묵인함으로써 공모자가 되었던 루스벨트의 결정에 비추어 보면, 뉴딜과 그 이념적 계승자들이 자신들의 정치적 목적에 반대했던 지방의 편협한 엘리트들을 극복할 수 없었던 건 당연할 수도 있다.[58]

대부터 1910년대까지의 특정한 역사적 시기와 정치 정향을 지칭하는 데 사용되며, 일반적으로 각 정당의 진보파는 자유주의자(liberals)로 통칭된다. 예컨대 민주당 진보파는 민주당 자유주의자(liberal Democrats), 공화당 진보파는 공화당 자유주의자(liberal Republicans)로 불리는 것이다. 역사적인 시기에 따라 자유주의자들은 해당 시기의 유사한 정치 성향을 공유했는데, 남북전쟁 시기에는 노예제에 대한 태도, 뉴딜 시기에는 진보적 개혁 의제에 대한 태도 등이 기준이었고, 현대에는 낙태, 총기 규제, 동성애에 대한 태도 등이 기준이 되고 있다.

* 연방 극장 프로젝트는 루스벨트 행정부 공공사업 진흥국(WPA) 프로그램의 일환으로, 실직 상태에 있었던 작가·배우·감독 등 예술가들의 창작 활동을 지원하기 위한 정책이었다. 지원 내용에는 흑인 배우 및 예술가들을 고용하고 흑인극을 활성화하는 내용도 포함되어 있었다.

하지만 1960년대, 흑인 민권운동 지도자들과 그들의 백인 동맹자들은 이 실수를 바로잡기 위한 노력에 돌입했다.

1960년대 : 시민권, 베트남전쟁 그리고 '위대한 사회'

민권운동으로 점화된 대중적 선거 동원은 보수 동맹의 힘을 침식해 들어갔다. 1955년 앨라배마 주 몽고메리 버스 보이콧*은, 이미 10년째 남부를 동요시키고 있던 아프리카계 미국인들의 저항 물결에 전국적 관심을 집중시켰다. 초기에 민주당 지도부는, 인종 문제를 두고 남부 백인들과 충돌하는 것을 피함으로써, 정당의 통합력을 유지하는 루스벨트의 전략을 여전히 따랐다. 1956년 대통령 선거에서 민주당 후보 아들라이 스티븐슨Adlai Stevenson이 인종 갈등에 대한 해결책은 개별 주에 맡겨야 한다고 주장했던 것도 이런 맥락에서다.

하지만 민권 투쟁은 저항운동이 고조됨에 따라 북부 자유주의자들의 지지를 획득해 나갔다. 텔레비전을 통해, 평화 시위를 야만적으로 진압하는 남부 경찰들의 모습을 보면서, 많은 북부 사람들이 흑인 민권운동에 대한 지지가 도덕적 명분을 갖는다고 믿게 되었다. 북부 민주당

---

* 앨라배마 주 몽고메리에서 1955년 12월에 시작된 인종차별 철폐 운동을 말한다. 당시 몽고메리의 법에 따라 버스에는 흑인과 백인의 좌석이 나뉘어 있었는데, 파크스라는 흑인 할머니가 백인 좌석에 앉았다는 이유로 체포되면서 이에 대한 항의로 흑인들의 파업과 버스 승차 거부 운동이 벌어졌다. 시 당국은 이듬해 연방 지법과 대법원에서 위헌판결을 받을 때까지, 파업에 참가한 흑인들과 이에 동조한 백인들을 체포하는 등 탄압했고, 저항 세력들은 비폭력 저항을 내걸고 운동을 이끌었다. 이때 운동 지도자로 부상하면서 전국적으로 명성을 얻은 사람이 마틴 루서 킹(Martin Luther King Jr.) 목사다.

정치인들은 민권운동가들의 요구 중 일부라도 지지하는 것이 자신의 정치적 이해관계에 도움이 된다는 계산을 하기 시작했다.

전후 아프리카계 미국인들이 남부 농촌에서 북부 도시로 대규모 이주를 했기 때문에, 흑인들은 이제 북부 핵심 주의 중요한 유권자층을 형성하고 있었다. 존 케네디는 1960년 대통령 선거에서 남부 백인들을 적으로 돌리는 위험을 감수하며 흑인들에게 지지를 호소했고, 흑인 유권자들은 82퍼센트의 표를 몰아주어 박빙의 승리를 이끌었다. 이 수치는 1956년 [대통령 선거에서 민주당 후보였던] 스티븐슨이 얻은 득표율보다 20퍼센트포인트가 높은 것이다. 아프리카계 미국인들의 강력한 지지가 없었다면 케네디는 뉴욕·일리노이·펜실베이니아·뉴저지·미시간에서 패배했을 것이고 결국 대통령 선거에서도 승리할 수 없었을 것이다. 집권 후 케네디는 교통·주택·고용·교육에서 인종차별에 단호하게 대처하는 행정명령을 발동해 흑인 유권자들의 공로에 보답했다.

북부 민주당은 민권운동을 지지해 잃은 것이 거의 없었으며, 오히려 많은 것을 얻었다. 한편으로 그들은 점점 증가하는 대규모 흑인 유권자군의 지지를 얻을 수 있었다. 다른 한편으로 남부 흑인들과 결속함으로써, 오랫동안 민주당 동맹에서 과도한 영향력을 행사했던 남부 백인들을 약화시켜 당내 권력균형을 이동시킬 수 있었다.

당초 민권운동의 목표는 그 명칭에 걸맞은 것이었다. 정치적 권리보다는 시민적 권리에 집중되어 있었고, 공공 편의와 교육이 핵심이었다.[59] 하지만 1961년 케네디 행정부는 민권운동 지도부가 투표권 문제로 초점을 이동하도록 압박했다.[60] 행정부는 투표권을 강조하는 것이 레스토랑·수영장·교통수단을 둘러싸고 남부의 인종차별 체제에 전면 공격을 감행하는 것보다 덜 대립적이라고 인식했던 것이다.[61] 케네디 대통령도 전장을 투표소로 옮기는 것이 민주당에 대한 남부 흑인들의 지지를 증가시킴으로써 남부 백인들의 낮은 지지를 만회해, 1964년 대통령 선거에서 재선 가능성을 높인다는 계산이었다.[62] 이런 이유로 케네디는 나중에 제24조 수정 조항이 되는 헌법 수정안 발의를 지지했다. 수정안은 남부의 다수 저소득층 백인들과 흑인들의 투표권을 박탈하고 있는 인두세를 불법화하는 것이었다.[63] 일부 민권운동 지도자들은 케네디 행정부가 투표권 문제에 초점을 맞추는 것을 저항운동의 '전투성을 냉각하려는' 시도로 간주했다.[64] 하지만 대부분의 지도자들은 유권자 등록 운동을 위해 케네디가 제공한 연방의 보호와 보조금을 기꺼이 받아들였다.

다른 정치인과 이익집단들도 남부의 투표권 확대를 지지할 합리적 근거들이 있었다. 대학, 재단, 박애주의 단체, 대중매체와 연결된 중상층 계급의 자유주의 활동가들은 루스벨트 행정부 이래로 민주당에서 중요한 역할을 담당하고 있었다. 그리고 자신들이 연계된 기관들의 정치·경제적 중요성이 증가하면서, 케네디와 존슨 행정부에서 훨씬 더 큰 역할을 담당하게 되었다.

자유주의 활동가들은 주나 지방정부보다는 연방 정부에, 의사당보다는 백악관에 더 큰 영향력을 행사해 왔다. 전후 자유주의자들은 의회와 주, 지방정부의 권한을 줄이는 대신 연방 정부와 대통령 권력의 확대를 강력히 선호했다. 이들은 루스벨트 뉴딜의 숨은 싱크 탱크였으며, 트루먼의 '공정한 계약'•을 뒷받침한 지적 힘이었다. 1960년대 자유주

• '공정한 계약'(Fair Deal)은 해리 트루먼 대통령이 공약한 사회경제 개혁 의제를 나타내

의자들은 경제를 규제하고 환경을 보호하고 다양한 사회 서비스를 제공할 수 있는 국가 프로그램을 주도하기 위해, 활기찬 대통령이 주도하는 강력한 연방 정부라는 이상을 지지했다.[65]

한편 민주당 남부 분파와 공화당 보수파의 동맹은 자유주의 의제가 실현되는 데 중대한 장애가 되었다. 1940~50년대 이 동맹은 일련의 조사 청문회를 주도하면서 공격적인 행보를 지속했다. 자유주의자들과 자유주의 제도들을 국제공산주의의 위협과 연계시켜 정치적 신뢰를 깎아내리는 것이 주된 정치적 목적이었다.[66] 이런 목적에 따라 설치된 '하원 비非미국적 활동 조사위원회'House Un-American Activities Committee는 노조, 영화와 방송 산업, 뉴스 매체, 박애주의 단체, 대학과 같은 자유주의의 요새에서 공산주의가 미치는 영향력에 관해 진상조사를 실시했다. 위원회 조사 청문회는 조사단 앞에서 증언하기를 거부한 많은 증인들을 형사처분으로까지 몰고 갔다. 재판까지 가지 않았더라도, 증인들은 공산당 조직과 연루되어 있다는 근거 없는 주장으로 말미암아 자신의 경력이 파멸에 이르는 것을 지켜봐야만 했다.

뉴저지의 파넬 토머스J. Parnell Thomas 같은 대표적 보수주의자들뿐만 아니라 미시시피의 존 랜킨John Rankin, 텍사스의 마틴 다이스Martin Dies 같은 남부 출신 민주당 의원들을 포함한 역대 의장들은, 민주당 자유주의자들을 공격하기 위해 위원회를 활용했다. 반면 상원에서는 위스콘신 공화당 의원인 조지프 매카시Joseph McCarthy가 국무성 등의 기관에 대한

는 슬로건으로, 린든 존슨 대통령의 '위대한 사회'(Great Society) 프로그램에 영향을 미쳤다. 특히 국민건강보험의 필요성을 주장한 내용 등이 존슨의 프로그램으로 이어져, 고령자·장애자 의료보험 제도인 메디케어(Medicare)의 입법으로 이어졌다.

공산당 침투 건을 조사했는데, 국무성은 공화당 자유주의자들이 핵심적인 역할을 수행했던 곳이다. 매카시는 공화당 내 중서부 보수주의자들인 태프트파의 지지를 받았다. 태프트와 그 동료들은 매카시의 진상조사를 공화당 내 당권파인 동부 자유주의자들의 평판을 떨어뜨리는 유용한 수단으로 여겼다. 동부 자유주의자들은 뉴딜에 협력했고 종종 민주당의 자유주의 프로그램을 지지하기까지 했던 것이다.[67]

이런 상황에 놓여 있던 자유주의 세력들은, 민권운동의 등장으로 보수주의 적들과의 관계를 반전시킬 수 있는 예기치 않은 기회를 얻게 되었다. 남부에서는 아프리카계 미국인들에게 투표권을 확장함으로써 수백만 흑인 유권자들이, 보수 동맹과 결탁한 딕시크랫 정치인들의 지지 기반에 타격을 입힐 수 있었다. 이 전략은 공산주의 동조 세력으로 자신들을 낙인찍으려 했던 적들에게 복수할 수단을 자유주의자들에게 제공했다. 좀 더 중요하게 딕시크랫의 약화는 20년 이상 보수 동맹에 의해 가로막혀 있었던 자유주의적 의제를 실행할 수 있는 길을 열었다.

흑인 투표권의 확대를 지지하는 운동의 대열에는 자유주의자들과 함께 미국 기업 사회의 주요 부문도 동참했다. 상당수의 전국 단위 기업들은 민권운동 시위와 보이콧의 혼란이 종식되기를 원했고, 케네디 행정부가 흑인 저항 세력들에게, 시위가 아니라 목소리를 내는 방법으로 목적을 달성하도록 '체제 내 활동'을 장려하는 것에 만족하고 있었다.[68] 세계시장을 가진 영화산업도, 남부 경찰들이 평화적 민권운동가들을 가혹하게 진압하는 장면이 전 세계에 노출됨으로써 해외에서 난처해지는 상황이 끝나길 바랐다.[69]

전국의 뉴스 매체도 흑인 투표권 운동을 지지하는 쪽에 이해관계를 가지고 있었다. 극적이며 '시각적인' 뉴스를 추구하는 텔레비전 네트워크의 입장에서, 민권운동 단체들이 거리에서 벌이는 윤리적 호소는 외면하기 힘든 것이었다. 텔레비전 매체의 활용법을 막 익혀 가던 텔레비전 기자들은, 민권운동에서 단순 보도만이 아니라 뉴스 만들기의 새로운 가능성을 발견했다. 몇몇 방송 매체들은 리틀록 등지에서 미국의 특수한 인종적 딜레마를 해결하는 데 기여할 장면들을 찾아내 보도했고, 이것은 전국적 상징이 되었다.[70]

동시에 마틴 루서 킹 같은 민권운동 지도자들은 텔레비전을 이용해 북부의 시청자들에게서 자신들의 명분에 대한 공감을 이끌어 내는 법을 배웠다.[71] 남부 흑인의 투표권을 쟁취하기 위한 킹의 투쟁은 텔레비전 네트워크를 사로잡고 시청자들을 흥분시켰다. 인종차별주의자들은 부지불식간에 민권운동이 짜놓은 각본에 따라, 훌륭한 역할을 수행해 주었다. 1964년 '자유의 여름'** 기간 동안 미시시피에서는 유권자 등록 운동을 하던 세 명의 활동가가 살해되는 사건이 발생했다. 이 사건은 전국을 충격에 몰아넣었고, 방송 네트워크의 불빛은 남부 최남단 카운티의 법정과 흑인 교회로 향했다.[72] 그들은 결국 앨라배마 주 댈러스카운티 셀마로 모여들었다.

* 1957년 아칸소 주 주도인 리틀록에서 백인 학교에 입학하려는 아프리카계 미국인들이 폭력을 당하는 일이 발생했다. 이 사건은 텔레비전을 통해 보도되어 전국적인 주목을 끌었던 최초의 연재 보도였고, 이후 10여 년 동안 민권운동 보도는 텔레비전이 인쇄 매체를 대체하는 뉴스 매체가 되는 데 지대한 공헌을 했다고 평가받는다.

** 당시 미시시피 지역에서 흑인들은 유권자 등록에서 거의 배제되어 있었는데, 1964년 6월 네 개의 민권운동 단체들이 이곳에서 흑인 유권자 등록 운동을 전개했던 것을 가리킨다. 자유의 여름(Freedom Summer) 혹은 미시시피 여름 프로젝트(Mississippi Summer Project)로 알려져 있다.

마틴 루서 킹은 저항운동의 집중 캠페인 지역으로 셀마를 선택했다. 그 사건이 댈러스 카운티에 살고 있는 아프리카계 미국인들이 선거권을 박탈당하고 있음을 보여 주는 명백한 사건이었기 때문이다. 아프리카계 미국인은 카운티 인구의 58퍼센트를 차지했지만 등록 유권자 중 흑인은 2퍼센트에 불과했다. 1962년부터 1964년 '자유의 여름' 이전에 전개된 유권자 등록 운동에도 불구하고, 댈러스 카운티에서 새로 등록한 흑인 유권자는 795명에 불과했다. 카운티 정부는 이런 별 볼 일 없는 성과에 대해서조차도, 선거권 박탈 의지가 분명한 새로운 등록 기준을 도입하는 것으로 대응했다. 새로운 등록 제도는 등록을 원하는 사람에게 주 헌법 및 연방헌법의 구절들을 읽고 해석할 수 있는 능력과, 이미 등록한 유권자로부터 '신원보증서'를 받아 오도록 요구했다. 이는 사실상 흑인 거주민들을 투표 명부에서 제외하겠다는 의도를 분명히 보여 주는 것이었다.[73]

셀마가 선택된 데에는 유권자 등록을 원하는 흑인들에 대한 가혹한 차별 조치 외에도 또 다른 이유가 있었다. 킹은 주와 카운티 정치 지도자들이 평화적 저항에 대해 폭력적으로 대응할 것이라고 확신했다. 그리고 그 과정에서 이들은 전국의 텔레비전 시청자들에게, 자유와 민주주의를 위해 희생할 각오가 되어 있는 무방비 상태의 십자군을 비이성적이며 난폭하게 억압하는 압제자로 각인될 것이라고 보았다. 셀마의 거리에서 투표권 운동이 어떤 형태로 전개되든 텔레비전에 비친 그것은 분명 악에 대항하는 선의 투쟁이었다.[74] 앨라배마 주와 댈러스 카운티 당국은 그들에게 맡겨진 배역을 훌륭히 수행해 냈다. 빽빽이 배치된 방송 카메라 앞에서, 앨라배마 주 경찰은 레이몬드 페터스 다리 위 시위대에 대해 광포한 공격을 시작했고, 전국의 뉴스 매체가 '피의 일요

일'이라고 불렀듯 시위대 중 40명이 중상을 입었다.[75]

저항운동 지도부와 전국 대중매체의 입장에서 보면, 댈러스 카운티의 보안관 짐 클라크Jim Clark는 마치 누군가 그 드라마의 주연급 배역으로 일부러 보낸 것 같았다. 클라크는 옷깃에 "절대 안 돼!"Never!라고 새긴 단추를 달고 가축을 모는 전기 곤봉으로 부관들을 무장시킨 채, 카메라 화면 안팎에서 폭력적인 기질을 유감없이 발휘했다. 클라크의 과도한 잔학성은 그의 의도와는 무관하게 아프리카계 미국인의 투표권 운동에 지대한 공헌을 했고, 저항 세력들은 그를 킹의 남부 기독교 지도자 회의SCLC, 학생 비폭력 조정 위원회SNCC, 전미 유색인 지위 향상 협회NAACP의 명예 회원으로 추대했다.[76] 그 전해에는 앨라배마 주 버밍햄 경찰청장 '황소' 유진 코너Eugene T. 'Bull' Connor도 유사한 방식으로 킹의 운동을 도왔다. 그는 전국 텔레비전 카메라가 지켜보는 앞에서 킹을 체포했고, 평화적인 시위대를 진압하도록 부관들을 풀어놓았다.[77]

셀마에서의 저항운동을 보도한 텔레비전은 한 편의 드라마와 공분을 만들어 냈고, 〈1965년 투표권법〉이 통과될 수 있었던 토대를 마련했다. 1964년 의회 선거에서 민주당은 압승을 거두었으며, 이는 상하 양원에서 북부 민주당 세력이 강화되는 결과를 낳았다. 이런 의회 구조에서 존슨 대통령은, 남부 아프리카계 미국인들의 유권자 등록을 실질적으로 확대하는 투표권법을 통과시킬 수 있었다. 〈1965년 투표권법〉에 따라, 흑인에 대한 투표권 부여를 거부했던 각 주와 지방에서는 연방 관료들이 직접 투표 등록을 관할했다. 그 결과 남부에서 수백만의 흑인들이 유권자가 될 수 있었다.

물론 이 새로운 유권자들 가운데 압도적 다수는 민주당을 지지했다. 반면 이와 동시에 상당수의 남부 백인 유권자들이 민주당의 민권 정책에 반대를 표명하며, 대통령 선거와 주·지방선거에서 공화당 지지자로 돌아섰다. 그 결과 전후 재건기 이래 백인 보수주의자들이 지배했던 남부 각 주의 민주당 조직과 기관들은 점차 아프리카계 미국인들의 지지에 의존하게 되었다. 앨라배마·미시시피·사우스캐롤라이나 같은 주에서 흑인들은 전체 유권자의 3분의 1 이상을 차지하게 되었고, 주 단위 선거에서 민주당 후보들의 득표 가운데 최소 절반을 책임졌다. 남부의 어떤 민주당 후보도 흑인들의 압도적 지지 없이는 주 공직에 선출되기 어려워졌다.

새로운 선거 환경에 직면해, 제시 헬름스Jesse Helms, 스트롬 서몬드Strom Thurmond와 같은 일부 민주당 정치인들은, 자신을 지지했던 백인 유권자들과 함께 공화당 진영으로 넘어갔다. 앨라배마 주 조지 월리스George Wallace는 제3정당을 만들기도 했다. 다른 남부 정치인들은 흑인들의 지지를 얻을 수 있도록 수사와 정치 행위를 변화시키면서 적응해 나갔다. 이 전략은 남부 민주당 세력이 공화당 보수주의자들과의 동맹을 포기하고 연방 민주당의 사회복지, 민권 정책을 지지하도록 만들었다.[78] 이런 변화의 결과 오랫동안 미국 자유주의자들을 좌절시켰던 보수 동맹의 정치적 힘은 약화되기 시작했다.

선거 개혁 법안이 통과되면서 잠시 동안 자유주의 정치가 개화하는 데 유리한 환경이 만들어졌다. 존슨 대통령은 첫 임기 동안 민주당 의원들을 그의 '위대한 사회' 비전으로 이끌었는데, 그 핵심 요소는 가난에 대한 포괄적 전쟁, 노인 의료보호 및 국민 의료보장 입법, 〈1965년 초·중등 교육법〉1965 Elementary and Secondary Education Act, 〈1965년 투표권법〉, 〈1966년 시민권법〉1966 Civil Rights Act, 〈1968년 공정 주택법〉1968 Fair Housing Act을 포함하는 광범위한 입법 프로그램으로 구체화되었다. 자유주의자들은 새롭게 동원된 아프리카계 미국인들과의 동맹으로, 국내 사회 개혁을 심화할 수 있는 정치적 추동력이 지속되기를 희망했다. 그러나 민주당이 존슨 대통령의 야심 찬 의제들을 입법화했음에도 민주당 동맹은 심각한 내부 분열에 직면하고 있었다. 이 분열은 부분적으로 아프리카계 미국인들을 동원하려는 민주당의 노력에서 비롯되었다.

사회 전반에 걸쳐 있는 가난과의 전쟁을 표방하긴 했지만, '위대한 사회'의 경제활동 지원 사업들은 북부 도시에서 아프리카계 미국인들의 항의 운동을 발생시키는 매개체가 되었다. 그와 같은 항의 운동의 대상들에는 뉴딜 동맹의 대들보이자, 린든 존슨이 1964년 대선에서 거둔 압승의 기반이었던 도시 정당 조직과 조직 노동도 포함되었다. 또한 '가난과의 전쟁'에서 전초기지 역할을 했던 지역사회 활동 기관들이 대도시 정치에서 후원 활동을 독점하고 있던 정당들의 잠재적 경쟁자로 부상했다. 이전에는 정당들이, 지방정부와 기성 정치조직의 소관 밖에 놓인 정부 지원 비영리기업의 일자리를 배분할 권한을 가졌기 때문이다. 시카고의 리처드 데일리Richard Daley 시장처럼 지방 정치 지도자들이 직접 빈곤 퇴치 기관을 관할한다고 해도, 과거 빈곤 퇴치 기관을 움직였던 민주당의 열성 당원들은 새롭게 등장한 지역사회 활동 기관들의 핵심 세력인 흑인 민권운동가들과 충돌을 일으키곤 했다.[79] 1960년 민주당이 다시 집권할 수 있게 해주었던 정치 동맹은, 이제 서로에 대한 전투 상태에 돌입한 것이다.

그뿐만 아니라 조직 노동도 곧 이 싸움에 끼어들었다. '가난과의 전쟁' 프로그램의 후원으로 진행된 직업훈련과 고용 프로그램은 노동시장에 새로운 경쟁자를 창출했으며, 적극적 차별 시정 정책은 시 정부가 제공하는 일자리와 건축업 일자리에서 노조원들을 밀어내는 위협이 되었다. 노조원들은 오랫동안 이 일자리들이 자신들의 전유물이고 가족에게 승계할 수 있다고 인식해 왔기 때문이다. 지방정부의 '일선 관료'들은 문화적으로 이질적인 라틴계와 아프리카계 미국인들로 구성된 다루기 힘들고 반항적인 고객을 상대로 권위를 유지하기 위해 고군분투해야 했다.[80]

노동조합, 도시 정당 조직, 지방 부동산 개발업자들은 민권운동과 '가난과의 전쟁' 프로그램 연합 세력에 의해 붕괴될 때까지, 기업가형 시장들mayors을 중심으로 한 '행정 관료 중심의 동맹'에서 공통의 이해관계를 찾고, 연방이 지원하는 도시 재개발 프로그램을 매개로 단단히 결합되어 있었다. 재개발 프로그램은 부동산 개발 업자에게 이윤을 보장하고, 건설 노조에 일자리를 제공했으며, 주택 소유자의 세금을 낮추었고, 중하층 계급에게 지방 공무원 일자리를 보장했으며, 노동계급 출신자들의 상향 이동을 보장했다.[81] 하지만 도시의 흑인 거주자들에게 지방 도시 재개발 프로그램은 중심가 상업 지역의 변두리에서 자신들을 쫓아내려는 '검둥이 제거' 운동에 지나지 않았다. 도시 중심가에 거주하는 사람들의 입장에서 흑인들은 상업적 재산 가치를 위협하는 존재였기 때문이다. 그러자 흑인들이 반격하기 시작했다.

흑인들에게도 동맹자들이 있었다. 학계, 재단, 사회복지 전문가들로 구성된 백인 자유주의자들은 '가난과의 전쟁' 프로그램 구상에 참여했지만, 지방 정치에서 그들의 사회 개혁적 목표는 흑인 운동가들이 직면했던 것과 동일한 수많은 장애에 부딪혔다. 백인 자유주의자들은 지방 관료와 정당 조직이 흑인 공동체의 필요에 '무신경'하며, 건설 노조는 인종주의자들이고, 학교에서 인종들 간의 공존을 거부하는 이웃들은 인종차별주의자들이라고 비난했다. 민주당의 남부 기반은 민권 투쟁으로 전복되었고, 북부 기반은 당원 내부의 인종 갈등이 표면화되면서 흔들리기 시작했다. 이 시기 민주당 내에서 새롭게 등장한 동맹과 적대 관계의 유형은, 중하층 계급과 백인 노동계급 연합을 한편으로 하고, 이에 대항하는 중상 계급 백인 전문직과 흑인을 다른 한편으로 하는 상하 양극 동맹을 특징으로 했다.[82]

이런 분열은 베트남전쟁으로 한층 강화되었다. 동남아시아에 미국이 군사적으로 개입하기 시작한 초기에, 존슨 대통령은 백인 자유주의자들과 흑인 활동가들이 지지했던 국내 프로그램의 자원이 고갈되는 것을 막기 위해 군비 지출의 증가를 제한함으로써 당내 긴장을 최소화하려고 노력했다. 그는 미국이 총을 구입하면서 동시에 '위대한 사회'를 유지할 능력이 있다고 주장했다. 민주당 내 합의를 유지하기 위해, 베트남에 처음부터 대규모 군사개입을 하는 대신 점진적인 군비 증강 전략을 택했던 것이다.[83]

하지만 전쟁 분위기가 고조되면서 연방 재정은 '가난과의 전쟁'에서 베트남전쟁으로 흘러 나갔다. 빈곤 퇴치 프로그램을 위한 예산은 의회에서 다시 힘을 얻어 가고 있던 보수 세력들에 의해 삭감되었다. 보수주의자들이 백악관의 베트남전 정책을 지지해 주는 대가로 원했던 것은, 국내 사회정책에서 연방 정부가 철수하는 것이었다. 보건 교육 복지부 장관 존 가드너John Gardner, 노동부 장관 윌러드 워츠Willard Wirtz 등 존슨 내각의 구성원들을 포함한 자유주의자들은 베트남전쟁을, 그들이 심혈을 기울였던 프로그램과 제도에 대한 직접적인 위협으로 인식했다. 전쟁은 자유주의적 양심과 자유주의적 정책, 둘 모두에 대한 공격이었다.[84]

수천 명의 민주당 자유주의자들은 민주당 대통령에게서 등을 돌렸고, 전쟁 초기부터 반전운동을 지속해 왔던 학생 급진주의자들에게로 향했다. 학생들은 전쟁 종식을 주장했으며, 존슨의 '위대한 사회' 출범 초기만 해도 순조롭게 진행되는 것으로 보였던 사회 개혁 운동으로부터 기금과 정치적 에너지가 대규모로 빠져나가는 것을 되돌리려고 애썼다.[85] 대학 캠퍼스 내 자유주의적 학생들 사이에서는 이미 군대 징집을 거부하는 움직임이 유행처럼 번져 있었다. 전쟁은 나이든 세대보다 학생들에게 더 직접적인 위협이었다. 하지만 그들은 대학 교육을 받는 지위에 있었으므로 다수가 베트남전 참전을 피할 수 있었다. 사실 높은 교육 수준은 나이 고하를 막론하고 반전 세력의 공통된 특징이었다. 반면 블루칼라 '미들 아메리카'*인들은 미국의 베트남전 정책을 지지했고, 참전 군인의 다수도 이들이었다.

전쟁을 둘러싼 갈등은 민권운동 과정에서 드러났던 민주당 내의 사회 계급 균열을 악화시켰다. 블루칼라 민주당원들은 반전운동을, 교육 수준이 높은 소수의 부유층이 나머지 구성원들에게 자신들의 사회문화적 가치를 강요하는 것이라 보고는 분개했다. 앨라배마 주지사 조지 윌리스는, '잘난 척하는 지식인', '마리화나 흡연자', '자전거를 탄 하버드대 교수'들이 노동계급 공동체에 들어와 이래라저래라 하는 것에 저항하라고 촉구하면서, 노동계급 미국인들의 분노를 표현했다. 노동계급 미국인들의 다수는, 자신의 아들들은 전장에 나가 있는데 징집을 회

---

* 미들 아메리카(Middle America)란 지리적으로 미국 중서부 지역을 말하기도 하나, 계층적으로는 주로 농업에 종사하는 블루칼라 중산층을 일컫는다. 교육 수준이 높지 않은 중산층들이 밀집해 있는 소도시와 농촌 마을에 거주하며 '가족' 등 보수적 가치를 중시하는 특징을 갖는다.

피할 방안만 찾는 기득권층 자녀들의 비애국적인 행동에 분노했다. 1960년대 이런 갈등은, 오늘날에도 '가족적 가치'를 강조하는 것이나, 일부 유명 정치인들이 과거 마약을 복용하고 군 복무를 기피했던 경험이 반복적으로 문제되곤 하는 것에서 그 흔적을 발견할 수 있다.

한편 중간계급 민주당원들 중 다수는 백인 노동계급 구성원들을 인종주의자이자 맹목적인 애국주의자로 바라보았다. 노란 안전모를 쓴 채 학생 반전운동가들을 공격하고 두들겨 팼던 뉴욕 시 건설 노동자들의 폭동 이후, '안전모'hard hat는 자유주의 민주당원들의 용어에서 노동계급 폭도와 동의어가 되었다. 당시 시청자들 사이에 엄청난 인기를 얻었던 텔레비전 연속 코미디물의 등장인물인 백인 노동자 '아치 벙커'Archie Bunker는, 편협하고 네오파시스트적인 얼간이로 묘사되었다.[86]

민주당 자유주의자들에게 보수 동맹의 몰락은 뉴딜의 사회 개혁 의제를 1960년대 이후까지 확장할 수 있는 기회처럼 보였다. 하지만 그 기회는 1960년대 말에 이르러 사라져 버렸다. 민주당 내 계급 및 인종 분열이 증폭되면서, 대학 교육을 받은 자유주의자들과 흑백 노동계급 동맹을 엮어 인종과 계급을 뛰어넘는 대동맹을 구축하려던 전망이 무너진 것이다. 남북의 수백만 백인 노동자들은 1968년 대통령 선거에서 [민주당을 탈당하고 아메리카독립당을 결성해] 독자 출마한 조지 월리스를 지지하면서 민주당을 이탈했고, 얼마 지나지 않은 1972년에는 리처드 닉슨에게 투표하면서 공화당 캠프로 합류했다. 닉슨을 지지했던 노동자들은 1980년, 1984년에 공화당 대통령의 선출을 도왔던 '레이건 민주당원'의 앞선 세대였다.

1970년대 초반 민주당은 조직 노동과 백인 노동자들을 포함한 뉴딜 선거 동맹의 부활을 시도할 것인가, 아니면 민주당의 전통적 블루칼라 지지 기반을 포기하고 정당의 운명을 새롭게 개척할 것인가라는 선택에 직면했다. 전국 정치에서 첫 번째 전략은 로버트 케네디Robert Kennedy의 대통령 선거운동과 긴밀히 연관되어 있었고, 두 번째 전략은 '새로운 정치'New Politics로 불린 일련의 움직임과 관련이 있었다. 케네디의 선거 전략은 남부 수백만 아프리카계 미국인들의 투표권 부여 운동으로 열렸던 가능성을 이용하면서, 뉴딜과 민권운동으로 시작된 유권자 재동원을 지속하는 것을 포함했다. 그의 전략은 유권자의 범위를 엄청나게 확대하는 구상이었다. 하지만 새로운 정치를 주장한 탈물질주의* 세력들은 민주당 내 노동계급 분파와 친화력을 갖지 못했고, 선거에서 노동계급을 동원하려는 정향도 없었다.

선거 동원인가, 새로운 정치인가?

존 케네디가 암살되기 전만 해도 그의 동생 로버트 케네디는 인기 있는 정치인이 아니었다. 민주당 자유주의자들은 1950년대 초 반공주의 마녀사냥을 주도했던 상원 의원 매카시의 조력자로 그를 기억했다. 조직 노동자들은 '맥클렐런 위원회'**의 고문 변호사로 조직범죄와 노동운동

---

* 탈물질주의(post-materialism)는 제2차 세계대전 이후에 성장한 세대의 가치 변화에 착목해 더 넓은 범위의 정치 문화 변동을 설명한 잉글하트(Ronald Inglehart)의 연구에서 등장한 개념으로, 현대사회의 정치·사회·문화 변동을 특징짓는 개념으로 폭넓게 사용되고 있다. 과거 세대들이 중요하게 여겼던 물질적인 필요의 충족보다 개인의 자유, 인권, 환경, 자기만족, 삶의 질 향상 등을 중시하는 경향을 말한다.

** 맥클렐런 위원회(McClellan Committee)는 미국 상원에 설치되었던 특별위원회로, 정식 명칭은 '부적절한 노사 행위에 관한 상원 특별위원회'(United States Senate Select

의 관련성을 공격적으로 조사하던 그의 모습을 떠올렸다.[87] 기업가 집단은, 철강 가격 상승을 둘러싸고 1962년 케네디 행정부와 철강 기업 사이에 갈등이 빚어지는 과정에서, 그가 주요 철강 산업 경영진들을 향해 취했던 호전적인 전술을 기억하고 있었다. 많은 아프리카계 미국인들은 1960년대 초 그가 법무부 장관이 되었을 때, 민권운동의 대의에 열정을 전혀 보이지 않는 그에게 분노했다. 로버트 케네디는 연방수사국이 마틴 루서 킹과 그의 측근 스탠리 리바이슨Stanley Levison의 전화에 도청 장치를 설치하도록 승인했는데, 이후 이 사실은 전체 민권운동 지도부를 격분시켰다.[88]

그러나 존 케네디가 암살된 이후 로버트 케네디는 전국적인 애도의 물결과 케네디가※에 대한 정서적 지지의 수혜를 받게 된다. 그는 순교자 대통령의 동생에 대한 대중의 동정심 덕분에, 1964년 뉴욕 주 상원 의원 선거에서 현직 의원이었던 공화당 케네스 키팅Kenneth Keating을 누르고 당선되었다. 하지만 로버트 케네디는 당선에 대해 보답해야 할 처지였다. 대중은 그에게 동정표를 던졌지만, 그에게는 여전히 극복해야 할 정치적 약점이 있었기 때문이다. 상원 의원 선거에서 그는 71만9천 표라는 안정적인 표 차이로 당선되기는 했지만, 그에 앞서 실시된 대통령 선거에서 린든 존슨 대통령은 뉴욕에서 270만 표 차이라는 압도적 지지를 얻었다. 1964년 민주당 대통령 후보에게 투표했던 뉴욕 사람들

Committee on Improper Activities in Labor and Management)로, 1957년 창설되어 1960년 해산했다. 위원장인 존 맥클렐런(John L. McClellan)의 이름을 따 맥클렐런 위원회로 불렸다. 로버트 케네디는 1957년부터 1959년까지 이 위원회의 대표 고문 변호사로 활동했다.

가운데 2백만 명에 가까운 사람들이, 뒤이어 실시된 상원 의원 선거에서 로버트 케네디를 지지하지 않았던 것이다.[89]

상원 의원이 된 후 로버트 케네디는, 미래의 대통령 선거 경쟁을 준비하면서 정치적 지지 기반을 넓히기 위해 많은 노력을 기울였다. 먼저 그는 민주당 좌파 자유주의자들 속에서 안정적인 지지 기반을 구축하고자 했다. 케네디는 과거 자신이 무시했던 명분을 지지하는 입장으로 선회했고, 그 결과 민주당 자유주의자들 사이에서 상당한 지지를 이끌어 냄으로써 타고난 정치인임을 증명했다. 또한 캘리포니아 이민 농업 노동자들을 조직하기 위해 노력하면서, 일찍이 세자르 차베스*를 지지하는 사람들 가운데 한 명이 되었다.[90] 멕시코 출신의 농장 노동자들과 함께 시위대 앞줄에 서있던 케네디의 모습은, 매카시를 도왔고 킹에 대한 도청을 승인했던 기억의 일부를 지우면서 자유주의자들 사이에서 이미지를 개선하는 데 많은 기여를 했다. 또한 그는 미국 원주민의 권리를 주장했던 최초의 전국적인 정치인이었다. 원주민 지정 거주지를 여행하고, 원주민과 에스키모[이누이트]를 대표해서 발언했으며, 원주민 교육기금 증액안을 상원에서 관철시켰다.

로버트 케네디는 아프리카계 미국인들 사이에서 입지를 강화하기 위해 주류민권운동 지도자들과 급진파 운동가들 양측에 지지를 호소

---

* 세자르 차베스(Cesar Chavez, 1927~93)는 멕시코계 미국인으로 농장 노동자 노동조합 결성을 주도한 노동운동가이며, 노동자 인권을 위해 활동한 인권 운동가이기도 했다. 그가 결성한 전국 농장 노동자 연합(National Farm Workers Association)은 나중에 농장 노동자 연합(United Farm Workers)이 되었고 농장 노동자들의 권익 향상에 기여했다. 현재 8개 주에서는 그의 생일을 휴일로 지정하고 있으며 미 전역에 그의 이름을 딴 공원·문화센터·도서관·학교·거리들이 많이 있다.

했다. 그는 지역사회 활동 프로그램을 포함한 사회정책 기금의 확대를 추진했다. 지역사회 활동 프로그램은 지방 조직에 대한 연방 기금의 지원 채널이 되었기 때문에 지방의 흑인·백인 정치 활동가들 모두에게 인기가 있었다. 또한 케네디는 빈민가ghetto에서 민간 부문의 일자리를 창출하기 위한 다양한 프로그램을 제안했다. 그는 1966년 남아프리카를 여행하면서 반정부 인사였던 노벨 평화상 수상자인 앨버트 루툴리 Albert Luthuli를 만났다. 남아프리카공화국 인종차별 체제에 반대하며 그와 나눈 대화는 미국 언론 매체의 엄청난 관심을 받았다. 마침내 마틴 루서 킹, 존 루이스John Lewis, 윌리 브라운Willie Brown, 로이 윌킨스Roy Wilkins 와 같은 민권운동 지도자들도 대의에 대한 케네디의 헌신이 진지한 것이라고 믿기 시작했다. 동시에 훨씬 더 급진적인 플로이드 매키식Floyd McKissick 같은 흑인들도 정기적인 모임을 통해 케네디 서클로 들어왔으며, 매키식의 경우 케네디가에서 재정 지원을 받았다.[91]

1968년 민주당 대통령 선거 예비 경선 당시 케네디는 흑인 거주지에서 열정적인 선거운동을 벌였고 흑인 유권자들의 압도적인 지지를 받았다. 뉴스 보도에 따르면, 아프리카계 미국인들 사이에서 케네디의 선거 유세 활동은 마치 종교 부흥회와 같은 황홀한 매력을 발산했으며, 그의 대통령 후보 자리는 열광적인 군중이 아래로부터 밀어 올려 만들어 낸 것이라고 했다. 인디애나에서 케네디는 아프리카계 미국인 투표의 거의 90퍼센트를 사로잡았다. 네브래스카에서는 오마하 지역 흑인 유권자의 80퍼센트 정도가 케네디를 지지했다. 컬럼비아 지구에서는 흑인 투표의 3분의 2를 장악했고, 캘리포니아에서는 흑인과 멕시코계 미국인들이 케네디의 핵심 지지 유권자 집단이었다. 정치적 경쟁자들은 아프리카계 미국인들의 지지를 얻기 위해 케네디와 경쟁해 봐야 소용없다는 판단을 내렸고, 흑인 표를 내주었다. 예컨대 유진 매카시 Eugene McCarthy는 "흑인과 소수민족을 휘저어 놓을 필요는 없다. 그들은 보비*의 사람들이며 그곳에서 캠페인으로 시간을 낭비할 필요가 없 다."라는 이유로 할렘에서 캠페인을 자제했다.[92]

또한 케네디는 정부를 불신하는 젊은이들을 잠재적 지지자로 인식 했다. 대학 캠퍼스에서 수십 번의 연설을 했으며, '민주사회를 위한 학 생들'Students for a Democratic Society 대표 톰 헤이든Tom Hayden, '신좌파'New Left 대변인 스타우튼 린드Staughton Lynd 등 청년운동 지도자들에게 조언을 구했다. 헤이든은 "내가 하고 있는 일에 관심을 표명한 유일한 정치 인"[93]이라고 표현했으며, 1968년 캘리포니아 민주당 예비 경선에서 그 를 위해 뛰었다. 물론 급진적 젊은이들에 대한 케네디의 가장 중요한 호소는 베트남전쟁에 대한 반대였다. 케네디는 1965년 베트남에 연립 정부를 수립할 것을 요구하며 존슨 행정부와 결별했다. 1965~67년 사 이에는 전쟁 문제에 관해 분명한 입장을 표명하는 것을 피했지만, 1968년 구정 대공세** 이후부터는 도덕적인 명분을 들어 전쟁을 비난 하고 전투를 중단할 것을 요구했으며, 열정적인 학생 청중을 대상으로 강력한 연설을 시작했다. 젊은이들의 지지를 얻으려는 케네디의 노력 은 애비 호프먼Abbie Hoffman 같은 일부 급진적 청년 지도자들이 자신들

---

* 보비(Bobby)는 로버트 케네디의 애칭이다.
** 1968년 음력설을 기점으로 북베트남군과 남베트남 해방전선이 남베트남 지역 주둔 미 군 및 한국군, 오스트레일리아 등을 공격한 사건으로, 실제 피해는 베트남 민간인 및 남베 트남 해방전선이 컸으나 공격을 받은 미국 대사관의 모습 등이 텔레비전을 통해 전 세계에 방송되면서 베트남전에 대한 반전 여론이 확산되는 데 큰 기여를 했다.

의 지위에 위협을 느낄 정도로 충분히 성공적이었다. 케네디가 암살되기 전까지 호프먼의 국제청년당Youth International Party 회원들이 케네디의 선거운동을 위해 빠져나갔고, 그로 인해 국제청년당이 급격히 약화되었기 때문이다.[94]

케네디는 좌파 내에서 견고한 정치 기반을 구축하는 한편, 노동자, 농민, 소수민족 집단, 지방 정치조직 정치인들을 포함한 전통적 민주당 지지자들의 지지를 유지하려고 애썼다. 선거운동 초반 케네디와 이들 집단의 관계는 불안정했으며 불확실했다. 조직 노동 지도부들은 케네디가 지미 호파Jimmy Hoffa와 전미 트럭 운전사 조합Teamsters Union의 다른 간부들을 기소했던 기억 때문에 불안해했다. 하지만 케네디는 인디애나 철강 운송 노조 등 새롭게 조직된 노동조합 지도부, 전미 자동차 노조의 월터 루서Walter Reuther, 세자르 차베스 및 그의 농장 노동자들과 밀접한 연대를 형성해 갔다. 차베스와의 연대는 케네디가 캘리포니아 예비 경선에서 멕시코계 미국인 투표의 95퍼센트에 이르는 지지를 얻어낼 수 있도록 도왔다. 전국 노조 지도부의 지지를 얻을 수 없는 곳에서는 지방 지부 지도자들, 연방 노조 하위직 상근자들, 일반 노조원들에게 지지를 호소했다. 케네디 캠프의 젊은 활동가들은 노조 총회에 참석해 일반 조합원들과 직접 만났다. 케네디 자신은 파업 노동자 시위 대열의 선두에 섰다. 노동운동 지도부를 우회해 노조원들에게 직접 호소했던 전략은 성공적이었다. 연방 노조 지도부는 민주당 대통령 후보로 허버트 험프리Hubert Humphrey를 승인했고, '미국 노동 총연맹 산업별 노동조합 회의 공교육 위원회'AFL-CIO Committee on Public Education가 현직 부통령*에 대한 노조원들의 지지를 이끌어 내기 위해 맹렬히 활동했음에도, 1968년 4월 여론조사 결과 케네디는 험프리와 매카시를 앞서고 있었다.[95]

또한 케네디는 민주당의 두 번째 전통적 지지 집단인 도시 거주 백인 이민자 집단들[**]의 지지를 이끌어 내려고 노력했다. 이들은 민주당이 흑인 민권운동 지지 정책을 채택하면서 민주당에 대한 충성심이 약화되어 있었다. 유럽에서 이주해 온 다양한 이민자들로 구성된 도시 노동계급 유권자들은, 민주당이 자신들을 버리고 흑인들의 지지를 얻으려 한다고 생각했기 때문이다. 케네디는 프랭클린 루스벨트가 했던 것처럼 공통의 경제적 관심사에 기초해 흑인과 도시 백인 이민자 집단의 동맹을 진전시킬 수 있다고 확신했다. 그는 인디애나 등 예비 경선을 실시하는 주의 백인 이민자 집단 거주지에서 열정적인 캠페인을 벌였으며, 흑인들만이 아니라 백인 노동자들에게도 지지를 받았던 '뉴딜'과 '위대한 사회'의 중요성을 강조했다.

당시 뉴스 보도는 케네디가 백인 이민자들의 지지를 얻는 데에도 엄청난 성공을 거두었다고 기록했다. 『뉴욕타임스』는 인디애나 예비 경선의 결과를 보도하면서, 케네디가 시골 거주 백인들만이 아니라 개리[***]에 거주하는 백인 노동계급 이민자들 사이에서도 승리를 거두었고, 과거 앨라배마 주지사 조지 윌리스에게로 갔던 백인들의 지지를 다

---

[*] 1968년 대선에서 우여곡절 끝에 민주당 후보가 되어 공화당 리처드 닉슨과 경쟁했던 험프리는 존슨 행정부의 부통령이었다.

[**] 도시 거주 백인 다민족 집단(white urban ethnic groups)은 유럽에서 이주해 온 다양한 민족의 후손들을 말한다. 이들 가운데 특히 민주당의 지지 집단을 구성한 것은 동유럽 및 남유럽 이민자들의 후손으로, 이들은 도시에서 백인 노동자 계층을 구성했다.

[***] 개리(Gary)는 미국 인디애나 주 북서부 미시간 호수에 면한 항구도시로, 유에스 철강 회사의 회장이었던 엘버트 H. 개리의 이름을 따서 명명되었으며, 20세기 초부터 대규모 철강 산업 단지가 들어서 백인 노동계급 인구가 많았다.

시 회복했다고 주장했다. 한 논평가는 케네디를 "노동계급 백인들과 의사소통할 수 있는 마지막 자유주의 정치인"이라고 평가했다. 또 다른 이는 "케네디는 절망에 빠진 흑인들과 백인 노동계급 유권자의 지지를 이끌어 내는 기적을 이루었다."라고 말한다.[96]

1968년 예비 경선에서 케네디의 득표를 분석한 한 연구는, 경선 직후의 분석들이 이 뉴욕 주 상원 의원에게 보낸 백인 이민 유권자 집단들의 지지를 과장했다고 전한다. 인디애나 예비 경선에서 케네디는 실제 개리 7개 백인 투표구 중 6개에서 패배했음에도, 흑인 유권자들의 압도적인 지지로 도시 지역을 장악할 수 있었다는 것이다. 그럼에도 케네디는 인디애나에 거주하는 폴란드 출신 유권자들과 네브래스카에 거주하는 독일 출신 유권자들 사이에서 선방했으며, 전국 여론조사에서는 다른 어떤 후보들보다 가톨릭 유권자 다수의 지지를 받았다. 그의 사후 많은 노동계급 유권자들은 '닉슨 민주당원', 이후에는 '레이건 민주당원'이 되어 갔다.

케네디를 지지한 백인 이민자 집단의 범위가 정확히 얼마나 되는지는 지지를 얻기 위한 그의 적극적인 노력에 비하면 그리 중요한 문제가 아닐 수 있다. 그는 그들의 지지를 얻을 수 있다고 확신했고 자신이 이기고 있다는 뉴스 보도에 크게 기뻐했다. 인디애나 예비 경선 후 케네디는 그의 조력자들에게 "나는 내가 실제로 넓은 사회계층의 지도자가 될 수 있음을 증명해 왔다. 나는 내 입장을 후퇴시키지 않고 흑인과 백인 사이에 다리가 될 수 있다."라고 말했다. 유사한 정서에서, 케네디는 농장 벨트 지역에 큰 기대를 걸지 않았음에도 전국 농민들에게 지지를 호소했다. 하지만 그는 농장 밀집 지역인 네브래스카 주와 사우스다코타 주 민주당 예비 경선에서 압도적 다수의 지지를 얻으면서 승리했다.

케네디는 젊은 유권자군, 중간계급 백인 유권자군, 노동계급 백인 유권자군과 가난한 흑인 유권자군의 넓은 선거 연합을 구축하려고 했던 자유주의 정치인이었다. 유권자들에게 감정적 호소를 일삼는다는 저널리스트들의 선동적 비난에 직면했을 때, 케네디는 그런 호소가 좀 더 넓은 대중적 기반을 구축하기 위해 필수적이라고 응답했다. "나는 대중을 통해 승리해야 한다. 그 길이 아니면 승리할 수 없다."[97]

새로운 정치의 성숙

1968년 로버트 케네디의 암살은 그의 선거 전략도 함께 종말을 고했음을 의미했다. 많은 자유주의 활동가들은, 수십 년 동안 민주당을 지배했던 노동운동 지도부, 머신 정치인들과의 유대를 더 이상 기꺼워하지 않았다. 그들은 인종 문제에 대한 태도, 베트남전에 대한 입장 혹은 둘 다에서 견해를 달리하면서 전통적인 민주당 지배 세력들과 결별해 갔다. 자유주의자들은 적극적 차별 시정 정책을 지지함으로써 아프리카계 미국인들과 동맹을 공고히 했고, 민주당 전당대회에서 여성, 소수자 집단의 대표성을 보장하는 방식으로 당내 소수자 보호 정책을 만들어 갔다. 1972년 전당대회에서 채택된 맥거번-프레이저 규칙*은 주 대표

---

* 맥거번-프레이저 규칙(McGovern-Fraser Rule)은, 1968년 대통령 선거 후보를 지명하는 과정에서 민주당 내에 혼란이 발생하고 뒤이어 대통령 선거에서 패배한 이후, 1972년 대통령 후보 지명 규칙을 새롭게 만들기 위해 당내에 설치된 맥거번-프레이저 위원회에서 채택된 규칙이다. 1968년 당시 민주당 후보 지명 과정에서는 로버트 케네디와 유진 매카시가 베트남전 실패 등으로 위기에 몰린 존슨 대통령에 도전했다. 존슨 대통령은 당내 반발에 직면해 민주당 후보 지명 과정에 참여하지 않겠다고 선언했고, 후보 지명 캠페인에서 선전

자들을 인종·성·연령에 따른 할당제로 배분했고, 정당 지도부가 그 결과를 통제할 수 있었던 승자 독식의 예비 경선 제도를 금지했다. 각 주에는 공개 당원 대회나 예비 경선 절차를 거쳐 비례대표 방식으로 전당 대회 대표자를 선출하도록 했다. 일련의 개혁 조치들은 정당 정치인과 노동운동 지도부를 약화했고, 자유주의 활동가들과 당내 소수 인종 집단을 강화했다.[98]

이제 본격적인 선거 경쟁에서 유권자들의 지지를 동원하기 위해서는 먼저 당내 경선을 통과해야 했고, 당내 경선에 진입하기 위해서는 정당의 다양한 소수자 보호 정책 요건을 충족해야만 했다. 인종이나 성 정체성으로 유권자 집단을 '상징화'함으로써 현실의 유권자들을 동원하지 않고 당내 정치에 진입하는 것도 가능해졌다. 후에 유사한 관행이 공화당 전당대회에서도 받아들여졌고, 문화적 다양성에 대한 텔레비전 이미지는 다양성 자체에 대한 경험을 대신했다.

1970년대 '새로운 정치'에서, 그런 상상된 유권자 집단들은 공익단체라는 형태로 현실에 그 모습을 드러냈다. 실제 공익단체에 대한 대중

하던 케네디는 캠페인 도중에 암살당했다. 매카시를 인정할 수 없었던 당내 유력 인사들은 예비선거에 참여하지도 않았던 존슨 행정부 부통령 허버트 험프리를 후보로 지명했으며, 그해 민주당 전당대회는 후보 지명 과정에 찬성할 수 없었던 평당원들과, 이들을 진압하기 위해 동원된 경찰 및 전당대회 사수파 간의 충돌로 아수라장이 되었다. 그 결과 만들어진 이 위원회는 민주당의 대통령 후보 지명 절차가 전국적으로 단일한 규칙하에서 진행되도록 할 것, 민주당 전당대회 대표를 선출하는 각 주 정당들도 공개적인 규칙을 채택하고 후보 지명 과정을 평당원들에게 공개할 것 등과 함께, 흑인·여성·소수자에게 대표권을 부여하는 내용의 보고서를 채택했다. 맥거번-프레이저 위원회가 의도한 것은 아니었지만, 후보 지명 과정의 공개와 제도화 요구는 결과적으로 다수의 주가 이전의 당대회(코커스) 방식에서 예비선거(프라이머리) 방식으로 후보 지명 절차를 바꾸는 계기가 되었다.

의 참여는 매우 제한되어 있었다. 이 단체들은 목표를 이루기 위해 선거에서 대중을 동원하는 방식이 아니라, 행정기관을 접촉하고 소송을 제기하는 방식을 활용했다. 자유주의 활동가들, 나중에는 보수주의 활동가들도 환경의 질, 핵무기 제거, 소비자 보호, 자동차 안전, 개인의 자유와 같은 목표를 위해 수백 개의 이익집단, 공익 법률 회사, 싱크 탱크를 설립했다.[99] 커먼코즈,• 시에라 클럽,•• 소비자 운동가 랠프 네이더 Ralph Nader가 설립한 다양한 조직 등 이 모든 단체는, 기업, 조직 노동, 기타 생산자 집단을 대표했던 전통적인 이익집단의 협애한 요구가 아니라 넓은 공공의 이익에 봉사한다고 주장하며 전통적 이익집단들과 자신을 구분했다.[100] 공익단체들에 대한 재정 지원은 '공화국 기금'Fund for the Republic을 통해 수천만 달러를 제공했던 포드 재단Ford Foundation에서 나왔다. 또한 도덕적 지원은 공익을 대표한다는 공익단체의 주장에 의문을 제기하지 않았던 대중매체들이 담당했다.

모든 사람의 이익을 대표한다는 명분 아래 공익단체는 특정한 누구와도 거리를 두었다. 그 결과 한정된 유권자 집단을 동원하지 않고 정치에 영향력을 행사할 수 있는 다른 방식을 찾아야 했다. 이런 목표에 따라 '새로운 정치'의 전문가들은 행정과정에 법원의 역할을 확대하는

• 커먼코즈(Common Cause)는 존 가드너가 1970년 설립한 단체로, 무당파 비영리 기관을 표방하며 더 공개적이고 책임 있는 정치제도를 만드는 데 기여하는 것을 목표로 내세웠다. 정치자금, 선거 개혁, 정부 책임성, 대중매체와 민주주의 등의 영역을 두고 활동한다. 현재 40만 명에 이르는 회원의 회비와 기부금으로 운영되며 36개 주에 지부가 있다.

•• 시에라 클럽(Sierra Club)은 1892년 환경 운동가 존 뮤어(John Muir)가 설립한 환경 운동 단체로, 미국 전역에 주·지방 지부를 두고 수십만 명의 회원을 가진 거대 조직이다. 캐나다에도 지부가 있다.

규제 개혁과 관료 개혁 의제, 현실의 대중을 불러들이지 않고도 공익을 진작할 수 있는 의제들을 추구했다.

그중 하나가 정부 업무와 공공 기금을 비정부단체에 위임하도록 장려하는 것이다. 비영리 사회 서비스 단체, 법률 서비스 단체, 공익 법률 회사 등 많은 비정부단체들에는 '새로운 정치'의 동료 전문가들이 근무하고 있었다.[101] 동시에 공익단체와 그 동맹 세력들은 연방 정부의 규제 활동에 적극적으로 개입했다. 특히 소비자 운동가들과 환경 운동가들은 선샤인법을 활용해, 연방 기관들을 사법부의 면밀한 감시에 종속시키고, 행정절차에 공익단체의 대표를 파견하며, 자신들이 반대하는 행정 조치를 공격하는 폭로 기사를 대중매체에 제공하는 등의 방식으로, 규제 과정에 대한 영향력을 증대할 수 있었다.[102]

또한 '소비자 제품 안전 위원회'Consumer Product Safety Commission, '환경 보호청'Environmental Protection Agency, '직업 안전 및 건강 관리국'Occupational Safety and Health Administration 등 새롭게 창설된 연방 규제 기관들은 '새로운 정치'의 영역들을 확대해 나갔다. 1966~76년 사이에 창설된 규제 프로그램의 행정 관료들은, 전통적 규제 기관의 행정 관료들이 대개 규제 대상 산업에서 충원되었던 것처럼 공익단체들로부터 충원되었다.[103]

법원은 '새로운 정치' 세력들에게, 유권자 대중을 동원하지 않고도 영향력을 행사할 수 있는 또 다른 방식을 제공했고, 연방 정부의 정책과 기관들은 사법부의 강화된 감시하에 놓이게 되었다. 오랜 민권 투쟁기간 동안 자유주의자들은, 대중적으로 선출된 입법부가 적대 세력들의 지배를 받게 될 때 판사들이 결정적으로 중요한 동맹자가 될 수 있음을 배웠다. 공익단체와 의회 내 그들의 동료들은 이제 원고의 자격요건 완화, 정치 문제 독트린*의 실질적인 제거, 집단소송제의 확대,

사법부에 의한 권리 구제 범위의 확대를 지지했다. 게다가 많은 소비자 및 환경 관련 법령들은 〈멸종 위기종 보호법〉Endangered Species Act에서처럼 '시민 소송 제도'를 포함하고 있었다. 이 제도는 공익단체가 행정 구제를 통하지 않고서도 법원을 활용해 법령의 실행을 강제할 수 있게 하는 제도다. 또한 이런 법령들은 공익단체들이 변호사 비용을 모금하도록 허용하고, 승소하면 법원이 이 비용을 지불하게 하는 비용 전가 규정을 담고 있으며, 공익단체는 이를 활용해 재정을 확보할 수 있었다.[104]

정당 개혁, 공익단체, 새로운 규제 프로그램과 절차, 소송의 활용, 이 모든 것은 유권자 동원에 의존하지 않는 '새로운 정치'의 정치적 기반을 창출했다. 개혁에 대한 그들의 비민주적 접근을 이념적으로 정당화하는 작업은, 민주주의의 핵심 가치를 다수결 원리의 변덕에 맡길 수 없다고 주장했던 자유주의 학자들이 맡았다.[105]

대규모 선거 동원 없이 정치적 영향력을 확보했던 '새로운 정치'의 자유주의 계승자들은, 당연히 대중의 능동적 참여에 호소해 자신들이 위험에 빠지는 것을 달가워하지 않았다. 그들은 투표율이 낮을 때 훨씬 번성할 것이기 때문이다. 오늘날 민주당 선거운동 인력의 주축은 공익단체, 비영리단체, 유사 공공 기관과 유착된 수만 명의 정치 활동가들

● 정치 문제 독트린(political questions doctrine)이란, 미 연방 법원이 정치적 해결이 우선한다고 판단하는 사안에 대해 '정치 문제'로 선언하고 사법적 판단을 자제해 온 전통과 그 원리를 말한다. 주로 입법부와 행정부 사이에 정치적으로 해결해야 하는 사안이나, 정치 갈등의 현안 의제로 법원의 개입이 사법부의 중립성을 해칠 수 있다고 판단되는 사안에 대한 입장 표명이다.

이다. 대중의 참여를 확대하는 것은 이 집단들에게 정치권력을 증대할 기회가 아니라 자신들의 영향력에 대한 위협일 뿐이다.

그렇다고 정치적 보수주의자들이 대중 동원의 주도권을 잡으려 했던 것도 아니다. 전혀 그렇지 않았다.[106] 어떤 측면에서 보수주의자들은 자유주의자들이 선도한 공익단체 모델을 모방했다. 특히 소송이 그러하다. 이들은 '사법 감시'Judicial Watch, '워싱턴 법률 재단'Washington Legal Foundation, '연방주의자 모임'Federalist Society을 통해, 법원을 앞세워 선출직 공직자들을 괴롭혔다. 공화당은 남부 백인들, '기독교 연맹', '전국 총기 협회', '전국 자영업 협회' 등 자신들의 편에 선 새로운 유권자 집단을 환영했다.[107] 하지만 '기독교 연맹'과 그 전임자들, '도덕적 다수파'Moral Majority가 포함된 이 집단들은, 이미 정치에 참여하고 있는 중산층 미국인들에게 지지를 호소한다. 1980~90년대 공화당은 새로운 유권자 집단을 동원하기 위해 아무런 노력도 하지 않았다.

역사적으로 보수정당들은 기업 이익이 정치권력을 행사하는 데 도움이 되는 이익집단과 법원, 대중매체를 보호해 왔다. 자유주의 세력이 '새로운 정치'의 경로를 채택했을 때, 그들은 뒤베르제가 '좌파로부터의 전염'이라고 불렀던 유권자 확대의 가능성을 제거했으며, 대중의 정치 참여가 주변화될 수 있도록 사실상 보장했다.

'새로운 정치'와 보수주의의 부활이 결합되면서 고도로 계층화된 정치과정이 만들어졌다. 교육받고 자원을 가진 시민들만이 정치에 접근할 개인적 기회를 활용할 수 있고, 정책 결정자와 소통하고 그로부터 혜택을 받을 수 있다. 반면 나머지 수천만 미국인들은 정치과정에 거의 관여하지 않으며, 이런 조건은 정치학자 시드니 버바Sidney Verba, 케이 슐로츠먼Kay Schlozman, 헨리 브래디Henry Brady가 '대표의 왜곡'[108]이라고 불렀던 현상을 낳았다. 이제 시민들은 정치 지도자들이 고안한 프로그램과 서비스의 단순한 고객이 되어 버린 것이다.

★ DOWNSIZING DEMOCRACY 4

오래된 후원 관계와
새로운 후원 관계

19세기 대부분의 기간 동안, 미국 정당을 이끌었던 이들은 선거에서 승리하는 것을 최우선 목표로 삼았던 정치 간부들이었다. 그들은 선거에서 승리할 수만 있다면 어떤 이슈나 정책도 기꺼이 수용했다는 점에서 실용주의자들이었다(혹은 단순히 무원칙한 사람들이었을 수도 있다). 그들이 이끌었던 공직 추구형patronage-seeking 캠페인 조직은 1950년대 앤서니 다운스Anthony Downs가 도입했던, 득표 극대화를 위한 정당 경쟁 모델의 원형이다. 오늘날 합리적 선택이론의 중심에도 여전히 이 모델이 있다.[1]

정당 간부들이 특정 이데올로기를 신봉하지 않았다고 해서, 그 시대의 정치가 쟁점이 없었던 것은 아니다. 그들은 노예제·관세·공공사업·공유지·철도·은행·통화정책 등 역사가 주조해 내는 논쟁들을 세심하게 조직했다. 정당 정치인들의 이런 기회주의는, 그들이 지지자 군단을 확대하기 위해 새로운 쟁점들을 발굴할 준비가 되어 있었고, 기꺼이 그렇게 할 수 있었음을 의미한다. 그들의 목표는 반대 세력보다 더 많은 지지를 동원해, 워싱턴에 있는 권좌를 차지할 수 있는 선거 결과를 얻는 것이었다.

그러나 정당 건설과 정당 경쟁의 과정을 통해 지속됐던 19세기 선거 동원의 물결은 20세기를 지나면서 점차 퇴조했다. 유권자들에게 활력을 불어넣었던 정당 조직은 혁신주의 개혁가들, 미국식 정당정부[•]를 전복하는 이슈 지향적인 전문가들과 기업주들의 동맹으로부터 집중 공격을 받았다. 혁신주의자들은 정당 간부들을 능가할 동원 능력이 없었기 때문에 선거 동원이 아닌 다른 방식으로 정책에 영향력을 행사하고자 했다.[2] 법원과 관료에 접근할 수 있는 자신들만의 경로를 만들고, 대중 기반을 가진 정당이 유리한 선거를 우회해 정치적 목표를 달성할 수단을 찾았다.[3] 하지만 혁신주의자들은 또한 선거제도 자체를 자신들에게 유리한 방향으로 바꾸어 나가기도 했다. 새롭게 도입된 핵심 제도가 바로 예비 경선제인데, 이 제도를 통해 혁신주의자들은 후보 공천을 좌우했던 정당 보스의 능력을 약화할 수 있었다. 또한 예비 경선 제도는 정당 내부 선거였기에, 혁신주의자들이 주장했던 '정당 공천 없는 선거'non-partisan election^{••}와 마찬가지로, 정당으로 후보자들을 구분할

• 정당정부(party government)란 입법부와 행정부의 작동이 정당을 매개로 이루어지는 정치형태로, 이 시대 미국의 행정부와 입법부 역시 강한 정당 기율에 따라 운영되었다는 의미에서, 정당정부의 시기로 표현된다.

수 없는 선거였다. 그 결과 정당의 많은 평범한 지지자들은 누구에게 투표할지를 알 수 있는 핵심 단서를 잃어버리게 되었다. 예비 경선은 정당 정체성이 아니라 이슈, 이념, 정책 선호에 따라 유권자들에게 호소했던 선거였다. 많이 알고 교육받은 유권자들, 간단히 말해 혁신주의자들 자신과 유사한 사람들을 위한 선거였던 것이다.

정당의 약화는 투표율 하락으로 이어졌지만 대공황과 뉴딜은 상황을 반전시켰다. 처음에는 절망 때문에, 나중에는 프랭클린 루스벨트의 절묘한 작품이었던 선거 연합 덕분에 새로운 수많은 유권자들이 정치 활동에 참여했고 등록 유권자 대열에 합류했다. 19세기 정당 보스들만큼이나 실용적이었던 루스벨트는 경제적 번영의 회복이라는 과제를 중심으로 지지 세력을 결집했다. 그는 민주당의 전통적 지지 기반이었던 남부 백인들의 지지에 더해, 북부 노동자들과 아프리카계 미국인, 자유주의 지식인들의 지지도 이끌어 냈다. 이런 동맹은 위기가 아니라면 만들어지기 힘든 것이었다. 사실, 뉴딜 시기에도 내적 긴장의 신호들은 늘 존재했다. 예컨대, 뉴딜 사회복지 정책은 의회 내 남부 보수주의자들을 납득시키기 위해 대부분의 복지 수혜 대상에서 아프리카계 미국인들을 배제하는 방향으로 수정되었다.[4]

●● 혁신주의자들은 개혁되어야 할 핵심 대상으로 19세기 정당 머신을 지목했고, 독점기업의 횡포를 제어하기 위해 독점 규제를 하듯이 정당의 독점권을 제어하기 위해서는 공직 후보 공천권을 박탈해야 하며, 유권자들은 정당을 보지 말고 인물과 정책만을 기준으로 선택해야 한다고 주장했다. '정당 공천 없는 선거'는 실제로 미국의 많은 주, 시 단위 선거에서 채택되었으며, 오늘날에도 그 전통이 유지되고 있다. 그런데, 정당의 공천을 없앤 결과 유권자들이 선택의 중요한 단서를 잃어 투표율이 낮아졌고 현직자 재선율만 높아졌다는 비판도 만만치 않다.

뉴딜 동맹을 탄생시켰던 정치인들은 19세기의 정당 지도자들만큼이나 이데올로기적으로 상당히 유연했다. 그래야만 했기 때문이다. 하지만 [그로 인한] 정치적 취약성 때문에 전국적 이슈를 제기하는 데에는 한계가 있었다. 이질적인 민주당 복합체를 깨뜨릴지도 모르는 쟁점들은 피해야 했기 때문이다. 이런 의제들은 심지어 민주당이 성공의 정점에 있을 때조차 끊임없이 떠올라 당을 괴롭혔다.

[린든 존슨이 공화당 후보 골드워터를 누르고 재선에 성공한] 1964년 대통령 선거에서, 뉴딜 동맹은 1936년 루스벨트의 재선 이후 가장 결정적인 승리를 일구어 냈지만, 이 승리는 결국 동맹이 해체되는 첫걸음이기도 했다. 압도적인 승리는, 불협화음을 내고 있던 민주당 합창단의 각 부문이 정부 안에서 각기 강한 목소리를 갖게 된다는 것을 의미했다. 당내 파벌 간 갈등은 각 파벌이 장악한 공공 기관들 간의 갈등으로 전개될 것이고, 그럴 경우 내상을 입을 가능성도 훨씬 커지기에 이제 갈등은 이전보다 훨씬 심각해질 것이었다. 그러나 1964년에 이르러서는 당 내부의 이념적 간극이 이미 너무 넓어져 극복할 수 없는 단계에 와 있었다.

이 선거에서 민주당은 당선에 대한 고려보다 이데올로기적 신념이 더 중요해 보이는 후보, 배리 골드워터Barry Goldwater와 대면했다. 선거에서 패했기 때문에 골드워터의 선거운동이 미국 정치를 얼마나 크게 변형했는가는 충분히 주목받지 못했다. 우선 골드워터가 후보로 지명된 것은 공화당 후보 지명 과정에 대한 통제권이 동부 기득권층에서 서부 및 중서부의 이념적 보수주의자들에게 넘어갔음을 의미했다. 더 중요한 것은 골드워터 자체가 미국 정당과 정치의 특성에 심대한 변화가 있음을 나타내는 징표였다는 점이다. 그는 얼마 후 뉴딜 동맹을 해체한

'새로운 정치'의 우파 선구자였다. 골드워터와 그 동료들은 이념적 선명함을 공화당 내 정치적 입지의 기준으로 만들었다. 1970년대에 이르면 민주당에서도 똑같은 양상이 전개되는데, 민주당 내 이념적 스펙트럼은 훨씬 더 넓었기 때문에 그 결과는 공화당에서보다 훨씬 다루기 어려운 것이었다.

게다가 1960년대 후반 공화당 전략가들은 민주당 내에 분열을 조장하는 논쟁적 주제들인 '쐐기 이슈'wedge issues를 개발하는 데 능숙했다. 닉슨 행정부는 '필라델피아 계획'*에 따라 건설 업종에 적극적 차별 시정 정책을 도입함으로써, 노조와 흑인들 사이에 적대감을 부추겼다. 베트남전쟁 기간에는, 자유주의자들과 보수적인 블루칼라 노동자들을 이간하기 위해 애국심 이슈가 활용되었다. 그리고 '남부 전략'**의 추진은 워싱턴에서의 정치적 균형과 함께 미 전역의 지지 판도를 바꾸어 놓았다.

민권운동, 베트남전쟁 그리고 공화당의 전략이 만들어 낸 민주당의 내부 균열은 정당의 정신뿐만 아니라 정당 조직의 통제권을 둘러싼 전면적인 투쟁을 촉발했다. 루스벨트 뉴딜의 실용주의 계승자들은 (여러

---

* 필라델피아 계획(Philadelphia Plan)은 1967년 연방 노동부 산하 연방 계약 준수국과 필라델피아 연방 행정 위원회가 결정한 정책으로, 정부와 계약을 맺는 업체에 대해 소수자, 특히 흑인을 고용해야 할 의무를 부과한 것이었다.

** 남부 전략(Southern Strategy)은 남부 백인들의 인종적 적대감이나 두려움을 부추겨 선거 승리를 도모하는 전략을 말한다. 이전부터 선거에서 활용되었으나, 닉슨 대통령의 전략가 케빈 필립스(Kevin Philips)가 공개적으로 천명함으로써 유명해졌다. 그는 1970년『뉴욕타임스』와의 인터뷰에서 남부에서 더 많은 흑인들이 투표할수록 백인 인종 분리주의자들은 공화당으로 넘어올 것이라는 요지의 발언을 한 바 있다.

가지 측면에서 혁신주의 개혁가들의 뒤를 이은) '새로운 정치' 지지자들의 반대편에 서있었다. '새로운 정치'의 주창자들은 자신들처럼 교육 수준이 높고 이념적 동기를 가진 활동가들에게 적합한 방향으로 정당 조직을 개조하려고 했다. 여러 개혁 조치들 가운데 하나가 소위 '맥거번-프레이저 규칙'을 도입해 민주당 후보 지명 과정을 재구성한 것이다. 이 조치는 전당대회에서 여성과 소수민족의 대표성을 보장해 자유주의 활동가들의 영향력을 확대했다.[5] 이제 대중의 지지를 동원하는 것은, 민주당 대통령 후보 지명 과정에 참여할 수 있는 여러 방안 가운데 하나에 지나지 않게 되었다.

민주당 후보 지명 과정을 장악하려는 갈등은 1964년 골드워터를 공화당 대통령 후보로 만들었던 과정과 유사한 것이었고, 그저 훨씬 더 시끄러웠을 뿐이다. 실용주의적인 정치 간부들은 두 정당 모두에서 영향력을 잃었고, 이들 정당은 이제 이슈 정향적인 지도부와 그 지지자들이 지배하게 되었다. 석학 윌리엄 슈나이더William Schneider는 1987년 저작에서 상실감에 젖어 그 시대를 회고했다. "정당은 모든 사람이 들어갈 수 있는 거대한 막사였다. 민주당은 남부 백인 인종주의자, 흑인, 도시의 보스, 자유주의 개혁가들을 그 안에 품고 있었다." 하지만 민주당과 공화당은 모두 거대한 막사에서, 각자 이념의 '리트머스 시험지'를 통과한 혜택 받은 소수만을 담는 좁은 성채로 변했다.[6] 정치적 승리의 정의 또한 달라졌다. 당선은 더 이상 핵심이 아니었다. 당선은 자신들의 프로그램·정책·원칙을 성취하기 위한 여러 방법 가운데 하나일 뿐이었다. 실제로 3장에서 지적한 것처럼, 새로운 정당 엘리트들은 적극적인 참여 의지를 갖는 유권자들을 잠재적 위협으로 인식했고, 목표를 달성하기 위해 유권자를 전면 동원하는 것이 아닌 다른 수단을 선택했다.

1960~70년대 양당의 선거 동원이 약해지면서, 많은 연구자들은 미국 정치에서 '정당이 쇠퇴'하고 있다고 생각했다.[7] 하지만 지금은 정당이 쇠퇴한 것이 아니라 성격과 초점이 변한 것이라는 인식이 싹트고 있다.[8] 과거 정당들이 선거 동원에 거의 전적으로 의존했다면, 현재 정당들은 대규모 지지 기반을 유지하고 동원할 필요가 없는, 정치에 대한 다른 접근법을 발전시키기 시작한 것이다. 대신 정당들은 '제도적 동원'이라 불리는 새로운 형태의 능력을 개발했다. 각 정당은 이익집단, 싱크 탱크, 뉴스 매체, 공공 기관, 비영리단체, 기타 민간단체의 네트워크를 확립했다. 오늘날 정당은 벤저민 긴스버그Benjamin Ginsberg와 마틴 셰프터가 '다른 수단에 의한 정치'politics by other means라고 명명했던 방식, 일반 시민의 참여를 주변화하면서 자신들이 가진 제도적 예비군을 동원해 전투를 수행한다.[9] 워터게이트 사건, 이란-콘트라 논쟁, 클린턴 탄핵 과정, 2000년 대선 후 플로리다 소동 등 이 모든 사례에서 핵심은 이것이다. 정당은 자신들의 전투에 일반 대중을 끌어들일 때 대체로, 정치학자 스티븐 시어Steven Schier가 '활성화'activation 전략이라고 이름 붙였던 방식을 채택하고 있다. 이 전략은 예측 불가능한 일반 대중이 아니라, 검증을 거친, 진짜, 정치적으로 신뢰할 만한 시민들만을 [정치적 동원의] 대상으로 삼는다.[10] 풀뿌리 수준에서 경쟁은 우편물 발송 명단, 전화번호부, 팩스, 인터넷을 통한 전투로 바뀌었다. 양당은 끊임없이 이들 유력한 시민을 끌어 모으고, 이들에게 활력을 불어넣는다. 이름 없는 일반 대중은 초대조차 받지 못한다.

제도적 동원

민주당과 공화당은 정부와 정치에서 각자의 제도적 영토를 구축해 왔다. 민주당은 정부 사회 서비스 기관과 규제 기관, 소위 지원금 경제로 서로 엮인 비영리단체, 공공 기관 및 유사 공공 기관, 일군의 공익단체와 뉴스 매체의 주요 부문에 진지를 구축했다. 반면 공화당은 군사 및 국가 안보 관련 기관, 이와 관련된 민간 기업과 민간 부문 이익집단, 종교단체, 그리고 보수 성향의 신문, 잡지, 싱크 탱크 및 라디오 방송국을 포괄하는 대중매체 부문에 지지 기반을 건설했다. 이렇게 경쟁적으로 확보된 진지들은 정치권력을 보장하는 수단으로서 유권자 동원이라는 방식을 일부 대체해 왔으며, 치열한 정당 간 갈등과 낮은 유권자 참여라는 [모순적으로 보이는] 현상이 공존할 수 있는 이유 가운데 하나였다.

민주당의 제도적 기반은 뉴딜 시기에 구축되기 시작했지만, 이후 점차 성장해서 특히 린든 존슨의 '위대한 사회' 시기에 급성장했다. 민주당 진지의 핵심 기관들은 대체로 역대 민주당 대통령과 의회가 구상한 사회·규제·지원금 프로그램과 연결된다. 이들 프로그램을 집행하기 위해 보건복지부·노동부·교육부·경제기회국·환경보호청 등의 기관이 새롭게 창설되거나 확대 재편되었다. 연방 수준의 이런 기관들은 대개 연방 보조금으로 육성된 주 및 지방 관료 조직과 프로그램을 중심으로 연계되었다. 이런 이유로 지방정부들은 과거 40여 년 동안 연방정부 자체보다 훨씬 더 급격한 성장세를 보였다.[11] 다른 지원금들은 연방 사회정책 프로그램을 집행하는 비영리단체를 지원하는 데 들어갔다. 이들 기관과 프로그램에는 일반적으로 민주당원들이 직원으로 근무하고 실무를 진행했으며, 의사당과 백악관의 민주당원들이 이를 뒷받침했다.

연방 사회복지 및 규제 담당 기관들은 여러 가지 방식으로, 민주당의 영향력을 행사하는 센터로 기능한다. 국내 정책을 다루는 연방 기관들은 공공 부문에 근무하는 수백만의 미국인들, 그리고 메디케어medicare[고령자·장애자 의료보호 제도] 같은 사회정책 프로그램으로부터 혜택을 받는 더 많은 수의 미국인들과 민주당 사이에 강한 유대를 만들어 낸다. 또한 민주당은 이들 기관과 프로그램을 매개로 대학과 같은 비영리 기관, 민간 사회복지 기관, 연방 지원금을 받고 연방 정책을 집행하기로 계약을 맺은 비영리단체들과 연계를 맺는다. 예컨대 '미국 가족계획 연맹'은 연방 지원금과 메디케이드medicaid[저소득층 의료보호 제도] 지급금으로부터 1년 예산 5억 달러 가운데 3분의 1을 충당한다. '미국 은퇴자 협회'는 연방 지원 고령자 서비스를 제공하는 주체로, 정부에서 매년 수천만 달러를 받는다. 박물관·화랑·대학을 비롯한 다른 기관들도 연방 보조금 수억 달러를 받고, 민주당과 연계된 기관들과 계약을 맺는다. 예술가·학자·지식인들과 민주당 자유주의자들 간의 친분 관계는 연방 재정에서 직간접적으로 제공되는 물질적 혜택을 통해 강화된다.[12]

국가기관에 자리 잡은 민주당 진지들은 공화당이 대통령직과 의회를 장악한 상황에서도, 정책 집행에 대한 민주당의 실질적인 영향력을 보장한다. 연방 사회복지 및 규제 기관에 근무하는 많은 직업 공무원들은 충성스러운 민주당원들이다.[13] 이유는 아주 간단하다. 의료보호·교육·복지 정책을 담당하는 공공 기관들은 당연히 기관의 목표에 헌신하는 직원을 고용하려 한다. 사회정책과 경제 규제에서 정부의 적극적 역할을 지지하는 공무원들은 공화당원보다는 민주당원일 가능성이 높다. 한편, 민주당원인 직업 공무원들은 그들이 관여해 온 정책을 지속하기 위해 민주당 의원들과 협력하게 된다. 민주당 의원들의 지원으로 연방 사회복지 및 규제 정책을 담당하는 기관들은, 공화당 대통령이 활동을 재지시하거나 제한하려는 움직임에 저항하곤 한다. 예컨대, 레이건 행정부는 환경보호청 정책을 수정하려 했으나 공무원들의 완강한 반대에 직면했다. 공무원들은 레이건 행정부의 환경보호청장 앤 고서치 버포드Anne Gorsuch Burford를 불신임하기 위해 의회와 언론에 정보를 흘렸다. 의회에서 조사가 이루어지고 난 뒤 그는 [1983년] 사임해야 했고, 레이건은 직업 공무원들이 받아들일 만한 새로운 환경보호청장을 임명했다.

오늘날 민주당을 뒷받침하는 제도 연합은 '뉴딜'과 '위대한 사회'의 산물이다. 반면 공화당의 대항 연합은, 제1차 세계대전 기간에 급성장한 뒤 냉전 시기에 견고해진 군사 및 국가 안보 기관들에 뿌리를 두었다. 이것은 곧 거대한 준정부 방위산업을 포괄했다. 사실 공화당 대통령인 아이젠하워가 백악관을 떠나기 직전 군산복합체에 대한 우려를 표명했던 것은, 공공 부문과 민간 부문의 방위산업 기득 세력들이 한 덩어리가 된 현상 때문이었다. 1980년대 공화당 세력이 급성장하면서 국가 안보 예산이 함께 급증한 것은 우연이 아니었다. 레이건 행정부는 미국 역사에서 평화 시에 최대 규모로 군비를 증강한 행정부였다. 군비 지출 규모를 보면 카터 행정부 임기 말 1,710억 달러에서 레이건 행정부 재선 임기까지 2,420억 달러로 늘어나, 1982년 달러 기준 연간 군비 지출은 40퍼센트 이상 증가했다.[14] 의회에서 야당인 민주당이 연간 인플레이션 비율 이상의 군비 지출 증가를 제한하기는 했지만, 레이건 행정부 첫 임기 동안 이미 군비가 엄청나게 증가되어 증가율 계산 기준 자체가 크게 늘어나 있던 것이다.

공화당은 아직 민주당의 제도적 지지자 동맹에 상응하는 비영리 사회 서비스 기관 네트워크를 발전시키지는 못했지만 꾸준히 노력하는 중이다. 보수주의자들이 육성하고 있는 '종교적 신념에 기초한'● 사회정책 프로그램은, 가장 중요한 공화당 지지 유권자 집단 가운데 하나를 새로운 후원 관계의 수혜자로 바꾸어 놓을 전망이다. '종교적 우파'●●로 알려진 이 단체들은 수십만의 조직원, 각 주별 지부, 수백 명의 정규직 인력을 보유한다. 그들은 낙태, 공적 윤리, 교회-국가 관계에 관련된 일이라면, 언제든 로비를 하고 소송을 걸며 연방의회 선거와 지방선거의 투표율을 낮출 준비가 되어 있었다. 조지 W. 부시 대통령의 희망대로라면, 이 단체들은 연방 정부로부터 재정을 지원받으면서 사회 서비스를 제공할 수 있는 자격을 갖게 될 것이다. 반면 민주당과 가까운 비종교적 사회복지 기관 및 공익단체들은 공화당 정부의 지원을 받는 '영적인' 경쟁자들과, 곧 연방 기금을 둘러싸고 경쟁해야 할 수도 있다. 민주당의 지지자 동원에 기여해 온 아프리카계 미국인 교회들은, 보수적 사

● '신념에 기초한'(faith-based)이라는 표현은 부시 행정부하에서 공적 담론이 되었지만, 원래는 영국과 미국에서 '종교적'이라는 표현을 완곡하게 표현한 말로 이해된다. 신념에 기초한 단체는 종교단체를, 신념에 기초한 공동체는 신앙 공동체를 의미한다. 부시 대통령은 대통령 선거에 출마하면서 온정적 보수주의(compassionate conservatism)를 표방하고, 일곱 가지 하위 가치들 가운데 하나로 '신념에 기초하기'를 명시했다. 그리고 이 가치를 사회정책과 연계시켰는데, '신념에 기초한' 사회정책이란 연방 정부가 주도하는 사회 서비스를 대폭 줄이는 대신 기독교 자선단체, 기독교 NGO 등의 빈민 구제 활동에 대해 세제 혜택이나 제도적 지원을 함으로써 사회 서비스의 구조를 바꾸겠다는 내용을 담고 있다.

●● 종교적 우파(religious right)는 종교적 동인을 가진 보수주의 사회운동을 가리키는 말로, 기독교 계열의 보수주의 운동, 유대교 정통파, 무슬림 계열의 보수주의 운동 등을 포괄한다. 이들은 종교적 문제에 대해서는 각기 대응하지만 보수적 사회정책에 대해서는 연대하기도 한다.

회정책의 수혜자가 된다면 정치적으로 중립화될지도 모른다. 종교적 신념은 미국 정치에서 넓은 기반을 가진, 풀뿌리 행동주의의 얼마 남지 않은 자원 가운데 하나다. 특정 종교 분파의 자선 행위가 공화당과 연계된다면, 민주당은 분명 정부 안의 종교적 기득 세력에 반대하면서 [정교분리라는] 헌법사항을 위배했다는 이유를 들어 이 파트너십을 공격할 것이다. 또한 정부의 지원을 받는 종교단체들은 신자들의 헌금에 덜 의존하게 될 것이고, 풀뿌리 유권자들에 대한 반응성도 낮아질 것이며, 신자를 확보하려는 관심도 줄어들 것이다.

새로운 후원 관계

미국 정당들은 정부의 변화와 더불어 변해 왔다. '뉴딜' 이전까지 정부는 큰 역할을 수행하지 못했다. 혁신주의자들이 자본의 독점을 제어하고 도시화와 산업화의 위험으로부터 대중을 보호하기 위한 규제 프로그램들을 제도화하기 전에는 그 기능이 훨씬 더 약했다. 공유지 매매, 우편물 배달, 관세 징수 업무는 내각 바로 아래 수준에서 민간 관료들이 직접 감독했다. 규칙상 그들은 정책을 만들거나 정책에 영향력을 미칠 수 없었다. 대신, (정책을 만드는 사람을 선출하는) 정당 조직을 유지하는 데 기여했다. 민간 관료들의 일자리는, 정당이 후원 관계에 있는 지지자들에게 나누어 줄 전리품으로서 중요한 가치를 지녔다. 민간 관료들은 선출직 공직자에 대한 대중의 지지를 이끌어 냈고, 당선된 공직자는 다시 그들에게 일자리를 제공하는 구조였기 때문이다.

　정당의 후원 관계는 사라진 것이 아니다. 새로운 관료 국가의 정치적 조건에 적응하며 진화해 온 것이다. 오늘날의 정당들은 선거 경쟁 때문이 아니라, 공공 정책을 수립하고 집행하는 데 직접 영향력을 행사하기 위해 새로운 후원 관계를 이용한다. 현재의 정당들이 과거보다 훨씬 대중 동원에 관심이 적은 것처럼 보이는 것은, 이런 이유 때문이다. 정당 엘리트와 제도적 동맹 세력들은 종종 대중을 선동하지 않고도 원하는 것을 정부로부터 얻어 낼 수 있다. 단체들은 대중의 지지에 호소하지 않아도 연방 보조금으로 조직을 유지해 나갈 수 있다.

또한 새로운 후원 관계는 수혜자의 다수가 정부에 직접 고용된 사람들이 아니라는 점에서 과거와 구별된다. 물론 구체제의 후원 관계에서도 민간 부문 계약자들은 주요 수혜자 집단에 속했다. 하지만 제2차 세계대전 이후 연방 보조금을 받거나 계약관계에 놓인 민간 수혜자들은 연방 정부에 고용된 사람들의 숫자보다 훨씬 더 빠르게 증가했다. 일부 기관에서는 정부와 계약관계에 있는 민간 부문에 고용된 인력이, 정부 기관에 직접 고용된 인력의 숫자를 훨씬 능가한다(에너지부가 대표적이다).

새로운 후원 관계의 등장은 또한 정치 경쟁의 조건을 변화시켰다. 정당은 그들이 원하는 것을 제도적 식민화와 제도적 동원을 통해 얻고자 한다. 또한 상대 당의 제도적 기반과 후원 관계 네트워크를 무력화하려고 애쓴다. 예컨대 1990년대 공화당은 관련 기관을 약화하는 내용의 규제 개혁을 주장함으로써 사회복지 및 규제 담당 관료 조직에 있는 민주당 진지를 공격했다. 또한 공영방송 협회Corporation for Public Broadcasting, 법률 서비스 법인,• 미국 국립 예술 기금National Endowment for the Arts 등 민

• 법률 서비스 법인(Legal Service Corporation)은 1974년 미 의회의 결정에 따라 설립된

주당과 이해관계를 같이하는 기관들의 폐지를 요구했다. 보수주의자들은 '좌파에 대한 자금 지원 철회'[15] 노력의 일환으로 다양한 연방 지원 프로그램의 폐지 캠페인을 벌였다. 그리고 연방 지원 프로그램의 담당 기관을 주 단위로 이전해, 전국 단위의 사회 서비스 프로그램을 해체하고자 시도했다. 닉슨 대통령과 레이건 대통령이 공유했던 공화당의 목표는 공화당 출신 대통령에게 적대적인 워싱턴 관료 체제를 해체하는 것이었고, 이런 맥락에서 두 사람 모두 '신연방주의'* 정책을 추진했다.[16] 공화당은 중요한 규제 개혁에 성공하지 못했으며, 그들이 원하는 기관이나 프로그램을 폐지하는 데도 실패했다. 하지만 1996년 연방의 공적 지원 프로그램들은 주 단위로 양도되었고, 연방 기관들이 재량권을 가졌던 수급 체제에서 정액 교부금 지원 체제로 전환되었다. 복지 서비스의 책임을 연방에서 주로 이전한 것은, 연방 사회 서비스를 담당하는 관료들이 민주당의 영향력하에 있다는 공화당의 확신에 따른 것이다. 공화당은 복지 담당 기관을 주 단위로 이전했을 뿐만 아니라, 사회복지 프로그램과, 이 프로그램들을 둘러싸고 워싱턴에서 로비를 하

기관으로 매년 의회의 예산 승인 과정에서 재정을 조달받으며, 법인을 운영하는 11명의 이사들은 상원이 구성하고 대통령이 임명하도록 되어 있다. 정부 지원이 없으면 법률 서비스를 이용할 수 없는 사람들에게 평등한 기회를 보장하기 위해 설치되었다.

* 신연방주의(New Federalism)는 닉슨 대통령에 이어 레이건 대통령도 강조했던 공화당의 노선으로, 연방 정부의 권한을 축소하고 지방정부에 이양하는 것을 핵심 내용으로 한다. 신연방주의 주창자들은 루스벨트 대통령의 뉴딜 정책이 추진되는 과정에서 주의 권한 가운데 많은 부분을 연방이 빼앗았으며 이를 다시 주에 돌려줘야 한다고 주장한다. 핵심 정책 중 하나가 연방 정부가 가진 사회 서비스 프로그램 관련 교부금 배분 권한을 주 당국으로 이전하고 관련 연방 예산을 삭감해야 한다는 것이다. 이런 주장은 민주당의 지지 기반에 대한 공격으로 인식되었다.

는 자유주의 이익 단체들 간의 거리를 벌려 놓는 데에도 성공했다.[17]

민주당도 공화당의 제도적 기반을 공격하기 시작했다. 민주당은 1993년 백악관에 입성하면서 군사 및 국가 안보 부문에 대한 공격을 개시했다. 클린턴 대통령은 국방예산의 대규모 삭감을 주장했다. 또한 클린턴과 민주당 의원들은, 군부가 군대 내 여성 병사에 대한 성적 학대를 은폐하고, 동성애자의 경우 신병 모집 과정에서 배제했을 뿐만 아니라 [입대한 이후 밝혀졌을 때에는] 근무조차 하지 못하게 한 사실을 들어, 군부를 날카롭게 비판했다. 1993년 소위 '테일훅 사건'•에 대한 의회 조사 및 군대 내 동성애자를 둘러싼 갈등은, 공화당의 주요 보루가 되어 버린 기관들을 낙인찍고 핵심 인물들을 제거하려는 민주당의 노력으로 볼 수도 있다. 1993년 10월, 클린턴의 해군 보좌관 존 달튼John Dalton은 테일훅 협회 연례 심포지엄에서 있었던 성희롱 사건을 언급하면서, 해군 참모총장의 사임과 12명의 해군 제독, 해병대 장성에 대한 징계 절차에 착수할 것을 요구했다.

해군 지휘 계통에 대한 면직 시도(결국 국방부 장관은 해군 참모총장 해임 요구를 거부했다)는, 펜타곤이 클린턴 행정부와 협의한 내용인 동성애자에 대해 "묻지도 말고 말하지도 말라"••는 정책의 집행을 연기하겠다

• 테일훅 사건(Tailhook affairs)은 1991년 9월 해군 비행사들의 비영리 친목 단체인 테일훅 협회 제35회 연례 심포지엄 기간 중에 발생한 성 추문 사건으로, 정치 문제로 비화되어 미 의회의 공식 조사가 진행된 바 있다. 국방부 보고서에 따르면 1991년 9월 8일부터 12일까지 개최된 심포지엄 일정 중에 83명의 여성과 7명의 남성이 강간 및 성적 모욕을 당했다고 하며, 이 사건을 계기로 미 해군성은 이 단체와의 공식 관계를 일체 중단했다. 하지만 광범위한 미 의회의 조사 과정에서 관련 증인들은 부인으로 일관했고 결국 법적으로 처벌된 사람은 없었다.

고 밝힌 다음 날 발표되었다. 펜타곤은 당장 일선 지휘관들에게 새로운 규제 내용을 알리기 어렵다는 이유로 연기 방침을 밝혔던 것이다. 군부와 클린턴 행정부 간의 반목을 보여 주는 사건은 또 있다. 예컨대 1993년 한 백악관 직원은 콜린 파월Colin L. Powell 장군의 부관인 배리 매카프리Barry McCaffrey가 인사를 하자, "나는 군인과 말하지 않는다."[18]라며 응대를 거부했다. 같은 해 말 합동참모본부장이었던 파월은 펜타곤 행사에서 전 공화당 국방부 장관 딕 체니Dick Cheney를 소개하면서 경례를 부치고는 '보스'라고 불렀다. 이는 현재 적절하지 못한 사람들이 집권하고 있음을 암시했고, 장교들로 가득 찬 행사장에서는 커다란 웃음과 환호가 뒤따랐다. 이런 사건들은 그 자체로 큰 중요성을 갖는 것은 아니지만, 공화당 공직자들이 군 수뇌부들과 긴밀한 유대를 형성하고 있다는 사실을 보여 준다. 공화당 국방부 장관들은 대개 민간 기관이 아니라 군대에서 보좌진을 충원한다(콜린 파월은 국방부 장관 캐스퍼 와인버거Caspar Weinberger의 보좌진으로 근무했다). 또한 공화당 정부의 국방부는 정책을 수립하는 데 펜타곤의 합동참모본부에 크게 의지하고 있다. 반대로 민주당 국방부 장관들은 주로 의회 지원 인력들과 대학교수들로부터 보좌진을 충원한다. 민간 관료들은 합동참모본부를 의심의 눈초리로 바라보고, 군 장교들은 경험이 없는 민간인들을 무시한다. 공화당

●● "묻지도 말고 말하지도 말라"(don't ask and don't tell)는 표현은, 미 연방법 P.L. 103-160에 따른 군대 내 동성애자 정책을 지칭한다. 공식적으로 미 연방군은 군대의 사기와 기강을 해칠 수 있다는 이유로 동성애자의 군 복무를 인정하지 않는다. 하지만 군대 근무 기간 동안 당사자가 자신의 동성애 성향이나 행위, 동성 간 결혼 사실이나 가족 관계를 스스로 밝히지 않는 한, 군대는 이 문제에 관해 조사를 명할 수 없다.

의회 의원들조차도 보좌진과 위원회 직원들을 군사 장교들로 충원해왔다. 군부는 인력 및 정책을 기꺼이 지원함으로써 공화당과의 동맹을 공고히 해왔다. 1994년, 전 콜로라도 민주당 의원 팻 슈뢰더Pat Schroeder가 이런 관행을 비난해 작은 반향을 불러일으키기도 했지만, 관계는 여전히 지속되고 있다.[19]

환경보호청 공무원들이 적대적인 청장을 맞아 민주당 의원들에게 지지를 호소했던 것처럼, 군부도 클린턴 행정부와 갈등을 빚을 때 공화당 의원들에게 지지를 구했다. 클린턴 행정부 초기, 군부는 레스 애스핀Les Aspin 국방부 장관의 민간인 참모들에 대한 공격에 착수했다. 펜타곤 감찰관은 장교들의 불만을 받아들여, 애스핀의 선임 부관 2명이 상원 인준을 기다리면서 정부 윤리 규칙을 위반했다고 고발했다. 고발은 상원 군사 위원회 위원들을 화나게 했고, 결국 위원회는 백악관이 지명을 철회하도록 만들었다.

1년 후에는 애스핀 장관 본인이 사임을 당했다. 애스핀 장관이 소말리아 주둔 미군을 지원하기 위해 중전차를 보내지 않아 불필요한 미국인 사상자가 발생했다고, 군 장교들이 의회와 언론에 정보를 흘렸던 것이다. 백악관에 대한 군부의 승리는 완벽했고, 클린턴은 애스핀의 후임으로 보비 인만Bobby Inman 해군 제독을 지명해야 했다. 인만의 지명 소식을 중계하는 텔레비전 방송에서 클린턴은 불쾌한 침묵 속에 서있었고, 인만은 군 통수권자로서 클린턴의 자질이 함께 일하기에 충분하며 그와의 면담은 '편안한 분위기에서 진행되었다'고 기자들에게 말했다. 결국 개인적인 이유로 인만의 지명은 철회되었지만, 클린턴은 공화당과 군부가 모두 받아들일 수 있는 후임 카드로 윌리엄 페리William Perry를 지명했다.

또한 클린턴은 두 번째 임기 때 국방부 수장으로 전 공화당 상원 의원 윌리엄 코헨William Cohen을 임명했는데, 이것은 그 자리가 공화당의 소관임을 인정한다는 의미였다. 하지만 코헨을 임명한 것으로 군대와 백악관의 적대적 관계가 끝난 것은 아니었다. 예를 들어 1999년 군부는, 코소보 지역의 세르비아 측 탱크를 공격하기 위해 아파치 공격용 헬리콥터를 출격시키라는 대통령의 명령에 분명한 거부 의사를 밝혔다. 클린턴의 출격 명령과 전략을 신뢰하지 않았던 군은 헬리콥터의 배치를 연기할 명분을 연이어 들이댔다. 사실 군 장교들은 헬리콥터들이 출격할 준비가 되었다는 보고를 미루면서, 사태가 종결될 때까지 기다렸던 것이다.[20]

판사석을 차지하기 위한 전투

미국 양당은 다양한 제도적 요새들을 확보할 수 있었지만, 연방 사법부는 여전히 분쟁의 영토로 남아 있는, 의심할 바 없이 전략적 가치를 지닌 제도였다. 제2차 세계대전 이후 1960년대까지 연방 법원은 시민권 및 시민적 자유와 관련된 의제에서 민주당 자유주의자들과 보조를 같이했다. 연방 사법부는 민주당 자유주의자들의 지지를 등에 업고, 정치과정에서 자신의 역할을 확대하고 미국 사회에서 힘을 키워 나갔다. 예컨대 연방 법원은 사법적으로 구제할 수 있는 의제와 범위를 확장하면서, 사법 심사 적격성* 원칙을 심각한 수준으로 완화했다. 적격성 원칙

---

* 사법 심사 적격성(justiciability)이란 어떤 사건이 재판에서 다루어지기 위해 충족되어야 할

이란 어떤 사건이 사법부의 판결 대상이 되는지의 여부를 판별하는 기준을 말한다. 또한 대법원은 법원이 채택할 수 있는 구제의 내용과 형식을 확대했다. 예컨대 일부 사례에서, 법원은 자신들의 판결이 제대로 집행되는지를 확인하기 위해 학교와 주 교도소가 매일매일 어떻게 운영되는지를 관리하기도 했다(7장 참조).

사법부의 자유주의적 행동주의에 기대어, 자유주의 단체들은 중요한 정치적 무기 가운데 하나로 소송을 선택했다. 민권운동 단체들은 남부 학교 체계, 주·지방 정부, 의회 선거의 선거구 획정에 대한 공격의 방편으로 사법부를 활용했다. 환경 운동 단체들은 환경을 해칠 뿐만 아니라 정적들에게 자금을 제공해 주는 고속도로, 댐, 기타 공공 프로젝트의 건설을 방해하기 위해 법원을 이용했다. 여성운동 단체들은 노동시장에서 여성을 차별하는 법령뿐만 아니라 낙태를 제한하는 주 법률들을 뒤집기 위해 연방 대법원을 활용했다. 의회는 공익단체가 법원을 통해 행정부의 결정에 도전할 수 있는 권한을 부여하고, 승소할 경우 비용을 돌려받을 수 있도록 함으로써, 자유주의적 소송 흐름에 일조했다.

공화당 대통령들은 임명권을 이용해 연방 법원 판사석에 보수 인사들을 앉힘으로써 민주당과 연방 법원의 동맹 관계에 대항하고자 했다. 사법부에 대한 영향력을 확대하기 위해 두 정당은 판사 임명을 둘러싸

전제조건으로, 당사자 적격(standing), 사건의 성숙성(ripeness), 판단 이익 부재(mootness) 등의 개념을 포괄한다. 원고와 피고가 사법 심사의 대상으로 적절한가에 관한 기준이 당사자 적격의 의미이며, 재판의 대상이 되기 위해서는 미래의 분쟁이 아니라 현재 진행 중인 분쟁이어야 하며, 권리·의무 관계가 성숙되어 있는 사건이어야 한다는 것이 성숙성의 원리다. 한편 재판 절차 및 결과가 효력을 갖기 힘들거나 법의 범위 밖에 있는 사건인 경우 판단 이익 부재 사건으로 처리해 기각하게 된다.

고 여러 해 동안 격렬한 싸움을 벌였다. 닉슨·레이건·부시 대통령은 연방 판사석에 보수적 판사들을 임명하려고 했고, 민주당 의원들은 이를 저지하기 위해 싸웠다. 예컨대 닉슨 행정부에서 민주당 의원들은 두 명의 보수적 판사, 클레멘트 헤인스워스Clement Haynsworth, 해럴드 칼스웰Harold Carswell의 인준을 좌절시켰다.

또한 민주당은 레이건 대통령이 [대법관이던] 윌리엄 렌퀴스트William Rehnquist를 연방 대법원장으로 승진시키려는 것에 맞서 싸웠지만 실패했다. 그러나 로버트 보크Robert Bork를 연방 대법원 판사에 임명하려는 레이건의 시도는 맹렬한 저항에 부딪혔다. 민주당과 자유주의 단체들은 판사 임명을 막기 위한 캠페인으로는 미국 역사상 가장 큰 규모의 대중 캠페인을 벌였고, 기금을 모금했으며, 텔레비전 광고를 지원했다. 상원 사법 위원회의 야당 의원들은 전국으로 방송된 청문회에서 보크를 불신임하기 위해 전력을 다했다. 결국 민주당은 보크의 지명을 철회시켰다. 민주당은 또한 레이건의 연방 대법원 판사 지명자인 더글러스 긴스버그Douglas Ginsburg가 하버드 법과대학원 교수 재임 시절 마리화나를 흡입한 사실을 폭로해 지명을 철회시키기도 했다.

1991년 조지 H. W. 부시 대통령은 퇴임하는 연방 대법원 판사 서굿 마셜Thurgood Marshall을 대신해, 저명한 흑인 보수주의자 클레런스 토머스Clarence Thomas를 지명했다. 토머스의 지명은 최근 미국 정치사에서 가장 격렬한 투쟁 가운데 하나를 촉발했다. 민주당은 토머스의 상원 인준을 저지하는 과정에서 오클라호마 법대 교수 아니타 힐Anita Hill을 설득할 수 있었고, 그녀는 '고용 기회 평등 위원회'Equal Employment Opportunity Commission와 교육부에서 일할 때 토머스가 자신을 성추행한 사실을 증언했다. 논란 끝에 청문회를 통과한 토머스는 근소한 표차로 상원에서 인준되었지만, 인준 과정에서 제기된 추문은 연방 대법원에서 그의 영향력을 약화했다.

닉슨·레이건·부시 재임 기간에 민주당 의원들은 연방 사법부에 대한 공화당 대통령의 영향력을 제한하려고 노력했다. 반면 클린턴 재임 기간에는 그 양상이 뒤바뀌었다. 공화당이 연방 사법부 구성에 민주당 대통령이 영향력을 행사하지 못하도록 막고 나선 것이다. 클린턴은 연방 대법원 판사에 온건파 민주당 성향의 인사인 루스 긴스버그Ruth Ginsburg와 스티븐 브레이어Stephen Breyer를 지명했고, 지방법원과 항소법원에 민주당 자유주의 성향의 판사들을 다수 임명하려고 했다. 하지만 공화당 상원 의원들은 클린턴의 지명자들 중 많은 사람의 인준을 막았고, 공화당이 상원 사법 위원회를 장악한 1994년 이후에는 인준이 더욱 어려워졌다. 공화당은 지명 안건을 위원회에 계류한 채 본회의에 의제 상정을 거부하는 전술을 택했다. 펜실베이니아의 메시아 잭슨Messiah Jackson, 캘리포니아의 리처드 패즈Richard Paez와 마샤 버존Marsha Berzon 같은 민주당 자유주의 성향의 판사들은, 몇 년 동안 정치적 림보*에 묶여 있었다.[21] 패즈와 버존은 결국 인준되었지만 다른 지명자들 가운데 다수가 철회되었고, 결과적으로 연방 사법부에 대한 클린턴의 영향력은 줄어들었다.

---

* 림보란 원래 지옥과 천당 사이를 가리키는 용어지만, 미국 정치에서는 대통령이 지명은 했으나 의회에서 인준이 되지 않은 채 기다리는 공직자들의 처지를 말한다.

제도 투쟁

과거 점잖았던 판사 임명 과정이 지금처럼 치열한 당파 투쟁으로 변질된 것은 최근 미국 정치의 변화를 상징적으로 보여 준다. 정당들은 유권자를 경쟁적으로 동원하는 것이 아니라, 정부 안팎의 제도들을 지배하고 상대 당이 장악한 제도를 붕괴시킴으로써 권력을 추구한다. 1970~80년대, 백악관을 차지하고 있던 공화당은 민주당이 줄곧 장악했던 의회와의 관계에서 대통령의 권력을 강화하려고 노력했다. 닉슨 대통령은 의회가 승인한 수십억 달러의 예산을 묶어 두고, 행정기관 재편 계획을 통해 행정기관들과 의회의 유대 관계를 끊어 버리는 대신 이들을 백악관의 통제 아래 두려고 했다. 레이건과 부시 대통령은 대규모 적자예산을 편성하고 유지했는데, 그렇게 한 이유 가운데 하나는 의회가 신규 재정지출이 필요한 정책을 발의하지 못하게 하기 위한 것이었다. 또한 레이건과 부시는 행정규칙 제정에 대한 통제권을 예산 관리국에 집중시킴으로써, 의회에서 민주당의 영향력을 약화시키고, 민주당과 연계된 정부 규제 기관들의 권한 또한 약화시키고자 했다. 게다가 레이건과 그의 보좌진들은, 입법부가 대통령의 권한을 제약할 수 있게 했던 〈전쟁 권한법〉●을 은밀히 위반했다.

● 〈전쟁 권한법〉(War Powers Act)은 1973년 제정되었고, '전쟁 권한에 관한 의회와 대통령의 합동 결의안'(Joint Resolution Concerning the War Powers of Congress and President)으로 의회를 통과했다. 핵심 내용은, 대통령이 적대 지역에 군대를 파견하고자 할 때에는 48시간 전에 의회에 고지해야 하며, 의회가 적법한 절차를 거쳐 '선전포고'를 하지 않을 경우, 파병된 군대는 60일 이내에 철수해야 하고, 조기 철수가 미군의 안전에 위해가 된다고 판단될 때 30일을 더 연장할 수 있도록 한 것이다. 미 헌법에 따르면 대통령은 최

이런 유형의 조치들은 많다. 민주당 의원들은 대통령의 권력과 특권을 제한하면서 의회를 강화하려고 노력했다. 예컨대 의회는 〈1974년 의회 예산 및 지출 유보 통제법〉*으로써 의회의 재정 통제권에 대한 닉슨의 도전에 대항했다. 또한 민주당 의원들은 〈전쟁 권한법〉에 더해 '외교적 책임 결의안'**과 〈무기 수출 통제법〉***을 제출했는데, 두

고 통수권자이지만 선전포고는 의회만이 할 수 있다. 그런데 제2차 세계대전 이후 여러 건의 미군 파병과 군사행동에서 미국 의회는 정식 절차에 따라 선전포고를 한 적이 없다. 헌법에 명문화된 의회의 선전포고 권한을 어떻게 행사할 것인가, 대통령이 의회에 대해 전쟁 수행과 관련해 어떤 절차를 밟아야 하는가에 관한 명문화된 규정이 없었기 때문에 대통령의 권한으로 굳어져 온 것이다. 1973년의 이 법은 이런 관행에 쐐기를 박고 의회의 동의 절차를 명문화해 전쟁 수행에 관한 대통령의 권한을 제약한 법으로 평가받는다.

* 〈의회 예산 및 지출 유보 통제법〉(Congressional Budget and Impoundment Act)은, 국가 재정 운용에서 대통령과 의회의 권한을 명시한 법이다. 미국에서 연방 예산의 지출은 우리나라처럼 정부의 일괄 제출과 의회의 일괄 승인 방식이 아니라, 각 세부 항목별로 제출된 지출 승인 법안이 의회를 통과해야 가능하다. 이 법이 제정되기 이전 공화당의 닉슨 대통령은 의회가 지출을 승인한 예산, 특히 사회복지 예산과 관련해 여러 차례 지출을 거부했고, 민주당 의원들은 이를 의회의 연방 재정 통제권에 대한 도전으로 받아들였다. 1974년에 제정된 이 법은 의회가 승인한 지출을 대통령이 거부할 수 없도록 명문화했고 의회의 예산심의 관련 위원회를 세분화하는 등 의회의 예산심의권을 강화한 것으로 평가받는다.

** '외교적 책임 결의안'(Foreign Commitments Resolution)은 '국가책임 결의안'(National Commitments Resolution)으로도 불리는데, 1969년 6월 미연방 상원에서 의결된 것으로, 미국이 '국가의 이름으로 수행하는 해외 영토에서의 군사 행위, 타국의 국가·정부·국민을 돕기 위해 미연방 군사력의 사용이나 재정 지원을 약속하는 행위'에 대해 상원의 동의를 얻도록 했다. 전후, 특히 베트남전에서 미국의 전쟁 개시 결정 및 참전 결정이 대통령의 독단으로 이루어져 왔다는 판단에 따라 추진된 결의안이다. 미 연방헌법에 따르면 "대통령은 상원의 권고와 동의를 얻어 조약을 체결하는 권한을 가진다."라고 되어 있다. 결의안은 상원의 동의가 필요한 대통령의 외교정책의 범위를 넓게 해석했고, 특히 전쟁 수행 권한과 관련된 대통령의 권한을 제약하려는 목적에서 제정되었다고 평가된다.

*** 〈무기 수출 통제법〉(Arms Export Control Act)은 1976년 제정되고, 연방 정부의 무기 판매 및 수출에 대한 의회의 통제권을 강화하는 것을 내용으로 한다. 이 법에 따르면 미 연방 정부는 자국의 안보를 위해 사용될 경우에만 무기를 판매하거나 수출할 수 있으며, 테러 지

의안은 모두 외교정책에서 대통령의 권한을 제한하기 위한 것이었다. 한편 민주당은 공화당 대통령과 그를 돕는 행정부 관료들의 신임을 떨어뜨리기 위해 의회 조사권을 활용했다. 워터게이트와 이란-콘트라 사건의 의회 조사는 이런 공격의 가장 대표적인 사례들이다. 워터게이트 사건은 [닉슨] 대통령을 사임시켰고 공화당을 일시적으로 마비시켰다. 이란-콘트라 사건에 대한 의회 조사의 효과는 극적이었을 뿐만 아니라 레이건 행정부에 심각한 타격을 가했다. 민주당은 레이건 행정부가 은밀히 이란에 무기를 판매했고, 그 판매 대금을 니카라과 콘트라 반군에게 불법적으로 제공했으며, 불법 자금 지원을 금지하고 있는 〈볼랜드 수정 조항〉*을 위반했다는 이유로 책임을 물었다. 텔레비전으로 중계된 의회 조사 청문회에서 민주당의 주장이 상당 부분 사실로 인정된 후, 레이건은 국가 안보 담당 보좌관, 중앙정보국장, 대통령 수석 보좌관을 민주당이 받아들일 수 있는 인물로 임명하라는 압박을 받았다. 이란-콘트라 사건은 또한 대통령이 보수적 의제를 더 이상 밀고 나갈 수 없도록 가로막았다. '레이건 혁명'은 그 자리에서 중단되었던 것이다.

이란-콘트라 사건처럼 제도 투쟁이 선거 경쟁을 대체할 때 분명한

원이나 대량 살상 무기 개발, 군비경쟁 등을 위해 쓰일 때에는 무기를 수출해서는 안 된다. 미국 내 무기 판매상과 제조업자들은 분쟁 중인 특정 상대방에게 편향적으로 유리하거나 불리한 기술을 판매해서는 안 되며 무기 거래에 관련된 내역을 공개하도록 되어 있다.

* 〈볼랜드 수정 조항〉(Boland Amendment)은 1982~84년 국방부 예산안에 대한 의회의 지출 승인 법안에 첨부된 세 건의 추가 사항 혹은 부속 문서(rider)를 말한다. 1982년 12월 연방 하원은 1983년도 국방부 예산안을 심의하는 과정에서 당시 니카라과 콘트라 반군을 지원하기 위한 미 연방 정부 국방부 및 CIA의 재정지출을 금지하고 관련 예산을 삭감하도록 하는 결정을 내렸다. 이 결정이 국방부 예산 지출 승인법에 첨부되었고, 이 첨부 문서는 하원 의원 에드워드 볼랜드의 안에 따른 것이어서 〈볼랜드 수정 조항〉이라고 불린다.

승자를 가리기 힘든 경우가 많다. 이때 주요 목적은 정책 결정 능력이 마비될 정도로 상대방을 혼란시키거나 다른 곳에 정신을 집중하게 만드는 것이다. 정당들이 이런 방식으로 정치를 할 때, 그것도 두 정당이 모두 그러할 때, 그 결과는 교착상태로 이어질 가능성이 높다.

1994년 의회 다수당이 된 후 공화당은, 클린턴 행정부가 정치적 목적을 위해 연방수사국FBI 기밀 파일을 이용하려고 했다는 주장을 근거로 조사권을 발동했다. 그 후 공화당 의원들은 1996년 클린턴-고어 대통령 선거 캠페인 당시의 불법 자금 모금 행위에 관해 조사를 진행했다. 또한 백악관 여행국 직원들에 대한 [집단] 해고 사태도 조사 대상이 되었다.

형사재판 시스템은, 입법부와 행정부 간에 전투가 벌어지는 장으로서 의회 조사를 대신할 또 다른 대안이다. 1970년대 초 이래 연방·주·지방 관료를 대상으로 한 연방 법원에서의 소송사건은 1년에 1천 건 이상이 늘어났고, 전체적으로는 열 배 이상 증가했다. 기소된 사람들은 대부분 하급 공무원이었지만, 수십 명의 의회 의원과 연방 행정부 고위직 관료를 포함한 저명 정치인들도 다수 있었다.[22] 레이건과 부시 행정부 시절, 행정부에 있던 공화당 출신 고위직의 상당수는 민주당이 제기한 의혹이나 조사로 인한 형사소송의 표적이 되었다. 전 국방부 장관 캐스퍼 와인버거, 전 국무부 차관보 엘리엇 에이브럼스Elliott Abrams, 대통령 보좌관 마이클 데버Michael Deaver와 린 노프지어Lynn Nofziger, 노동부 장관 레이몬드 도노반Raymond Donovan, 국가안전보장회의 보좌관 올리버 노스Oliver North 등이 포함되었다. 부시 대통령은 1992년 대통령직을 떠나기 전, 와인버거와 에이브럼스의 기소가 민주당이 정책 논쟁을 형사범죄화하려고 했던 부적절한 노력의 결과였다고 주장하면서 이들을 사면했다.

또한 클린턴 행정부 시절, 저명한 민주당 정치인들의 다수가 공화당이 주도한 의혹으로 시작된 형사소송의 과녁이 되었다. 클린턴 첫 번째 임기 초반, 하원 세입 위원회 의장 댄 로스텐카우스키Dan Rostenkowski (일리노이 주 민주당 의원)는 부패 혐의로 기소되었고, 이후 연방 교소도로 가야 했다. 후에 농무부 장관 마이크 에스피Mike Espy, 교통부 장관 헨리 시스네로스Henry Cisneros, 상무부 장관 론 브라운Ron Brown, 내무부 장관 브루스 배비트Bruce Babbitt, 노동부 장관 알렉시스 허먼Alexis Herman도 부적절한 행동으로 공격의 대상이 되었다. 에스피와 시스네로스는 사임해야 했고 결국 사기와 부패 혐의로 기소되었다. 론 브라운은 조사가 완결되기 전에 비행기 추락 사고로 사망했다. 배비트와 허먼은 오랜 조사를 거친 후 무죄가 입증되었지만, 소모적인 조사로 인해 효율적인 직무 수행이 어려웠다. 같은 시기 클린턴 자신도 강도 높은 조사의 표적이 되었고, 결국 어떤 범죄행위에 대해서도 유죄판결을 받은 바가 없었지만 그 조사는 탄핵 사태로까지 이어졌다.

공직 비리와 관련해 논란이 된 사례의 숫자와 그 중요성에도 불구하고, 공직 부패와 권력 남용의 실제 발생 빈도가 1970년대 이래 증가했다고 믿을 만한 증거는 찾기 어렵다. 대신 공직 관련 형사제재 사건의 증가는 정치권력을 향한 투쟁과 밀접한 관계가 있다. 워터게이트 스캔들 이후에는, 특별검사국이 창설되어 공직 부문의 비윤리적 행위 의혹을 조사할 공식 기구가 확립되었다. 〈정치 윤리법〉Ethics in Government Act의 특별검사 조항*이 1999년 만료됨으로써 특별검사의 임명 방식은 달라지겠지만, 공직 비리 조사에서 그 유용성이 사라진 것은 아니다. 특별검사제는 양당이 상대방의 신뢰를 깎아내리거나 적어도 무력화하는 무기가 되었다. 또한 이 제도는 조사관·회계사·법률가 집단을 활성화했는데, 특별검사로 임명된 이들은 임기 내에, 곤혹스럽거나 의심스러운 어떤 것을 거의 틀림없이 발견해 내곤 했다.

폭로, 조사, 기소

오늘날 폭로revelation, 조사investigation, 기소prosecution라는 정쟁의 전술이, 한때 선거 동원이 차지했던 정치의 중심 무대를 장악하고 있다. 각 단어의 첫 글자를 조합한 RIP는 표적이 되는 공직자에게 꼭 맞는 정치적 묘비명이다. RIP는 워터게이트 논란 과정에서 등장해, 공화당이 백악관을 차지하고 있을 때 민주당 의원들이 갈고 닦은 공격의 레퍼토리였다. 그러나 클린턴 행정부 시절 그 역할은 뒤바뀌었고, 공화당 의원들이 민주당의 백악관을 공격하기 위한 전술로 이를 활용했다.

클린턴은 재임 첫해에 의료 제도 개혁을 추진했다. 이 조치는 국가 경제의 상당 부분에 대한 민주당의 통제권을 보장하고 모든 미국인을 민주당 프로그램의 실질적 수혜자로 만들어, 민주당의 제도적 기반을 엄청나게 확대할 수 있는 제안이었다. 의료 개혁은 60년 전 사회보장 정책이 그러했던 것처럼 민주당의 인기와 권력을 강화해 줄 수 있었다.

● 우리나라에 처음부터 특별검사제로 알려진 이 제도는, 1999년 이전에는 연방 사법부와는 독립된 검사의 임명과 그 활동을 지원하는 독립 검사실(United States Office of the Independent Counsel)로 운영되다가, 1999년 법정 시한이 종료됨에 따라 연방 사법부 소속 특별검사청(U. S. Department of Justice Office of Special Counsel)으로 대체되었다. 현재 이 기관은 공직자 비리나 비윤리적 행위에 대한 조사를 담당하며, 최근에는 버락 오바마 대통령의 당선으로 공석이 된 일리노이 주 상원 의원직의 매매 사건을 수사하기도 했다.

클린턴의 의료 개혁 조치는 공화당을 다급하게 만들었다. 전 부통령 댄 퀘일Dan Quayle의 수석 보좌관 윌리엄 크리스톨William Kristol 같은 공화당 전략가들은, 클린턴의 제안에 대한 공화당의 반대를 조직하기 위해 열정적으로 달려들었다. 결국 기업과 공화당의 동맹이 그 계획을 좌절시켰다. 그러나 이때 전투를 통해 다수의 공화당원들은 클린턴을 위험한 적으로 간주하게 되었고, 클린턴을 무장 해제시키기 위해 전면적인 캠페인을 벌였다. 물론 캠페인 과정에서 공화당의 공격도 맹렬했지만, 클린턴의 낙태, 총기 규제, 군 내 동성애자 정책에 대한 사회적 보수주의자들의 분노 또한 대단했다.

1993~94년, 공화당은 클린턴과 그의 부인[힐러리 클린턴]에게 집중 포화를 쏟아 냈는데, 그 내용은 주로 아칸소 주에 위치한 부동산 개발 업체인 화이트워터 사의 파산과 관련된 이들의 연루설이었다. 공화당은 클린턴 부부를 당황하게 하고 괴롭힐 수는 있었지만 행정부를 마비시킬 수는 없었다. 하지만 1994년 중간 선거에서 상하 양원을 장악함에 따라, 공화당은 의회 조사권을 발동하고 공화당 입장에서 조사해 줄 특별검사를 임명할 권한을 갖게 되었다. 공화당이 위원장을 맡은 의회의 각 위원회들은 클린턴이 아칸소 주지사로 재임했던 기간의 행적에 대해 광범위한 조사 작업에 착수했다.

동시에 공화당 의원들은 특별검사들을 통해 클린턴과 그의 동료들의 부적절한 행동에 대해 조사하기 시작했다. 특별검사들 가운데 가장 중요한 인물인 케네스 스타Kenneth Starr는 백악관 인턴이었던 모니카 르윈스키Monica Lewinsky와 대통령의 관계에 관한 의혹, 좀 더 후에는 대통령의 위증 혐의 및 르윈스키와 다른 사람들에게 위증을 교사했다는 혐의까지 조사 범위를 확대할 수 있었다. 한 달 후 클린턴은 스타의 대배심 앞에서 증언을 하고 르윈스키와의 일을 인정해야 했으며, 공화당이 주도한 하원 사법 위원회는 탄핵 절차에 착수했다. 클린턴의 탄핵안은 정당 투표로 진행된 하원 표결에서 가결되었다. 상원 표결 역시 정당 투표로 진행되었고 부결되기는 했지만, 클린턴의 대통령 직위는 큰 상처를 입었다.

우여곡절을 겪으며 최종 결론에 이르는 과정에서 클린턴 행정부는 대통령을 방어하기 위해 전력을 다했다. 클린턴과 그의 동료들은 고소인들과 특별검사실에 대한 반격에 나섰고 반대 세력에 불리한 정보를 모으기 위해 사설탐정을 고용하는 등, 모든 혐의와 비난에 공격적으로 대응했다.[23] 오랜 투쟁 과정에서 민주당도 맹렬히 대통령을 방어했다. 1998년 1월 민주당 전국 위원회는, 전략을 조정하고 유리한 정보를 확산하며 고발에 대응하고 새로운 폭로와 고발로부터 대통령을 보호하기 위해 피해 대책 본부를 설치했다.[24] 클린턴이 [르윈스키와의] 부적절한 관계를 인정함으로써 몇몇 저명한 민주당 인사들이 그와 거리를 두게 되기 전까지, 민주당의 주요 정치인이나 이익집단 누구도 대통령을 반대하는 입장에 서지 않았다. 대통령에 대한 개인적 감정이 어떠하든, 대부분의 민주당원들은 클린턴 행정부의 파멸이 공화당에 힘을 실어 주어 민주당이 만들어 낸 사회제도들을 약화할 것이라고 믿었다. 젊은 인턴사원과의 관계를 인정했던 대통령을 당연히 반대하리라 생각되었던 여성운동 진영조차도, 여성을 고위 공직에 임명하고 어린이 보호 연방 기금과 낙태할 권리를 지지했던 클린턴의 정책이 그의 잘못된 행위를 상쇄할 수 있다고 판단했다.

민주당이 폭로·조사·기소를 통해 두 공화당 행정부에 타격을 입힐 수 있었던 것처럼 공화당은 이제 민주당 대통령을 망가뜨렸다. 두 정당은 유권자를 동원하거나 유권자의 의견을 고려하지 않고도 적을 공직에서 몰아내는 능력을 개발했음을 증명했고, 유권자는 미국 정치에서 아무런 기능도 하지 못하는 흔적기관이 되어 버린 것 같았다.

2000년 대통령 선거

주변화된 유권자의 지위는, 결국 조지 W. 부시 대통령을 탄생시킨 2000년 플로리다 사태로 더욱 분명해졌다. 플로리다 사태는 평범한 미국인들의 참여가 배제된, 선거 영역 외부의 투쟁이었다. 그 결정은 플로리다 입법부와 주 정부 행정기관의 손에 맡겨졌고, 소수의 법률가 집단과 정치 활동가들이 주도했다. 논란의 과정에서 40건의 소송이 제기되었다.[25] 또한 소송 기간 동안 양 후보 진영은 거의 1천만 달러에 이르는 법정 비용을 지불했다. 이 비용에는 양 후보 진영과 공식적으로 관련되지 않은 소송당사자들의 비용은 포함되지 않은 것이다. 법원에서의 전투는 부시 진영이 우세했다. 부시의 변호사들은 재판부 모두가 민주당 성향이었던 플로리다 주 최고법원에서 두 번 패배하기는 했지만, 대부분의 순회재판소 판결에서 승리했고, 부시의 승리가 선언되기 직전 연방 대법원 재판에서도 승리를 거두었다. 연방 대법원 재판부의 다수를 차지한 보수적 판사들은 고어의 승리를 결연히 막아내고 있는 것처럼 보였다.

고어에 대해 부시가 승리할 수 있었던 것은 법원에서의 우세함뿐만 아니라, 민주당 지지 세력들을 점점 압도하고 있었던 강력한 기관들을 동원할 수 있었기 때문이다. 민주당은 수작업 검표를 담당했던 남플로리다 검표 위원회를 장악했지만, 주지사 관저와 주 장관 사무실을 장악하고 있던 공화당을 이길 수는 없었다. 게다가 공화당이 주도했던 플로리다 주 의회는 텍사스 주지사[조지 W. 부시]가 설사 법정 투쟁에서 패배하더라도 그를 지지하는 선거인단을 선택할 준비가 되어 있었으며, 사법적 패배에 대한 보호 장치가 되어 주었다. 공화당은 또한 정치 활동가들과 정당 간부들을 동원하는 데 민주당보다 성공적이었고, 플로리다에 기반을 둔 민주당 지지 노동자들을 제압하고 때로 협박할 수 있었다.

양측의 캠페인은 그들의 제도적 자원을 모두 활용했지만, 어느 쪽도 대중의 지지를 동원하는 데는 특별한 관심이 없어 보였다. 오히려 양측은 이미 행사된 상당수의 투표 결과를 감추려고 노력했다. 부시는 고어의 추가 득표가 드러날 수 있는 재검표를 막는 데 필사적이었고, 고어 진영은 세미놀Seminole과 마틴Martin 카운티 수천 표의 부재자투표와 군인 투표를 무효화하려 했다.[26] 전국 뉴스 매체들은 소위 여론전이 법·제도 투쟁만큼이나 중요하다고 주장했다. 아마도 언론은 정치 지도자들이 여론 경쟁을 위해 정치 엘리트와 대중 간의 중요한 의사소통 수단으로 대중매체를 활용한다면 자신들의 정치적 지위가 상승할 것이라는 판단에서 그렇게 주장한 것으로 보인다. 하지만 플로리다에서 여론전이 벌어졌다는 근거를 찾기는 어렵다. 후보자들은 대중과 직접 소통하는 대신, 대리인을 고용해 언론에 주장과 반박을 실어 날랐다. 어떤 후보도 대중의 지지를 동원하려고 애쓰지 않았다. 그들은 대중 시위와 대중적 저항을 조직하라는, 제시 잭슨 목사를 비롯한 정치 활동가들의 요구를 무시했다. 두 후보는 간헐적으로 대중에게 모습을 내비쳤지만, 이는 대중의 열정을 불러일으키기 위해서라기보다 정치적 동맹 세력들의 충성을 강고히 하고 변호사 군단의 전투에 실탄을 제공할 수 있도록 기부자들을 독려하려는 목적이 강했다. 앨 고어와 그의 러닝메이트 조 리버먼은 대중 앞에 잘 나타나지 않는 대신, 매일 기부자들을 설득하기 위해 전화기 앞에서 여러 시간을 보냈다. 공화당의 기금 모금자들 또한 전국을 누볐다. 실제로 고어는 선거 이후에 벌어진 논란과 관련해 대중의 중요성을 인정하지 않았다. 여론의 역할을 묻는 텔레비전 리포터에게 고어는 "이 문제는 법적인 문제이므로 여론이 중요한 것은 아니라고 확신한다."라고 답했다.[27]

한편 사태에 대한 대중매체의 잘못된 해석은, 두 정당의 전면전이 평화적으로 해결되었다는 사실을 높이 평가한 자축적인 사설에서 명백히 드러난다. 거리에 탱크나 군대는 없었다. 고어의 패배가 확정된 날 워싱턴 부통령 관저 밖에는 수십 명도 안 되는 시위대가 있었을 뿐이다. 시사 해설가들은 정치적 열정의 부재가 미국 민주주의의 성숙과 법의 지배에 대한 존중을 상징한다고 말했다. 거리에 탱크가 없었던 것은 분명 긍정적인 신호이지만, 대통령직을 둘러싼 전투가 진행되는 동안 대중의 정서는 침묵으로 표현되었고 시위대는 얼마 없었으며 어떤 정치적 행위나 저항도 거의 없었다는 사실이, 미국 정치의 안녕을 나타내는 징후로 해석되어서는 안 된다. 정확히 그 반대다. 이런 현상은 대부분의 미국인들이 플로리다 전투에 무관심했다는 증거다. 다수 미국인들은 이 상황이 조용히 종결될 것임을 예측했고, 여론조사 결과가 보여 주듯이 어떤 결과든 받아들일 준비가 되어 있었다. 대중의 참여는 제한되고 대중의 정서는 억압되었다. 미국 정치의 성숙함 때문이 아니라, 선거 이후에 벌어진 논란에서 시민들이 자신들의 역할이 없다는 것을 알았고, 그것을 심각하게 느끼지도 않았기 때문이다. 대개의 시민들은 정치와 무관한 사람들이 되어 버린 것이다.

가상의 시민권 : 여론조사

정당은 원래 선거 경쟁을 위해 만들어졌지만, 오늘날에는 유권자들의 도움 없이도 전투를 충분히 수행하고 있다. 여전히 선거는 치러지며, 정당들은 경쟁자보다 더 많은 표를 모으려고 애쓴다. 하지만 당파적 호소는 좁은 범위의 유권자들, 정당 데이터베이스에 이미 이름·주소·관계가 등록되어 있는, 믿을 수 있고 예측 가능한 유권자만을 대상으로 진행된다. 유권자 동원은 대개 바로 옆에 있는 컴퓨터상에서 이루어지는 검색으로 대체된다.[28] 그러나 교육 수준이 높고, 어느 정도 자산을 갖고 있으며, 미국의 새로운 개인민주주의에서 정치 참여의 새로운 기회들 — 소송, 관료에 접근할 수 있는 기회, 이해 당사자나 중재자로서의 인정 — 을 활용할 수 있는 정치 엘리트들은, 이렇게 컴퓨터 등으로 접촉하는 유권자들보다 훨씬 소수이다. 바로 이들이 오늘날 현실 정치를 움직인다.

현재의 정치 환경은 평범한 시민들에게 최소한 하나의 정치 공간은 남겨 두었는데, 바로 여론조사에 응답하는 것이다. 시민들은 마치 실제 정치 지도자들이 직접 듣고 있는 '것처럼' 자신의 입장을 표명하면서, 가상의 정치에 참여한다. 정치인, 이익집단, 정부 관료는 매년 낙태에서 동물 해부에 이르기까지 광범한 이슈에 대한 대중의 정서를 조사하기 위해 수천 건의 여론조사를 지원한다. 일부 여론 조사자들은 여론조사가 정치에 참여하지 않는 사람들의 의견을 파악할 수 있도록 해주기 때문에, 투표 행위보다 과학적이며 정확한 여론을 반영한다고 주장해 왔다. 현대 여론조사 산업의 창설자 중 한 사람인 조지 갤럽George Gallup은, 다른 어떤 제도보다 여론조사가 "자신의 이름을 걸고 정책 결정에 책임을 져야 하는 사람들과 대중의 간극을 메워 준다."라고 주장했다.[29] 물론 미국 민주주의에서 여론조사는 공적인 위치를 차지하는 것은 아니다. 헌법이 공직자들에게 여론조사 결과를 따르라고 요구하지는 않는다. 클린턴의 탄핵 사태 전 과정에서, 리처드 닉슨이 사임 직전까지 그랬던 것처럼 여론조사에서 대통령의 지지도는 높게 유지되었다. 또한 갤럽의 주장에도 불구하고, 설문 조사로 제공되는 여론은 평범한 사람들과 공공 정책 결정자의 간극을 메우기보다는 더 벌려 놓는다. 여론조사가 보여 주는 가상의 의견은 여론을 덜 극단적이고, 더 관용적이며, 정부와 엘리트의 조작에 대해 좀 더 순응적인 것으로 만들기 때문이다.

사실 설문 조사 결과와 실제 여론을 구분하기는 어렵지만, 이 둘이 동일한 것은 결코 아니다. 여론은 표본조사 결과가 보여 주는 정치 인식과는 매우 다른 방식들로 표현될 수 있다.[30] 이익집단, 노조, 종교단체 지도자들이 자신들의 지지자들의 정서를 전달하는 발언은 여론을 표현하는 일반적인 메커니즘이다. 매년 뉴스 편집자와 의회 의원들이 받는 수십만 통의 편지도 여론을 표현하는 수단이다. 저항·시위·폭동도 시민의 의견이 표출되는 방식이다. 정부 공직자들은 대중의 분위기를 나타내는 이런 모든 표현에 주목한다. 기업 경영진이자 정치 평론가인 체스터 버나드Chester Barnard가 지적했듯이, 여론조사가 발명되기 이전에 입법자들은 "지역신문을 읽고 지역구를 여행하면서 유권자들과 대화하고, 출신 주에서 온 편지를 받았으며, 대규모 주요 유권자 집단들을 대변하는 대표단을 만났다."[31] 물론 이런 방식은 오늘날에도 남아 있다. 하지만 여론조사 결과가, 다른 방식으로 표현된 여론과 다르게 나타날 경우, 거의 항상 여론조사 결과가 더 큰 신뢰를 얻는다. 조합원의 정서에 대한 노동운동 지도자의 평가가 여론조사 결과와 다르다면, 그 내용은 진지하게 취급되지 못한다. 자신의 정책 입장이 여론조사에 나타난 것보다 더 많은 지지를 받고 있다고 주장하는 정치인도 없다. 예컨대 1999년 공화당의 의회 지도자들은, 여론조사 결과가 클린턴을 관직에서 몰아내는 것에 반대하는 것으로 나타나더라도, 편지와 전화로 드러나는 여론은 빌 클린턴 대통령을 탄핵하고 유죄를 입증하려는 공화당의 노력을 지지한다고 주장했다. 하지만 실제로 모든 평론가는 여론조사 결과를 믿었으며, 공화당이 진정한 대중 정서를 무시한다고 비난했다.

여론조사의 정확성을 지지하는 이런 가정은 겉으로 보이는 여론조사의 과학적 중립성에서 비롯된다. 설문 조사 분석은 자연과학 방법론에서 모델을 차용해 기술적으로 정교하며 객관적이라는 인상을 준다.[32] 게다가 설문을 통한 조사 방식은 다른 어떤 대안보다 신뢰할 만하고 대표성을 갖는다고 주장할 수 있다. 반면 특정 집단들을 대변해 주장하는 사람들은 대개 그렇지가 못하다. 신문에 투고된 글이나 정부 공직자에게 전달되는 편지 등은 전체 여론을 대표하지 못한다. 시위대는 항상 전체 대중의 작은 부분일 뿐이다. 반면 여론의 과학적 표집은 대중 정서에 대한 오판이나 편향된 대표성을 정정해 줄 수 있다.

하지만 여론조사는 대중 정서의 과학적 측정 이상일 수도, 이하일 수도 있다. 대중의 견해를 가늠하는 여타 방법을 여론조사로 대체하는 것은 여론이 사회적으로 인식되는 방식에 심대한 영향을 미친다. 통계학자들은 여론조사를 '참견하는 측정'obtrusive measure이라고 부른다.[33] 여론조사는 단순히, 자연스럽게 일어나는 현상의 연속성과 변화를 측정하는 것이 아니다. 또한 여론조사는 개인의 의견을 모으는 방식을 정의한다. 예컨대, 여론조사에서는 더 많은 정보를 가진 사람과 그렇지 못한 사람의 의견 간에 비중의 차이가 없다. 또한 여론 조사자들은 여론이 판단해야 할 주제를 선택한다. 다른 말로 하자면 설문 조사로 기록되는 데이터는 '순수한' 여론이 아니라, 여론을 가진 사람과 여론 조사자 사이 상호작용의 산물이다. 설문 조사가 여론을 측정하는 동시에 여론을 형성하고 있는 것이다.

여론조사는 최소한 세 가지 중요한 방식으로 여론의 성격을 바꾼다.[34] 첫째, 여론조사는 강한 주장을 갖는 의견의 조직화 비용을 대신 지불해 준다. 여론조사가 없다면, 의견을 조직하고 소통하는 데 필요한 비용과 노력은 의견을 가진 사람의 몫이다. 예컨대, 낙태에 관해 의견을 표현하고 싶은 사람은 편지를 쓰고 연설을 하고 조직에 기부하거나 집회에 참석할 수 있을 것이다. 하지만 여론조사는 의견 담지자의 어떠한 노력도 필요 없이 의견을 조직하고 공표한다. 설문 조사 문항에 명시된 어떤 관점을 가졌다고 추정되는 거대한 다수의 사람들은 실제로 인터뷰를 당한 적이 없다. 2억5천만 미국인의 의견을 반영했다는 설문 조사는 겨우 무작위로 추출된 응답자 2~3천 명의 인터뷰 결과일 뿐이다.[35] 나머지는 통계적으로 또는 '가상적으로' 대표된다. 그들은 인터뷰의 불편함조차 견딜 필요가 없는 것이다.

의견을 가진 사람에게서 여론조사 기관으로 비용이 이전되는 것은, 사회적으로 표현되는 의견의 성격에 중요한 영향을 미친다. 일반적으로 정치적 견해를 주장하기 위해 비용을 감당하려는 의지는 의견의 강도와 긴밀한 연관이 있다. 당신이 어떤 이슈에 관해 강한 판단을 갖는다면, 그렇지 못한 사람보다 당신의 견해를 알리는 데 더 많은 시간과 에너지를 투자할 것이다. 예컨대 낙태에 관해 특별한 입장이 없는 시민이 수도의 거리를 행진하지는 않는다. 이처럼, 강한 의견을 가진 사람들은 열정이 덜한 동료 시민들보다 어떤 주어진 문제에 관해 상대적으로 극단적 입장을 갖기가 쉽다.[36] 의견 표출 비용이 의견 담지자에게 부과될 때, 사회적으로 드러나는 의견은 좀 더 강도가 높고 상대적으로 과격한 것일 가능성이 높다.

여론조사는 사회적 표현과 의견의 강도 사이의 관계를 약화시킨다. 설문 조사로 의견을 주장하는 것은 의견 담지자의 노력을 거의 필요로 하지 않는다. 어떤 문제에 대해 관심이 없는 사람과 깊이 고민한 사람의 의견은 동일하게 취급된다. 따라서 설문 조사에서 나타난 의견의 분포는, 관심을 가진 시민들이 스스로 표현하는 여론보다 대체로 강도가 낮고 덜 격렬하다.[37] 여론조사에서는 강한 의견을 가진 미국인의 목소리가 무관심한 대중의 중얼거림에 묻혀 버리는 것이다.

이것이 완전히 나쁜 것만은 아니다. 여론조사는 이념적 극단에 있는 활동가들이 자신들이 대중의 지지를 얻고 있다고 주장하기 어렵게 만들기도 한다.[38] 1996년과 2000년, 대통령 후보 팻 뷰캐넌Pat Buchanan은 진정한 보수주의자 '군단'의 대변자임을 자임했지만, 조사 결과 그의 우익 분리주의 관점을 지지하는 미국인들은 겨우 2퍼센트에 불과하다는 것이 드러났다.

하지만 여론조사는 정부와 정치인들이, 명백한 대중의 불만에 직면해서도 진정한 여론을 대표한다고 주장할 수 있게 해주기도 한다. 예컨대 리처드 닉슨 대통령은, 미국 인종 간 관계의 변화와 베트남전의 종식을 요구하는 시위대에 가담하지 않은 '침묵하는 다수'를 대표해서 통치한다고 주장했다. 닉슨 행정부는 논쟁적인 이슈와 관련해 직접 행동에 나설 만큼 충분히 강력한 의견을 가진 시민들, 이 시끄러운 수십만 미국인들의 정치적 비중과 신뢰성에 대항하기 위해, 여론조사로만 말하는 침묵하는 다수를 불러들였다. 정부는 분명 이 침묵 때문에, 침묵하는 다수를 대표해서 통치하기를 원했던 것이다. 그들이 조용했던 이유는 논쟁적인 이슈에 대해 특별한 의견이 없었기 때문이고, 그래서 정부 행위에 특별한 제약을 가하지 않았던 것이다. 여론조사 결과는 정부가 실제 의견을 가진 시민들을 무시하기 위한 변명거리를 제공해 주었다.

또한 여론조사는 여론을 집단적 견해가 아니라 개별 시민의 의견으로 취급함으로써 여론의 성격을 바꾸었는데, 이것이 두 번째 변형의 방식이다. 정치인들이 여론조사를 지원하기 전, 평범한 시민들의 태도에 관한 정보는 결사체와 단체 지도자들로부터 나왔다. 예컨대 노동자들의 견해를 알고 싶은 사람들은 노조 간부들에게 조언을 구했을 것이다. 정치인은 타운이나 카운티 대중의 정서를 파악하기 위해 지역사회를 이끄는 시민들 중 한 사람에게 물었을 것이다. 오늘날처럼 여론조사가 이들의 말과 모순되는 증거를 제시하지 못하는 상황에서, 단체 지도자들은 풀뿌리 여론에 관한 신뢰할 만한 정보원으로 인정받았고, 그들의 정치적 영향력은 커졌으며, 그들이 이끄는 집단의 힘과 응집력은 강화되었다. 특정 집단의 지도자는 단일한 세력으로서 집단을 대표해서 발언했고, 또한 그렇게 함으로써 단체 밖의 사람들이 그 집단을 단일한 세력으로 인식할 가능성을 높였다.

하지만 설문 조사는 대중이 속한 집단과 집단을 이끄는 사람들을 우회해 개별 구성원들에게 직접 다가간다. 그 결과 여론조사는 집단 구성원들 사이의 불일치를 드러낼 수 있게 되었다. 물론 이것 또한 나쁜 것만은 아니다. 설문 조사 자료는 집단 지도자가 의도하지 않게 혹은 고의로 구성원들의 견해를 왜곡하지 못하게 할 수 있다. 예컨대, 전당

대회에 참석한 대의원들의 의견은 일반 유권자들의 의견과 상당히 다르다. 공화당 대의원들은 공화당 일반 지지자들보다 훨씬 더 보수적인 경향이 있으며, 민주당 대의원들은 민주당 성향의 유권자들보다 훨씬 더 자유주의적이다. 여론조사는, 전당대회에서 표출되는 게이 인권 운동가들의 견해를 모든 민주당원이 지지하는 것은 아니며,[39] 종교적 권리에 대한 공화당 지도부의 신념을 모든 공화당원이 공유하지는 않는다는 사실을 정당 지도부에 환기시키는 데 도움을 준다.

하지만 동시에 여론조사는, 집단 구성원들을 대표하는 지도자와 활동가들의 능력을 약화시킴으로써 단체의 영향력 자체를 훼손할 수 있다. 예컨대 1947년 조직 노동은 〈태프트-하틀리 법〉의 입법을 '노예-노동법'이라고 비난하면서 격렬히 반대했다. 트루먼 대통령이 의회 통과 법안에 거부권을 행사한 후, 주요 노조 위원장들은 환부된 법안을 다시 통과시키는 데 투표하는 의원들을 대상으로 낙선 운동을 벌일 것이라고 공언했다. 상·하원 의원들은 노조 지도부의 주장에 흔들렸지만 실제 여론조사 결과는, 대부분의 노조원들 특히 지도부에 반대하는 사람들이 태프트-하틀리 법안의 내용을 제대로 이해하지 못하고 있거나, 의원들이 법안 통과에 찬성한다 하더라도 다음 선거에서 이를 결정적인 변수로 고려하고 있지는 않다는 사실을 보여 주었다. 이런 결과는 거대 노조가 위치한 지역구 의원들 중 많은 사람들을 대담하게 만들어 환부 법안 재의결에 찬성하게 했고, 트루먼의 거부권 행사는 무효가 되었다.[40] 한편에서 개별 노조원들의 선호에 관한 정확한 정보는 조직 노동의 집단적 힘을 약화시켰다. 다른 한편으로 노조원들이 법안의 내용에 관해 정확히 알고 있었다면 여론조사 결과는 달랐을 것이고, 태프트-하틀리 법안은 입법되지 못했을 것이다.

정치 여론조사는 머그웜프들,* 혁신주의자들과 보수 엘리트들이 노동계급 등 반대 세력들의 집단적 힘을 약화시킬 방편으로 도입했던 것이다. 당시 조직 노동은 노조원들의 부족한 자원과 영향력을 보완하기 위해, 응집적이고 강한 규율을 가진 조직에 크게 의존하고 있었다.[41] 보수 신문 『시카고 트리뷴』은 1890년대 여론조사의 주요 재정 후원자였으며, 허스트 기업Hearst Corporation 소유의 신문들은 20세기 초반 여론조사의 열정적인 후원 기관이었다. 물론 오늘날에는 모든 정치 세력이 광범위하게 여론조사를 활용한다. 하지만 여론조사가, 집단적 힘을 가장 중요한 자원으로 삼는 단체들의 정치적 영향력을 감소시킨다는 사실에는 변함이 없다.

여론조사가 여론을 변형하는 세 번째 방식은 의제를 제한하는 것이다. 보통 언론에 의견을 기고하는 사람들은 기고할 주제를 직접 선택한다. 항의 시위를 조직하는 사람들은 행동 목표를 스스로 정한다. 하지만 여론조사 응답자들은 누군가가 이미 선택한 주제에 관해 의견을 피력할 뿐이다. 여론조사를 통해 걸러진 여론은 대중의 관심사에 대한 자발적 표현이 아니라, 여론 조사자가 선택한 관심사에 대한 반응인 것이다.

---

* 머그웜프(Mugwumps)는 1884년 미 대통령 선거에서 민주당 대통령 후보 클리블랜드(Grover Cleveland)를 지지했던 공화당원들을 조롱하는 별칭에서 유래했다. 당시 언론이나 정치인들은 머그-웜프(mug-wump, 둘 다 '얼간이'라는 뜻)의 합성어 표현으로 이들을 조롱했는데, 민주당을 지지하는 공화당원들이었기 때문에 이쪽저쪽에서 모두 얼간이 취급을 받는다는 속어 표현이었다. 당시 머그웜프들은 정치적으로 보수 성향을 띠면서도, 공화당 후보 블레인(James G. Blaine)이 정치자금 관련 부패 사건에 연루되어 있었던 점에 반대해서 민주당 후보 클리블랜드를 지지했고, 뉴욕 주 등 박빙의 승부 지역에서 민주당이 승리하는 데 기여했다고 평가된다. 이 선거에서 클리블랜드는 대통령에 당선되었다. 이후 이들은 반부패, 청렴 등 공적 도덕성 회복을 내걸고 공화당 내 개혁 운동을 주창했다.

여론조사는 대중의 관심사에 대해 잘못된 인상을 심어 줄 수 있다. 예컨대 2000년 대통령 선거운동 기간의 일일 여론조사는, 앨 고어와 조지 W. 부시의 상대적 지지율에서 엄청난 단기적 유동성을 보여 주었다. 8월 7일 월요일 『유에스에이 투데이』USA Today / 〈시엔엔〉CNN 여론조사는 부시가 고어를 19퍼센트[포인트] 앞서고 있다고 발표했다. 그러나 토요일 그 격차는 10퍼센트[포인트]까지 줄어들어 있었다.[42] 여론의 이런 기괴한 오르내림은, 아마도 대통령 선거가 응답자의 관심사들 가운데 그렇게 중요한 것이 아니었고 그 결과 일관되게 표명할 의견이 없었기 때문일 것이다. 그 선거는 대중이 아니라 여론 조사자들에게 더 중요했던 것이다.

조사 산업의 상업적 특성을 고려한다면, 여론 조사자와 일반 대중의 관심사가 다른 것은 불가피한 측면이 있다. 일반적으로 여론조사는 조사 데이터의 구매자인 신문, 후보자, 정부 관리, 기업, 광고 회사의 이해관계에 따라 설문 문항을 구성한다. 그 문항들은 시민의 자발적 필요·희망·열망을 반영할 수도 있고, 그렇지 않을 수도 있다. 더 중요하게는, 여론조사가 여론을 형성하기 위한 근대적 기술의 구성 요소라는 점이다. 기업은 소비자들에게 그들의 상품을 구매하도록 설득하는 방법을 결정하기 위해 조사를 의뢰한다. 후보자는 유권자들에게 자신을 지지해 달라는 운동의 일환으로 조사를 실시한다. 정부는 대중의 협력을 이끌어 내는 과정의 하나로, 혹은 연방 정부 성과 평가 위원회 보고서가 지적한 것처럼 덜 까다로운 고객들을 만들어 내기 위해 여론조사를 실시한다. 여론조사는 시민의 입장에서 정치 지도자들이 들어주기를 원하는 바를 전하는 것이 아니라, 엘리트들이 시민의 의견 가운데 듣고 싶은 것을 말해 준다. 그 결과, 여론조사는 여론을 공표하는 것이 아니라 여론을 설득하는 과정의 한 단계로 자리 잡는다. 여론조사는 여론 관리를 위한 도구인 것이다.

유권자에서 가상의 시민으로

오늘날, 후원 관계를 기초로 했던 19세기의 정당이 부활해야 한다고 주장하는 사람들은 거의 없지만, 그렇다고 누구도 현재의 정당에 만족하는 것 같지는 않다. 지금까지 미국 정당들이 이 문제를 올바르게 이해한 적도 없었던 것으로 보인다. 아마도 우리는 파벌의 폐해에 대한 국가 창설자들의 경고*에 더 주의를 기울여야만 할지도 모른다.

19세기 후반 정당들은 앞으로 다시는 도달할 수 없을 정도로 많은 수의 유권자를 동원한 것으로 유명하다. 하지만 무엇을 위해서? 그 정당들은 유권자를 동원할 수만 있다면 어떤 이슈라도 받아들였던, 이념적 정체성도 모호하고 강령도 없는 연합 세력들이었다.

반대로 오늘날 정당들은 낙태, 사회복지, 동성애자 인권, 조세, 환경, 경제 규제와 같은 쟁점에서 대체로 일관되며 서로 다른 입장을 취한다. 하지만 입장이 분명해짐에 따라 정당들은, 선거를 선출직 공직자를 선출하기 위한, 초대받은 사람들만의 행사로 만들었고, 우편 발송 명단에 기재된, 신뢰할 수 있는 유권자들로 지지자 대중을 줄여 나갔다. 현대 정당들에게 대중은 여론조사가 만들어 낸 통계적 가공물이다.

● 미국 연방헌법을 채택하는 데 토대가 되는 아이디어를 제공했던 『연방주의자 논설』(*Federalist Paper*)에는, '파벌의 악덕'을 견제하기 위한 제도 디자인이 필요함을 역설한 내용이 있다.

과학적으로 표집된 가상 유권자들의 표본은, 질문 받는 이슈에 대해서만 의견을 표명하거나 종종 그것조차 하지 않는다.

과거의 정당들은 실제 시민들을 동원했고, 적어도 지지자들 가운데 일부에게는 물질적 필요를 충족해 줄 수 있었다. 그러나 대중의 능동성을 이끌어 내기 위해 정당들은, 후원 관계로 이득을 보려 했던 노동자들에게 의지해야 했다. 그 결과 부정 이득은 미국 정치의 나쁜 습속이 되었고, [부패하지 않은] 공정한 행정 능력이란, 당대 '큰 천막 정당'* 내에서조차 환영받지 못했던, 개혁가들만의 부질없는 바람일 뿐이었다.

우리 시대 정당은 제도를 동원하며 전문가들의 지원을 받는다. 공화당은 군대 관료로 가득 찬 펜타곤에 의지하고, 민주당은 사회복지 및 규제 정책을 담당하는 관료들에게 의존한다. 이 기관들은 무기 프로그램, 정부 보조금, 정부 계약, 정부 배상으로 지탱되는 '새로운 후원 관계'의 구체적인 모습이다. 하지만 무엇보다도 제도 투쟁의 시대에 전투의 중심 목표는 적의 제도적 지지 네트워크를 무력화하는 것이다. 그 결과, 전문가들의 도움을 받은 주요 정책 제안들은 종종 제도적 교착상태에 발이 묶여 있곤 한다.

18세기 말 미국은 광범위한 유권자를 가진 최초의 국가였다. 19세기 중반 미국은 강한 대중적 기반에 기초한 정당을 가진 최초의 국가였다. 20세기 말 미국은 가상의 시민을 가진 최초의 국가가 되었다. 분명 수백만의 미국인들은 여전히 투표를 하고, 대중매체, 관료, 법원을 통

* 큰 천막 정당(big-tent parties)은 여러 정치 세력과 다양한 정책적 입장을 포괄했던 19세기형 정당을 지칭하는 용어다.

해 정치에 접근할 수 있는 기회를 어느 때보다 폭넓게 누리고 있다. 미국의 중상층은 우리가 개인민주주의라고 부르는 것을 아주 효과적으로 실천하고 있다. 하지만 그 밖의 수천만 미국인들은 정치 영역 밖에서 살아간다. 2장에서 보았듯이 군인과 납세자로서의 봉사는 더 이상 필요하지 않다. 경쟁하는 정당들은 정치투쟁을 위해 평범한 시민을 동원하지 않고도 자신들의 목표를 달성할 수 있는 기술을 발전시켰다. 정치과정에서 시민의 존재는, 여론조사 과정을 통해 대표되는 통계상의 문제로 점차 환원되고 있다.

여론조사를 통해 너무도 신중하게 걸러진 이런 가상 시민들의 견해에는, 한때 여론을 중요한 정치적 현상으로 만들었던 특징들이 빠져 있다. 강한 의견을 가진 사람들은 더 많은 수의 무관심한 사람들 속에 묻혀 버린다. 집단과 집단성은 개체화되고 그들의 정치적 영향력은 약화된다. 마침내 시민은 고객의 지위에 걸맞게, 의뢰자의 설득에 따라 자신의 견해를 수정할 수 있도록 설계된 여론조사의 대상이 된다. 정치적 변방에 갇힌 이들 가상의 시민은 참여하도록 초대받지도 못한 채 정치투쟁을 그저 구경만 할 수 있을 뿐이다.

5

흩어져야 산다

대중 동원의 엔진이었던 미국 정당들은 20세기를 거치면서 점차 그 활력을 잃어 갔다. 하지만 수의 힘으로 이익을 추구하는 다른 조직들의 덕택으로 대중 동원은 계속되었다. 정치적 이익집단들은 대중의 정서를 모으고 표출하며, 정부가 자신의 요구에 따르도록 압박하는 주요 매개체로서 정당의 자리를 상당 정도 계승했다. 20세기 중반에 이르러 정치학자들은 이익집단 정치를 미국 정치의 정수로 여기게 되었다.

이익집단 정치가 대중민주주의에 좋은가 나쁜가의 문제를 두고 많은 논란이 있다. 제임스 매디슨James Madison이나 그의 동료들에게 파벌의 악덕은 명백한 것이었다. 그러나 매디슨의 처방은 뜻밖이었다. 특수이익들이 가져올 수 있는 위험을 방지하기 위한 최선의 방안은 더 많은 특수 이익들의 존재라는 것이었다. 매디슨은 미국처럼 큰 공화국에서 한 이익집단의 횡포는 다양한 다른 집단들에 의해 견제되어야 한다고 판단했다. 얼마 지나지 않아 매디슨의 처방은 미국이 물려받은 장점으로 여겨지게 되었다. 이익집단들 간의 경쟁은 정당 경쟁의 기능적 등가물처럼 보였다. 그것은 독재에 대한 안전장치일 뿐만 아니라 인민주권의 메커니즘이 되었다. 경쟁하는 이익집단들은 자신의 이익을 진전시키기 위해 대중의 지지를 얻으려고 노력할 것이며, 자기편을 가장 넓게 결집해 낼 수 있는 이익들이 승리하게 될 것으로 생각되었다.[1]

이익집단 민주주의의 독트린은 이익집단들이 풀뿌리 대중 동원 전략에 충실할 것이라고 가정했다. 그 전까지 대중 동원은 정당들만의 전략이었다. 선거에서 이기는 것이 성공의 유일한 기준이었기 때문이다. 하지만 정치적 이익집단들에게 선거에서 다수표를 얻는 것은 궁극적인 목표가 아니었고, 정부로부터 원하는 것을 얻어 낼 수 있는 다양한 방편들 가운데 하나일 뿐이었다. 목적을 달성하기 위해 다른 수단들을 이용한다는 점에서 정부에 대한 이익집단의 영향력은 명백하게 비민주적이 될 수 있었다.

이것이 19세기 후반까지 이익집단에 관해 널리 받아들여지던 판단이었다. '파벌들'은 민주정치의 적으로 의심받았다. 이익집단의 로비스트들은 유권자와 선출된 대표자 사이에 끼어들어, 자기 집단에 조금이라도 이익이 된다면 정부를 다수의 의지로부터 떼어놓을 수 있었다.

하지만 보스가 지배하는 정당은 다수의 최대 이익에 반하는 것이라고 혁신의 시대 개혁가들이 주장하기 시작하면서, 이익집단들은 다른 모습을 띠게 되었다. 사회학자 엘리자베스 클레멘스Elisabeth Clemens는 주요 정당들이 제대로 대표하지 못했던 세 집단, 즉 여성, 농민, 조직 노동자들이 정당정치의 틀 외부에서 정치적 목표를 추구하게 된 것이 이 때부터였다고 말한다. "19세기 후반의 새로운 현상은, 상당수의 유권자들을 정당 충성심이 아니라 결사체적 유대로 이끌어 로비와 연결시키려는 계획과 조직적 기술의 등장이었다."[2]

당시 이익집단 정치는 정당에 대한 대안이자 대중민주주의의 수단으로서 재창조되었다. 당시의 정당들은 대중의 집단적 이해에 호소했던 정당들이 아니라, 후원 관계, 부정 이득, 특혜를 받으려는 개인적 욕구나 소수민족 이민자들과 지방 프로테스탄트들의 국지적 충성심에 호소했던 정당들이다. 달리 말하면 정책 이슈들을 내거는 것은 선거에서 이길 수 있는 유일한 길이 아니었다. 반대로 이슈들을 회피하는 것이, 특히 다양한 부문·이익·이념을 포괄했던 정당들로서는 정당의 통합력을 유지하는 최선의 길일 수 있었다.[3]

정당정치와는 대조적으로 이익집단 정치는 이슈에 기초한 정치였다. 이익집단들은 여론을 공공 정책과 연결시켰다. 이것이 1920년대 후반 펜들턴 허링E. Pendleton Herring이 묘사했던, 이른바 새롭게 등장한 로비의 기능이었다. 새로운 로비스트들은 "기업의 대리인, 후원 관계 거간꾼, '배후 조종자', 구식 로비스트 무리"들을 밀어내 버렸다. 배후 조종자들은 '단체(회비를 납부하는 풀뿌리 회원들을 대표한다고 주장하는)의 대변인들'에 의해 주변부로 밀려났다. 허링에 따르면 "이 단체의 대변인들은,"

공개적으로 일한다. 그들은 숨겨야 할 것이 아무것도 없다. 자신이 무엇을 원하는지 알고 있으며 그것을 어떻게 얻는지도 알고 있다. …… '특수한 기득권 트러스트들의, 오래되고 교활하며 은밀하고 기회주의적인 대리인들'은 한구석으로 밀려났다. 이제 수도에 본부를 둔 거대한 숫자의 대규모 조직된 로비 단체들이 오늘날의 로비 주체들이다. 그들은 '의회의 세 번째 원(院)'이며 보조적 통치자이고 '보이지 않는 정부'이다.[4]

'로비스트'가 치욕적인 용어였던 시절은 끝났다. 이들은 더 이상 "특수한 기득권 트러스트들의, 오래되고 교활하며 은밀하고 기회주의적인 대리인"으로 치부되지 않았다. 풀뿌리 회원들의 지지를 받는 이익집단 정치의 새로운 전문가들은 공개적으로 특수 이익을 증진한다. 한때 기회주의적인 배후 조종자들이 차지하고 있던 영역은 이제 그들의 것이 되었다.

새로운 이익집단들은 또한 정당에 대항할 명분을 얻었다. 허링에 따르면 정당들은 더 이상 정책 의제에 관해 분명한 입장을 취할 수 있을 만큼 응집적이지 못했다. 〈금주법〉이 대표적인 사례였다. 한편에서 뉴욕 시의 민주당원들은 주류 제조와 판매에 찬성했지만, 미주리 주 농촌의 민주당원들은 〈금주법〉을 지지했다. 다른 한편 세인트루이스 공화당원들은 〈금주법〉을 반대했지만, 뉴욕 주 농촌의 공화당원들은 이를 지지했다. 조직을 유지해야 한다는 제도적 이해관계 때문에 정당들은 논쟁적인 이슈에 대해 분명한 입장을 취하지 못했다. 허링은, 정당들이 공공 정책에서 리더십을 상실하면서부터, '시민들이 의견과 신념을 표현할 수단'을 가져야 하는 민주주의의 필요 때문에, '유권자들의 비당파적 결사체들'이 워싱턴에서 발전하기 시작했다고 주장한다.[5]

다른 한편 이 조직들은 정부의 필요 또한 충족해 주었다. 정부는 정책 결정 과정에 이익집단을 불러들임으로써 정책의 효능과 정당성을 강화하려고 했다. 윌리엄 하워드 태프트 대통령하에서 상무부 장관과 노동부 장관을 역임한 찰스 나젤Charles Nagel은, 이익집단이 정부 기관에 긍정적인 정치적 편의를 가져다줄 수 있음을 간파한 최초의 공직자들 가운데 한 명이다. 1912년 나젤은 태프트의 승인 아래, 워싱턴에 파견되어 있던 7백여 명의 전국 상업 단체 대표자들을 소집해 회의를 개최했다. 나젤이 개회를 선언하고 태프트 대통령이 연설을 한 후, 대표자들은 미국 상공회의소 창설 작업을 진행했다. 미국 상공회의소는 정부의 독려 속에 만들어져 준정부 기관으로서의 지위를 부여받은 민간 기관이었다. 나젤이 대표자들에게 말한 것처럼, "[미국 상공회의소는] 상공업계가 정부에 전달할 공통된 의견을 모으기 위해서 제안되었으며, 여러분의 의견은 미 연방 정부의 공인을 받게 될 것입니다." 나젤에 따르면 "미 연방 정부의 승인은 미국 상공회의소가 미 연방 내에서 공인된 상공업계의 대표"라는 것을 의미했다.[*6]

정부 공무원들의 입장에서 상공회의소의 동의는, 미국의 기업계가 한배를 탔으며, 공공 정책이 기업들의 인정을 받게 된다는 것을 의미했다. 정부 기관들은 공직에 준하는 지위를 이익집단에 부여함으로써, 공공 정책과 사익의 관계를 변화시켰을 뿐만 아니라 이익집단과 그 회원들 간의 관계에도 변화를 가져왔다. 펜들턴 허링은 '시민의 의견과 신념을 표출하는' 수단이라는 측면에서 이익집단을 바라보고, 대중의 지

---

[*] 미국 상공회의소가 만들어지기 전에 각 주 차원에는 이미 상공회의소가 존재하고 있었다. 각 주의 상공회의소들은 연방 정부의 입법 과정에서 제안된 법률들에 대해 각기 다른 의견을 제출함으로써 혼란을 야기했고, 태프트 정부는 이런 혼란을 하나의 의견으로 통일해 정부와의 소통에서 혼란을 줄이고자 미국 상공회의소를 제안했다. 따라서 '연방 정부의 공인'은, 각 주의 상공회의소 혹은 상공업계 대표 단체들의 의견이 야기하는 혼란을 미국 상공회의소의 단일 의견이라는 알리바이로 돌파하겠다는 의도를 보여 준다.

지를 이끌어 내는 이익집단의 영향력을 추적한 바 있다. 하지만 다른 한 편에서, 이익집단들은 정부의 정책 결정에 접근할 수 있는 특권을 통해 권력을 얻을 수 있었다. 그들은 공식적으로 인정된 '이해 당사자'가 된 것이다. 회원들의 지지는 이익집단들이 정부와의 관계에서 영향력을 발휘하는 수단이 되었고, 다른 한편 정부와의 파트너십은 회원들에게 영향력을 행사할 수 있게 했다. 아마도 시민들의 지지는 여전히 단체의 영향력을 결정하는 가장 중요한 요인이었겠지만, 단지 여러 요소 중 하나였을 뿐이다. 또 다른 요소는 당연히 정부의 공식적인 승인이었다.

물론 상공회의소가 풀뿌리 포퓰리즘의 목소리를 대변할 가능성은 거의 없다. 회원들은 일반인이 아닌 기업이었고, 정부가 상공회의소를 '상업과 산업의 대표'로 인정한 것이 대중민주주의 운동의 조직된 전위를 포섭한 것이라고 말할 수는 없을 것이다.

하지만 농민들이 개입되면서 상황은 달라졌다. 연방 정부는 〈1914년 스미스-레버법〉Smith-Lever Act of 1914을 통해 농촌 지원 운동에 재정을 지원하고 관련 사업에 대한 인가권을 행사하게 되었다. 농업 지원 운동은 원래 농민의 생산성 향상과 번영을 목표로 한 기획이었지만, 은행, 철도 회사, 농기구 제조 회사에 재정의 대부분을 의존하고 있었다. 기업 후원자들의 입장에서 볼 때 이 운동을 지원해 얻는 이득 가운데 농업 생산성의 향상은 부차적인 문제였다. 그보다는 당시 은행, 철도 회사, 농기구 제조 회사로 향했던 농촌 포퓰리즘의 폭발을 막아 보려는 것이 주된 관심이었다. 〈스미스-레버법〉이 제정되면서 미 농무부는 농업 지원 운동에 대한 연방 차원의 후원자로서 재정을 지원하게 되었다. 전국의 토지 불하 대학*을 통해 최신 농업기술을 식량 생산자들에게 전수해 주었던 카운티의 담당자들은 공무원이 되었고, 농업 이익집단의 형성 과정에서 핵심 세력으로 떠올랐다. 농업 이익집단들은 1920년대 초반 '미국 농업국 연맹'American Farm Bureau Fedeeration, AFBF(이하 연맹)을 조직했는데, 연맹은 연방 정책 결정 과정에서 가장 공격적인 목소리를 냈지만 실제로는 일부 농장주들만을 대변했다. 연방 농무부에서조차도 일부 관리들은 연맹의 대표성에 의구심을 표했다. 〈스미스-레버법〉이 통과되고 몇 년 후, 농무부 차관보 클레런스 오슬리Clarence Ousley는 연맹이 가난한 농민과 하층 소작농 및 물납 소작인**을 대표하지 못하고 있으며, 부유하고 선진 기술을 보유한 상업 농장주에게만 관심을 갖는다고 우려를 표한 바 있다.[7]

연맹의 정치적 영향력이 농촌의 이해관계를 충분히 대표하지는 못했지만, 연맹은 농무부의 인가를 얻었고 각 주의 토지 불하 대학들이 공식적으로 인정한 단체였다. 비록 농민들 사이에서는 불완전한 지지를 받고 있었지만, 풀뿌리 수준에서의 이와 같은 문제점은, 연맹이 워싱턴에서 갖는 준準공공 기관으로서의 지위와, 농업을 기업화하는 데

* 토지 불하 대학(land-grant universities)은 1862년 〈모릴 토지 불하 대학 법〉(Morrill Land-Grant Colleges Act)을 시작으로 한 일련의 연방 법령에 따라 설립되었다. 연방 정부는 당시 각 주에 속한 연방 소유 토지들을 불하해 대학을 설립했으며, 이 대학들은 교육받지 못한 계층들에게 농업기술, 기계 기술, 군사훈련, 가정경제 등 실용적인 교육을 실시해 교육에 대한 접근권을 보장하고 실생활에 유용한 정보를 제공하는 의무를 졌다. 현재 미시간 주립 대학, 펜실베이니아 주립 대학 등 다수 주립 대학들이 이런 경로를 통해 설립되었다. 〈1914년 스미스-레버법〉은 협력적 농업 신장 서비스의 개념을 도입해 각 주의 토지 불하 대학들이 농민들에게 최신 농업 기술 등을 전수하도록 했다.
** 물납 소작인(sharecropper)이란 남북전쟁 이후 등장한 소작농의 한 형태로, 말뜻 그대로 소작료를 현물로 납부했던 농민들을 말한다. 현대에는 저소득 소작농 계층을 통칭하는 뜻으로 쓰인다.

성공했던 농장주들의 지지를 통해 쉽게 상쇄될 수 있었다. 연맹 회원들의 범위가 제한되어 있다는 것은 실제로는 정치적 이점이 될 수 있었다. 이는 대부분의 정책 결정자들이 듣고 싶어 하는 바를 하나의 목소리로 대변하는 단체의 능력을 강화했기 때문이다.

펜들턴 허링이 말한 새로운 로비 주체들은 워싱턴에 자리를 잡자 곧, 풀뿌리 대중 동원이 정치적 영향력을 행사하는 유일한 방편일 필요가 없다는 것을 배웠다. 정부의 공식적인 승인, 그리고 정책 결정 과정에 접근할 수 있다는 것 또한 중요한 정치적 자산이었던 것이다. 이익집단 지도자들은 당국의 승인과 정책 결정 과정에 대한 접근권 없이 풀뿌리 수준의 열정을 정치적으로 활용하기 어렵다는 것을 알게 되었다. 그리고 이것이 결국 풀뿌리 차원의 지지를 대체해 버리게 된 것은 불가피한 일이었는지도 모른다. 정치학자 시어도어 로위는 이익집단의 발전 경로를 지배하는 '타락의 철칙'Iron Law of Decadence을 내놓은 바 있다. 단체들이 공공 기관과의 안정적인 관계와 조직의 하부 기반을 유지하는 데 투자하다 보면, 회원들의 이해관계를 강력하게 대표하는 것에서, 조직 그 자체를 건사하고 당국과의 관계를 유지하는 쪽으로 단체의 에너지를 전환할 수밖에 없다는 것이다.[8]

프랜시스 피번Frances Piven과 리처드 클로워드Richard Cloward도 『빈곤층의 운동』Poor People's Movements에서 유사한 현상을 지적한다. 현 상태를 타파할 수 있는 운동의 잠재력은, 지도부가 집단의 재생산에 필요한 자원을 획득하는 데 관심을 돌리기 시작하는 순간 사라지기 시작한다는 것이다. 피번과 클로워드에 따르면, 조직의 유지라는 부차적인 임무는 거의 예외 없이 하층계급 저항운동 지도부들로 하여금 자원을 통제하는 엘리트들에게 순응하도록 만든다고 한다.[9]

혁신의 시대 여성운동가들 역시 이와 유사한 궤적을 따른 것으로 보인다. 여성에게 투표권이 부여되기 이전 여성운동의 중심이었던 '전국 어머니 회의'National Congress of Mothers와 그 단체의 '학부모-교사 연합부'Department of Parent-Teacher Associations는 1920년대 '전국 학부모-교사 협회'로 통합되었고, 조직에 대한 통제권은 참여 회원들에게서 전문 교육자들에게로 넘어갔다. 여성과 관련된 다른 개혁 운동에서도 같은 변화가 일어났다. 40개 주에서 쟁취되었던 어머니 연금 프로그램*은 활동가들이 관리하다가 전문 사회복지사의 관할로 넘어갔다. 〈1921년 셰퍼드-타우너 아기와 어머니 보호법〉**은 여성 동원이 거둔 기념비적 성과였지만 오래가지 못했다. 프로그램을 집행하는 일은 의료 전문가들의 사업이 되었고, 풀뿌리 차원의 지지는 프로그램을 유지하는 데 충분하지 못했으며, 결국 1929년 상원은 이 법을 폐지했다. 여성 투표권 운동도 풀뿌리 동원의 강도를 약화시켰다. 1920년 투표권을 획득하면서, 정치 활동이 중단된 것은 아니었지만 여성운동의 주된 활동이 저항

---

* 어머니 연금 프로그램은 미성년 자녀를 두었지만 성인 남성이 없는 가정의 어머니에게 정부 보조금을 지불해야 한다는 취지에서 시작된 운동의 결과 도입된 사회보장 정책이다.

** 〈1921년 셰퍼드-타우너 아기와 어머니 보호법〉(Sheppard-Towner Infancy and Maternal Protection Act of 1921)은 태아와 어린이의 건강을 보호하기 위해 정부의 지원이 필요하다는 여성운동의 주장을 받아들여, 연방 정부가 각 주에 재정을 지원하는 프로그램을 입법화한 것이다. 이 법안은 도입하기 전부터 논란이 많았는데, 그 가운데 연방 정부의 역할에 관한 문제와 의료 서비스 주체에 관한 문제가 주요 쟁점이었다. 연방 정부의 역할 문제란 태아와 어린이의 건강 보호라는 것이 주가 아닌 연방이 직접 관할하는 정책 영역일 수 있는가 하는 것으로, 주 정부와 연방 정부의 권한에 관한 문제였다. 한편 미국 의료 협회 등은 의료 서비스가 정부의 사회복지 정책으로 시행될 경우 비전문가들이 개입되어 의료 서비스의 질을 보장할 수 없다는 이유로 반대했다.

이나 행진, 시위보다는 선거 참여라는 좀 더 형식적이고 덜 전투적인 의례로 전환되었고 운동은 가라앉았다. 엘리자베스 클레멘스에 따르면, 투표권을 획득하기 전에도 여성 단체들 내에서 일반 회원들과 "좀 더 '전문적인' 핵심 활동가"들이 나누어지면서 적극적인 지도부와 수동적인 지지자들 사이의 분화가 점차 명확해지고 있었다고 한다.[10]

정부는 어떻게 이익집단들이 지지자를 동원하지 않고도 원하는 것을 얻을 수 있도록 도왔는가

조직의 성숙과 성공은 이익집단 지도자들이 지지자들과 멀어지도록 만든다. 하지만 단순히 조직이 오래되었다고 해서 멀어지는 것은 아니다. 이는 이익집단이 풀뿌리 유권자를 동원하거나 고무하지 않고도 원하는 것을 얻기 위해 활용할 수 있는 메커니즘, 즉 민주적 동원을 대체할 수 있는 대안의 효용성을 점차 깨닫게 되었음을 의미한다.

　1887년 '주간 통상 위원회'의 출범을 시작으로, 연방 정부는 집단 동원 없이 집단 이익을 추구할 수 있는 공간으로 기능했던 일련의 기관들을 설치했다. 독립적인 규제 위원회들은 혁신의 시대의 발명품은 아니었지만, 비당파적 전문가에 대한 혁신주의자들의 신념을 담고 있었다. 그러나 혁신주의자들은 규제 위원회를 정당정치의 외부에 둠으로써, 규제해야 할 단체들과의 관계 외에는 별도의 조직된 정치적 지지세력들이 없는 상태로 남겨 놓았다. 이것이 1950년대에 저술된 마버 번스타인Marver Bernstein의 평가였다. 규제 입법은 법 제정 이후 이내 수그러졌던 대중의 분노에 편승해 만들어진 것으로, 이를 통해 그것을 견제할 그 어떤 내적 장치도 없는 재량권이 규제 기관에 부여되었다.[11]

1960년대 머리 에덜면Murray Edelman은 번스타인의 주장을 확장하면서, 연방 규제 기관들의 핵심 기능은, 대중의 분노를 잠재우고, 이윤을 추구하는 기업에 맞서 개인의 이익이 지켜질 수 있다고 믿게 하며, (규제자들이 기업과 결탁해 규제에 실패하더라도) 대중의 순응을 이끌어 내는 것에 있다고 주장했다.[12] 이런 관점에서 보면 정부의 규제는 대중을 집단 동원으로부터 해체하는 메커니즘이 된 것이다.

미국에서 정부의 규제는 기술의 변화와 경제력 집중에 대응하기 위해 시작되었다. 많은 이들이 여기까지는 동의하는 것 같다.[13] 하지만 누가 이 대응을 이끌어 냈는지에 관해서는 의견이 엇갈린다. 한편에서는 규제의 추동력을 대중의 분노에서 찾는 사람들이 있다. 그들은 예컨대 그레인저 운동•에서 주간 통상 위원회의 뿌리를 본다. 그레인저 운동은 철도의 차별적 관행, 비경쟁적인 고정 이율제와 공동관리 협약에 저항하는 일반 대중으로부터 발생했다. 반면에 규제 정책을, 규제 대상으로 상정되었던 기업의 이익에서 비롯된 것으로 보는 상반된 관점이 있다. 역사가 게이브리얼 콜코Gabriel Kolko와 경제학자 조지 스티글러George Stigler는 서로 다른 학문 영역과 정치적 입장에서 접근하지만, 규제가 규제 대상 산업의 이익에서 비롯되었다는 점에 동의한다. 규제는 규제되

• 그레인저(Granger)는 그레인지(Grange) 활동을 하는 사람이며, 그레인지는 남북전쟁 직후인 1867년 시작된 미국 농민운동 조직 혹은 그 지부를 나타내는 고유명사다. 농민 공제조합 등으로 번역된다. 결성 동기는 비당파적으로 농민의 이익을 대변하고 소송이나 입법 요구 등 정치 활동을 벌이기 위한 것으로, 특히 당시 농산물 수송을 독점했고 대부분의 농산물 보관 창고를 운영했던 철도 회사의 관행에 저항하려는 목적이 강했다. 1870년대 중반에 이르면 그레인저들의 요구가 받아들여져 철도 회사의 독점 관행에 대한 규제 입법들이 마련된다.

지 않은 경쟁이 가져다주는 불확실성·제약·비용으로부터 산업 이익을 보호해 주기 때문이다. 마버 번스타인의 입장은 포퓰리스트적 관점과 엘리트적 관점을 통합한 것으로 볼 수 있다. 대중의 분노는 규제 정책의 출발이었지만, 규제 정책이 시행되는 방식은 주로 규제 대상인 기업의 이익을 반영한다는 것이다.[14]

1880년대 전국 철도 산업의 규제를 지지했던 사람들 중에는, 주간 통상 위원회가 창설되면 서부 농민들과 소상인들에게, 거대 철도 회사들 및 특혜를 받았던 대규모 화주들의 경제 권력에 맞서 싸울 수 있는 공간을 제공할 것으로 기대했던 이들이 있었다. 아이오와 주 연방 의원 윌리엄 헵번William Hepburn은, 그런 공간이 없었다면 평범한 운송 고객들은 속수무책이었을 것이라고 주장한다. "힘없고 가난하고 무지한 어떤 사람이 10달러짜리 소송이든 1백 달러짜리 소송이든 혼자 감당해야 한다고 생각해 보자. 그는 부유한 기업에 맞서 혼자 소송을 처리해야만 한다. 기소된 문제에 대해 어떤 전문적인 지식도 없다. 또한 자신보다 많이 알고 있는 단 한 사람의 증인도 없는 상태다." 하지만 위압적인 권력과 대면해 홀로 버텨야 하는 힘없고 가난한 이들이 민주주의 체제에서 기본적으로 취할 수 있는 조치는, 공통의 적에 맞서 서로 힘을 합치고 서로를 동원하는 것이다. 그러나 주간 통상 위원회는 그런 결사의 필요를 감소시켰다. 연방 의원 로버트 라폴레트Robert LaFollette에 따르면, 주간 통상 위원회는 모든 시민에게 "분노를 표출할 권리, 그리고 현실적으로 법원에 접근하기 어렵게 했던 출석 비용 없이도 소송을 할 수 있는 권리"를 부여할 것이라고 보았다.[15]

독립적인 규제 위원회의 전문성과 비파당성은, 19세기 말부터 20세기 초에 새롭게 등장한 기업 리바이어던을 대면했던 개별 시민의 불평등한 상황을 시정하는 데 도움이 될 것으로 기대되었다. 그 결과, 위원회의 존재는 그레인저 운동의 계보를 잇는 대중 동원의 경향을 약화시켰을 수 있다. 주 단위에서 철도 산업을 규제하고자 했던 초기의 일부 시도들이 문제를, 대중 시위에 취약한 주 입법부로부터 행정 재판소로 옮겨 간 것은 다분히 의도적인 것이었다. 행정 재판소의 조용한 중재는 성문법의 엄격함을 통해 얻어 낼 수 없는 유연하고 반응적인 규제를 통해 철도 산업의 요구를 충족시키면서, 농민들의 저항을 비켜 갈 수 있게 해주었기 때문이다. 주간 통상 위원회에 새로운 모델을 제공했던 일리노이 주 '철도와 창고 위원회'Railroad and Warehouse Commission는 바로 그런 타협에서 비롯되었다.[16]

하지만 실제로 초기 [독립 위원회의] 제도적 성과는 그런 기대를 충족하지 못했다. 정치학자 스티븐 스코로넥Stephen Skowronek이 지적하듯이, 초기에 주간 통상 위원회는 정치적 압력이 미치지 않는 공간, 불편부당한 전문가들이 개별적인 요구들을 독립적으로 조정할 수 있는 공간을 만들어 낼 능력이 없었다. 의회는, 관할권을 지켜 낼 만큼 충분히 명확하거나 구체적인 권위를 위원회에 부여하지 않았으며, 의회가 준 권력마저도 연방 대법원이 곧 무력화해 버렸다. 주간 통상 위원회를 만들어 냈거나 포획했던 이해관계에 관한 오랜 학술적 논쟁들은 좀 더 근본적인 문제를 가리고 있다. 스코로넥은 "초기 규제 성과를 이해할 수 있는 열쇠는 이해관계들 자체에서가 아니라, [이해관계들이] 영향력을 발휘하려고 했던 그 제도의 구조 속에서 찾을 수 있다."라고 썼다. 19세기 미국의 국가는 정책 결과에 영향을 미치려는 조직된 이익집단들로부터 자율성을 갖기에는 너무 허점이 많았고 정치적으로 허약했다. 그가 보기에 근본 문제는 "온갖 경쟁하는 분파들에게 모두 개방되어 있는 정부

에서 어떻게 일관된 규제 정책을 만들어 낼 것인가."였다.[17]

초기 주간 통상 위원회의 경험은, 국가기관인 사법부조차도 사익과의 관계 속에서 국가권력을 제한하려고 했던, 좀 더 일반적인 제도 시스템의 일면을 보여 준다. 스코로넥에 따르면, 당시의 국가는 '법원과 정당들의 국가'였으며, 국가의 허약함은 규제 정책에 영향을 미치기 위해 조직된 이익들의 다양함과 강력함을 설명해 준다. 국가는 어떤 특수 이익도 보호할 수 있을 만큼 충분히 강하지 못했으므로, 모든 이해관계는 자신의 이익을 방어하거나 이득을 얻기 위해 지지자를 동원하려 했던 것이다. 가장 강력하고 잘 조직된 이익이 그들이 원하는 것을 가장 잘 얻을 수 있었다.[18]

이익집단이 지지자를 동원하도록 자극했던, 느슨하고 허약한 제도는 20세기 들어 그리 오래가지 않았다. 예컨대 주간 통상 위원회는 1906년 〈헵번 법〉Hepburn Act이 통과되면서 권력이 급격히 확대되었다. 이 법안은 화주들의 불만을 고려해 위원회에 '적정한' 철도 요금을 책정할 수 있는 권한을 부여했다. 4년 후 〈만-엘킨스 법〉Mann-Elkins Act은 위원회에 철도 요금 인상을 중단할 권한을 주고, 철도 회사로 하여금 요율이 '적정'하다는 것을 증명하게 했다. 이 조치로 위원회의 판정은 즉각 효력을 발휘하게 되었고, 이전까지 법원에 집행정지 신청을 해도 끝없이 소송이 이어지면서 집행이 연기되곤 했던 관행보다 위원회 판결의 효력이 앞서게 되었다.[19]

위원회는 이익집단 정치를 개별 사안에 대한 판결로 해체하는 데 자신의 새로운 권력을 사용했다. 〈헵번 법〉이 통과되기 전 몇 년 동안 화주들은 철도 요금 문제에 대해, 철도 요금을 좀 더 엄격하게 규제할 것을 원하는 측과 현 상태를 유지하는 것을 원하는 측의 두 가지 입장으로 동원되었다. 리처드 비터Richard Vietor가 지적하듯이, 그들은 자신이 속한 지역사회에서 어떤 종류의 철도 서비스를 사용할 수 있는지에 따라 입장을 선택하곤 했다. 철도 회사들의 경쟁을 이용할 수 있었던 타운의 화주들은 대체로 새로운 규제를 반대했다. 철도운임 전쟁은 화주들에게 경쟁의 혜택을 제공했기 때문이다. 하지만 지방 철도 사업을 하나의 철도 노선이 독점하고 있는 곳에서는 철도운임을 위원회가 더욱 강력히 규제하기를 원했다. 철도운임이 집단 동원과 갈등의 대상이었던 1905년에 위원회에 접수된 화주들의 불만 건수는 633건에 불과했지만, 〈헵번 법〉이 실시된 1907년 그 수치는 5천 건을 넘어서고 있었다.[20]

정부 기구의 힘과 성격이 변하면서, 집단 동원과 입법적 해결 대신 이해관계들을 사안별로 중재하는 대안적 조정 채널이 만들어졌다. 권한을 갖게 된 주간 통상 위원회는 이익집단 정치에 대한 대안뿐만 아니라, 철도 요금이 '적정하지 못하다'는 것을 증명하기 위해 화주들이 분통 터지는 부담까지 져야 했던 재판 과정을 대신할 대안이 되었다.[21] 처음에 농민들과 상인들이 소송보다 로비로 향했던 것도, 분명 지난한 사법 과정이 안겨 준 좌절 때문이었다. 위원회는 화주들과 철도 회사의 갈등을 해결하기 위해 조용하고 개별적인 접근을 복원했다.

또한 법원은 '연방 거래 위원회' 창설에도 중요한 역할을 했는데, 연방 거래 위원회는 혁신의 시대에 만들어진 독립적 규제 위원회들 가운데 가장 유명한 기관 가운데 하나이다. 1911년 아메리칸 토바코와 스탠더드 오일 사건에 대해 연방 대법원은, 〈셔먼 독점금지법〉*은 거래를 '부당하게' 제한하는 것만을 금지한다고 해석했다. 달리 말하면 독점이 꼭 불법은 아니라는 것이다. 독점은 열린 시장에서 기업의 효율성과 경쟁에서의 성공으로 인해 정당하게 나타날 수도 있는 것이었다. 연방 의회는 부당한 독점 관행과 공정한 거래를 사안별로 판정하기 위해 연방 거래 위원회를 창설했다. 하지만 법은 그 이상으로 나아갔다. 연방 거래 위원회는 부당하게 경쟁을 제한하는 '불공정 거래 관행'의 기준을 설정할 권한을 가졌고, 기준을 위반한 회사를 기소할 수 있었으며, 위원회가 금지하는 방식의 거래에 대해서는 거래 정지 명령을 내릴 수도 있었다.

앨런 스톤Alan Stone이 지적하듯이 연방 거래 위원회의 임무는 모순에 빠졌다. 연방 거래 위원회의 임무는 기업 간의 경쟁을 유지하는 것이었지만 '공정한' 경쟁의 종류를 특별히 지정함으로써 경쟁을 제한했던 것이다. 1919년에 이르러 위원회는 공정 거래의 기준에 관한 '자발적' 동의를 이끌어 내기 위해 고안된 산업 협의회를 주관하게 되었고, 그 기준을 위반한 회사를 제재할 수 있는 법적 권한을 사용했다.[22] 위원회가 권한을 행사한 결과 동업자 단체들은, 합리적 선택이론이 집단행동의 가장 결정적인 문제로 지목했던 무임 승차자의 문제 — 경쟁에서 단기 이득을 취하기 위해 단체 협약을 위반하는 — 를 해결할 수 있었다. 연방 거래 위원회가 무임 승차자를 처벌함으로써, 회원들을 감독하고 동기를 부여해야 할 이익집단의 필요도 줄여 주었던 것이다.

• 〈셔먼 독점금지법〉(Sherman Anti-Trust Act)은 카르텔과 독점을 금지한 최초의 미국 연방 법률이다. 셔먼 법은 "트러스트나 기타, 혹은 공모의 형태로 몇몇 주들 사이에 혹은 외국과의 거래나 통상을 제한하려는 모든 계약은 불법으로 천명된다." "주들 간에, 혹은 다른 나라와의 거래나 통상의 어떤 부분을 독점하거나, 독점하려고 시도하거나, 독점을 위해 다른 사람(들)과 연합하거나 공모하는 모든 사람은 중죄를 범한 것으로 간주된다."라고 명시해 미국 독점금지법의 전통을 출발시켰다.

혁신의 시대의 또 다른 규제 혁신인 연방준비제도 또한 조직된 이익을 동원하려는 노력을 급격히 위축시켰다. 앞서 지적했듯이 연방준비제도는 정부의 차입 기반을 일반 대중에서 점차 은행과 금융기관으로 제한해 나갔다. 또한 당시 중앙은행이 도입됨에 따라 통화와 금융 문제를 둘러싸고 동원이 일어났던 정치의 장이 축소되었다. 19세기 대부분의 기간 동안, 주와 연방의 정치는 통화정책을 둘러싼 논쟁으로 달아올랐다. 금본위제 지지자, 그린백 지지자, 은화 유통 지지자들은 선거에서 서로 경쟁하고 팸플릿을 만들고 조직을 결성했다.[23] 주간 통상 위원회처럼 연방준비제도 또한 곧바로 이익집단 정치의 영역 내에 자율적인 공간을 구축할 수는 없었다. 초기에는 연방준비제도의 지역적 구조, 주 은행과 금융 규제자들의 권력 때문에 연방준비제도는 유럽의 중앙은행이 했던 역할을 수행하지 못했다.[24] 그러나 1896년 선거에서 은화 유통 지지자들이 패배함에 따라 통화정책을 둘러싼 논쟁은 수그러들기 시작했다. 의회는 〈1900년 금본위제법〉Gold Standard Act of 1900을 통과시켰으며, 이후 통화정책에 대한 연방준비제도의 통제권이 점차 증가함에 따라 미국 정치 언어에서 금, 은, 종이라는 표현도 서서히 사라져 갔다.

공공 정책과 사적 정부

뉴딜이 태동할 무렵, 펜들턴 허링은 "특수 이익과 주간 통상 위원회"라는 제목의 논문 두 편을 발표했다. 주간 통상 위원회가 규제해야 하는 이해관계들이 역으로 주간 통상 위원회에 얼마나 철저히 침투해 있는지를 보여 주는 논문이었다. 최소한 위원회는 특수 이익과의 관계에서,

특수 이익이 얻는 것만큼의 이득을 얻고 있었다. 주간 통상 위원회가 처리해야 하는 사건의 숫자와 복잡함의 정도는 〈헵번 법〉 시기 이래 급격히 증가해 있었다. 허링에 따르면 위원회와 직원들은 "엄청난 양의 업무에 치이고 자원 부족에 시달리고 있었다." 그들은 "자신들의 전문 지식에만 의존해 업무를 처리할 수 없었으며," "관련 지식을 가진 사람들과 호의적인 관계를 유지함으로써 필요한 정보를 얻어야" 했다. 예컨대 1893년 의회는 위원회에 결합기와 핸드브레이크에 대한 안전 규제 기준을 마련하도록 요구했다. 하지만 1900년 채택된 그 기준은 결국 민간 동업자 단체인 차량 제조업자 협회Master Car Builders Association가 마련한 것이었다. 1920년대에는 주간 통상 위원회 직원과 미국 철도 산업 협회American Railway Association 대표단이 함께 자동 열차 제어 장치의 자세한 사양을 마련할 수 있었다. 그러나 위원회는 민간단체에는 없는 권한을 갖고 있었다. 위원회 위원 중 한 사람이 철도 산업 협회에서 행한 연설에서 알 수 있듯이, 위원회는 규제가 일관되게 적용되고 '완전하게 효력을 발휘할 수 있도록' 강제적 권위를 사용한다는 것이다.[25]

주간 통상 위원회가 단순히 철도 회사들의 이익을 실현한 것만은 아니다. 철도 회사들은 자신들을 규제하는 대부분의 입법에 반대했다. 하지만 허링에 따르면 이들은 규제를 회피하기 위한 전투에서 패배했고 '합리적으로 고안된' 규칙을 받아들여야 했다.[26] 철도 회사들이 주간 통상 위원회에 협력했던 것은 이런 이유에서였다. 그러나 주간 통상 위원회의 법적 권한과 행정력은 철도 회사들 간의 협력을 좀 더 용이하게 해주었다. 어떤 철도 회사도 규제를 회피하기는 어려웠으며, 회피한다면 경쟁에서 불이익을 감수해야 했기 때문이다. 위원회는 이런 방식으로 철도 산업 전체의 협력적 분위기를 조성하는 데 기여했다.

화주들과 운송 회사 간의 운임 논쟁에서도 협력적인 분위기가 우세했다. 위원회는 공식 절차의 비용과 경직성을 피하기 위해 약식 소송국과 교통국을 설치했는데, 철도 요금 변화에 대한 불만 사항이 위원회의 공식 안건에 부담을 주기 전에 이를 해결하기 위한 것이었다. 교통국은 해당 화주들과 철도 회사 간에 비공식 회의를 주선했다. 협상 후 교통국은 협상 대상 안건에 대해 의견을 제시했으나, 이것이 강제성을 갖지는 않았다. 약식 소송국도 화주들과 운송 회사 간의 조정을 통해 비슷한 방식으로 문제를 해결하려고 노력했다. 협상 결과에 불만을 품은 이해 당사자는 자유롭게 주간 통상 위원회에 공식 청문회를 요구할 수 있었다. 하지만 허링에 의하면, 공식 절차를 따른다고 해서 더 만족스러운 결과를 얻었던 것 같지는 않다. "공식 안건을 결정할 때 위원회는 법규를 엄격하게 따라야 하기 때문에 행동의 자유가 제한되며, 결국 협상과 조정을 하는 것보다 양측에 더 불리한 결과를 가져올 수도 있었다."는 것이다.[27]

조정을 통한 비공식 규제는, 변호사를 고용할 수 없거나 공식 청문회를 하기 위해 워싱턴까지 가기 어려운 소규모 화주들과 농민들이 주간 통상 위원회를 활용할 수 있도록 해주었다. 하지만 이들은 자율적으로 행동했기 때문에 조직된 이익집단의 일원이라면 거부했을 만한 해결책들을 쉽게 받아들이는 경향이 있었다. 비공식 절차는 집단 동원과 저항 대신 선택할 수 있는 신중한 대안을 제공했던 것이다. 하지만 주간 통상 위원회와 위원회에 협력적인 특수 이익 집단들이 집단 갈등으로부터 벗어날 수 있었던 것은 아니다.

허링의 지적처럼 의회는 "수많은 관련 이해 당사자들의 에너지가 자연스럽게 확장된 공간"이었다. 위원회에서 만족스러운 결과를 얻지 못한 원고나 피고는 문제 해결을 위해 자기 지역구 의원에게 의지할 수도 있고, 때때로 의회 의원이 지역구 유권자의 지지를 얻기 위해 먼저 위원회 판결을 문제 삼기도 했을 것이다. 이따금씩 의원들은 자신이 대표하는 농민들, 기업가들, 혹은 지역의 편에서 그들의 요구를 지원하기 위해 위원회를 조사하겠다거나 위원회 관할권이나 권한을 줄이겠다고 위협하기도 했다. 한편 철도 회사들은 의회의 개입에 의존하지 않고도 위원회에 압력을 행사할 수 있을 만큼 강력했다. 철도 회사들은 운임 인상 요구를 관철하기 위해 공격적인 홍보 전략을 구사했고, 홍보 공세는 주간 통상 위원회에 편지 쓰기 운동에서 정점을 이루었다. 그럼에도 위원회는 흔들리지 않을 것임을 공언했다. 여론의 지지가 있었기 때문이 아니었다. "위원회 관련 법령은 적정 요금과 관련해 어느 일방의 입장에 따른 결정을 허용하지 않"[28]기 때문이었다.

사실 위원회는 외부의 '부적절한' 영향력으로부터 독립을 유지할 수 있도록 자신들만의 압력 집단을 가지고 있었다. 1930년에 출범한 주간 통상 위원회 변호사협회는, 주간 통상 위원회와 상대하는 화주 및 운송 회사 대표자들을 위한 윤리 강령을 만들었다. 협회는 다음과 같은 대표자들의 우려에 대한 반응이었다.

> 우리[화주 및 운송 회사 대표자들]는 주간 통상 위원회에 대한 우리의 태도가 일관되지 않고 애매함으로 인해, 우리의 요구가 법적으로 숙고될 문제가 아니라면 증언·성명·주장·편지·전보와 기타 호소 형식들을 제출해서는 안 되며, 그럴 경우 부문의 요구를 무조건 인정해 달라는 투덜거림으로밖에 비춰지지 않는다는 위원회의 명백한 권고를 따르지 못했다. 우리는 우리의 행위로 인한 결과임에도, 위원회의 변론과 소송절차가 당사자 간 협상이나 조정을 진행하느라 시간을 오래 끌고

느슨하게 운영되어서 법적 쟁송이 되어야 할 문제를 타운홀 미팅과 같은 것으로 바꾸어 놓는다고 주장해 왔다. 때때로 나는 내가 정치 집회를 주장했던 것을 후회한다.[29]

하지만 정치가 부정될 수는 없었다. 철도 산업은 곤란한 상황에 처해 있었다. 당시 철도 산업은 트럭 운송 회사들과 경쟁해야 했는데, 이는 전국 철도 시스템만이 아니라 철도 산업 규제 시스템까지 위협하고 있었다. 철도운임 정책의 핵심은 '교차 보조' 정책이었다. 이는 이윤이 남는 노선과 화물 운송에서 더 많은 세금을 거두어 이윤이 적은 노선과 화물 운송에 지원함으로써 화주들의 철도운임을 균등화하는 정책이었다. 규제로부터 자유로웠던 트럭 운송 회사들은 자연스레 경쟁의 이득을 취했고, 이들은 철도 회사가 운임을 균등화하는 데 필요한 세입을 앗아갔다. 철도 산업 규제 기관들도 철도 회사만큼이나 이 손실을 우려했는데, 주간 통상 위원회의 기본 임무였던 균등 운임의 원리를 위협했기 때문이다. 이 문제는 곧 정부 최고위층의 주목을 받게 되었다. 호황기라 해도 전국 철도 산업의 재정이 붕괴되면 국가 경제에 타격을 줄 것이 분명했다. 하물며 대공황의 상황에서는 생각할 수도 없는 일이었다. 의회는 운임 균등화 정책으로부터 혜택을 얻고 있었던 주간 통상 위원회, 루스벨트 행정부, 철도 산업과 화주들의 지지 속에서, 〈1935년 트럭 운송법〉Motor Carrier Act of 1935를 입법했다. 이 법은 전반적인 철도 운송 산업의 경쟁력을 유지하기 위해, 트럭 운송 산업을 주간 통상 위원회의 규제 아래 두었다. 대규모 트럭 운송 회사 가운데 일부도 이 법안을 지지했는데, 아직 혼란스러운 신규 산업에서 상대적으로 낮은 진입 비용으로 운송료를 안정화하는 데 도움이 되었기 때문이다.[30] 하지만 [운임을 둘러싼 철도 산업의 횡포에 대중적 저항이 일어나자 이를 해결하는 과정에서] 주간 통상 위원회를 출범시켰던 입법과는 달리, 위원회의 관할권을 대폭 확대했던 〈트럭 운송법〉은 트럭 운송 산업의 횡포에 대한 대중적 저항의 결과는 아니었다.

〈트럭 운송법〉은 다양한 이익집단들의 지지를 받았지만, 법안 통과에 입장을 같이했던 이해관계들은 대부분 규제 정책의 결과로서 정부 스스로 만들어 낸 것이다. 주간 통상 위원회는 뉴딜하에서 만연하게 될, 공공 정책과 사적 이해의 복잡한 관계를 예고했다. 이런 복잡함은 규제 당국들이 구성될 때 내재했던 것과 똑같은 정치 환경들에서 비롯된 것이다. 의회가 규제 위원회를 창설했을 때, 행정기관에 입법 재량권을 일정 부분 위임할 수는 있었지만 민주적 정당성까지 위임할 수는 없었다. 관료는 선출직이 아니므로, 이런 민주적 정당성의 부족은 관료 [주도의] 규제에 두 가지 문제를 낳는다. 첫 번째 문제는, 위원회는 어떤 법령에 의해서도 특별히 위임받은 바 없는, 선출되지 않은 관료의 재량권에 따라 만들어진 결정의 정당성을 확립해야 한다는 것이다. 이와 관련된 두 번째 실천적 문제는 규제 대상 산업이 규제 기관에 순응하도록 만드는 것이다. 연방 규제 기관의 명령에 노골적으로 반항하는 것은 흔한 일이었으며, 기소는 규제 당국의 활동을 막기 위해 선수를 치고 활동을 제약하거나 뒤집을 수 있는 또 다른 억지 수단이었다. 그 해결책은 규제 대상 집단을 규제 과정에 참여시키는 것이었다. 시어도어 로위가 지적하듯이 "정부에 이익집단이 직접 참여하는 것은 자치와 동의어가 되었다."[31] 직접 참여는 민주적이고 효과적인 것처럼 보였다. 이익집단과 협의해서 결정이 이루어지면, 그 집단들이 대표하는 이해 당사자들이 이를 따를 것으로 기대되었다.

대공황 때까지 위임·협의·정당화라는 이런 양상은 소수의 규제 위원회에만 한정되어 있었다. 하지만 1930년대 들어, 의회는 경제 위기에 대응하기 위해 산업·노동·농업·금융에 대한 폭넓은 재량권을 가진 무수한 행정기관들에 자신의 권위를 도매금으로 위임했다.

펜들턴 허링은 1930년대 중반 저작에서, 연방 행정기관들의 급증이 워싱턴에 이익집단들의 대표부 수가 증가하는 것과 동시에 이루어졌다는 사실에 주목했다. 그 자체로 새로울 것은 없었다. 허링은 1920년대에도 정부의 확대와 이익집단 활동 사이에 동일한 연관이 있었음을 지적했다. 하지만 이제 뉴딜 관료들과 조직 이익 사이에 특별한 관계가 발전하기 시작했다. 관료들이 정당화를 위해, 의회가 그런 것 이상으로 이익집단의 동의를 필요로 했을 뿐만 아니라, 입법부보다 높은 수준의 내적 전문화를 보여 주기 시작한 것이다. 행정가들은 자신들이, 행정 업무와 관련해 분명한 세력을 형성했으며 소수로 한정된 집단, 대부분 공식적인 협회로 조직된 집단을 다루고 있음을 알게 되었다. 행정가들과 이익집단의 대표자들은 업무상 밀접한 관계를 발전시켰고, 허링은 "이런 관계를 체계화하고, 법적으로 승인하며, 일상 행정에 활용하는 방향으로 움직이고 있는 분명한 경향"이 존재함을 지적했다. 허링은 행정적 협의를 위한 이런 새로운 질서에 대해, "우리는 더 이상 동의를 측정하는 수단으로서 투표라는 조악한 수단에 만족하지 않지만 피치자들의 의견을 확인할 수 있는 좀 더 효율적인 방법을 알고 있다."라고 확신했다. 실제로 허링은 "구성원들이 연방 정부의 관할권 내 모든 이해관계를 포괄하는 행정 자문 기구"의 점진적인 발전을 구상했다.[32]

관료 조직을 상대하는, 모든 이익집단들의 회의체라는 허링의 구상은 특정 이익이 특정 기관들과 연관되는 식의 협애화를 극복하기 위한 것으로 보인다. 이 회의체를 통해 좀 더 포괄적인 심의가 이루어진다면 특정 이익집단이 특정 기관을 '포획'하고, 그곳에서 일하는 공무원의 독립성과 중립성을 침해할 가능성을 줄일 수 있으리라고 생각했던 것 같다.

사적 이익집단이 공공 당국을 포획하는 것에 대한 우려는 '이익집단 자유주의'에 대한 비판에서 탁월하게 드러난다. 이익집단 자유주의는 적극적인 정부를 상정하지만, 그것은 공공 정책에 대한 통제권을 사적 이익에 양도함으로써 정당성과 순응을 추구하는 적극적 정부라는 점에서 자유주의다. 결국 정부는 단순히 이익집단 정치에서 중개자가 되고, 특수 이익들의 균형에서 비롯되는 '평균적' 이익 이상의 더 높은 공익을 추구하지 않는다. 하지만 비판적 입장에 따르면 그런 결과는 공공 기관들이 얻으려고 분투했던 바로 그 정당성을 약화하는 것이다. '사적 정부'는 대중의 존경을 잃게 된다. 가장 즉각적으로 영향을 받는 이해관계들 사이에서 이루어지는 정책 협상에서, 간접적인 영향을 받는 대중의 좀 더 일반적인 이해가 공정하게 다루어지기는 어렵다.[33]

한편 주간 통상 위원회와 연방 거래 위원회 같은 규제 기관의 작동을 보면, 이익집단 민주주의는 이익집단 자체에도 해가 될 수 있다. 첫째, 민간단체가 공공 당국을 '포획'할수록, 일반 회원에게 의지할 필요가 줄어들 수 있다. 이해 당사자로서든 관료 조직의 관계자로서든, 그 단체도 이미 정책 결정자의 입장에 서게 되기 때문이다. 둘째, 자기 조직의 집단적 이익을 침해하는 무임 승차자를 규율하기 위해 국가의 강제력에 의존할수록, 회원들을 감독하고 동기를 부여하려는 이익집단 자체의 노력은 줄어들 수 있다.

그랜트 매코널Grant McConnell이 주목하듯이, 이익집단들 속에 둘러싸인 '사적 정부'는 민주적이 되기 어렵다.[34] 하지만 엘리트주의적 경향은 단순히 사적 결사체에 내재한 과두제의 철칙이 낳은 결과는 아니다. 사적 이익집단의 내적 작동은 결정적으로 정치제도의 구조와 헌정 체제에 의해 영향을 받는다. 정부가 이익집단 민주주의에 적응함에 따라 조직 이익들은 대중민주주의의 집단적 동원을 대신할 대안을 갖게 되었다. 단체들은 회원들을 동원하지 않고 회원들이 원할 것 같은 바를 얻을 수 있다. 그리고 회원들의 입장에서는, 자신들의 사적 이익을 증진하기 위한 대안적 경로를 갖게 된 것일 수도 있다. 좁게 제한된 영역 안에서, 독립적인 규제 위원회들은 로비와 입법을 사안별 조정으로 대체했다. 그 과정에서 위원회들은 시민권의 실천 관행을 새로 만들기 시작했다.

6

대중에서 메일링 리스트로

이익집단 자유주의는 하나의 정치적 발견에서 비롯되었다. 공공 기관과 사적 이익집단들은 그들이 서로의 문제를 해결하는 데 도움이 될 수 있다는 걸 발견했던 것이다. 공공 기관들은 현대 산업들을 규제하는 복잡한 일을 해야 했는데, 산업들이 조직되지 않고 협력적이지 않았다면 그 일은 훨씬 복잡해졌을 것이다. 실제로 이익집단들은 구성원들을 응집적이고 의견이 분명한 동맹으로 조직해 자신들의 산업이 규제에 대비할 수 있도록 도왔다. 규제 과정에서 이 동맹들이 참여한다는 것은 높은 수준의 자발적 순응을 보장해 주었다. 공공 기관은 규제 대상 이익집단들과의 협의를 통해 만들어진 규제를 집행하기 위해 강제력을 사용했다. 대부분의 기업들이 규제에 협력한다면, 불공정 경쟁의 이득을 취하기 위해 순응이라는 비용을 회피하는 무임 승차자들은 규제 기관에 의해 통제될 수 있었다. 따라서 규제에 순응하는 기업은, 정치적 동의를 해주는 대신 불법 경쟁자들로 인한 경제적 불이익을 감수하지 않아도 된다는 어떤 확신을 가질 수 있었다. 자발성과 강제는 동일한 거래의 서로 다른 양면이었던 것이다.

뉴딜과 이익집단 자유주의

이익집단 자유주의는 뉴딜의 '미국 산업 부흥국'*(이하 부흥국)에서 가장 완전한 모습을 보여 준다.[1] 부흥국은 프랭클린 루스벨트가 백악관에 입성한 첫 1백 일의 정책적 상징이었으며, 전시에 비견되는 규모의 국가 경제계획을 위한 청사진이었다. 부흥국은 결국 기업들과 루스벨트 행정부의 관계를 멀어지게 만들기는 했지만, 부분적으로는 1890년 〈셔먼 독점금지법〉이 제정된 이래 반독점 규제를 완화하라는 기업들의 오랜 요구를 인정한 결과 등장했다.[2] 기업집단들은 부흥국 관료들과 협의해 특정 산업과 무역을 위한 공정 경쟁 규칙을 만들었고, 부흥국은 이 기준을 강제할 책임을 졌다. '약탈적' 경쟁 관행을 금지하는 부흥국의 조처는, 1930년대에 얼마 되지 않았던 소비자를 확보하기 위한 살인적 가격 인하 경쟁으로 말미암아 사라져 버릴 수도 있었던 기업과 일

---

* 미국 산업 부흥국(National Recovery Administration, NRA)은 1933년에 집권한 제32대 대통령 프랭클린 루스벨트가, 대공황 이후 위기에 처해 있던 미국 경제를 재건하기 위해 주창한 뉴딜 정책 프로그램을 집행하기 위해 설치한 정부 기관이다. 부흥국은 1933년 6월 입법된 〈전국 산업 부흥법〉(National Industrial Recovery Act)에 따라 설치되었다.

자리들이 살아남을 수 있게 할 것으로 기대되었다. 경쟁의 압박이 줄어들면 기업은 노동자들에게 더 높은 임금을 지불할 수 있을 것으로, 혹은 이윤을 유지하거나 시장가격을 낮추기 위해 적어도 임금을 깎지는 않을 것으로 기대되었다. 노동자들은 이렇게 증가한 임금으로 상품을 구매할 것이고, 이 같은 소비가 기업 확장, 고용 확대, 그리고 결국에는 경기회복을 가져다줄 것으로 기대되었다.[3]

적어도 이론상으로는 그랬다. 비록 〈전국 산업 부흥법〉은 일반적인 용어로 쓰였고, 타협과 잠정적 조치를 너무 많이 담고 있어 입법 자체에서 어떤 특정 입장을 발견하기는 어려웠지만 말이다.[4] 그러나 이것은 정부의 강제력을 배경으로 사적 부분에서 이루어진 집합 행동의 고전적이고 명백한 사례였다. 적정 임금을 지불하기에 충분한 수준에서 가격을 안정시키려면 기업들이 생산 제한에 동의해야 한다. 맨서 올슨 Mancur Olson이 지적했듯, 이와 같은 생산 제한이 개별 기업의 자발성에 기대어 계속 유지되기는 어렵다.[5] 개별 기업의 입장에서는 생산이 억제되어 인위적으로 높은 가격이 유지되면, 더 많은 제품을 생산해 시장에 내놓는 것이 이득이 된다. 하지만 많은 기업들이 이런 유혹에 따르게 된다면 시장은 과잉 공급 상태가 될 것이고 가격은 떨어질 것이다. 이에 대한 한 가지 해결책은 개별 생산자들의 자발적 순응을 기대하는 대신 정부가 강제하는 것이며, 이는 부흥국의 정부 규제 조처(생산 쿼터뿐만 아니라 공정한 거래 관행 및 노동 관행과 관련해)가 이루고자 했던 것이다.

하지만 현실에서 부흥국은 여러 가지 기대 가운데 어떤 것도 충족하지 못한 것 같다. 실질임금을 올리지도 못했고, 미국 산업계에 협력적 분위기를 조성하지도 못했다. [무임 승차자의 문제를 유인과 강제를 통해 통제함으로써 해결할 수 있다는] 집단행동 이론에 맞아떨어진 것도 아니다.[6] 적어도 단기적으로만 볼 때, 부흥국은 사적 이익집단에 의한 행정이 그 단체 회원들의 정치 동원을 줄이는 경향이 있다는 우리의 주장을 뒷받침하는 것 같지도 않다. 부흥국의 국장, 휴 존슨Hugh Johnson 장군은 경제 회복 프로그램에 대한 대중적 지지를 장려하고, 부흥국이 예비 조처로 만든 '포괄 규칙'•(각 산업별 규칙이 기초되고 승인될 때까지 기업가들이 따라야 하는 기준으로 제시된 것이다)을 기업들이 준수하도록 압박하기 위해, 부흥국의 상징인 푸른 독수리 기장을 중심으로 대중 동원 캠페인을 주도했다. 뉴욕에서는 수백만의 사람들이 길가에서 환호를 보내는 가운데 25만 명이 푸른 독수리 기장을 내걸고 5번가를 행진했다.[7] 환호가 멈추고 나서 그리 오래지 않아 부흥국은 또 다른 종류의 정치적 행동주의를 촉발했다. 부흥국의 활동은 집단 갈등과 계급 갈등을 모두 악화시켰고, 그 결과 정치적 동원, 특히 노동자들의 동원을 고무했던 것이다.

농민과 여성의 권리를 주장했던 활동가들처럼 노동자들도 정당정치의 틀 밖에서 활동했던 19세기 이익집단들 가운데 하나였다. 그러나 노동자들은 최소한 전국 수준에서, 펜들턴 허링이 말한 '새로운 로비'에 참여하지는 않았다. 아니, 좀처럼 로비 활동을 하지 않았다. 새뮤얼 곰퍼스Samuel Gompers가 주도했던 미국 노동 총동맹••은 '순수하고 소박한

• 포괄 규칙(blanket code)은 시간당 최저임금을 20~45센트로, 주당 최대 노동시간을 35~45시간으로 제한하며, 아동노동을 폐지하는 것을 상정하고, 내용으로 한다. 또한 그는 기업들이 뉴딜 정책에 동참하도록 독려하기 위해 뉴딜 정책에 동조하는 기업들은 푸른 독수리 문장을 사용하도록 했다. 규칙을 위반한 기업의 경우에는 푸른 독수리 문장을 사용할 수 없도록 했는데, 이는 그 기업이 뉴딜 정책에 동조하지 않는다는 일종의 사회적 공표였던 셈이다.

노동조합주의'를 공식 정책으로 추구했다. 노동자들이 얻고자 하는 것이 무엇이든 미국 노동 총동맹은 정치 동원이 아니라 작업장에서 단체교섭을 통해 획득했다. 노동자들은 힘들게 입법적 승리를 얻어낸다 해도 종종 사법부에 의해 번복되고, 정부의 제도들을 통해 이익을 보장받게 된다 해도 그 결과 노동자들의 충성심이 노동조합과 정치적 대변자에게로 갈라지게 된다는 사실을 오랜 경험을 통해 잘 알고 있었다.[8] 이들에게는, 노동의 조직화와 단체교섭을 위해 정치적 조직화를 포기하는 것이 최선으로 보였다.

조직 노동의 정치적 고립은 뉴딜의 진행과 더불어 끝이 났지만, 그것이 프랭클린 루스벨트를 선출하고 민주당 의회를 만들었던 정치 동맹에서 노조가 중요한 부분을 담당했기 때문은 아니었다. 실제로, 루스벨트가 대통령이 되는 과정에서 노동의 역할은 미미했다. 1920년대 노동조합의 조직률은 하락했으며 노동운동 지도자들은 초기 뉴딜 입법에서 거의 아무런 역할도 하지 못했다.[9] 오히려 뉴딜 입법이 노동의 정

●● 미국 노동 총동맹(American Federation of Labor, AFL)은 1886년 곰퍼스의 주도로 결성된 미국 최대의 노동자 연합 조직이었다. 곰퍼스는 1895년을 제외하면 1924년 사망할 때까지 줄곧 연맹의 대표로 있었다. 연맹은 급진 사회주의 노선을 지지하지 않았고 당장의 경제적 향상에 목적을 두었으며, 숙련공 중심의 직종별 노동조합(craft unionism)의 연합체를 지향했다. 하지만 미국의 산업구조가 점차 대량생산 체제로 바뀌면서 대규모 공장의 미숙련·반숙련 노동자들의 조직화 요구가 등장했고 이런 추세는 광산 노동자 연합(United Mineworkers), 피복 노동자 연합(Amalgamated Clothing Workers) 등 산업별 노동조합의 조직화로 나타났다. 뉴딜 시기 이들 산별노조는 뉴딜 정책과 뉴딜 동맹을 지지했으며 노동자들의 정치 동원에 우호적이었다. 산별노조들은 결국 1937년 연맹을 탈퇴해 별도의 산업별 노동조합회의(CIO)를 결성했다. 경쟁 관계에 있던 두 연합 조직은 1955년 하나의 단체로 통합했고, 그것이 현재까지도 미국 노동운동의 가장 큰 연합체로 활동하고 있는 노동 총연맹 산업별 노동조합 회의(AFL-CIO)다.

치적 역할을 강화하고 새롭게 정의하면서 노동자들의 동원을 도왔다.

뉴딜을 통해 조직 노동은 다른 여러 집단들 중에서도 강력한 이익 집단으로서뿐만 아니라, 풀뿌리 수준의 지지와 강한 연계를 가지며, 동원의 정치에 의존하는 독특한 경향을 갖는 하나의 이익으로서 등장했다. 노동조합은 대중적인 회원을 갖는 조직이었고, 로런스 플러드 Lawrence Flood의 주장처럼 "민주주의를 실천할 것으로 기대되는 미국의 몇 안 되는 제도 가운데 하나였다."[10] 비록 노조가 그런 기대를 충족하지는 못했지만, 〈1959년 랜드럼 그리핀 법〉Landrum-Griffin Act of 1959은 노조에 대한 이와 같은 민주적 기대 — 물론, 이 법은 부분적으로는 노동조합 지도부의 전제 권력을 제한하기 위해 제정된 것이기도 했다 — 를 재확인한 것이기도 했다. 실제로 노조는 다른 이익집단들과 비교해서 민주적 동원이라는 뚜렷한 성향을 보여 주었다. 정치학자 켄 콜먼Ken Kolman에 따르면, 조직 노동은 다른 이익집단들에 비해 편지 쓰기 캠페인과 저항 시위 같은 '외부 로비'outside lobbying에 더 많이 의존했다.[11] 이런 점에서 최소한 노조는 탈동원된 [개인] 민주주의에 적합한 것 같지는 않다. 하지만 동원에 대한 의존은 시간이 흐르면서 약해졌고 노조의 정치적 영향력도 함께 줄어들었다.

노동의 정치적 동원은 1933년 〈전국 산업 부흥법〉과 뒤이은 〈와그너 법〉이라는 연방 입법이 낳은 직접적인 결과였다. 노동조합에 영향을 미친 〈전국 산업 부흥법〉의 결정적 조항은 제7조(a)항이었다. 이 조항에는 부흥국의 후원 아래 각 산업들이 공정 경쟁 규칙을 만들도록 하고 있는데, 그 규칙에는 피고용인들의 단체교섭권과 자신을 대표할 노조를 선택하고 조직하는 데 고용주의 간섭을 배제할 권리를 보장하는 내용이 포함되어 있었다(규칙은 또한 고용의 조건으로 노조 가입을 가로막는 황견계약[*]을 금지했다. 어용 노조 필수 가입도 금지되었다).

대공황 시기의 논평가들에게, 제7조(a)항의 의미는 분명해 보였다. "고용주들에게 법으로 자결권을 보장하고 고무하는 상황에서, 이와 동등한 권리와 기회가 부여되지 않는다면, 모든 노동, 특히 조직 노동 사이에 분노와 적의가 팽배했을 것이다."[12] 부흥국이 반독점 규제를 완화해 기업 전반의 협력을 이끌어 낼 수 있었다면, 노조 역시 조직 결성에 장애가 되었던 법원의 반노동적인 강제 명령에 대해 유사한 유예 조치를 얻을 수 있어야 했다. 사실 〈1932년 노리스-라구아디아 법〉[**]은 이미 사법부가 대부분의 노동 관련 분쟁에서 반노조적인 강제 명령을 취하지 못하게 함으로써 이런 방향으로의 첫발을 떼어 놓았다. 자본가들이 연합을 결성할 수 있다면, 노동자들도 고용주나 사법부의 간섭으로부터 벗어나 자유롭게 노조를 조직할 수 있어야만 했다.[13] 제7조(a)항과 이후 제정된 〈와그너 법〉은 노동과 기업이 대체로 평등한 기반 위에서 단체교섭과 이익집단 정치에 참여할 수 있는 좀 더 완전한 다원주의를 만들기 위해 고안되었다.

1933년 시점에서 조직 노동이 루스벨트 행정부로부터 그런 우호적

---

[*] 황견계약(yellow-dog contract)이란 반(反)노조 계약으로, 19세기 후반 미국에서 성행했고 미 연방 법원에서도 인정한 고용계약 관행이었다. 노동자들이 자신의 권리를 포기하고 고용주에 굴복하는 모습을 '황견'에 비유한 것이다. 고용주로부터 독립된 노조가 아닌 회사가 운영하는 노조(company union)는 황색 노조(yellow union)로 불리기도 한다.

[**] 〈1932년 노리스-라구아디아 법〉(Norris-LaGuardia Act of 1932)의 원 명칭은 〈강제 명령 반대법〉(Anti-injunction Act)으로, 이전까지 고용주의 황견계약 관행에 대해 연방 법원이 인정을 하고 강제 명령을 발부해 계약의 집행을 강제했던 것을 금지하기 위한 조처로, 법원의 강제 명령 발부 요건을 엄격하게 함으로써 노조 결성에 대한 고용주와 사법부의 간섭을 배제하기 위한 것이었다.

인 조건을 이끌어 낼 만큼 충분히 강력하지는 못했다는 점에 대해서는 오늘날 대체적인 합의가 존재한다. 따라서 제7조(a)항이 도입된 이유는 여전히 논쟁거리가 되고 있다. 특히 부흥국을 문 닫게 만들었던 1935년 연방 대법원의 '셰터 대 미국 사건'[•] 판결 이후, 제7조(a)항을 계승해 더 완고한 친노동 조처를 포함한 〈와그너 법〉에 관해서는 해석상의 차이가 훨씬 크다. 〈와그너 법〉 역시 전국 노동관계 위원회라는, 부흥국보다 훨씬 강력한 집행기관을 만들었다. 조직 노동이 국가 경제 부흥 프로그램에서 제7조(a)항을 강제할 힘을 갖지 못했다면, 〈와그너 법〉을 만들고 통과시키는 데 있어 조직 노동의 역할은 훨씬 더 의문스러운 것이었기 때문이다.

한 가지는 논리적으로 분명해 보인다. 뉴딜 노동정책의 기획자들은 그 결과를 충분히 예측하지 못했다는 것이다. 전반적으로 노동관계에 대한 그들의 비전은 "법의 지배에 대해 점차 회의적이 되고, 갈등을 비법률적으로 해결하려는 분위기가 팽배해지고 있던" 혁신의 시대의 전통에서 형성되었다. 그들은 '사회 협력의 새로운 시대'라는 혁신주의의 꿈을 공유했다.[14] 상원 의원 로버트 와그너Robert F. Wagner는 법원의 명령과 어용 노조가 이 협력 체제의 기초를 제공해 줄 수 없다고 확신했다. 그는 〈노리스-라구아디아 법〉을 지지하면서 그의 동료들에게 했던

[•] 셰터 대 미국 사건(A.L.A. Schechter Poultry Corp. v. United States, 295 U.S. 495)은, 가금류 회사인 셰터 사가 병든 닭을 판매했을 뿐만 아니라 〈전국 산업 부흥법〉이 규정한 최대 노동시간 규정을 위반하고 노조 결성의 권리를 침해했다는 이유로, 정부와 셰터 사가 진행한 소송에 대한 연방 대법원 판결을 말한다. 이 판결에서 연방 대법원은 〈전국 산업 부흥법〉의 규제가 삼권분립을 규정한 헌법 정신을 위배하고 행정부가 입법부의 권한을 침해했다는 판결을 내놓았고, 이 판결로 인해 법에 따라 설치된 부흥국도 효력을 잃었다.

1932년 연설에서, 노동자들이 스스로 노조를 자유롭게 결성할 수 있어야 한다고 주장했다. 진정한 정치가라면 "노동자들이 이런 조직화된 행동의 길을 택해 책임감, 자제, 인간적 자유, 그리고 국가적 위대함으로 나아가도록 격려해야 한다. 우리는 생산 증대에 대한 보상을 같이 나누고, 경영에 대한 책임을 함께 지면서, 주인과 하인의 관계를 평등하고 협력적인 동반자 관계로 바꿀 수 있다."라고 말했다.[15]

혁신주의 이념뿐만 아니라 긴박했던 상황도 자본과 노동의 '협력적 동반자 관계'를 창조하려는 뉴딜의 결단을 만들어 냈을 것이다. 1934~35년, 파업과 노동자 저항의 물결이 정점에 다다랐다. 정치학자 마이클 골드필드Michael Goldfield는 〈와그너 법〉이 이런 혼란에 대한 대응이었다고 주장했다. 계급 갈등을 단체교섭이라는, 협상된 평화negotiated peace로 대체하려는 시도였다는 것이다. 데이비드 플로트케David Plotke는 〈와그너 법〉에 관해 다소 다른 해석을 제시한다. 셰터 판결 이후 〈전국산업 부흥법〉의 폐기와 제7조(a)항의 소멸은 "위험한 진공상태를 만들어 낼 것으로 보였다." 그 공간은 파업의 물결로 채워졌고, 그 가운데 일부는 '정치적 성격을 띤 파업'들로 도시 전역에서 일어났다. 혁신주의의 이상과 그것을 표방했던 개혁가들이 〈와그너 법〉의 틀을 만드는 데 기여했다면, 조직 노동과 조직되지 않은 노동의 대중적 반란은 법안이 통과되는 데 유리한 환경을 조성했다.[16] 〈와그너 법〉이 통과되는 데 크게 기여했던 노동의 동원은, 1936년 대통령 선거 당시 20세기 최고의 투표율을 가능하게 했던 대중 동원이 노동자들의 작업장에서 이루어진 것으로 볼 수 있었다.

정치학자 프랜시스 피번과 사회학자 리처드 클로워드는 〈와그너 법〉이 노동자들이 만들어 낸 혼란에 대한 대응이었을 뿐만 아니라, 뉴딜 입법이 노동의 반란 대신 노동의 조직화를 장려함으로써 노동자들의 가장 강력한 무기를 빼앗은 것이라고 주장했다. 노동자들에게 조직할 자유를 주는 것은 그들을 더 '책임 있게' 만들 것이라고 상원 의원 와그너가 주장했을 때 그는 옳았다. 조직되기 위해 노동은 당시의 상황 및 이를 통제했던 엘리트들과 타협해야 했다. 역설적이게도 노동의 조직화는 노동자들의 정치적 해체를 의미했다. 대중 반란은 이익 단체 교섭으로 대체되었던 것이다.[17]

노동자들의 대중적 동원이 〈와그너 법〉이 통과될 수 있었던 조건을 만들었다는 주장에는 동조하는 이들이 있다. 상원 의원 와그너의 보좌관이며 법안을 기초했던 핵심 인물인 레온 키설링Leon Keyserling은, 그 입법이 사회질서의 불안정으로 말미암아 설득력을 얻었고, 법적인 틀 내에서 이루어지는 단체교섭이 '혁명을 막아 줄' 것이라는 희망이 있었다고 회고했다.[18] 그러나 뉴딜의 노동 입법은 혼란에 대한 대응이기도 했지만 혼란의 원인이기도 했다. 미 전역의 노동자들이 새로운 노동법 체제에서 자신들의 권리를 시험하게 되면서, 제7조(a)항과 〈와그너 법〉은 적어도 일시적으로는 연좌 농성과 저항을 격화시키는 데 기여했다.[19] 제7조(a)항과 〈와그너 법〉이 노사 갈등을 격화시켰을 뿐만 아니라 예전 같으면 민간 부문에 한정되었을 갈등을 정치화함으로써 〈전국산업 부흥법〉이 구상했던 협력적 질서는 기대와는 다른 효과를 낳았던 것이다.[20]

노동의 문제 : 운동이냐, 이익이냐?

전국 노동관계 위원회는 이런 갈등을 정치적으로 해결하기 위한 수단이 되었다. 하지만 집단 동원과 분쟁을 일상적인 조정으로 전환하는 일은 주간 통상 위원회가 유사한 문제를 처리했던 것보다 훨씬 더 어려웠다. 전국 노동관계 위원회는 다른 독립적인 규제 위원회들과는 달랐다. 독립적인 규제 위원회들은 대부분 정치적으로 흩어져 있는 소비자들의 편에서, 정치적으로 잘 조직된 기업을 규제할 책임을 맡았다. 반면 전국 노동관계 위원회의 일은 종종 서로에 대한 맹렬한 투쟁에 갇혀 버리곤 하는, 잘 조직된 두 집단 구성원들의 강력한 이해관계에 대해 판단을 내리는 것이었다.[21] 위원회가 창설된 시점부터 〈1947년 태프트-하틀리 법〉이 시행될 때까지 전국 노동관계 위원회는 노사 갈등의 초점이었고, 1939~40년 1년여 동안 세 차례나 적대적인 의회 조사를 받았다.[22]

〈태프트-하틀리 법〉은 노조 의무 가입제를 금지했고, 개별 노동자의 권리를 보호한다는 명목으로 노조를 불공정 노동 관행의 제재 대상으로 만들어 전국 노동관계 위원회의 권한을 줄였다. 하지만 기업 측 보수주의자들은 〈와그너 법〉을 좀 더 완전히 격퇴할 만큼 충분히 단결할 수 없었고, 조직 노동은 〈태프트-하틀리 법〉의 못마땅한 규정을 뒤집을 만큼 힘을 결집해 낼 수 없었다. 그 결과는 평화였으나, 이는 혁신주의자들이 구상했던 노사 협력 때문이 아니라, 교착상태가 가져다준 평화였다. 기업과 노조의 정치적 다툼은 입법적 교착상태에서 끝나지 않았고, 다툼의 장은 의회에서 전국 노동관계 위원회로, 그리고 노동관계 위원회의 위원을 임명하는 대통령에게로 넘어갔다.[23]

조직 노동은 대통령 후보 지명 과정에서 정치적 접근의 전략적 지점을 발견했지만, 그것이 평조합원들을 정치적으로 동원해 내는 데 크게 기여한 것은 아니었다. 전국 노동조합 지도자들과 노동 총연맹 산업별 노동조합 회의AFL-CIO 위원장 조지 미니George Meany는 잘 알려진 대로, 노조원들이 많은 주의 선거인단들에게 노동이 선택한 대통령 후보를 지지하도록 압박하면서 막후 협상을 진행했다. 테일러 다크Taylor Dark에 따르면, 전국적인 노조 지도자들은 대통령 후보 지명 정치에서 정치 중립이라는 병풍 뒤에 숨어 "노조원들과 노조의 여타 지도자들로부터 높은 자율성을 누렸다. 실제로, 강력한 노조 위원장은 어떤 형태의 진지한 내부 논의 절차도 거치지 않은 채 특정 후보를 승인할 수 있었다."[24]

파업을 벌였던 평조합원들과 연좌 농성자들은 뉴딜의 지지하에 전후 노동운동의 기초를 놓았고, 전후 뉴딜 동맹은 조직 노동의 지도자들을 포섭해 냈다. 하지만 평조합원들은 이 동맹에서 주로 침묵하는 파트너였다. 이따금씩 운동 지도자들은 백악관과의 관계를 유지하기 위해 노조원들의 임금 인상 요구를 가라앉히거나 파업으로 발전하지 않도록 유도하곤 했고, (공화당이든 민주당이든) 대통령들은 자기 정당의 선거 전망을 고려해, 경제를 위태롭게 할 수도 있는 임금 인상 요구와 쟁의를 피하고자 노동귀족들의 도움을 구했다. 그 보답으로 노동 지도자들은 노동 측 로비스트들이 의회에서 통과시키려고 애쓰던 법안들에 대해 가끔씩 백악관의 지지를 얻어 낼 수 있었으며, 전국 노동관계 위원회 위원의 임명과 국가정책 입안 과정에서 목소리를 낼 수 있었다. 예컨대 존슨 행정부 시기, 민권 법안, 빈곤 퇴치 프로그램, 고령자 의료보험은 모두 노조의 지지가 큰 힘이 되었다. 하지만 정작 노동조직의 힘과 회원 확대에 직접적으로 도움이 되는 조치들은 진전이 없었다. 노조 의무 가입을 금지했던 〈태프트-하틀리 법〉의 결정적인 조항을 폐지하는 것은 존슨 정부의 입법 의제에서 후순위였으며, '전국 노동자 노동 권리 위원회'˙의 강력한 로비는 1966년 의회에서 의무 가입 금지 조항

의 철폐를 가로막았다.[25]

노조가 지지했던 사회복지 프로그램의 성공은 실제로는 노조에 대한 평조합원의 지지를 갉아먹었다. 첫 번째 이유로, 1950년대부터 1980년대까지 여론조사 결과가 일관되게 보여 주듯이 노조원들은 사회입법을 위한 노동 지도부들의 정치적 활동보다는 이들의 단체교섭 노력을 더 지지했다. 지도부들은 일반적으로 자신의 지지자들보다 더 자유주의적이었고 더 확고하게 민주당을 지지했다.[26] 두 번째로, 노조원들이 정부의 사회정책으로부터 혜택을 받는 만큼 복지 수호자로서 노조의 중요성은 줄어들었다.

노조원들의 정치적 탈동원화는 지도부가 민주당 전당대회, 백악관, 의회에서 '내부자' 로비 방식을 주로 활용했기 때문에 초래된 부작용은 아니었다. 단체교섭은 그 자체가 작업 현장의 목소리를 죽이는 경향이 있다. 마르크스주의적 분석에 따르면, 노사 협약은 작업장에서의 갈등을, "기업의 생존과 성장 논리에 기초해 노조와 회사의 **공동** 이익을 이끌어 내는 협상 틀"로 바꾸어 버린다. 이 관점에 따르면, 노사 협약은 "노동조합과 기업 간 계급 타협의 주요 도구"가 되는 것이다.[27] 자유주의적 다원주의 옹호자들도 유사한 결론에 도달한다. 사회학자 다니엘 벨 Daniel Bell에 따르면, "이미 정해진 시장 환경에서 활동하는 노동조합은 '자신이 속한' 산업의 동맹자가 된다." 노조는 "경영진과 평조합원의 분노 사이에서 완충장치"가 되며, "경영진이 할 수 없을 때는 노동자들의

● 전국 노동자 노동 권리 위원회(National Right to Work Committee)는 1955년 설립된 비영리 민간 기관으로, 노조 의무 가입제에 반대해 로비를 하고, 의무 가입제를 채택한 작업장 노조로부터 피해를 입은 개인을 지원하는 등의 활동을 하는 단체다.

기율을 잡는 일을 맡기도 한다."[28]

전국 노동관계 위원회의 감독하에 노조 조직화가 확산됨에 따라, 기업의 경영은 점차 덜 적대적인 방식으로 변해 갔다. 노조를 대하는 일은 기업의 일상적인 기능이 되었고, 고용주들은 노조를, 노동자를 다루는 편리한 기구로 인식하게 되었다.[29] 노동의 조직화와 단체교섭을 받아들인 경영진은 노동자들을 위협하거나 그들을 도발하는 행위를 상대적으로 자제하게 되었고, 그 결과 작업장에서 평조합원들의 동원을 불러일으키는 일은 줄어들었다.

노동자들은 위협이나 도발적인 상황에 직면해서도, 노동법에 대한 연방 대법원의 재해석이 이루어지고 전국 노동관계 위원회가 그것을 집행할 때까지 즉각적인 반대 동원을 자제했다. 한편 제2차 세계대전이라는 예외적인 국가적 위기 상황에 대처하는 과정에서 법적 원리에도 변화가 시작되었다. 노사는 전시 생산을 유지하기 위해 모든 파업과 직장폐쇄를 중지하는 데 자발적으로 동의했으며, 전국 전시 노동위원회*는 노사 협약에 중재 조항을 포함하도록 노사 모두를 장려하고, 그런 조항이 없는 경우에도 중재를 명령했다.

전쟁이 끝나고도 정부는 계속 민간 중재**를 지지했다. 전쟁이 끝나

---

* 전국 전시 노동위원회(National War Labor Board)는 원래 1918년 우드로 윌슨 대통령이 제1차 세계대전 중 노사 분쟁을 중재하기 위해 만들었으나, 같은 이름의 위원회가 제2차 세계대전 발발 후 다시 만들어진 것이다.

** 중재는 분쟁의 사법적 해결에 대한 대안으로 등장했으며, 공공 기관이 주도하는 공적 중재와 민간 기관 및 개인이 중재인으로 나서는 민간 중재가 있다. 예컨대 미국 중재 협회(American Arbitration Association)는 비영리 민간단체로, 상사(商事)·민사·노사분규 등 다양한 분쟁에 중재자로 개입하며, 중재의 결과는 사법적 판결과 동등한 효력을 발휘한

238

고 짧았던 노사 평화의 시기가 종료되자 파업이 폭발했는데, 민간 중재는 이를 다루기에 적절한 방안처럼 보였다. 1950년대에 내려진 일련의 결정에서 전국 노동관계 위원회와 연방 대법원은 모두 민간 중재의 결과를 존중하는 정책을 수립했다. 위원회와 연방 대법원은 절차적 불공정성이나 부정의 증거가 없다면, 증거조사나 결과의 타당성을 따지지 않고 민간 중재의 결과를 받아들였다.

전후 전국 노동관계 위원회는 이미 '공정하고 균형 잡힌' 중재를 통해 해결된 불공정 노동 관행에 대한 불만 사항을 소관 업무로 인정하지 않는다는 규칙을 적용하기 시작했다. 나중에 위원회는 중재가 예정된 사건에 대해서도 이 규칙을 확대 적용했으며, 더 나중에는 중재가 예정된 것이 아니라 가능성만 있는 경우에도 적용했다. 단체 협상의 내용을 강제할 권한을 연방 법원에 부여했던 〈태프트-하틀리 법〉 조항을 회피할 목적으로, 연방 대법원은 민간 중재를 지지한다고 천명했다. 대법원은 연방 사법부에 노사 관계 사건이 쇄도하는 사태를 피하기 위해 민간 중재를 선택했던 것이다. 대법원은 〈태프트-하틀리 법〉에서 노조 협약에 파업 회피 규정을 포함하도록 장려한 것이 의회의 입법 취지이며, 노조의 파업 회피 서약은 고용주가 분쟁에 대한 중재를 받아들인 것에 대한 노조의 답례라고 정당화했다. 따라서 사법부가 민간 중재에 기초한 국가 노동 정책을 지지하는 것은 의회의 입법 취지에 따른 것이라는 주장이었다. 더 나중에 연방 대법원은 중재에 대한 합의가 이루어질지

다. 노사 협약에 분쟁이 발생했을 때 민간 중재를 통해 해결해 특정 기관에 위탁할 것을 명시하면, 추후 이 절차를 따르게 되는 것이다.

불확실한 상황에서도 그 불확실성은 중재를 신뢰하는 방향에서 해결되어야 하며, 노사 협약에 중재와 관련된 약속이 명시되어 있지 않았다 하더라도, 고용주가 불만이 있음에도 중재를 받아들였다면 피고용인에게도 '암묵적인' 파업 회피 서약은 구속력을 갖는다고 판단했다.[30]

제7조(a)항과 〈와그너 법〉하에서, 정부는 노사 분쟁을 정치화했고 노동자들의 동원을 장려했다. 그러나 제2차 세계대전 이후, 정부는 계속해서 모호한 입장을 취함으로써, 작업장에서 발생하는 불만의 해결을 민간에 맡겼을 뿐만 아니라 노동자들이 저항을 목적으로 동원되지 못하도록 사실상 방해했다. 만약 분쟁 해결 방식으로 민간 중재가 노동자들의 협약 내용에 포함되어 있거나 암시되어 있기만 해도, 고용주들은 노동자들에게 업무에 복귀하도록 강제하는 연방 법원의 명령을 통해 파업에 대응할 수 있었다. 노동자들의 불만은 중재의 대상이 될 수 있고 중재는 파업을 하지 않겠다는 합의로 해석되었기 때문이다.

평조합원들의 탈동원화가 모든 노조에서 발생했거나 불가피한 일이었던 것은 아니다. 1930년대 중반부터 1950년대 중반까지 진행된 산업별 노동조합 회의의 협약에 관한 한 연구는, 공산주의 계열 노동조직보다 공산주의 계열이 아닌 노동조직에서 작업장에 대한 통제권을 경영자에게 넘긴 사례가 많았음을 보여 준다.[31] 공산주의 계열의 노조는 노조원들이 작업장에서 고용주의 권위에 맞서도록 독려했다. 하지만 〈태프트-하틀리 법〉은 특정 노조가 전국 노동관계 위원회의 보호를 받으려면 모든 노조 지도부가 공산주의자가 아니라는 진술서를 쓰도록 요구했고, 결국 1949년 공산주의 계열 노조들은 산업별 노동조합 회의에서 축출되었다. 뒤이어 전국 노동관계 위원회는 쫓겨난 노조들과 고용주 사이의 단체협약이 무효라고 판결했고, 노동 총연맹이나 산업별 노동조합 회의에 남은 가맹 노조들은 공산주의 계열의 노조인지 아닌지를 확인하는 불시 단속을 받지 않아도 된다고 공표했다.[32]

공산주의자들이 축출되면서 노동은 미국 주류 정치에 쉽게 진입할 수 있었고, 1960년대 후반에 이르면 노조는 민주당의 대들보 조직이 되었다.[33] 노조들은 자신들이 〈와그너 법〉에 얼마나 의지했는지, 그리고 〈태프트-하틀리 법〉 같은 반反노동 입법에 얼마나 취약한지를 깨달으면서, 정당정치에 개입하지 않는다는 새뮤얼 곰퍼스의 확고한 정책을 결정적으로 포기하게 되었다.

또한 노조들은 풀뿌리 기반이 점차 잠식되면서 그 해결책으로 정치에 의지하게 되었다. 1990년대까지 상급 노조에 가입된 단위 노조의 절대 숫자는 대체로 안정적이었음에도 1950년대 중반 이래 상급 노조에 가입된 노조들의 총 조합원 비율은 줄어드는 추세에 있었다. 특히, 1970년대에 이르면 이런 하락 추세는 더 이상 일시적인 현상으로 무시할 수 없는 지경에 이르렀다. 동시에 민주당의 맥거번-프레이저 위원회가 권고한 개혁은 전당대회에서 실세 역할을 했던 노조의 지위를 위협했고, 선거 정치에서 노동의 통합성을 갉아먹었다. 대통령 후보 지명 과정을 호텔 스위트룸에서 예비 선거장으로 옮기고, 전당대회에서 여성과 소수자 대표를 인정하는 새로운 규칙에 반발한 조지 미니의 노동총연맹 산업별 노동조합 회의는, 1972년 대통령 선거 당시 조직 차원의 후보 지지 결정을 거부한 채 선거를 보이콧했으며 일부 가맹 조직들은 개별적으로 후보를 승인했다.[34]

노조 의무 가입제를 금지한 〈태프트-하틀리 법〉 관련 조항 폐지 운동 이후 근 10년 만에, 노동의 정치적 지위에 불안감을 느낀 노조들은 입법 공세에 나섰다. 1975년에 노동 측 로비스트들은 의회가 1951년의 연방 대법원 판결을 뒤집도록 설득했다. 1951년의 판결 내용은 건설공사 현장에서 노조가 하도급 업체와 분쟁이 벌어졌을 때 건설공사 전체를 대상으로 방해 시위를 할 수 없다고 명시한 것이었다.* 하지만 포드 대통령은 노동 측 로비를 받아들인 법안에 대해 거부권을 행사했다. 백악관에 민주당 대통령이 있던 1977년에 노동은 확신을 가지고 동일 법안을 통과시키고자 밀어붙였으나 근소한 표차로 하원에서 패배했다. 그리고 1978년, 카터 대통령이 승인했던 포괄적인 노동법 개혁안이 하원을 통과했지만 상원의 필리버스터**에 가로막혀 버렸다. 그 법안은 노조 대표자 선거 절차를 단순화해서 조직 노동의 쇠퇴 경향을 반전시키고, 전국 노동관계 위원회에 노조 출신 위원의 수를 늘려 불공정 노동 관행에 대한 불만 처리 절차를 빠르게 하며, 불공정 노동 관행으로 피해를 입은 노동자들에게 배상을 하는 한편, 해당 고용주에 대한 제재 조치를 강화하도록 고안된 것이었다.[35]

노동은 이전에도 입법 과정에서 패배를 겪어야 했지만 이 시기에

---

* 1951년 연방 대법원의 판결 대상이 된 사건은 다음과 같다. 전체 건설공사를 진행하는 업체 노동자들은 노조로 조직되어 있었고 그 업체와 계약한 다른 하청 업체들 역시 노조가 있었는데, 전기공사를 담당한 업체만 노조가 없었다. 노조는 기업 측에 노조가 없는 하청 업체와 함께 일할 수 없다는 방침을 전달했지만 계약은 지속되었고, 노조는 항의 표시로 건설공사 현장에서 항의 시위를 벌였다. 전기공사 비노조 노동자들만이 해당 공사를 진행하게 되었고 결국 사측이 전기공사 업체와의 계약을 철회한 뒤 공사는 재개되었다. 이 사건에 대한 판결에서 연방 대법원은 노조의 행위를 부당노동행위로 판결했다.

** 필리버스터(filibuster)란 미국 연방 상원에서 허용되는 합법적인 의사 진행 방해 행위를 말한다. 의원의 연설 시간이 제한되어 있는 연방 하원과는 달리 상원에서는 연설 시간에 제한이 없다. 필리버스터는 주로 상원의 소수파들이 사용하는데, 오랜 시간 연설을 진행함으로써 의사 진행을 방해하고 이를 통해 다수파의 양보나 법안 철회 등을 얻어 내는 수단으로 사용된다.

그 좌절의 고통은 훨씬 더 심각했다. 사실 입법 과정의 반_反다수제적 성격만 없었더라도 조직 노동은 두 노동법 개혁안을 모두 얻어 낼 수 있었을 것이다. 하나는 대통령의 거부권 때문에, 다른 하나는 상원의 필리버스터 때문에 노동은 좌절을 맛보아야 했다. 〈태프트-하틀리 법〉은 훨씬 더 결정적이고 중요한 퇴보였으며, 노조 조직률이 정점에 이르렀을 때 발생했던 것이다. 그러나 1970년대 말, 거의 노동의 승리라 할 만한 상황은, 노동조합주의가 절정을 지난 후 노조 조직률이 뚜렷하게 위축되고 있을 때 나타났다. 작업장에서 노동조합의 대표성은 줄어들었지만 노조의 재정 자원은 계속해서 늘어났고, 이 기금은 워싱턴에서 노조 측 로비 인력을 늘리고 정치적 기부를 확대하는 데 쓰였다.[36]

사실 노조의 정치적 영향력은 단순히 노조원들의 지지 기반이 확대되었음을 반영한 것이 아니라, 사실상 그것을 대체한 것이었다. 노조의 조직화 노력이 줄어들면서 노조의 정치 활동이 증가했다는 연구 결과도 있는데, 이런 이유에서였을 것이다. 노조의 로비 규모와 정치 활동 위원회PAC를 통한 정치적 기부는 새로운 노조원을 충원하려는 노력과 반비례 관계를 보였다. 달리 말해 노조는 회원 기반을 확대하려는 시도를 중단하면서 정치 활동에 의지하게 되었던 것이다.[37]

테리 모Terry Moe에 따르면, 1970년대 후반 노동의 새로운 정치적 적극성은 노사 관계의 정치에서 불안정과 갈등의 시대를 열었다. 로널드 레이건의 당선은 이 갈등을 악화시켰다. 여러 의제들을 이념적으로 접근했던 레이건 정부에서, 전국 노동관계 위원회의 조정에 따라 노사가 협상을 유지했던 과거의 방식이 통할 여지는 없었다. 기업들은 저임금에 기초한 해외 기업과의 경쟁을 강조하면서, 본국의 임금과 노동조합주의를 후퇴시키거나, 경쟁 상품을 생산하는 저임금 국가들로 노조의 일자리를 내보낼 준비가 되어 있었다. 레이건은, 대부분의 기업 노사 관계 담당자들의 지지조차 얻지 못했던 반노조 이념 성향의 '노동권리 활동가'[•]를 전국 노동관계 위원회 위원장으로 임명했다. 위원장은 레이건 행정부의 다른 임명자들과 협력해 재임 첫 2년 동안 전국 노동관계 위원회의 29개 선례를 뒤집어 버렸다. 『비즈니스 위크』*Business Week* 에 따르면, 레이건 행정부에서 전국 노동관계 위원회의 결정들은 "노조를 옥죄려는 고용주들의 시도에 파란불"을 켜주었다.[38]

곤경에 처한 노동 총연맹 산업별 노동조합 회의는, 노조원들의 정치적 통합을 이루고 1984년 민주당 대통령 후보 지명에서 이전의 영향력을 회복하기 위해, 특단의 결정을 내렸다. 연맹 의장 래인 커크랜드 Lane Kirkland는, 노동 총연맹 산업별 노동조합 회의가 대통령 선거에서 지지할 민주당 후보를 조기에 결정함으로써 노조원들의 정치적 지지가 여러 후보들로 흩어지는 걸 막을 수 있다고 설득했다. 또한 대통령 선거 주기로 볼 때 평조합원들의 정치적 선호가 그렇게 일찍 결정되지는 않을 것이므로, 지지 후보를 조기에 결정하면 평조합원들과 순조롭게 협의할 수 있을 것으로 기대되었다.

노동 총연맹 산업별 노동조합 회의 99개 전체 노조의 집행부들은 첫 예비선거가 치러지기 5개월쯤 전에 민주당 대통령 후보로 월터 먼데일을 승인했다. 이 결정의 중요성은 연맹이 결정한 후보에게 노동의 표를 얼마나 몰아줄 수 있느냐에 달려 있었다. 결정을 집행하는 일은

[•] '노동권리 활동가'(right-to-work activist)는 노조 의무 가입제, 고용주와 노조 사이의 협약에 의해 고용이나 임금 문제가 결정되는 관행 전반을 반대하면서 관련 입법을 추진했던 활동가들을 말한다.

조직 노동의 오래된 정치적 문제 가운데 하나였다. 즉 상당수의 노조원들이 투표하지 않거나, 심지어 지도부가 반대한 후보에게 투표한 것이었다.[39] 조직 노동이 노조원의 표를 동원하는 데 겪는 어려움을 좀 더 잘 이해하기 위해서는 내부 문제를 들여다볼 필요가 있다. 사실, 노조 지도부들은 평조합원을 설득할 시간적 여유도 없었지만 풀뿌리 동원에 조심스러웠다. 이는, 역사학자 테일러 다크의 지적에 따르면, "현직 지도부를 지탱해 주는 노조의 내부 동학은 현 상태에 도전하지 않는 순응적 멤버십에 기초하고 있었다. 그와는 달리 동원된 멤버십은 기존 지도부에 새로운 요구를 할 수 있으며, 이는 현직을 위협할 수도 있는 문제"였기 때문이다.[40]

그럼에도 노동의 동원은 1984년 먼데일이 민주당 대통령 후보로 지명되는 데 큰 역할을 했다. 그랬기에 그가 대통령에 당선되지 못한 것은 노조가 평조합원들을 장악하지 못한 징표로 여겨졌다. [실제로] 로널드 레이건은 노조원 가구의 유권자 표 가운데 43.2퍼센트를 얻었다. 하지만 테일러 다크의 지적에 따르면, 먼데일이 얻은 노조원 가구의 표는 1980년 [레이건에게 패했던] 지미 카터Jimmy Carter보다 약간 많았지만, 1972년 [닉슨에게 패했던] 조지 맥거번George McGovern보다는 훨씬 많았다. 게다가 민주당이 노조원 가족과 비노조원 가족에게서 얻은 득표의 차이는 1964년 이래 가장 컸다. 물론 먼데일과는 달리 카터나 맥거번은 노동 총연맹 산업별 노동조합 회의가 일찌감치 만장일치로 지지를 선언하지 않았기에 그 이점을 누리지는 못했지만, 1964년 노조원의 숫자는 전체 노동력의 30퍼센트를 상회했다. 1984년 그 숫자는 19퍼센트 이하로 떨어졌다.[41] 이전 시기 정치 동원의 열정에 맞먹기 위해서는 훨씬 더 높은 비율의 노조원들을 동원해 내야만 했던 것이다.

사실 널리 받아들여지는 한 가지 시각은, 노조원 숫자가 줄어들었고, 노조 조직화에 대한 고용주의 저항이 완고해졌으며, 공공 정책은 노조에 덜 우호적으로 바뀌었고, 노조 자체가 비조직 노동자들을 조직하는 데 덜 적극적이었기 때문에, 노동이 미국 정치에서 영향력을 잃었다는 것이다.[42] 하지만 조직 노동의 규모와 주변 환경의 변화에도 불구하고 레이건주의하에서 노동의 정치적 힘은 크게 손상되지 않은 채 유지되었다는 징후들도 있다. 정치체제가 급격히 오른쪽으로 방향을 틀었다 해도 노동은 의회에서 몇 차례 승리할 수 있었다. 실제로, 부시 대통령이 거부권을 행사하기는 했지만, 노조가 강력히 지지했던 가족 및 육아 휴가 법안과 아동보호를 위한 연방 보조금 증액안이 양원 모두에서 통과되기도 했다. 그 전에는, 해고나 직장폐쇄를 위해 고용주가 고용인들에게 60일 이전에 고지해야 할 의무를 부과한 법안이 레이건 대통령의 반대에도 불구하고 통과되기도 했다.[43]

　　클린턴 대통령의 당선과 함께 노동은 백악관에 접근할 수 있는 기회를 다시 얻게 되었고, 친노동 입법의 방해물이었던 대통령 거부권을 제거할 수 있었다. 클린턴 대통령의 전국 노동관계 위원회 위원 임명은 레이건과 부시 정부에서 위원회가 추구했던 반노조 경향을 반전시켰다.[44] 하지만 클린턴의 입법 의제들은 조직 노동에게 이중적인 신호를 보냈다. 한편으로, 북미자유무역협정NAFTA에 대한 대통령의 확고한 지지는 멕시코 노동자들과의 경쟁으로 노조원들의 일자리를 위협할 수도 있었으므로 노조의 이익에 반하는 것이었다. 다른 한편, 의료보험 개혁에 대한 대통령의 적극적인 태도는 조직 노동의 오래된 정책 목표 가운데 하나를 반영한 것이었다. 하지만 북미자유무역협정으로 클린턴에 대한 평조합원들의 적대감이 형성되면서 노조는 대통령의 의료

보험 개혁 제안에 적극적으로 나서서 지지하기가 어려워졌다. 정치학자 트레이시 루프Tracy Roof의 지적에 따르면, "노조 지도자들은 집으로 돌아가서 모자를 바꿔 쓰고 클린턴의 의료보험 개혁안을 밀어붙이는 데 동참할 수도 있었다. 하지만 상당수의 활동가들은 그리 관대하지 않았다. 클린턴의 의료보험 개혁안에 대한 노동의 지지 노력은 뒤늦게 시작되었는데, 이는 상당수의 노조에서 노조원들이 분기를 가라앉힐 수 있는 시간이 필요했기 때문이었다."[45]

노동 총연맹 산업별 노동조합 회의는 북미자유무역협정 문제로 대통령에 맞섰지만 의회에서 자신들의 입장을 관철하는 데 실패했다. 의료보험 개혁에 관해서는 클린턴을 지지했지만 역시 실패를 경험했다. 그러고 나서 1994년 의회 선거가 있었고, 공화당이 추진하는 '미국과의 계약'*을 맞이했다. 잇따른 정치적 패배로 인해 노동 총연맹 산업별 노동조합 회의에 소속된 주요 노조들 가운데 일부가 래인 커크랜드 의장의 사임을 압박했고, 결국 반대파 후보인 서비스 종사자 국제연맹 Service Employees International Union 의장 존 스위니John Sweeney로 의장이 교체되었다.

스위니의 선출은 미국 정치의 보수적 조류에 맞선 노동운동의 좌파적 전환을 반영했다. 조직 노동의 구성도 변했다. 정치적으로 자유주의

---

* '미국과의 계약'(Contract with America)은 1994년 의회 중간 선거 캠페인 과정에서 공화당의 공약을 담은 문서 제목이며 캠페인 슬로건이기도 하다. 의회를 포함한 정부 개혁 의제와, 감세, 사회보장 및 복지 제도 개혁 등의 정책 과제를 담고 있었다. 이 선거에서 공화당은 40년 만에 상하원 모두에서 다수당이 되었고, 다수당 출신으로 하원 의장이 된 뉴트 깅그리치는 '미국과의 계약'에서 천명된 의회 개혁 과제를 실행했다.

적인 공공 부문 노조와 교사 노조가 성장했고, 노동 총연맹 산업별 노동조합 회의에서 이들의 대표자들도 늘어났다. 반면 블루칼라 기능직과 산업 노조들은 회원 숫자도 줄어들었고 대표자들도 함께 줄었다. 스위니 의장은 '미국 민주사회주의자들'*에 가입했으며, 노동을 단순한 이익이 아니라 다시 한 번 운동으로 만들어 낼 것이라고 천명했다. 노동 총연맹 산업별 노동조합 회의는 내부자 로비와 수표 정치checkbook politics에서 벗어나 평조합원을 동원하는 방향으로 선회할 것이며, 비조직 노동자들을 조직하고 조합원의 기반을 회복하는 노력을 다시 시작할 것이라고 선언한 것이다.

하지만 실제로 노동 총연맹 산업별 노동조합 회의는 1996년 선거를 준비하면서 이전보다 훨씬 더 넓게 수표책을 열었다. 목표는 1994년 선거에서 공화당에 넘겨주었던 하원을 되찾는 것이었다. 민주당 하원 후보들은 1994년보다 노동의 재정적 지원에 더욱더 의존했다. 노조는 1994년 민주당 후보들의 정치 활동 위원회 자금의 35.8퍼센트를 책임졌으나 1996년에는 47.6퍼센트를 책임졌다.[46] (게다가 노동 총연맹 산업

---

* '미국 민주사회주의자들'(Democratic Socialists of America, DSA)은 1982년 '민주사회주의자 조직 위원회'(Democratic Socialist Organizing Committee, DSOC)와 '새로운 미국 운동'(New American Movement, NAM)이 통합하면서 만들어졌다. 민주사회주의자 조직 위원회는 1973년 미국 사회당(Socialist Party of America)이 분열되었을 때 남은 가장 큰 분파로 미국 내 사회주의 운동의 맥을 잇고 있었다. 반면 '새로운 미국 운동'은 1960년대 신좌파 운동에 뿌리를 둔 작가·지식인들의 연합 조직이었다. 결성 이후 '미국 민주사회주의자들'은 연방 차원에서 제3정당이 등장하기 어려운 미국 정치의 특성을 인정하고, 민주당 내 일부 분파나 녹색당과 연합하는 선거 전략을 택해 오고 있다. 초기에는 민주당 후보인 월터 먼데일을 지지했고, 2000년 대선에서는 녹색당을, 2004년에는 민주당 후보 지명자 존 케리(John Kerry)를 지지했다. 의회정치에서는 원내 진보주의 성향의 의원들과 연합하거나 지지 전략을 사용해 정책을 관철하려는 노력을 전개하기도 한다.

별 노동조합 회의는 공화당 후보가 첫 출마한 지역구를 타깃으로 해 자체 광고 캠페인을 벌였다. 한 추정에 따르면, 연맹의 광고는 공화당의 득표를 평균 4퍼센트포인트 떨어뜨림으로써 성공을 거두었다고 한다.)[47]

트레이시 루프에 따르면, 노동의 수백만 달러는 사용되기도 전에 효과를 거두었다. 1996년 선거에서 노동의 동원을 우려하던 공화당 하원 의원들은 당 노선과는 달리, 노동이 지지했던 최저임금 증액안에 찬성표를 던졌고, 소규모 기업에 최저임금 적용을 면제해 주는 안에 반대표를 던졌던 것이다. 하지만 스위니의 선동적 수사에도 불구하고 1996년 선거에서 노조 소속 유권자들의 투표율은 크게 증가하지 않았으며, 공화당은 하원에서 의석을 잃기는 했지만 여전히 하원의 통제권을 쥐고 있었다. 1998년 의회 선거에서는 투표율이 낮았기 때문에 노조원 가구의 유권자 수는 1992년과 1996년 대통령 선거 때보다 훨씬 큰 비중을 차지했고, 선거에서 노동이 미치는 영향력도 증가한 것으로 보였지만,[48] 하원의 통제권이 민주당에 넘어갈 정도는 아니었다.

2000년 대통령 선거 캠페인에서 스위니 의장은 더욱 열심히 기층을 동원했으며 캠페인 기부도 늘렸다. 하지만 스위니는 정치에서 노동이 갖는 비교 우위는 돈이 아니라 대중과의 접촉이라고 주장했다. 당연히 노동 총연맹 산업별 노동조합 회의의 기부 규모는 기업의 기부 규모에 필적할 수 없었다. "하지만 우리는 인민 권력을 가지고 있으며 유권자들과 소통할 수 있는 능력이 있다. 반면 그들은 이런 종류의 유권자 접촉을 돈으로 사야만 할 것이다." 2000년 선거에서 노동의 전략은 1996년 선거에서 택했던 텔레비전 광고 전략을 포기하는 대신, 노조원들을 조직하고 투표를 독려하는 식의 직접적인 노력에 집중하는 것이었다.[49]

테일러 다크는 "많은 정치 전문가와 의회 의원들이, 노조원들의 표보다 노조의 정치자금을 훨씬 중요한 자원으로 여기고 있"음을 인정한다. 노조원들의 표를 모을 능력이 조직 노동에게 있는가는 여전히 의문의 여지가 있다. 노동 총연맹 산업별 노동조합 회의에 대한 연구들은, 텔레비전 광고가 노조 간부들 및 평조합원들과의 개인적인 접촉에 비해 노조원들의 표를 동원하는 데 효과가 훨씬 작다는 점을 보여 준다. 하지만 노조 간부들과 교섭 위원들은 고충 처리 과정에서 자신들이 맡고 있는 단체교섭 책임과 관련이 없는 활동에 개입하려 하지 않는다. 다크에 따르면, "조직 내에서 자신의 권력을 유지하도록 만드는 제도적 유인으로 말미암아 노조 지도자들은 좀 더 개방적인, 조합원 총투표제적인 방식을 이용하는 것을 꺼리게 된다. 그런 동원은, 책임지지 않는 관료 기제에 의존해 조직에 대한 통제력을 유지하는 지도자들의 지위를 위협할 수 있기 때문이다."[50] 게다가 정치적 동원은 워싱턴에 있는 노동 측 로비스트들의 손을 묶어 버리는, 정치적 족쇄가 될 수도 있다. 트레이시 루프가 지적하듯이, "내부자들 간의 협상에서는 정치적 필요에 따라 타협하거나 양보할 여지가 있지만, 풀뿌리 동원은 특정 입법적 경로에 대한 단체 구성원들의 지지를 강화한다."[51]

마지막으로, 노동의 유권자 동원 전략이 성공하기 위해서는, 노조원의 기반이 축소되고 있는 경향을 반전시켜야만 가능하다. 1995년 노동 총연맹 산업별 노동조합 회의의 '새로운 목소리'New Voice 지도부는 조직화 노력을 강화했지만 조직률을 늘리기는커녕 유지하는 것도 쉽지 않았다. 조직률을 1퍼센트포인트 늘리려면 150만 명이 노동 총연맹 산업별 노동조합 회의에 새로 가입해야 한다. 하지만 1996년에 연맹 소속 노조들은 전국 노동관계 위원회가 감독한 전국의 노동조합 대표 선거에서 채 절반도 이기지 못했으며, 신규 조합원은 겨우 6만9,111명이 늘었을 뿐이었다. 실제 증가된 숫자는 이보다 훨씬 적을 것이다. 왜냐하면 선거에서 승리한 후 단위 노조는 조합원들로부터 회비를 받기 전에 고용주와의 단체협약을 성사시켜야만 한다. 그런데 선거에서 승리한 후 협상에 임한 노조 가운데 1차 협상에 성공한 노조는 절반 정도뿐이었다. 따라서 연맹에 속한 노조의 증가 여부를 계산하기 위해서는 대표를 선출한 선거뿐만 아니라 무효화된 선거를 함께 고려해야 하는데, 1996년에는 435회의 선거가 무효화되었다. 선거가 무효화된 후 실시된 재선거에서 노동 총연맹 산업별 노동조합 회의 소속 노조들은 대부분 패배했으며, 그와 함께 해당 작업장에 고용되어 있던 노동자들 2만5,011명 대부분을 잃었다.[52]

이런 수치들은 미국 사회에서 조직 노동의 위상이 약해졌다는 주장에 설득력을 부여한다. 하지만 이런 주장은 노조의 규모와 노조의 힘 간의 관계에 관한 한 가지 결정적인 고려를 놓치게 만드는 경향이 있다. 조직 노동의 위상이 줄어들었다고는 하지만 회비를 납부하는 회원이 1천3백만 명을 넘는 미국 노동 총연맹 산업별 회의는 미국 사회에서 가장 규모가 큰 조직 가운데 하나다. 회원이 3천3백만 명인 미국 은퇴자 협회에는 못 미치고, 남부 침례회 연맹의 규모에는 약간 뒤처지지만 전국 총기 협회의 회원 수와 비교하면 4~5배에 해당하는 규모다. 만약 회원 숫자가 권력으로 바로 전환될 수 있다면 조직 노동은 난쟁이 나라의 걸리버처럼 다른 대부분의 이익집단들 가운데 우뚝 솟아야 할 것이다. 아마 노동의 정치적 경험이 시사하는 가장 강력한 특징은 회원을 동원하지 않고서도 권력을 행사할 수 있는 능력이었을 것이다. 최근, 자신의 지위를 고수하기 위한 노동의 분투를 보면 대공황 시기에 노동이 뉴딜 동맹의 상위 파트너로 부상했던 때와는 달리, 수의 권력이 더 이상 강력한 정치적 자원이 될 수 없음을 보여 준다.

이익 옹호 단체의 급증

수는 여전히 중요하다. 1963년 워싱턴에서 벌어졌던 민권운동 행진은 마틴 루서 킹의 감동적인 연설뿐만 아니라, 민권운동이 무시하기에는 너무 큰 문제라는 것을 전국에 알렸다. 이후 이익집단들은 그 사례를 모방해 왔다. 하지만 그 사례라는 것이 흥미롭다. 우선, 민권운동을 가장 열정적으로 지지했던 사람들 가운데 대다수는 당시 유권자 등록을 할 수 없었다. 이는 정치에서 수의 힘을 효과적으로 활용하려는 시도에서는 명백히 커다란 한계일 수밖에 없었고, 이에 대한 민권운동의 대응책이 〈1965년 투표권법〉이었다. 둘째, 거리에서의 시민 불복종 시위라는, 텔레비전이 만들어 낸 드라마가, 법의 영역인 소송 캠페인과 짝을 이루었다는 점이다. 사실 그 두 전략은 종종 연계되었다. 시민 불복종은 인종차별에 맞서 법정 다툼을 할 수 있는 기회를 제공하곤 했다.

소송과 시위는 서로 공통점이 있다. 대중의 편견과 투표권 배제로 말미암아 민주주의 정치제도에 접근하기 어려운 정치적 아웃사이더들의 전술이라는 점이다. 민권운동은 유권자 기반을 가진 전통적 이익집단들처럼 입법부에 로비를 하기가 어려웠으므로, 민주적인 방법으로는 불리한 유권자들이 가장 접근하기 쉬운 전장인 법원과 거리에서 투쟁을 전개함으로써 자신의 약점을 극복하려고 했던 것이다.

소송과 시위의 양동 전략은 워싱턴으로부터 이중적인 정책 반응을 이끌어 냈다(이는 운동 자체의 이중적 특징을 반영한다). 입법적인 측면에서는 〈1964년 시민권법〉이 있었다. 이 법은 법원이나 고용 기회 평등 위원회 같은 민권 기관에서 강제할 수 있는 일련의 권리를 정의했다. 다른 한편 민권운동과의 연관성은 덜 분명하지만 그것에 대한 반응으로 만들어진 빈곤 프로그램과 모델 도시 프로그램이 있다. '가능한 최대치의 참여'에 대한 강조, 지역사회 활동, 지역사회 개발은 가난한 사람들, 특히 아프리카계 미국인들의 정치적 동원을 부추겼다.[53]

연방 정부의 반응은, 비록 민권운동의 목표에 대해 수용적이긴 했지만, 흑인들의 정치적 요구를 해체하고 개인화해 아프리카계 미국인들의 정치 공세를 분산하기 위한 것이었다. 예를 들면 지역사회 활동 프로그램은 지방을 겨냥한 전국 단위 계획이었고, 조직과 동원을 위해 제공된 자원도 지방 수준의 활동을 독려하기 위한 것이었다. 요컨대, 민권운동에 대한 반응으로 마련된 워싱턴의 빈곤 퇴치 대책은 정부의 부담을 덜어내거나, 최소한 운동의 동력을 연방 정부에서 지방정부로 향하게 만들기 위해 고안된 것이었다. 전국적인 정치 지도자들은 민권운동 활동가들이 일상으로 복귀하기를 원했다. 활동가들은 파괴적이고 요구가 많을 뿐만 아니라, 특히 민주당 지도자들에게는 당의 응집력을 위협하는 존재였기 때문이다. 뉴딜 동맹은 점점 남부 백인과 북부 흑인, 블루칼라 노조들의 위태로운 동맹이 되어 갔다. 민주당의 정치적 불안감은 존슨 대통령이 지역사회 활동 프로그램 고안자들에게 내린 지시에서도 알 수 있는데, 그들은 "백인들을 자극하지 않으면서 흑인들을 위해 빨리 뭔가를 해야"만 했던 것이다.[54]

[그러나] 실제로, '가능한 최대치의 참여'가 만들어 낸 혼란은 당시에 사람들이 예상하고 상상했던 것보다, 그리고 현재 기억되는 것보다는 훨씬 덜 심각했다. 체제 전복적인 혁명 분자, 흑인 민족주의자나 폭력

범죄 조직들이 지역사회 활동 기관에 침투하고 장악했다는 식의, '가난과의 전쟁'에 대한 끔찍한 이야기들에도 불구하고, 대부분의 지방 빈곤 프로그램들은 기존 질서에 거의 위협이 되지 않았고 지방정부의 제도들과 평화로운 관계를 유지했다. 이 프로그램들은 대체로 지방정부가 통제했으며, 그런 통제는 모델 도시 프로그램이 만들어질 수 있었던 분명한 조건이었다. 사실 일부 비판자들이 보기에, 정부에 요구를 하도록 정부가 가난한 사람들을 동원한다는 발상은 그 자체로 우스꽝스럽거나 명백히 잘못된 것이었다. 그것이 무당파 조직가 사울 알린스키Saul Alinsky가 빈곤 구제 프로그램을 '정치적 포르노그래피'라고 비난한 이유다. 결국 '가능한 최대치의 참여'는 최소한의 참여로 판명이 났다.[55]

지역사회 활동 프로그램과 모델 도시 프로그램을 담당하는 지방 기관들은 가난한 사람들의 대표자를 임명했는데, 이는 프로그램의 참여자들을 하나의 집단으로 동원할 필요를 감소시켰다. 가난한 이들이 집단으로 동원되고 이들이 스스로 대표를 선출하지 않은 경우, 선택된 대표들이 누구를 대변했는지 혹은 그들 자신을 대변했는지는 분명하지 않다. 일부 도시에서는 이 대표들을 선출하기도 했다. 하지만 이런 경우에도 대표를 선출한 이들은 상대적으로 정치 참여에 익숙하지 않은 사람들이었다. 대체로 투표율은 매우 낮았고, 캠페인은 이슈가 없었는데, 이는 충분히 예견할 수 있는 일이었다. 지역사회 활동 프로그램의 명분 자체가, 가난한 사람들이 무력감으로 고통 받고 있고 적극적으로 독려하지 않는다면 정치적으로 활발해질 수 없다는 전제를 깔고 있었기 때문이다. 실제로 지역사회 활동 프로그램은 빈곤 퇴치 프로그램이라기보다는 가난한 사람들을 위한 시민권 프로그램으로 이해할 수 있을 것이다.

하지만 이런 측면에서 보더라도 이 프로그램은 그렇게 성공적이지 않았는데, 그것은 단지 참여율이 낮았기 때문만은 아니었다. 가난한 이들의 대표들은 자신을 선출해 준 소수의 친구와 이웃들, 혹은 자기 자신에게 혜택이 돌아가는 지나치게 배타적인 요구들을 내놓곤 했다. 또 어떤 사람들은 아무런 요구도 하지 않거나, 심지어 지역사회 부서의 유급 직책을 갖기 위해 대표자 역할을 포기하기도 했다. 하지만 정치를 개인화하는 빈곤의 정치가 모든 지역에서 만연했던 것은 아니다. 정치학자 데이비드 그린스톤David Greenstone과 폴 피터슨Paul Peterson은, 가난한 주민들이 이미 잘 조직되어 있던 곳에서는 지역사회 대표자들이 가난한 이들의 보편적이고 실질적인 이익을 대변하는 경향이 있다는 것을 발견했다. 하지만 이런 대표들 자신은 대체로 가난한 사람들이 아니었으며, 대부분의 저소득층 지역 주민들이 관심을 갖지 않았던 지역사회 기관들의 통제권에 관심이 있는 활동가 엘리트들이었다.[56]

지역사회 활동 프로그램이 가난한 소수집단 구성원들을 지방 정치에서 영향력 있는 이익집단으로 바꿔 내는 데 성공했다고 보기는 어렵다. 한편 〈시민권법〉 제6조와 제7조는 이들에게 정치적 처방이 아니라 법률적 처방을 제공했다. 이 조항은 '가난과의 전쟁'이 내놓았던 해결책과는 달리, 가난한 이들에 대한 집단 동원이 아니라 고소와 소송을 제안했다. 제6조는 연방 보조금과 연방 계약에서 인종차별 관행을 금지했다. 제7조는 고용 차별을 금지하고, 작업장에서의 인종차별을 시정하는 연방 주무 기관으로 고용 기회 평등 위원회를 창설했다.

고용 기회 평등 위원회의 강제력은 다른 연방 규제 기관들보다 훨씬 한계가 많았다. 사실 1972년까지 위원회의 권한은 공정 고용 관행에 대해 자발적 순응을 이끌어 내는 것까지였다. 즉 불만을 제기한 사람과 고용주 사이에 조정 절차를 진행하거나, 고용주들이 〈시민권법〉이 금지한 차별 관행을 따르지 않도록 일반적인 지침을 제시하는 식이었다. 또한 고용 기회 평등 위원회는 문제가 있는 것으로 판단되는 사례에 대해 법무부에 기소를 권고할 수 있었다. 1972년에 와서야 위원회는 자체적으로 소송을 제기할 수 있는 권한을 획득했다.[57]

그러나 새로운 권한으로 말미암아 위원회가 좀 더 효과적으로 고용 차별과 맞서 싸울 수 있게 되었던 것은 아니었다. 위원회는 특정 피고용인의 고발에 대해서만 소송을 제기하면서 문제를 개별적으로 해결하려 했기 때문에 그 효과는 절감되었다. 이에 대해 한 비평가는 위원회의 접근 방식이 "개별적인 차별 사건들에만 초점을 맞추는 경향이 있다. 하지만 차별은 개별적으로가 아니라 구조적인 관행 속에서 발생한다. 간혹 이런 관행이 집단소송으로 제기된다 해도, 개인들에게는 대부분 이런 관행을 식별해 내고 그에 맞서 소송을 제기할 수 있는 정보나 자원이 없다."라고 지적한다. 실제로, 차별의 희생자들은 자신들을 일자리에서 배제하는 편견이 무엇인지 인식조차 하지 못할 수도 있다. 입사 지원 단계에서 탈락하기 때문에, 합격한 사람들과 자신을 비교할 기회가 없고, 자신의 자질이 그곳에서 일하는 사람들보다 나은지 어떤지를 확인할 방법도 없다. 달리 말하면, 개인들은 불만이 있어도 차별 관행에 대항할 효과적인 공격 지점을 제시하지 못하며, 고용 기회 평등 위원회가 개별 사건들을 고용주의 관행에 대한 좀 더 포괄적인 조사로 확대하고자 시도한다면 각 사건의 절차는 지연되고 위원회가 처리해야 할 업무는 엄청나게 늘어날 뿐이다. 절차가 지연된다는 것은 증거가 유실된다는 것을 의미했고, '고용주들이 끔찍이도 지불하기 싫어하는 막대한 체불임금 지불 요구'로 귀결될 것이었다.[58]

당시 고용 기회 평등 위원회가 개별적인 차별 사례에 맞서 싸우기보다는 노동시장에서 인종차별적 결과를 가져오는 관행에 대해 좀 더 관심을 가졌더라면, 좀 더 평등한 고용 기회를 만들어 냈을지도 모른다. 적어도 이는 당시의 일부 비평가들이 제시한 처방이었다. 실제로 카터 행정부에서 엘리노어 홈스 노튼Eleanor Holmes Norton이 위원장으로 재임할 당시, 위원회는 차별 사건을 사건별로 해결하는 대신 차별 관행의 시정을 목표로 하는 집단소송으로 전략을 바꾸었다. 하지만 차별의 제도적 메커니즘에 초점을 맞춘 고용 기회 평등 위원회의 노력은 [앞서 지적했듯] 미해결 사건들이 엄청나게 적체되는 문제에 부딪쳤다. 1990년대 중반까지 누적된 미해결 사건은 10만 건 정도에 이르렀는데, 이는 차별 해소 노력만큼이나 행정관리를 강조하는 관료주의적 분위기를 만들어 냈다. 여하튼 더 큰 과녁으로 목표를 바꾸려고 했던 고용 기회 평등 위원회의 노력은, 레이건 행정부에서 클레런스 토머스Clarence Thomas가 위원장이 되고 '피해자가 확인된' 개별 사건들로 위원회의 관심이 제한되면서 급작스럽게 중단되었다. 클린턴 행정부 시기에도 정부가 출범한 지 2년이 지난 1994년에, 새로 임명된 위원장이 미결 사건들 가운데 차별 철폐에 가장 큰 영향력을 발휘할 수 있을 것 같은 사건을 뽑아 선택적으로 집중하려 했지만, 위원회는 여전히 누적 사건을 처리하는 데 급급했다.[59]

사실상 〈시민권법〉 제7조의 시행은 고용 차별에 반대하는 운동을 거대한 개인적 불만 더미로 해체했다. 제6조는 민권 운동의 집단적 성격을 좀 더 유지하고 있는 듯했다. 연방 기관들은 차별 관행을 구체적으로 적시한 총칙 초안을 마련해, 이를 위반할 경우 연방 사업 계약자나 연방 정부로부터 보조금을 받는 단위들에 대한 재정 지원을 삭감했다. 전후, 주와 지방에 대한 연방의 지원금이 확대되고, 방위산업 및 다른 서비스 공급자들과 연방 간의 계약이 늘어나면서, 규제의 범위도 사회의 많은 부분으로 확대되었다. 연방으로부터 교육 보조금을 지원받은 지방 공립학교들은 새로운 규칙의 힘을 실감했던 1차 기관들 가운데 하나였다. 남부 학교들의 인종차별 정책은 연방 교육청과 연방 법원의 합동 공격 앞에서 놀랄 만큼 짧은 시간 안에 무너졌다.[60]

하지만 제6조의 이 같은 효과는 어느 정도는 착시 현상이었다. 주간 통상 위원회가 자신들의 판결과 규제의 민주적 정당성과 정치적 효능에 대해 고민했던 것처럼, 제6조의 규범 또한 행정명령이 제공할 수 있는 것 이상의 정치적 비중을 가져야 했다. 그 해결책은 연방 법원의 결정을 통해 규제 기준을 확립하는 것이었다. 규제에 영향을 미치고자 했던 민권 변호사들은 이를 위해 연방 법원에 소송을 제기했다.[61]

1976년 이후 의회는 변호사들에게 민권 사건 소송에 뛰어들 실질적인 인센티브를 제공했다. 민권 사건의 원고들은 대부분 경제 사정이 그리 넉넉하지 못했다. 전미 유색인 지위 향상 협회*와 같은 거대 조직의 법률 자문을 받는 경우가 아닌 이상, 원고가 변호사의 도움을 받아 소송을 진행하려면 변호사에게 성공 사례금을 약속해야 했다. 하지만 민권 사건은 대체로 원고에게 실질적인 금전을 보상해 주는 것이 아니라 금지적 규제로 종결되기 때문에, 원고는 민권 변호사들에게 보상할 방법이 없었다. 상당수의 민권 법률들은 검찰뿐만 아니라 원고 개인의

---

* 전미 유색인 지위 향상 협회(National Association for the Advancement of Colored People, NAACP)는 아프리카계 흑인들의 정치적·사회적 지위 향상을 꾀하기 위해 출발한 단체다.

문제 제기를 전제로 하므로, 의회는 1976년 〈민권 변호사 수임료 지급 법〉Civil Right Attorney's Fees Award Act을 제정했다. 이 법은 민권 사건의 경우 원고의 변호사가 승소하면 원고의 법률 비용을 피고가 지불하도록 법원에 청구할 수 있게 함으로써, 민권 법률에 더 큰 힘을 실어 주었다.[62] 이는 민권 변호사들이 인종차별에 대한 법적 투쟁 비용을 부담해 줄 거대하고 재정 능력이 있는 조직을 더 이상 필요로 하지 않게 되었음을 의미했다. 그들은 이제 후원자가 필요 없어졌다. 승소하면 수임료를 받을 수 있고 더 많은 사건을 맡아 살아남을 수 있게 된 것이다.

1976년에 민권 변호사를 위해 제정된 법률처럼, 소송비용을 전가할 수 있게 한 법령들이 확산되었는데, 이는 〈시민권법〉 제6조의 발전을 가능하게 했던 중요한 원인 가운데 하나다. 1970년대, 제6조는 연방 정부로부터 재정을 지원받는 활동에서 인종차별을 금지한 것에서부터 성차별, 장애인 차별, 연령 차별 금지에 이르기까지 빠른 속도로 확대 적용되었다. 이런 차별 금지 정책의 광범위한 확산과 인종차별에 관해 [사람들이 보여 주었던] 애초의 관심 사이에는 중요한 차이가 있었다. 역사학자 휴 데이비스 그레이엄Hugh Davis Graham에 따르면, 연방 보조금의 수혜자들과 연방 정부와의 계약 당사자들에 대해 차별 관행을 금지하는 규제의 확산은 "어떤 경우든", "대체로 당사자 운동으로부터의 풀뿌리 압력이나 대중매체의 주목, 의회에서의 논쟁 없이 이루어졌다." 다른 말로 하면, 1964년 〈시민권법〉이 통과되는 데 기여했던 식의 집단 동원이 없었다는 것이다. 그레이엄은 "풀뿌리 이해 당사자들은 연방 규제의 은밀한 작동을 이해하지 못했다."라고 설명한다.[63] 하지만 의회의 정책 입안자들과 그들의 이익집단 동맹자들은 이해하고 있었다. 물론 변호사들로 마찬가지다.

풀뿌리 이해 당사자들이 이해할 수 없는 연방 규제의 출현은 정치와 행정 그리고 소송의 산물이었다. 제6조는 시민권 집행 조직을 만들어 냈고, 다양한 이익 옹호 단체들은 이를 활용해 자신의 이익을 추구했다. 이미 이런 조직들이 작동하고 있었다는 사실은 이익집단들이 자신의 이해 당사자들을 동원해야 할 필요를 줄여 주었다. 과거 민권운동 세력이 정부 안팎에서 차별 시정 장치들을 구축할 때 넘어야 했던 정치적이고 관료적인 장애에 비해 새로운 이익 옹호 단체들이 넘어야 할 장애는 훨씬 낮아졌기 때문이다. 그 결과, 제6조가 여성과 장애인 그리고 노인들로 확대되는 과정에서 대중의 요구는 주변적인 역할을 했을 뿐이다. 요컨대 이 새로운 차별 시정 계획들은 정부 조직들 자체에서 성장했으며, 그 조직을 잘 알고 있는 정책 전문가들(왜냐하면 바로 그들이 그 조직을 만들고 운영했으며, 그 조직에 로비를 하거나 소송을 했던 이들이기 때문이다)의 '이슈 네트워크'에 의해 조종되었다.

정치학자 휴 헤클로Hugh Heclo가 지적해 왔듯이, 공공 정책은 이제 특정 공공 프로그램의 실시에 관심을 갖는 정책 전문가들의 '마을들'을 워싱턴에 만들어 냈다. "관료 조직, 의회, 로비 단체 어디서든 '마을' 사람들의 광범위한 네트워크는 다양한 경험과 문제점 그리고 인물과 사건들에 대한 시각을 공유한다."[64] 그 '마을'의 거주자들에게 정무직 공무원들과 의회 의원들 대부분은 여행객들일 뿐이다. 그들은 '마을'의 번영에 도움이 되는 사람들로 환영받기는 하지만, 정책 네트워크의 일원도 아니고 마을의 복잡한 일들에 관해 잘 알지도 못한다. 정책을 중심으로 하는 이런 마을들의 등장은 이익집단 정치와 공적 규제라는 새로운 시대가 만들어 낸 산물 가운데 하나일 뿐이다. 이 새로운 시대의 특징으로 가장 잘 알려진 것은 워싱턴 소재 이익집단의 숫자가 급증하는, 소위 '이익 옹호 단체들의 폭발' 현상과, '경제적 규제'에서 '사회적 규제'로의 전환이라고 (불완전하게) 묘사되는, 집단 정치와 규제 정책의 변화다. [예컨대] 주간 통상 위원회와 전국 노동관계 위원회의 뒤를 이어 경제 안보보다는 '삶의 질' 이슈에 더 관심을 갖는 새로운 세대의 규제 기관이 등장했다. 이들은 환경보호, 소비자 제품 안전, 담배 광고, 고속도로 안전과 인권 등의 문제를 다루었다. 이익집단의 관심도 유사한 방향으로 바뀌었다. 정치학자 제프리 베리Jeffrey Berry에 따르면 집단 정치는 탈물질주의의 시대로 접어든 것이다.[65]

탈물질주의는 워싱턴 소재 시민 단체나 공익단체의 확산에서 분명하게 확인할 수 있다. 정치학자 잭 워커Jack Walker에 따르면 1990년대 이르러 시민 단체들은 이전의 그 어떤 시기보다 전국적 로비 조직에서 더 큰 비중을 차지했고, 이 가운데 절반 이상이 설립된 지 25년이 안 됐다. 이 단체들은 민권운동 시대에 싹텄고 민권운동에서 영감을 얻었다. 그들은 상공회의소, 미국 농업국 연맹, 노동 총연맹 산업별 노동조합 회의 같은 오래된 기업 단체 및 직능단체들과는 다른 종류에 속했다. 시에라 클럽, 아동 보호 기금Children's Defense Fund, 환경보호 위원회Environment Defense Council, 공익 과학 센터Center for Science in the Public Interest, 동물 보호 기금Fund for Animals은 모두 직능에 기반을 두지 않은 이해관계를 중심으로 지지자들을 동원했다.

제프리 베리가 인정하듯이 이 단체들의 관심이 비물질적인 것에만 국한되었던 것은 아니다. 예컨대 전국 여성 기구National Organization for Women는 고용 기회와 여성의 경제적 지위에 관한 이슈를 종종 제기한다. 하지만 일자리와 소득으로 한정된 것이 아니라 훨씬 더 포괄적인 이익을 표방한다. 아마도 새로운 시민 단체들이 갖는 분명한 특징은 이들의 이익을 분명하게 정의할 수 없다는 점이 아니라, 그들의 이익이 정의되는 방식일 것이다. 이 단체들은 넓은 범위의 제도, 경제적 부문, 환경들을 가로질러 여성·어린이·노인·소비자·장애인의 이익을 증진하려고 애쓴다. 예컨대 동물 권리 단체의 관심은 농장, 동물원, 과학 연구실에서 화장품과 패션 산업까지를 포괄한다. 어떤 면에서 새로운 시민 단체의 이해관계는 특정 산업이나 제도, 직업에 기초해서 '수직적으로' 조직되었던 예전 단체들의 그것과는 달리 '수평적으로' 구성된다.[66] 이런 측면에서 새로운 공익단체들의 관심은 전 사회적인 스펙트럼에 걸쳐 흑인이라는 이유로 감수해야 하는 비용과 결과를 문제 삼았던 민권운동과 닮아 있다. 이런 포괄성은 생태 이념을 통해 공기, 물, 식물과 동물의 상호 연관성, 그리고 인간 행위와의 연계를 강조하는 환경 단체에도 분명하게 나타난다.

　민주적 과정과 열린 정부에 대한 적극적인 관심도 새로운 공익단체의 특징이다. 역사학자 리처드 해리스Richard Harris의 주장에 따르면, 이는 1960년대 행동주의 문화의 유산일 뿐만 아니라 정책 형성에서 규제 기관의 역할이 강화된 것에 대한 반응이다. 관료 기관들에 침투하려면 공익단체들은 워싱턴에 안정적인 소재지를 마련해야 했으며(그 결과 '이익 옹호의 폭발 현상'이 나타났다), 최소한 정책 결정 과정에 대해 노조와 기업집단이 가졌던 만큼의 접근권을 확보할 수 있도록 행정기관과 행정 과정이 재편되어야 했다. 공익단체들은 규제 기관이 법적이고 기술적인 세부 사항 뒤에 숨어 규제의 대상인 이익집단의 요구에 굴복함으로써 규제 정책의 목표를 잃어버리곤 한다고 결론을 내렸다. 이 문제에 대한 개혁가들의 해결책은, 규제 과정을 시민 참여에 개방해 공익이 기업 이익만큼 활발하게 대표될 수 있도록 하는 것이었다. 개혁가들은 규제 기관들이 공개적으로 정책을 결정하고, 그 결정과 관련된 정보를 공개하며, 시민들이 청문회나 공청회 규정을 통해 정책 결정 과정에 직접 접근할 수 있도록 할 것을 요구했다. 1970년에 설립된 커먼코즈 같은 새로운 공익단체들은 공공 기관만이 아니라 정당과 선거 캠페인에서도 그런 민주적 관행을 촉진하는 것을 단체의 핵심 사업으로 삼았다.[67]

참여 행정을 위한 투쟁은 1970년대에 가장 주목할 만한 승리를 거두었다. 다양한 규제 법령들을 통해 기관의 정책 결정 과정에 시민이 직접 개입할 수 있는 장치들이 마련되었고, 공공 기관이 산업 안전 기준이나 환경기준을 지키도록 강제할 수 있는 시민 소송이 허용되었다. 사법 시스템은 시민이 참여할 수 있는 기회의 범위를 확대하는 데 많은 기여를 했다. 소송 자격에 대한 전통적인 개념을 확대해, 기업이 행정 규제에 대해 소송을 제기할 수 있는 것처럼 시민들도 〈행정절차법〉에 따라 관료의 결정에 대해 연방 법원에 호소할 수 있게 되었다. 이제 환경보호나 주변 경관에 대한 관심은 경제적 손실의 위협만큼이나 중요한 소송의 토대를 형성했다.[68]

미국 국립 야생 생물 협회National Wildlife Federation처럼 대중적 회원이 소수인 단체를 제외하면, 새로운 세대의 공익단체들은 스스로 시민 참여를 강조함에도 정작 자신들은 시민들을 거의 동원하지 않는다. 그들 중 어떤 단체들은 자신들이 대표하겠다는 이해 당사자들의 민주적 참여나 설득을 위한 장치조차 없다.[69] 대중적인 회원을 가졌다고 주장하는 단체들도 소수의 활동가들만 있을 뿐이다. 정치학자 마이클 매캔 Michael McCann은 "대다수 공익단체의 내부 권력 구조와 정책 발의 구조는 그 활동가들이 공개적으로 비난하는 정부 관료 조직보다 훨씬 참여적이지 못하다."라고 결론 내린다. 많은 단체에서 멤버십은 우편 발송 명단에 이름을 올리는 것 이상의 의미를 갖지 못한다. 회원들은 내부 문제를 심의하거나 공동의 이익을 집단적으로 표출하기 위해 모이지도 않는다. 미국에서 회원이 가장 많은 단체인 미국 은퇴자 협회가 3천3백만 명에 이르는 회원들을 소집해 공개 토론을 벌인다는 것은 기대하기 어려운 일이다. 테다 스카치폴에 따르면 이 단체는 "우편으로 개별 지지자들과 소통한다."[70] 달리 말하면, 멤버십은 집단적인 경험이 아니라 개인적인 경험인 것이다.

실제로 워싱턴에 모여 있는 이익집단들 가운데에는 회원이 없는 단체들도 많다. 이익 옹호의 폭발은, 공공 당국을 대중의 감독 아래 두고, 기업 엘리트와 당국의 타협을 폭로하며, 성장과 번영, 안보에 대한 당국의 약속들이 환경이나 소비자 및 노동자의 안전에 미치는 위협에 무관심하다는 점을 밝혀야 한다는 논리로부터 힘을 얻는다. 하지만 벌거벗은 임금님을 그렇게 강력하게 주창하는 시민 단체들은 정작 벗겨도 나올 몸이 없는 조직들이다. 역사학자 마이클 헤이즈Michael T. Hayes에 따르면, "이 새로운 단체들의 다수는 회원이 없고, 이해 당사자 대중의 정책 선호를 충족해야 할 의무도 없다. 대규모 명목상의 회원들만 있는 단체들 가운데에는 회원이 단체의 정책 결정에 영향력을 행사할 기회가 아예 없거나 거의 없는 경우도 종종 있다." 테다 스카치폴이, 1960년대부터 1980년대까지 설립된 3천여 개에 이르는 '사회복지' 및 '공공 활동' 단체들의 자료를 검토한 결과, 절반에 가까운 조직들이 회원이 없었다고 한다. 스카치폴이 개략적으로 그려낸 미국은 "대부분 회원은 없이 대변인과 관리자가 운영을 하고, 단체의 원대한 약속과 회원의 참여 사이에는 상당한 간극이 있는 새로운 시민 단체들의 미국"이다.[71]

민주정치의 본질에 관한 전통적인 가정에 비추어볼 때, 회원이 없는 단체 그 자체도 이해하기 어렵지만, 공공 정책에 대해 이들 단체가 상당한 영향력을 발휘할 수 있다는 사실은 더더욱 이해하기 어렵다. 1920년대 펜들턴 허링의 '새로운 로비'는 그 지속성과 힘을 자신의 회원들로부터 이끌어 냈다. 오늘날의 새로운 로비는 이와는 명백히 다른 자원에 의존한다. 그런 자원들 가운데서도 가장 두각을 나타내는 것은 바로 민간 재단들이다. 예컨대, 제프리 베리가 공익단체 시대를 열었던 중대 기점이라고 묘사한 1970년에, 포드 재단은 정부의 정책 결정 과정에서 공공의 목소리를 대표하는 데 헌신할 16개 공익 법률 회사를 지정해 재정을 지원했다.[72] 10년 전 '가난과의 전쟁'에서 모델이 되었던 최초의 실험적 지역사회 활동 프로젝트에 재정을 지원했던 것도 포드 재단이었다. 오늘날 민간 재단들은 대중 정치의 새로운 패러다임을 유행시키고 있는데, 그와 같은 패러다임에서는 참정권이 없는 사람들의 동원보다는 정부 제도의 재구조화를 중시한다. 포드 재단의 지원으로 출발한 새로운 법률 회사들은, 공익 소송에서 원고 측 변호인의 법률 비용을 패소한 피고 측이 부담하도록 하는 1백 개 이상의 비용 전가 법령 가운데 일부로부터 재정을 조달하면서 이후 스스로 힘을 키워 갈 수 있었다. 그 뒤로 포드 재단 지원금의 혜택을 받지 않는 일군의 이익집단들이 등장했는데, 이들 중 일부는 연방 정부의 법률 서비스 법인 기금을 받았다. 소송은 워싱턴 소재 이익집단들에게 재정적인 자원을 제공할 뿐만 아니라 대중을 동원하지 않고도 정부에 영향력을 행사할 수 있는 수단을 의미했기 때문에, 이들 단체 활동에서 핵심 중의 핵심이 되었다(소송 전략의 이용과 영향은 다음 장에서 다룬다).

초기 공익 법률 회사들처럼 워싱턴에 소재한 새로운 시민 단체들의 다수는 시민 회원들의 지지가 아니라, 정부와 재단의 지원금이나 개인 후원자의 대규모 후원으로 살아남는다. 예컨대 카터 행정부 시기 연방 거래 위원회와 소비자 제품 안전 위원회는 기관의 활동에 시민 단체가 참여할 수 있도록 재정적으로 지원했다.[73] 최근의 한 연구는 조사 대상 인 공익단체의 절반 정도가 재단과 법인, 정부, 개인 후원자 같은 '후원 인'들로부터 재정의 50퍼센트 가까이를 지원받는다고 밝혔다. 이는 전 체 조사 대상 공익단체의 재원 가운데 44.7퍼센트를 차지했다. 반면 회 원들의 회비는 전체 재정 가운데 36퍼센트에 불과했다. 회비에 출판과 회의를 통한 수입을 합하면, 재정에 대한 일반 지지자들의 기여는 '후 원인'들의 거액 후원이나 증여와 거의 비슷한 수준이 된다.[74]

공익단체의 재정이 정부 지원금이나 면세 기부에 의존할수록, 단체 가 로비하고 있는 환경 규제나 안전 규제의 대상이 되는 기업들 사이에 서 그 단체는 이념적 반대자들과 정치적 경쟁자들의 공격에 노출되기 가 쉽다. "좌파의 재원을 고갈시켜라"defund the left라는 보수적 캠페인은 이런 약점을 이용하려는 시도다. 공익단체들을 "이념으로 돈벌이하는 무리들"로 비하하는 움직임은 레이건 정부에서 시작되었고 제104대 의회 '미국과의 계약'에서 되살아났다. 제104대 의회 공화당 지도자들 은 헤리티지 재단Heritage Foundation, 카토 연구소Cato Institute, 워싱턴 법률 재단 같은 보수 단체들의 지원을 받으면서 자유주의 시민 단체를 겨냥 했다. 레이건 행정부가 출범하는 시점에서 공익단체들이 재정의 3분의 1을 연방 정부로부터 지원받고 있었다는 그들의 주장이 사실인지 확인 하기는 어렵다. 하지만 세금이 면제되는 개인 기부에 의존했던 것만은 의심의 여지가 없다. 레이건 행정부 초기에 통과된 〈연방 세법〉*에 따 라 공공 당국에 로비를 하는 단체들은 면세 지위를 얻을 수 없게 되었 는데, 레이건 정부의 전략가들은 이 규정이 사회경제적 규제를 위해 활동하는 단체들에게 불이익을 줄 것이라고 믿었다. 하지만 결과적으로는 공익단체들이 이 규정 및 기타 공격들을 비교적 쉽게 피할 수 있다는 사실이 분명해졌다. 공익단체와 법적으로 분리된 별도의 부속 기관을 두고, 로비의 책임을 이 기관에 일임함으로써 피해 갈 수 있었던 것이다. 반면 재단과 민간 후원자들은 시민 단체의 공적 기금 손실분을 보상할 준비가 되어 있었다. 실제로 환경 규제에 대한 레이건 행정부의 공격이 있은 후, 전국 환경 단체의 회원 숫자와 기부금이 증가했던 것이다. 게다가 보수적 시민 단체들의 등장은 단체 지원금을 삭감하려는 시도를 복잡하게 만들었다. 자유주의 단체를 지원했던 제도적 장치들은 보수 단체에도 혜택을 주었기 때문이다.[75]

이익집단들은 후원자들 덕분에 회원 없이도 살아남을 수 있다. 하지만 이 단체들의 영향력은 어떻게 설명되어야 하는가? 그리고 그렇게 많은 '시민' 단체들의 회원이 그렇게 적은 이유는 무엇일까? 두 가지 문제는 서로 연관되어 있다. 시민 단체들이 회원 없이도 영향력을 행사할 수 있다면 회원들은 소모품이 된다. 대중의 지지가 없는 권력은 소송을 활용함으로써 가능해졌다. 또한 이익집단, 정부 기관, 의회 위원회라는 '철의 삼각 동맹' 시대에 작동했던 고전적인 이익집단 정치 모델과 이익 기반의 정책 결정이, 전문가와 아이디어에 기초한 정책 형성으로 대체되어 왔기 때문에 가능해졌다. 휴 헤클로가 말한 '마을 주민들'[워싱턴 소재 정책 전문가들]은 관련된 시민 군단을 지휘함으로써가 아니라, 자기 이

• 여기서 말하는 〈연방 세법〉(Internal Revenue Code)은 레이건 행정부 시절인 1986년 통과된 〈조세 개혁법〉(Tax Reform Act)에 따라 개정된 〈1986년 연방 세법〉을 말하며, 미 연방법 제26조에 해당한다.

웃들을 알기 때문에 공공 정책을 형성할 수 있다. 일례로, 공화당이 자유주의 시민 단체들을 무력화하기 위한 전략의 하나로 의회 위원회 소속 직원들을 대거 감축한 적이 있는데, 이는 그들이 자유주의적 '지식 기반'의 일부를 대표했기 때문이다.[•][76] 정책 결정의 새로운 정치는 '이해관계와 선호를 갖는 사람들이 아니라, 아이디어와 전문 지식을 가진 모든 사람에게' 정책 결정의 과정을 개방하려 한다.[77] 개방된 공간에 들어갈 자격 요건에서 평범한 시민이라는 거대한 대중은 제외된다.

하지만 아이디어와 전문 지식을 가진 사람들이 곧바로 공공 정책에 영향력을 행사할 수 있는 것은 아니다. 재능을 가진 활동가들은 워싱턴에서 전문 지식을 과시하고 자신의 아이디어를 선전할 수 있을 때 유리해진다. 워싱턴에 있는 헤클로의 마을 가운데 하나에 주민으로 합류할 수 있기 때문이다. 로비스트와 시민 단체 활동가들은 워싱턴에 있다는 것만으로도 의회 위원회 직원들이나 의원들과 개인적인 관계를 만들어 나갈 수 있다. 규제 기관의 행정가들 그리고 동료 이익집단 활동가들과 친분을 맺을 수도 있다. 복잡한 규제나 사회복지 정책을 만드는 데 성공하는 것은 매일매일 쌓아 가는 친분, 그리고 유식하고 믿을 만하며 똑똑하다는 평판을 점진적으로 쌓아 가는 작업의 산물이다. 그것

[•] 상임위원회 및 특별위원회의 직원들이 국회 공무원의 지위를 갖고 중립적으로 위원회 지원 업무를 담당하는 우리나라와는 달리, 미국 연방의회 위원회 직원들은 각 정당에서 지명하는 당파적 지원 인력들로 구성된다. 전체 위원회 인력 가운데 다수당이 3분의 2를, 소수당이 3분의 1을 지명할 수 있고, 선거에서 다수당과 소수당이 바뀌면 위원회 직원들의 숫자나 인적 구성도 바뀐다. 철저히 각 정당의 정책 생산 및 의회 활동을 지원하는 당파적 지원 인력들이기 때문에, 각 정당의 두뇌 집단 역할을 하고 각 정당과 연계된 시민 단체, 이익집단들과의 네트워크 채널이 되기도 한다.

은 오직 워싱턴에서만 가능한 일이다.[78] 마치 부동산 투자에서처럼 로비 활동에서도 가장 중요한 것은 첫째도 위치, 둘째도 위치, 셋째도 위치이지만, 좋은 위치는 거의 벨트웨이 안쪽에 있다.

위치는 이익집단들이 권력의 진입 장벽을 넘도록 돕는다. 진입 장벽을 넘는 일은, 1970년대 공익 관련 법률들이 시민 단체들에게 관료적 정책 결정을 개방한 이후 훨씬 더 쉬워졌다. 〈1972년 연방 자문 위원회법〉Federal Advisory Committee Act of 1972은 행정부 깊숙한 곳에서 작동하는 정책 형성 과정에 이익집단이 접근할 수 있는 권한을 크게 강화했던, 눈에 띄지 않는 많은 법령들 가운데 하나다. 이 법의 목적 가운데 하나는, 법령이나 관료 당국이 만들어 낸 공식 자문 단체들의 확산을 통제하기 위한 것이었다. 하지만 "특수 이익이 자문 위원회를 포획해 공공 프로그램에 부당한 영향력을 행사하는 것에 대한 우려"도 비슷하게 중요한 관심사였다.[79]

이 법은 행정 자문 위원회의 구성원이 "표방하는 관점과, 자문 위원회에서의 역할이 공정하게 균형을 갖도록" 요구함으로써 이런 관심을 반영했다. 위원회 회의는 대중에게 공개되어야 하고 최소한 회의 15일 전 『연방 관보』Federal Register에 공표되어야 했다. 또한 자문 단체들은 모든 회의의 상세한 회의록을 작성해야 하며, 회의록은 위원회에서 논의·승인·회부된 모든 보고서의 복사본과 함께 공개적인 조사를 위해 이용될 수 있어야 한다. 위원회 심의에 관심이 있는 사람들은 "어떤 자문 위원회에도 참석할 수 있고 회의에서 의견을 밝힐 수 있으며 진술을 할" 자격을 갖는다. 법은 특정한 상황에서는 자문 위원회가 비공개로 활동할 수 있도록 허용하며, 법원은 이 법을 이용해 자문 위원회에 대한 접근권을 얻으려 하는 원고에게 항상 유리한 판결을 내리지는 않는다. 하지만 퍼블릭 시티즌Public Citizen에서 자동차 안전 센터Center for the Auto Safety, 동물을 인도적으로 사랑하는 사람들의 모임People for the Ethical Treatment에 이르기까지 다양한 시민 단체들은 자신들이 불공정하게 배제되었다고 생각하는 정책 결정 절차에 도전하기 위해 이 법을 이용해 소송을 제기했다.[80]

원칙적으로 〈연방 자문 위원회법〉과 같은 법률들은 모든 시민에게 정부를 개방하도록 한다. 하지만 실제로 평범한 시민들이, 정부 당국에 자문하는 단체들의 회의 일정을 찾기 위해『연방 관보』웹사이트에 접속하지는 않으며, 자신이 이런 회의에 참석할 법적 자격이 있다는 것도 거의 알지 못한다. 회의에 참석할 수 있는 사람들의 숫자는 대부분의 자문 위원회 회의가 워싱턴에서 열린다는 사실 때문에 훨씬 더 줄어든다. 간단히 말해 정부에 대한 공개적 접근을 보장하는 법률들은, 워싱턴 소재 시민 단체의 소수 엘리트들이 정부 밖에 있는 시민들의 지지를 동원하지 않고도 정부 업무에 자유롭게 개입할 수 있게 만들며, 그 결과 동원하려는 노력이나 대중적인 멤버십을 유지할 유인을 감소시킨다.

물론 때때로 이익집단들은 상당수의 대중이 자신들과 뜻을 함께한다는 것을 시위할 필요가 있다. 특히 선출직 공직자들에게, 선거구의 등록 유권자들이 그렇다는 걸 보여 줄 수 있다면 더 좋을 것이다. 통상적인 지지 쇼에는 단체의 입장을 담아 공직자에게 발송되는 편지와 전화, 최근에는 팩스와 전자우편이 등장한다. 한때 단체들은 회원들에게 지지 시위를 요청하거나, 풀뿌리 여론의 지지를 얻기 위해 대규모 거리 시위에 나섰을 것이다. 하지만 오늘날에는 다른 종류의 더 확실한 대안들이 있다.

정치학자 스티븐 시어는 정치 동원political mobilization과 정치 활성화

political activation를 구분한다. 동원은 정당의 전통적인 사업으로, 폭넓은 유권자를 가로질러 대중의 반응을 이끌어 내기 위한 일반적 호소다. 반면 활성화는 틈새시장 마케팅과 유사하다. 시어에 따르면 "성공적인 활성화는 적절한 청중을 정확히 겨냥하고 그들에게 맞는 어조와 내용을 제공하는 데 달려 있다." 활성화는 이익집단 경제학과 현대 기술의 산물이다. 일반적 동원은 비용이 많이 들고 예측이 불가능하다. 무차별 대중을 향한 선동 캠페인은 반대 세력의 대항 동원만을 낳을 수 있다. 우호적인 청중에게 단체의 메시지가 완전히 전달된다 해도 그들이 메시지에 따라 행동하지 않는다면 의미 없는 소음이 될 뿐이다. 그러므로 이익집단들은 자신을 지지해 줄 뿐만 아니라 단체의 명분에 따라 행동에 나설 가능성이 가장 높은 지지자들을 정확히 겨냥할 수 있어야 한다. 따라서 단체들은 예전부터 정치에 능동적이었던, 교육 수준이 높고 소득이 많으며 정치 지식을 많이 가진 시민들에게 자신의 메시지를 집중하게 된다. 바꾸어 말하면 이 전략은 정치 활동가들의 범위를 넓히지 않는다. 정치 참여자들과 불참자들 사이에 존재하는 기존의 불평등을 다시 강화할 뿐이다.[81]

미국 은퇴자 협회, 전국 자영업 연맹National Federation of Independent Business, 시에라 클럽처럼 대규모 회원을 가진 조직이라도, 단체의 호소에 반응할 가능성에 따라 회원들을 분류한다. 예컨대 시에라 클럽은 회원이 50만 명 정도나 되지만, 1만5천 명만이 정치 회보를 받으며, 이들 가운데 5천 명 정도의 소위 핵심 집단만이 정규적으로 활동에 참여한다. 그들은 단체가 요구하는 대로 신속히 움직일 수 있는 소수의 자원봉사 활동가들과 주 및 지방단체의 간부들이다. 이처럼 초점이 좁게 맞춰진 활성화 전략은, (이익집단들이 최종 과녁으로 삼는) 정책 결정자들과 특히 밀접한 관계를 갖는 소수의 유력 인사들을 움직이기 위해 이용된다는 점에서, (풀뿌리 로비grassroot lobbying와 대별되는) 이른바 풀꼭대기 로비grasstops lobbying와 그리 다르지 않다.[82]

활성화는 이익집단들이 생각하기에 반응할 가능성이 큰 대중을 자극해서 공공 정책 결정자들에게 간접적으로 영향을 미치려는 일종의 '외부 로비'다. 외부 로비에 참여하는 이익집단들은 정부 내부자들에게서 원하는 것을 얻어 내기 위해 정부 밖으로 눈을 돌린다. 하지만 그들은 종종 자신들의 이익집단의 범위 밖에 있는 청중들(물론 그들과는 일시적인 관계만을 맺을 뿐이다)에 직접 호소하기도 한다. 실제로 외부 로비를 하는 단체들은 디렉트메일DM 전문가와 홍보 회사, 정치 컨설턴트나 인터넷 전문가를 고용하기도 한다. 요컨대 외부 로비는 이익집단이 멤버십을 '아웃소싱'하는 방식일 수 있다. 일상적으로 지지자를 유지하는 대신, 필요할 때 일시적으로 유권자를 호출하고, 정치 상황이 변하면 자유롭게 지지 기반을 바꾸는 것이다. 올해 의회 전투에 필요한 유권자 집단은 내년에 관료적 규제와 싸울 때 적합하지 않을 수 있다. 북미자유무역협정에 관해서는 클린턴 대통령에 반대했지만, 의료보험 개혁에 대해서는 그를 지지했던 노조들처럼, 정부를 상대로 로비하기 위해 자신의 고정 회원들에게 의존하는 단체들은 정치적 비타협성 때문에 어려움을 겪는다. 외부 로비, 특히 선택적 활성화 전략을 이용하는 단체는 대규모 회원 기반에 묶여 있는 단체들보다 정치적으로 민첩하게 움직일 수 있다.

물론 외부 로비로 불러낸 여론은 신뢰성에 문제가 있다. 케네스 골드먼Kenneth Goldman은 최근 일련의 전국적 로비 캠페인을 검토한 결과, "미국에서 대중 참여는 대부분 자발적이지 않다. 오히려 벨트웨이 안

이익집단들과 로비 회사들이 벨트웨이 밖 풀뿌리에 물을 주기 위해 점점 더 새롭고 세련된 기술을 이용하고 있다."라고 결론 내린다. 그리고 때로 잔디처럼 보이는 것이 실제로는 인공 풀뿌리로 판명 나기도 한다. 켄 콜먼에 따르면, "오늘날 워싱턴에서 선거와 다음 선거 사이 기간에 일어나는 풀뿌리 지지라는 것이 대부분 돈으로 구매된다는 사실은 더 이상 비밀이 아니다. 컨설팅 회사와 로비 전문가들은 그런 방식으로 이슈의 틀을 정하고, 해당 유권자들에게 사안이 얼마나 긴급한지를 알려, 많은 사람들이 의회 의원들에게 전화를 하거나 편지를 보내도록 한다." 콜먼은 일부 상업적으로 만들어진, 여론처럼 보이는 표현들도 자발적인 여론과 마찬가지로 진짜 여론일 수 있다고 덧붙이지만, "가짜 풀뿌리를 만들어 내는 기술적인 수단들이 발전하면서 단체들이, 사람들이 원하는 정책과 동떨어진 방향으로 정책 결정자들을 이끌어 갈 수 있는 방식을 우리가 받아들이게 된다는 점이 매우 중요하다."라고 경고한다.[83]

단체의 지도자들이 회원들과 접촉을 유지할 수 없다면 정책 결정자들이 잘못된 방향으로 가게 될 가능성이 크다. 그런데 새로운 공익단체와 이익 옹호 단체들이 회원과 접촉을 유지하는 방식에는 문제의 소지가 많다. 단체들이 자신이 대표하는 이익을 소비자, 여성, 가난한 사람들, 장애가 있는 사람들, 노인들처럼 광범위하게 흩어져 있고 서로 연계가 없는 구성원들의 '수평적' 이익으로 정의하게 되면, 단체 지도자들과 회원들의 수직적 연계는 약해지기 쉽기 때문이다.

수직적으로 정의된 이해관계는 직업과 같은, 사람들 삶의 특정 단면을 다룬다. 노조, 산업, 전문 직종, 여타 직업에 기초한 집단들은 경제적 관심사가 규제 정책을 지배했던 1920~30년대에 펜들턴 허링이 말했던 것처럼, 협소하게 특화된 관료 기관들과 잘 조응하는 좁은 범위의 이해관계들이었다. 수직적으로 정의된 이해 당사자 집단들은 엘리트와 지지자를 연계하는 리더십이나 권위의 구조를 갖고 있었고, 이런 위계적 관계는 지도자들이 정치에서 지지자를 동원할 수 있는 가능성을 높였다.

동업자 단체, 노동조합, 직업 조직들은 대부분 정치적 이익집단으로 변형되기 이전에 이미 존재했던 것이다. 반면 수평적으로 정의된 유권자 집단들은 대개 정치 활동이라는 목적을 위해 호명된 것이고, 그들을 함께 묶어 주는 사전적preexisting 유대는 거의 없거나 희박하다. 리더십은 보통 자임할 뿐이다. 위계는 약하거나 완전히 부재하다. 이런 조건에서 새로운 이익 옹호 단체들의 지도자들이 대중 동원이 아닌 다른 수단으로 명분을 달성하려는 이유를 이해하기란 어렵지 않다. 게다가 단체 활동의 대상자들이 어린이나 동물, 정신질환자들일 경우 동원 전략이 무시되는 건 말할 필요도 없다.

집단 동원이 없는 민주주의라는 좀 더 일반적인 유형에는 예외가 있을 수 있다. 예컨대 현대 미국 정치에서 기독교 우파는 풀뿌리 지지자를 동원하는 능력에서 탁월함을 보여 왔다. 하지만 그 운동은 제도적 구조에서도 이례적이다. 다른 많은 이익 옹호 단체들과는 달리 근본주의 우파는 자신만의 지도자-지지자 관계를 가진 기존 교회 조직 네트워크를 통해 조직되었다. 기독교 우파의 이해관계는 다른 이익 옹호 단체들처럼 포괄적으로 정의되지만 조직적으로는 이들과 뚜렷이 구별되는 것이다.

미국에서 대중의 정치 참여가 줄어든 것은 단순히 많은 사람들이 주거지를 교외로 옮겼거나 가족의 붕괴, 혹은 텔레비전으로 인해 시민사회가 쇠퇴했기 때문이 아니다. 그것은 상당 부분 국가 구조의 변화가 만들어 낸 산물이며, 정치 엘리트가 정치적 이해관계를 정의하는 방식에서 일어난 변화의 산물이다. 미국 정부는 20세기 초부터 규제 능력을 발전시키면서, 조직 이익이 풀뿌리 유권자를 동원하지 않고도 목표를 달성할 수 있는 메커니즘들을 만들어 왔다. 정부는 또한 단체들이 회원들의 회비에 의존하지 않고도 조직을 유지할 수 있는 기회도 확대시켰다.

동원은 리더십을 위태롭게 하는 리더십의 행사이며, 현대의 정치적 이익집단은 대부분 회원이 없거나, 있더라도 회비만 내거나, 서로 관계를 맺지 않는 회원들만 있기 때문에 회원을 동원하는 일은 어렵거나 불가능하다. 요컨대 이익집단들은 자신들의 편에서 정치적으로 활동할 조직을 '고용'한 것이다. 이익집단들은 대개 회원들과 연결되어 있지 않기 때문에 스스로 나서서 정치적으로 적극적이 되기 어렵다. 단체들이 회원들과 분리된 것은, 사회가 해체되었기 때문이 아니라, 그들이 달성하려는 이익이 여기저기 흩어져 있고 조직되지 않은 광범위한 사람들의 이익이기 때문이다.

개인민주주의의 법리학

야구가 국가적 오락이 되기 오래전부터 소송은 미국인들이 개인들 간의 분쟁을 해결하는 대중적 수단이자 습속이었다. 미국인들은 아직도 유난히 소송을 좋아하는 국민들이다. 하지만 오늘날 그들은 개인적 불화를 해결하기 위해서만이 아니라 공공 정책을 만들기 위해서도 소송을 하는데, 이때 연방 법원은 그들을 돕기도 하며 부추기기도 한다.

과거에는 사법 자제주의와 다수결주의 정치 문화 때문에, 선출되지 않은 판사들이 선출된 공직자의 결정을 무력화시키기가 어려웠다.[1] 하지만 사법 적극주의가 반복적으로 행사되면서 사법부의 자제 경향이 퇴색되고 있고, 대중민주주의의 다수결 정신은 개별 시민이 정치과정에 접근하는 것을 높이 평가하는 새로운 개인민주주의에 자리를 내주었다. 이는 이른바 소송을 통해 정부에 요구할 수 있게 된 체제이다. 이제 개별 고소인은 연방 법령과 사법부의 판결 덕분에 정책 문제를 법정에서 해결하도록 요구할 수 있게 되었고, 그 결과 법원은 한때 대통령과 의회가 지배했던 정책 결정 과정의 심장부로 옮겨 앉았다. 이런 변화는 또한 집단 동원이 줄어드는 데에도 기여했다(집단 동원의 쇠퇴는 개인민주주의의 특징이다). 개인 소송인들은 자신의 주장을 지지해 줄 다수 대중을 모으지 않고도 공공 정책에 영향을 미칠 수 있게 되었기 때문이다. 그들은 자신의 변호사만 동원하면 되는 것이다.[2]

법원의 역할 확대

1950~60년대 사법적 정책 결정의 확대는 일반적으로 볼 때 자유주의의 정치적 목표였던 소수 인종의 시민권, 소수자의 시민적 자유에 기여했다. 하지만 사법적 정책 결정 자체가 본질적으로 자유주의적인 것은 아니다. 실제로 1980년대 말까지 연방 법원들은 사법 적극주의가 보수적인 목적[3]에 쉽게 봉사할 수 있다는 것을 보여 주었고, 2000년에는 [조지 W. 부시라는] 보수적 대통령도 임명할 수 있음을 보여 주었다.

사법적 권위의 확대는 때에 따라 좌파, 우파, 중도파에 의해 옹호되어 왔다. 소송은 비용이 많이 들고 불확실하기는 하지만 대중 동원을 통해 정치적 목표를 달성하는 것보다는 훨씬 덜 힘들고 덜 위험했기 때문이다. 예를 들어 1988년 의회 내 자유주의자들은 〈사법 행정 개선법〉Act to Improve the Administration of Justice을 지지했는데, 이 법은 연방 대법원이 의무적으로 담당해야 하는 상소심 사건의 수를 제한함으로써 주요 사건의 선택 재량권을 고등법원에 거의 완전히 넘기는 것을 내용으로 했다.[4] 환경 단체들은 법원을 이용해, 환경을 위협할 뿐만 아니라 정치적 경쟁자들에게 물적 자원을 제공하는 고속도로, 댐, 기타 공공 프로젝트의 건설을 막았다. 자유주의자들의 이런저런 법률적인 공격에 맞서, 부유한 보수주의자들과 기업은 태평양 법률 재단Pacific Legal Foundation, 전국 공익 법률 센터National Legal Center for the Public Interest, 워싱턴 법률 재단 같은 단체를 지원했다. 이 단체들은 범죄 피해자, 토지 사용에 대한 정부 규제를 반대하는 사유재산 소유자, 적극적 차별 시정 정책이나 선거구 재획정 때문에 피해를 입었다고 주장하는 '역차별' 사건의 고소인들을 대표해 소송을 진행해 왔다.[5]

하지만 소송의 정치적 매력을 강화하는 데 가장 큰 기여를 한 것은 법원 자신이었다. 1960년대 이래 연방 대법원은 특정 사건이 법원의 재판 대상이 되기 위한 요건인 사법 심사 적격성의 범위를 완화해 왔다. 예컨대 연방 대법원은 당사자 적격 요건의 제약을 풀어 행정기관의 조치에 대한 문제 제기를 심리할 수 있게 했고, 단체들이 회원들을 대표해 법원에 출석할 수 있게 했으며, 연방헌법 수정 조항 제1조에 관련된 납세자 소송을 허용했다.●[6] 또한 법원은 민사소송법을 수정해 집단

● 미국 연방 대법원은 1923년 프로싱엄 대 멜론(Frothingham v. Mellon) 사건에 대한 판결 등을 통해, 개별 납세자는 연방 정부 재정지출의 위헌성을 문제 삼는 소송의 당사자 적격성을 갖지 못한다는 입장을 취했다. 그런데 1968년 프래스트 대 코헨(Flast v. Cohen) 사건에 대한 판결에서, 연방헌법 수정 조항 제1조를 위배한 정부 재정지출에 대해 소송을 제기할 수 있는 주체로서, 납세자의 당사자 적격성을 인정했다. 소송은 납세자 플로렌스 프래스트(Florance Flast)가 당시 보건 교육 복지부 장관을 상대로 제기했는데, 종교 재단이 설립한 학교를 정부 재정으로 지원한 것이 연방헌법 수정 조항 제1조를 위배했다는 내용이었다. 수정 조항 제1조는 언론·표현·종교·결사·청원의 자유를 규정하고 있으며, 연방의회가 종교 설립에 관련된 법률을 입법하는 것을 금지하고 있다.

대표 소송을 용이하게 했다. 집단소송은 법원이 다수 개인의 요구를 합해 소송 기간 동안 이 개인들을 하나의 집단으로 취급할 수 있게 한 법적 장치다.[7] 예전에는 공동의 이해를 공유하고 있다고 법원이 인정하는 원고들이 어떤 형태로든 모이기만 하면 집단이 될 수 있었다. 하지만 최근에는 집단소송의 대상을 인정하는 기준이 협소해졌다. 예컨대 1996년 공화당 의원들은 이민자들의 변호인이 이민 귀화국Immigration and Naturalization Service에 맞서 제기하는 집단소송, 가난한 이들을 대신해 무료 법률 구조 봉사단* 변호사들이 제기해 왔던 집단소송을 금지하는 입법을 단행했다. 하지만 다수 기득 집단들에게는 집단소송이 여전히 중요한 정치적 도구로 남아 있다.[8]

또한 집단 대표 소송의 기회가 늘어나면서 연방 대법원은, 주 법원이 아직 판결을 내리지 않은 사건에 대해 연방 대법원이 심리를 거부했던 재판권 행사 회피의 법리**를 효과적으로 무력화했다. 법원은 [재판

---

* 무료 법률 구조 봉사단(Legal Services Corporation)은 유료 법률 서비스를 받을 경제적 능력이 없는 사람들에게 무료 서비스를 제공하고자 연방의회가 1974년 설립한 비영리 민간 기관이며, 지원 비용은 연방의회 재정에서 지출된다.

** 재판권 행사 회피의 법리(abstention doctrine)는 어떤 사건의 심리가 다른 법원의 관할권을 침해할 소지가 있는 경우 심리를 거부해 서로의 관할권을 존중하는 원리를 말한다. 유사한 사건이 주 법원에서 심리 중인 경우 연방 법원이 판결을 삼가는 콜로라도 리버 회피 법리(Colorado River abstention), 어떤 사건이 각 주의 민감한 사항이나 복잡한 규제 제도와 관련될 때 주 법원의 결정을 연방 법원이 심사하는 것을 거절하는 버포드 회피의 법리(Burford abstention), 주 법원이 연방의 헌법상 문제가 될 수 있는 규제에 대해서 주법에 기초해서 해결할 기회를 갖도록 연방 법원이 심리를 회피하는 풀먼 회피의 법리(Pullman abstention), 연방 법원이 결정을 내리면 주와 연방 정부 간에 불필요한 마찰을 야기할 수 있는 문제에 대해 주 법원이 결정하도록 회피하는 티보도 회피의 법리(Thibodaux abstention), 기소가 악의나 곤경에 빠트릴 의도로 진행되는 경우가 아니라면 금지명령이

절차 및 결과가 효력을 갖기 힘들거나 법의 범위 밖에 있다는 판단 이익 부재 결정determinations of mootness의 기준을 완화했고, 한때 사법부를 정치적 논쟁으로부터 거리를 두게 했던 정치 문제 법리를 사실상 폐지했다. 이처럼 사법 심사 적격성 개념이 확대되면서 사법적으로 해결할 수 있는 문제의 범위가 넓어졌으며, 더 많은 고소인들이 법원에 접근할 수 있게 되었다.

또한 사법부는 고소인들이 활용할 수 있는 구제 방법의 범위도 확장했다. 예를 들어 과거 연방 법원은 정부 기관이 원고의 권리를 침해했다고 판단할 경우, 적절한 해결책을 마련하라고 기관에 주문할 수 있었다. 오늘날 연방 법원은 그 기관이 앞으로 어떻게 해야 하는지를 구체적으로 적시해 판결할 수 있다. 예컨대, 주 교도소의 조건을 문제 삼는 소송에서 법원은 모든 수감자에게 제공해야 하는 거주 공간과 오락 프로그램 및 상담 서비스를 구체적으로 명시한 법원 명령을 내렸다. 또한 판사들은 법원 소속의 특별 감독관special masters을 통해, 보스턴 학교 당국, 앨라배마 주 교도소, 볼티모어 주택 당국의 일상 업무에 개입해 왔다. 간단히 말해 현재 연방 사법부는 한때 행정부와 입법부만이 제공할 수 있었던 구제 방안들을 고소인들에게 제시할 수 있게 된 것이다.[9]

입법부도 이익집단 정치가 로비에서 소송으로 전환되는 데 일조했다. 예컨대 의회는 〈1964년 시민권법〉 제2조를 통해, 이 법에 따라 소

나 선언적 구제를 인정해 주의 형사상 소추 절차에 개입하지 않도록 하는 연방 법원의 결정인 영거 회피의 법리(Younger abstention) 등이 있다.

송을 제기한 원고를 '민간 검찰'*로 지명할 수 있게 했고, 재판에서 승소하면 피고에게 변호사 비용을 청구할 수 있도록 했다. 1968년 연방 대법원은 이 비용 전가 규정을 승인했다.[10] 1976년 의회는 〈민권 변호사 수임료 지급법〉을 통과시켰는데, 1876년 이래 입법된 모든 민권 법안에 대해 제기된 소송에서 변호사 비용을 회수할 수 있도록 허용하는 것이었다. 〈1990년 미국 장애인법〉은 장애인을 고용 차별로부터 보호하며 공익 서비스를 이용할 수 있도록 보장한다. 이 법은 장애인 권익 옹호 단체가 소송을 제기할 수 있는 명분을 만들어 주었다. 이와 유사하게 〈1991년 시민권법〉은 소수자뿐만 아니라 여성에 대한 직업 차별도 금지해 성차별의 희생자라고 주장하는 고소인들이 연방 법원에 소송을 제기할 수 있는 길을 열었다.

1970년대에 입법된 많은 규제 법령들은, 환경과 소비자 피해 사건에 대한 행정부의 결정에 도전할 권리를 공익단체들에 부여하는 시민 소송 규정을 담고 있다. 실제로 모든 연방 환경 법령은, 개별 시민과 단체들이 연방 법령과 규제에 따르지 않는 민간 기관(기업, 단체)에 대해 소송을 제기할 수 있고, 승소할 경우 법률 비용과 지출 경비를 전가할 수 있도록 인정하고 있다. 그런 시민 집행자들은 구제를 받으려는 피해자로서만이 아니라, 공익에 봉사하는 민간 검찰의 역할을 한다.[11] 1980년대 중반까지 150개 이상의 연방 법령이 비용 전가 규정을 담고 있었다.[12] 연방 대법원은 소송인이 사건의 결과에 명백한 이해관계를 가져

---

* 민간 검찰(private attorney general)이란 공익 목적의 소송을 이해 당사자가 아닌 제3자 민간인이 제기할 수 있도록 한 제도에서, 이 제3자 민간인을 지칭하는 법률 용어다.

야 하며, 구제 방안은 법원의 재량권 안에 있어야 한다고 규정해 민간 검찰의 당사자 적격 요건을 제한했다.[13] 그럼에도 시민 소송은 여전히 공익단체가 정책 목표를 달성할 뿐만 아니라 재정을 조달할 수 있는 중요한 메커니즘이다.[14]

한편 중소기업 연합 단체는 시민 소송의 성공 사례에 주목했고, 이를 모방해 정부 규제에 대항해 자신들을 방어하기 위한 일부 사건에서 변호사 비용을 전가할 권리를 얻었다. 〈1980년 사법 기회 균등법〉Equal Access to Justice Act of 1980은 개별 시민이나 기업체가 '과도한 정부 행위'에 맞서 자신을 변호하는 데 성공하면 변호사 비용을 전가할 수 있도록 허용했다. 이 법은 거대한 규제 관료 집단의 횡포로부터 중소기업을 보호하기 위해 만들어졌지만, 거대 기업 집단을 대표하는 연합체들이 종종 이 법을 활용했다.[15]

2001년 연방 대법원은 뷰캐넌 사 대 웨스트버지니아 주 사건 Buckhannan v. West Virginia•에서 5 대 4의 결정으로 비용 전가 규정의 적용에 제한을 두게 된다.[16] 웨스트버지니아 주는 소송이 진행되던 중 스스

• 이 사건은, 노인 주거 요양 시설 업체인 뷰캐넌 사가 웨스트버지니아 주 법에 명시된 안전 요건을 갖추지 않아 주 소방 당국으로부터 영업정지 명령을 받으면서 시작되었다. 뷰캐넌 사는 같은 처지에 있는 원고들을 모았고, 주법이 관련 연방 법령에 위배된다는 이유로 웨스트버지니아 북부 연방 지방법원에 집단소송을 제기했다. 그런데 소송이 진행되는 과정에서, 주 의회는 뷰캐넌 사 등이 제재를 받게 된 근거 조항을 관련 법률에서 삭제하고 재판부에 기각 요청을 했으며, 재판부는 이를 받아들였다. 그러자 원고들은 결과적으로 주법이 바뀌면서 원고가 원하던 바를 얻었으므로, 승소자의 법률비용을 패소자가 감당하는 규정에 따라 자신들의 법률비용을 주가 지불해야 한다고 주장했다. 하지만 연방 법원은 법원의 판결이나 명령에 따른 결과가 아니므로 법률비용 전가 규정을 적용할 수 없다고 판결했고, 이 판결은 이후 법률비용 전가 규정을 적용할 수 있는 기준이 되었다(Buckhannon Board & Care Home v. West Virginia Department of Health and Human Resources).

로 관련 법령을 개정함으로써 원고의 요구를 들어주었고, 재판은 기각되었다. 뷰캐넌 사는 결과적으로는 승소한 셈이었지만 이는 법원의 결정에 따른 것은 아니었던 것이다. 연방 대법원은 재판부 다수 의견으로, 이 사건의 원고는 재판 결과에 따라 승소한 것이 아니므로 법률비용 전가 규정의 적용을 받을 수 없다고 판결했다. 일부 공익 변호사들은 이 결정이 비용 전가 법령을 무력화하는 것이라고 주장했지만, 대부분은 형평법상의 구제 수단뿐만 아니라 손해배상을 함께 청구함으로써 뷰캐넌 판결을 피해 갈 수 있다고 생각했다. 손해배상을 함께 청구하면, 피고가 자발적으로 원고의 요구를 수용함으로써 재판이 기각되는 것을 막을 수 있고, 뷰캐넌 판결에도 불구하고 비용 전가 규정은 유지될 수 있다는 것이다.[17]

이상의 사례들을 종합해 볼 때, 이런 법적, 법리학상의 변화는, 단체들뿐만 아니라 개별 시민들조차도, 과거에는 집단적 정치 행위를 통해 얻을 수 있었던 정책 목표를 사법부를 활용해 달성할 수 있도록 길을 열어 주었다. 소송은 고용 차별과 투표권, 소비자와 노동자 보호, 여성 인권, 환경보호, 장애인 인권, 종교적 자유의 보장과 관련된 중요한 공공 정책의 발전에 상당한 역할을 했다.[18] 인종차별이나 여성 인권 같은 의제에 관해 연방 법원은, 오늘날 우리가 민주적 공정성의 정수로 인정하는 일련의 조치를 취했는데, 이는 당시 대중 정치의 영역에서 얻을 수 있는 수준을 훨씬 뛰어넘는 것이었다.[19] 사법부가 존경의 대상이 된 것은 이런 원칙의 승리 때문이었다.

그러나 다른 측면에서 보면, 법원을 조직 이익들에 개방한 데는 최소한 세 가지 중대한 문제가 있다. 첫째, 소송은 협소한 이익을 가진 단체들이, 입법 과정에서 펼쳐지는 폭넓은 대안들 속에서 자신의 이익을 방어하거나 더 넓은 지지 동맹을 구축하고자 노력하지 않아도, 국가정책에 영향력을 행사할 수 있도록 만든다. 둘째, 소송은 이익 옹호 단체들이 이해 당사자들을 동원하거나 그들의 실질적 필요와 선호를 고려하지 않고도 목표를 달성할 수 있게 한다. 셋째, 정치 전략으로 소송의 중요성이 커질수록 미국의 정부 기관 가운데 가장 덜 민주적이며 대중에 대한 책임성도 가장 약한 사법부의 권위가 커진다. 사법부의 권위가 커질수록 입법부의 권위는 줄어든다. 비록 입법부가 여러 결점을 가지고 있기는 하지만, 재판석 뒤에서 칭송받는 사법부보다 여전히 훨씬 더 대표성이 있고 민주적인 제도이다.

소송과 '소수의 음모'

판사 앞에서 싸우고 해결되는 갈등은 제임스 매디슨이 『연방주의자 논설』* 10번에서 경고했던, 고상한 입법자들의 정부를 불러낸다. 매디슨에 따르면, 문제 해결을 위해 '계몽된 정치인'에 의지하는 정치체제는, 대의제 의회에서 각양각색의 이해들이 공개적으로 충돌하면서 결정에 도달하는 정치체제보다 공공선에 도달하기 어렵다. 달리 말해, 파벌의 폐해에 대한 매디슨의 처방은 더 많은 파벌주의였다. 가능한 한 많은 집단들 사이에서 이루어지는 자유롭고 공개적인 논쟁은 어느 한 파벌의 영향력을 약화시키고 '소수의 음모'를 좌절시키면서 타협과 연합을 촉진한다.

• 알렉산더 해밀턴 외 지음, 김동영 옮김, 『페더럴리스트 페이퍼』(한울, 1995).

때때로 법원은 소수가 비밀이나 음모를 통하지 않고서도 그들의 이익을 다수에게 관철할 수 있도록 해준다. 의회에서의 정책 결정과 비교하면, 사법 과정은 대체로 소수의 견해에 대해서만 적극적인 표현을 허용한다. 의회에서의 논쟁이나 위원회 청문회 과정에서 강력하게 표출될 수 있는 이해들이 법정에서는 발언의 기회조차 얻지 못할 수도 있다.[20] 소수의 음모일 수도 있는 일들이 법정에서는 부끄러움 없이 대중 앞에 모습을 드러내고, 법적으로 인정되면서 존중을 받기도 한다. 한때 농업, 군수물자 조달, 기타 이익집단 정치의 영역에서 정책 결정을 지배했던 유명한 철의 삼각동맹처럼, 공모는 정치과정 어디에서나 일어날 수 있다.[21] 하지만 사법적 정책 결정은 범위가 협소하기 때문에 실제로 공모에 악용되기 쉽다. 소송으로 다투는 이해관계들은, 재판에서 대표되지 못하는 더 넓은 이익들을 희생시키는 대가로 자신들의 필요를 충족하며 해결책을 찾곤 한다. 법원은 공모를 합법적으로 만들 수 있는 것이다.

공모적 해결 : 소송을 통한 과세

예컨대 담배 제조업자들과 대부분의 주 법무부 장관, 손해배상 전문 변호사들 사이에서 소위 담배 문제가 해결되는 과정을 살펴보자. 문제의 해결은 몇몇 강력한 로비 집단의 이해뿐만 아니라 참여자 모두의 이해관계를 충족하는 모양새를 띤다. 하지만 그 해결책은 담배에 새로운 세금을 부과하는 것이었는데, 이 결정은 그 어떤 대의 기구의 위임을 받아 이루어진 것도 아니며, 하물며 법정에서 대표되지도 못했던 흡연자들이 그 대가를 지불하게 된 것이었다. 그뿐만 아니라 이런 해결책은 담배에 대한 노출을 줄여야 한다는 공익을 무시한 것이었고, 어떤 측면에서는 사실상 이를 침해하는 것이었다.

궐련과 기타 담배 상품이 건강에 해롭다는 사실은 일찍이 1920년대부터 알려졌거나 추측되었지만, 1990년대까지 담배 회사를 상대로한 소송에서 승리한 흡연자는 단 한 명도 없었다. 많은 소송이 실패한 뒤, 1984년에 마침내 담배 제조업자인 리겟 그룹Liggett Group을 상대로 소송했던 한 원고가 승소하긴 했지만, 항소심에서 판결이 번복되고 말았다.[22]

담배 산업은 원고의 자원과 에너지를 고갈시키고 변호사들이 사건 수임 자체를 포기하도록 시간을 끄는 전략을 택했다. 담배 회사들은 어떤 사건에서든 타협이나 해결을 일관되게 거부했고, 불리한 모든 판결에 대해 법의 테두리 내에서 항소했다. 원고 측 변호인들은 해결에 몇년이 걸릴 수도 있는 무더기 사전 심리 절차들을 감당해야만 했다. 이때문에 변호인들이 성공 사례금을 기대하고 담배 사건을 수임하기는 쉽지 않았다. 우호적인 판결을 받아 내 뭔가 보상받을 것을 기대하기 이전에, 여러 해 동안 법적 비용을 감당해야 했기 때문이다. 몇 년 동안 항소와 재심을 거듭해야만 긍정적인 판결을 기대할 수 있는 조건에서, 대부분의 변호사들은 먼 미래의 [불확실한] 소득에 대한 희망만으로 소송을 진행하기는 어렵다는 결론에 이르게 되었다. 또한 자비로 소송을 제기하고 소송 과정을 감당해 낼 여력을 가진 원고들도 드물었다.

하지만 1950년부터 1990년 사이에 담배 제조업체들의 법적 지위를 약화하는 상당수의 진전이 있었다. 먼저 1964년 공중위생국 보고서는 담배를 위험 물질로 정의했고, 1988년 보고서는 니코틴을 중독성 물질로 분류했다. 1988년 이전까지 많은 소송에서 배심원단은, 원고가 흡연으로 인한 위험을 인지하고 있었음에도 흡연을 지속했으므로 이로 인한 손실에 대한 책임은 흡연자 자신에게 있다고 판단했다. 하지만 니코틴이 중독성 물질이고 원고가 선택권을 박탈당했다면, 흡연자가 입은 손해에 대한 책임을 담배 회사에 물을 수 있었다.[23]

1994년에는, 브라운앤윌리엄슨Brown & Williamson이라는 담배 회사가 고용한 루이스빌Louisville 법률 회사의 사무 보조원이, 1만여 쪽에 달하는 담배 회사 내부 문서와 기록을 비밀리에 복사해서 외부에 넘긴 사건이 발생했다. 문서는 흡연으로 인한 건강의 위협에 관계된 내용이었고, 이 사건으로 담배 회사들이 줄줄이 법정에 출두하게 되었다. 머렐 윌리엄스Merrell Williams라는 그 보조원은 확보한 자료를 흡연 반대 운동에 적극적이었던 캘리포니아 대학의 스탠튼 글랜츠Stanton Glantz 교수에게 보냈고, 글랜츠는 그 문서를 재빨리 공개했다.[24] 입수된 자료는 그 회사가 1950년대 초반부터 담배 상품이 암과 기타 심각한 질병을 야기한다는 사실을 인지하고 있었음을 폭로했다. 게다가 담배를 중독성 물질로 분류한 1988년 공중위생국 보고서보다 25년이나 앞서, 니코틴이 고도의 중독성이 있다는 담배 산업의 자체 연구 결과가 이미 있었음이 드러났다. 또한 간접흡연이 비흡연자의 건강에 치명적인 위험이 된다는 사실도 보여 주었다. 그럼에도 담배 산업체들은 연구 결과가 제출되고 얼마 지나지 않아 담배 산업 연구회라는 기관을 설치했다. 그 목적은 명목상 흡연의 위험에 관한 대중적 의구심을 해소할 수 있는 과학적 증거를 마련하는 것이었다. 게다가 브라운앤윌리엄슨 사는 니코틴이 중독성 물질이라는 점을 알고 있었음에도 오히려 흡연자들이 담배를 끊지 못하도록 자사 상품의 니코틴 함량을 더 높였다.

윌리엄스의 폭로를 즈음해 원고 측의 저명한 변호사들은 담배 회사들의 법적 전술에 대응하기 위해 재정 자원을 모았다. 그들은 흡연 관련 질병으로 고통 받는 원고들을 대표해서 여러 건의 개별적이고 집단적인 소송을 제기했다. 이제 변호사들은, [여러 담배 회사들 가운데] 최소한 한 곳은 자신의 상품이 위험하고 중독성이 있다는 점을 인지하고도, 흡연자와 간접흡연자들의 건강을 고려하지 않고 의도적으로 소비자를 기만하고 조작했다는 점을 보여 줄 수 있게 되었다. 배심원들은 이 같은 증거를 토대로 몇몇 원고에 대해 실질적인 손해배상을 하도록 인정했다.[25] 한편 40개가 넘는 주의 법무부 장관들은 주가 주민들의 담배 관련 질병을 치료하는 데 지출한 재정을 돌려받기 위해 담배 회사를 상대로 소송을 제기했다.[26] 이어 유사한 비용을 배상받기 위해 시 당국, 노조 건강 기금, 보험회사 또한 잇따라 소송을 제기했다.[27]

사태 초기에 담배 회사들은 이런 소송에 대해 격렬하게 대항했다. 그러나 1997년, 소규모 담배 회사 가운데 하나였던 리겟 그룹이 주 법무 당국들과 해결을 모색하게 된다. 리겟 그룹은 다른 담배 회사를 인수하려다 실패하는 바람에 재정적으로 어려워져 거의 파산 상태에 있었고, 연이어 제기되는 소송비용을 감당해 낼 수가 없었다. 리겟은 2천5백만 달러와 향후 25년간 세전 소득의 25퍼센트를 주 당국들에 제공하고, 다른 담배 회사들과의 소송에서 협력하며, 각 주는 다른 손해배상 소송으로부터 리겟을 보호하는 조건으로 거래가 성립되었다. 양측의 합의에 따라 리겟은, 중독성을 높이기 위해 니코틴 수준을 조작하고 10대 흡연자들을 유혹하기 위해 담배 광고를 이용하는 데 담배 산업 전체가 관련되었다는 내용의 문서를 넘겨주었다. 이제 원고 측 변호인들은 담배 산업 전체에 맞서 사용할 수 있는 '결정적인 증거'를 갖게 된 것이었다.[28]

이 결정적인 증거로 인해 다른 담배 회사들은 주 법무 당국들과 협상에 나서지 않을 수 없었다. 담배 회사들은 [저소득층 의료 보호 제도인] 메디케이드°로 흡연 관련 질병을 치료하는 데 소요된 비용을 변상하기 위해 주 당국들에게 수십억 달러를 지불하는 대신, 개별 소송 및 집단 소송으로부터 담배 산업의 책임을 줄이는 연방 입법을 지원하도록 주 당국에 요구했다. 1997년 6월, 담배 회사들과 주 법무 당국들 사이에 합의가 이루어졌다. 협약에 따르면 담배 회사들은 25년 동안 3천억 달러 이상을 주 당국에 지불해야 했다. 하지만 의회는 담배 산업과 주 당국들이 요구한 입법을 거부했다. 담배 산업과 이들에 대한 반대파들 사이의 갈등이 의회 차원의 문제로 전환되자, 이전에는 주목받지 못했던 다양한 이해관계들이 목소리를 내기 시작했다.[29] 흡연 반대 운동 단체들은 그 법안이 담배 판매를 줄이기에는 불충분하다고 생각했다. 자유주의 성향의 이익 단체들은 담배에 부과되는 세금이나 벌금으로 사회 보장 프로그램을 위한 새로운 연방 기금을 만들고자 했다. 보수주의 세력들은 이런 노력들을 막아 내려고 이 싸움에 뛰어들었다. 전국적 언론 매체들은 이 문제 전체를 철저히 조사하기 시작했다. 1998년에 상원 의원 존 매케인John McCain은 모든 주의 소송을 한꺼번에 해결하기 위해 법안을 제출했다. 법안은 담배 제조업자들의 민사책임에 상한을 정하는 대신, 담배 회사들은 향후 25년 동안 연방과 주 재정 당국에 5천억 달러 이상을 지불하도록 제안했다. 애초 합의에 이르렀던 양측은 더 넓

° 메디케이드는 주 정부가 관할하는 의료보험이기 때문에 담배 회사들과의 협상에 주 당국들이 나선 것이다.

은 이해관계들을 고려하느라 갈등을 확장하면서 도달한 결과에 불만이었다. 특히 담배 회사들은 이 금액이 너무 많다고 생각했고, 담배 회사를 상대로 한 원고 측 변호인들은 흡연 관련 손해에 관한 담배 회사의 민사책임에 상한을 두자는 제안에 반대했다. 변호인들은 민사책임상한 규제 조항을 삭제하는 데 성공했으나, 그 뒤 담배 산업의 격렬한로비 활동으로 이 법안은 좌초되고 말았다.[30]

일단 매케인 법안이 무력화되자, 담배 산업과 주 법무 당국들 그리고 변호인들은 법원으로 되돌아갔다. 입법을 통해 문제를 해결하려면의회에서 수많은 이해관계들을 조정해야 했지만 법원은 그들과 마주칠 가능성이 훨씬 적은 곳이었다. 1998년 11월, 워싱턴 주 당국이 담배회사를 상대로 제기한 소송이 진행되는 과정에서 비밀 회담이 열렸는데, 여기에는 다수의 다른 주들도 참여했다. 이 회담에서 담배 회사, 소송 변호인들, 그리고 담배 회사를 상대로 소송 중인 46개 주 법무부 장관들 사이에 협정이 이루어졌다. 남은 4개 주는 몇 달 뒤 협상 결과를받아들였다. 내용은 다음과 같다. 담배 회사들은 향후 25년 동안 주 당국들에 대해 총액 기준 2천3백억 달러가 넘는 비용을 지불하며, 각 주의 지분은 합의된 규칙에 따라 결정된다. 소송 변호인들은 중재자의 결정에 따라, 9.3퍼센트(매사추세츠 주)에서부터 35퍼센트(미시시피 주)까지의 범위 내에서 수임료를 받기로 했다.[31] 원고 측 변호인들에게 지불될 총 수임료는 이후 25년 동안 150억 달러에 달할 것으로 추정된다.[32]

담배 제조 회사들은 두 가지 이유에서 협정에 동의했다. 첫째, 그들은 주 당국을 가장 위험한 적으로 인식했으며, 미래의 수익을 통해 차차 변제해 나가는 것이 아니라 즉각 배상해야 할 수십억 달러짜리 판결들로 말미암아 파산에 이르게 될 것을 두려워했다.[33] 실제로 그 합의는 담배 제조업체들의 생존과 미래의 이윤 가능성을 대가로 담배 회사가 가장 두려워했던 상대인 주 정부와 변호사들에게 2천4백억 달러라는 이득을 보장했다. 이를 통해 담배 산업은, 향후 흡연자들이 담배를 사는 데 방해가 되는 그 어떤 조치에 대해서도 주 정부와 변호인단, 기타 합의금 수령자들이 반대하게 될 것이라고 계산했다.[34]

이 새로운 담배 동맹은 2000년 6월 담배 산업에 더 엄격한 벌금과 규제를 부과하려던 클린턴 행정부의 노력을 막아내는 데 일조했다.[35] 그다음 달에는 담배 산업 로비스트 연합체와 주 당국자들, 원고 측 변호인들이 담배 산업을 보호하기 위한 시위를 벌였다. 그 시위는 수십만 명의 흡연자들에게 고의로 [건강상의] 상해를 입힌 죄로 담배 회사들에게 1천5백억 달러의 벌금을 부과하도록 한 플로리다 주 배심원단의 결정에 반대하기 위한 것이었다. 담배 회사들은 즉각 그 판결에 항소했다. 항소심은 몇 년 동안 지속될 것으로 예상되었으며, 대부분의 법률 전문가들은 1천5백억 달러 벌금을 부과한 1심 판결이 확정될 것인가에 대해 회의적이었다. 그러나 당시 플로리다 주 법에 따르면, 담배 회사들은 최종 판결이 내려질 때까지 1심에서 부과된 1천5백억 달러에 상당하는 금액을 항소 공탁금으로 걸어야 했다. 담배 산업과 주 정부 내 새로운 동맹자들은 피고의 항소 공탁금을 1천억 달러로 낮추는 법안을 이미 주 의회에서 추진 중이었다.[36] 주 정부와 원고 측 변호인들은 담배 산업의 수혜자가 되면서, 담배 산업이 지속되고 이윤을 창출해야 한다는 데 이해를 같이했던 것이다.

담배 회사의 입장에서 볼 때, 담배 협정은 한 갑당 25센트에서 40센트라는 상대적으로 작은 액수의 담뱃값 상승을 받아들이는 대신, 파산에 대한 보호막이자 정치적 지지 세력을 확보할 수 있는 수단이 되었다. 협정은, 신생 업체가 담배 가격을 내릴 가능성에 대비해, 협정에 참여한 주들이 신생 업체의 담배 판매에 무거운 세금을 부과하도록 해두었다.[37] 세금을 부과하지 못한 주는 담배 협정으로 인한 횡재를 놓칠 수도 있는 것이다.

무거운 세금에도 불구하고 스모킨조Smokin' Joes, 올드스무디즈Old Smoothies 같은 많은 무명 브랜드 업체들이 담배 시장에 뛰어들었고, 이 업체들의 담배는 주요 브랜드 담배 가격의 3분의 1선에서 팔려 나갔다. 주 정부는 담배 세입을 위협하는 이런 사태에 당황했고, 신규 진입자를 시장에서 배제하는 방법을 찾기 시작했다. 오클라호마 주 법무부 장관 에드먼슨W. A. Edmondson은 "작은 회사들의 난립이 걱정스럽다."라고 이런 심정을 솔직히 표현하고 있다.[38] 6개 주에서는 법원 판결을 통해, 소규모 담배 회사들이 수천만 달러를 에스크로 계정*에 예탁하도록 명했는데, 앞으로 이들 담배 회사에 제기될 잠재적 배상 청구액을 충당하기 위한 것이라는 명목이었다. 이 조치는 많은 소자본 기업을 시장에서 퇴출하는 효과를 발휘했다.

1998년 담배 협정은 담배 회사와 주 정부, 일부 변호사들에게 확실한 보상을 제공했다. 비용의 대부분은 흡연자들, 대개 중하층 계급과 노동계급 구성원들이 감당했다. 협정 당사자들이 모두 인지한 사실처

---

* 에스크로 계정(escrow accounts)이란, 중립적인 제3자나 기관이 쌍방 대리인의 자격으로 매매 관련 보증금이나 보증, 그에 해당하는 재산과 서류 일체를 계약 조건이 만료될 때까지 보관하는 것으로, 중세 프랑스에서 중요한 서류들을 두루마리(escroue) 형태로 보관한 것에서 비롯된 용어이다. 예컨대, 모기지 에스크로 계정이란 주택 담보대출 관련 에스크로 계정을 말한다.

럼, 이들은 이미 니코틴에 중독되어 있었고 담배 시장은 이들에게 공급자 독점 시장이었기 때문이다. 담배 협정이 가져다준 세입은 일부 주의 조세 부담을 경감하거나 안정화했고, 그 혜택은 중간 계층 및 중상 계층의 납세자들에게 돌아갔다. 향후 25년 동안 이 납세자들은, 담배에 중독되고 대개는 자신들보다 못사는 동료 시민들로부터 세금을 지원받게 될 것이다.

흡연을 제한해야 한다는 일반적인 공익도 훼손되었다. 젊은 층의 흡연을 줄이기 위해 노력하겠다는 애매한 약속은 차치하더라도, 담배 협정을 통해 마련된 재원 가운데 금연 활동에 사용된 액수는 기껏해야 몇 백만 달러에 불과했다. 많은 주에서, 협정이 가져다준 횡재는 주의 전체 세입을 불렸을 뿐이다. 한 연구에 따르면, 지금까지 담배 협정으로 각 주가 받은 세입 가운데 5퍼센트만이 금연 프로그램 기금으로 사용되었다고 한다. 실제로, 담배 협정으로 만들어진 세입 가운데 주가 금연 프로그램에 지출하는 재정 규모는 담배 재배업자에 대한 지원금을 넘지 못한다.[39] 수임료를 받은 변호사들 가운데 어떤 이는 스포츠 팀을 사는 데 그 돈을 사용하거나, 공익을 해치는 또 다른 산업을 공격하는 데 사용하고, 그 과정에서 그 산업이 법원의 배상 판결을 이행하는 데 필요한 수익들을 보장하도록 해줄 수도 있다.[40] 원래 흡연과 관련된 질병의 치료 비용을 배상받기 위해 소송을 제기했던 각 주들은, 이제 더 이상 담배 소비를 줄여야 할 어떤 이유도 없었으며 외려 담배 소비를 유지시켜야 할 이유는 차고도 넘쳤다. 그들은 이제 정부가 금연 운동에 저항하고 있는 유럽 및 아시아 지역 국가의 국영 담배 독점 업체들의 입장과 유사해진 것이다.

담배 협정은 대표 없는 과세의 중요한 사례다. 그것은 협소한 이익에 초점이 맞춰진 공모된 거래이며, 소송으로 만들어졌고 직접적인 이해 당사자들의 일부가 배제된 채 법적 절차를 통해 승인된 것이다.

보호 이익의 영역* : 멸종 위기종과 위기에 처한 이해관계

때때로 사법 과정은 소수로 하여금 공모를 통해 정책 결과뿐만 아니라 전체 정책의 틀을 지배할 수 있게 한다. 의회도 그런 조작에서 완전히 자유롭진 않지만, 사법부는 소수이나 강한 동기를 가진 동맹의 '포획'에 본질적으로 취약하다.[41] 사법부는 의회나 대통령과는 다르며, 행정기관과 마찬가지로 대중적 정치 기반이 없다. 따라서 법원은 다른 많은 관료 기구들이 그렇듯이, 조직된 집단들과 장기간의 동맹 관계에 놓이기 쉽다. 이런 집단들은 다른 공적 기관과 민간 기관들의 저항에 맞서 법원의 의지를 관철하는 데 필요한 정치적 지지를 제공해 줄 수 있기 때문이다.[42]

〈1973년 멸종 위기종 보호법〉(이하 〈보호법〉)을 둘러싼 20년간의 소송은 이런 경향을 잘 보여 준다. 〈보호법〉은 멸종 위기에 처한 야생 생물을 보호하기 위한 법이다. 해양 어종은 국립 수산청이 속해 있는 상무부 소관이지만 〈보호법〉의 주무 기관은 내무부 소속 '어류 및 야생

---

* 보호 이익의 영역(zone of interest)이란 미국 법체계에서 당사자 적격 요건 가운데 하나를 가리키는 개념이다. 소송의 당사자가 되기 위해서는 구체적인 이익 침해가 있어야 하고, 이익 침해가 피고의 행위로 인한 결과라는 인과성이 있어야 하며, 법원의 판결로 이익 구제가 가능해야 하고, 침해된 이익이 관련 법령이 보호하고 있는 범위 내에 있어야 하는 등의 요건을 갖추어야 한다.

생물 보호국'U.S. fish and wildlife service(이하 보호국)이다. 보호국은 내무부 장관을 대신해 위기종과 '보존 서식지'를 지정한다. 그런데 〈보호법〉에 따르면 보존 서식지를 정할 때에는 경제 효과가 함께 고려되어야 한다. 내무부 장관은 개발 제한으로 인해 감수해야 할 경제적 비용이, 보존 서식지 지정에 따른 이익보다 클 경우, 대상 종이 멸종할 상황이 아니라면 보존 서식지 제안을 수정할 수 있다.[43] 일단 위기종과 보존 서식지가 지정되면, 〈보호법〉에 따라 연방 기관들은 위기종의 보존을 위협하는 행위를 자제해야 한다. 모든 기관은 자신들의 조치가 위기종을 위협할 수 있다고 판단되면, 보호국에 '생물학적 소견서'를 요청해야 한다. 그리고 대개의 경우 위기종이나 서식지를 훼손할 가능성이 있는 조치는 금지되고 있다. 또한 법은 보존 서식지에, 지정된 위기종이 현재 발견되지 않는다면 위기종을 서식지에 다시 도입하도록 규정했다.

〈보호법〉은 법 집행을 위한 시민 소송을 허용한다. '누구든' 법 위반 행위를 금지하도록 혹은 장관이 법에 정해진 의무를 이행하도록 연방 법원에 소송을 제기할 수 있다. 시민 소송은 〈보호법〉의 중요한 강제 장치 가운데 하나가 되었다. 하지만 실제로 '누구나'가 개별 시민을 의미하는 것은 아니다. '누구나'는 대개 연방 소송을 제기할 능력이 있는 야생 생물 보호 협회, 시에라 클럽 같은 환경 관련 이익 단체들이다. 협회 기금이나 회비로 초기 소송 비용을 충당할 수 있기 때문이다. 승소하면 단체들은 〈보호법〉의 비용 전가 규정에 따라 법률 비용을 회수할 수 있다. 환경보호에 대한 환경 운동 단체들의 헌신을 생각한다면 당연하게도, 이들은 〈보호법〉을 가장 엄격하게 해석하는 입장을 갖는다. 또한 〈보호법〉에 비추어 완전히 부적절한 것이 아니라 할지라도, 조금이라도 야생 생물 보호와 갈등의 소지가 있는 이해관계자들 예컨대 자산 소유자, 벌목 회사, 토지 개발업자, 물 이용자, 심지어 연방 기관의 주장까지도 전반적으로 검토한다. 따라서 '누구나' 규정은 〈보호법〉의 사법적 강제력이, 열정적인 환경 운동가들에 의해 주도된다는 의미가 되어 버렸다.

물론 누구나 소송을 제기할 수 있다는 규정은 위기종 보호로 영향을 받는 광산 회사, 벌목업자, 부동산 개발업자와 기타 이해관계자들에게도 적용된다고 해석할 수 있다. 하지만 환경 운동가들의 명분에 우호적인 다수의 연방 법원들 — 예컨대 서부의 많은 지역을 관할하는 제9 순회 항소법원 등 — 은 달리 해석했다.[44] '누구나'를 정의한 핵심 판결 가운데 하나가 테네시 강 유역 개발 공사 대 힐 사건TVA v. Hill에 대한 연방 대법원의 판결이었다. 연방 대법원은 경제적 이해가 환경문제보다 더 중요하게 고려되어서는 안 된다고 판결했다.[45] 힐 사건에서 연방 대법원은 이미 1억 달러 이상이 들어간 댐 공사를 중단하라고 테네시밸리 당국에 주문했다. 그 댐이 스네일 다터라는 3인치 크기 물고기의 서식지를 파괴할 것이라고 환경 단체들이 시민 소송을 제기했기 때문이다. 대법원은 '어떤 대가를 지불하더라도' 생물의 멸종은 중단되어야 한다고 판결했다. 간단히 말해 환경보호를 위해 기업체나 공동체에 부과되는 비용은 고려하지 않은 것이다.

또 다른 연방 법원들은 〈보호법〉의 시민 소송 규정을 환경 단체들만 이용할 수 있다고 판결했다. 이 판결은 원고 적격 요건이 신중하게 적용되도록 하기 위해 도입된, 소위 보호 이익 영역 검증 원리를 확대 적용한 것으로, 원래 데이터 처리 서비스 관련 사건에 대한 연방 대법원의 판결을 발전시킨 것이다. 검증 제도에 따르면, 시민 소송 법령에 따라 사법 심사를 원하는 원고는 자신의 이해관계가 법령이 보호하는

'이익의 영역' 안에 있다는 것을 증명해야만 한다.[46] 연방 지법과 항소 법원들은, 〈보호법〉의 시행으로 손해를 입었다고 소송이 제기된 다수의 사건에서, [손해를 입었다는] 경제적 이익은 그 법이 보호하는 법익의 영역 안에 있지 않다고 판단했으며, 소송 제기 당사자의 원고 적격을 인정하지 않았다.[47] 이런 제약은 연방 대법원이 〈보호법〉의 적용 범위를 개인의 행위로까지 확대하면서 훨씬 더 중요해졌다. 〈보호법〉은 원래 정부 기관의 활동을 대상으로 한 것이지만, 대법원은 환경 단체의 시민 소송에서 멸종 위기종 보호를 위한 법의 규제가 민간 사유지에서의 개인 행위에도 적용된다고 판단을 내린 것이다.[48] 여기에 해당되는 사건으로, 붉은 벼슬 딱따구리와 북부 점박이 올빼미의 보존 서식지를 위협할 수 있기 때문에 토지 소유자와 벌목업자, 임업을 생업으로 하는 가계들이 사유지 개발을 금지당한 일이 있었다.[49]

〈보호법〉과 충돌했던 또 다른 민간인 집단으로 아이다호·뉴멕시코·몬태나·와이오밍 주에서 소와 양을 기르는 목장 주인들이 있다. 보존 서식지에 지정 위기종이 발견되지 않으면 이를 다시 도입해야 한다는 규정을 지키라는 환경 단체의 압력 때문에, 1995년 보호국은 수십 년 동안 늑대가 서식하지 않았던 몇몇 국립공원에 캐나다와 멕시코에서 수입한 늑대를 풀어놓기 시작했다.[50] 늑대들은 곧 공원을 나와 주변 지역 목장에 있는 가축과 개들을 공격했다. 지역 목장 주인들은 자신들을 위한 법적 구제 방안이 없다는 사실을 깨닫게 되었다. 이들은 〈보호법〉의 시민 소송 규정을 이용할 자격이 없었고, 연방 법령에 따르면 정부는 피해를 입히는 동물을 풀어놓았음에도 야생동물의 행위에 대한 법적 책임이 없었다.[51]

목장 주인들은 늑대 문제에 대한 해결책으로 '총으로 쏘고 땅에 묻고 입을 닫는' 방식으로 대응했다. 동물을 죽이고는 연방 당국이 발견하기 힘든 장소에 묻은 것이다. 하지만 몬태나의 목장 주인 차드 매키트릭Chad McKittrick는 몬태나 레드로지에서 회색 늑대를 죽였다는 죄목으로 검거되었고 6개월 형을 선고받았다. 죽은 회색 늑대는 보호국이 옐로스톤 국립공원에 풀어놓은 캐나다 늑대 무리 중 일부였다. 매키트릭의 변호사는 회색 늑대가 캐나다에서는 멸종 위기종이 아니며 〈보호법〉 위기 동물 명단에 포함된 적도 없다고 주장했다. 하지만 제9순회 항소법원은 환경 단체 측 변호사들이 제기한 새로운 주장을 받아들여, 캐나다 회색 늑대는 보호국 담당자가 운송하면서 본국에서 국경을 넘는 순간 멸종 위기종이 되었으며 법령에 따라 보호되어야 한다고 판결했다.[52]

환경 이익은 이렇게 법원에서 압도적으로 우세했지만, 의회에서 그들의 영향력은 법원이라면 신경 쓰지 않아도 되었을 다양한 정치경제적 이해관계들로부터 도전을 받았다. '어떤 비용을 치르더라도' 환경문제가 우선한다고 천명한 연방 대법원의 '테네시 강 유역 개발 공사 대 힐' 결정 이후, 의회는 '구세군'이라는 별칭을 가진 멸종 위기종 위원회를 설치하고, 공익이나 경제적 이익이 멸종 위기종을 보호해야 할 필요성보다 클 때 〈보호법〉 적용의 예외를 인정해 주도록 했다. 하지만 실제로 구세군은 그런 면제권을 거의 인정하지 않았으며, 상인과 토지 소유자들은 계속해서 〈보호법〉을 완화하거나 완전히 폐지하도록 요구했다. 1990년대 법 규제를 완화하는 내용의 많은 법안들이 제출되었고, 조지 부시 대통령은 이 법을 '지속되어서는 안 되는 고장 난 법'이라고 불렀다.[53]

1997년에 공화당이 주도하는 의회는 서부에 근거지를 둔, 토지 권리 운동이라는 전투적인 새로운 이익 단체들에 호응해, 민간 개발 및 토지 사용과 관련해 〈보호법〉의 규제를 완화하는 법안을 발의하기 시작했다.[54] 2000년 7월에 보호국은 목장 주인은 안 되지만 연방 기관은 가축을 위협하는 회색 늑대를 사살할 수 있도록 규칙 개정안을 냄으로써 의회의 압박에 대응했으며,[55] 클린턴 행정부는 민간 토지 소유자들에게 〈보호법〉의 영향을 최소화하기 위해 법적 절차를 활용하라고 권고했다. 하지만 보호국은 목장 주인들에게 마지막 일격을 가했는데, 회색 늑대보다 더 무시무시한 회색 곰을 아이다호와 몬태나 주 경계를 따라 복원하자고 제안한 것이다.[56]

사실 연방 대법원도 1997년에 환경 단체들에 비우호적인 결정을 내림으로써, 〈보호법〉의 생존에 대한 의회의 위협을 줄이려 했다. 베넷 대 스피어 사건Bennett v. Spear[57]에서 대법원은 〈보호법〉의 공격적 조치로 인해 재산권을 침해당하고 있다고 주장하는 상업 및 기타 이익들도 〈보호법〉의 시민 소송 제도를 이용할 수 있다고 판결했다. 다시 말하면, 늑대의 재도입을 우려하는 목장 주인이나, 멸종 위기에 처한 조류의 보존 서식지를 침해했다는 이유로 기소당한 개발업자들도, 〈보호법〉의 지나친 강제권 행사에 대해 소송을 제기할 수 있게 된 것이다. 베넷 판결은 〈보호법〉이 보호하는 이익의 영역 안에 토지 소유자와 기업을 포괄함으로써 그 법을 멸종 위기로부터 구한 셈이다.[58]

또한 판결은 연방 법원이, 어떤 대가를 지불하더라도 위기종을 보호해야 한다며 환경 단체에 포획된 듯 보였던 20여 년의 시대에도 종지부를 찍었다. 과거 법원은 〈보호법〉을 적용하는 데 경제적 이해는 고려될 수 없으며 민간 토지 소유자도 법의 적용 대상이며, '누구나' 법정에 설 자격을 갖는다는 법 조항에도 불구하고, 자산 소유자는 시민 소송의 자격이 없다고 판결했다. 법정에서 배제된 이해관계자들은 매디슨의 예언처럼 의회에서 말할 기회를 얻었고, 환경 운동가들의 사법 독재에 제동을 거는 임무를 담당한 것은 의회였던 것이다.

소송을 이용한 보복

또한 사법 절차는 공모와 포획의 위험에 더해 세 번째 제도적 결함을 갖는다. 의회나 선거 정치에서 경쟁자들을 이길 승산이 적은 지나치게 협소한 이익들은, 자신들의 목적에 부합하는 토론장을 법원에서 발견한다. 법원에서는 판사만 설득하면 되기 때문이다. 미국 정치라는 자유 경쟁의 장에서 만날 수밖에 없는 반대 세력이나 경쟁자들과 굳이 겨뤄 이길 필요가 없다. 사법부는 사회적 약자와 기득권자들의 권리를 동시에 보호해 주는 거대한 균형 장치가 될 수 있다. 한편에서는 정치적으로 무력한 사람을 보호하고 약자들의 권리를 방어한다. 하지만 다른 한편에서는 민주적이거나 경쟁적인 방법으로는 보장받을 수 없는 기득 이익에 이윤을 안겨 줄 수도 있다. 후자의 볼썽사나운 사례 가운데 하나가 '경쟁자 고소'로, 경쟁 시장이나 민주정치에서는 이길 수 없는 상대를 거꾸러뜨리기 위해 법원을 이용하는 것이다.

　법무부와의 소송 끝에 타협을 통해, 1984년 1월 분할된 미국전화전신회사AT&T가 중요한 사례다. 이는 많은 부분 1960년대와 1970년대 전신 전화 시장으로 진입하려고 시도했던 엠시아이MCI와 다른 신규 업체들의 노력 덕분이었다.[59] 경쟁자들은 시장에서 미국전화전신회사를 이기거나 의회에서 자신들에게 우호적인 입법을 이끌어 낼 수 없었다. 엠시아이와 신규 업체들은 정치와 시장에서 실패하자, 미국전화전신회사와 계열사들이 통신 분야의 신규 진입을 막고 독점을 유지하려고 공모했다는 혐의를 들고 법원으로 갔다.

1974년 엠시아이는, 법무부가 당시 유행했던 공익이라는 통념에 헌신하고 있다는 것을 보여 줄 수 있으며, 〈서먼법〉 등 연방의 반독점 법령을 위반하는 다양한 독점 관행을 근거로 미국전화전신회사를 기소할 수 있다는 점을 설득했다. 오랜 재판 기간 동안 엠시아이 간부들은 미국전화전신회사로부터 입수한 수천 쪽의 문서와 여러 시간 분량의 증언을 제시했고, 미국전화전신회사의 반대 입장에 선 전문가들이 정부를 지원하도록 도왔다. 결국 미국전화전신회사는 회사 분할 결정을 받아들일 수밖에 없었다. 엠시아이는 소송을 통해, 좀 더 공개적인 공간에서는 결코 성취할 수 없었던 결과를 얻는 데 성공한 것이다.

마이크로소프트 사Microsoft Corporation를 상대로 한 법무부의 지속적인 반反독점 소송은 실제 미국전화전신회사에 대한 행위와 별반 다를 게 없다. 마이크로소프트 사는 현재 회사가 불법 독점 관행을 저질렀다는 연방 법원의 판결에 항소를 하고 있다. 2000년 6월에 1심 판사 토머스 펜필드 잭슨Thomas Penfield Jackson은, 마이크로소프트 사의 불법 독점 행위를 근거로 두 개의 독립 회사로 분할되어야 한다는 판결을 내린 바 있다. 마이크로소프트 사의 창립자인 빌 게이츠Bill Gates는, 반독점 소송이 실제로는 경쟁자들의 작품이며 자신의 말이 옳다는 증거가 있다고 주장해 왔다.

법무부의 소송은 "최근 마이크로소프트 사의 반反경쟁적 관행에 관한 백서"라는 제목의 222쪽짜리 보고서를 받은 뒤부터 시작되었다. 백서는 인터넷 브라우저 시장에서 마이크로소프트 사의 최대 경쟁자인 넷스케이프 커뮤니케이션스Netscape Communications 변호인들이 1996년 여름 작성한 것으로,[60] 마이크로소프트 사가 불법 관행을 저질렀다는 주장을 뒷받침하는 세부 내역이 담겨 있었다. 넷스케이프 사는 백서의 복사본을 연방 법무부와 다수의 주 법무부 장관들에게 보냈다. 또한 이 문제에 관심을 가질 만한 의회 의원들을 찾아다녔는데, 실질적인 입법적 지지를 얻는 데에는 실패했다. 하지만 법무부는 관심을 보였다. 2년 후 넷스케이프 백서의 법 이론 및 경제 이론들은(심지어 용어들까지) 마이크로소프트 사에 대한 법무부의 소송사건 적요서에 버젓이 등장했다.

넷스케이프 사는 법무부를 자기편에 가담시킬 수는 없었지만, 야심 찬 연방 검사들을 그들의 명성을 높여 줄 만큼 충분히 큰 사건으로 끌어들였으며, 성공에 필요한 법률 지원을 했다. 마이크로소프트 사를 대상으로 한 반독점 소송의 아이디어를 처음 낸 것은 법무부가 아니라 넷스케이프 사였다. 전 넷스케이프 사 법률고문 로버타 캐츠Roberta Katz에 따르면, 넷스케이프 사가 개입하기 이전에 법무부는 "인터넷이나 소프트웨어에 대해 이해하고 있지 못했"으며 "많은 것을 배워야만 했다." 캐츠는 "내가 할 일은 그들이 꼭 알아야 할 현재 상황의 핵심을 짚어 주는 것이었다."라고 덧붙였다.[61] 넷스케이프 사 백서는 마이크로소프트 사의 불법행위와 더불어 다른 컴퓨터 회사들로부터 받은 자료도 포함하고 있었다. 자료는 마이크로소프트 사가 윈도 소프트웨어 사용자들에게 넷스케이프 브라우저 대신 익스플로러 브라우저를 사용하도록 강요하지 않겠다는 1996년의 약속을 어겼다는 주장을 담고 있었다.

또한 넷스케이프 사는, 마이크로소프트 사와의 법정 다툼에 사용할 자료에 이름을 올리기 위해, 컴퓨터 및 소프트웨어 관련 몇몇 기업의 수장들에게도 백서 복사본을 보냈다. 실제로 타임워너Time Warner, 디즈니Disney, 사브레Savre, 팜Palm, 선마이크로시스템스Sun Microsystems, 아메리카 온라인America Online을 포함한 몇몇 기업들이 법무부에 정보와 증언을 제공했다. 애플 컴퓨터Apple Computer와 몇몇 다른 기업들은 소프트웨어 거인의 불법 관행을 묘사한 독자적인 반대 백서를 내기도 했다.

마이크로소프트 사는 의회와 여론을 겨냥해 대대적인 홍보와 로비 운동을 벌이면서 법정 다툼에 대비했다. 또한 마이크로소프트 사의 입장에서 로비를 하는 '시민 단체'들을 지원하거나 이를 설립하는 식의 통상적인 전략과 더불어, 법무부의 소송을 비판하는 광고와 언론 보도를 지원하는 등의 노력을 기울였다. 경쟁 소프트웨어 회사들은 마이크로소프트 사의 대응이 일정한 성공을 거두고 있다는 판단 아래, 이 단체들과 마이크로소프트 사의 유착 관계를 폭로함으로써 단체의 신뢰성을 떨어뜨리려고 했다. 이를 위해 마이크로소프트 사의 경쟁자들은 여러 가지 유형의 기업 스파이 활동에 관여하게 되었다. 예컨대, 자칭 '건강 경제를 위한 시민들'Citizens for a Sound Economy이라는 단체 사무실에 있던 노트북 컴퓨터(여기에는 마이크로소프트 사가 이 단체에 기부를 했다는 정보가 담겨 있었다)가 그 단체 사무실에서 도난당하는 사건이 발생하기도 했다. 이 단체는 친마이크로소프트적인 신문 논평을 싣는가 하면, 반독점 소송에 대해 법무부가 재정을 지출하지 못하게 하도록 의회에 촉구하기도 했다.[62] 실제로 그 컴퓨터에서 나온 정보는 마이크로소프트 사의 선동 캠페인을 폭로하는 수많은 신문 기사의 자료가 되었다. 유사한 맥락에서 1999년 6월 마이크로소프트 사를 지지하는 내용의 신문광고를 후원했던 단체인 '독립 연구소'Independent Institute도 사무실에서 컴퓨터를 도난당했다고 밝혔다. 컴퓨터에는 마이크로소프트가 광고비를 지불했다는 정보가 담겨 있었다. 그 정보는 나중에 "마이크로소프트 사에 반대하는 어느 컴퓨터 산업 관계자"에 의해 『뉴욕타임스』에 제공되었는데, 신문은 정보원의 이름을 밝히지 않았다.[63]

2000년 6월 『월스트리트저널』은, 마이크로소프트 사의 경쟁사 중 하나인 오라클 사Oracle Corporation가 정부가 진행 중인 소송에 도움이 될지도 모르는, 마이크로소프트 사와 그 동맹 세력들에 관한 정보를 모으려고 워싱턴의 사설탐정 테리 렌즈너Terry Lenzner를 고용했다고 보도했다.[64] 렌즈너는 뒷조사를 통해 사람들의 은밀한 비밀을 캐는 데 일가견이 있는 전문가였다. 과거 그는 빌 클린턴 대통령과 부적절한 관계를 가졌다고 주장했던 여러 여성들의 신빙성을 떨어뜨리기 위해 뒷조사를 한 경력으로 주목을 받은 바 있다. 친마이크로소프트 사 성향의 로비 단체인 '경쟁 기술 협회'Association for Competitive Technology는 렌즈너의 고용인들이 협회 사무실이 있는 빌딩에 공간을 임대한 후 두 차례에 걸쳐 야간 청소부들에게 돈을 주고 쓰레기를 사들이려('쓰레기통 뒤지기'로 알려진 관행) 했다고 비난했다. 렌즈너는 이를 부인했지만, 비평가들은 그 전술이 1998년 렌즈너가 정보를 조사하기 위한 '매우 창조적' 수단이라고 한 잡지에서 표현했던 것과 상당히 유사하다고 지적했다.

당사자주의 소송절차*에서 그러하듯이 경쟁 시장에서도 거친 전술들이 난무한다. 하지만 시장에서 경쟁자들은 전통적으로 소송이 아

---

* 당사자주의 소송절차(adversary proceedings)는 형사소송의 소송 구조 및 원리로 직권주의와 구별된다. 형사소송 과정에서 법원의 주도권을 인정하는 직권주의와는 달리, 당사자주의는 대립하는 쌍방이 주도권을 갖고 공격과 방어를 진행하며 법원은 이를 심판하는 제3자의 입장에 서게 된다. 따라서 직권주의보다 당사자주의 소송절차에서 공격적이고 거친 전술들이 많이 등장한다.

니라 경쟁으로 문제를 해결해 왔다. 마이크로소프트 사의 경쟁자들은 법정의 좁은 영역 안에서, 의회와 시장이라는 더 넓은 경기장에서는 이룰 수 없었던 것을 얻어 냈다. 경제적 경쟁자들이 시장을 우회하도록 허용하고, 연방 법원이 그들을 대표해서 일을 수행하는 것이 공익에 어떤 기여를 할지는 결코 분명한 문제가 아니다.[65]

동원과 대표

법학자 스티븐 예젤Stephen Yeazell의 지적처럼, 경제·사회·정치적 이익들은 종종 '조직화의 비용을 줄일'[66] 수 있기 때문에 소송을 선호한다. 물론 소송에는 한계가 있다. 정치학자 제럴드 로젠버그Gerald Rosenberg에 따르면, 시민권, 여성 인권, 환경문제, 형법 개혁을 위한 단체들의 법정 투쟁은 수십 년간 소송이 계속되었음에도 그다지 효과가 없었다고 한다.[67] 그러나 그와 같은 평가는 두 가지 중요한 지점을 간과하고 있다. 첫째, 소송 단체들은 자신들이 공언한 사회·정치적 목표에 큰 진전이 없어도 성공할 수 있다는 점이다. 어떤 이익 단체들은 자신들의 대의가 심각하게 위협받는 순간에도 번성한다. 또 어떤 단체들은 성공보다 소송으로 더 번창한다. 둘째, 더 심각한 문제는 이런 대변인들은 대개 대표를 자임한다는 점이다. 특정한 사회적 목표를 대변하거나 특정 집단의 대리인으로 봉사한다고 주장하는 이들이 실은 자기 자신을 주로 대변하고 있다.[68] '가짜 대표'는 법정에만 존재하는 독특한 현상은 아니지만, 사법부는 이런 행위에 가장 취약한 기관이다. 지지하는 후보를 공직에 당선시키려고 선거운동을 하거나 입법을 통해 목표를 달성하기 위해 로비 활동을 하는 단체들은, 성공을 위해 다수의 지지자들을 동원해야 한다. 조직된 지지자들의 존재는 단체 지도자들에게 견제 장치로도 작동한다. 엘리트가 변절하거나 단체의 대의에서 벗어나면 구성원들은 불만을 갖게 되고, 결국 지도부의 권위는 도전을 받는다. 예컨대, 미국 노동운동의 역사는 개혁가들이 기득권화된 노조 지도부의 부패와 불법행위에 책임을 물어 해임 운동을 벌이는 — 때로 성공하기도 하는 — 사례들로 가득하다.[69]

하지만 법정에서는 이해 당사자들이 다수의 지지자들을 조직하기 위해 애쓰지 않아도 단체의 효력이 줄지 않는다. 예컨대, 대부분의 집단소송과 기타 집단 피해 불법행위 관련 소송* 변호인들은, 자신들이 대표한다고 주장하는 집단을 실제로 동원해야 할 특별한 이유는 없다고 말한다.[70] 사실 앞서 보았듯이, 소송의 매력 가운데 하나는 협애한 이익집단이 넓은 지지 기반을 가진 경쟁자들을 상대할 수 있고, 대략 비슷한 조건에서 경쟁할 수 있다는 점이다. 소송을 택하는 단체들은 지

---

* 집단소송(class action suit)은 집단이 피해를 본 불법행위(mass tort)에 대한 사법적 구제를 추구하는 소송의 한 유형이다. mass tort라는 용어는 피해를 본 집단을 대표해서 소송을 제기하려는 기업적 변호인들이 대중매체를 통해 원고가 될 피해자들을 모집하면서 널리 사용된 용어로, 그 자체의 뜻은 말 그대로 '다수가 피해를 본 불법행위'라는 뜻이지만 이렇게 원고를 모집한 후 진행되는 소송 자체를 의미하기도 한다. 사법절차를 기준으로 볼 때, class action suit와 mass tort suit는 모두 다수의 피해 집단을 대표한 소송이지만, 소송의 대상이 되는 피해의 범위에 따라 구분될 수 있다. 예컨대 특정 회사가 모든 소비자에게 동일하게 불법적인 과잉 비용을 전가했다면, 승소할 경우 피해자들이 구제받은 권익 침해의 내용은 손해 본 비용을 동일하게 돌려받는 것이 되고 이 경우 class action suit의 절차를 따르게 된다. 그런데 불량 의약품의 판매로 다수의 소비자가 피해를 입었다고 할 경우, 어린이·노약자·임산부 등 피해자의 조건에 따라 상이한 피해 양상이 나타날 수 있다. 이 경우 불법행위는 하나의 불량 의약품 판매이지만, 원고가 소송을 제기하는 피해의 내용은 모두 다를 수 있다. 그리고 해당 불법행위에 대한 사법적 구제 절차는 class action suit 및 여타 유형의 사법적 절차들이 동시에 사용될 수 있다.

지자를 조직할 유인이 약하기 때문에 통상적으로는 정치 동원을 자제할 것이다. 동원은 자신들의 상대적인 약점을 노출할 뿐이다. 심지어 일부 단체들은 입법에서 소송으로 방향을 전환하면서 지지자들을 정리해 버리기도 한다.[71] 정치 조직화와 동원은 어렵고 품이 많이 들며, 지도자들은 지지자들과 승리의 전리품을 나누어야만 한다.[72] 동원 없이도 목표를 달성할 수 있다면, 정치적·경제적 이익집단들은 대체로 동원의 비용을 감내하고 싶어 하지 않는다.[73]

다른 방식의 정치 활동들 대신 소송에 의지하는 이익집단들은, 소송 과정에서 변호인이 모은 서명자 명단 외에도 실체가 없는 이해 당사자들까지 대변하거나 대변한다고 주장하기 때문에, 가짜 대표의 문제는 민감한 문제가 된다. 법원이 인정한 집단의 일부분이 되어 버린 시민들은 자신을 대표해 시작된 소송에 대해 아무런 실질적 통제권이 없다.[74] 어떤 상황에서는 원고들 자신이 대표되는 것에 불만이 있어도 그 집단에서 벗어날 수조차 없다.[75] 법학 교수 조너선 매키Jonathan Macey와 제프리 밀러Geoffrey Miller는, 이런 경우 대부분의 원고들은 단지 종이 위에 기록된 이름에 불과하며, 변호인이 소송에 대해 실제 통제권을 행사하는 일종의 '사업가'가 된다고 주장한다.[76] 오염된 공기를 마시는 사람이나 학교에서 인종차별로 인해 피해를 입은 사람들처럼 소송의 수혜자들이 추상적일 경우, 이해 당사자들이 자칭 대표자들의 행동을 통제하기란 훨씬 어렵다.[77] 또한 구체적인 실체 없이 이렇게 가정으로만 존재하는 집단들은 자신의 법정 투사들의 행위에 관해 어떤 구체적인 영향도 미칠 수 없다.[78]

소송을 통한 정책 결정 : 집단소송

집단소송은 소수의 이해 당사자가 다수의 조직되지 않은 집단의 이익을 대표해 진행하는 소송의 한 유형이다. 집단소송은 1966년 연방 대법원이 채택한 〈연방 시민 소송 절차 규칙〉Federal Rules of Civil Procedure 제23조를 통해 가능해졌다. 23조에 따르면, 전체 집단의 공통된 요구는 한 번의 재판에서 판결 받을 수 있고, 한 사람의 공동 변호인이나 변호인단에 의해 대표될 수 있다.[79] 법원의 입장에서 볼 때, 집단소송은 거의 동일한 소송이 수백 건 심지어 수천 건이나 제기될 수 있는 것을 하나로 합치게 되므로 효율성이 높다. 원고의 입장에서는, 개별적으로 대응할 경우 소송비용을 감당하기에 너무 경미한 사안이지만 다른 유사 사례들과 합쳐지면 손해배상을 청구할 길이 열리므로 바람직할 수 있다.

집단소송에 찬성하는 사람들의 말처럼, 집단소송에서 가장 중요한 것은 개인 당사자들을 대신해, 국가가 적절히 대처하지 못한 사회문제들을 바로잡기 위해 집단적 소송들을 조직함으로써, 정부의 규제 노력을 강화할 기회가 될 수 있다는 점이다.[80] 불량품 제조업체나 암거래상을 상대로 제기된 집단소송은 당국이 간과해 온 공익에 봉사한다. 예컨대 연방 대법원이 1966년 집단소송 규칙을 완화했을 때, 많은 자유주의자들은 민권 변호사들이 이 제도를 활용해 시민권과 관련된 새로운 법률들을 강제할 수 있을 것이라고 생각했다. 시민 주도의 집단소송은 근대 초기 유럽에서 흔했던 행정 관행에서 유사한 비교 사례를 찾을 수 있다. 당시 국왕은 세금을 걸고 범죄를 재판하며 토지와 공해公海를 둘러싼 전쟁을 수행하는 데 무능한 정부를 대신해, 민간 세금 징수인, 현상금 사냥꾼, 용병 대장, 프랜시스 드레이크 경Sir Francis Drake 같은 사략

선 선장과 계약을 맺었다. 하지만 현대 국가는 세금 징수, 법 집행, 전쟁 수행에 전문화된 국가 관료제를 도입하면서 이런 행정 관행들을 포기했다. 사적 정부는 비효율적이고 권력을 남용하기 쉬우며 궁극적으로 인민주권과 맞지 않는다는 점이 입증되었다.[81] 경제학자들의 말대로 민간 세금 징수인과 용병, 민간 무장선의 대리인 비용은 너무 높았다.

국가의 규제 이익을 증진하려고 민간인들의 집단소송에 의존하는 것 또한 유사한 권한 남용을 낳기 쉽고 인민주권과도 양립하기 어려울 수 있다. 공통의 불만을 인지하고 법적 구제 방안을 찾기 위해 모인 시민들의 집단에서 집단소송이 [자발적으로] 일어나는 일은 드물다. 오히려 이런 유형의 소송은 대부분 잠재적인 법 위반 사례들을 발굴한 다음, 그로 인해 손해를 입었을 수도 있는 원고를 찾아다니는 기업가적 변호사들이 주도한다.[82]

그런 기업가적 행위는 정치에서 흔히 발견된다. 낙태나 사형 반대를 위해 거리를 행진하고, 더 많은 의료보장 지출을 위해 로비하는 단체들은 자발적으로 생겨나지 않는다. 기업가적 정치인들이 이익집단을 만들고 유지하는 것이다. 하지만 집단소송 주도자들과는 달리 이익집단의 구성원들은 지도부에게 자신의 뜻을 주장할 수 있고 심지어 이들을 그만두게 할 수도 있다. 예컨대, 1965년 학생 비폭력 조정 위원회 회원들은 창설 지도부 가운데 한 사람인 존 루이스가 충분히 급진적이지 못하다는 이유로 사임시키고, 더 전투적인 스토클리 카마이클Stokely Carmichael을 지지하기로 결정해 민권운동 과정에 변화를 가져왔다.[83] 조직된 이익집단의 지도부는 지지자들의 지지를 얻지 못할 때 자리가 위태로워질 수도 있는 것이다.

집단소송 변호사들은 그런 걱정을 할 필요가 없다. 그들은 지지를 동원할 필요가 없으며, 한 사람의 주도적인 혹은 대표적인 원고와, 항상 그런 것은 아니지만 대개는 불만이 있을 것으로 짐작되는 다른 구성원들의 법적 동의만이 필요할 뿐이다. 소송을 주도할 원고는 종종 법률 회사가 직접 찾는다. 예컨대 존 커피John Coffee에 따르면, 방대한 채권 포트폴리오를 가진 해리 루이스 씨Mr. Harry Lewis는 수백 개의 유가증권 소송에서 지정 원고로 활동한다.[84] 거의 전문적인, 이런 종류의 대표 원고들 가운데 일부는 소송을 담당하는 법률 회사와 금전적 관계를 맺고 있다. 달리 말해, 고객이 변호사를 고용하는 것이 아니라, 변호사가 고객을 고용하는 것이다.

보통, [집단소송에서 해당] 집단의 다른 구성원들은 문제가 되는 권력 남용의 잠재적 희생자들로 확인된 사람들이다. 변호인들은 직접 우편이나 의료 기관 같은 제3자를 통해 이들에게 원고가 되어 달라고 간청한다.[85] 일단 구성원들이 소송에서 자신들의 대표권을 법률 회사에 위임하는 동의서에 사인을 하면, 그들은 판결 통지를 받을 때까지 변호인들로부터 어떤 이야기도 듣기 어렵다. 또한 동의서를 받은 구성원들만이 대표되는 것은 아니다. 유리한 판결을 얻어 내기 위해 어떤 집단은 피해가 아직 명백히 입증되지 않은 잠재적 원고들을 포함시킬 수도 있다. 아직 피해가 나타나지 않은 흡연자나 석면에 노출된 사람들이 사례가 될 수 있을 것이다. 이 미래의 원고들은 그들이 명시적으로 동의를 표한 적도 없는 판결에 엮일 수 있으며,[86] 의뢰인 명단에 이름을 올리지 않았음에도 피고가 변호인 비용을 지불했기 때문에 원고가 되어 버린 사람들은 자신을 대표한다고 주장하는 변호인들에 대해 어떤 실질적 권리도 행사할 수가 없다.

집단소송에서 원고들이 변호인을 통제하기란 어렵거나 불가능하기 때문에, 무대는 고객의 이해관계나 공익과는 다른, 변호인 자신들의 이익을 위해 준비된다. 존 커피에 따르면, 집단소송에서 원고의 이익을 희생시키는 대가로 변호인과 피고 사이에 공모나 결탁이 이루어지는 것이 심각한 문제라고 한다.[87] 변호인에게 높은 소송비용을 보장하고, 원고에게는 낮은 배상이 주어지는 판결에 원고 측 변호인과 피고가 합의하는 거래가 전형적이다. 이른바 쿠폰이나 현물 판결이 사례가 되는데, 원고 측 변호인은 현금을 받고 실제 원고들은 문제가 된 불량품의 구매 할인 쿠폰을 받는 것이다.[88] 한 사례로 제너럴모터스 사의 소형 트럭 불량품에 대한 소송에서, 원고들은 비슷한 트럭을 구매할 때 쓸 수 있는 1천 달러짜리 할인 쿠폰을 받은 반면, 원고 측 변호인단은 1천만 달러에 이르는 현금을 받았다. 비슷한 사례로 국내선 항공기 운임 고정 가격제를 둘러싼 집단소송에서, 원고들은 항공기 여행을 위한 할인 쿠폰을, 변호인들은 1천4백만 달러를 받았다. 쿠폰 판결의 경우, 대부분 실제 사용되는 쿠폰은 소량에 불과하기 때문에 피고의 비용은 줄어든다.

하지만 쿠폰을 받은 원고들은 포드 사 자동차 브론코투Bronco II 모델의 전복 사고로 인한 집단소송에서 명목상 승리했던 원고들보다는 나은 편이다. 자동차 소유자들은 금전적 보상은 받지 못한 채 섬광등, 안전 운전 비디오, 도로 지도책과 같은 사은품을 받았지만 변호사들은 4천만 달러의 현금을 받았다.[89] 모기지 대출자들을 대표해 모기지 에스크로 계정 조작 혐의로 은행을 고소하면서 돈벌이를 한 법률 회사의 잠재 고객들은 상황이 훨씬 나빴다. 이 회사는 몇 번의 소송에서, 은행이 원고의 에스크로 계정에서 직접 빼낸 돈으로 만든 기금에서 원고 측 변호인 비용을 지불하도록 합의함으로써, 소송의 명목상 수혜자들을 이전보다 더 가난하게 만들었다.[90]

존 커피에 따르면 공모는 집단소송 과정의 구조 자체로부터 발생한다.[91] 고객은 변호인들을 통제하지 못한다. 보통 변호사 비용은 소송에 드는 시간을 기준으로 '시간 비례 보수 방식'에 따라 결정되는데, 법원이 허용하는 지불 청구 가능 시간의 최대치에 이르면 변호인들은 빨리 해결을 보려는 유인을 갖게 된다. 게다가 합의에 이의를 제기하는 것은 사실상 어렵다. 최근 법원이 몇몇 명백한 공모적 합의를 거부하기는 했지만,[92] 일반적으로 법원은 합의를 액면 그대로 받아들이려 하며, 원고와 피고가 만족한 것처럼 보이는 합의에 개입하는 일은 드물다.[93]

이런 종류의 해결이라도 집단소송이 실제로 정부의 행정 및 규제 능력을 증진한다면 수용될 수 있다. 원고 개인들은 얻는 게 거의 없지만, 다수의 소규모 배상액이 모이면 피고에게는 심각한 제재가 될 수 있고 미래의 위법행위를 억제할 수도 있을 것이다. 하지만 집단소송과 공익 사이의 관계는 의문의 여지가 있다. 앞선 시대의 민간 세금 징수인, 민간 무장선장, 현상금 사냥꾼들처럼, 원고의 변호인들은 국익과 공익을 사적 이익으로 대체할 수 있는 지위에 있기 때문이다. 현상금 사냥꾼들은 과도하고 무차별적인 폭력을 사용하는 경향이 있었다. 용병들은 적과의 전투 의지가 부족했으며 심지어 대가를 받고 전장을 떠나기도 했다. 민간 세금 징수인들은 서민들을 옥죄고 분노하게 했지만 그들이 징수했던 엄청난 세금은 공공 금고로 거의 들어가지 않았다.

이와 마찬가지 방식으로 원고 측 변호인들은 공공의 행정 및 규제 이익을 개인의 금전적 이익으로 바꿔 낼 수 있다.[94] 현상금 사냥꾼들처럼 집단소송 변호인들은 특정 유형의 규제가 과하게 집행되도록 하는 경향이 있다. 특히 그들은 정부가 이미 법 집행을 위해 노력하고 있는 부분에 편승해, 이를 승소하기 쉬운 사건을 선택하는 지침으로 활용하곤 한다.[95] 예컨대 원고 측 변호사들은 반독점법과 같은 경우에서, 연방 거래 위원회와 같은 정부 기관이 앞서 진행했던 소송이나 법무부의 형사소송 선례를 따라 소송을 제기하곤 한다. 정부 기관의 소송 선례를 통해, 집단소송 변호사들은 아무런 대가를 지불하지 않고도 산더미 같은 문서 증거를 손에 넣을 수 있다. 또한 정부 기관의 소송이 성공했다면 유사한 민간 소송 역시 성공할 가능성이 높다. 따라서 집단소송 변호인들은 정부가 이미 충분히 주의를 기울이고 있는 규제에 개입해 과도한 법 집행을 낳을 유인을 갖게 되는데, 이런 '민간 검찰'의 노력이 다른 곳으로 향해졌다면 더 유용했을지도 모른다.

또한 원고 측 변호인들은 르네상스 시대의 용병대장들처럼, 전장을 떠나는 대가로 명목상의 적들로부터 뇌물을 받곤 한다. 앞서 지적했듯이 집단소송에서 공모를 통해 사건을 해결하는 것은 흔한 일이다. 자기 고객들에 대한 충성심이 약하고 이들과 거의 만날 일도 없는 집단소송 변호인들은, 피고가 관련 유해 행위를 계속할 수 있게 하는 해결책에 합의해 버릴 수도 있다. 담배 협정이 대표적인 사례다. 담배로 인한 폐해를 줄이는 데 대한 공중의 이해는, 담배 판매로 이윤을 얻는 사람들과 변호인들의 이해관계에 의해 밀려나 버렸다.

마지막으로, 원고 측 변호인들은 세금 징수인들처럼 제일 좋은 몫을 챙긴 채 납세자들을 괴롭히고 화나게 만든다. 대표적인 사례 가운데 하나가 유명한 고엽제 손해배상 소송이다. 여러 화학 회사들로 구성된 피고들은 에이전트 오렌지Agent Orange라는 화학 고엽제에 노출되어 고통 받는 베트남전 참전 군인들의 질병 문제로 기소를 당했다. 피고들은 최종 판결에 합의하기 전 재판을 준비하면서 1억 달러 이상을 지출했다. 또한 판결은 원고 측 변호인들에게 1천만 달러 정도를 지불하라고 명했다. 이 비용 가운데 상당 액수가, 소송에 재정만 지원했을 뿐, 실제 법률 활동은 전혀 하지 않았던 '투자자 변호인들' 몫으로 돌아갔다.[96] 그렇다면 이 현대판 세금 징수인들이 피해자들에게 되찾아 준 것은 무엇이었을까? 각 원고들은 1만2천 달러의 장애 수당과 3천4백 달러의 사망 수당을 받았다. 세금 징수 비용과 징수인이 가져가는 비용 때문에, 허울 좋은 수혜자들에게 돌아갈 몫은 얼마 되지 않았던 것이다.

집단적인 정치 행동과는 달리 집단소송은 이해 당사자를 동원하는 데 드는 비용을 피해 갈 수 있고 속일 수도 있다. 집단소송에서 '집단'은 어떤 조직된 단체가 아니라 기업가형 법률가들이 고안해 낸 것이며, 법적 대표자들에게 어떤 영향력도 행사하기 어렵다. 결과적으로 이런 가짜 대표자들은 법적으로는 정의되지만 실제로는 존재하지 않는 집단을 법정에서 희생시키면서 자유롭게 자신의 이익을 추구한다. 집단소송에서 가장 이익을 얻는 단체는 변호사 집단인 것이다.

민간 검찰

소송의 주체로 법원이 인정한 집단들을 대표한 소송에서 민간 검찰이 '환경' 같은 추상적 이해관계나 '가난한 사람들'처럼 조직되지 않은 집단을 대표한다고 자임할 때, 문제가 발생할 수 있다. 소송은 집단소송으로 제기되지만, 조직되지 않은 원고들의 법률 대리인들이 그들의 잠재적 고객들에게, 법정에서 당신들을 대표해도 되겠냐고 허락을 구하지는 않는다. 따라서 이런 '고객들'은 집단소송에서 승소했다고 기껏 쿠폰을 받았던 사람들보다도 훨씬 더 법률 대리인에 대한 통제권이 없다. 법학자 마셜 브레어Marshall Breger가 지적하듯이, 민간 검찰들이 추상적인 목표를 내걸고 싸울 때 진짜 고객은 명분으로서만 존재할 뿐, 구체적인 혜택을 받게 될 수 있는 사람들이 아니다.[97]

'민간 검찰'이라는 용어는, 개인적인 피해를 구제하기 위한 것이 아니라 공공 정책의 집행을 촉진하기 위한 것이라고 국가가 인정한 소송의 원고에게 법원이 적용해 온 것이다.[98] 그 용어는 1943년 연탄법 관련 산업들 대 익스 사건Associated Industries v. Ickes[99]에서 처음 등장했다. 이 사건은 "연탄 위원회가 제정한 명령으로 고통 받는 사람은 누구라도 …… 위원회 결정에 대해 사법적 판단을 물을 수 있다."라고 명시한 〈1937년 연탄법〉1937 Bituminous Coal Act의 규정에 이의를 제기한 것이었다. 연방 순회 항소법원 판사 제롬 프랭크Jerome Frank는, 연방의회는 "민간인이나 지정된 민간단체에 기소 권한을 부여할 수 있는" 법령을 제정할 수 있는데, "…… 비록 그 유일한 목적이 공익을 옹호하는 것이라고 해도 말이다. 법으로 승인된 이런 사람들이 소위 민간 검찰이다(원문 그대로)."라고 주장했다.[100]

오늘날 민간 검찰은 시민권 관련 법률들과 환경 법령의 시민 소송 규정, 〈연방 선거운동법〉, 〈연방 거래 위원회법〉Federal Trade Commission Act, 〈천연가스법〉Natural Gas Act, 〈독극물 통제법〉Toxic Substances Control Act, 〈연방 동력법〉Federal Power Act, 〈연방 통신법〉Federal Communications Act, 〈여성 폭력 방지법〉Violence against Women Act 같은 다양한 연방 법률에서 법적으로 인정받고 있다.[101] 민간 검찰로 활동하는 개인이나 단체는 소신을 가지고 특정한 공적 목표를 추구하는 대변자로 간주된다.[102] 민간 검찰이 제기한 소송은 특수한 사익을 옹호하기 위한 것이 아니라 법률의 집행과 공공선을 목적으로 한 정치 활동의 한 형태다. 최근 몇 해 동안 수백 개의 연방 법원 소송들에는 이처럼 폭넓은 공적 관심사를 대변

한다고 주장하는 사람들이 연루되어 있다.[103]

　많은 경우 시민 소송이나 이와 유사한 소송을 진행하는 사람들은 시민권이나 환경의 질, 기타 진정한 공적 관심사들을 진지하게 대변한다. 그럼에도 소송을 통한 이런 유형의 정치 행동은 많은 문제를 일으킨다. 첫째, 빈곤층, 여성, 소수자, 기타 집단의 대표자로 법정에 나서는 사람들은 항상 스스로 대표자가 된다는 점이다. 공직 검사와 달리 민간 검사들은, 그들이 대표한다고 주장하는 사람들로부터 선출된 것도 아니고, 정당하게 선출된 대표에 의해 임명된 것도 아니다. 선출직 공직자와는 달리 민간 검사들은, 법정에서 자신들이 주장하는 바가 그들이 대표한다는 집단 구성원의 지지를 받고 있다는 설문 조사 자료조차 거의 제시하지 않는다. 이들이 추구하는 목표와 이름뿐인 의뢰인들의 관점은 같을 수가 없다. 이름뿐인 의뢰인들은 대개 규모가 크고 조직되어 있지 않으며 분명하게 표명된 이해관계가 없으므로, 이런 차이는 거의 항상 자칭 대표자들에게 유리하게 해석된다.

　하버드 대학 법학 교수 데릭 벨Derrick Bell은 그런 한 가지 사례를 이야기한다. 1975년 벨은 보스턴 흑인 공동체 대표자들의 초청을 받아 대표자들과 함께 전미 유색인 지위 향상 협회(이하 협회) 법률 변호 기금NAACP Legal Defence Fund 변호사들을 만났다. 이들은 보스턴 공립학교의 인종차별 관행을 철폐하기 위한 노력의 일환으로 소송을 계획하고 있었다. 협회 변호사들은 학교마다 흑인과 백인의 비율을 맞추기 위해 흑인 주거지역 밖에 있는 학교에 버스로 아이들을 실어 나르는 강제 버스 통학˙을 추진하려고 했다. 이런 노력은 법정에서 시 당국의 반대에 부딪혔고, 보스턴 거리에서는 인종차별이 철폐될 학교의 학부모인 노동계급 백인 이웃들의 격렬한 저항에 직면했다. 그러나 벨의 전언에 따르면 흑인 공동체 단체들 역시 협회의 계획을 지지하지 않았다. 흑인 부모들은 인종차별 철폐보다는 교육의 질에 더 관심이 있었다. 그들은 흑인 주거지역 학교교육의 질을 높이고, 백인 노동계급 주거지역으로 향하는 강제 통학을 최소화하기를 원했다. 벨에 따르면, 협회 변호사들은 이들의 요구를 경청하기는 했지만 생각을 바꾸지는 않았다. 학교에서의 인종차별 철폐가 지상 목표인 협회는 그들이 대표해서 싸우고 있다는 보스턴 흑인 공동체의 실질적 요구에는 아랑곳하지 않았던 것이다.[104]

보스턴의 흑인 부모들은 조직되어 있었기에, 연방 판사 아서 개리 티W. Arthur Garrity와 직접 의견을 나눌 수 있었고, 협회 변호사들의 존재에도 불구하고 자신들의 입장 가운데 일부를 관철할 수 있었다. 하지만 다른 많은 경우, 정치적 목적을 달성하기 위해 법정을 이용하는 자칭 대표자들은, 조직되지 못하고 너무 가난한 나머지 자신들의 목소리조차 내기 어려운 고객들의 바람과 실질적인 이해를 무시해 왔다. 예컨대 펜실베이니아 소송을 살펴보자. 이 지역 지체 장애 아동들의 몇몇 부모와 후견인들이 파인허스트 주립 학교와 주립 병원의 지체 장애 아동 시설을 상대로 소송을 제기했다.[105] 소송 담당 변호사와 소송을 제기한 부모 가운데 일부는, 파인허스트의 대규모 지체 장애 환자 수용 시설을

● 강제 버스 통학(school desegregation desegregation busing)이란 공립학교 인종차별 철폐 조치의 일환이었다. 20세기 중반, 미국 공립학교들은 "분리되어 있지만 평등한 학교"(separate but equal schools) 정책에 따라 흑인과 백인 학교를 분리 운영했다. 1954년 연방 대법원은 '브라운 대 교육위원회 사건'(Brown v. Board of Education)에서 기존 정책이 위헌이라고 판결했고, 이후 공립학교 인종차별 철폐 조치들이 단행되었는데, 그 조치의 일환으로 일정 거리 내에 있는 흑인 학교와 백인 학교의 학교 지구를 통합하고 버스 통학을 하도록 하는 조치가 시행되었다.

폐지하고 지역사회를 기반으로 하는 다양한 소규모 시설들로 대체하기를 원했다. 하지만 소송이 진행되면서 파인허스트의 환자 부모들 가운데 압도적 다수는 기존의 시설이 유지되기를 원하는 것으로 밝혀졌다. 탈脫시설화 정책*에 대한 반대는 여러 가지 이유에서 비롯되었다. 어떤 부모들은 파인허스트를 심각한 지체 장애 아동을 위한 안전시설로 인식했다. 다른 부모들은 지역사회를 기반으로 한 대안들이 실제로 구현될 수 있을지 의구심을 가졌다. 하지만 이런 부모들의 입장은 고려되지 않았다. 담당 변호사는 탈시설화의 원리를 강력히 지지했으며, 이에 반대하는 부모들은 장애 아동이 가정에 있을 때 발생하는 어려움과 혼란을 피하고 싶어 하는 것일 뿐이라고 봤다. 결국 변호사는 탈시설화에 반대하는 부모들의 이해가 자신이 대변하는 아동들의 이해와 다르며 법정에서 고려되어서는 안 된다는 점을 성공적으로 설득해 냈다.[106]

설사 조직되지 않은 대규모 집단의 일부 구성원들의 견해를 변호사들이 정확히 반영한다 해도, 나머지 구성원들의 견해를 무시하거나 잘못 대표한다는 점은 거의 확실하다. 어떤 경우든, 대규모 집단 내부에는 이해관계와 관점의 차이가 존재할 수밖에 없기 때문이다. 모든 여성

---

* 탈시설화는 대규모 지체 장애인 수용 시설이 일반 사회와 격리되어 있고, 내부에서 장애인의 인권이 보장되지 못하는 등의 문제가 있다는 진단과 함께, 지역사회와 연계된 소규모 시설로 분산해 장애인의 인권 및 사회생활을 보장해야 한다는 사회복지 이론 및 정책 방향을 말한다. 탈시설화를 주장하는 사람들은 대안으로 그룹 홈, 일반 가정 위탁 보호, 주간 보호시설 등을 제시한다. 미국에서도 이런 정책 방향이 추진되었는데, 이는 장애인 인권이라는 측면보다 대규모 시설을 유지하는 재정 비용을 줄이기 위한 것이었다. 그러나 지역사회 통합형 시설에서도 여전히 장애인 격리 현상이 나타나고 오히려 전문성이 떨어져 안전 문제가 있다는 등의 반론도 제기되고 있다.

혹은 모든 아프리카계 미국인, 모든 빈곤층이, 자신들에게 영향을 미치는 중요 의제에 동의한다고 주장하는 것은 어리석은 일이다. 집단으로 조직되어 [내부의] 견해 차이에도 불구하고 집단적 결정 절차를 통해 합의에 이르게 되면, 대표자들은 집단을 대표할 권한을 위임받을 수 있다. 하지만 규모가 크고 조직되지 않은 집단을 대표한다는 민간 검찰은 그런 위임을 결코 얻어 낼 수 없다.[107]

특히 집단이 조직되어 있지 않고 이슈가 복잡할 경우, 집단 이익을 대표한다고 주장하는 이들은 기껏해야 집단 구성원 가운데 일부의 견해만을 반영하게 될 것이다. 선호를 결집할, 널리 인정된 규칙이 없는 상황에서, 이런 식의 법적 대표는 소송의 수혜자로 가정되는 다수 개인들의 이해와 의견을 간단히 무시한다. 물론 투표와 대의 메커니즘으로 선호를 결집하는 것은 정치 생활에서 가장 복잡한 문제 가운데 하나다.[108] 적어도 법원은 민간 검찰이 제기한 소송에서 이런 복잡한 문제를 무시하는 방법으로 문제를 해결해 온 것이다.[109]

하지만 문제가 사라지는 것은 아니다. 2개 언어 병용 교육 주창자들은 능숙한 영어가 자녀의 성공에 필수적이라고 생각하는 부모들의 반대에도 불구하고 소송을 추진했다. 정신지체 장애인의 자칭 대변인들은, 제도화된 시설을 선호하는 가족들의 반대를 무시한 채 탈시설화를 관철하는 데 법정을 이용했다. 노숙인들의 대변인들은 다수의 노숙인들이 꺼려하는 노숙인 쉼터를 지역사회에 짓도록 압박했다.[110] 이와 비슷한 많은 사례에서, 도움이 필요한 집단을 대표해 소송을 제기하는 사람들은, 다른 사람들의 이해에 반해 일부의 이해만을 주장하기 위해 법정을 이용하고 있는 것이다.

훨씬 더 문제가 되는 것은, 법정에서 표현되는 이익이 어느 한 집단의 것이 아니라 무차별 대중의 이익이라고 주장되는 경우다. 그런 사건에서 대표 원고는 특정한 누군가가 아니라 모든 사람을 위한 대역일 뿐이며, 변호인은 공익에 대한 특정한 인식, 즉 사실상 변호인 자신의 생각이거나 소송 의뢰인의 생각에 대해 법정의 승인을 얻어 내려고 애를 쓰게 된다. 물론 공익 소송의 이점은 일반 대중의 다양한 대표자들이 아닌 판사 한 사람에게만, 어떤 특정한 공익 개념이 다른 개념에 비해 우선한다는 점을 확신시키면 된다는 것이다.

최근, 공익을 옹호하는 사람들은 멸종 위기종 보호가 모든 경제적 고려에 우선하며, 공립학교 아동의 부모들은 학교에서 아이에게 제공되는 성교육 자료에 반대할 권리가 없고,[*] 송전선이 경관을 해쳐서는 결코 안 되며, 공적 공간에서 모든 종교적 표현은 금지되어야 한다는 것에 대해 (동료 시민들을 설득하기는 어려웠지만) 판사들을 설득하는 데는 성공했다. 환경·교육·미관·종교는 중요한 공적 관심사들이다. 하지만 자칭 대표자들이 소송에서 보여 준 특수한 입장이 이 문제에 대한 공적 이익의 유일하고도 설득력 있는 표현일 수는 없다. 공익에 관한 이런 정의들은 자칭 대변인들과 판사 사이의 심의 과정에서 정부의 공식 입장이 된다.

공익 소송에 관련된 변호사들에게, 진정한 의미의 의뢰인이 없다는 것은 또 다른 문제를 낳는다. 의뢰인이 없는 변호사들은 자기 자신 외

---

[*] 공립학교에서 진행되는 성교육의 방향 및 수준, 사용되는 교재의 적실성 문제는 미국뿐만 아니라 영국에서도 자유주의적 시민 단체들과 보수적 시민 단체, 전통적인 학부모들 사이에 발생하는 갈등 사안 가운데 하나다. 예컨대 피임이나 낙태, 자위, 동성애 등에 어떻게 접근해야 하며, 사용되는 화보나 동영상 등의 수위는 어느 정도여야 하는가 등이 문제가 된다.

에는 책임질 대상이 없다. 불행히도 이 때문에, 공익에 기여하는지 의심스러운 행동이 가능해진다. 그런 사례 가운데 하나가 〈수질오염 방지법〉Clean Water Act의 시민 소송 규정에 따라 진행된 환경 소송이다.[111] 대부분의 환경 관련 법령들처럼, 〈수질오염 방지법〉도 기록 보존에 관한 복잡한 요구 조항들을 포함한다. 이 법의 준수 여부를 감독하는 환경보호청(이하 보호청)은 해당 회사들의 기록을 일상적으로 검사한다. 보호청 감사관들은 특정 회사의 기록에서 기술적인 결함을 찾아내고 시정 명령을 내리곤 한다. 기록 보존의 오류가 고의적이거나 반복적으로 발생할 경우, 보호청은 벌금을 부과하거나 기타 제재를 할 수 있다. 하지만 가벼운 위반 사례의 경우 대개 추가 조치를 하지 않는다.

정부가 제재하지 않은 이런 사소한 위반 사례들은 지난 20여 년 동안 일부 환경 단체들에게 지속적인 자금원이 되었다. 단체들은 〈정보자유법〉Freedom of Information Act에 따라 획득한 보호청 기록에서 소송거리를 찾은 다음, 보호청이 이미 제재하지 않기로 결정한 사안에 대해 벌금과 제재를 부과하라는 소송을 연방 법원에 제기한다. 실제로 처벌이 이루어진 경우는 거의 없는데, 단체들이 예상 벌금 액수보다는 낮은 수준의 대가를 받고 소송 취하에 동의해 주기 때문이다. 보통 그 돈은 소송을 제기한 이익 옹호 단체가 지원하는 환경 프로젝트 지원비로 들어간다. 이런 경우 소송은 공익 소송이라는 가면을 쓴 갈취 행위 이상이 아니다. 보호청이 이미 하고 있는 법 집행에 기생하는 것이지 법 집행에 새로운 기여를 하는 것이 아니기 때문이다. 사실 이익 옹호 단체들은 기록 보존 위반자들을 추적하기에 너무 바빠서 더 심각한 위반 행위를 찾는 데에는 거의 신경을 쓰지 못한다. 이 모든 것은 실제 의뢰인이 없기 때문에 가능한 일이며, 이런 공익 소송 제기자들은 오직 자신

에게만 책임을 질 뿐이다.[112]

이와 비슷한 또 다른 사례로, 단체들은 일부 잘 나가는 기업의 위법 행위 혐의를 널리 알린다. 이런 고발에는 실제 소송이나 소송하겠다는 위협이 뒤따른다. 협상이 이어지고, 고발한 단체에 대한 다양한 보상과 함께 혐의를 바로잡을 모호한 프로그램들이 만들어지면서 마침내 사건은 해결에 이르게 된다. 이제 그 단체는 결과에 만족한다는 선언을 하고, 해당 기업을 모범적인 시민의 모델로 적시한 다음 새로운 사건을 찾기 시작한다.

이런 사례로, 1999년 제시 잭슨 목사의 레인보/푸시 연합*이, 보잉 사의 아프리카계 미국인 노동자들이 보잉 사를 상대로 제기한 집단소송을 중재한 적이 있었다. 소송 이유는 보잉 사가 고용과 급여, 승진 관행에서 인종적 편견을 개입시켰다는 것이었다. 초기에 잭슨 목사는 노동자들의 주장을 지지했고 미국 기업의 인종차별적 사례로 노동자들의 주장을 널리 알렸다. 하지만 일정 기간의 협상을 거쳐 잭슨은 노동자들에게 유리한 해결책에 합의했다고 발표했다. 합의에 따라 보잉 사 노동자들은 각자 평균 1,768달러를 받게 되었다.[113] 노동자 측 변호인들은 380만 달러를 받았다. 보잉 사는 레인보/푸시에 5만 달러를 기부하고, 합의 조건에 따라 회사는 차별 반대 프로그램을 새로 만들며, 수

---

* 1984년 대통령 선거에 출마한 흑인 민권운동가 제시 잭슨은 캠페인 과정에서 레인보 연합(rainbow coalition)을 주장했으며, 1985년에 정치단체인 전국 레인보 연합(National Rainbow Coalition)이 설립되었다. 한편 오퍼레이션 푸시(Operation PUSH)는 People United to Save Humanity의 약자로 1971년 흑인들의 자립과 시민권 및 사회정의를 위해 활동하고자 설립되었다. 1997년, 두 단체가 통합한 조직이 레인보/푸시 연합(Rainbow/PUSH Coalition)이다.

십만 달러에 달하는 이 프로그램의 지출 상황을 감독하는 일에 레인보/푸시 이사회 구성원 중 한 명을 지명하기로 합의했다. 또한 보잉 사는 합의 조건과는 별도로, 레인보/푸시와 관련 있는 기업체 두 곳과 수백만 달러 규모의 계약을 체결했다.[114] 보잉 사 사장 필 콘디트Phil Condit와 잭슨 목사는 이 합의에 서로 만족한다고 공표했다. 그런 합의는 대개 도전받지 않고 넘어가게 되지만, 일군의 불만을 가진 아프리카계 미국인 노동자들이 배신을 당했다고 주장하며 합의에 이의를 제기했다. 불만을 가진 사람들의 변호사는 보잉 사가 잭슨의 조직에 건네준 기금에 의문을 제기했다. 연방 법원 판사가 변호사에게 잭슨이 사기성이 있는 공모 행위에 가담했다고 생각하는지를 묻자, 변호사는 "아닙니다. 우리는 그가 속았다고 믿습니다."라고 답했다.[115]

흥미롭게도, 한때 잭슨 밑에서 일했던 앨 샤프턴Al Sharpton 목사가 최근 버거킹 사와 다투고 있던 한 흑인 영업점 소유자를 대신해 버거킹 사에 반대하는 연좌 농성과 보이콧을 조직하겠다고 위협한 적이 있다. 하지만 버거킹 사는 잭슨 목사에게 도움을 요청했고, 잭슨은 샤프턴에게 항의를 중단하라고 촉구했다. 후일 잭슨의 조직이 버거킹 사로부터 50만 달러를 기부받았다는 사실이 드러났다. 샤프턴은 기자에게, "제시 잭슨에게 기업 세계에 맞서도록 훈련받은 내가, 지금에 와서 기업들과 한 패가 된다는 건 매우 어려운 일이다. 게다가 그들은 나를 가르쳤던 사람을 보호막으로 이용하고 있다."라고 말했다.[116]

물론 선거 경쟁을 하는 정치인들이나 입법기관들 역시 자신의 이해관계가 공익에 부합한다고 믿음으로써 잘못된 방향으로 이끌릴 수 있다. 정치 캠페인의 재정이 사적으로 조달되는 문제에 대중이 관심을 갖는 것도 이런 이유에서다. 부자들로부터 거액의 선거 자금을 기부받는 것은 공익을 확인하는 과정에 사익이 개입되는 것이다. 하지만 민주적 동원과 설득의 절차를 밟을 필요조차 없을 때 사적 자금이 거래될 가능성은 더욱 커진다. 민간 검찰과 기타 자칭 대변인들이 제기한 소송은 이런 제약의 범위 밖에 있다. 소송인들은 캠페인을 할 필요도 없고 이해 당사자를 가질 필요도 없다. 누구에게도 공식적인 책임을 지지 않으며, 조직된 지지자들에게 답해야 할 의무도 없고, 선거나 의회 논쟁 과정에 등장하는 다양한 공익 개념에 맞서 자신의 공익 개념을 방어해야 할 필요도 없다. 이런 견제 장치들이 없을 때, 자신의 이익이 공익과 하나라는 안락한 확신에 굴복하는 것은 비교적 쉬운 일이다.

사법 권력

정치 전술로서 소송이 갖는 중요성은 정책 결정 기관으로서 사법부가 미국에서 중요한 역할을 하고 있음을 반영하는 동시에 이를 강화하기도 한다. 지난 20여 년 동안 법원의 적극성은 많은 학문적 논평의 주제였다.[117] 사법 적극성에 비판적인 학자들의 핵심 주장은 여전히 고려해 볼 가치가 있다. 민주주의에서 선출된 공직자가 아닌 법원이 내린 정책 결정의 정당성은 항상 의문의 여지가 있기 때문이다.

연방 법원들은 민주적 통제를 받지 않는다는 특성 때문에, 그리고 개인의 권리와 정치적 평등의 제도적 수호자로 기여했기 때문에, 정책 결정의 역할에 대한 대중의 비판으로부터 안전하게 보호받는다. 실제로 법원은 종종 민주적 절차 자체를 보호하기 위해 개입해 왔다. 하지만 우리는 민주적 자유의 옹호자로서 갖는 법원의 효능이 다른 공적 기관들에 의해 강화되었다는 점을 기억해야 한다. 예컨대 시민권이 진전되는 과정에서 법원과 함께 대통령과 의회도 역할을 했으며, 투쟁 과정에서 주요 동력은 법정에서뿐만 아니라 거리에서 대의를 위해 싸웠던 조직되고 동원된 역동적 민권운동이었고, 그것은 전후 미국 정치에서 대중 동원의 가장 중요한 사례였다. 그때의 소송은 풀뿌리 수준에서 전개된 영웅적 캠페인 활동과 함께 진행되었으며, 이런 광범위한 시민 저항은 법정의 원칙적 판결에 민주적 정당성을 부여했다. 이런 경우 소송은 민주적 동원의 부산물이었던 것이다. 하지만 최근 이루어지고 있는 소송은 민주정치의 대체물이 되었고, 소송의 주요 수혜자들은 더 큰 광장에서 공개적으로 경쟁하기를 꺼려하거나 그렇게 할 수 없는 이익들이다. 대변자를 자임하는 이들이 소송을 통해 정책을 결정하려 할 때 소수를 위한 개인민주주의는 다수를 위한 대중민주주의에 우위를 점하게 된다.

8

회원 없는 운동

가장 소박한 시민들도 놀라운 정치적 열정을 가질 수 있다는 생각은 언제나 정치학 문헌에서 확실히 낭만적 호소력을 가져왔다. 그러나 평범한 시민들만으로는 자금원과 조직 기술, 정치적 지식이 부족하기 때문에 정치 무대에 잠깐 등장하는 것 이상이 되기 어렵다. 일반적으로 그들이 공적 광장에서 더 오래 버티려면 이런 자원을 가진 집단들로부터의 상당한 지원이 필요하다. 미국과 유럽의 역사를 보면, 경쟁하는 엘리트들이 평범한 시민의 필요와 이해에 호소하는 이슈와 정책을 만들고 조직을 건설해 이들을 정치의 장으로 이끌었다. 게다가 엘리트들은 평범한 시민들로부터 정치적 지지를 이끌어 내기 위해, 시민들의 관점과 이익을 고려해 정치적 호소의 범위를 넓혀야만 했다. 정치투쟁에서 대중의 지지를 획득하려면, 자신들의 협소한 관심사가 아니라 광범한 대중의 이익에 호소하는 공약과 프로그램으로 승리의 전리품을 나누어야 했던 것이다.

최근 수십 년 동안, 한때 정치투쟁을 위해 유권자 대중을 조직하고 활성화했던 정치 엘리트들이 불행하게도 목표 달성을 위해 다른 수단을 발견해 왔다. 그들은 법정, 관료에 대한 특권적 접근권, '내부자' 이익집단 정치에 의존하고 있다. 현대 엘리트들은 지지자 대중을 동원하는 고된 일을 더 이상 할 필요가 없다는 걸 깨달았다. 그 결과 환경 단체들은 소수의 회원만으로 움직이며, 민권 단체들은 시위대보다 변호사들을 앞세우고, 정당들은 다수를 동원하기보다 소수를 활성화하는 데 관심을 쏟는다. 심지어 2000년 대통령 선거의 승패도 투표함이 아니라 법정에서 가려졌다. 플로리다 선거 결과를 결정하기 위해 유권자 군단이 아닌 소수 정치 활동가들만의 격전이 치러진 것이다.

한때 정치·사회적 개혁이라는 이름으로 대중의 지지를 동원했던 가장 진보적인 정치 운동들조차 이제는 대중 정치의 장에서가 아니라 법원과 관료를 통해 목표를 추구하고 있다. 그 결과 이런 운동들의 목표는 중상 계급 지도부의 제한된 이해관계와 긴밀히 결합되었다. 더 넓은 유권자들에게 적응하기 위해 자신의 좁은 계급 기반을 뛰어넘어야 할 필요가 사라짐에 따라, 서민들의 좀 더 근본적인 물질적 필요가 아니라 안락함과 지위, 심미적 만족이라는 부유한 엘리트들의 협소한 욕망에 초점을 맞추고 있는 것이다. 그렇게나 많은 시민 단체들이 숭배하는 소위 '탈물질주의적' 혹은 '삶의 질' 이슈들을 그 밖의 어떤 것으로 특징지을 수 있을까?[1] 레닌V. I. Lenin의 노동계급 비평을 원용하자면, 그대로 방치할 경우 부르주아지는 소비자 의식만을 가질 수 있을 뿐이다.

민권운동, 환경 운동, 소비자 운동이라는 세 가지 현대판 개혁 운동은
이 점을 잘 보여 준다.

시민권에서 적극적 차별 시정 정책으로

1950년대 후반부터 1960년대 초반까지, 아프리카계 미국인 목사들과
지식인들 그리고 전문직들의 동맹은 백인 중상층 계급의 지원을 받으
며 폭넓은 시민권 의제를 대표해서 수만 명의 젊은 활동가들을 포함한
수십만 명의 흑인 유권자를 동원했다. 운동의 목표는 흑인 빈곤 구제를
위한 사회보장 프로그램의 창설 및 경제적 기회 확대, 투표권, 학교에
서의 인종차별 철폐, 거주와 고용 차별의 종식, 공공 편의 시설과 교통
수단에서 아파르트헤이트*에 비견되는 차별의 근절을 포함했다. 이런
광범한 의제는 아프리카계 흑인 공동체의 모든 부문이 실제 필요로 하
는 바였고, 운동 지도부들에게는 앞으로 이겨 나갈 길고 위험한 투쟁에
필요한 강고하고 단일한 대중 기반을 형성할 수 있게 했다. 민권운동의
일부 중요한 승리는 연방 법원에서 이루어졌지만, 성공의 대부분은 대
중 동원 전략에서 나온 것이었다.

대중 동원은 1955년 앨라배마 주 몽고메리에서 마틴 루서 킹이 주
도한 버스 보이콧에서 시작되었다. 보이콧 이후 10년 동안 킹 목사의

---

* 아파르트헤이트(apartheid)는 남아프리카공화국의 인종차별 정책으로, 소수의 백인이
다수 유색인종을 통치하는 과정에서 인종 격리 및 차별을 합법화한 것이다. 1948년 국민당
정권에서 체계화되면서 아파르트헤이트라는 명칭이 등장했고 1990년대 클레르크 대통령
과 만델라 대통령 시기에 적어도 법률상으로는 철폐된 정책이다.

남부 기독교 지도자 회의와 여타 민권 단체들은 남부 전역에서 저항과 시위, 보이콧을 조직했다. 킹의 전략은 차별 철폐 노력에 반대하는 경찰 및 관료들과 인종주의자들의 무자비한 공격에 대해 비폭력과 수동적 저항을 강조했다. 학생 비폭력 조정 위원회도 유사한 전략을 택했다. 위원회 지도부는 간이식당·상점·극장·도서관에서의 인종차별 철폐를 위해 수천 명의 흑인 고등학생과 대학생들을 조직해 남부 도시 여러 곳에서 '착석 운동'*을 전개했다. 유사한 성격으로 인종 평등 회의는 1961년 5월, 대부분이 흑인인 7천 명 이상의 학생들을 '프리덤 라이더'**로 조직하기 시작했다. 이 학생들은 인종차별에 항의하기 위해 버스를 타고 1백 개 이상의 남부 도시를 돌았다. 이 과정에서 4천여 명에 이르는 운동가들이 체포되었고 다른 수천여 명은 위협과 폭력에 시달렸다.

비폭력 저항 전략은 수십만 명의 행진 인파와 시위자들의 적극적인 참여가 필요했고, 보이콧은 더 많은 사람들의 행동이나 무행동이 있어야 했다. 남부 활동가들뿐만 아니라, 텔레비전 보도를 통해 이와 같은

---

* 당시 남부 지역의 식당·도서관·극장 등에는 흑인이 이용할 수 있는 공간을 분리해 두고 있었는데, 착석 운동(sit-in movement)은 백인 이용 공간에 앉아 서비스를 요구하고, 거부당하면 다른 곳으로 옮겨 다시 시도하면서 차별 정책에 항의했던 운동을 말한다.

** 프리덤 라이더(Freedom Rider) 운동은 대중교통 이용에서 인종 분리 정책을 유지하고 있던 남부 주들의 주법(州法)을 적극적으로 위반함으로써 부당함을 알리려 했던 운동이다. 이 운동이 벌어지게 된 배경에는 1960년 보인턴 대 버지니아 사건(Boynton v. Virginia)에 대한 연방 대법원의 판결이 있었다. 보인턴은 주와 주 사이를 운행하는 버스 터미널에서 백인들만 이용하게 되어 있는 레스토랑에 들어갔다가 주법을 위반해 유죄판결을 받았는데, 연방 대법원은 이 사건에 〈주간 통상법〉(Interstate Commerce Act)상 주 사이를 운행하는 대중교통 이용에 인종 분리를 금지한 규정을 적용해 유죄판결을 뒤집고 무죄판결을 내렸다.

저항 시위와 경찰 폭력을 지켜본 북부의 수백만 흑인과 백인 동조자들 역시 국가기관과 정치인들이 이에 대한 반응을 보여 줄 것을 요구했다. 이런 대중 동원이 성공했던 사례 가운데 하나가 민권 단체들의 연합이 조직한 1963년 8월 워싱턴 D. C.에서의 거리 행진이었다. 행진은 인종차별에 항의하고, 당시 의회에서 논의 중이던 시민권 법안의 통과를 요구하는 20만 명에 이르는 시위자들을 수도의 거리로 이끌어 냈다. 민권 운동 진영이 택한 대중 동원 전략은 수많은 성공 사례들을 만들었다. 의회는 1957년부터 1965년까지 운동의 노력에 부응해 중요한 민권 법률들을 통과시켰다. 예컨대 〈1957년 시민권법〉에 따라 미국 민권 위원회가 창설되었고, 법무부 민권 담당 부서의 중요성이 커졌으며, 투표하려는 사람을 모욕하거나 위협하는 것은 연방법을 위반하는 범죄가 되었다.

이어서 〈1960년 시민권법〉은 연방 법원이 유권자 등록과 관련해 차별의 경향이나 실제 차별 조치를 찾아내는 곳에 연방 정부가 직접 판정관을 임명할 수 있도록 했다. 포괄적인 〈1964년 시민권법〉은 우선 호텔·레스토랑·극장 및 교통수단에서 인종차별을 금지했다. 게다가 1964년 법은 법무부 장관이, 학교 인종차별 정책을 시행하는 지방 당국에 소송을 제기할 수 있게 하고, 해당 학교의 연방 지원금을 회수하도록 했다. 또한 인종차별적 고용 관행을 불법화했으며, 법 시행을 위해 고용 기회 평등 위원회를 창설했다. 〈1965년 투표권법〉은 지방의 유권자 등록 담당자를 대신해 법무부 장관이 직접 연방 투표 검사관을 임명하도록 함으로써, 과거 차별적 선거 관행을 보였던 지역에서 아프리카계 미국인들이 유권자 등록을 할 수 있도록 보장했다. 인종차별을 다룬 수많은 연방 법원 판결과 함께 이런 연방 입법은, 19세기 이래 남부뿐만 아니라 북부를 포함한 미국 대부분의 지역에 존재했던 짐 크로 시스템*을 전복하기 시작했다. 동시에 린든 존슨 대통령의 '위대한 사회' 정책으로 입법된 사회보장 프로그램들은 주로 수백만 아프리카계 미국인의 가난을 완화하는 데 목적이 있었다.

이와 같은 초기의 승리 이후, 민권 운동 내부에 다양한 경향들이 등장했다. 킹 목사 등이 채택한 대중 동원 전략은 그동안 침묵했던, 아프리카계 미국인들의 사회경제적 사다리에서 최하층에 있던 이들을 아래로부터 동원해 활성화시키고 에너지를 부여했다. 이 과정에서, 운동의 진전이 너무 더뎌 흑인 대중을 돕기에 한계가 있다고 주장하는 새롭고 전투적인 활동가 집단이 등장했다. 이 새로운 활동가 집단은 그때까지 민권운동 진영이 신봉했던 통합주의와 비폭력주의 철학을 거부하며 흑표범당** 같은 조직을 창설했고, 흑인 분리주의 입장을 취하며 백인 중심 권력 구조와 더 강력하게 대결할 것을 주장했다. 이들은 흑인

---

* 짐 크로(Jim Crow)는 1828년 백인 코미디언 토머스 라이스(Thomas D. Rice)가 흑인 분장을 하고 부른 노래와 춤인 "점프 짐 크로"(Jump Jim Crow)에서 나온 말이다. 이 노래는 19세기 미국 전역에서 인기를 누렸으며, 흑인을 비하하고 경멸하는 유행어로 자리 잡았다. 1880년경부터는 각 주와 지방 당국의 인종차별 정책 및 법률을 〈짐 크로 법〉이라고 부르기 시작했다.

** 흑표범당의 정식 명칭은 '자기방어를 위한 흑표범당'(Black Panther Party for Self-Defense)으로, 1966년 캘리포니아 주 오클랜드에서 메리트 대학 학생이던 휴이 P. 뉴튼(Huey P. Newton)과 보비 실(Bobby Seale)에 의해 창설되었다. 경찰 폭력으로부터 흑인들을 방어하고 흑인들의 건강, 주거, 사법 정의 보호 등을 내세웠으며, 그들의 이념은 블랙 파워(black power)로 상징되었다. 1960년대 후반부터 1970년대를 거치면서 미국 전역으로 세가 확대되었고, 지도부는 사회주의 성향을 가졌지만 지지자들은 흑인 민족주의자 등 다양했다. 당시 백인 중심이던 미국 문화의 대항문화로 자리 잡았으며 음악·스포츠 등 여러 분야에 영향을 미쳤다.

공동체의 지지를 얻기 위해 기존 민권 단체들을 주도했던 아프리카계 미국인 목사 및 교수들과 활발한 경쟁을 벌였다. 민권 단체들 내에서도 반대파들은 기존 지도부의 전술이 충분히 전투적이지 못하다고 비판했고, 좀 더 강한 저항 노선을 추구하는 사람들로 지도부를 대체하려고 했다. 예컨대 1960년대 중반 급진파들은 학생 비폭력 조정 위원회와 인종 평등 회의의 주도권을 쥐었고, 두 단체가 좀 더 전투적인 노선을 채택하도록 이끌었다.

전투적 흑인 지도부의 등장과 함께 새로운 정치 세력이 동원되면서, 1965~67년 사이 미국 주요 도시의 많은 흑인 거주지에서는 심각한 폭동을 포함해 격렬한 흑인 정치투쟁이 빈발했다. 1968년 킹 목사가 암살되면서 미국 전역은 또 다른 폭력적 저항과 혼란에 휩싸였다. 민권 운동이 점점 폭력적 성격을 띠게 됨에 따라 상당히 중요한 문제가 발생했다. 다수의 백인 동조자들이 떨어져 나가기 시작한 것이다. 특히 일부 흑인들의 반유대주의적 공격을 받은 유대인 지지자들의 이탈이 두드러졌다.[2] 또한 흑인들의 폭력은 일부 법 집행기관이 폭력을 진압할 수 있는 명분을 제공했다. 예컨대 흑표범당 지도부 가운데 많은 이들이, 석연치 않은 상황에서 경찰과 연방 기관에 의해 저격을 당했고 심지어 살해되기도 했다. 또한 흑인 폭력은 민권운동에 반대했던 백인 정치인들에게 공격의 빌미를 제공했는데, 이들은 스스로 인종차별주의자가 아니라 법질서의 집행자라고 주장하기 시작했다. 이 전략은 1966년 이후 공화당 선거운동에서도 중요한 역할을 했다. 사회불안을 잠재우겠다는 공약은 의회에서 공화당의 의석수를 증가시켰고, 1968년 대통령 선거에서 리처드 닉슨이 승리하는 데 일조했다. 결과적으로 민권운동과 동맹 세력은 〈1972년 고용 기회 평등법〉Equal Employment Opportunity

Act of 1972과 같은 몇몇 승리를 거두기도 했지만, 의회에서 민권과 관련된 중대 입법을 얻어 내기 어려운 상황에 처하게 되었다.

전투적 흑인 단체들은 대체로 당국의 억압을 받거나 재정 지원에 목말라 했다. 하지만 이들이 기존 민권운동 지도부와 백인 지지자들에게 가한 위협은 주류민권운동 단체들이 대중 동원 전략을 포기하게 만들었다. 1970년대 민권운동은 대중 정치 동원 캠페인으로부터, 주로 소송과 '고용 기회 평등 위원회' 같은 관료 기구에 의존하는 방향으로 전략을 선회했다. 법원은 민권운동에서 항상 중요한 역할을 해왔고, 1960년대에 입법된 민권 관련 연방 법률들은 특히 투표권과 고용 차별 관련 분야에서 활동의 새로운 명분을 찾도록 해주었다. 실제로 닉슨 시대 민권운동의 가장 중요한 승리였던 〈1972년 고용 기회 평등법〉을 통해, 고용 기회 평등 위원회가 고용 차별을 하는 기업이나 사람에 대해 기소 권한을 갖게 됨으로써, 소송 전략은 더욱 활성화되었다.

동원 전략으로부터 소송과 관료를 활용하는 전략으로의 전환은 민권운동의 특성과 정치 목표에 중대한 결과를 낳았다. 민권운동의 본래 의제는, 광범위한 지지 기반을 구축하려는 노력과 함께 흑인 공동체 각 부문에 호소할 수 있는 요소들을 담고 있었다. 모든 아프리카계 미국인들의 이해에 부합하는 인종차별주의 반대와 투표권 입법뿐만 아니라, 가난한 사람들에 대한 사회보장과 빈곤 퇴치 프로그램을 포함하고 있었다. 대중 동원의 시대가 끝나면서 흑인 공동체의 폭넓은 이해를 반영했던 민권운동의 의제는, 운동 지도부들이 속한 중간계급과 전문가 집단의 협소한 이해관계로 축소되었다. 이런 종류의 새로운 의제가 바로 적극적 차별 시정 정책이었다.

1960년대부터 지금까지 적극적 차별 시정 정책은 주류민권운동 조직의 중요 초점이었다. 1965년 9월 린든 존슨 대통령이 공포한 〈행정 명령 11246〉은 연방 계약을 맺은 기업들로 하여금 광고나 특별 채용 노력을 통해 적절한 소수 인종 지원자를 모집하도록 의무화했다. 소수 인종 지원자가 있으면 백인 지원자들과 함께 인종적 편견에서 자유롭게 채용 심사를 받을 수 있어야 했다. 또한 계약자가 이 기준을 준수하는지를 감독하기 위해 노동부에 '연방 계약 준수 정책국'(이하 계약 정책국)을 설치했다. 계약 정책국은 민권 단체와 긴밀히 연계해 연방 계약자들이 소수 인종 지원자 모집뿐만 아니라 작업장에도 적정 비율의 소수 인종 출신자를 고용하도록 요구하면서 자신들의 권한을 재빨리 확장해 갔다.[3] 이런 성공적 경험은 중간계급 출신의 민권운동 지도자들에게 흑인 공동체 하층계급의 힘을 동원하지 않고도 자신이 속한 사회계층에 실질적인 이득을 가져올 수 있다는 사실을 보여 주었다.

1967년, 민권운동은 또 다른 중요한 관료적·법률적 승리를 거두었다. 고용 기회 평등 위원회가 〈1964년 시민권법〉 제7장을, 대기업 고용주들이 작업장 인종 구성에 관한 자료를 수집하고 보고해야 한다고 해석한 것이다. 자료는 극소수 아프리카계 미국인들만이 사무 직종에 고용되어 있다는 사실을 알려주었다. 위원회는, 특히 관리 직종에서 흑인 비율이 낮은 것은 편향된 고용 관행 때문이 아니라는 사실을 입증해야 하는 부담을 고용주들에게 부과했다. 위원회의 자료와 결정 사항으로 무장한 민권 변호사들은 기업들이 더 많은 아프리카계 미국인을 고용하게 하기 위해 법규 위반 기업에 대한 소송을 시작했는데, 소송은 주로 중간계급 흑인들이 원하는 반+전문직·기술직·사무직·행정직에 집중되었다.

그로부터 여러 해 동안 적극적 차별 시정 정책은 민권운동의 여타 모든 목표를 대체해 버렸고, 결과적으로 국가 민권 정책의 변환점이 되었다. 계약 정책국은 연방 계약자들로 하여금 다수의 소수 인종을 고용하고 있음을 입증하도록 강제하면서 영향력을 확장했다. 고용 기회 평등 위원회는 사기업과 공기업의 고용 관행에 관한 조사를 확대했다. 동시에 다른 연방 기관들도 자체적인 차별 시정 프로그램을 도입하기 시작했다. 예컨대 1968년 중소기업청은 연방 정부가 중소기업과 계약을 맺을 때 계약의 1퍼센트를 아프리카계 미국인 소유 기업에 할당하는 프로그램을 도입했다. 이와 유사한 취지에서, 지방 공공 노동 프로젝트를 위해 40억 달러를 승인했던 〈1977년 공공 노동 고용법〉1977 Public Works Employment Act은 직접 계약을 맺거나 하청 계약을 맺은 사업의 최소 10퍼센트는 흑인 소유 기업에 할당하도록 했다. 또한 보건 교육 복지부는 〈1964년 시민권법〉 제6장*에 대해, 대학 입학 허가에서 적극적 차별 시정 프로그램을 폭넓게 적용하도록 해석했으며 그에 따른 규제를 시행했다.

물론 최근 들어 정부 계약과 대학 입학에서의 적극적 차별 시정 정책은 보수 진영으로부터 강한 공격을 받아 왔고 연방 법원에서 여러 차례 패소함에 따라 어려움을 겪고 있다.[4] 그럼에도 적극적 차별 시정 정책의 유지와 확대는 여전히 대부분 민권 단체들의 핵심 목표이다.[5] 원래 시민권 의제들은 모든 계층의 흑인 공동체에 혜택이 돌아갔던 반면, 적극적 차별 시정 정책은 중간계급 아프리카계 미국인들의 이해에 봉

* 〈1964년 시민권법〉 제6장은, 연방 기금의 지원을 받는 기관에서의 차별을 금지하고, 발각될 경우 재정 지원을 철회한다는 내용을 담고 있다.

사한다. 엘리트 대학의 입학 허가, 사무직이나 관리직에 대한 접근권, 특히 소수 인종 소유 기업에 대한 특혜로 가장 이득을 보는 것은 흑인 중간계급이다.[6] 가난한 흑인들의 필요에는 부합하지 않는 차별 시정 정책의 이점을 흑인 중간계급이 취한 결과, 1980년대 후반까지 흑인 공동체 내 소득 격차가 급격히 상승했다.[7] 저명한 아프리카계 미국인 사회학자 올랜도 패터슨Orlando Patterson은 최근 적극적 차별 시정 프로그램의 중간계급 편향성을 인정하지만 이를 부정적으로 보아서는 안 된다고 주장했다. "적극적 차별 시정 정책이 하층계급과 가난한 사람들에게 아무것도 해주지 못하며 중간계급 노동자들에게 유리하다는 주장은, 맞는 말이긴 하지만, 사실을 오도하려는 의도를 담고 있다."라고 패터슨은 지적한다. "적극적 차별 시정 정책은 결코 소수 인종의 극빈층과 무능력자들을 돕기 위한 것이 아니었다. …… 그것은 본질적으로 위로부터의top-down 전략이다. …… 하층계급과, 노동을 하지만 만성적인 가난에 시달리는 사람들에게는 완전히 다른 아래로부터의bottom-up 전략이 요구된다."[8]

패터슨의 주장은 어느 정도는 매우 정확하다. 적극적 차별 시정 정책은 중간 및 상층 노동계급 흑인들이 이용할 수 있는 기회를 늘리는 데 효과적인 메커니즘이다. 분명 흑인 공동체 내 각 층위의 요구에 부합하는 교육, 일자리 창출, 빈곤 퇴치 노력을 포함한 더 큰 프로그램과 정책 패키지의 한 중요한 부분일 수도 있다. 하지만 민권운동은 이런 큰 프로그램들을 점점 더 무시해 왔다. 민권운동이 대중 동원 전략을 포기하고 소송과 관료를 통한 투쟁을 선호하기 시작하면서, 더 큰 흑인 공동체를 대표하려는 노력도 줄어들었다. 중간계급을 위한 적극적 차별 시정 정책은 운동의 핵심적이고 우선적인 과제가 되었다. 대중을 동원할 필요가 없어지면서 운동을 주도했던 중간계급 및 전문직 계층은 아래로부터의 정책 목표를 추구해야 할 이유를 더 이상 발견하기 어려웠던 것이다. 대신 지도자들은 법원과 관료를 통해, 자신이 속한 사회 계층에 따라 협소하게 정의된 이해관계에 봉사하는 목표에 초점을 맞추어 왔다.

환경보호에서 님비로

미국 환경 운동의 역사는 민권운동의 역사와 상당히 유사하다. 현대 환경 운동은 1960년대에 시작되었다. 도시 지역의 대기오염, 이리 호 동식물의 떼죽음 같은 환경 재앙, 산타 바버라 해협의 대규모 기름 유출, 오하이오 주 클리블랜드 도심 한가운데에 있는 심각하게 오염된 커야호가Cuyahoga 강 화재 사건 등으로부터 촉발되었다.[9] 제초제 사용의 황폐화 효과를 다룬 레이첼 카슨Rachel Carson의 저작 『침묵의 봄』Silent Spring* 처럼, 환경문제를 다룬 수많은 저작들 또한 환경에 대한 대중의 인식을 북돋우는 데 중요한 역할을 했다.

환경에 대한 대중의 관심이 증가하면서, 환경의 질을 개선하려는 신생 조직들이 창설되었고, 19세기 말부터 20세기 초에 환경보호 운동의 일환으로 설립되었던 옛 조직들이 다시 활성화되었다. 워싱턴 D.C.에 본거지를 둔 거대 조직들로는 시에라 클럽, 전국 야생 생물 협회, 전국 오듀본 협회,** 전국 자원 보호 위원회National Resources Defense Council,

---

| * 레이첼 카슨 지음, 김은령 옮김, 『침묵의 봄』(에코리브르, 2011).

야생 협회Wilderness Society, 지구의 친구들Friends of the Earth 등이 있다.[10] 이후 그린피스Greenpeace, 야생 동식물 보호자Defenders of Wildlife를 포함한 다른 단체들이 여기에 합류했다. 이 같은 전국 조직 외에도 이 시기 동안 수많은 지역 단체들이 만들어졌다. 시카고에서 활동하는 '오염 반대 캠페인'Campaign against Pollution, CAP, 피츠버그 지역 단체인 '스모그와 오염 반대 단체'Group against Smog and Pollution, GASP 등이 이때 만들어진 지역 단체들이다.[11]

활동적인 환경 운동가들 가운데 다수가 중간 및 중상 계급 출신이었지만, 초기 환경 운동은 분명히 소수집단을 포함해 모든 사회계층에 회원이 있었으며 수백만 평범한 미국인들의 지지와 참여를 이끌어 냈던 시민운동이었다. 1980년의 한 조사에 따르면, 1천5백만 명 이상의 미국인들이 스스로를 '환경문제에 적극적'이라고 생각했다. 이들은 환경 단체에 회원으로 가입하고 캠페인에 참여했으며, 환경 악화에 저항해 신문과 정치인에게 편지를 썼고 시위에 참여했으며, 환경 운동에 기부를 했다. 시민들이 환경 단체에 기부한 액수는 대략 1년에 5억 달러에 이르렀다.[12] 어떤 면에서 시민 행동주의의 절정은 1970년 지구의 날이었다. 지구의 날 행사는 위스콘신 상원 의원 게이로드 넬슨Gaylord Nelson 같은 정치인과 환경 운동 세력이 연합해 조직한 것이었다. 워싱턴 D.C. 쇼핑몰에 모인 대규모 시위 인파를 포함해 전국적인 시위와 행동에 참여했던 2천만여 명의 미국인들이 지구의 날을 기념했다.[13] 환경

●● 오듀본 협회(National Audubon Society)는 미국 조류 연구가인 존 오듀본(John James Audubon)의 이름을 딴 비영리 환경보호 단체이다.

운동은 이처럼 넓은 시민적 기반에 부응해, 공기·물·토양의 질 회복, 화학 제초제 사용 제한, 인구 증가 억제, 위험 폐기물 통제, 독성 폐기물 처리장 정화, 산업 및 상업 발전으로 위험에 처한 동식물 보호, 재생 가능한 에너지원 창출, 산업재해로부터의 피고용인 보호, 위험 상품들로부터의 소비자 보호를 포함한 폭넓은 의제를 제시했다.

1970년대 환경 운동은 운동이 제시한 사안과 관련해 많은 중요 입법이 이루어지는 데 기여했다. 〈1970년 공기 정화법〉Clean Air Act of 1970, 〈1970년 산업 안전 보건법〉Occupational Safety and Health Act of 1970, 〈1972년 수질오염 통제법〉Water Pollution Control Act of 1972, 〈1972년 해상 보호법〉Maritime Protection Act of 1972, 〈1972년 연방 살충제·살균제·쥐약법〉 1972 Federal Insecticide, Fungicide, and Rodenticide Act, 〈1972년 해상 포유류 보호법〉Marine Mammal Protection Act of 1972, 〈1973년 멸종 위기종 보호법〉, 〈1974년 안전 음용수법〉Safe Drinking Water Act of 1974, 〈1976년 독성 물질 통제법〉1976 Toxic Substances Control Act, 〈1976년 자원 보존 및 회복법〉 Resource Conservation and Recovery Act of 1976, 〈1977년 수질 정화법〉1977 Clean Water Act, 일명 슈퍼 펀드로 알려진 〈1980년 포괄적 환경 대처·보상·책임법〉1980 Comprehensive Environmental Response, Compensation, and Liability Act이 여기에 포함된다.[14] 이 법령들 가운데 몇몇이 환경문제에 특별한 관심을 기울였던 것으로 기억되지 않는 닉슨 행정부에서 만들어졌다는 것은 주목할 만하다. 사실 닉슨과 그의 공화당 동료들은, 환경에 대한 적극적 행동주의가 광범하게 존재했던 분위기에서 자신들도 환경적 가치를 지지하는 것이 정치적으로 이롭다고 판단했던 것이다. 실제로 리처드 닉슨은 1970년 연두교서에서 "자연과 평화를 추구하며", "우리가 공기와 땅, 물에 입힌 상처"를 치료하겠다고 미국인들에게 천명했다. 언

론인들은 환경을 '닉슨의 새로운 이슈'라고 불렀다.[15]

새로운 환경 프로그램을 집행하려면 워싱턴과 각 주의 수도에 상당수의 환경 관료들을 만들어 내야 했다.[16] 1970년대 새롭게 설치된 연방 부서와 기관에는 환경 보호청, 산업 안전 보건국, 환경의 질 위원회, 소비자 제품 안전 위원회 등이 포함되었다. 어류 및 야생 생물 보호국 같은 오래된 연방 기관은 새로운 환경 관련 임무를 맡았다. 게다가 기존 연방 기관들은 환경 법령에 따른 책임 부서들을 발전시켰다. 예컨대, 법무부는 환경과 자연 자원국을 만들었고, 에너지부는 대체 에너지 프로그램 연구 부서를 설치했다. 대부분의 주와 다수의 지방자치체들도 환경문제를 다루는 기관들을 만들었다.

이런 성공의 결과, 환경 운동의 전술은 심각한 변형을 경험했다. 첫째, 7장에서 보았듯이 모든 새로운 환경 법령들은 시민 소송 규정을 포함했고, 이런 조건은 환경 단체들이 환경 법률을 강화하고 확대하기 위해 법원을 이용하도록 했다. 전국 자원 보호 기금, 시에라 클럽 등 일부 환경 단체들은 자신의 법률 소송 기금으로 이미 환경 소송에 착수해 있었다. 이제 다른 단체들도 소송에 뛰어들면서 법률 지원 인력을 확대하고 소송인 명부를 늘려 갔다.[17] 환경 운동가들은 법령으로 보장된 새로운 소송 기회들을 환영했다. 그들은 의회보다는 법원에서 기업의 경제 권력과 여타 반反환경 세력들을 좀 더 쉽게 이길 수 있을 것이라고 믿었다. 시에라 클럽 법률 소송 기금 대표는 환경 소송을 가리켜 "경제 권력을 갖지 못한 사람들의 권력이며, 정치투쟁과 겨룰 수 있는 한 방법이다."[18]라고 말했다.

환경 운동은 법원 출석을 늘리는 동시에 1970년대 만들어진 환경 부서와 기관들을 이용하기 시작했다. 환경 운동가들은 환경 관련 기관의 직원으로 임명되었고, 기관이 규칙을 제정하는 과정에서 필요한 다양한 자문 단체들의 일원이 되었다. 환경 단체들은 환경 정책 영역의 이해 당사자로 인정받으면서 의회 청문회 증언뿐만 아니라 일상적으로 규제 제안에 대한 의견을 요청받았다. 카터 행정부 때는 환경 정책 센터Environmental Policy Center의 조지프 브라우더Joseph Browder, 전국 자원 보호 위원회의 공동 설립자 거스 스페스Gus Speth와 존 브라이슨John Bryson 같은 유명한 환경 운동 지도자들이 연방 공직에 대거 임명되었다.[19] 1993년 1기 클린턴 행정부에서 환경 운동은 더욱 분명하게 정부의 일부분이 되었다. 워싱턴 소재 환경 단체 지도자와 직원 수십 명이 새로운 행정부의 공직에 임명되었다. 예컨대 세계 자원 연구소World Resources Institute의 라페 포머런스Rafe Pomerance는 국무부 국제 환경 부서에 임명되었다. 야생 협회의 대표 조지 프램튼George Frampton은 어류 및 야생 생물 보호국 국장으로 지명되었다. 오듀본 협회 로비스트 브룩스 야거Brookes Yaeger는 내무부 공직을 차지했다. 한 환경 단체 간부는 "백악관이나 정부 기관의 홀을 걸어 다니면서 내 이름이 불리며 인사를 받는 것이 얼마나 굉장한 일인지 말로 표현하기 어렵다."라고 말했다.[20] 환경 운동은 성공적으로 정치권력의 요새를 습격한 것처럼 보였다.

법원과 관료제에 접근할 수 있는 기회가 늘면서 환경 운동의 성격이 바뀌기 시작했다. 전국적인 환경 단체들은 소송과 관료제 내부의 문제로 활동의 초점을 전환하면서, 풀뿌리로부터 회원을 충원하고 조직화하려는 노력을 줄여 갔고, 회원 중심 단체가 아닌 단체 활동가 중심 조직으로 변모했다. 실제로 1980년대와 1990년대, 주요 환경 단체의 회원 숫자는 급격히 줄었고 일반 시민들로부터의 재정 지원 또한 마찬가지였다. 상당수 환경 단체들은 재정을 마련하기 위해 소송으로 인한 수익, 재단과 전국 기업들의 지원금에 과도하게 의존하기 시작했다.[21] 기업의 재정 지원은 일부 환경 운동가들이 "싸워야 할 기업들과 지나치게 화기애애한 관계를 진전시키는 경향이 있다."라는 비난을 낳았다.[22]

하지만 환경 운동의 변화에서 가장 심각한 문제는 기업 이익과의 공모가 아니었다. 앞서 보았듯이, 폭넓은 시민 지지 기반에 의존할 때 운동은 광범위한 환경 의제를 대표해 활동을 전개했다. 그러나 운동의 기반이 협소해지자 의제도 제한되었다. 현재 주류 환경 단체들은 자연 자원, 야생 생물 보존, 멸종 위기종 보호에 활동의 초점을 맞추고 있다. 중요한 문제이기는 하지만, 이런 이슈들은 회색 늑대의 안녕과 자연보호 구역의 미관에 관심을 쏟을 만큼 충분히 물질적·신체적인 행복이 보장된 소수 중상 계급 미국인들의 관심사다. 다른 많은 환경문제들 특히 주로 중하층 계급과 노동계급, 소수자 공동체에 영향을 미치는 문제들은 더 이상 기성 환경 단체들의 주된 관심사가 아니다. 독성 폐기물 처리, 공공 보건, 환경 위험의 분배 등의 문제가 여기에 해당된다.[23]

기성 환경 단체들이 주요 환경문제를 다루는 데 실패하면서 이른바 님비NIMBY, 즉 '내 뒷마당에서는 안 된다'not in my backyard는 현상이 가속화되었다. 미국의 많은 지역들에서 임시로 만들어진 지역 시민 단체들은 자신들의 공동체에 잠재적 환경 위협으로 간주되는 것에 대항해 주민들을 동원했다. 이런 사례들은 대부분 정치권력을 갖지 못한 노동자나 가난한 사람들의 공동체에 위험 폐기물 처리 시설을 설치하려는 민간의 관심사와 공공 기관의 시도와 관련이 있다. 대체로 이런 계산은 정확해서 시설은 공동체의 심각한 반대 없이 건립되곤 한다. 하지만 일부 사례에서는, 정치 활동가의 도움을 받은 지방 주민들이 자기 뒷마당에서 위험 폐기물을 처리하는 데 저항해 효과적인 반대를 조직할 수 있었다. 최근 몇 년간 캘리포니아는 많은 님비 싸움을 경험했고, 때때로 수천 명의 평범한 시민들이 참여했으며, 정부와 기업이 건립 계획을 철회한 경우도 있었다.[24] 이 싸움에 참여하면서 일시적으로 모인 시민들의 연합은, 자신들보다 힘없는 집단에 위험 시설을 이기적으로 떠넘기려 한다는 비판을 받기도 한다. 이런 비판은 분명 타당성이 있다. 이런 투쟁들은 지방이 아니라 전국 수준에서 전개되고 해결되었어야 했다. 그러나 님비 현상은 풀뿌리 환경 운동의 잠재력을 보여 주는 것이기도 하다. 평범한 시민들이 자신의 삶과 공동체에 관련된 환경문제를 해결하기 위해 정치 행동에 참여하려는 것이다. 하지만 주류 환경 운동은 시민을 동원하지 않는 정치 활동 노선을 택했다. 이들은 로스앤젤레스 동쪽 모래투성이 스페인어 통용 지역보다는 워싱턴 권력의 회랑을 더 선호하는 것 같다. 다른 면에서 보면, 이런 전술은 환경 운동이 더 넓은 대중의 관심사가 아니라 소수 엘리트의 이해와 필요에 봉사하는 목표를 자유롭게 추구할 수 있게 해주었다.

시민으로 되돌아갈 수 있을까?

이론적으로만 보면, 단체들을 대중 동원에 소극적이게 만드는 요인들이 쉽게 바뀔 수 있을지도 모른다. 국가는 집단소송을 엄격히 제한하고, 규제 법령에서 시민 소송 규정을 수정하거나 아예 없애 버릴 수도 있다. 이런 작은 입법적·사법적 변화가, 소송을 통한 입법을 어렵게 만드는 커다란 결과를 가져올 것이다. 바꿔 말해, 이런 조처들은 경쟁하는 이익들이 법정에서 정치적 목표를 실현하려고 변호사를 고용하기보다는, 지지자를 동원하고 조직하도록 만들 수 있을 것이다. 지지자 동원과 의회를 통한 입법 전략을 사용하게 되면, 단체들은 협소하고 이기적인 목적을 추구하지 않고 폭넓은 의제를 개발하고자 노력할 것이다.

유사한 맥락에서 5장에서 논했듯이, 정치 세력들로 하여금 정책 결정 과정에 직접 접근할 수 있게 함으로써, 대중적 지지를 만들어 내고 유지해야 하는 고된 노동에서 이들을 해방시켰던 다양한 관료적 과정을 수정하는 것도 생각해 볼 수 있다. 개방적인 행정절차가 민주적 과정에 반反한다는 주장은 역설적으로 보이지만, 실제로 그렇다. 다시 말하면, 엘리트들은 대중적 지지를 구축할 필요가 없기에 실제로 그렇게 하지 않으며, 그 결과 엘리트가 아닌 사람들은 정치과정 밖에 방치되는 것이다.

일부 정치인과 경영의 대가들이 지지하는 '민영화'에서 보듯이, 이 것도 공적 권력을 사적으로 이용하기 위한 얇은 가림막인 경우가 많다. 예컨대 연방 모기지 협회 페니메이Fannie Mae와 여타 정부 지원 기업들은 정치 영역에서 아무런 책임을 지지 않은 채 공적 권력을 휘두르는 민간 기관들이다. 이것이 대중 정치 영역을 끊임없이 주변화하는 비결이다. 분명 이런 관행은 고무될 것이 아니라 근절되어야 한다.

하지만 원칙적으로 옳다고 해서 실제로 실현될 수 있으리라 생각한다면 이는 다소 비현실적이다. 기성 정치 엘리트들은 그들이 기득권을 갖는 정치과정을 바꿀 생각이 없다. 예컨대 현행 정치자금 제도에 어떤 중대한 변화를 시도할 때 나타났던 저항을 상기해 보라. 특정 규칙과 절차 속에서 권력을 획득한 사람은 그 제도와 절차가 수정되는 것을 환영하지 않는다. 물론 법원과 관료제에 '내부자'로 접근하기 어려운 신생 단체와 신진 세력들은 정치적 목표를 이루기 위해 대중 동원이라는 오래된 방식을 활용할 수도 있겠다. 아마도 1992년 대선에서 무소속 로스 페로Ross Perot의 선거운동, 2000년 대선에서 녹색당 랠프 네이더의 선거운동, 최근 세계은행 정책에 대한 일련의 저항들은 그런 노력을 나타내는 사례들일 것이다. 그러나 최근 대부분의 단체들은 개인민주주의의 새로운 정치를 잘 이해하고 있음을 보여 준다. 이 단체들은 대중 동원에 노력을 기울이지 않고 법원과 정부 기관에 직접 접근하면서 캠페인을 시작했다. 초기부터 소송, 로비, 관료제로의 침투라는 근접 전략을 선호하며 시민 동원을 포기했던 정치 세력의 한 가지 사례가 소비자 운동이다.

현대 소비자 운동은 1960년대 불량 상품과, 소비자를 속이는 기업 관행을 다룬 일련의 저작과 신문 기사에 영향을 받아 탄생했다. 예컨대 1963년 제시카 미트포드Jessica Mitford의 책 『미국인이 죽는 방법』*The American Way of Death*은 미국 장례 산업의 부당 행위를 폭로한 것이다. 유사한 맥락에서 1965년 출판된 랠프 네이더의 『어느 속도에서도 안전하지 않은』*Unsafe at Any Speed*에서는, 당시 대중적 인기를 끌었던 자동차 시보레 콜베어의 설계상 결함이 몇몇 치명적 사건을 일으켰다고 주장했다. 콜베어 제조업체 제너럴모터스 사가 네이더의 신뢰를 떨어뜨리기 위해 은밀한 공작을 벌였다는 사실이 폭로되었고, 이 사건으로 네이더의 유명세는 올라갔으며 그의 주장은 더 큰 반향을 일으켰다. 같은 시기인 1960년 탈리도마이드 공포를 비롯해 인지도가 높은 상품의 안전사고가 빈발하면서, 소비재 안전에 관한 문제들이 계속 등장했다. 탈리도마이드는 임산부가 사용하면 기형아를 출산할 수 있는 유럽산 신경안정제였다.

소비자 문제를 둘러싼 여론에 부응해 신생 단체들이 다수 결성되었고 몇몇 기성 단체들이 활성화되었다. 이런 단체들로는 랠프 네이더의 퍼블릭 시티즌, 전국 소비자 연맹National Consumer League, 미국 소비자 연맹Consumer Federation of America, 소비자 연합Consumers Union, 자동차 안전 센터, 공익 과학 센터 등이 있다. 1960년대 후반부터 1970년대까지 소비자단체들은 소비자 권리와 안전에 관련된 중요 법안을 입법하기 위해 대중매체 전술과 로비를 활용했다. 그 결과 〈1968년 공정 대부법〉 1968 Truth in Lending Act, 〈1972년 소비자 제품 안전법〉, 〈1974년 공정 신용 청구법〉 1974 Fair Credit Billing Act, 〈1976년 독극물 통제법〉 등이 제정되었다.[25]

많은 소비자 운동 단체들은 회원이 많지 않다는 사실을 숨긴다. 존 매카시John McCarthy와 메이어 잘드Mayer Zald는 이들을 '직업적 사회운동'이라고 불렀는데, 이들 단체는 소수의 상근 직원들에 의해 운영되며, 조직되지 않은 상상된 이해 당사자들을 대표한다고 주장한다.[26] 연방 거래 위원회 전 의장 마이클 퍼트슉Michael Pertschuk은 '운동'이라는 용어가 소비자 보호주의의 특성을 잘못 묘사하고 있다고 주장했다. 퍼트슉에 따르면 소비자 보호는 풀뿌리 차원의 노력의 결과가 아니라 소수 단체와 워싱턴 소재 정책 기업가들•의 산물이었다.[27] 소비자단체들은 소비자 보호 입법을 위해 이를 지지하는 강력한 지지층을 구축하고 대중 정치에 참여한 것이 아니라, 법원과 행정부에 접근하는 데 관심을 집중했다. 입법을 추진할 때에도 소비자단체의 핵심 목표 가운데 하나는 그

• 정책 기업가는 policy entrepreneur를 번역한 것이다. entrepreneur는 혁신가, 기업가, 중개인 등의 뜻이 있으나, 이 글에서 저자는 정책 아이템을 개발해 정부 기관과 시민 단체 양쪽에서 이득을 취하는 전문가 집단이라는 의미로 사용하고 있으므로, 정책 기업가로 번역했다.

법률이 시민 소송 규정과 새로운 소송의 명분을 담도록 하는 것이었다.

또한 소비자단체들은 행정 관료 기구들을 압박해 소규모 정책 기업가 단체에 규칙 제정 과정을 개방하도록 집요하게 싸워 왔다. 5장에서 지적했듯이, 〈행정절차법〉에 따르면 행정기관은 연방 규제 안을 채택하기 전에 관련 이해 당사자들 모두에게 의견을 피력할 기회를 보장해야 한다. 1960년대 이래 소비자 운동가들은 기관의 규칙 제정 과정에서 증언을 하고 청원을 제출하면서 이 규정을 충분히 활용해 왔다. 사실 소비자 운동가들은 관료적 절차에 개입하기에 훨씬 좋은 환경을 만들기 위해 이런 일반적 권리에서 한발 더 나아가길 원했다. 1970년대 랠프 네이더와 여타 소비자 운동가들은 그들이 '소비자 옹호처'Consumer Advocacy라 불렀던 새로운 기관을 창설하기 위해 싸웠는데, 이 기관은 소비자의 이익을 대표해 다른 기관의 규칙 제정 과정에 간섭할 수 있는 권력을 갖는 것이었다.

소비자 옹호처라는 아이디어는 의회에서 근소한 차이로 통과되지 못했지만, 〈1972년 소비자 제품 안전법〉에 따라 소비자 제품 안전 위원회라는 새로운 정부 기관이 설치되었다. 이 기관은 위험 상품을 회수하고, 산업 전반에 소비재 안전과 관계된 규제를 시행할 수 있는 포괄적인 권한을 가졌다.[28] 몇 년이 지나지 않아 소비자 제품 안전 위원회는 소비자 운동가들이 시장에서 중요 권력을 행사하기 위한 도구가 되었다. 상품 디자인과 안전에 대한 소비자 제품 안전 위원회의 규제 때문에 제조업자들은 소비자 운동과 협상을 하고 디자인을 바꿔야 했다. 예컨대 소비자 제품 안전 위원회의 기준은 의복의 가연성, 조제 약품의 포장, 어린이 장난감과 가구 디자인, 잔디 깎는 기계의 특성, 그리고 미국 경제 전반에 걸쳐 많은 상품의 제조에 영향을 미쳤다. 〈소비자 제품 안전법〉에 따라 소비자단체들은 소비자 제품 안전 위원회의 규칙 제정 과정에 접근할 수 있는 폭넓은 권한을 누렸고, 신규 규제와 관련해 정기적이고 성공적으로 기관에 청원을 할 수 있었다. 여러 가지 면에서 소비자 운동가들은 소비자 제품 안전 위원회의 규제 의제를 설정했다.

또한 소비자단체들은 초기부터 시민 공익 소송단 같은 강력한 법적 수단을 개발했다. 1980년대에 시민 공익 소송단은 몇몇 중요 사건에서 행정기관의 규제 행위를 무효로 만들어 버림으로써 의회의 권력을 제한하는 법원의 판결을 얻어 냈다.[29] 규제 과정에 접근할 수 있게 되면서 소비자단체들은 정치인들이 자신들의 일에 간섭할 권한을 갖는 것에 대해 강력하게 반대했다. 게다가 소송을 광범위하게 활용해 자신들에게 우호적이지 않은 규제 결정에 도전했다. 또한 소송의 위협 때문에 미국 식품 의약국, 연방 거래 위원회, 교통부, 전국 고속도로 운송 안전국을 포함한 다수 행정기관들은 규칙 제정 과정에서 소비자 운동가들에게 더 큰 대표권을 부여했다.

소비자 운동은 엄청난 성공을 거두었다. 하지만 다른 많은 운동 사례에서 보듯이, 동원된 대중 기반이 없어지면서 운동의 의제는, 그 운동을 인적·물적으로 지원하고 '소비'가 생활의 중요한 부분을 차지하는 중상 계층의 이해로 제한되었다. 소비자 연합이 상품과 서비스에 관한 조언을 제공하기 위해 발행하는 잡지인 『소비자 보고서』Consumer Reports 최근 호의 이슈를 꼼꼼히 살펴보면, 사태의 진상을 알 수 있다. 예컨대 2001년 3월호의 주제는 경쟁 회사들의 7백 달러짜리 대형 화면 컬러텔레비전 세트를 구매하려는 소비자들, 1천5백 달러짜리 가정용 운동기구를 선택하기 위해 여러 회사 제품 사이에서 고민하는 소비자들, 투자를 위해 상호 출자를 하려는 소비자들의 선택을 돕는 것이다.

2001년 1월호 주제도 마찬가지다. 표지에는 3만5천 달러짜리 메르세데스 스포츠용 자동차 사진이 실려 있고, 자동차 대여에 대한 조언과 4백 달러짜리 디지털 카메라를 소개한다. 편집자들은 대부분의 미국인들이 그들이 제공하는 조언으로 혜택을 볼 만큼 소비수준이 높지 않다는 것을 모르는 것 같다. 1960~70년대 소비자 운동가들은 우리가 검토했던 다른 진보 진영 운동들이 그랬듯이, 목표를 달성하기 위해 소송과 관료적 과정에 의지하며 회원 없는 운동을 확립했다. 그리고 그들의 목표가 매우 협소한 범위로 축소된 것은 바로 이 전략 때문이었다.

공공의 것을 민영화하기

정치학자 로버트 달과 찰스 린드블롬Charles Lindblom은 1950년대 초반 저작에서, 자신들이 살고 있는 사회가 '사회 기법'social techniques상의 혁신의 물결로 인해 진화해 갈 것이라고 생각했다. 그들은 기술의 진보가 단순히 기계의 문제나 기계에 동력을 제공하는 에너지원만의 문제가 아니라고 주장했다. 조직과 정치의 기술도 있으며, 이 기술의 진보는 "기법을 향상시켜 합리적인 사회 개혁의 가능성을 높인"다는 것이다. 그러나 사회 혁신을 통한 합리적 개혁 운동은, 평범한 시민들이 정치 세계를 이해할 수 있게 해주었던 이념적 범주들을 해체했다. 정부가 새로운 사회 기법을 공공 정책에 결합해 융통성을 확대함에 따라 자본주의와 사회주의, 공적인 것과 사적인 것, 강제와 설득의 경계들이 허물어졌다. 대부분의 정책은 서로 이질적인 정치사상 체계에서 끌어온 '기법들'을 혼합한 이념적 혼합물이거나 잡종들이 되어 버렸다.

실제로 이념 자체는 정치적 사고와 행동의 길잡이로서의 역할이 줄어든 것처럼 보였다. 1950년대 여타 미국 연구자들처럼, 달과 린드블롬은 이념의 종언은 아니더라도 최소한 정치에서 그 역할이 줄어들고 부차적이 될 것이라고 예견했다. 그들은 정책이 "기술적으로 접근되고 있고, 과거처럼 이념이라는 거대한 대안 차원에서 정책을 주장하기가 점점 더 어려워지고 있다."고 주장했다.[1]

다니얼 벨과 마찬가지로, 두 사람은 전부 아니면 전무라는 이데올로그의 기질이 아니라 효과성, 효율성, 실현 가능성을 중시하는 '중도'를 우호적으로 보았다. 벨에 따르면, 새로운 유토피아를 위한 방안은 "사람들이 가고자 하는 곳, 그곳까지 갈 방법, 필요한 비용과 그것을 조달할 방안, 비용을 지불할 사람을 결정하기 위한 정당화 논리를 구체적으로 담아야"[2]만 했다. 확실히 현실적인 유토피아가 되어야 했고 타협해야 했다.

합리적이 되기 위해 노력한다고 해서 합리성이 필연적으로 증진되는 것은 아니다. 실제로 사회 기법의 발전과 더불어, 인간의 계산이 갖는 불완전성이 새롭게 주목을 받았다. 보편적이며 철저한 합리성이란 (이데올로기들의 모호한 유토피아처럼) 도달하기 어려운 것이며, 공공 정책 결정자들이 복잡한 정부의 업무 속에서 사심 없이 정확하기를 기대하는 것은 무리였다. 최적화는 '만족화'satisficing — 최선이 아니라 어느 정도 좋은 결과를 받아들이는 — 에 자리를 내주었다.[3]

그러나 전후 공공 정책에 새로운 사회 기법들이 수용되면서, 개인의 불완전한 이성적 합리성을 확장시킬 수 있는 방안들이 제안되었다.

사회제도들이 개개인의 불완전한 계산과 실행 능력을 보완하고 확장할 수 있도록 고안된다면, 그 안에서 개인들은 자신의 정책 결정 능력들을 모아 내어 좀 더 나은 합리성에 도달할 수 있다는 것이다. 예컨대 개별 소비자들은 경제적 자원의 최적 배분을 결정할 수 없지만, 경쟁 시장에서 집단적으로 행동하는 인간들은 경제적으로 효율적인 자원 배분 상태에 도달할 수 있다. 공공 정책은 정책 집행 메커니즘으로 준시장quasi-market을 창출하고, 이를 통해 민간 부문의 보이지 않는 손이 공적 목적에 기여할 수 있도록 만들 수 있다. 마찬가지로, 정책 결정자 개인이 홀로 공공복지를 정의하는 데 필요한 모든 정보를 얻을 수 없고 공공 정책 추진에 필요한 공평무사함을 유지해 내기도 어렵지만, 시민들이 자신의 선호를 표출할 기회를 얻는다면 그 집단적 결과는 공익에 더 가까울 수 있다. 그리고 시민들이 언제나 일반의지에 입각해 투표할 수는 없지만, 경쟁하는 지도자나 이익집단(이들은 시민들이 가진 정서의 균형을 반영해 서로 협상한다)에 의해 대표될 수는 있다. 가격 체계, 협상, 그리고 민주주의(혹은 다두정polyarchy)를 함께 고려한다면, 합리적 사회 개혁을 위해 작동시킬 수 있는 강력한 기제들을 만들어 낼 수 있다는 것이다.

위계 구조, 정부 관료제와 결합된 명령-통제command and control 기법도 유용하기는 하지만, 불가피한 관료적 경직성은 그 유용성을 반감한다. 위계 구조에서 최고 정책 결정자는 정책 결정을 위한 정보 수집과 계산 능력에 엄청난 부담을 떠안아야 한다. 현실에서 최고위 행정 관료들의 비전과 식견의 한계는 하위직 공무원들의 실행 능력으로 어느 정도는 보완될 수 있다. 하지만 고위직 관료들이 어떤 변화를 결정하고 집행하고자 할 때, 하위직 공무원, 특히 이들이 숙련된 전문가들일 경우, 이들은 위로부터 부과된 변화에 저항할 가능성이 크다. 이런 이유로, 위계 구조는 혁신에 적대적일 수 있는 것이다. 대체로 위계 구조의 결점은 실험과 타협을 고무하는 가격 체계나 협상처럼 더 느슨한 정책 메커니즘을 통해, 상명 하달식 규율을 완화함으로써만 극복될 수 있는 것으로 보였다.[4]

달과 린드블롬은, 전쟁을 수행하기 위해서는 위계적 조정과 강제가 필수적이지만, 역설적으로 전쟁 경험은 관료적 위계 구조의 약화에 일조했다는 점을 인정한다. 제2차 세계대전은 군대뿐만 아니라, 거래와 경쟁 입찰을 통해 일을 해야 하는 정부 계약자들의 황금기였다. 민간 조직에 대한 의존은, 전쟁을 혁명적으로 변화시킨 신무기 및 탐지 시스템 개발에 필요한 과학 연구 분야에서 특히 두드러졌다. 민간 계약자들은 브루킹스 연구소Brookings Institution, 러셀 세이지 재단Russell Sage Foundation, 전미 경제 연구소National Bureau of Economic Research처럼 혁신의 시대의 비정부 연구 단체에 그 기원을 두고 있었고, 정부 기관에 부족한 전문가들을 공급했다. 전시에 이 기관들이 이룬 과학적 성취는, 평화 시에 정부 업무를 수행하기 위해 납세자들의 세금으로 육성된 일련의 다른 싱크탱크들과 실험실 그리고 랜드 연구소RAND Corporation로 이어졌다. 때때로 정부 기관 자체는 외부 계약자들에게 자금을 대는 지주회사 이상이 아니었다. 민간 계약자들이 수행했던 많은 일들은 대개 정부 공무원들도 쉽게 할 수 있는 것들이었지만, 공적 기관의 인력 부족과 공공 관료제에 대한 적대감 때문에 민간 계약은 정부 기관이 자신의 임무를 달성하는 데 유일하게 가능한 수단으로 남게 되었다.[5]

공조직과 민간 조직이 오랫동안 융합되면서 이는 공공사업을 수행하는 데 민간 부문의 '기법'이 이전되는 발판이 되었다. 이것이 최근 정부 '재창조'reinvent 운동에서 적극적으로 장려되고 있는 일종의 기술이 전이다. 이 운동의 옹호자들은 정부가 더욱 '시장 지향적'이 되어야 한다고 역설했다. 사실 이미 시장을 통해 많은 일을 하고 있었던 정부 기관들의 입장에서 이는 그리 큰 전환이 아니었고, 시민을 고객으로 재창조하는 방안을 찾는 것도 어려운 일은 아니었다. 이미 재화와 용역을 둘러싼 다수의 계약에서 정부 자체도 하나의 고객이었다.[6] 패러다임 전환에서 가장 최근의 것으로 다시 발명된 공공 기업가 정신은, 실제로는 '사회 기법'이 그때그때 정부에 적용되어 왔던, 반세기도 훨씬 전부터 만들어졌던 것이다. 하지만 재창조의 정신이 완전한 하나의 체계로 이해되고 당당하게 칭송받게 된 것은, 클린턴 행정부가 출범할 즈음부터였다.

이런 흐름에 비판적인 사람들은 결과 산출에 대한 행정부의 강조가 (그 목적을 달성하기 위한 수단을 엄격히 제한하는) 법의 지배와 부합할 수 있는지, 혹은 '고객 만족'이 공적 책임성과 같은 것이 될 수 있는지를 우려했다.[7] 하지만 재창조라는 공리의 이면에는 강력한 전제가 하나 있었다. 위계는 스스로 작동하지 않지만 유연성은 작동한다는 것이다. 민주주의 사회에서 이 명제는 의문의 여지가 없는 것처럼 보였다. 위계는 불평등을 의미했고, 자신의 생각이 아닌 상명하달, 엄숙과 복종으로 작동하는 권위를 의미했다. 하지만 흥미로운 사실 가운데 하나는, 정부 조직과 공공 정책의 원리로서 위계를 포기한 것과, 민주적 시민 동원의 감소가 함께 진행되었다는 것이다. 이는 정부가 덜 위계적이 되면서, 개별 시민이 집단행동에 의지하지 않고 혼자서도 정부에 접근할 방법이 많아진 결과일 수도 있다. 혹은 위계를 포기하면서 실제로 동원이 좌절된 것에는 다른 뭔가가 있을지도 모른다.

정부 재창조론자들이 워싱턴의 귀를 사로잡기 오래전, 두 차례의 후버 위원회는 엄격하게 정의된 관료적 위계가 정부 책임성의 정수라고 주장했다. 명령의 통일성과 권한의 분명한 경계가 (민주적 통제의 핵심 선결 요건인) 공공 정책의 책임성을 확립하는 데 일조한다는 것이다. 1960년대 후반 시어도어 로위도 유사한 지적을 한 바 있는데, 재량권이 어떻게 행사되어야 하는지를 명시하지 않은 채 행정부 소속 기관들로 재량권을 대폭 넘기고 있는 의회의 관행을 지적한 것이다. 결과에 대해 책임을 묻기 어려운, 모호하게 정의된 정책은 자신의 사적인 필요에 따라 정책을 주조하려는 특수 이익들을 불러들인다. 관료적 위계의 공적 엘리트주의를 (그리고 책임의 명확한 할당도) 포기하게 되면 정부는 민간 엘리트의 하수인이 될 수도 있다. 또한 정부를 덜 정부답게 만들자는 운동은 비非엘리트가 집단적으로 동원될 가능성도 줄인다.

달과 린드블롬에 따르면, 위계는 '간접' 통제가 아니라 '직접' 통제를 통해 작동한다. 위계적으로 정책을 시행하는 공공 정책 결정자들은 정책의 내용과 명분에 관해 하급 관료들이나 일반 대중에게 직접 정보를 제공한다. 반면 간접 통제는 눈에 잘 띄지 않는다. 사람들에게 직접 말하는 것이 아니라, 행동을 하게 하는 유인이나 환경을 바꿈으로써 정부가 원하는 대로 하게 만들기 때문이다. 직접 통제는 정책 결정자들로 하여금 그들이 무엇을 수행하려고 하는지를 공개적으로 밝히게 만들지만, 간접 통제는 그렇지 않다는 것이 핵심적인 차이다. 간접 통제에서 정책의 목표는 시장을 통하거나 시민들과의 협의를 통해 결정되어야 하므로, 정책 결정자들이 미리 정책 목표를 천명하는 것은 간접 통제의 원리에 어긋난다.

특정한 목표를 표방하지 않는 공공 정책은 정치 엘리트들에게 편리할 수 있다. 정책 결정자들이 정책 목표를 똑같이 이해하고 있지 않아도 정책에 대한 합의에 쉽게 도달할 수 있기 때문이다. [목표가 불분명하면 이해 당사자는 동원되기 어려우며, 갈등은 약해진다. 모호한 정책이 그 자체로 대중 참여를 방해하는 것은 아닐 수 있다. 모호한 약속이 어찌되었건 선거에서 승리를 가져다준다고 알려져 있기도 하다. 하지만 분권화되거나 민영화되고 수천 개의 시장 거래로 원자화된 이런 종류의 정책들은 관료 조직의 위계가 아닌 비위계적인 방식으로 시행되는데, 이런 방식들은 '사회 기법'으로는 상당히 효율적일 수 있지만 광범한 집단 동원에 기여하는 것은 아니다. 대니얼 패트릭 모이니한Daniel Patrick Moynihan은 1970년대 초반 닉슨 행정부의 복지 개혁을 이끌면서, 분산되고 시장에 기초한 정책에 탈동원화 경향이 내재되어 있음을 인정했다.

> 보수적이라고 명명되지만 역사적으로는 고전적 자유주의에 가까운 주장이 등장
> 했는데, 행정부는 작동하지 않지만 시장은 작동한다는 것이다. …… 그 주장은 유
> 인의 문제, 그리고 시장의 유인 구조가 훨씬 더 강력하다는 사고로 나타난다. 신보
> 수주의 입장에서 제시되는 주장은 이보다 한발 더 나가는데, 사회적 결과에 대한
> 책임을 분산시키면, 약속된 혹은 기대했던 결과가 나타나지 않았을 때 사회적 불
> 신이 등장하는 것을 늦추는 경향이 있다는 것이다.[8]

달리 말해, 시장 메커니즘은 대중을 자극하지 않으면서 공공 정책을 집행할 수 있는 강력한 수단이다. 책임을 모호하게 하고, 집단적 목표를 분절된 조각들로 나누어 놓는다. 공공 정책 전문가들의 새롭고 비위계적인 기법들은, 이념이라는 '신화적이고 거시적인 대안들'을 해체하면

서, 공공 정책을 통해 대중을 동원할 수 있게 했던 슬로건들을 약화시켰다. 민영화, 탈집중화와 시장은 대중 없이 공공 정책을 구성하기 위한 양식들이다.

민영화

민영화는 정부의 업무를 시장으로 넘기는 한 방법이다. 공공 프로그램에 경쟁 입찰을 도입해, 정부가 공공서비스를 독점했을 때 발생한다는 비효율을 피해 가는 것이다. 하지만 민영화가 납세자의 세금을 지키기 위한 최선의 방안인 것은 아니다. 민영화는 권력에 대한 특권적 접근을 얻게 해주는 도구이며, 일단 이런 접근이 허용되면 그 권력은 납세자들에게 추가 비용을 부과하는 방식으로 행사되곤 한다.

미국에서 민영화는 민간 구매자에게 공공 자산을 완전히 팔아넘기는 것을 의미하지는 않는다. 물론 예외가 있기는 하다. 정착민들에게 공유지를 매각하고, 철도 건설을 지원하기 위해 토지를 양도하기도 했으며, 좀 더 최근에는 콘레일Conrail의 정부 지분을 판매하기도 했다. 그러나 대부분의 경우 민영화는 정부 프로그램을 운영하는 과정에서 비정부 조직을 활용하는 것을 의미한다. 오늘날 거의 모든 연방 기관은 민간 계약자들에게 상당 부분 의존하고 있다. 연방 정부가 직접 고용한 공무원은 2백만 명이 채 안 되는 반면, 최근 한 연구는 1천2백만 명 이상의 미국인들이, 정부와 계약을 맺거나 연방 기금을 받거나, 연방 정부 위탁 프로그램을 수행하고 있는 민간 기업과 대학, 연구소, 재단, 주·지방정부라는 '그림자 정부'shadow government에 고용되어 있을 것으로 추정한다.[9] 많은 연방 기관들이 공무원을 계약 노동자들로 대체하면서, 인력 감축에 대한 대통령과 의회의 요구에 부응해 왔다. 예컨대 교육부는 1984년부터 1996년까지 대통령의 지시에 따라 6퍼센트 정도의 공무원을 줄였다. 하지만 같은 시기 교육부의 계약 인력은 129퍼센트 증가했다.[10] 이 경우에는 적어도 정부 기관의 규모 줄이기가 실제로는 확장을 의미했던 것이다.

상당수 연방 기관들이 그림자 정부의 지원 없이는 기능할 수가 없다. 예컨대 에너지부는 1만7천 명이 채 안 되는 공무원을 고용하고 있지만, 계약관계에 있는 민간 부문과 비영리단체에 속한 15만 명의 인력에 의존하고 있다.[11] 그러나 민간 계약자들에 대한 감독조차도 점점 더 민간 감사 및 회계 회사와의 계약으로 위임되고 있다.

정부가 정책 집행에 비정부 조직을 활용하는 것은 공익을 증진하려는 의도에서였다. 민간 기업들은 경쟁 정신, 효율성, 유연성, 규율이라는 자본주의의 후광을 내뿜는다.[12] 자발적 비영리 기관들은 임무를 수행하는 데 사명감을 불어넣을 것으로 기대되었다.[13] 민간 기업과 자발적 비영리 기관은 '거대 정부'big government의 지긋지긋한 관료적 관성에 대한 해독제처럼 보였다.[14]

민영화는 정부의 오랜 관행이었지만, 최근에는 영국의 대처리즘을 신봉하는 이념적 운동가들에 의해 분명한 정치 운동의 목표가 되었다. 공공 기능을 민간 계약자들에게 넘기라는 이 운동의 처방은, 정부의 많은 프로그램들이 이해 당사자들의 요구에 대한 반응이 아니라, 자기 이익에 충실한 공무원들의 지위와 고용 안정 및 수입을 향상하기 위해 고안된 관료 제국 건설의 산물이라는 확신에서 비롯된 것이다. 그러므로 개인민주주의에서 대중 동원이 줄거나 불필요한 것으로 여겨지는 것은 민영화론자들의 신념 체계 안에 내재되어 있는 것이다. 정부는 대중의 요구에 반응해서가 아니라 관료 조직 자체의 필요 때문에 정책을 개발하고 집행하는 것이므로, 공공 정책이 위계에 따라 시행되든 민영화에 의해 시행되든 대중 동원은 필수 요소가 아니라는 것이다. 하지만 민영화론자들도 공공서비스를 아예 없애 버리는 것은 민영화에 대한 대중적 저항을 불러올 수 있다는 걸 알고 있다. 레이건 대통령의 민영화 위원회에 따르면, "민영화가 정부 프로그램을 없애고 혜택을 줄이는 것만을 의미한다면, 변화는 천천히 올 것이다. 하지만 민영화가 기존 프로그램의 수혜자들을 위해 새로운 사적 권리를 만들어 내고 인정해 준다면, 민영화의 속도는 가속화될 것"[15]이라고 보았다. 물론 공적 혜택을 사적 권리로 대체하는 것은 대중의 성격 자체를 바꾸어 놓는다. 대중은 시민이 아니라 개인 고객들의 단순한 집합이 되는 것이다.

고객에 봉사하는 민간 조직이 이윤을 추구하는 기업이라면, 하층을 우선해야 하는 공공 프로그램의 속성은 민간 기업의 속성과는 다르다. 민간 기업들은 자신들이 미국이라는 정치 공동체의 일원으로서 시민들에게 봉사한다고 생각하지 않는다. 단지 고객에게 상품을 판매할 뿐이며, 서비스에 대한 대가를 받는 것 이상의 의무를 지지 않는 것이다. 고객들이 서로 연대감을 느낄 필요도 없다. 로버트 퍼트남의 표현을 빌리면 고객들은 '혼자서 구매'하는 것이다. 이들을 정부와 떨어뜨려 놓는 것은 정치 공동체로부터도 분리시키는 것이며, 공적 권위에 대한 이들의 충성심도 줄어들 것이다. 결국 대중은 민간 서비스 공급자의 고객으로서, 정부와는 간접적인 거래 관계만을 갖게 될 뿐이다.

일반적으로 비영리단체들은 그들이 시행하는 프로그램에 대해 높은 헌신성을 가지고 있으며, 영리기업이 그렇듯이 서비스 제공보다 이익을 더 중요시하지는 않을 것이다. 하지만 비영리단체는 그들 자신의 사회적·정치적 목표를 갖는다. 정부로부터 받은 위임은 종종 이들 단체로 하여금 공적 권력과 자원을 활용해 사적 목표를 달성할 수 있게 해준다. 영리든 비영리든 비정부 조직이 정부 프로그램을 대행할 때 발생하는 위험은, 이들 조직이 공적 의제를 자신의 목적으로 대체해 버리는 것이다.

마지막으로 민영화가 정부 기능을 영리기업에든 비영리단체에든 넘겨주게 되면, 그 결과 미래의 활동가들이 정치적으로 탈동원화될 수 있다. 정부 계약이 없었다면 이해 당사자들이 분발해 공공 정책을 만들어 냈을 것이기 때문이다. 사실 비영리단체의 입장에서 계약은 지지를 동원할 필요를 줄여 준다. 오늘날 이 단체들은 풀뿌리 지지자들이 아니라 다른 곳으로부터 나오는 수입원을 가지고 있다. 또한 단체의 목표를 선전해서 더 많은 지지를 얻는 것 외에도, 이 단체들이 책임져야 하는 현안들이 있다. 게다가 사회 서비스의 공급자로서 비영리단체들은 회원들로부터 새로운 종류의 행동주의를 불러낼 수도 있다. 즉 집회·행진·시위와 편지 보내기 운동을 위해 사람들을 불러 모으는 대신, 이제는 지역사회 서비스 자원봉사자로서 사람들을 충원한다. 이들은 정부에 영향력을 미치겠다는 자칫 좌절할 수도 있는 임무를 버리고, 개인민주주의가 가져다주는 좀 더 즉각적인 만족감(직접 좋은 일을 한다는)을 얻는 쪽으로 방향을 돌린 것이다. 정치학자 데이비드 와그너David Wagner의 지적에 따르면, 새로운 자발적 행동주의는 "집단적 반대를 사회봉사와 치유 노력이라는 풍경 속에 은닉하려는" 것을 의미한다.[16]

정부 지원 기업 : 공적 권력과 사적 목적

아마도 공공 정책을 시행하는 기제들 가운데 사람들이 가장 잘 모르는 분야가 정부 지원 기업Government-sponsored enterprises, GSEs일 것이다. 정부 지원 기업은 의회가 지정한 채무자들과 시장이 이용할 수 있는 신용을 창출하기 위해, 정부가 만든 민간 소유의 영리법인이다. 특수 목적을 위해 연방 수준에서 인가를 받지만, 자체 이사회를 두고 공개시장에 주식을 팔며, 다른 영리기업들과 경쟁하고 주주들에게 배당금을 돌려준다. 정부 지원 기업들은 의회가 임무를 지정하고 정부가 창설하기 때문에 가장 '공적' 성격을 가진 민영화의 수단 가운데 하나다. 정부 지원 기업의 역사를 보면, 민간 조직들이 정부의 목적과 밀접히 연계되어 있을 때 조차 공적 권력을 이용해 자신들의 목적을 추구해 왔음을 알 수 있다.

가장 잘 알려진 정부 지원 기업은 연방 저당 금융 회사 페니메이와 연방 주택금융 저당 회사 프레디맥•이다. 다른 사례로 셀리메이••로 알려진 학자금 대출 조합, 농업 신용 회사,••• 연방 주택 대출 은행,•••• 연

• 프레디맥(Freddie Mac)은 연방 주택금융 저당 회사(Federal Home Roan Mortgage Corporation)의 약칭이며, 1970년 공기업으로 설립되어 1989년 민영화되었다. 1968년 페니메이가 민영화되면서 정부의 저소득층 가계 대출 정책을 뒷받침할 새로운 공공 금융 기관으로 설립된 것이다.

•• 셀리메이(Sallie Mae)는 학자금 대출 조합(Student Loan Marketing Association)의 약칭이며, 1972년 정부 지원 기업으로 출발했고 1997년부터 민영화를 시작해 2004년 민영화를 완료했다. 현재 미국에서 가장 큰 학자금 대출 금융회사이다.

••• 농업 신용 회사(Farm Credit System)는 농업 생산자, 농업 관련 기업가, 농촌 주택 소유자 등에게 자금을 대출해 주기 위해 1916년 설립된 정부 지원 기업이다.

•••• 연방 주택 대출 은행(Federal Home Loan Bank System)은 대공황 시기인 1932년,

방 농업 저당 금융 회사* 등이 있다. 정부 지원 기업들은 3조 달러에 이르는 자산을 관리하며 전국에서 가장 큰 금융기관들에 속한다. 현재 페니메이는 수입 면에서 전국 26위이며, 총 자산 규모에서는 3위의 대기업이다. 6개 정부 지원 기업들은 원래 신용 시장의 결함을 극복하기 위해 설립되었다.[17] 예컨대 농업 신용 회사는 1916년, 금융 중심지로부터 소외되어 있던 농촌 지역의 신용 대출을 확대하기 위해 만들어졌다.[18] 페니메이는 주택 모기지 유통시장을 만들어, 대공황 시기 재정적으로 취약했던 은행들이 주택 구매자들에게 대출을 해줄 수 있게 하고자 1938년에 인가되었다. 페니메이는 1968년까지 완전한 정부 소유 기업이었으며, 이후 정부 지원 기업으로 전환되었다. 셀리메이는 (많은 상업 은행들이 회피했던 시장인) 대학생 등록금 대출을 늘리기 위해 1972년에 설립되었다. 오늘날 정부 지원 기업들은 시장의 실패를 보완하기보다는, 의회가 선호하는 특수 집단에 대해 재정 예산 이외의 지원금을 제공하는 기능을 한다.[19]

각각 차이는 있지만 정부 지원 기업들은 비슷한 방식으로 움직인다. 그들은 처음부터, 채권과 주택 저당 증권을 발행해 신용 시장에서 돈을 마련했다. 정부 지원 기업의 채권과 유가증권은 재무성 채권이나 기타 정부 채권과는 달리, 원칙적으로 미 연방 정부가 투자자들에게 상

가계 모기지 대출 금융기관, 중소기업, 농업 기업 등에 저리의 자금을 안정적으로 공급하기 위해 설립되었다.

* 파머맥(Farmer Mac)으로 알려진 연방 농업 저당 금융 회사(Federal Agriculture Mortgage Corporation)는 1988년 농업용 부동산, 농가 주택 등 농업 자금의 모기지 대출을 위해 설립된 정부 지원 기업이다.

환을 공식적으로 보증하지 않는다. 하지만 정부 지원 기업들은 정부 기관과 유사한 지위를 갖기 때문에, 투자자들은 이들이 발행한 채권도 연방 정부가 보증하는 것인 양 생각한다. 이런 인식 때문에 정부 지원 기업들은 재무성 채권보다는 약간 높고 상업은행보다는 낮은 이율로 돈을 빌릴 수 있다. 또한 주 및 지방정부의 면세 혜택과, 연방 기관들이 일반적으로 누리는 다양한 특권을 누린다. 연방준비제도이사회 의장 앨런 그린스펀Alan Greenspan에 따르면, 페니메이와 프레디맥이 누리는 면세와 낮은 차입 금리의 혜택은 연간 6백만 달러의 가치가 있다고 한다.[20]

정부 지원 기업들은 자신들도 빌려온 기금을 이용해, 주택 모기지 대출, 농장주 신용 대출, 대학생 학자금 대출을 하는 민간 대부 업체에 돈을 빌려준다. 민간 대부 업체들은 정부 지원 기업이 다른 곳에서 빌려온 차입금의 금리보다 조금 더 높은 금리로 정부 지원 기업의 돈을 빌리며, 이 차이에서 발생하는 이익은 정부 지원 기업과 투자자들에게 안전하게 되돌아간다. 예컨대 1998년 페니메이는 채권에 대해 25퍼센트 수익을 올렸고, 프레디맥은 23퍼센트가량의 수익을 벌어들였다. 또한 정부 지원 기업들은 자신들에게 돈을 빌려준 채권자들에게 자금을 유통할 수 있는 시장을 제공하며, 더 나아가 이 채권자들이 더 많은 차용인들에게 대출을 확대하도록 장려한다. 1999년 말까지 페니메이와 프레디맥이 시행한 독신 가정 주택 담보대출은 거의 5억5천만 달러에 달했는데, 이는 미국 내 전체 독신 가정 주택 담보대출의 47퍼센트를 차지하는 것이었다.[21]

전체적으로 정부 지원 기업들은 정해진 계층의 대출자들에게 대출을 확대하는 임무를 성공적으로 수행했다. 하지만 정부 지원 기업이라 해도, 민간 기업에서 공적 목적은 종종 부차적인 것이 된다. 정부 지원 기업들은 출발부터 정부가 아니라 주주들에 대해 책임을 졌다. 그리고 대통령과 의회, 규제 기관들을 외부 간섭자로 인식한다.[22] 대통령이 각 정부 지원 기업의 이사회에 임명하는 이사들은 소수다. 페니메이의 경우 18명의 이사 가운데 5명을 대통령이 임명한다. 하지만 이들의 임무는 명확하지 않다. 대통령이 임명한 이사들은 공익을 대표하는 것처럼 보이지만, 실제로 위임받은 책임은 일반 대중이 아니라 주주들에 대한 것이다. 공공 이사들이 정부 지원 기업의 관행에 문제라도 제기하면 정책 결정 과정에서 배제되며, 심지어 이사회나 위원회 회의를 전달받지 못하는 경우도 있다.[23] 정부 지원 기업들은 다른 어떤 정부 지원 조직보다 의회에 대한 책임이 작다. 일반적으로 의회가 다른 기관에 대해 갖는 가장 효과적인 통제 수단은 재정에 대한 통제권이다. 하지만 정부 지원 기업들은 자체 기금을 운용한다. 회사 운영으로 벌어들인 이윤으로 재정을 조달하는 것이다.[24] 정부 규제가 의회 규제보다 효력을 발휘하는 것도 아니다. 연방 규제 기관들은 정부 지원 기업들에 대한 법적 권한이 제한되어 있고, 얼마 안 되는 권한마저도 종종 정치적인 이유 때문에 행사할 수가 없다.[25]

공적 책임이 제한적이라는 것은, 대통령과 의회가 정부 지원 기업들로 하여금 이윤 창출이라는 그들의 목표와 부합하지 않는 임무를 수행하게 할 방법이 거의 없다는 걸 의미한다. 예컨대 페니메이와 프레디맥은 의회 입법과 주택·도시개발부의 압력에도 불구하고, 소수자 집단과 노동계급의 대출자들에 대한 모기지 이용 기회를 늘리기 위해 대부 기준을 수정하는 작업을 계속 지연시켜 왔다.[26] 정부 지원 기업을 비판하는 사람들에 따르면, 정부 지원 기업 두 곳은 대부 기준을 완화하는 대신 더 높은 대출 금리를 감당해야 하는 소위 비우량 금융시장subprime market으로 대출자들을 밀어 넣으려고 했다. 페니메이와 프레디맥은 비우량 시장 대부자들에게 돈을 빌려주기 때문에, 비우량 시장 대출자들이 추가로 부담해야 하는 금리에서 이윤을 얻을 수 있었다. 게다가 의회와 연방 규제 기관들, 소비자 운동가들의 계속되는 비판에도 불구하고, 유사 정부 기관의 지위로부터 얻는 대출 및 세금, 규제상의 이익을 소비자들에게 돌려주기를 거부했다. 의회 예산처의 한 연구에 따르면, 페니메이와 프레디맥은 연방 정부로부터 받는 보조금의 3분의 1가량을 주주들을 위해 남겼다. 분석가들에 따르면 셀리메이는 정부 보조금 전액을 이윤으로 남긴다고 한다.[27]

또한 정부 지원 기업들이 공적 임무를 담당함에도 공적 책임성의 부재로 말미암아, 이들은 더 높은 이윤을 획득하기 위해 자신들이 활동하는 시장을 옮길 수 있다. 비평가들은 이것을 '은연중 업무 확장'mission creep이라고 부른다.[28] 모든 정부 지원 기업은 변화하는 경제 조건과, 인가 당시에는 예측하지 못했던 환경에 부응하기 위해 활동을 변경할 '암묵적 권한'이 있다고 주장하면서, 권한을 확대해석해 왔다.[29] 최근 이런 이유를 들어 페니메이와 프레디맥은 담보대출 시장에서 금융 차익 거래, 주택 채권 대부, 모기지·생명·장애 보험, 회수 자산 매각 등 더 많은 이윤을 보장하는 투자로 기금 운용 방식을 전환했다.[30] 유통시장에서 활동하도록 인가된 페니메이와 프레디맥이 점차 발행시장*도 공략

---

* 유가증권이 거래되는 시장은, 기업이나 공공 기관 등이 발행한 유가증권이 최초로 거래되는 시장과, 이미 발행된 유가증권이 투자자들 간에 거래되는 시장으로 나뉜다. 전자는 최초 발행 유가증권이 거래되는 시장이라는 의미에서 발행시장 혹은 제1시장(primary market)이라고 불리며, 후자는 유통시장 혹은 제2시장(secondary market)이라 불린다.

하고 있는 것이다. 연방 주택 대출 은행은 '은연중 업무 확장'에 대해 훨씬 강력한 사례를 제공한다. 1980년대 이 은행의 주요 고객이었던 다수의 저축 및 대부 협회들이 파산했다. 그로 인해 연방 주택 대출 은행의 원래 공적 목적은 사라져 버렸지만, 여전히 유사 정부 기관의 지위로 할인 금리를 적용받아 매년 1조 달러 이상을 빌린다. 그리고 납세자들이 보조한 그 돈을 이용해, 상당한 이윤을 남기도록 고안된 복합 금융 상품 거래에 참여하고 있다.[31]

셀리메이는 학자금 대부 사업의 수직 통합과 독점을 사실상 완료했다. 1997년에 셀리메이 주주들은 기존 경영진을 내쫓고 이윤 극대화를 약속한 새로운 경영진으로 교체했다. 그리고 정부 지원 기업에 납세자들의 세금으로 지원되는 혜택을 이용해 경쟁사를 사들였다. 1999년에는 4억4천만 달러로 2개의 지역 경쟁사 자산을 획득했고, 2000년에는 가장 큰 경쟁사였던 유에스에이 그룹을 7억7천만 달러에 사들였다. 셀리메이는 이를 통해 시장에서 독보적인 지위를 얻게 되었다. 역설적이게도 셀리메이의 유일한 진짜 경쟁자는 연방 정부가 운영하는 학생 직접 대부 프로그램이다. 달리 말하자면 셀리메이는 연방 정부와 경쟁하면서 연방 지원금을 받고 있는 것이다.

정부 지원 기업들은 공적 임무를 망각한다고 비판을 받으면, 으레 맹렬한 로비와 대중 홍보로 반응하곤 한다. 민간 기업이기 때문에 정부 기관에는 금지되어 있는 로비, 정치 기부, 기타 정치 행위와 홍보 행위가 허용되는 것이다.[32] 정부 지원 기업들은 돈을 빌릴 때는 공공 기관이라고 주장하지만, 자신들의 기득권을 보호하기 위해 정치과정을 이용할 때에는, 단연코 민간 기관으로 행동한다. 모든 정부 지원 기업 특히 페니메이는 로비 및 홍보와 정치 캠페인에 엄청난 돈을 쓰며, 매년 정치 후보자들에게 수십만 달러를 기부한다.[33] 게다가 1998년에 페니메이와 프레디맥은 의회 로비에 8백만 달러 가까이를 썼으며, 1999년에는 1천1백만 달러로 그 액수가 늘어났다. 2000년 페니메이는 광고캠페인 하나에만 8백만 달러를 넘게 썼다.[34]

페니메이와 프레디맥은 활발한 로비를 벌임으로써, 소수자 집단 대출자에게 유리하게 대부 기준을 바꾸려는 주택·도시개발부의 노력에 저항할 수 있었고, 이들이 발행하는 유가증권에 관례적인 증권 거래 위원회 등록 비용을 물리려던 클린턴 행정부의 시도를 좌절시킬 수 있었다. 이들은 이런 비용을 면제받으면서 매년 수천만 달러의 이득을 보고 있다. 최근에는 의회가 정부 지원 기업들에 대한 규제 감독을 강화하고 이들에 대한 연방 재무성의 대출을 없애려고 하자, 이를 막아내기 위해 로비를 강화하고 있다. 연방 재무부의 대출이 없어지면 정부 지원 기업의 유가증권을 정부가 보증한다는 월 스트리트의 믿음이 약화될 수 있으므로, 정부 지원 기업의 입장에서는 중대한 위협이 될 수 있기 때문이다. 셀리메이 또한 학생에 대한 정부의 직접 대부 프로그램과의 경쟁에서 경쟁력을 높이기 위해 강력한 로비를 벌이고 있다.[35]

페니메이와 프레디맥은 기업 이미지를 개선하고 자신들을 향한 비난에 대응하기 위해 광고 업체를 고용한다. 2000년 여름에는 '여론 주도층'을 겨냥한 8백만 달러짜리 캠페인에 착수했다. 두 기업은 『워싱턴 포스트』, 『월스트리트저널』, 『뉴욕타임스』 같은 언론에 시리즈 광고를 내보내면서, 자신들에 대한 비판 세력을 '담보대출 비용을 높이기 위한 동맹'으로 묘사했는데, 그와 같은 비판은 자가自家 소유자들이 부담하는 이자율을 올리려고 은밀히 공모한 은행가들과 관료들의 음모라는 내용이었다.[36]

페니메이는 통상적인 기업광고와 대중 홍보뿐만 아니라, 잠재적 반대자들을 포섭하기 위해 재정 지원책을 사용했다. 1996년에는 3억5천만 달러 가치의 주식으로 페니메이 재단을 설립했다. 재단은 매년 5천만~7천만 달러의 보조금을 지급했는데 그 대상은 주로 '적정가격 주거'를 위해 활동하는 지역사회 단체들이었다. 비평가들의 지적에 따르면, 그 보조금의 상당 부분은 상·하원 금융 위원회처럼 페니메이에 특별히 중요한 의회 위원회에 소속된 의원의 선거구나 주에서 활동하는 단체에 지급되었다고 한다. 하지만 그 밖의 보조금들은 페니메이의 대부 관행을 공개적으로 지지하는 단체들에게 돌아갔다.[37] 1996년, 페니메이는 자신의 본거지인 컬럼비아 지구의 41개 단체에 130만 달러를 기부했다. 페니메이는 시립 학교들과 가까웠으며 시에서 진행하는 주거 및 지역사회 개발 프로젝트의 중요한 후원자였다. 이런 관대한 후원은 지방 정치 활동가들로 하여금, 페니메이가 면제받는 세금이 매년 워싱턴 D.C. 세입에 3억 달러의 부담을 지운다는 사실을 잊게 만드는 데 일조했다.[38] 페니메이의 대표들은 재단의 노력이 정치적 동기를 갖는다는 사실을 부인한다. 어떤 이는 단체를 비판하는 사람들을 '편집중환자'로 치부하기도 했다.[39] 이들이 정상이든 아니든, 페니메이는 자선사업을 통해 대부분의 활동가들을 그들의 손바닥 위에 둘 수 있었기 때

• 적정가격 주거(affordable housing)는 서민층의 주거 문제를 해결하기 위해 등장한 개념으로, 중위 소득 가구가 감당할 수 있는 비용의 주거를 의미한다. 이는 지역사회 단체들의 활동 목표로 천명되고, 연방이나 주 정부에서도 정책 가이드라인으로 반영해 왔다. 비영리 주거 운동 단체인 전국 저소득 주거 연맹(Nation Low Income Housing Coalition)은 주거비가 가구 총소득의 30퍼센트를 넘지 않는 것을 적정가격의 주거 상한선으로 제시하기도 했다.

문에 페니메이에 반대해 대중을 동원하려는 비판 세력들의 시도는 좌절되었다.

　정부 지원 기업들은 정부가 공공의 목적을 위해 창설하기는 했지만 주요 목적은 이윤을 추구하는 것이다. 그들의 이윤은 상당 규모의 정부 보조금과 정부가 부여한 특권 때문에 가능하지만, 어떤 공적 책임으로부터도 자유롭다. 경기 규칙을 바꾸려고 노력하는 단체나 공직자들은 조용히 매수된다. 정부 지원 기업들은 안전한 공적 특권을 통해 만들어지는 사적 수입으로 생존할 수 있기 때문에 대중의 지지를 호소할 필요도 없다.

공공의 것을 민영화하기

미국에서 민영화는 이전에 공공 기관이 수행했던 서비스를, 정부와 계약을 맺은 민간 회사가 제공한다는 것을 의미한다.[40] 민간 회사들은 이윤을 추구한다는 점에서 정부 지원 기업과 목표를 공유하지만, 정부 지원 기업 법규에 쓰여 있는 명목적인 공적 목적조차 갖고 있지 않다. 2001년 9월 11일 이후 공항 수하물 검사를 책임진 경비 회사의 사례*에서 명백해진 것처럼, 민간 계약자들은 이윤과 공익이 충돌할 때 당연히 이윤을 택한다.

　민영화 지지자들은 민영화의 비용 절감 효과가 분명하지 않더라도,

---

*9·11 테러 이후 미국 각 공항에서는 수하물 검사가 대폭 강화되었고, 수하물 검사를 대행하는 민간 회사들은 신규 장비 도입, 인력 충원 등으로 추가 비용이 발생하자 여행객 안전 서비스 요금을 신설해 여행객들에게 비용을 전가했다.

이윤을 우선하는 민간 회사들이 공공 기관보다는 공공서비스를 더 효율적으로 제공할 것이라고 주장한다.[41] 하지만 계약에 따른 숨겨진 비용은 거의 고려되지 않는다. 첫째, 정부의 민간 계약자들은 연방과 주 당국들이 구속받는 헌법과 법률의 제한으로부터 자유롭다. 권리장전이나 수정 헌법 제14조처럼 기본적인 헌법적 보호 장치들은 연방 정부와 주 정부의 행위를 제약하지만, 민간 회사들은 여기에 구속받지 않는다. 둘째, 〈선샤인법〉이 확립한 권리들처럼 법원을 통해 보장받을 수 있는 최근의 시민권들도, 정부와 계약관계에 있는 민간 회사들에게는 적용되지 않는다.[42]

인권에 대한 관심은 재소자와 관련되면 특히 민감해지는데, 민간 교도소 사업은 민영화가 만들어 낸 성장 산업 가운데 하나다. 주와 지방정부 및 연방 교도국과 계약을 맺은 미국 교정 회사Corrections Corporation of America, CCA, 웨켄헛Wackenhut 등 민간 교도소에는 수만 명의 수감자들이 있다.[43]

교도소는 국가가 공표한 법률을 위반한 사람들을 수용하고 공적 정의를 지키는 제도일 뿐만 아니라, 범죄를 용인하지 않는 공적 연대의 가시적 상징이기 때문에, 전통적으로 공공 기관으로 존재해 왔다.

물론, 공공 교도소가 완벽한 기관은 아니다. 하지만 교도소가 민영화되면, 수감의 공적 목적 역시 교도소 담장 뒤로 사라져 버린다. 사회 복귀 훈련과 기타 서비스들이 가장 먼저 사라진다. 민간 교도소 수감자들은 공공 교도소 수감자들과는 달리, 부당한 처우를 받더라도 연방 법원에 소송을 제기할 권한이 없다. 놀이와 상담 서비스, 직업훈련은 모두 이윤을 줄이므로 최소화된다. 또한 민간 교도소들은 이윤을 보장하기 위해 공공 교도소보다 훨씬 적은 수의 교도관을 고용하는데, 이는

수감자들을 거의 온종일 방에 가두어 놓아야만 민간 교도소가 안전하게 작동될 수 있음을 의미한다.[44]

비슷한 이유로 민간 교도소에서 수감과 처벌은 더욱 가혹해지기 쉽다. 인력 부족으로 말미암아, 가벼운 규칙 위반에도 수감과 격리가 뒤따른다. 의료 서비스도 이윤을 위협하므로 건강관리는 심각히 제한된다. 인력 부족 때문에 수감자들 사이에 폭력 충돌도 많아진다.[45] 또한 민간 교도소에 수감된 사람들은 죄질의 정도와 상관없는 이유로 공공 교도소 수감자들보다 오래 복역하는 경향이 있다. 주 교정 당국이 수행한 한 연구에 따르면, 민간 교도소 수감자들이 공공 교도소 수감자들에 비해 조기 출감을 위한 시간 공제 제도인 '선행 시간'*에서 8배나 손해를 보고 있다고 한다.[46] 이유는 간단하다. 출감이 빨라질수록 교정 회사의 수입이 줄어들기 때문이다.

민간 교도소들은 많은 비판을 받지만, 정부 지원 기업들처럼 교정 산업 또한 반대자들의 접근을 막고 강력한 로비와 홍보를 통해 자기 영역을 확대할 능력이 있다. 민간 교도소들은 많은 돈을 번다. 1997년 기준으로 수입은 10억 달러 이상이었으며 계속 가파르게 상승 중이다. 이 가운데 가장 큰 민간 교도소 운영 업체인 미국 교정 회사는 1994년에서 1998년까지 주가가 10배나 상승했다.[47] 이처럼 막대한 현금 유입은 민간 교정 기업들에게 정치를 통해 이권을 확대해야 할 유인과 수단을

---

* 선행 시간(good time)이란, 미국 연방이나 각 주 교도소에서 수감자의 교도소 내 생활 태도가 좋으면 그것을 시간으로 환산하고 이를 기준으로 수감 기간을 줄여 주는 제도를 시행하는데, 이때 기준이 되는 시간을 말한다. 예컨대 어떤 주에서는 3일 동안 교도소 생활이 모범적이면 선행 시간 점수를 하루 주는 식으로 해서 수감 기간을 줄여 주기도 한다.

제공했다. 교정 회사들은 주와 지방 당국이 소유한 기업으로부터 물품과 서비스를 구매하곤 한다. 정치 캠페인에 상당한 액수의 후원금을 기부하고, 주 당국자들을 매수하기 위해 값비싼 로비스트들을 고용한다.[48] 정부 지원 기업들처럼 민간 교정 기업도 재정 후원을 통해 잠재적 비판자들을 포섭한다. 이와 관련해 한 가지 유명한 사례가 있다. 민간 교도소, 특히 미국 교정 회사에 우호적인 연구를 발표했고 언론 매체와 학술 논평을 통해 수감자에 대한 이 기업의 대우를 옹호하곤 했던 저명한 범죄학자가, 이 회사와 웨켄헛 교정 회사 양측으로부터 상당한 연구 기금을 지원받았다가 들통 난 사례가 있었다. 웨켄헛 교정 회사는 업계 2위 기업으로 미국 교정 회사와 경쟁 관계에 있었는데, 양쪽으로부터 기금을 받았다는 사실을 밝히지 않았던 것이다.[49] 또한 민간 교정 회사들은 교도소 침대와 금고를 채우기 위해, 주 당국에 범죄자들의 복역 기간을 늘리도록 로비를 벌이기도 했다.[50]

이와 같은 민간 교도소의 문제는 다른 유형의 민간 기업들이 공공 기관의 업무를 위탁받을 때에도 발견된다. 예컨대, 영리 목적의 요양 시설들은 의료보험 당국과 계약을 맺어 신체적·정신적으로 장애가 있는 사람들을 돌보는 주요 운영자가 되었다. 이 기업들은 민간 교정 회사들처럼 서비스의 질을 낮춰 이윤을 높이려는 유인을 갖는다. 비판적인 사람들에 따르면, 그 결과 환자에 대한 대우가 전체적으로 나빠졌다고 한다.[51]

하지만 많은 면에서 교도소 민영화는 다른 민영화보다 더 심각한 문제를 낳는다. 법 집행과 범죄자 처벌은 주권과 공동체의 성격을 정의하는 것이다. 국가는 범죄자를 투옥함으로써 시민을 보호하고 권력을 유지하며, 사람들이 법을 자신의 손으로 직접 집행함으로써 모두가 안전하지 못한 무정부 상태가 되는 것을 방지한다. 또한 범죄자에 대한 공적 처벌은 일정한 한도를 넘어선, 금지된 행위를 확인시킴으로써, 시민권의 경계를 확정하고 정치 공동체의 응집력을 강화한다.[52] 처벌을 민영화한 것은 법과 정의 및 처벌을 단순한 상품으로 변형할 위험을 낳으며, 민간 교도소는 우리가 집단으로서 하나의 정치 공동체가 되기를 중단한다는 제도적 천명인 것이다.

바우처[*]

바우처는 민영화를 달성하는 탁월한 방법일 수 있다. 민간 위탁은 공공 서비스의 공급을 민영화하지만, 바우처는 이에 더해 공공서비스의 소비도 민영화한다. 정부로부터 바우처를 받은 시민들은 바우처를 사용할 곳을 스스로 결정한다. 그 과정에서 시민들은, 정부가 수요에 대해 보조금을 지급하는 공공서비스 시장을 창출한다. 이 시장은 정부 관료들이 생산하는 공공서비스보다 양질의 공공서비스를 더 효율적인 비용으로 제공할 것으로 기대되었다. 이론적으로 볼 때, 시장 경쟁이 부과하는 규율로 말미암아, 공공서비스에 종사하는 민간 기업은 가격 경쟁성을 확보하거나, 또는 이윤을 극대화하고 투자 자본을 끌어들이기

---

[*] 바우처란 사전적으로는 증서나 상품권을 의미한다. 행정학이나 사회복지 등과 관련해, 바우처는 정부가 제공하고자 하는 특정 상품(서비스)에 대한 지불 인증권을 의미한다. 즉, 정부가 일정한 자격 기준이 되는 개인에게 특정한 재화 및 서비스에 대한 쿠폰(coupon)이나 카드 형태로 구매권을 인정해 주는 정책 수단이며 구매권의 정도와 적용 대상은 정부 정책에 의해 규정된다.

위해 가능한 한 가장 낮은 가격으로 상품을 만들 것이다. 하지만 그들이 판매하는 서비스가 불만족스럽다면, 소비자는 원하는 서비스를 제공하는 경쟁 회사에 바우처를 넘겨줄 것이다. 다시 이론상으로만 보자면, 경쟁의 결과 비효율적이고 경쟁력 없는 생산자는 실패하지만 양질의 서비스를 효율적으로 제공하는 생산자는 번성할 것이고, 대중은 정부 관료들이 공공서비스를 독점적으로 공급했던 때보다 더 나은 복지를 누리게 된다는 것이다.

정책 결정자들은 이런 이론적 주장을 현실적으로도 타당성이 있는 것으로 보았다. 이에 따라, 주 및 지방정부들은 바우처 이용을 확대했고, 연방 정부는 저소득층 식권 프로그램, 여성과 유아 및 아동 영양 보조 프로그램에 바우처 제도를 도입했으며, 저소득층 가정에 적정가격의 주택을 제공하는 방법으로도 이를 활용하고 있다. 또한 바우처는 육아, 교통, 직업훈련, 아동 처방약, 애완동물 거세, 수세식 화장실 설치, 가솔린 동력 잔디 깎기 대신 전기 잔디 깎기 구매 등의 지원에도 적용되고 있다. 일부 주에서는 정부 보조금 수급자들이 생필품이 아닌 물품을 구매하거나 부적절한 소비를 하지 못하도록 현금 보조 수당을 바우처로 대체하기도 했으며,[53] 복지 개혁의 결과, 공공 부조의 일정 상한선을 넘은 수급자들에게 현금 혜택이 줄어들면서 바우처 이용이 폭넓게 확산되었다. 바우처의 발급은, 과거 공적 지원 대상이었지만 복지 개혁으로 말미암아 지원 대상에서 제외된 어머니들에게, 자신의 아이가 제대로 먹지도 못하고 보호받지 못하며 보살핌을 받지 못하는 그런 처지는 아니라는 믿음을 줄 수 있었다.

이론상으로는 모든 미국인이 바우처로 다양한 공공서비스를 구매할 수 있다. 하지만 바우처 제도는 실제로는 중하층 정도의 미국인들을 거냥한 정책과 정책 제안에 가장 광범위하게 적용되는 듯하다. 주거, 영양 지원, 직업훈련, 육아 바우처 프로그램은 모두 중하층 소득의 시민들을 대상으로 한다. 한편으로, 바우처 제도가 가난한 사람들을 대상으로 한 것은 전적으로 납득할 만하다. 바우처는 공공 부조이고 보조금은 재분배 경향이 있기 때문이다. 반면, 가난하지 않은 많은 미국인들도 계약, 보조금, 세금 감면과 공제, 직접 현금 지불의 형태로 정부로부터 보조를 받는다. 그럼에도 부자들을 위한 바우처는 드물다.

흔히 바우처는 소비자주권과 선택을 보장하는 수단으로 묘사되지만, 실제로는 통제 메커니즘이다. 우선 바우처는 수급자들의 소비 결정을 제약한다. 주거 바우처는 주거에만 사용해야 한다. 실제로 식권 매매처럼 현금을 받고 바우처를 판매하는 것은 연방 범죄에 해당한다. 바우처는 다른 것으로 바꿀 수 없다.

두 번째로, 바우처는 수급자의 소비 행위뿐만 아니라 정치 행위에도 영향을 미친다. 민영화의 어떤 다른 메커니즘도 이처럼 확실하게 시민을 고객으로 바꾸어 놓지는 못했으며, 고객이 되어 버린 시민들은 집단행동으로 동원될 기회를 거의 갖지 못한다. 서비스에 만족하지 못하는 고객들이 조직적으로 저항하는 경우는 드물다. 다른 곳으로 옮겨갈 뿐이다. 달리 말하자면, 바우처는 집단 정체성을 사적인 이해관계로 녹여 버리며 집단행동을 사적인 소비 결정으로 해체한다. 공공 주택 프로젝트를 주거 바우처로 대체하면 임차인 위원회가 공공 주택 당국에 집단적 요구를 할 수 있는 기회는 사라진다. 대신 당국으로 향했던 공동의 요구는 집주인에 대한 임차인의 개인적인 불만으로 해체된다. 주거 바우처가 나쁜 정책이라거나 공공 주택 프로젝트가 가난한 사람들에게 더 좋다는 의미가 아니다. 바우처 프로그램이 시민권 개념과 우리의 정치적 경험에 심대한 결과를 가져올 수 있다는 것이다. 1968년 뉴욕 시에서 공립학교 자치 계획[*]을 둘러싸고 일어났던 대규모 저항과 등교 거부는 바우처의 세계에서는 결코 발생하지 않을 것이다. 아이가 배정받은 학교가 마음에 들지 않는 부모는 아이를 빼내어 다른 곳에서 다시 바우처를 사용할 것이기 때문이다.

공교육은 사실상 바우처 제도를 둘러싼 정치적 논쟁의 핵심이었는데, 학교 바우처를 둘러싼 논란이 진행될수록 저소득층을 겨냥한 학교 바우처 정책의 경향은 더욱 뚜렷해지고 있다. 원래 학교 바우처 제도는 민주적 시민 일반을 위해 고안된 것이다. 토머스 페인Thomas Paine이 『인간의 권리』The Rights of Man[**]에서 시민교육에 대한 정부의 지원을 말했을 때 그 핵심은 보편성이었다.[54] 1955년 학교 바우처 제도를 처음 제안했던 밀턴 프리드먼Milton Friedman이 가졌던 기대 역시 비슷했다. 그는 바우

---

[*] 1968년 5월부터 11월 사이에, 뉴욕 시 브루클린의 오션힐-브라운즈빌 지역에서 일어났던 학교 자치 위원회와 교사 노조의 갈등 상황을 말한다. 이 지역은 1950년대까지 유대인 밀집 지역이었으며 전통적으로 노조 활동이 활발했다. 그런데 1960년대가 되면서 아프리카계 미국인 거주민들의 수가 급격히 늘어났다. 뉴욕 시는 공립학교의 운영에서 소수자의 목소리를 반영하고 주민 참여를 유도한다는 명분으로, 1968년 오션힐-브라운즈빌 지구를 포함해 학교 자치 시범 지구 세 곳을 선정했다. 이 지역에서는 주민들이 선출한 학교 자치 위원회가 구성되고 여기에서 학교 운영의 주요 사항들을 결정하게 되어 있었다. 브라운즈빌 학교 자치 위원회는 거주민 구성을 반영해 아프리카계 미국인들이 많았다. 그런데 뉴욕 시 교사 연합(교사 노조)은 뉴욕 시의 학교 자치 시도를, 당시 활발했던 교사 노조 활동을 약화시키려는 의도로 간주하고 이를 반대했다. 브라운즈빌 학교 자치 위원회는 13명의 교사를 해고했고, 이를 계기로 교사 노조의 파업이 시작되어 6개월간 대치 상태가 지속되었으며, 이 과정에서 학부모들의 등교 거부 및 교사 노조 파업 등으로 총 36일 간 학교가 문을 닫았다. 당시 교사 노조 소속 교사들은 대부분 백인 유대인들이었다.

[**] 토머스 페인 지음, 박홍규 옮김, 『상식, 인권』(필맥, 2004)에 수록.

처 제도가 공교육 일반을 대체할 것으로 기대했다. 하지만 학교 바우처 제도는 미국 정치의 길고 소란스러운 여정을 통과하면서 도시 저소득층만을 겨냥한 교육정책으로 진화했다. 클리블랜드와 밀워키, 그리고 컬럼비아 지구의 의회 지정 구역에서 시행된 바우처 시범 프로그램은 모두 빈곤층 가정 아동들을 겨냥한 것이었다. 학업성적이 좋지 않은 학교에 다니는 아동들에게 대안을 제공하기 위해 기획된 플로리다 바우처 프로그램도, 결과적으로는 빈곤층 아동들에게 집중된다. 이처럼 개인에게 제공되는 바우처 기획들은 모두 같은 고객에게 초점을 맞추고 있다. 최근 정치적 보수주의자들이 전국적으로 추진하고 있는 학교 바우처 기획들도 빈곤층을 고객으로 하고 있다. 그리고 이런 기획들은 아프리카계 미국인 부모들 사이에서 상당한 지지를 얻고 있는데, 이들은 시내 공립학교들이 학업 면에서 열등하다고 생각하고 대안을 찾고 있었기 때문이다. 이런 현상은 미국 정치에서 발견되는 어색한 동반자 관계* 전통의 한 단면이다.[55]

신보수주의적 학교 바우처 사례는 흑인 유권자들을 민주당 내 전통적 동맹 세력으로부터 분리시키는 장치였을 뿐만 아니라, 자유주의적 관점에서 교육 바우처를 비판했던 주장들을 무력화하는 경향을 갖는다. 자유주의적 비판에 따르면, 백인 중산층 부모들은 학업 성적이 우수하지 못한 학교에서 벗어나 더 나은 학군으로 이사를 갈 수 있지만, 도심 빈곤층은 [또 다른] 빈민가 이웃들로 둘러싸여 있는 [비슷비슷한] 비

• 어색한 동반자 관계(unlikely bedfellows)란 외교 관계나 국내 정치에서 서로 너무 이질적이어서 함께할 수 없을 것 같은 파트너들을 말한다. 여기에서는 서로 다른 이해관계에 기초한 정치적 보수주의자들과 빈곤층이 동일한 정책 선호를 갖는 현상을 가리킨다.

효율적 학교 이외의 다른 선택지가 없다는 것이다. 그 결과, 부모들로 하여금 도심의 빈민가를 벗어나지 못하게 가로막았던 교육 불평등이 이제 그들의 아이들에게까지 대물림되어 같은 지역에서 평생 벗어날 수 없게 될 수도 있다는 것이다.

보편적 교육 바우처 제도는 자유 시장 맹신자가 아닌 미국인들이 선호하는 방법이었다. 그러나 캘리포니아와 미시간에서 바우처 도입 주민 투표가 부결되고, 클리블랜드의 바우처 실험에 대해 연방 법원이 비우호적인 판결을 내림에 따라 그 정치적 추진력은 줄어든 상태다. 아버지 부시 대통령은 보편적인 학교 바우처 프로그램을 위해 연방이 지원할 것을 제안했고, 그 아들은 텍사스 주지사로서 이 제안을 지지하기도 했다. 하지만 아들 부시는 워싱턴 정치를 경험한 뒤 그 논란 많은 이상을 조용히 배 밖으로 던져 버렸다. 교육의 전국적 기준 확립, 전국 수준의 시험 실시, 학생 성적에 대한 학교 책임을 강화하기 위해 연방 보조금 지급을 약속했던 자신의 교육 프로그램을 통과시키기 위해서였다. 보편적 바우처 제도는 그 순간 흔적도 없이 가라앉아 버렸다.[56]

식권 프로그램과 연방 주택 프로그램에 바우처를 이용하는 것 역시 논쟁을 일으켰지만, 교육 바우처에 대한 제안이 야기한 격심한 변동만큼은 아니었다. 식량과 주거는 판매자와 구매자가 아닌 제3자에게는 크게 중요하지 않은, 개인 구매를 통해 획득되는 사적 상품이다. 반면 교육은 좀 더 복잡하고 다양한 측면을 갖는다. 교육학자 헨리 레빈Henry Levin이 지적하듯이, 학교교육은 "청소년들에게 시민적 책임을 갖게 하고, 공동의 가치 체계를 받아들이며, 주어진 규칙 체계에서 민주적 정치체제에 참여하고, 국가의 토대가 되는 정치·경제·사회적 삶을 받아들여 어른 역할을 준비하게 함으로써 공공의 이익을 다루는 것이다."[57]

간단히 말해 공립학교들은 공적 윤리를 한 세대에서 다음 세대로 이전하는 역할을 하는 것으로 기대된다. 그러나 교육 바우처 제도는 이런 기대에 잘 부합하지 않는다.

정치학자 존 처브John Chubb와 테리 모는 왜 그런지를 설명한다. 공교육의 목표는, 이질적인 사회의 다양한 윤리와 문화적 경향을 수용해야 하기에 명확하게 정의될 수 없다. 이 문제는 공적 윤리를 고양해야 할 책임이 있는 시 [교육] 관료들 사이에서도 마찬가지다. 대부분의 사람들이 공적 윤리가 무엇인지 안다고 단언하지만, 그 실체에 대해 합의된 바는 거의 없다. 처브와 모에 따르면, 공립학교들이 '열악하고 질 낮은' [하향] 평준화 속에서 표류하게 되는 이유는 바로 이 때문이다.[58] 학교는 직접적으로 교육을 제공받는 아이들과 그 부모의 요구와 필요를 충족하려고 노력하기보다는, 일반 시민 모두에게 민주적으로 답하도록 강제된다. [그러나] 바우처는 개별 학교의 고객을 한정한 다음 그들에게 특화된 임무만을 수행하도록 만든다. 일반 대중을 만족시키기보다는, 자기 학생과 부모들에게만 관심을 갖게 한다는 것이다. 이렇게 되면 유사한 문화와 교육관을 가진 부모들이 자신의 선호에 가장 잘 맞는 학교로 모여들게 되고, 학교는 비슷한 생각을 공유한 작은 공동체가 된다.

교육에 대한 민주적 통제를, 교육에 대한 시장 통제로 대체하는 것은 학교에 아이를 보내지 않는 시민들은 학교 정책에 목소리를 낼 수 없다는 것을 의미한다. 하지만 이들은 세금을 통해 교육비를 계속 지불해야 한다. 비록 대표 없는 과세가 종종 용인되기도 하며 이미 낡은 슬로건이 되기는 했지만, 그럼에도 원칙에서 벗어날 때, 특히 다수의 납세자들이 대표되지 않을 때에는 정당화가 필요하다. 암묵적인 정당화 논리는, 바우처 학교들의 학업 성취도가 민주적으로 통제된 공립학교들보다 탁월할 수 있다는 것이다. 바우처 학교의 졸업생들이 앞으로 노동자·시민·부모로서 더 나은 능력을 갖게 된다면, 그들과 함께 살아가야 할 미국 사회의 다수 시민들은 바우처 학교의 정치적 자율성을 받아들이게 될 수도 있다.

하지만 바우처 학교의 교육 효과는 격렬한 논쟁의 주제가 되곤 했다. 특히 세간의 관심을 끌었던 한 가지 논쟁은 밀워키와 클리블랜드에서 시행한 바우처 실험 프로그램의 데이터 분석을 둘러싸고 벌어졌다. (지켜보는 대다수 일반인들을 당혹스럽고 지루하게 만들었던) 사회과학자들의 방법론 공방은 결론에 이르지는 못했지만 적어도 어떤 합의에 도달한 것 같았다. 바우처가 아이들의 학업 성취에 긍정적인 효과를 미친 것으로 인정되지만 효과는 크지 않다는 것이다. 세실리아 루즈Cecilia Rouse는 밀워키 바우처 실험의 데이터를 가장 엄격하게 분석한 연구 가운데 하나에서, 프로그램에 참여한 아이들이 수학 점수에서는 공교육의 통제 집단 아동들보다 백분위 점수에서 1.5~2.0점 앞섰지만 읽기에서는 차이가 없었다고 결론을 내렸다. 이는 기존 공교육의 틀 내에 도입된 교실 개혁을 통해서도 같은 정도나 더 나은 정도의 성적 향상을 기대할 수 있는 정도였다.[59]

루즈의 발견이 결정적인 것은 아니다. 바우처의 효과가 미약할 뿐만 아니라, 밀워키와 클리블랜드에서의 실험이 도시 전체의 가난한 아동들을 대상으로 한 전면적인 학교 바우처 시스템에서 이루어진 것도 아니기 때문이다. 한편, 바우처 시스템을 택하는 학교가 늘어나면 더 많은 행정지도가 필요해질 것으로 보인다. 1955년 밀턴 프리드먼의 교육 바우처 제안은 보건 당국이 레스토랑을 규제하는 수준 이상의 감독을 제시하지 않았다. 하지만 프리드먼의 계획을 계승한 최근 논자들은 바우처 제도를 받아들인 사립학교에 대해 공공 규제를 강화하도록 요구한다. 예컨대, 현재 대부분의 바우처 프로그램에서 입학과 고용상의 인종차별은 금지되어야 한다. 프리드먼조차도, 추정컨대, 학교 건물의 보건 및 안전 점검에 대한 규제는 필요하다고 보았을 것이다. 게다가 그는 일부 교육과정에 대한 통제도 필요하다고 인정한 바 있다. 이 외에도, 교사의 자격, 바우처 학교가 원하지 않는 학생을 거부하거나 내쫓아도 되는 것인지, 된다면 어떤 조건에서 가능한 것인지, 학교는 부모들에게 어떤 종류의 정보를 제공해야 하는지, 공공 당국으로부터는 어떤 정보를 얻어야 하는지도 공공 규제가 가능한 주제들이다.[60]

공적 자금이 바우처를 지원하는 데 사용될 것이기 때문에 일정한 공공 규제를 기대하는 것은 타당하다. 그리고 정치의 통상적인 과정을 따른다면, 바우처 규제 기관들은 성장할 것이다. (바우처 도입을 둘러싸고 논쟁을 불러일으키는) 현재와 같은 환경은, 시장이 주도하는 학교 선택 체제에서도 규제가 필요하다는 압력을 장차 야기할 것이다. 조만간 정책 결정자들은, 핵심 기술의 습득을 강조하거나 발음 중심의 어학 교육처럼 인기 있는 교수법을 사용하는 학교를 위해, 바우처의 가격을 올리라는 압력을 받을 수도 있다. 또 2개 언어 병용 교육을 하라거나, 학생들에게 콘돔을 지급해야 한다거나, 동성애자 교사의 고용을 거부하는 학교에 바우처 사용을 제한하라는 요구를 받을 수도 있다. 간단히 말해, 관료제라는 답답한 중앙 통제로부터 교육을 해방시키려는 노력은 단지 기존 학교 관료제를 바우처 관료제로 대체할 뿐일지도 모른다는 것이다. 바우처 관료제가 학교 관료제를 대체한다면 바우처 관료들은 자신들의 무능이나 의무 불이행에 집단적으로 저항하려 하지 않는 고객들을 상대한다는 점에서 운이 좋은 것이다. 바우처의 고객들은 싫어하는 학교에서 덜 싫어하는 다른 학교로 아이들을 옮기기만 할 것이기 때문이다. 개인민주주의의 고객들처럼 바우처의 고객들도 개인적으로 결정을 내릴 사적 권리를 보장받은 답례로, 공적 결정이나 조직의 결정에 집단적으로 대응할 가능성은 낮을 것이다.

그러나 바우처 학교에 대한 관료적 규제를 억제할 수 있는 강력한 방법이 있을 것으로도 보인다. 학교를 운영하는 기업들이, 공공 당국이 그들에게 부과하는 조건(바우처 가격)에 강한 이해관계를 가질 것으로 기대할 수 있다. 그들은 공적인 규제만 없다면, 수익성이 높은 바우처 학교가 뒤처진 경쟁자들을 사들일 수 있고, [이를 통해] 카페테리아 음식에서 교재 구매에 이르기까지 모든 것을 포괄하는 규모의 경제를 달성하는 것이 자신들에게 이롭다는 것을 발견할 것이다. 에디슨 회사나 실반Sylvan 학습 회사 같은 기존 교육 기업들의 경우, 맥도날드의 경영 방식을 교육에 적용해 바우처 학교 체인을 운용할 수도 있을 것이다.

이것이 꼭 나쁘다는 건 아니다. 시장 경쟁에서 승리한 교육 프랜차이즈들은 뛰어난 교육 성과를 보일 것이고, 공립학교들이 학생들마다 서로 다른 교육 프로그램을 제공하는 것처럼, 기업 교육자들도 다양한 취향과 재정 능력에 맞는 다양한 학교교육 패키지를 선전할 것이다. 하지만 관료제를 회피하는 수단으로서 바우처 제도는 실패할 것이다. 다양한 교육적 대안들 가운데 더 많은 선택지를 제공하려던 계획은 우리에게, 바우처 관료제의 보호를 받는 학교교육이나 기업적 교육 관료제에 의한 학교교육, 혹은 둘 다를 제공해 줄 가능성이 높아 보인다.

바우처를 지지하는 일부 사람들은 이런 결과에 적잖이 실망하게 될 것 같다. 존 처브와 테리 모는 공립학교 체제에서 나타나는 매우 심각한 학업 부진 문제가 중앙 집중화된 민주적 통제의 산물이라고 주장한 바 있었다.[61] 바우처 학교들은 관료제의 중앙집중적 통제로부터 자유로운 것은 아니지만, 꼭 민주적일 필요도 없다. 시민을 고객으로 전환함으로써, 민영화된 학교 체제는 집단행동을 위한 가장 명백한 조건 가운데 하나를 제거할 수 있을 것이다. '탈출'exit을 선택할 수 없기 때문에 '항의'voice를 하게 되는 경향 말이다.* 물론 바우처 체제에서 학교들은 학부모의 불만에 민감하게 반응할 수 있다. 이를 무시할 경우 바우처가 다른 학교로 넘어가는 '탈출' 현상이 나타나기 때문이다. 하지만 이는 학교가 대중민주주의가 아니라 개인민주주의에 반응해 작동한다는 것을 의미한다. 불평을 하는 개별 부모에게는 학교가 반응을 할 것이다. 그러나 불평하지 않는 부모들은 대표되지 않을 것이고, 더 나은 학교를 만들기 위해 집단행동을 하려는 부모들의 시도는 쉽게 탈출할 수 있다는 점 때문에 벽에 부딪칠 것이다. 집단행동을 낳은 그 불만 사항 때문에 어떤 부모들은 동료 부모들을 버리고 다른 학교로 옮겨 가기도 할 것이다.

하지만 일부 연구자들은 다른 방향에서 문제를 지적하는 것 같다. 바우처가 학업 성취에 미치는 영향은 여전히 논쟁적이지만, 바우처 제

---

* 여기에서 탈출과 항의는, 허시먼(Albert O. Hirschman)의 1970년 저작 『탈출, 항의 및 충성 : 기업, 조직, 국가의 쇠락에 대한 반응들』(*Exit, Voice, and Loyalty: Responses to Decline in Firms, Organizations, and States*)을 빗대어 이야기한 것이다[국내에서는 『떠날 것인가, 남을 것인가』라는 제목으로 번역되어 있음(앨버트 O. 허시만 지음, 강명구 옮김, 나남, 2005)]. 허시먼은 시장에서 특정 기업 상품의 질이 떨어지거나 서비스가 나빠질 때 소비자는 다른 회사로 발길을 돌리는 반응뿐만 아니라 회사 관리자에게 항의함으로써 만족도를 높이는 선택을 할 수도 있으며, 이런 선택의 차이는 선택의 조건에 따라 달라질 수 있다고 주장한다. 또한 탈출이냐, 항의냐 하는 선택 상황은 조직이나 국가의 구성원들에게도 마찬가지로 적용될 수 있다고 본다.

도나 여타의 학교 선택 제도 아래에서, 아이의 학교를 고르는 부모들이 공립학교 부모들보다 학교에 더 만족하고 교사들을 신뢰하는 경향이 있다는 데에는 대체적인 합의가 존재한다. 또한 학교를 선택하는 부모들은 아이 교육에 좀 더 참여적이다. 예컨대, 밀워키 바우처 실험에 참여한 아이들의 부모는 참여하지 않은 부모들보다 읽기와 수학 숙제를 더 많이 도와주고 학부모-교사 회의에도 더 잘 참여했다.[62]

이런 현상에 대한 한 가지 설명은 '시장 친화적인 개혁'이 부모들에게 단순한 고객 이상의 것을 약속한다는 것이다. 즉 "사람들이 선택할수 있는 공공서비스의 선택지를 확대함으로써 시민/고객들은 더 나은 시민들이 될 수 있고, 그렇게 함으로써 사회자본의 국가적 총량을 늘릴수" 있다는 것이다.[63] 하지만 이런 유형의 시민 정신은 기존의 시민 정신과는 다른 점을 강조한다. 바우처 학교의 참여적인 부모들은 아이 교육에 능동적인 사람들이다. 공동체 서비스를 요구하는 대신 이를 직접 생산하는 자원봉사들처럼, 참여적인 학부모들은 공급 측면의 시민권 활동에 관여하며, 그들의 참여는 집단적이라기보다는 개인적이다. 하지만 참여가 해롭다거나 나쁘다는 것이 아니다. 오히려 부모의 참여는 강력한 교육적 효과를 낳는다. 부모가 자신의 문화적·도덕적·교육적 선호에 따라 학교를 선택하게 되면, 이 선택은 의심할 바 없이 아이들의 효과적인 사회화에 기여할 것이다. 일관된 교육철학을 지향하는 학교와 그 학교를 선택한 부모들의 가치가 공명하는 바우처 학교들에서는, 공립학교에서 제공해 주는 '열악하고 질 낮은' 공적 윤리가 아닌, 자신들이 선택한 자신들만의 독특한 공적 윤리를 구현할 수 있을 것이다. 그 아이들의 윤리적이고 문화적인 감수성은 바우처 학교와 그 하위 공동체가 공유하는 도덕적 가치들을 강하고 분명하게 반영할 것이다. 하지만 이런 그들만의 도덕적 가치들은 과연 어디에서 토론되고 숙고될 수 있을까?

비영리 부문 : 고객과 자원봉사자들

바우처 프로그램은 공익을 증진하기 위해 사익을 동원하려는 공공 정책의 계보에 속한다. 이런 정책들은 정부 기관이 공공 목표를 정의하고 목표 지향적인 행위를 강제하는 규제 계획까지 세우는 소위 명령-통제 정책에 대한 대안이다. 명령-통제 모델의 한 가지 문제점은, 그 모델이 목표에 도달하는 가장 효율적인 수단이 무엇인지 잘 모른 채 작동한다는 것이다. 이때 사용되는 방법들은 시장 경쟁을 통해 검증되지 않은 방법들이다. 게다가 행정가들은 관료적 방법으로 공익을 추구할 때 경제에 부과되는 의도하지 않은 비용에 둔감하다. 규제는 자원 할당을 왜곡하고 가격을 올리고 일자리를 파괴할 수 있다.

이 문제에 대한 해결책이 바로 공공 정책의 수단을 시장에 맡기는 것이었다. 이런 접근은, 나중에 카터 행정부 경제 자문 회의 의장이 된 찰스 슐츠Charles L. Schultze가 1976년 하버드 가드킨 강의에서 권고했던 것이다. 슐츠는 환경보호청이 구체적인 오염 규제 방안을 제시하려고 노력할 게 아니라, 공해 산업에 배출 부과금을 부과하기만 하면 되며, 허용 기준을 지키기 위해 가장 비용 효율적인 방법이 무엇인지를 찾는 것은 시장의 이윤 극대화 원리에 맡기라고 주장했다.[64]

명령-통제 정책들이 수단에 대한 무지 속에서 작동하기 쉽다면, 사익을 활성화하는 시장 기반의 정책들은 이와는 반대로 목적과 무관하게 작동하곤 한다. 예컨대 교육 바우처 체제는 좋은 교육이 무엇인지를 상세히 정의할 필요가 없다. 사실 그런 구체성은 그 체제의 시장 합리성을 저해하는 것이다. 소비자가 자신이 원하는 교육의 종류를 선택할 자유를 가져야 하기 때문이다. '선택' 정책의 목적은 공개적으로 표명될 필요도 없고 논쟁될 필요도 없다.

하지만 관료적 명령의 무지와 선택 정책의 맹목 사이에는 결정적인 차이가 있다. 슐츠가 설득력 있게 주장했듯이, 관료적 규제를 통해 작동하는 정부는 종종 무슨 일이 일어나고 있는지 스스로 잘 알지 못한다. 하지만 시장을 기반으로 하는 프로그램에서는 바로 시민이 정부가 무엇을 하고 있는지 알지 못한다. 그 어떤 공공 당국도 자신이 달성하려는 교육이 어떤 것인지를 정의하지 않는다면, 그 결과에 대해 누가 어떻게 책임질 수 있는가? 개인의 선택을 내용으로 하는 정책은 반응성을 높이지만 책임성에 관해서는 아니다. 책임은, 자신의 선호에 맞게 현명한 선택을 해야 할 고객들에게 있다. 물론 실수를 한 고객들은 선택을 바꿀 수 있다. 하지만 잘못된 선택이 가져온 손실은 다른 선택을 하는 것만으로 쉽게 보상되지 않는다. 또한 개인에게 이익이 되고 좋은 선택이라 할지라도 그 집단적 결과가 대중의 이해에 반하는 것일 수도 있다. 멘켄H. L. Mencken이 민주주의는 사람들에게 이롭든 해롭든 그들이 원하는 것을 가져다준다고 썼을 때, 그가 염두에 둔 것은 아마도 이런 것이었을 것이다.

비영리 조직들이 공공 정책을 집행하게 된 것은, 명령에 의한 정책과 선택에 의한 정책의 중간을 취한 전후 혁신 가운데 하나다. 비영리 기관은 공공 정책의 목적을 잘 인식하고 있고, 수단을 선택하는 데서도 유연한 실험 정신을 가지고 있으며, 시장보다는 책임감이 있고 공공 관료보다는 반응성이 높다. 비영리단체들은 공익에 헌신하는 민간 조직이다. 이타적 동기에서 탄생한 비영리단체들이 재정 후원을 이끌어 내는 능력은 가치 있는 목표를 그들이 얼마나 분명하게 옹호하느냐에 달려 있지만, 그들은 자신들의 사명에 대한 이런 헌신을 '정부 법률의 강제로부터 자유로운 조직의 활력'과 결합한다.[65]

초기에 종교 교파들과 연계되었던 비영리 조직들은, '신념에 기초한' 사회정책의 새로움을 둘러싼 최근 논쟁에도 불구하고, 19세기 전반부터 정부와 협력해 왔다. 하지만 1960년까지 비영리단체들과 국가의 관계는 제한적이었고 상대적으로 거리가 있었다. 그러나 존슨 행정부의 '위대한 사회' 프로그램이 진행되는 동안, 그리고 그 뒤로 비영리단체에 대한 의존이 급격히 늘어났다. 뉴딜처럼 이 시기도 복지국가의 급성장을 상징한다. 하지만 1930년대와는 달리, 이 시기에는 연방 정부의 공식적인 경계 외부에서 많은 복지 정책들이 수행되었는데, 비영리단체들은 그 주요 기관들 가운데 하나였다. 예컨대, 지방에서 존슨 행정부의 빈곤 퇴치 프로그램을 집행한 것은 1천여 개의 지역사회 활동 기관들이었고, 이들 가운데 거의 90퍼센트는 정부 기관이 아닌 비영리단체들이었다.

비영리단체에 대한 정부의 의존은 정신 질환 치료, 가족계획, 법률 서비스, 알코올의존증과 마약 남용 치료, 의료보호, 아동보호 서비스, 직업훈련, 폭력 피해 여성 보호와 같은 사회 서비스 관련 부문에서 집중적으로 나타났다. 1967년에 의회가 사회 서비스 관련 재정을 각 주에 지원하도록 하는 〈사회보장법〉 수정안을 승인한 것은 이런 경향에 지대한 공헌을 했다. 각 주들로 하여금 민간 비영리단체들의 서비스를 구매하도록 명시적으로 장려한 것은 제쳐 두고라도, 의회는 이를 구매하지 않을 수 없을 만큼 매력적인 조건의 매칭 공식을 고안했다. 연방 정부는 주 당국의 사회 서비스 지출뿐만 아니라 민간의 사회 서비스 지출에 대해서도 3 대 1의 비율로 매칭 기금을 지원했다. 각 주 당국들은 주 정부의 사회 서비스 지출뿐만 아니라, 연방 매칭 기금을 타낼 수 있는 민간 비영리 기관들과도 합작을 함으로써 연방 달러를 벌어들일 수 있었다. 1971년에 이르면 전체 주의 사회 서비스 기금 가운데 4분의 1이 비영리 기관들의 서비스를 구매하는 데 사용되고 있었다. 1972년에는 의회가 비영리단체들이 수지맞는 장사를 하고 있음을 알아차리고, 연방 사회 서비스 지원금 상한액을 연 25억 달러로 설정했다. 하지만 주 당국과 민간 기관 간의 계약은 계속해서 늘어났다.[66]

레이건 행정부가 주 및 지방 당국에 대한 연방 지원금을 삭감하면서 비영리 서비스 제공자들은 심각한 타격을 받았다. 1997년을 기준으로, 비영리단체들의 사회 서비스에 대한 연방 정부의 재정 지원 총액은 1980년 시점보다 21퍼센트가 증가해 있었지만, 레이건 정부로 한정해 보면 1980년부터 1989년까지 누적된 재정 삭감액은 350억 달러 이상이었다.[67]

1996년의 복지 개혁 입법은 〈1967년 사회보장법 수정 법안〉Social Security Amendments of 1967만큼이나 비영리 사회 서비스 기관들에게 큰 혜택을 가져다주었지만, 동시에 복지 정책의 방향 전환에 따른 새로운 환경과 압력을 만들어 냈다. 결과적으로 새로운 복지 체제는 현금 혜택을 사회 서비스로 대체함으로써, 사회 서비스를 제공하는 비영리 기관에 혜택을 주었다. 1996년 입법의 가장 중요한 목적은 복지 수혜자들을 노동인구로 전환하는 것이었다. 하지만 이들을 임금노동자로 변환시키려면 재교육, 직업훈련과 일자리 배치, 교통 문제, 미취학 자녀의 탁아 문제 등을 해결해야 했는데, 이 서비스의 많은 부분을 비영리 기관들이 제공했던 것이다. 그러나 복지 개혁이 모든 사회 서비스 기관에 똑같은 혜택을 가져다주지는 않을 것이며, 최근 사회 서비스 사업 분야에서 우후죽순으로 생겨나는 영리기업들과도 경쟁해야 할 것이다. 클리블랜드 지역에서 1996년의 복지 개혁 입법이 어떤 효과를 미쳤는지를 살펴본 조사에 따르면, 근린 보호시설이나 사회복지관처럼 지역사회 혹은 '신념에 기초한' 소규모 단체들은, 더 효율적이 되어야 한다거나 지원받은 만큼 성과를 보이라는, 정부와 민간 재정 후원자들의 요구에 부응할 준비가 되어 있지 않다.[68]

비영리단체들에 대해 정부가 책임을 요구하는 것은 정당하며 이해할 만하다. 그러나 공공 기관이 민간 서비스 공급자와 계약을 하면, 공공서비스에 대한 직접 통제권을 내주어야 하며, 계약자들의 행위를 감독하는 것도 쉽지 않다.[69] 이때 발생하는 한 가지 문제를 경제학자들은 흔히 '정보의 비대칭성'이라고 부른다. 계약자들은 자기가 하는 일에 대해 정부보다 훨씬 더 많은 정보를 가지고 있고, 정부 관료들이 문제 삼을 만한 관행을 속일 수도 있다. 관료들은 연방의회와 주 의회가 민영화에 대한 열의 때문에, 계약자를 감독할 정부 공무원을 고용하는 데 필요한 기금을 배정해 주지 않는다고 불평을 하곤 한다. 하지만 입법자들에게 민영화의 목적은 정부 관료의 규모를 늘리는 것이 아니라 줄이는 것이다.[70]

비영리 기관들은 책임성이라는 측면에서 특히 문제가 있다. 그들은 정부 당국이나 영리기업에 비해 여론에서 더 큰 정당성을 누리곤 한다. 또한 비영리단체 이사회에는 비판이 제기될 때 조직을 방어하는 데 도움이 될 만한 저명인사들이 포함되어 있는 경우가 많다. 그리고 많은 비영리 기관들은 정부 지원금, 민간 후원금, 영리 목적의 산하 기구 등 다양한 자금원을 가지고 있기 때문에, 정부가 비영리단체를 감독하는 일은 상당히 복잡한 문제다. 이처럼 다양한 자금원을 가진 비영리 민간 단체들은 어느 한 재정 후원 기관의 압력에 저항할 수 있게 된다. 물론 정치학자 스티븐 스미스Steven Smith와 마이클 립스키Michael Lipsky의 지적처럼, 비영리 기관들과 정부가 맺는 계약은 모두 다르고, 정부 계약에 더 많이 의존하는 기관도 있기 때문에 어떤 기관은 기부금의 10퍼센트 정도가 줄어든다거나 일부 자원봉사자들이 떨어져 나가는 것 이상의 더 큰 손실을 입을 수도 있다.[71]

또한 정부가 비영리단체를 감독하기 위해서는 이들 기관에서 나타나는 행동의 근본적인 변화와도 싸워야 한다. 재정 지원이 삭감되었던 레이건 행정부 시절 비영리단체들의 변화가 시작되었는데, 이런 변화는 최근 비영리 계약자들에 대한 관료의 감독에서 책임성이 강조됨에 따라 더욱 강화되고 있다. 비영리단체들이 정부 계약이나 재단 지원금, 후원 기부금으로부터 독립적인 소득원을 개발하기 위해 '상업화'되고 있는 것이다. 현재 걸스카우트, 유대인 공동체 연합, 미국 암협회 등 다양한 단체들은 서비스의 일부를 유료화하거나, '영리기업과 함께하는 공익 연계 마케팅'을 시행하고 있다. 비영리 사회 서비스 단체들은 "제휴 상품과 서비스의 판매를 확대하기 위해 자신들의 명성과 회원이라는 자산을 팔고 있는 것이다." 단체들은 자신들의 명성을 판매 가능한 자산으로 인식하기 때문에, 자신들의 이름에 먹칠하거나, 기본적인 사명에 대한 헌신을 갉아먹는 모험을 하지 않도록 조심해 왔다. 그러나 이와 같은 조심에도 불구하고, 비판으로부터 자유로울 수는 없었다. 예컨대 미국 은퇴자 협회는 관리 의료* 제공 단체를 협회 차원에서 인가해 주기로 결정하면서 문제에 휘말렸다. 관리 의료는 협회 회원들에게 이익이 되는 서비스이기는 했지만, 특정 기관을 인가하는 것은 협회와 관리 의료 기관, 그리고 관리 의료 기관이 지정하는 병원을 결탁시켰기 때문이다.[72]

　비영리단체들이 다양한 수입원을 개발하면 이들에 대한 정부의 영향력이 감소되고 사회 서비스 계약자들에 대한 감독도 약화된다. 감독이 필요한 이유는 충분하다. 미국 공동 모금회 집행부의 부패 사건**은 금전적으로 부패하기 쉬운 비영리 기관의 현실 때문에 주목을 끌었는데, 이는 비단 이곳만의 문제가 아니었다. 어떤 경우에는 단순히 비영리 기관 운영진들이 높은 급여와 보너스를 받는다는 사실이 문제가 되기도 하지만, 명백한 횡령이 드러나는 경우도 있다. 이런 경우는 대개 [사회 서비스] 프로그램이나 고객에게 손해를 끼치면서 사익을 추구한 것이다.[73]

　정부가 비영리단체를 활용하는 관행은 공공 행정에 문제를 야기하기도 하지만, 비영리단체 자체에는 훨씬 더 심각한 딜레마를 안겨 준

---

* 관리 의료(managed care)란 미국 의료 서비스에서 보편화된 한 형태로, 불필요한 의료 서비스를 줄이는 대신 좀 더 효율적인 비용으로 꼭 필요한 의료 서비스를 받도록 1970년대부터 활성화되었다. 종합 건강관리 기구(Health Maintenance Organization, HMO)나 특약 의료 기구(Preferred Provider Organization, PPO)와 같은 관리 의료 단체는 회원들로부터 별도의 보험료를 받고, 진료 내용이나 진료 비용 상한액 등 가이드라인을 정해 의료 기관을 지정하며, 회원들은 지정 기관에서 진료를 받는 시스템이다. 하지만 관리 의료의 관행이 실제 비용을 낮추고 서비스의 질을 높였는지에 대해서는 찬반 입장이 갈리며, 특히 비용 제한으로 의료 서비스의 질이 낮아진다는 비판에 직면하기도 한다.

** 미국 공동 모금회(United Way of America)란 1887년 교회 지도자들이 만든 단체에 뿌리를 둔 전국적인 자선단체이며, 현재 전국에 1천3백여 개 지부를 두고 있다. 1995년에는 전국 조직의 운영진이, 2004년에는 워싱턴 D.C.의 운영진이 기부금 횡령 혐의로 기소되었다.

다. 많은 연구들이 지적하는 것처럼, 사회 서비스 기관들에 대한 정부의 지원은 [사회 서비스에 대한 순수] 민간 기부자들을 '몰아낼' 수 있고, 정부 계약에 대한 지나친 의존을 줄이려는 비영리단체들의 노력을 좌절시키며,[74] 최근 단체들이 왜 자본주의적 상업주의 모험을 선택하는가를 설명해 준다고 지적한다. 정부가 비영리단체들에게 기업처럼 효율적으로 운영하고 정부 지원금에 대해 회계 책임을 지라고 요구하는 것은, "점점 더 많은 조직 자원을 경영과 관리에 쏟고 서비스 전달에 대한 관심은 줄이라."는 이야기가 된다.[75] 그러나 정부와 비영리단체의 새로운 계약관계가 낳은 정치적으로 가장 심각한 결과는 조직의 에너지를, 이해 당사자 대중을 동원하는 것에서 개인 고객을 '대우'하는 쪽으로 전환한다는 것이다. 그 과정에서 단체의 관심은 정치적인 문제가 아니라 개인사로 바뀌게 된다.[76]

이런 경향은 사회 서비스를 제공하는 비영리단체에 정부가 재정을 지원하기 시작했던 초기부터 분명했다. 존슨 행정부 시기 경제기회국으로부터 지원금을 받은 전국의 지역사회 활동 단체들을 연구하면서, 제임스 바네코James Vanecho는 단체들이 두 가지 경로 가운데 하나를 따른다는 것을 발견했다. 한 집단은 '정치력을 키우기 위해 가난한 사람들을 조직'하는 목표에 헌신했다. 다른 집단은 집단행동이 아니라 개인적으로 가난을 극복하도록 돕는 사회 서비스 전달에 집중했다. 목표 지향의 차이는 다른 효과를 낳는 것으로 드러났다. 전자의 경로, 즉 정치적 동원을 위한 노력은 공립학교에서 사회 서비스 기관에 이르기까지 지역 기관들의 광범위한 변화를 가져왔다. 예컨대, 소수자를 더 많이 고용하고 빈곤층에 혜택이 되는 서비스를 더 많이 제공하게 만든 것이다. 하지만 지역단체들이 자신의 역할을 서비스 제공자로 한정한 지역에서는 제도 변화의 증거가 발견되지 않았다.[77] 지역단체들이 서비스 전달을 강조할 때, 그들은 사회 서비스에 대한 요구를 흡수함과 동시에, 격동의 1960년에 도시 저소득층 사이에서 나타난 변화의 압력마저 흡수했다.

볼티모어의 지역 빈곤 구제 프로그램과 모델 도시 프로그램 수행 기관들에 대한 한 연구는 정부의 지원을 받는 단체들이 시민 참여를 유지하는 데 어려움을 겪는 이유를 보여 준다. 이 연구는 정부 지원을 받는 시민 단체들과, 지역 주민들이 독자적으로 만든 지역사회 단체들을 비교했다. 지역사회 단체들은 대부분 모델 도시와 지역사회 활동 프로그램이 시행되는 같은 마을에서 활동했다. 정부 지원 단체와 독립적인 마을 단체 회원들 간의 결정적인 차이는, 그 단체와 단체 참여자들이 '단체가 하는 일'을 정의할 수 있는가를 질문했을 때 돌아온 응답에서 잘 드러났다.[78]

독립적인 지역 단체 회원들에 비해 정부 지원 단체의 회원들이 단체의 목표를 정의하는 데 어려움을 드러냈으며 이런 어려움은 심각한 내부 갈등, 회원들 서로에 대한 의심, 단체의 능력에 대한 신뢰 부족으로 연결되었다.[79]

'가능한 최대치의 참여'의 역설은 시민들이 공공 프로그램의 목표와 구상에 관해 뭔가 할 말이 있기 때문에 참여한다는 가정에서 비롯된다. 한편으로 목표가 명료하게 정의되고 실행 프로그램도 충분히 개발된 정책은 시민들의 이해관계·상상력·신념이 개입할 여지가 별로 없어 보인다. 그러나 이와 달리 정책을 둘러싼 중요한 결정들을 시민들에게 맡기는 것은, 정부 지원 단체들로 하여금 목표가 모호하고 추진 전략도 정의되지 않은 정책을 시행하도록 함으로써, 단체 자체의 목표조차도 불분명하게 만들고 이로 인해 시민들의 불만을 야기할 수 있다는 것이다.

독립적으로 움직이는 시민 단체들은 이 같은 문제를 피해 갈 수 있다. 이들 단체는 법률적 위임을 통해 만들어진 것이 아니라, 즉각적인 필요나 주의를 요하는 문제에 동의해서 결성되었기 때문이다. 따라서 단체가 왜 필요한지, 그 목적이 무엇인지를 둘러싼 문제가 거의 없다. 하지만 독립적인 단체라 해도 정부와의 계약을 통해 사회 서비스를 제공하게 되면 실질적인 변화를 경험한다. 서비스 전달이 집단 동원을 대체하는 경향이 있기 때문이다.

비영리단체들의 정치 활동은 정부 계약자가 되기 전에도 제약된다. 〈내국세법〉Internal Revenue Code 501(c)(3)에 따라 면세 단체 자격 요건을 갖추려면, 정당정치에 참여해서는 안 되고, 어떤 종류의 정치 활동에라도 사적으로 걷은 기금의 4분의 1 이상을 지출해서는 안 된다. 일부 단체들은 정치 활동을 수행하는 별도의 기관을 설치해 비영리단체의 지위와 정치적 자유를 모두 유지하기도 한다.[80] 그러나 비영리단체의 자격을 규정하는 〈내국세법〉 501(c)(3)의 한계 안에서도 정치 활동의 여지는 있다. 비영리단체는 법적으로 "시민들이 함께 모여 자신들의 문제를 토의하고 시민권의 적극적 행사에 참여할 수 있는 제도적 기반을 제공해 왔다. 비영리단체들은 정책을 토의하는 과정에서 자신들의 고객 집단의 필요를 대변하면서 그들을 옹호해 왔다." 하지만 일단 정부와의 계약을 통해 서비스 제공자가 되면, 이런 제한적인 모습의 풀뿌리 동원조차 사라질 수 있다. 계약은 비영리단체들이 "좀 더 시장 지향적인 관행을 택하고, 집단의 필요가 아니라 개인 고객의 요구를 충족하도록" 만들어, '비영리 기관의 탈정치화'에 기여한다.[81]

정부 계약에 의지하는 비영리 사회 서비스 단체들은 계약을 하지 않았을 때보다, 정치 활동에 회원을 동원하는 데 더욱 신중해져야만 한다. 스미스와 립스키의 지적처럼, "비영리단체들이 정치 활동에 참여한다면, 고객들의 이해관계만이 아니라 조직으로서 자신들의 운명도 그 행위로 영향을 받을 것이라는 점을 알고서 하는 것"이기 때문이다. 정치 활동의 성격 또한 달라질 가능성이 높다. "계약 상태에 있는 비영리단체의 물질적 이해관계는, 이념적 성격을 갖는 정치적 지지 행위를 줄이고, 세율, 재정 지원 수준, 규제와 관련된 기술적인 사안들로 관심을 이동시키는 경향이 있다."[82]

사회 서비스 계약자들의 정치 세계를 협소하게 만드는 것은 정부에 대한 의존만이 아니다. 서비스의 전달 자체가 고객과 제공자의 정치의식을 모두 제약한다. 사회 서비스는 사회문제의 희생자들을 한 번에 한 사람씩 대하게 해 개인 차원의 문제로 만드는 경향이 있다. 사회 비평가 제프리 갈퍼Jeffrey Galper에 따르면, 사회 서비스는 참여자의 관심을 "개인이 개인에게 제공할 수 있는 것을 뛰어넘는, 즉 전체 사회의 특성이나 환경 변화로부터 멀어지게" 만든다.[83] 이런 의미에서, 사회 서비스를 제공하기 위해 비영리단체와 계약하는 것은, 국가 자체를 확대하지 않고 복지국가를 확대하겠다는 당초 목적을 위한 수단일 뿐만 아니라, 정치 활동가들을 탈동원화하는 데 기여하는 방책이다.[84]

새로운 계약적 복지국가의 등장은 정치 운동 자체에 대한 우리의 인식을 바꾸어 놓았다. 새롭게 등장한 개인민주주의 체제에 맞게 시민정신을 다시 빚어 낸 것이다. 데이비드 와그너는 우리 시대의 정치적 탈동원과, 지역사회 서비스 자원봉사자들의 동원 간의 역설적 관계를 정확히 지적한다.

오늘날의 젊은 세대 활동가들, 복지사업 노동자들, 자원봉사자들은 20여 년간 어떤 중요한 급진적 운동도 경험한 바가 없고, 그 결과 사회사업에 대한 열정을 정치에 대한 열정으로 잘못 알게 되었다. 비영리 사회 서비스 기관들이 어느 정도는 '정치적'이라는 계속된 주장은, 초심자들이 관료 조직을 사회운동으로 착각하게 만든다. 새로운 세대들은 어떤 의미 있는 행위를 동경한다. 하지만 선배 동료들의 영향과 대중매체의 영향력뿐만 아니라 대규모 정치·사회운동의 부재로 말미암아, 노숙자, 에이즈(AIDs) 보균자, 폭력 피해 여성을 돕고 해비타트 운동*에 참여하는 자원봉사가 인간이 할 수 있는 가장 '급진적'인 것이 되어 버렸다.[85]

미국 정치에서 비영리 사회 서비스 계약자들은, 개인민주주의의 새롭고 개별화된 '서비스' 시민 정신과, 집단 운동의 해체 간의 연결 고리 가운데 하나를 제공한다. 정부의 범위가 이른바 [제3섹터라고도 하는] 독립적인 부문independent sector으로 확대되면서 국가는 잠재적 저항 세력들을 흡수해 버리거나 무력화했다. 스탠리 아로노위츠Stanley Aronowitz의 말대로, 서비스 계약은 "사회운동을, 국가에 대해 독립적인 적수에서 공모자로 변형하는 핵심 메커니즘" 가운데 하나다.[86] 그 과정에서 시민들은 자원봉사자나 고객으로 탈바꿈되는 것이다.

---

* 해비타트(Habitat)는 1976년 미국인 변호사 부부가 창설한 비영리 민간 봉사 단체로 2008년 현재 전 세계 95개 국가에 지부가 있으며, 무주택자들의 주거 문제 해결을 목표로 삼고 있다.

지방분권

정부는 공적 영역과 사적 영역의 사이에 있는 독립적인 부문을 식민화하는 대신, 비영리단체들을 독립적인 상태로 두고 정부 스스로 대중에게 좀 더 접근 가능하고 반응적이 되도록 하는 데 집중했어야 했다. 최소한 이론적으로는, 이것이 정부의 업무를 연방 체제의 하위 단위로 이전해야 한다는 오랜 캠페인을 정당화하는 명분 가운데 하나였다. 연방 정부가 [워싱턴 D.C.를 가로지르는] 포토맥 강에 세워진 고립된 제국으로 남을 것이 아니라, 워싱턴에서 벗어나 '국민에게 더 가까이' 있는 주와 지방 당국으로 권한을 이양해야 한다는 것이다.

하지만 연방제와 분권화의 가장 열렬한 지지자들 가운데 일부는 다른 곳이 아닌 워싱턴에서 그 명분을 설파했다. 아이젠하워 대통령은 1957년 전국 주지사 연합 연례회에 참석해, 연방 정부가 주에 넘길 수 있는 프로그램과 세입을 확정하기 위해 연방과 주가 협동으로 연구하자고 제안했다. 이 연구를 위해 창설된 연방-주 합동위원회는 1960년 보고서를 제출했지만, 뉴딜과 제2차 세계대전을 거치며 워싱턴으로 권한이 집중되고 있던 추세에는 그 어떤 반전도 일어나지 않았다.

하지만 집중은 보이는 것이 전부가 아니었다. 확실히 중앙정부는 커졌다. 연방 정부의 공무원은 1960년대 40만 명 가까이 늘어났다. 그러나 주와 지방정부 역시 같은 기간에 거의 40퍼센트 정도의 인력을 충원하며, 중앙정부의 10배에 달하는 인력을 확보했다. 따라서 그 숫자만으로는 포토맥[워싱턴]으로 권력이 집중되었다고 보기는 어렵다. 하지만 그 시대의 연방제[연방 정부와 주 정부 사이의 관계]에는 좀 더 복잡한 문제가 있었다. 주와 지방정부의 성장은 대체로 연방 정부의 지방 교부금 프로그램을 통한 재정 조달에 의해 이루어졌고, 연방 정부의 감독을 받고 있었다. 게다가 공공 인력은 워싱턴 이외의 지역에서 늘어나기는 했지만, 주와 지방정부에는 연방 달러를 계속 지원 받기 위해 준수해야 하는 규제, 마감 시한, 보고 의무가 산더미처럼 쌓여 갔다.

존슨 행정부가 주창한 '창조적 연방주의' 체제에서 연방 정부는 주 정부로 권력을 돌려보내지 않았다. 연방 정부는 주 정부와, 급증하는 '위대한 사회' 프로그램들의 당사자이기도 했던, 다수의 비영리단체들과 권력을 '공유했다.' 1969년 닉슨 행정부가 출범하며, 연방 정부와 주 정부 사이의 얽히고설킨 관계를 관할하게 되었을 당시, 5백 개 이상의 프로그램들이 마치 퀼트 이불처럼 서로 엮여 있는 상황이었고, 그 프로그램들 가운데 일부는 서로 상충하고 있었다. 게다가 모든 정부 간 관계[*]는 워싱턴으로부터 주와 지방 당국으로 움직이는 돈의 흐름을 따라 규제와 지침의 엄청난 하중을 실어 나르고 있었다.

닉슨 행정부의 명시적 목표는 복잡한 정부 간 관계들을 없애는 것이 아니라, 합리화하고 능률화하며 길들이는 것이었다. 정부 간 관계를 개혁하기 위한 주요 수단은 정액 교부금과 (일반) 세입 교부금이었다. 정액 교부금 혹은 '특별 세입 교부금'은 비슷한 범주(예컨대, 교육, 직업훈련이나 농촌 개발 등)의 연방 지원 프로그램들을 통합해 정리한 것으로, 각 주들은 특정 프로그램별로 규제와 보고의 의무에 묶였던 기존의 '개별 보조금'에 비해 기금 사용 면에서 훨씬 더 큰 재량권을 누릴 수 있었다.

---

[*] 연방제인 미국에서 '정부 간 관계'란 연방과 주 정부 관계뿐만 아니라 주와 지방정부, 주와 주 정부, 지방정부 상호간의 관계를 모두 포괄하는 개념으로 쓰인다.

일반 세입 교부금은 중앙정부의 지방재정 지원 시스템을 훨씬 과감하게 단순화했다. 연방 정부는 분기별로 전국 3만9천 개 이상의 주와 지방, 원주민 자치 정부에 교부금을 보냈다. 교부금의 규모는 인구, 빈곤 정도, 지방세 납입 정도를 고려한 공식에 따라 결정되었고, 각 정부는 그들이 원하는 어떤 목적에든 그 돈을 사용할 수 있었다. 일반 세입 교부금은 주와 지방정부에 대한 연방의 규제를 최소화하는 방안일 뿐만 아니라, 연방 정부와 주·지방정부 간 세입 징수 능력의 격차를 줄이는 처방으로 인식되었다. 주와 지방정부는 세입의 상당 부분을 재산세와 판매세에 의존했다. 하지만 재산세는 인플레이션이나 경제성장에 즉각 반응하는 세제가 아니었고 판매세는 오히려 역진적이었다. 반면 연방 소득세는 누진성 때문에 인플레이션이나 경제 성장기 미국인들의 소득 증가율을 반영할 수 있었다.

단순화, 탈규제, 세입 균등화가 닉슨이 표방한 '신연방주의' 계획의 유일한 목표는 아니었다. 정치학자 리처드 나단Richard Nathan의 지적대로, 연방 정부가 돈과 권한을 변방으로 보내는 것은 워싱턴에 자리 잡은 이익집단들과 관료의 영향력(이들 가운데 다수는 닉슨의 의제에 적대적이었다)을 약화시키는 것이기도 했다. 닉슨은 분권화를 통해, 워싱턴에서 부딪혔던 가장 완고한 장애물들을 피해 갔고, 공공 정책을 포획하고 있던 관료 조직과 의회 소위원회, 조직 이익이라는 철의 3각 동맹과의 관계 속에서 백악관의 권한을 강화해 나갔다. 실제로 닉슨 행정부 초기에 의회는 신연방주의 제안을 거부했다. 의원들은 새로운 제도가 그들이 선호하고 통제할 수 있었던 개별 교부금 프로그램을 대체하는 것을 두려워했기 때문이다.

신연방주의 이면에 있던 정치적 구상이 너무 복잡해서 모두 성공하기는 어려웠지만, 완전히 실패했던 것은 아니었다. 결과적으로 의회는 대통령의 정액 교부금 제안을 모두는 아니지만 많은 부분 거부했고, 일반 세입 교부금은 수용했다. 정치 전략의 측면에서 신연방주의는 신중하게 기획되었겠지만, 공공 정책으로서 신연방주의는 놀라울 정도로 무계획적이었고, 존슨 행정부의 창조적 연방주의처럼 그 방향성이 불확실했다. 즉 중앙정부의 권한을 주와 지방, 비영리 기관으로 나눔으로써 정책 방향을 결정하고 이끌어야 하는 연방 정부의 책임은 줄어들게 되었다. 일반 세입 교부금의 경우에는 이런 의미의 정책 방향성이 거의 완벽하게 사라져 버렸다. 관련 법률안은 "의회에 발의되는 거의 모든 법률안 전문前文에 관습적으로 기재되는, 형식적인 목적 진술조차도 포함하고 있지 않았다."[87] 그 결과, 정책 평가자들은 프로그램의 성공과 실패를 평가하려는 시도를 포기해야 했다. 법률안 발의 단계에서 일반 세입 교부금의 목적이 무엇이었는지를 확인할 길이 없었기 때문이다.[88]

바우처와 '가능한 최대치의 참여'처럼, 일반 세입 교부금과 정액 교부금 정책에서도 국가정책의 목적은 정의되지 않았다. 워싱턴의 정책 결정자들이 이 정책에 쉽게 동의할 수 있었던 것도 목표가 이처럼 불분명했기 때문이다. 그러나 정치적 진공상태로는 이해 당사자들의 지지를 동원하기 어려우며, 목표가 모호하다는 것은 프로그램을 쉽게 승인받을 수 있는 동시에 그 정책이 공격받을 때는 방어하기도 어렵다는 것을 의미했다. 닉슨의 신연방주의 핵심 정책들은 이런 공격들에 취약했다. 닉슨 행정부는 신연방주의 정책의 유연성을 장점으로 생각했지만, 유연성은 모호함을 의미했고 모호함은 설명을 요구하는 움직임을 불러들였다. 각 주들이 자신들의 권한과 책임을 묻는 소송을 제기하게 만든 것이다. 연방의 징책 결정자들은 여전히 모호하게 반응 했고, "재집중화, 개별 교부금 부활, 경비 절감을 위한 압력이 다시 등장했다."[89]

세입 교부금 정책은, 닉슨의 신연방주의가 초기에 거둔 성과였지만, [이를 뒷받침할 수 있는] 정치의 부재로 말미암아 예산 삭감과 프로그램의 폐지라는 수모를 겪게 된다. 1977년 의회는 프로그램들을 지속할 것인지의 여부를 심의하면서, 세출 승인이 요청된 금액의 3분의 1을 삭감했다. 각 주에 책정된 세입 교부금에서 20억 달러가 줄어든 것이다. 그나마 남아 있던 나머지도 레이건 행정부에서 여타 주 및 지방정부 지원 프로그램들과 함께 사라져 버렸다. 많은 정책들이 비슷한 문제를 공유했다. 명확한 국가적 목표를 표방하지 않았기 때문에, 정당화되기 어려웠고 이를 방어하는 데 강한 동기를 갖는 이들도 없었다. 레이건 행정부 시기 사상 최대의 예산 삭감 조치가 주와 지방에 대한 연방 지원금 프로그램을 강타했던 것은 우연이 아니었다.[90]

레이건의 신연방주의는 좀 더 보수적인 목적을 위해 닉슨의 신연방주의 정책 수단들 가운데 하나를 활용했다. 1981년에 창설된 9개의 새로운 정액 교부금 제도는 77개의 개별 교부금을 통합하고 예산의 25퍼센트가량을 삭감하기 위한 조치였다. 정치학자 티모시 콘란Timothy Conlan이 보여 주듯이, 레이건의 목표는 워싱턴을 희생시켜 지방정부의 자원을 강화하려던 것이 아니라, 연방은 물론이고 주와 지방의 모든 정부를 축소하는 것이었다. 닉슨은 연방 지원금 프로그램과 조직된 이해 당사자들의 연계를 깨는 것을 목표로 했다. 닉슨의 목표가 성공했다는 것은, 연방 지원금 프로그램들이 예산을 삭감하려는 적들에 맞서 이를 방어해 줄 동지를 잃었음을 의미했다. 레이건 정부의 예산 삭감은 그 정책들이 얼마나 취약한 상황에 놓여 있었는지를 보여 주었다. 그리고 레이건은 남아 있는 프로그램들마저 정책 수혜자들의 기억에서 사라질 수 있도록 새로운 정액 교부금 정책들을 제안했다. 하지만 레이건은 취임 첫해 이후 신연방주의 계획을 밀고 나갈 수 없었는데, 아마도 연방 지원금 제도의 지지자들이 그의 더 큰 전략을 이해했기 때문이었던 것 같다. 1981년 의회 청문회에서는 이런 증언이 있었다. "정액 교부금의 문제는 …… 당신들이 [구체적인 수혜자들을] 대상으로 하지 않게 됨으로써 교부금에 대한 이해 당사자들을 없애 버린다는 것이다. 이제 곧 당신들은 교부금 전체가 필요 없다고 주장할 수 있게 될 것이다."[91]

1960년대부터 1980년대까지, 창조적 연방주의와 신연방주의는 국가정책의 목표들을 잠식해 들어갔다. 분권화는 결국 주와 지방 당국이 연방 정책을 수정하거나 자신들의 입장에 맞는 연방 프로그램을 수립할 재량권을 행사하지 못한다면 의미가 없었다. 하지만 이런 재량권을 허용하려면, 정책의 수단과 목표를 연방 수준에서 결정하지 않고 주의 수도, 시티, 타운, 카운티의 선호와 조건에 맞춰야 했다. 그러나 연방 수준에서 보면, 명확하게 정의되지 않은 프로그램들은, 국가 안보와 경제 성장 같은 명백하고 압도적인 우위를 가진 의제들과 (재정 및 관심을 두고) 경쟁해야 하기 때문에 지속되기가 어려웠다. 어떤 면에서 이런 막연한 프로그램들은 정치적 탈동원의 도구들이었다. 이런 정책들은 국가정책을, 특정 목표나 이해 관계자 집단들과 분리시켰다. 그 결과로 만들어진 정치적 공백은 민영화, 바우처 제도, '선택' 정책에 길을 터주었다. 공적 목표가 사라져 버린 곳에 남은 것은 사적 이익들이었던 것이다.

사적 이익들은 1994년 의회 선거 이후 그 어느 때보다 중요하게 보였다. 1994년 선거는 공공 정책에서 분수령으로 인식되는데, 공화당이 의회 다수당이 되었고, 그 수장인 뉴트 깅그리치Newt Gingrich가 백악관의 리더십에 도전하는 명백히 보수적인 입법 프로그램들을 가지고 워싱턴에 입성했기 때문이다. 공화당의 "미국과의 계약"은 클린턴 대통령이 구상했던 것과는 다른 내용의 별도의 '연두교서'였다. 하지만 '분권'을 위한 계획은 창조적 연방주의 시대에 시작된 탈집중화 경향을 그대로 답습하고 있었다. 깅그리치는 '위대한 사회'를 자유의 과잉이라며 격렬히 비난했지만, 실제로는 그 유산으로 먹고 살았던 것이다.

'위대한 사회' 정부[린든 존슨 정부]는 주로 [과거] 뉴딜 정책의 주력군이었던 관료 기관들의 외부에서 작동했다. 깅그리치가 "'위대한 사회'의 관료제 구조"를 꾸짖기 오래전에, '위대한 사회'의 선구자들 스스로가 워싱턴 관료들의 무감각한 일상과 부진한 상상력에 대한 케네디식●의 경멸을 표현하고 있었다. 초기에 '가난과의 전쟁'은 워싱턴 밖에서 충원된 게릴라 전사들에 의해 수행되었는데, 이 프로그램들이 일반 공무원의 손에 떨어지는 걸 막기 위해서였다. 대부분의 활동은 의도적으로 수도에서 먼 도시와 타운에서 진행되었다. 연방 행정가들이 아닌 지방 주민들로 하여금 가난과 싸우는 방법을 찾아내고, '가능한 최대치의 참여'로 그 싸움을 해나가도록 했기 때문이다. 메디케이드를 예외로 하면, 이 같은 탈집중화 노력은 '위대한 사회'의 전반적인 특징이었다. '위대한 사회'는 워싱턴의 작품이 아니었고, 그 정책들은 관료적 명령과 통제라는 직접적인 접근을 포기했다. 정책의 분명한 목표는 큰 정부 없이 '위대한 사회'를 창조하는 것이었다.[92]

| ● 워싱턴 공무원들에 대한 케네디의 부정적 견해를 지칭하는 것으로 해석된다.

'위대한 사회'를 구상했던 사람들은 자신들의 정책이, 연방 정부에 대해 깅그리치가 갖고 있는 식의 적대감을 가진 사람들의 검열을 통과해야 한다는 사실을 당연히 알고 있었다. 또한 미국 정치에서 가장 폭발적인 이슈 가운데 하나인 인종 문제를 다루고 있다는 것도 알고 있었다. 인종 문제는 '가난과의 전쟁'이 드러내 놓고 말하지 않았던 주제였다. 그들은 가난에 대한 포괄적 공격을 감행하는 것 대신, 아프리카계 미국인들이 밀집한 곳에 자원을 집중했다. 빈곤 퇴치 계획의 지방화는 인종 문제 전선을 워싱턴에서 멀리 떨어진 곳에 자리 잡게 하는 데 일조했지만, 연방 정치에서 인종 문제를 떨쳐 낼 수는 없었다. 후일 비평가들은 어떤 경우에든 지방이 가난과 싸우기에 적합한 무대는 아니었다고 주장했다.

1994년 '미국과의 계약'이 담고 있는, 지방으로의 분권 조항들도 이와 비슷한 반대에 직면했다. 주나 지방에 맡겨진다면, 가난하지 않은 사람들의 희생으로 가난한 사람들에게 혜택을 주는 프로그램들이 성공하거나 유지될 수 없다는 것이었다. 각 주들은 납세자들과 투자 자본을 둘러싸고 서로 경쟁을 해야 했다. 납세자들의 관점에서 볼 때 빈곤 퇴치 프로그램은 [납세에] 상응하는 어떤 혜택도 없는 비용일 뿐이었다. 그러므로 각 주들은 일자리를 제공하는 자본가들 및 납세자들에게 잘 보이기 위해 '재분배' 지출을 삭감해야 할 유인이 있었다. 주들이 운영하는 빈곤 퇴치 프로그램은, 어느 주가 더 많은 사회복지 지출을 삭감하는지를 겨루는 '바닥을 향한 경쟁'에서 패자가 될 수밖에 없는 운명이었다.[93]

하지만 1990년대에 빈곤층을 위한 프로그램들은 주 단위로 이양되는 우선적인 정책 후보군들이 되었다. 메디케이드를 정액 교부금으로 바꾸려는 시도는 실패했지만,[74] '아동 부양 가정 지원 제도'는 1996년 주 정부로 이전되었다. 이 제도는 '빈곤 가정 한시 지원 프로그램' Temporary Assistance for Needy Families으로 개명되면서 자격 프로그램*의 지위를 잃었고, 각 주들은 그 기금을 가난한 사람들을 위한 현금 혜택에서 여타 다양한 용도로 변경할 폭넓은 권한을 얻게 되었다.

그런데 이 경우에는 지방으로의 권한 이양이, 예상과는 달리 바닥을 향한 경쟁을 촉발하지 않았다. 아마도 국가 경제가 호황일 때 이양이 이루어졌고, 이때 주에 대한 지원금 규모는 호황기 이전 경기가 나빴을 때 더 많은 빈곤층을 대상으로 책정되었기 때문인 것으로 보인다. 각 주들은 복지에 할애할 자금에 여유가 있었던 것이다. 또한 복지 개혁 입법은 개혁 이전 지출의 80퍼센트 이하로 복지 지출을 삭감하지 못하도록 하는 유지 노력 조항을 포함하고 있었다.

하지만 권한 이양은 차이를 만들어 냈다. 파멜라 윈스턴Pamela Winston은 연방과 주의 복지 정책 결정 과정을 비교한 연구에서, 복지에 대한 권한이 주로 넘어가면 더 협소한 집단들만이 동원된다는 것을 발견했다.[95] 주의 정책 결정 패턴은 정치학자 그랜트 매코널의 설명과 맞아떨어졌는데, 그는 정치적 권한이 분산될수록 엘리트의 통제 가능성이 늘어난다고 주장했다. '국민에게 더 가까이' 가는 것이 반드시 더 많은 민주적 참여를 의미하지는 않았던 것이다. 마거릿 브라실Margaret Brassil은, 레이건 행정부 당시 저소득층 주택 건설을 위한 연방 기금이 대규모로

* 자격 프로그램(entitlement programs)은 특정 자격 요건을 갖추면 수급이 가능한 지원 프로그램들로, 자격이 없어지거나 박탈당하기 전까지는 복지 혜택을 누릴 수 있다.

삭감되면서, 연방 정부의 '적정가격 주거 정책'이 사실상 주로 이전되었던 과정을 연구했는데, 역시 유사한 결론에 이르렀다. 연방 기금이 삭감되었다고 해서 각 주들이 빈곤층의 주거 문제를 바로 시장에 내맡긴 것은 아니었다. '아래로의 경쟁'을 하는 대신 서민 주택 건설을 위한 각 주 차원의 프로그램들을 가동하기 시작했다. 하지만 빈곤층이나 그 대표자들의 정치적 동원에 반응해서 그렇게 한 것이 아니었다. 연방 주택 프로그램들은 주의 주택 관료들을 키워 냈다. 이들은 레이건 행정부가 예산을 삭감했음에도 살아남았고, 연방 기금이 고갈된 뒤에도 적정가격 주택 정책의 지속을 뒷받침하는 정치적 기반이 되었다. 저소득층 주택 건설을 위한 추가 지원은 기업 집단에게서 나왔다. 재분배 정책이 아니라, 경제 발전을 위한 조치 — 즉 지방 소재 기업에 고용된 저임금 노동자들의 주거 문제를 해결할 수단 — 로 이루어진 것이다.[96]

국가정책을 더 유연하고 더 반응적으로 만들려던 다른 시도들처럼 분권화도 대중의 탈동원화에 기여한다. 그 방식에는 두 가지가 있다. 첫째, 닉슨과 레이건의 신연방주의 정책에서 확인되듯이, 지방으로의 권한 이양은 국가정책의 목표를 해체한다. 주나 지방에 재량권을 주기 위해서는 정액 교부금이나 다른 분권화 정책들이 정책 수단이나 목표를 지나치게 상세히 규정하지 않도록 자제해야 한다. 그 결과 정책은, 수동적이거나 소극적이며 분산된 이해 당사자를 갖는 산만한 정책이 되었다. 둘째, 정책 결정권이 연방 정부에서 더 작은 단위로 분산되면서 그 결정에 대한 정치 참여도 줄어든다. 참여가 줄어드는 것은 단순히 충분한 숫자의 대중을 확보하지 못한 결과일 수 있다. 예컨대 전국의 피아노 조율사들이 모이면, 예술 정책이나 소기업 대출에 이해관계를 가진 전국 협회를 결성하기에 충분한 숫자가 될 것이다. 하지만 아이다호나 오클라호마의 피아노 조율사는 수가 너무 작아서 정치에 참여하기는커녕 소프트볼 팀을 운영하기도 어려울 것이다. 게다가 매디슨의 논리에 따르면, 소규모 집단은 대규모 집단보다 단일한 이익의 지배에 빠지기가 훨씬 쉽다. 그것의 헤게모니는 반대자들의 동원을 좌절시키거나, 다른 이익들이 조직되기 어렵게끔 정치적 특권을 사용해 지역의 제도를 구조화한다. 샤츠슈나이더가 지적했듯이 조직은 편향성의 동원이다. 어떤 이해관계는 정치로 조직될 수 있는 반면 다른 이해관계는 그렇지 않은 것이다.[97]

민영화, 바우처 제도, '선택'의 정책들을 분권과 연결시키는 공통분모가 있다. 이 정책들은 모두 연방 관료제와 정책 집행의 위계적 메커니즘을 회피하는 수단들이다. 차이가 있다면, 분권은 공적 목적과 이해당사자 집단을 더 완전하게 해체하는 길로 나아가는 중간 단계일 때가 많다는 점이다. 분권은 공공 정책과 이를 지지하는 조직 이익을 분리시키고, 정책들이 폐지·축소·'외주화'·민영화되는 데 취약하게 만든다. 분권과 정액 교부금 제도는 시민 정신에서 고객스러움, 고객다움으로 가는 징검다리다. 분권은 새로운 공공 철학이 아니라 정책의 부재로 이어진다.

10

누가 시민을 필요로 하는가?

미국인들은 시민이 더 이상 공적 주체가 아닌 정치 세계로 들어가고 있다. 미국인들은 (제한된 수준에서, 영향력은 줄어든 채) 계속 정치에 참여하고는 있지만 참여는 점점 더 혼자서 이루어진다. 미국은 사적private 시민들(집단적 정치 행위를 통해, 일관되며 공통된 이익을 표출하기 어려운 '고객'과 '손님'들)의 국가가 되고 있다. 사실 미국인들은 시민권의 본질을 구성하는 어떤 것을 희생해 왔다. 진정한 시민들은 집단적 정체성을 가진다. 개인민주주의 시대에 우리가 잃어 가고 있는 것은 바로 집단적 정체성이다.

정치에 대한 논평들과 여론조사에서 드러나는, 정치로부터의 심각한 이반 현상은 시민들이 현재 자신의 지위에 만족하지 못하고 있음을 의미한다. 그러나 여태껏 시민들이 자신들의 집단적 지위를 되찾기 위해 한 일은 별로 없었다. 정치로부터의 철수와 무관심을 정치 참여의 한 방식으로 간주하지 않는다면, 시민들이 자신의 지위를 바꾸기 위해 집단적으로 노력한 바는 없었다. 개인민주주의는 시민의 집단행동에 캐치-22*를 만들어 낸다. 시민들이 무관심에서 깨어나 행동에 나서려면 그들을 일깨울 위치에 있는 누군가가 이 일에 관심을 가져야 하지만, 오늘날 개인민주주의의 특징 가운데 하나는 권력을 가진 누구도 그렇게 하지 않는다는 것이다.

역사가들은 도시 폭동이나 농민반란처럼 엘리트의 지원 없이 일어난 자발적 대중 동원의 사례들을 지적할 수 있다.[1] 박탈과 부당한 대우에 몰린 평범한 사람들의 저항은 여러 왕조들을 전복하기도 했다.[2] 평범한 시민들은 18세기 프랑스의 구체제를 쓸어버렸고, 러시아 로마노프 왕조의 몰락과 볼셰비즘의 길을 열어 주었다.[3] 좀 더 최근에는 정권이 무너질 때까지 구동독의 도심 광장에 모여 불침번을 섰다.

하지만 자발적인 대중행동은 때때로 결정적이기는 하지만 대개는 수명이 짧다. 정치학자 아리스티드 졸버그Aristide Zolberg가 '열정의 순간'이라고 불렀던 그것은 강렬하고 때로 폭력적인 정치 선동으로서 짧게 폭발했다가 곧 가라앉는다.[4] 결국 평범한 시민들은 정치적 역할과, 부모이자 생활인으로서의 책임 사이에서 타협할 수밖에 없다. 시민들이 집단 정치에서 지속적으로 역할을 하기 위해서는, 정치행동의 비용을

---

* 캐치-22(Catch-22)는 원래 조지프 헬러(Joseph Heller)의 소설 제목이지만 현재는 보통 명사로 쓰인다. 소설 속에서 캐치-22는 불합리하고 모순적인 군사 규칙이며, 보통명사로 쓰일 때는 출구가 없는 난감한 상황을 가리킨다.

감소시키거나 참여 동기를 강화할 수 있는 다른 누군가에 의해, 그들의 참여가 지원을 받거나 구조화되어야 한다. 연구자들과 대중 정치 전문가들은 자발적인 시민운동은 대규모로 일어나기 어렵고, 일어나더라도 지속 기간이 짧다는 점을 오랫동안 인정해 왔다. 예컨대 레닌은 노동계급 혼자서는 매우 단속적이고 제한적인 정치 행동만이 가능할 뿐이라고 주장했다. 그들은 자신들의 정치의식과 혁명적 열정을 고양하는 데 도움이 될 부르주아 인텔리겐치아 출신의 전위가 필요하다는 것이다.[5] 프롤레타리아와 마찬가지로 이익집단들 또한 엘리트의 자극이 필요하다. 근대 이익집단의 기원은 회원을 모으는 데 투자할 자원을 가졌던 '조직 사업가들'의 활동으로 거슬러 올라간다.[6]

역사적으로 대중의 정치 참여를 지속하는 데 필요한 '뒷받침'은 두 가지 원천에서 비롯되었다. 첫째, 국가의 기반을 튼튼히 하기 위해 시민의 정치 참여를 고무했던 정부가 있었다. 18~19세기에 서구의 정부들은 대중의 참여가 납세자, 군인, 시민 행정가의 기반을 안정시키는 데 도움이 된다는 것을 배웠다. 미국혁명기로부터 20세기 초반에 이르기까지, 투표권과 정치적 참여, 시민권의 확대는 대중의 지지가 정치권력과 국가 정당성의 주요 원천이었음을 의미했다.[7]

풀뿌리 정치 참여에 대한 두 번째 자극은 시민을 기반으로 하는 권력을 얻기 위해 벌어진 경쟁이었다. 정치 엘리트들은 정치적 경쟁자와 싸우기 위해 대중의 지지를 동원하려고 노력했다. 서구 민주주의가 유권자를 확대하면서 새로운 정치적 가능성의 공간이 열린 것이다. 권력을 얻기 위해 경쟁하거나 정책 목표를 달성하려는 지도자들은 평범한 시민들의 능동적 지지를 정치적 자원으로 활용했다. 제퍼슨주의자들과 연방주의자들의 시대 이후, 미국에서는 엘리트들이 정당 조직과 프로그램을 통해 경쟁적으로 대중의 지지를 호소했다. 정당들은 투표자들을 투표소에 데려감으로써 정부 공직을 장악할 수 있었다. 집권에 성공한 정당들은 활동가들을 정당 조직으로 불러들일 수 있었고, 유권자를 동원할 능력을 강화할 수 있었으며, 그 결과로 더 많은 공직을 차지할 수 있었다. 엘리트가 일반 시민들의 지지를 필요로 하는 한 집단행동은 장려되었고, 폭넓은 지지를 끌어내기 위한 정책들이 만들어졌다.

하지만 리더십 경쟁과 국가 건설의 오랜 방식이 쇠퇴하면서 대중을 참여시키려는 엘리트들의 노력도 약해졌다. 우선 정부는 더 이상 예전만큼 동원된 시민들에게 의존하지 않는다. 이제 문제는 국가를 건설하는 일이 아니라 국가를 관리하는 일이 되어 버렸다. 공공 행정과 세입 징수, 전쟁 수행은 예전만큼 대중의 참여와 열정에 크게 의존하지 않는다. 오늘날 정부는 동원된 시민이 아니라 자족하는 고객을 양성한다. 이런 변화와 더불어, 시민교육 또한 대중적인 요구와 토론, 집단적 참여가 아니라, 논란의 여지가 적은 공공서비스 활동에 개인적으로 참여하도록 강조하는 식으로 변화되었다. 정부 관료들에게 공공서비스는 고객 관리로 변형되었다. 오늘날 군대는 개별 군인들에게 '한 사람의 군대'*를 약속하면서 자원자를 모집한다. 의회는 국민 의료보험 대신 '환자의 권리장전'**을 만든다. 정부는 대중을 개별 고객, 소비자, 기부

---

* 한 사람의 군대(army of one)란 2006년까지 미국 군대에서 군인을 모집할 때 사용한 광고 슬로건이다. 원래는 장교(Officers), 하사관(Noncommissioned Officers), 사병(Enlisted)들 모두의 군대라는 뜻을 담은 머리글자의 조합이었지만, '한 사람의 군대'라고 회자되었고 우스개나 농담의 소재가 되곤 했다. 2006년 이 슬로건은 폐기되었다.

** 환자의 권리장전(patient's bill of rights)은 원래 미국 병원협회나 시민 단체 등에서 의사나 병원이 환자의 권리 보호를 위해 지켜야 할 덕목들을 채택한 권고 사항들을 지칭했다.

자들로 차례차례 해체하고 있는 것이다.

대중의 참여가 필요 없는 새로운 방법을 발견한 것은 정부만이 아니었다. 정부를 운영하고 영향력을 행사하기 위해 이해 당사자 대중을 조직하고 활성화했던 정치 엘리트들 역시 목표를 달성할 수 있는 다른 경로를 찾았다. 정치 엘리트들은 소송, 관료적 규제 과정에 대한 특권적 접근권, '이해관계자'로서 공식적으로 승인받는 것, '내부자' 이익집단 정치에 대한 접근권, '정치자금 후원 집단'의 구성원들에게 의존하고 있다. 현대 엘리트들은 이해 당사자를 집단으로 조직하는 고된 일에 열심일 필요가 없음을 잘 안다. 공익단체와 환경 단체들은 대규모 우편 발송 명단을 가지고 있지만, 이 가운데 활동하는 회원은 거의 없다. 민권 단체들은 시위대가 아니라 변호인단을 앞세운다. 정당들은 익명의 수백만을 동원하는 위험보다 친숙한 소수를 활성화한다.

개인민주주의의 정치적 경향

부분적·선택적 동원이라는 새로운 정치는 정치 참여뿐만 아니라 정치의 본질 자체를 제약한다. 역사적으로 흑인과 생산직 노동자들의 정당이었던 민주당은 교외 '사커맘'*의 옹호자로 다시 태어났다. 클린턴 대

클린턴 행정부에서는 이 내용들을 법제화해 강제성을 부여하고자 했고, 양원은 오랜 힘겨루기 끝에 2001년 법안을 통과시켰지만, 법 위반 시 소송 등을 통해 사법적 강제력을 부과할 수 있는 조항은 제외되었다.

* 사커맘(soccer mom)은 교외에 거주하는 중간계급, 중상 계층의 전업 주부들이 학령기 아동의 일상을 등하교에서부터 방과 후 축구 경기까지 돌보는 것을 가리킨다. 1990년대 초부터 언론에 언급되다가 1992년, 1996년 대통령 선거운동에서 여성·교육·육아·의료 등

통령의 '삼각 분할'* 혹은 중산층 포획 전략은 민주당이 경제적 약자인 공장노동자, 빈곤층, 저학력 계층으로부터 돌아섰음을 의미했다. 클린턴 행정부는 조직 노동의 저항을 뚫고, 미국 노동자들의 일자리를 위협하는, 무역 규제 완화를 추진했다. 또한 가난한 다수의 미국인들을 정부 지원 대상에서 제외해 버리는 복지 개혁안을 기꺼이 받아들였다.

미국 주류 자유주의의 최근 경향은 '탈물질주의'다. 이것은 정부의 정책 결정자들을 인도하는 강력한 공적 이념과 짝을 이루는 민간의 이념이다. 탈물질주의는 특수 이익의 지저분한 난투극을 초월한 양, 허공에 붕 뜬 채로 삶의 질을 강화하는 데 시선을 둔다. 이때 많은 경우 경제적인 사안은 고려되지 않는다. 포스트모더니즘은 고래와 야생동물 보호, 여성의 선택권 보장, 자존감의 형성, 에너지 보존, 정치 자금 제도 개혁에는 찬성하고, 에이즈에 대한 사회적 편견, 근본주의적 불관용, 해양굴착, 동성애자 배척, 총기 사용 규제 완화 로비에는 반대한다. 그리고 포스트모더니즘 지지자들은 저마다 나름의 고상한 명분이 있다는 것을 발견했다. 그 명분들은 대부분 '고상하다.' 하지만 그것은 풍족한 사람들의 명분이다.

탈물질주의는 가난을 비껴간 시민들의 신념이다. 그들이 경제적으로 어려운 사람들에게 무감각한 것은 아니다. 아마도 가난한 사람들과

중산층 이상 여성들의 표심을 잡기 위한 표적 집단으로 설정되어 널리 회자되었다.

* 삼각 분할(triangulation)이 정치 용어로 쓰인 것은 클린턴 대통령의 핵심 정치 참모 딕 모리스(Dick Morris)가 1996년 대통령 선거 캠페인에서 재선을 위한 전략을 설명하면서부터였다. 전통적인 민주당 정책 노선에서 탈피한 탈규제, 균형예산 등을 주장하면서, 기존의 좌우 스펙트럼을 '넘어서'(above)거나 그 '사이에서'(between) 정책을 취한다는 의미로 사용되었다.

노숙자들에게 먹을 것을 주고 봉사하는 자원봉사자 군단의 상당수는 이들일 것이다. 그러나 사회의 약자들을 정치적으로 동원하는 일은 그들의 관심사가 아니다. 중도좌파가 공공 정책을 통해 만들어 낼 수 있는 구체적이고 물질적인 혜택에 관심을 갖지 않게 되었을 때, 이들은 궁핍한 환경에서 살아가며 침묵하는 시민들(빈곤층뿐만 아니라, 제조업이 쇠락하고 고등학교 졸업장이 더 이상 경제적 자립을 보장하지 않는 경제에서 간신히 버티고 있는 노동계급 가정들)과도 멀어졌다. 이들은 물질적 필요가 너무 중요하고 절실하며 긴급해서, 이를 무시하면서는 도저히 살아갈 수 없는 시민들이다. 그들은 탈물질주의를 향유할 능력이 없는 미국인들이며, 이들이 정치적 목소리를 갖지 못하면 더욱 궁핍해질 뿐만 아니라, 정치체제 전체가 피폐해질 것이다.

1970년대 이래 미국 정치의 우경화는 적어도 부분적으로는 좌파의 해체가 만들어 낸 산물이다. 오늘날 진보주의자들은 그들의 선조인 제퍼슨주의자들과는 달리, 약자들을 풀뿌리 정치 운동에 참여시켜 그들의 이익을 증진하려는 노력을 거의 하지 않는다. 그 결과 오늘날 보수주의자들 또한 그들의 연방주의자 선조들과는 달리, 정치적으로 생존하기 위해서는 대중의 지지를 얻기 위해 경쟁해야 한다는 식의 압력을 별로 받지 않는다. 보수주의자들은 이따금씩 [대중들의 눈치를 보며] 도덕적으로 상징적인 이슈에 관해 인기 영합적이고 거국적인 입장을 취하기도 하지만, 부유층에게 유리한 조세 및 경제정책을 대놓고 옹호하는 데는 전혀 거리낌이 없다. 보수주의자들의 입장에서 상속세 철폐, 자본소득세 경감이나 법인의 최저한세* 폐지를 위해 광범위한 대중의 지지를 동원하는 것은 어려운 일이다. 하지만 탈물질주의 진보주의자들이 대중 동원을 스스로 자제한 덕분에 이들은 그런 불편함을 피할 수 있게 되었다.

다양한 혁신적 명분을 가진 십자군들은 민권운동을 대중 동원의 모델로 삼았다. 하지만 그 어떤 십자군도 이 모델을 모방할 수 없었으며, 우리가 보았듯이 민권운동 자체도 사안별로 적용되는 차별 시정 조치와 소수자 우대 계약이라는 법적이고 관료적인 대응들 속에서 서서히 불꽃을 잃었다. 인종 불평등에 대한 이런 처방들은 나름의 의미가 있지만, 두보이스ᵂ. ᴱ. ᴮ. DuBois가 말한 '유능한 10퍼센트'**에게만 유의미한 것들이다. 미국 내 여러 소수자 집단들 가운데 소외된 다수는 이 처방의 수혜자들이 아니다. 그러나 이들이 완전히 무시된 것은 아니다.

이 집단들을 위해 가장 최근 주장되고 있는 것이 배상이다. 제안의 옳고 그름을 떠나, 배상은 빈곤층과 경제적 주변인들의 다수를 차지하는 상당 규모의 이해 당사자들에게 물질적 혜택을 약속한다. 배상 청구는 정치적 아웃사이더들을 대중적으로 동원해 내기에 꼭 맞는 방법이지만, 실제로는 동원이 아니라 소송이었다. 배상을 주장하는 사람들은 노예제에서 이득을 취했던 몇몇 기업을 상대로 소송을 제기했다. 이제 소송은 노예제가 아니라 그 기업의 행동에 초점을 맞추게 될 것으로 보

• 최저한세(alternative minimum tax)는 '대체적 최저한세'로도 번역된다. 〈1969년 조세 개혁법〉에 따라 1970년부터 시행된 이 제도는, 개인이나 법인이 정부 정책에 따른 다양한 조세 감면 혜택이나 조세 우대 조치로 인해 소득에 비해 세금이 지나치게 낮게 책정될 때 세율의 최저한도를 정해 과세하는 제도로, 고소득 개인이나 법인에 대한 과세 형평성을 유지하고, 안정적인 세입을 확보하기 위한 것이다.

•• '유능한 10퍼센트'(talented tenth)란 흑인 교육자이며 작가인 두보이스의 1903년 저작 『흑인 문제』(*The Negro Problem*)에서 인용된 것이다. 이 글에서 두보이스는 흑인 대중을 계몽하고 일깨울 '유능한 10퍼센트'를, 교사·전문직·장관 등 높은 사회적 지위를 갖도록 키워 내는 게 중요하다고 역설했다.

인다. 이에 대해 정치학자 엘라자르 바칸Elazar Barkan은 "노예제에 관한 사회의 전반적인 논의를 이끌어 내지 못한다면, 소송은 [소외된 다수에게] 별로 도움이 되지 않을 것"이라고 주장한다.[8]

개인민주주의의 다른 많은 현상들처럼 배상도 정치적 탈동원화의 수단으로 기능할 것 같다. 한 인종에 대해 국가가 저지른 역사적인 범죄가 현금 보상으로, 그리고 정치적 정의 대신 유감을 표명하는 것(그리고 공공서비스에 대한 헌신이 아니라 개인적인 이익을 기대해 활력을 갖게 되는 유감스러운 시민권 개념)으로 구제될 수 있는 것인 양, 윤리적으로 하나인 것을 2천만 개의 개별 권리 청구로 해체하는 것이다. 그것은 톰 브로코의 '위대한 세대'가 우리에게 미국의 세기를 안겨 주기 위해 대공황을 버텨 내고 전쟁을 감내하면서 지켰던 은혜로운 애국자들의 국가로부터, 우리가 얼마나 멀어져 왔는지를 보여 주는 징표가 될 수 있다. 우리는 그 나라를 개인들의 자기만족으로 조각내 버리고 있는 것 같다.

이런 상황에서 공립학교가 지역사회 서비스를 졸업 필수 학점으로 도입한 것도 당연하다. 학계는 '시민 공동체'와 '사회자본'이 사라진다고 탄식하고 있으며, 마찬가지로 언론인과 여론 주도층들은 이웃 간의 교류가 줄어든다거나 가족들이 (텔레비전을 보지 않고) 함께 저녁 식사를 하던 시대가 가버렸기 때문에 시민권이 해체되었다고 본다.

그러나 시민들이 배상이나 보상 없이 정의의 부름만으로도 반응할 준비가 되어 있다는 분명한 징후들도 있다. 이 책이 막바지에 이를 무렵, 구조대원들은 한때 세계무역센터였던 곳에서 잿더미를 옮기고 있었고, 미국인들은 메일에서 메일로 이런 소식들을 실어 날랐다. 미국인들은 두려웠지만 자신들의 나라와 동료 시민들을 도울 준비가 되어 있었고 그러기를 간절히 원하고 있었다. 구제 기금으로 기부금이 쏟아졌고, 자원봉사자들은 기꺼운 마음으로 봉사 활동에 참여했다. 헌혈을 하려는 사람들은 동료 시민들에게 자신의 일부를 나누어 주기 위해, 길게 늘어선 줄을 인내심 있게 기다렸고, 여기저기에는 성조기가 펄럭였다. 그러나 시민들이 할 수 있는 일이란 별로 없었다.

부시 대통령은 상·하원 합동 회의에서 테러와의 전쟁을 선포했다. 다른 시대였다면, 대통령은 젊은이들에게는 모병소로, 여성들에게는 군수공장으로 갈 것을 요청하면서 국가 전체로 하여금 어느 정도의 희생에 대비하도록 했을지도 모른다. 하지만 부시 대통령이 미국인들에게 요구했던 유일한 일은 "일상적인 생활을 유지하고, 아이들을 안아 주라."는 것, 즉 마치 아무 일도 일어나지 않은 것처럼 살라는 것이었다. 우리는 가계 지출이 줄어들어 혹시라도 스마트 폭탄과 크루즈 미사일을 만드는 데 필요한 경제가 어려워지지 않도록, 더 소비하고 여행 및 서비스 상품을 더 많이 이용하고 자기 할 일을 하라는 권고를 받는다. 대통령의 연두교서는 미국이 장기전을 준비해야 한다고 주장하지만, 누구에게도 비용을 요구하지 않으며 심지어 감세까지 주장하고 있다. 전시에 그런 주장을 한 대통령은 처음이었다. 우리의 정부가 능동적인 시민의 지지 없이도, 혹은 자기 시민들의 존재를 잊고도 얼마나 잘해 나갈 수 있는지를 이렇게 결정적으로 보여 준 사례는 없었다.

해결책이 문제다

어떻게 통치자들로 하여금 우리를 시민으로 진지하게 생각하도록 만들 수 있을까? 이 질문 자체는 해결책이 시민들에게 있다는 걸 전제로 한다. 우리가 공적인 일에는 관심을 갖지 않으면서 텔레비전을 보는 데 너무 많은 시간을 보내고, 중요한 시민적 제도들이 약화되도록 방치했으며, 복잡한 정책적 문제를 이해하고자 충분한 관심을 기울이지 않았기 때문에, 즉 시민권에 대해 충분히 진지하게 고민하지 않았기 때문이라고 가정하는 것이다. 그러나 실제로, 시민의 역할이 줄어든 것은 시민들이 책임을 간과했기 때문이 아니라, 지도자들이 과거보다 시민에게 덜 의존하기 때문이다. 시민들 간의 유대가 약화되었다면, 그것은 오늘날의 정치 엘리트들이 집단적인 풀뿌리 지지를 동원해 미국인들을 하나로 모을 기회를 만들지 않기 때문이다.

　미국인들의 시민권에 활력을 불어넣을 대책들은, 시민들을 향한 것만큼이나 정치 엘리트들을 향한 것이어야 한다. 하지만 지금은 과녁이 너무 흩어져 있어 정확히 겨냥할 수가 없다. 개인민주주의는 미국 정치의 체제 변화를 반영하는 정치 문화다. 서투른 제도적 보완 정도로는 달라지지 않을 것이다. 사실 제도적 처방에 대한 우리의 선호 자체가 시민들을 해체하는 데 기여하기도 한다. 제도만으로 문제를 해결하려는 접근은, 공적 의식을 가진 시민들의 개입 없이 공공복지를 제공하겠다는 식의 기계적 해결책으로 우리를 인도하기 때문이다. 미국인들은 정부를 만들면서 '저절로 작동하는 장치', 인간의 결함에도 견딜 수 있는 법의 정부를 만들기를 열망했다. 미국 정부는 평범한 미국인보다 못한 지도자들로도 꾸려 갈 수 있도록 고안되었다. 이런 정부는 자신의 시민들에게 많은 것을 요구하지 않고도 작동될 수 있을 것 같았다. 이 편리한 허구convenient fiction는 시민권의 본질적 특성을 은폐했다. 시민에 의존하지 않는 정부에서 시민권이 만개하기를 기대하기란 힘든 일이다.

　미국인들은 정치 지도자들이 제공하는 유인이나 격려에 반응하면서 시민권 행사라는 매력 없는 과업을 기꺼이 수행했다. 몇몇 소수의 사람들은 그런 일을 하는 것 자체에서 보람을 느낄 수도 있을 것이다. 하지만 대다수의 사람들에게 능동적 정치 행동은, 핵심 이익이 위협받을 때, 그리고 지도자들이 설득력 있게 요청할 때에만 수행할 수 있는 힘들고 어려운 일이다. 오늘날 지도자들은 그런 요구를 거의 하지 않으며, 요구한다 해도 사소한 것들뿐이다. 그 결과 시민권도 사라지고 있는 것이다.

지도자들은 시민들에게 동기를 부여할 수 있지만, 대중을 동원할 만한 정치적 유인이 없다면 그렇게 하려 들지 않는다. 그들은 대중에게 호소하는 것이 아니라 소송을 통해 더 쉽게 목표를 이룰 수 있다는 걸 너무 자주 확인한다. 지도자들이 소송을 통해 공공 정책을 만들 기회를 줄이면, 사법부가 아니라 대중에게 호소를 하게 되어 대중을 다시 활성화시킬 수 있을 것이다. 정치자금 제도 개혁도 도움이 될 수 있지만, 최근 의회에서 입법된 형태는 아니다. 2002년 채택된 개혁안은 정당에 대한 소프트 머니 기부를 제한하는 것이다.* 이 개혁 조치들은 정당을

---

* 미국에서 정치자금은 하드 머니(hard money)와 소프트 머니(soft money)로 나뉜다. 하드 머니는 선거 후보자에게 기부하는 것으로, 〈연방 선거운동법〉에 따라 연방 선거위원회가 자금의 출처와 규모를 규제한다. 반면 소프트 머니는 특정 후보자의 당선 활동이 아닌 기타 정치 활동, 특히 정당이 수행하는 포괄적인 조직 활동 및 정치 활동을 위해 기부하는 자금이었다. 기부의 목적과 사용처가 선거운동이 아니므로 〈연방 선거운동법〉의 규제 대상이 아니며, 미국에서는 선거운동이 아닌 일상적인 정당 활동을 특별히 규제하지 않으므로 소프트 머니의 경우 기부 한도에 제한이 없었다. 일명 〈매케인-파인골드 법〉으로 알려진 2002년 정치자금법 개혁안은 소프트 머니가 정치자금을 매개로 한 이권 거래나 부패의 주범이라는 문제의식에 따라 정당이 직접 소프트 머니를 받을 수 없도록 제한한 것이다. 미국의 중앙당은 민주당 전국 위원회, 공화당 전국 위원회의 형태로 존재하는데 정당의 전국 위원회가 정치자금을 받을 수 없게 되면서, 정당의 다양한 방계 조직들이나 정당을 지지하는 외부 단체들이 소프트 머니를 걷어 정치 활동을 지원하게 되었고, 그 결과 정당을 외부

특정한 신념을 공유하지 않는 이질적인 당원들의 집합체로 만드는, 조직적 해체의 마지막 단계를 더욱 재촉하게 될 것이다.

미국은 정당을 파괴하는 개혁이 아니라, 정당이 캠페인 자금을 조달하는 핵심 기관이 되도록 하는 개혁안을 채택했어야 한다. 그런 개혁은 집단적 정치 행동의 가능성을 높이고, 빈 투표함을 다시 채울 수 있었을지도 모른다. 하지만 정당들이, 정치적 성향이 어떤지 잘 알려지지 않고 검증되지도 않은 유권자들을 동원하는 위험을 감수하려 할까? 아마도 유권자의 과반수가 참여하지 않으면 모든 경쟁의 결과를 무효화한다는 내용의 선거 규정을 도입한다면, 위험을 감수하려는 유인을 가질지도 모르겠다.

물론 이런 처방들이 종합적 개혁 프로그램이 되기는 어렵다. 미국 시민들을 대중으로 재구성하는 데 도움이 될 만한 조치들을 사례로 들었을 뿐이다. 이런 노력에서 중요한 것은 국가의 권력과 부의 분배만이 아니라 국가의 정체성에 대한 것이다. 구성원들이 자신과 이웃의 이해관계를 연관 짓지 않는 사회, 자신과 동료 시민들의 열망이 공명하는 것에 신경을 쓰지 않는 사회를 상상해 보라. 구성원들이 서로에게 자신의 희망을 설명하거나 열망을 정당화해야 할 이유가 없는 나라를 상상해 보라. 그런 나라는 더 이상 상상 속에만 있는 것이 아닐 수도 있다. 개인민주주의 체제에서, 시민들은 서로에게 자신을 설명하거나 자신의 필요를 정당화해야 할 이유가 별로 없다. 집단 동원의 경험은 시민들이 공익이라는 틀 안에서 자신의 이해를 형성하도록 만든다. 집단 동

의 영향력에 더욱 노출시켜 응집력을 약화시키기도 했다.

원이 없다면 이 나라는 일시적 점유자들의 나라일 뿐이다. 그런 나라에서 사람들은 그저 안부나 묻는 사이일 것이다. 서로 논쟁할 일도 적어질 것이다. 그러나 서로 관심을 갖거나 정치적으로 관계를 맺을 이유역시 사라질 것이다.

한 시대의 끝

시민들이 공적 영역에서 함께 살아갔던 정치의 시대가 종말을 고하고있다. 시민들이 중요했기에, 그들은 공적 영역으로 모일 수 있었다. 국민이 국가 발전과 운영에서 핵심이었기에, 엘리트들은 그들 없이 통치할 수가 없었다. 대중민주주의의 시대에 대중의 지지는 집권을 원하는정치 지도자들에게도 매우 중요했다. 그러나 오늘날 권력을 얻기 위한경쟁과 정부의 운영에서 대중은 그렇게 핵심적으로 중요한 존재가 아니다.

대중과 대중을 구성했던 시민들은 쓸모가 없어졌다. 대중의 시대가영원히 지속되리라 기대할 수는 없다. 공적 영역은 근대성의 피조물이었다. 정치적 통치의 대상에 불과했던 존재들이 그곳에서 정치 행위자가 되고 완전한 시민으로 진화해 갔다. 공적 영역은 그들을 하나의 대중으로 만들었다.[9] 역사에서 이런 발전이 시작된 지점이 있었듯이 끝도있을 것임을 충분히 가정할 수 있다. 그리고 그 끝은 지금 눈앞에 있다. 앞으로 다가올 미래는 아직 드러나지 않았지만, 우리는 민주주의의 미래에 대해 어두운 모습과 조금은 더 밝은 모습을 상상할 수 있다.

우리 앞에 놓인 것은 아마도 지나온 과거가 반대 방향으로 반복되는 어떤 것일 것 같다. 아메리카 공화국은 탄생 후 2세기 동안, 엘리트들이 대중의 지지를 더 많이 얻기 위해 경쟁하면서 만들어 내는 동원의 사이클을 경험했다. 하지만 이 나라의 새로운 엘리트들은 대중의 지지 없이도 목표를 이룰 수 있는 일련의 방법들을 발견했다. 발견의 과정은 아직 끝나지 않은 것일 수도 있다. 지도자들이, 대중이 참여할 때 발생하는 불확실성에서 벗어나는, 그리고 대중을 동원하는 데 필요한 자원을 줄이는 새로운 방법을 발견함에 따라 대중의 점진적인 탈동원화도 계속될 수 있다. 다른 말로 하면, 한때 미국인들을 대중으로 조직하고 정치적으로 통합해 냈던 그 과정이 마치 반대 방향으로 작동해 탈동원화의 사이클이 돌아가면서 대중민주주의를 해체하는 것이다.

정치 경쟁의 새로운 조건은 이런 해체의 악순환을 가속화할 수 있다. 후보자들은 이미 지지자를 동원하는 것이 아니라, 경쟁 후보의 지지자들이 투표하지 않도록 공격하는 선거운동을 하고 있다. 또 다른 전투 전략은 반대파의 제도적 지지 기반을 무력화하는 것이다. 정당과 정치인들은 정부 안팎의 제도들을 식민화함으로써 생존해 나간다. 그들은 '새로운 후원 관계' ― 정부 지원금, 정부 계약, 세제 혜택, 동맹 세력을 고용하거나 먹여 살리는 프로그램 등 ― 에 얹혀살고, 반대파를 뒷받침하는 제도적 기반을 마비 혹은 해체시킴으로써 승리를 얻고자 한다. 예산 삭감, 분권, 민영화, 특별검사의 제한 없는 조사권은 모두 반대파를 무력화하기 위해 쓰이는 방법들이다. 무력화되고 있는 제도들 가운데는 아직 시민을 행동에 나서게 하는 것들도 있다. 이것들마저 무너지면 정치적으로 능동적인 대중의 범위는 더욱 줄어들 것이다.

대중이 조용히 정치에서 은퇴하지 않을 수도 있다. 그들이 새로운 지위를 받아들이려면, 집단 동원에 의지하지 않고도 정부로부터 원하는 것을 얻어 낼 수 있어야 한다. 개인민주주의는 시민들이 원하는 것을 혼자 힘으로 얻을 '권한을 부여한다.' 개인민주주의는 대중을, 개인 고객이나 소송사건 당사자 혹은 소비자로 해체하는데, 정부는 이들에게 시장 메커니즘과 소송, 행정심판을 통해 이해관계를 만족시킬 수 있는 통로를 제공하기 때문에 이들의 요구는 집단행동으로 거의 발전하지 않는 것이다.

그렇다고 정치 엘리트들이 의식적으로 대중을 원자화하는 음모에 가담했다는 것은 아니다. 사람들을 이런 방향으로 이끄는 조치들 가운데 어떤 것들은 제도적 효율성이나 반응성을 높이기 위한 것도 있으며, 대중이 원한 것도 있다. 주택 모기지, 고속도로 건설, 낮은 수준의 휘발유세를 정부가 지지한 것은, 도시 밖에서 행복하고 질 높은 삶을 추구하려는 교외 거주자들의 욕구를 반영한 것이었다. 이들은 자기가 속한 지방정부에 압력을 행사함으로써 더 나은 삶을 추구하던 전통적 방식이 아니라, 도시에서 벗어나 다른 지방정부 관할 지역으로 옮겨 가는 방식을 택했다. 이들은 이웃과 연대해 공공서비스나 편의 시설을 개선해 달라고 요구하는 대신 조용하고 개인적인 '탈출'exit을 선택한 것이다.

공적인 문제를 개인적으로 해결하는 것이 새로운 일은 아니다. 미국 정치사에서 노동계급의 역할이 작았던 이유로 19세기의 서부 개척이 거론되곤 하는 것도 같은 맥락이다. 그 주장에 따르면 불만을 가진 사람들이 서부로 가버렸기 때문이라는 것이다. 그것에 비하면, 교외에 살면서 통근하는 사람들은 이동 거리가 훨씬 가깝고, 과거에 비해 개인적으로 해결할 수 있는 방법도 훨씬 풍부해졌으며, 접근하기도 쉬워졌다. 오늘날 통치의 기술은 공공 정책을 사적 선택으로 변형시키는 많은 수단들을 포함하고 있다. 실제로 개인적 이익을 추구하기 위해 공공 정책을 활용하도록 하는 것은, 효율적인 거버넌스의 기술로서 권장된다.

그렇게 하는 것이 정부뿐만 아니라 시민들에게도 편리하다. 집단행동은 복잡하고 시간이 많이 든다. 하지만 앞서 보았듯이 편리함에는 대가가 따른다.

아서 벤틀리Arthur Bentley 이래 다원주의자들은 공적 대중이 추상적 가공물이며 공익은 존재하지 않는다고 주장해 왔다. 하지만 '대중'과 '공익'이라는 용어는 정치 논쟁에서 계속 중요한 의미를 가졌으며, 과도한 특수 이익과 정치적 내부 거래를 막아 낼 만큼 충분히 실체가 존재한다는 것이 증명되어 왔다. 특별검사는 여전히 공익이라는 개념에 기댄다. 그러나 대중은 침식되고 있고, 머잖아 벤틀리가 상상했던 것처럼 실체가 없는 무언가가 되어 버릴지 모른다.

공적 대중이 없는 정치는, 여러 명의 빅 브라더들이 자신들이 대표한다는 평범한 사람들의 머리 위 저 높은 곳에서 정치 갈등에 몰입해 있다는 점만 빼면, 조지 오웰식의 악몽 같은 모습일 수 있다. 물론 엘리트들이 민주적 제약으로부터 완전히 자유로울 수는 없을 것이다. 정부는 여전히 자신의 '고객들'을 만족시켜야 한다. 그렇게 하지 못한다면 이 책이 개괄하고 있는 탈동원화의 과정은 중단될 수도 있다. 정치 지도자들이 정치적으로 완벽한 존재일 수는 없다. 그들은 지도자이기 때문에 자만심에서 실수를 저지르곤 한다. 때때로 정치제도 전체가 지도자들의 오만함에 감염되기도 한다. 이런 경우 지도자들은, 정치에서 아직은 중요한 (그리고 보복할 능력도 있는), 시민과 제도들 없이도 잘 해나갈 수 있다고 믿을 수 있다. 그렇게 되면 정치 엘리트들 간의 경쟁이 공적 제도를 손상시켜서, 시민들이 중요하게 생각하는 서비스가 더 이상 전달되지 못할 가능성도 높아진다. 그 결과로 인한 대중의 반발은, 특히 인기 있는 지도자들이 성난 시민들을 집단으로 동원해 이들의 반발을 이용할 준비가 되어 있다면, 개인민주주의의 흐름을 중단시킬 수 있을지도 모른다.

개인민주주의는 그 체제를 내재적으로 불안정하게 만드는 모순을 감당해야 할 것이다. 엘리트 경쟁이 만들어 내는 제도적 손상은 대중의 순응을 유지하는 데 필요한 프로그램과 조직들을 약화시킬 수 있다. 1995년 연방 정부가 마비되었던 사건에 대한 대중의 반발은 그런 가능성을 미리 보여 준 징후일 수 있다. 공화당이 주도한 제104대 의회는 클린턴 대통령과 예산 협상을 진행하면서 행정부 예산에 대한 승인을 거부했다. 그 전략은 역효과를 가져왔다. 미국이 정부 없이 작동할 수 있다는 것을 보여 준 것이 아니라, 의회가 이념적 명분 때문에 공공 당국을 마비시켰다는 이유로 대중의 지지를 잃은 것이다.

정부의 마비에서 대중이 부활할 희망을 찾는 것이 그리 행복한 전망은 아니지만, [그렇다고] 대중은 무력해지고 홀로 작동하는 정부가 공익에 기여할 것 같지는 않다. 그러나 오늘날 미국 정치에서 하나의 세력으로서 대중의 생명력은 무너져 내리고 있고, 머지않아 미국 정치에서 가장 절박하고도 우려스러운 문제는 "알게 뭐야?"가 될 수도 있다.

페이퍼백 판 서설

정치 과학*이라는 분과 학문은 그 자체로 개인민주주의의 등장을 증언한다. 미국 정치학에서 이질적인 여러 학파들의 발전은 민영화의 확

---

* 이 책의 원서인 *Downsizing Democracy : How America Sidelined Its Citizens and Privatized Its Public*은 2002년 8월 양장본으로 최초 출간되었으며, 2004년 1월 페이퍼백으로 다시 출간되었는데, 한글판은 2004년도 페이퍼백 판을 번역한 것이다. 저자들은 2004년 페이퍼백 판 출간을 위해 서설을 다시 작성했고, 페이퍼백 판에는 2002년도에 작성된 서문 다음에 추가되었다. 그러나 본문으로 이어지는 흐름과 다소 맥을 달리해, 이 책의 말미에 배치했다.

● 미국에서 정치학은 political science, 즉 정치의 과학이라 불린다. 미국 이외의 지역에서 정치학은 고대 그리스 이후 오랫동안 'politics'로 사용되어 왔으나, 미국에서는 자신들만의 political science라는 용어를 사용해 왔다. 이하 번역에서는 필요에 따라 정치학, 혹은 정치 과학으로 번역한다.

대, 미국 대중의 정치적 지리멸렬함, 평범한 시민들의 정치 불참, 대중의 지지에 의지하지 않고도 정책 결정 과정에 접근하고 영향력을 발휘할 수 있게 된 것 등을 반영하고 있다.

시어도어 로위의 지적처럼, 정치학은 정치 행위를 연구하는 것에만 매진하는 고립된 학문이 아니다. 정치학은 정치 현상 그 자체이며, 주류 정치학의 지적 경향은 미국 정치의 지배적 경향을 따른다.[1] 실제로 정치 과학이라는 말은 미국 예외주의를 강조하는 독특한 표현처럼 보인다. 의식적인 목적에 봉사하도록 만들어진 나라, 정치적 신념을 공유한 공동체로 정의되고, 명료한 성문헌법에 따라 기획된 나라가 정치의 과학을 불러낸 것처럼 보인다. 하나의 분과 학문으로서 정치 과학의 등장은 이미 『연방주의자 논설』에서 진행되었던 일종의 지적 기획을 공식화했을 뿐이다. 헌법이 비준된 이후 거의 1세기가 지나서야 '정치 과학'으로 알려지기 시작했지만, 당시에도 이미 지적 기획은 존재했다. 버너드 크릭Bernard Crick이나 해외의 많은 정치사상가들에게 이 분과 학문은 정치학이면서 동시에 미국의 정치학이었다.[2]

정치 과학, 시민을 보다

정치 과학 전문가들은 학문적으로뿐만 아니라 시민교육에도 관심을 가져왔기 때문에, 미국의 시민권에 대해 지속적으로 관심을 기울여 왔다. 하지만 시민이 집단으로 동원되는 기제들에 대해서는 가혹하리만큼 비판적이곤 했다. 혁신의 시대의 산물인 정치 과학은, 더럽고 무지하며 불합리한 보통 사람들을 동원했던 당대 미국의 무원칙한 정당 조직들에 대한 혁신주의적 관점의 이해를 많은 부분 공유하고 있었다. 사실 이런 정당들은 미국 예외주의 정신에서 완전히 벗어난 존재처럼 보였다. 그들은 고매한 정치적 이상이 아니라 관직과 이익을 둘러싼 경쟁에서 승리하기 위해 모인 동맹체였다. 아마도 미국인들은 정치 원리라는 측면에서는 너무 통일되어 있었기에, 전리품을 둘러싼 싸움을 제외하면 싸울 일이 없었던 것인지도 모르겠다.

정치 과학은 여전히 정당에 대해 비판적이었지만, 제2차 세계대전 후 미국정치학회가 정당 위원회를 만들었을 무렵 약간의 입장 변화가 있었다. 1950년, 위원회의 최종 보고서 "더 책임 있는 양당 체제를 향하여"가 제출되었다.[3] 샤츠슈나이더가 상당 부분을 작성했던 이 보고서는, 실용적이고 기율이 잡힌 '책임 있는' 정당들이라면, '과거 그들이 공공 정책에 대해 보여 주었던 무관심' 때문에 얻게 된 '좋지 않은 평판'을 극복할 수 있을 것으로 주장했다. 보고서에 따르면, 기존 정당들의 관행은 대중의 마음속에 "이권, 후원 관계, 전리품에 관한 인식을 심어 놓았다." 하지만 책임 있는 정당들이라면 시민들에게 분명한 정치적 선택지를 제시함으로써, 대중적 평판을 회복하고 조직적 부패 때문에 발생한 선거 동원의 하락 추세를 반전시킬 수 있을 것이라는 것이다.[4]

위원회는 특히, 강력해진 정당들이 '이익집단들의 침투에 더 적극적으로 맞서야' 한다고 지적했다. 미국 정치에서 급속히 늘어나고 있던 이익집단들에 대해 전적으로 적대적이지는 않았지만, 위원회 위원들은 이익집단이 공공 업무에 혼란을 가중할 수 있다는 점을 우려했다. 이익집단들은, '공익이라는 작동 원리를 보편적 속성으로 하고 있는' 책임 있는 정당들로 통합될 필요가 있었다.[5] 달리 말해, 책임 있는 정당은 특수 이익들(이것들이 더해져 더 큰 공익이 된다) 간의 타협을 이끌어 내는 틀이었다.

다원주의 패러다임

책임 있는 정당은 일정 부분 이익집단이라는 정치 현실에 대한 반동으로 만들어진 정치적 상상의 산물이었다. 하지만 많은 정치학자들이 설명하려고 애썼던 것은 정치 현실 자체였고, 정당은 영향력이 줄어들고 있었다. 정당들은 더 기율이 잡히고 '책임 있게' 되어 간 것이 아니라 계속해서 쇠락했다. 유권자들의 정당 일체감은 점차 약해졌다. 정당 후보자들은 공직을 얻기 위해 혼자서 캠페인을 벌였고, 당선되고 나서는 점차 개인의 길을 갔다. 반면 이익집단들은 번성했고, 이익집단 정치에 대한 정치학자들의 연구는 "미국 정치뿐만 아니라 정치학 전반의 연구 문헌들 중에서도 최고의 지위"로 부상했다.[6]

이익집단들은 정당보다 자발적이고 어디에나 존재할 수 있다는 점에서 명백한 이점이 있었다. 데이비드 트루먼David B. Truman의 지적처럼, 집단을 구성하는 것은 인간의 타고난 본성이었다. 집단은 인간의 경험·느낌·생각을 구조화한다. 언젠가 개혁을 통해 거듭나게 된다면 정당들은 시민들의 희망을 공익으로 표현해 낼 수도 있을 것이다. 하지만 이익집단들은 시민의 실제적이고 즉각적인 선호를 전달하는 수단이기 때문에, 미래의 민주주의가 아닌 당장의 민주주의를 위한 엔진으로 작용할 수 있다고 보았다.

공익? 그것은 유령이었다. 트루먼은 1951년 저작 『통치의 과정』*The Governmental Process*에서, 이익집단 정치 이론은 "모든 것을 포괄하는 이익을 설명해서는 안 된다. 그런 것은 없기 때문이다."라고 주장했다. 이 점에서 트루먼은 아서 벤틀리의 영향을 인정한다. 벤틀리는, 사회 전체의 이익은 실재할 수도 관찰될 수도 없고, 전체 그 자체는 그 어떤 행태적 실존을 갖지 않으며, 오직 집단들만이 실재적인 것을 구성한다는 주장을 40여 년 먼저 홀로 전개한 바 있다. 즉, 사회를 구성하는 집단들만이 실재한다는 것이다.[7]

　트루먼과 여타 이익집단 이론가들은 미국 정치에서 공익을 몰아냄으로써, 이익집단을 통해 표현되었던 '특수' 이익들을 정당화했다. 특수 이익을 내려다볼 더 높은 이익이란 더 이상 존재하지 않았다. 동시에 로비는 민주주의의 신성함을 모독한다는 불명예스러운 지위를 극복할 수 있었다. 그것은 단순히 시민들이 정부에 대해 자신의 의지를 전하는 행위일 뿐이기 때문이다. 이익집단 정치는 민주적 경쟁의 과정이었고, 다양한 시민적 이익을 조정하는 과정이었다. 공공 정책은 이 과정을 통해 도달한 균형점을 나타냈으며, 정부는 그 결과를 기록하고 합법화하며 집행하는 기관이었다. 다시 말해, 이익집단 정치는 정당 민주주의의 대안이며, 인민주권의 또 다른 작동 원리였다. 엘리자베스 클레멘스에 따르면, 정당들이 풀뿌리 동원을 독점하고 있다고 혁신주의 개혁가들이 공격하던 바로 그때, 이익집단에 대한 시민 참여가 늘어나기 시작했다.[8] 하지만 몇 가지 점에서 이익집단은 정당보다 인민주권의 원리와 정합성이 떨어진다. 정당은 수數의 정치에 의해 운명이 결정되며, 정당의 지상 과제는 다수를 형성하는 것이다. 반면 이익집단은 전문 기술과 정보력을 이용하거나, 부와 권력이라는 자원을 이용해 선거 민주주의 궤도 밖에서 목표를 달성할 수 있다. 게다가 정당이 대중 동원 방식에 문제가 많다고 하지만, 이익집단 역시 시민을 동원하는 데 심각한 결함을 가지고 있다. 트루먼과 여타 '이익집단 이론'의 옹호자들도, 이익집단들이 실제로는 소수의 활동가 집단이나 상근 고용인들에 의해 움직일 수밖에 없음을 인정했다. 이익집단들은 보통 스스로를 '지도부와 회원들'로 나누어 설명한다.[9] 물론 지도부가 회원들에게 반응적일 수도 있다. 하지만 이익집단들은 내부 민주주의를 달성하는 데 실패하더라도, 더 큰 범위의 민주주의를 유지하는 데 기여할 수도 있다.

정치사회학자 윌리엄 콘하우저William Kornhauser는 집단들을 일종의 차단막으로 보았다. 그에게 집단은 대중 정서라는 변덕스럽고 극단적이며 불확실한 운동으로부터 정치·사회 엘리트들을 보호하는 장치다. 시민들은 그 자체로 민주주의에 위협이 될 수 있다. 이들을 묶어 두고 진정시키며, 극단적 대중운동에 경도되게 할 수 있는 소외 상태alienation에 빠지지 않게 하기 위해서는, 집단의 역할이 필요하다는 것이다.[10] 로버트 퍼트남은, 나중에 콘하우저의 대중사회 이론을 반복하면서, 민주적 시민의 선행을 보장해 주는 "사회적 자본"을 축적하는 데 집단이 핵심 자산이 된다고 주장했다.[11]

이익집단이 시민의 정치 행위를 온건하게 만드는 것처럼, 시민들 또한 집단의 이익 추구를 온건하게 만들었다. 데이비드 트루먼에 따르면, 한 이익집단의 구성원은 동시에 다른 집단의 구성원일 가능성이 높은데, 이 때문에 이익집단 지도자들은 자기 집단의 이익을 넘어 다른 이익에 대해서도 고려하지 않을 수 없다고 주장했다. 다른 모든 걸 희생해서라도 자기 집단의 의제를 관철하겠다는 완고한 운동은 다른 집단에도 소속되어 있는 회원들을 멀어지게 하기 쉽다.[12]

여러 집단에 속해 있는 교차 멤버십은 집단 구성원들의 정치적 실천도 약화시켰다. 투표에 관한 초기 연구들은, 시민들이 갈등적인 정치 성향을 갖는 복수의 단체에 속해 있을 때, 갈등적인 상황이 발생할 경우 정치에 대한 관심과 선거 참여를 줄이는 방식으로 반응한다는 점을 보여 주었다. 정치학자들이, 이와 같은 시민들의 정치적 무관심 경향을 언제나 민주주의의 약화로 간주한 것은 아니다. 실제로 이런 무관심은 시민적 합리성을 보장해 주는 사고의 틀을 만들어 낼 수도 있었다. 여러 집단에 소속되어 '교차 압력'을 받는 시민들은, 동질적인 정치 성향을 갖는 집단에만 속해 있는 헌신적이고 당파적인 시민들보다 개방적이었다. "정치에 관심이 적은 상당 규모의 시민들"은 "강한 정치적 동기를 가진 시민들의 격렬한 행동을 흡수하는 '완충지대'로서 바람직"할 수도 있다. 버너드 베럴슨Bernard Berelson에 따르면, 정치에 수동적이며 무관심한 시민이 민주주의의 존속에 기여할 수도 있다. "공동체의 구성원 모두가 정치에 대해 늘 높은 관심을 갖는다면, 정치 문제는 점진적으로 해결되거나 타협에 이를 가능성은 위험할 정도로까지 낮아질 것이다."[13]

1960년대에 이익집단 정치와 선거 정치를 연구했던 정치학자들의 입장은 모두 민주주의의 '낮은 시민권' 모델, 지나치지 않을 만큼 적당한 관심과 참여로 유지되고 강화되기도 하는 민주주의의 모델로 수렴되었다.[14] 이후 이런 입장에 대한 [두 가지 종류의] 비판들은, 새로운 민주주의 모델에 대한 합의를 중심으로 정치학을 통합하지 못한 채, 서로 극명하게 상반되는 두 개의 입장으로 나뉘었는데, 어느 쪽도 시민을 미국 정치학의 중심으로 되돌리는 데 성공하지는 못했다.

개인민주주의로의 두 가지 경로 : 신제도주의와 합리적 선택이론

두 가지 비판은 모두 공통의 이해를 가진 시민들이 자신들의 이익을 증진시키기 위해 조직을 형성할 것이라는 가정에 의문을 제기하면서 출발했다. 하지만 이 문제에 대한 관점은 서로 근본적으로 달랐다. 합리적 선택이론가들은 개인 행동의 논리에 내재한 것으로서, 집단의 형성과 집단적 표현을 가로막는 장애 요인들을 강조한 반면, 다른 입장은 조직된 이익집단의 영향력을 제한하고, 조직되지 않은 이익을 보호하기 위한 원천으로서 국가 제도들의 구조에 눈을 돌렸다.

조직되지 못한 이익의 문제를, 이익집단 이론가들이 무시한 것은 아니었다. 데이비드 트루먼은 그것을 '잠재적 이익집단'이라고 불렀고, 그 속에 입헌주의, 시민적 자유, 대표의 책임과 같은 기본적인 정치적 가치의 옹호자들을 포함했다. 트루먼은 공익의 존재를 부정하면서도 잠재적 이익집단이라는 개념 속에 다수가 공유하는 관심사들을 포함해 공익과 유사한 어떤 것을 재발견한 것처럼 보였다. 그리고 그는 조직되지 못한 이익들이 조직된 이익의 도전을 받으면 행동에 나설 수도 있다고 주장했다. 일단 위협이 가해지면 잠재적 이익집단들은 실재적 이익집단이 될 수 있다는 것이다.[15]

그러나 샤츠슈나이더에 따르면 조직되지 못한 이익들은 '이익집단 시스템' 안에서 여전히 불리한 위치에 있었다. 결국 이익집단 체제는 조직 결성에 필요한 자원을 가진 사람들인 특권적 상층계급의 이익에 지배되기 때문이다. 이익집단 체제에 내재한 이런 편향성은 이익집단 정치가 민주적이라는 주장에 의문을 제기할 뿐만 아니라, 특수 이익과 공익을 구분하는 것이 중요하고 타당하다는 것을 보여 주었다. 이익집단 정치는 국가 전체 시민들 가운데 일부만을 포함하므로, 이익집단 체제 외부에서 침묵하고 있는 더 넓은 '잠재적' 집단들을 대표할 수 없었다.[16]

샤츠슈나이더의 처방은 책임 있는 정당 체제를 통해 정치적 정책 결정의 영역을 확장하는 것으로, 이는 10년 전에 미국정치학회 정당 위원회 보고서에서 제시했던 내용이었다. 책임 있는 정당 체제란 "경쟁하는 지도자들과 조직들이, 정책 결정에 대중이 참여할 수 있는 방식으로 공공 정책의 대안을 정의하는 경쟁적 정치체제"를 말한다. 그러나 그는 또한 미국 민주주의에서 나타나는 좀 더 자연발생적인 균형 메커니즘에 관해 인식하고 있었는데, 이는 자본주의 경제가 만들어 내는 사적 이익의 권력을 견제할 것으로 기대되었다. 그에게 정부와 기업은 서로 경쟁하는 '권력 체계'였고, 거대 기업은 큰 정부에 의해 견제된다는 것이었다.[17]

하지만 샤츠슈나이더는 민주주의 국가 자체에 사적 이익집단이 침투할 수 있다는 점을 크게 주목했던 것 같지는 않다. 그는 정치제도의 개입이 이익집단 사이의 갈등을 민주화하는 효과를 낳는다고 생각했다. 사적 이익들 사이의 갈등을 좀 더 넓은 공적 영역으로 옮겨 놓는 것은, 다수의 의지를 작동시키고, 약한 이익들의 역량을 강화하는 경향이 있다는 것이다. 사적 권력을 독점한 집단은 사적 해결을 선호하지, 공적 권위의 개입을 통해 갈등을 해결하려 하지 않을 것이기 때문이다.[18]

그랜트 매코넬과 시어도어 로위는 사익이 공적 제도의 자율성을 침식할 수 있다는 점에 대해 샤츠슈나이더보다 더 많은 우려를 했다. 샤츠슈나이더처럼 매코넬도 정책 결정의 민주주의는 정치 영역의 규모에 달려 있다고 주장했다. 갈등과 심의의 영역이 작을수록 민주주의가 엘리트의 사적 이익에 굴복할 가능성도 커진다. 하지만 매코넬은, 어떤 의제가 정부의 관심사가 된다는 사실만으로, 갈등의 범위가 확장되거나 민주주의를 성취하는 데 항상 성공할 수 있는 것은 아니라고 보았다. 이익집단, 관료 공직자, 의회 소위원회 간의 친밀한 동맹은, 대중의 시야를 벗어나 다수결 원리를 넘어 공공 정책을 정의할 수 있었다. 공공 정책의 결정이 반드시 공개적인 정책 결정을 의미하는 것은 아니었다. 공공 기관과 프로그램들은, 공공 당국을 자기 마음대로 활용하는 이익집단들에 의해 식민화될 수 있었다.[19] 시어도어 로위 또한 '이익집단 자유주의'가, 공공 정책을 집행하는 영역으로 확대되는 것에 비판적이었다. 이렇게 되면 "이익 갈등은 범죄행위가 아니라 통치의 원리가 되며" "프로그램이 지향하는 가치를 둘러싸고 특수하게 조직되지 못한" 모든 대중은 공공 정책으로부터 배제된다는 것이다.[20]

로위와 매코넬 모두, 사익이 정부를 점령하는 것은 공익을 대표해야 하는 국가의 권위를 갉아먹는다고 불평하면서도, 그 과정에서 잠재적 해결책 역시 제시했다. 그 처방들이란 이익집단 정치의 원심력에 저항할 수 있는, 국가 제도의 중앙 집중화 경향에서 찾을 수 있다는 것이다. 매코넬의 제안에 따르면, 이익집단 정치가 주변화한 이해관계들은 "정당·중앙정부·대통령이라는, 정치 질서의 중앙 집중된 주체들"로부터 보호받을 수 있다는 것이다. 로위는 법의 지배가 엄격히 지켜지는 관료제는 특별 대우를 원하는 특수 이익의 요구에 저항할 수 있다고 주장했으며, 매코넬은 관료제 정부의 형식적인 비인격성formal impersonality이 장점을 갖는다는 로위의 시각을 공유했다. 그와 같은 비인격성은 법령으로 표현되어 있는 다수의 의지를, 사적 이익들이 비공식적인 거래를 통해 해체하려 할 때 이에 대한 해독제로 기여하기 때문이다.[21]

매코넬과 로위의 저작에서 분명하게 확인되는 사조는 공식적인 정치제도에 대한 새로운 이해였다. 한때 공식적인formal 정부 제도에 관한 연구는 정치학자들의 주된 관심사였지만, 이익집단 정치나 개인의 정치 행위라는 좀 더 '현실적'인 연구에 자리를 내주었다. 공식 제도들, 심지어 헌법 그 자체도, 그것을 지지하는 이익집단들의 이해관계로부터 독립적이지 않은 부수 현상일 뿐이었다. 그런데 이제 이익집단 정치에 대한 비판자들은 대통령·정당·관료제라는 공적public 제도들을, 조직되지 않은 이익과 공익을 보호하기 위해 이익집단의 압력에 저항할 수 있는 독립된 힘으로 인식하고 있는 것이다.

이른바 신제도주의는 이익집단 정치에 대한 이런 반응에서 출현한 것이 아닐 수도 있다. 하지만 매코넬과 로위가 발전시킨 일련의 주장들은 정치제도가 사회 세력이나 사익들이 만들어 낸 단순한 가공물artifacts이 아니라고 보았던 정치학의 앞선 사조와 분명 맞닿아 있다. 또한 신제도주의의 한 가지 핵심 요소를 매코넬과 로위의 저작에서 확인할 수 있다. 즉 국가를 이익집단 투쟁의 방관자라는 종속적 지위에서 구출해 정치학 연구의 중심에 되돌려 놓음으로써, 자율적인 정치 행위자가 되도록 한 것이다.[22]

그런데 정치제도들이 조직되지 않은 이익을 보호하려면 조직 이익의 압력에 저항할 수 있어야 했다. '관료 조직, 의회 위원회와 항소법원'은 단순히 '사회 세력들이 경쟁하는 장' 이상의 어떤 것이 되어야 한다. 제임스 마치James D. March와 요한 올슨Johan P. Olsen의 지적처럼, 정치제도는 "이익을 정의하고 방어하는 표준적인 작동 절차와 구조들의 묶음이다. 정치제도는 독자적인 권한을 가진 정치 행위자들"인 것이다.[23]

신제도주의의 주장들은 그 자체만 보면 상대적으로 논란의 여지가 적지만, 민주적 정책 결정에는 중대한 함의를 갖는다. 이익집단에 굴복할 필요가 없는 자율적인 국가는 '공공 정책의 새로운 정치'를 가능하게 하는 토양을 제공한다. 그것은 국가를 에워싸고 있는 사회와는 다소 독자적으로 진행되는 정치의 영역이다. 결과적으로 국가는 더 많은 내적심의 기능을 갖게 된다. 이런 국가는 정부 밖에 있는 이익집단이나 개인적 선호가 아니라 이상과 가치에 따라 움직인다. 이런 입장에 따르면 정책은 단순히 선거에서의 압력이나 이익집단 압력의 균형을 나타내는 것이 아니다. 마틴 샤피로Martin Shapiro에 따르면, "이상 그리고 그 이상을 가진 사람들은 순수한 선호 집합적 정치preference politics를 할 때보다 더 큰 역할을 수행하게 된다."[24] 스티븐 켈만Steven Kelman은, 공직자들이 자신의 경력을 쌓고 재선을 보장해 줄 유권자나 이익집단들의 요구에 부응하며 사욕을 추구하는 것 이상의 동기를 갖는다고 한다. 그들은 적어도 어느 정도는 좋은 정책, 가치 있는 목표를 달성하는 데 효과적인 정책을 만들겠다는 공적 사명감을 가진다는 것이다.[25] 공직자들의 정치 행위는 이익의 영향을 받을 수는 있지만, 공직자 자신의 이익 혹은 공직자의 행위를 평가하는 집단이나 유권자들의 이익으로 환원될 수는 없다는 것이다.

이들에 따르면 '공적 이상을 가진 권력'은 돈의 권력과 대중의 권력과 어깨를 나란히 하게 된다. 개리 오렌Garry Orren은, "이상과 가치는 자율적인 것이며, 단순히 이기적 욕구에 따라 합리적으로 행동하는 것이 아니라는 증거가 꾸준히 제시되어 왔다."고 말한다.[26] 정치제도들은, "개별 정치 행위자들에 내재되어 있으며, 시간이 흘러도 지속되며, 정책 결과를 만들어 내는 데 중요한 역할을 하는" 이상과 가치를 뒷받침하는 틀을 제공한다.[27]

물론 자율적 이상에 따라 움직이는 공직자들은 시민과 여론의 향방에 훨씬 덜 민감할 수 있다. 하지만 이들을 인도하는 이상 속에는, 정책 결정이 모든 이해관계, 조직되지 않은 이해관계에 대해서조차도 열려 있어야 한다는 신념이 포함되어 있다. 일부 규제 기관들이, 정책 형성 과정에 사회적 약자들이 '이해 당사자'로 참여할 수 있도록 재정 지원을 하는 데까지 나아간 것은, 이런 맥락에서 이해할 수 있다.[28] 하지만 공적 이상을 가진 새로운 권력이란 단순히 정치과정의 내부에, 약하고 조직되지 못한 이해관계들의 자리를 만들어 주는 힘만은 아니다. 그것은 다른 한편으로, 이해할 수 없게 되어 버린 대중에 대한 공직자들의 반응을 나타내는 것이기도 했다.

정부의 정책 결정자들은 더 이상 여론을 통해 방향을 가늠할 수 없다고 느끼기 때문에, 자율적인 이념과 가치에서 단서를 찾는 것일 수 있다. 대중은 조직되어 있지 않고, 여론은 일관성이 없다. 오늘날, 대중은 통상 한 정당 출신의 대통령을 선출하고 다른 정당으로 의회 다수당을 구성한다. 대중은 이데올로기적으로는 보수적이지만 공공 프로그램에 관해서는 자유주의적이다.[29] 대중의 산발적이고 일관성 없는 기질은 그에 부합하는 산만한 정책, 혹은 개인에게 폭넓은 재량권을 부여하는 정책들로만 만족시킬 수 있는 것처럼 보인다. 이런 상황은 가능한 최대치의 참여, 분권, 민영화, 시장에 기초한 개인의 선택 같은 관념들이 강조되는 최근의 현상을 설명해 주는 것일 수도 있다. 그런데 이런 종류의 관념들은 정책이 충족해야 할 공적 목표를 유보하거나 모호하게 만드는 방식으로 작동한다. 또한 조직되지 않은 대중의 특징인 일관성 없는 여론을 보여 준다. 세입 교부금 정책은 국가의 자율적인 이상에 기초해 선택된 정책의 탁월한 사례지만, 기껏해야 공익에 관한 분산된 생각을 표현한 '관념화된' 정책일 뿐이었다. 세입 교부금 정책의 핵심 이해 당사자는 [교부금이 사용되는 정책의 이해 당사자들이 아니라] 정부 공직자들이었다. 초창기 이 정책을 지지했던 이들은 [교부금이 필요했을지도 모르는 이해 당사자들이 아니라] 경제학 전문가들이었다. 이 정책의 표면적인 목표는 "전국 단위로 세금을 걷는 것의 이점과, 지출을 지방 재량에 맡기는 것의 이점을 결합하는 것"이었다.[30] 이 정책이 시행된 결과 매년 60억 달러의 연방 재정이 특별한 목적 없이 지출되었다. 집단 동원을 통해 개별 시민의 이익이 집단적 이익으로 결집되기 힘든 개인민주주의에서, 조직되지 않은 시민들의 천차만별한 의견에 느슨하게 맞추어진 것이 세입 교부금 정책이었다. 시민들은 집단행동을 통해 의사를 표명하게 되는데, 동원되지 않은 시민들의 목소리는 작고 흩어져 모호한 채로 남아 있을 뿐이다.

샤츠슈나이더, 매코넬, 로위는 공통의 이익을 가진 시민들이라 해도 정치경제적으로 불리한 지위에 처해 있을 때 집단행동을 취하지 못할 수 있음을 인정한다. 경제학자 맨서 올슨은 정치경제적으로 유리한 지위에 있는 사람들조차 집단행동을 하는 것이 논리적으로 불가능하다는 주장을 폈다. 이익집단은 집단 이익을 증진하기 위해 결성되었을 것이다. 공공 정책은 이익집단 전체 구성원들에게 공공재를 제공함으로써 집단 이익을 충족한다. 공공재란 정의상, 이를 얻는 데 필요한 집단적 노력에 전혀 기여하지 않은 사람들을 포함해 모든 구성원이 누릴 수 있는 것이다. 올슨은, 합리적이고 이기적인 사람들은 결사의 비용을 지불하지 않고도 집단의 공공재를 소비하는 무임 승차자가 되려고 함으로써, 개인의 이익을 극대화할 것이라고 주장했다. 경제학자들은 사람들이 합리적이고 자기 이익에 충실하다고 가정하기 때문에, 어떤 공공 정책이 모든 구성원의 상황을 개선할 수 있다 해도 이를 위한 집단 캠페인에 자발적으로 기여하는 사람은 없을 것이라는 논리가 가능해진다.[31]

지금은 익숙해진 올슨의 주장은, 시민들이 집단에 가입하고 집단행동에 참여하는 것은 그렇게 하도록 강제되거나, 무임 승차자에게는 해당되지 않는 개인적 보상이 존재할 때에만 가능하다는 것이다. 이때 개인적 보상이란 개인민주주의에서 널리 통용되는, 개인에 특화된 이익을 말한다. 시민에 관한 이런 종류의 생각은 시민을 사익을 추구하는 고객으로 간주하며 정치를 경제학적 관점에서 설명하려는 합리적 선택이론 지지자들에게 널리 공유되고 있다.

그러나 정치학자들은 미국의 대중을 재구성하고 되살려 내기 위한 설득력 있는 프로그램을 발전시키지 못하고 있다. 사실 합리적 선택이론의 주창자들에게 시민권의 개인화는 현실적인 미덕으로 보일 수도 있다. 집합적 선택의 복잡함과 모순에서 우리를 벗어나게 해주기 때문이다. 하지만 우리 대부분에게, 공적 시민권의 쇠락은 여전히 민주주의의 생명력이 심각하게 손상된 상태를 의미한다. 우리는 미국 시민권이 회복될 수 있는지, 우리가 원하는 것이 시민권의 회복인지조차도 확신하기 어렵다. 강력한 정당과 높은 투표율의 시대에 대한 단순한 향수는 노동 착취, 사적으로 행사되었던 폭력, 노동에 대한 폭력 등 19세기 후반의 상황을 간과하는 경향이 있다. [과거] 그런 비극들로 채워진 시민권이 복원해야 할 가치가 있다는 것은 아니다. 아마도 우리는 시민과 그들의 정부에 대해 완전히 새로운 어떤 관계를 구상할 필요가 있을 것이다. 하지만 대안이 나타나기 전에 먼저, 오늘날 시민권과 민주주의가 서있는 위치를 좀 더 충분히 이해해야만 한다. 그것이 바로 이 책의 목적이다.

옮긴이 후기

이 책은 '물질적 필요가 너무 중요하고 절실해서 탈물질주의를 향유할 능력이 없는, 정당이 보내는 우편 목록에조차 이름이 올라 있지 않고, 투표하지 않아도 굳이 관심 가져 주는 이가 없으며, 자신의 이익을 대표한다는 이익집단으로부터 초대받지 못하고, 자신의 이익을 대표해 진행되는 집단소송의 원고 명단에도 이름이 올라 있지 않으며, 그저 여론조사로 대표되는 가상적 시민virtual citizen으로만 존재하는 사람들'의 민주주의에 관한 이야기다. 또 '공동체가 위기에 처했을 때는 나라를 위해 뭔가 해야 할 것 같은 애국적 열정을 간직하고 있고, 이따금씩 역사에 나타나는 '열정의 순간'을 함께하지만, 곧 부모이자 생활인으로서의 책임 사이에서 타협할 수밖에 없는 평범한 시민들'의 민주주의에 관한 이야기다.

이들이 처음부터 이처럼 정치의 변방에 놓였던 것은 아니다. 오히려 역사의 어느 순간 그들은 민주주의와 근대 정치의 심장이었으며, 이 심장이 뿜어내는 피와 에너지로 국가의 기초가 놓이고 정치의 틀이 만들어졌다. 그런데 이들은 언제부턴가 정치의 심장부에서 밀려나더니, 오늘날에는 정치인의 수사rhetoric 속에서만 나타나는 가상의 존재가 되어 버렸다. 저자들에 의하면, 이것이 특별한 누군가의 나쁜 의도가 개입된 음모 때문은 아니었다. 역사의 순간마다 여러 행위자들의 각기 다른 선택들이 있었고, 그것의 누적된 결과가 과거와는 다른 민주주의의 모습을 만들어 낸 것이다. 이 책은 그 단순하지만은 않은 과정을 낱낱이 기록한다. 그리고 평범한 시민을 정치에서 밀어낸 단 한 사람의 '빅 브라더'는 없었지만 책임져야 할 주체는 분명히 있다는 결론에 이른다.

정치 동원과 정치 참여

이 책에 가장 빈번히 등장하는 용어 가운데 하나가 정치 동원political mobilization이며, 이 용어는 저자들이 민주주의를 이해하는 핵심 키워드다. 정치 동원은, 정당과 정치 엘리트가 다수를 얻고 정부를 운영하기 위해, 평범한 시민들에게 입법과 정책과 예산의 보상을 약속하며 지지를 호소하고 다양한 정치 활동에 참여를 '이끌어 내는' 정치 행위다. 동원은 참여와 동전의 양면일 수도 있지만, 꼭 같은 것은 아니다. 정치 엘리트의 동원의 노력은 성공할 수도 있고, 실패할 수도 있다. 시민은 동원의 노력에 반응해 참여할 수도 있지만, 무시할 수도 있다. 또 시민은 꼭 정치 동원이 있어야만 참여를 하는 것은 아니다. 하지만 정치 엘리트의 동원이 시민의 참여를 확장하는 민주정치의 핵심 기제인 것은 분명하다.

　저자들은 정당과 정치 엘리트들이 평범한 시민을 적극적이고 능동적으로 동원했기 때문에 미국 민주주의의 절정기가 가능했으며, 동원이 줄어들면서 미국의 민주주의는 '다운사이징'의 단계에 접어들었다고 본다. 정치 동원이 없으면 정치에 관심을 가질 수 없고 참여도 불가능했던 평범한 시민들은 점차 정치의 세계에서 사라져 갔다. 반면, 동원 없이도 참여가 가능했던 시민들은 소송과 로비, 관료 집단에 대한 개인적 접근을 통해 이익 옹호 단체 활동가로, 탈물질주의 가치를 옹호하는 시민 단체 활동가로, 공익 소송을 주도하는 법률가와 대표 원고로, 정부의 복지 서비스 전달자로 참여의 형태를 변형하면서 정치의 세계를 독점해 왔다는 것이다. 따라서 이 책에서 사용된 '정치 동원'이라는 말은 중하층의 시민들을 정치에 불러들이는 민주주의의 핵심 기제로 이해된다.

　한편, 한국 사회에서는 아직까지 정치가 유권자를, 정당이 특정 사회집단을, 이익집단이 이해 당사자를 '동원'하는 것이 긍정적인 의미를 갖지 못하고 있다. 권위주의 시절 강제적 동원에 대한 경험이 그 중요 원인 가운데 하나라면, 민주화 이후 정치 동원의 확장을 선호하지 않는 권력과 정치 엘리트들이 만들어 낸 법과 제도, 정치 담론이 또 다른 중요한 원인이다. 독재 권력에 의한 강제적 동원과, 이념과 정책을 통한 민주적 동원을 같은 의미 체계에서 해석하게 만듦으로써 '동원'을, 정치를 나쁘게 만드는 불순한 어떤 것으로 치부하게 한 것이다.

　한국 사회에서 '정치 동원'이라는 언어가 부재하거나 부정적으로 취급되는 현실은 특별한 정치적 효과를 낳는다. 정치체제로서 민주주의는 경쟁하는 정당, 정치 엘리트를 한 축으로 하고, 이들이 만들어 내는 과점적 대안 가운데 선택을 할 수밖에 없는 유권자를 다른 한 축으로 작동한다. 그런데 민주주의를 구성하는 중요한 한 축인 정당과 정치 엘리트의 행태를 묘사할 핵심적인 언어가 배제됨으로써, 민주주의에 대한 이해 자체가 왜곡되는 것이다. 마치 정당과 정치 엘리트가 부재하거나 필요하지 않은 가상의 공간 속에서, 유권자의 참여만으로 정치가 작동하는 것 같은 허상의 이미지가 만들어진다. 이런 이미지는 그들이 정치 공간 안에서 감당해야 하는 막중한 책무가 실제보다 비중이 약하거나 의미 없이 간주되도록 함으로써, 더 큰 정치적 책임으로부터 자유롭게 만들어 주는 역할을 한다. 또한 유권자 스스로 정치의 공간에서 자기 자리를 만들어 내려는 노력만큼이나 중요한 것이, 정치 엘리트들이 정치 동원을 통해 유권자의 자리를 만들어야 하는 것임을 간과하게 만든다.

이런 한국의 정치 환경에서, 유권자의 '자발적 참여'는 민주주의의 가장 중요한 가치이자 덕목으로 칭송받아 왔다. 김대중 전 대통령의 '행동하는 양심', 노무현 전 대통령의 '깨어 있는 시민'은 자발적 참여와 행동의 중요성을 일깨운 대표적인 구호들이다. 이 구호들은 민주화 이후에도 여전히 정당의 정치 동원을 제약했던 장벽들이 온존하는 환경에서, 자발적 참여의 힘으로 힘의 균형을 깨뜨리고자 했던 절실함을 담았다. 분단 상황에서 구조화된 오래된 이념 체계, 권위주의 시기에 만들어진 정당 조직의 불균형적 발전, 민주화되었지만 여전히 정당의 자유로운 정치 활동을 가로막는 정치 관련 법·제도와 규범들은 정당의 정치 동원을 구조적으로 제약했다. 이런 조건에서, 정치 동원이 없거나 약하더라도 자발적으로 정치에 관심을 갖고 행동할 수 있는 시민들의 참여가 절실했던 것이다. 많은 시민들이 여기에 호응했고 정당정치의 힘의 균형을 바꾸는 데 기여했다.

하지만 한국 민주주의의 역설은, 구체제의 유산으로부터 정치 동원을 제약받았던 정당과 정치 엘리트들이, 스스로 정치 동원을 중단하거나 정치 동원의 대상을 제한하면서 발생했다. 구체제를 무너뜨리는 데 앞장섰던 정치 세력과 그 후예들이, 민주화 이후 정당의 정치 동원을 제약하는 법과 제도를 만드는 데 더 적극적이었다는 사실은 잘 알려져 있지 않다. 이들은 구체제 집권 세력과의 경쟁에서 우위를 차지하는 방법으로, 정당의 정치 동원을 더 자유롭게 하는 경로 대신, 서로의 정치 동원을 제약함으로써 경쟁의 조건을 균등화하는 경로를 채택했다. 민주화 이후 정치 관련 제도들을 바꿀 때마다, 구체제 야권 세력들과 그 후예들은 선거 규칙과 정당의 조직 및 정치자금 제도를 더욱더 정치 동원에 불리한 방향으로 바꾸는 데 앞장섰다. 그 결과 선거에서 정당과 정치 엘리트가 유권자를 만날 수 있는 공간은 점차 협소해졌고, 일상적인 시기에 정당이 유권자를 대면할 수 있는 조직은 축소되었으며, 정치자금의 모금 주체로서 정당의 기능도 함께 쪼그라들었다. 그 정점을 보여 주는 것이, 2004년 정치 관련 법 개정이었다.

오에이치피OHP 필름 두 장을 겹치듯이 이 두 가지 현상을 겹쳐 놓아 보면, 한국 민주주의의 또 다른 모습이 보인다. 정당과 정치 엘리트의 정치 동원은 터부시되고 법과 제도가 이를 뒷받침하며 점점 더 동원을 제약해 온 상황에서, '행동하는 양심'과 '깨어 있는 시민'만이 정치의 공간을 독점할 때, 그 이면에 동원되지 않으면 참여조차 불가능한 시민들의 모습은 점점 보이지 않게 될 것이다. 개인으로서도 정치에 참여할 능력을 가진 일부 시민들은 여전히 정당의 중요한 동원 대상이며, 정치의 공간에 자기 자리를 가진다. 반면 정당도 동원을 포기했고 혼자서는

'자발적 참여'를 할 수 있는 조건이나 능력이 없는 시민들은 점점 더 정치의 변방으로 밀려나고 있다.

　어떤 시민들은 정치에 불만이 있으면, 혼자서도 언론에 폭로할 수 있고, 소송을 제기할 수 있으며, 관료와 의회에 로비를 할 수 있다. 혹은 자신처럼 능력을 가진 동료 시민들을 조직할 수도 있다. 하지만 어떤 시민들은 동료 시민들과의 유대, 소통이 없으면 정치 정보를 해석할 수 없고, 정치 행동에 감히 나설 수 없으며, 시간과 돈과 품이 드는 소송은 생각할 수도 없다. 불만이 있어도 다른 동료 시민들을 조직하기에는 시간과 에너지가 없으며 방법도 알지 못한다. 이들과 함께 정치 정보를 해석하고, 조직화 비용을 감당하며, 행동에 나섰을 때 불이익을 받지 않도록 보호해 주는 지원이 없다면, 이들이 정치에 '자발적'으로 참여하기를 기대하기는 어렵다.

　한때 미국 민주주의에서 그 역할을 감당해 주었던 것이 정당과 정치 엘리트의 동원이었다. 그들은 평범한 시민들의 힘을 필요로 했기 때문에, 법을 바꾸어 노동조합을 조직해 집단행동에 나서기 쉽도록 했고, 억울한 일을 당하면 큰 비용을 들이지 않고 법적인 구제를 받도록 보장했으며, 그들에게 필요한 것이 무엇인지 묻고 그들에게 필요한 정치 정보를 제공했다. 이런 도움을 바탕으로 시민들은 자신들의 이익을 지키기 위해 조직을 만들었고, 같은 처지에 놓인 동료 시민들과 정보를 교환하면서 대안을 모색했으며 집단행동에 나설 수 있었다.

　하지만 지금 평범한 유권자들은 정치에 불만이 있을 때 할 수 있는 일이 별로 없다. 이 점에서 한국이나 미국의 유권자들은 다르지 않다. 그런 정당과 정치 엘리트를 갖지 못하고 있기 때문이다. 그래서 술자리 정치 비평과 정치로부터의 철수가, 그나마 할 수 있는 일이 되어 버렸다. 물론, 유권자 2명 가운데 1명은 투표에 참여하지 않는 현재의 상태를 어떤 빅 브라더가 불순한 의도로 기획하고 만들어 낸 것은 아니다. 그때그때 정당과 정치 엘리트들은 최선의 전략적 선택을 했을 것이다. 하지만 그들이 정치 동원의 노력을 해태하거나 포기한 것의 결과라는 점은 분명하다.

미국의 '새로운 정치' 대 한국의 '정치 개혁'의 정치

이 책은 2세기가 넘는 미국 민주주의 역사를 포괄한다. 1970년대 이전까지 미국 민주주의는 두 가지 민주주의의 경로가 엎치락뒤치락하면서 함께 공존했다. 1890년대 이전까지 미국에는 시민군, 시민 행정가, 민간 세금 징수인이 국가를 떠받치고, 정당 머신의 활동가들은 집권 후 관료가 되었다. 이때 정당은 대중 동원에 전력을 다하지 않으면 집권할 수 없었고 국가를 유지할 수 없었으며, 시민은 민주주의의 심장으로 대접받았다. 하지만 국가와 정당이 시민과 일체가 된 정치의 이면에는 전리품을 둘러싼 거래와 부패가 만연했다.

1890년대부터 시작된 혁신주의 운동은 반부패 정치를 전면에 내걸고 부패 정치의 주범인 정당 머신과 엽관제를 공격했으며, 정치 중립적인 직업 관료제와 정당 조직의 축소, 정당의 정치자금 모금 기능 제한, 부패에 대한 처벌 강화 등을 주창했다. 유권자들에게는, 후보자의 소속 정당을 보지 말고 정책과 인물에 대해 독립적으로 판단하는 것이 정치를 효율화하는 방안이라는 지침이 내려졌다. 또한 일정한 기준을 통과해 유권자 등록을 하지 않으면 투표에 참여할 수 없도록 함으로써, 교육받지 못하고 정치 정보에 어두우며 정당의 동원에 노출되기 쉬운 유권자들을 선거 공간으로부터 격리했다. 민주당과 공화당은 사이좋게 남부와 남부 이외 지역의 배타적 지배권을 서로 보장하고, 정치 동원을 자제했다. 이 시대에는 한국과는 다른 맥락에서 정치 동원이 불순한 어떤 것으로 치부되었다.

하지만 제1차 세계대전과 뒤이은 세계 대공황은 다시 대중 동원의 시대를 불러들였다. 대중은 전쟁을 수행할 군인으로, 군수물자를 생산할 노동자로, 전쟁 자금을 아낌없이 내어 줄 납세자와 기부자와 채권 구매자로 동원되었다. 그들은 당연하게도 그에 걸맞은 대접을 요구했고 보상을 받았다. 대공황 극복이라는 과제를 안은 루스벨트 민주당 정부는, 적극적인 정치 동원을 재개해 힘의 균형을 깨뜨렸고, 정치 동원을 가로막았던 법과 제도들을 고쳐 나갔다. 법원, 언론, 정부 기관, 전문가 집단에 포진해 있던 반대파들과의 지난한 투쟁이 지속되었지만, 제2차 세계대전은 대중 동원의 필요를 다시 증대시켰다. 제2차 세계대전 후 매카시즘으로 대표되는 광기 어린 이념의 시대가 도래했음에도, 대중 동원의 흐름은 존 F. 케네디와 린든 존슨의 민주당 정부를 거쳐 로버트 케네디의 민주당 대선 후보 추대에 이르기까지 지속되었다.

하지만 로버트 케네디의 암살은 앞선 대중 동원의 시대 이면에 흐르던 '새로운 정치'의 경향을 전면화했다. 자유주의자들은 노동조합 등 대중 동원의 정치 기제들과 결별했고, 가치와 전문가를 중심으로 무장한 공익단체, 이익 옹호 단체들을 새로운 정치의 기반으로 만들어 나갔다. 소위 공익적 시민 단체들은 환경, 소비자 보호, 인권 등 탈물질주의의 고귀한 가치들의 수호자를 자청했지만, 굳이 대중을 동원하는 번거로움을 감수하지 않고, 전문가를 통한 소송과 광고, 캠페인 활동에 주력했다. 한편 이해 당사자가 필요하지 않은 이익 옹호 단체들이 워싱턴

안에 촘촘히 모여들었다. 이들은 여성·아동·노인·장애인을 대표해서 로비를 하고 캠페인을 벌이며 집단 대표 소송을 벌였다. 정당들은 가치와 이익을 수호하는 전문가와 활동가들이, 좀 더 수월하게 자금을 모금하고 소송을 진행하며 관료 집단에 접근할 수 있도록 제도를 개선하고 행정 조치를 취했다. 이제 노동자·여성·아동·노인·장애인 등 다양한 가치를 지지하는 유권자와 이해 당사자들은 이들 단체와 전문가들이 소송과 로비를 통해 가져다주는 혜택을 가만히 앉아서 누리면 되는 시대가 도래했다. 할 일이 없어진 평범한 시민들은 점차 정치의 공간에서 변방으로 밀려났고, 정치에 목소리를 낼 수 있는 일이란 여론조사 전화에 응답하는 것밖에 남지 않게 되었다. 물론 이들 전문가와 로비스트들이 가져다주는 혜택이, 정작 내게 필요한 것이었는지에 대해 물어 주는 사람도, 말할 사람도 없어졌다.

1970년대 이후 전면화된 '새로운 정치'는 혁신주의 운동으로부터 많은 영감을 얻었고 논리를 구했으며, 이때 싹튼 정부 기구와 제도들을 발전시켜 무기로 삼았다. 반부패와 정치의 효율화를 전가의 보도로 휘두르며, 정당을 무력화하고 대중 동원을 불온시했던 혁신주의의 전통이 결국 20세기 후반기 미국 민주주의를 삼킨 것이다. 물론 수십 년의 간극이 있는 서로 다른 정치 운동을 누군가가 일관되게 조종하거나 기획한 것은 아니다. 하지만 경쟁하는 두 가지 민주주의 전통의 투쟁에서 어느 하나가 우위를 점한 것은 사실로 보인다.

한편, 민주화 이후 한국 정치의 모습은 1970년대 이후 미국의 '새로운 정치' 혹은 19세기 말부터 20세기 초 혁신주의 시대와 많이 닮아 있다. '반反부패와 깨끗한 정치, 효율적인 정치'는 주기적으로 등장하는 정치 개혁 담론에서 최우선의 가치를 부여받았고, 정당과 정치 엘리트에 의한 대중 동원은 정치를 타락시키는 주범으로 지목되었다. 정당 조직은 시민과 정치 엘리트가 전리품을 나누는 부정 거래의 온상지로 비난받았고, 정당의 정치자금 모금은 대가를 바라는 부정한 돈의 유입과 다름없었기 때문에 차단되어 마땅했다. 또한 투입 대비 산출을 극대화해야 한다는 효율성의 논리가 정치를 평가하는 지배적인 기준으로 자리잡았다. 정부 기관들은 기능과 역할에 관계없이 얼마나 인력을 줄였는가를 발표해야 제대로 일하는 것으로 평가받을 수 있었고, 국회의원들은 질에 관계없이 가능한 한 많은 법안을 발의해야 인정받을 수 있었다. 국회에 접수되는 의안이 기하급수적으로 늘어나고 있어도, 국회의원 정수를 줄여야 한다는 주장이 박수를 받았다.

물론 부패는 해롭고 방만한 정부 운영은 질타받아 마땅하다. 문제는 민주화 이후 주기적으로 추진된 정치 개혁이 문제를 적시하고 정치를 개선하는 것을 넘어, 정치와 민주주의의 성격 자체를 재규정했다는 점이다. 지금까지 민주주의를 나쁘게 만든 큰 부패들은 대개 대기업 등 큰 이익과 정당, 정치 엘리트 간에 발생했다. 이들이 정책과 이권, 공직을 거래하면서 만들어 낸 엄청난 부패들은, 당연히 청산되고 제재되어야 했다. 하지만 '정치 개혁'의 정치는 그 부패를 청산하는 과정에서, 정당과 시민이 만나는 모든 정치 행위를 잠재적 부정 거래로 정의함으로써 평범한 시민이 설 자리를 점점 더 축소하는 방향으로 정치를 변형했다.

과거 지구당 사무실은 정당과 큰 이익들의 부정 거래가 이루어지는 곳이기도 했지만, 혼자서는 도저히 해결 방안을 찾을 수 없는 평범한 시민들의 소소한 민원들이 제기되고 또 해결되어 나가는 곳이기도 했다. 시민들은 정치인에게 주례를 부탁하기도 하고, 자식의 일자리를 부탁하기도 하며, 억울하게 당한 일들을 호소하면서 정치로부터 삶의 대안을 찾았다. 홀로 시위를 조직할 수도 없고 법원을 찾을 수도 없는 그들에게, 정당의 사무실은 모든 것을 해결해 줄 수는 없었지만 내 이야기를 들어줄 사람과 투표해야 할 이유를 제공해 줄 수 있었다.

또한 과거 혼자서는 입법·정책·예산에 힘을 미칠 수 없는 사람들이 동료 시민들과 유대해서 집단으로 정치자금을 모으고, 이를 정당에 제공함으로써 영향력을 행사하곤 했다. 평범한 시민 개개인의 소소한 돈은 정당과 정치 엘리트에게 영향을 미칠 수 없었지만, 이들이 집단으로 기부하는 정치자금은 액수를 떠나 표와 지지의 크기를 의미했으므로 정당은 이를 무시할 수 없었다. 하지만 지금은 이런 행위들이 위법이 된다. 2010년에 발생한 소위 '청목회 사건'이 대표적인 사례다. 이 사건에서 청원경찰들은 십시일반 소액 회비를 걷어 정치 후원금을 냈다는 이유로 범법자가 되어야 했다.

한때 정치 엘리트들이 공직을 얻고 정당이 집권하기 위해 해야 할 가장 중요한 일은 시민들을 '찾아가서' 만나는 일이었다. 시민들은 일터·집·거리에서 자신을 찾는 정치 엘리트들을 만날 수 있었고, 정치 엘리트들은 시민들에게 무엇이 필요한지, 어떻게 하면 자신에게 표와 지지와 자금을 줄 수 있는지 물었다.

현재 정치 엘리트들은 가능한 한 많은 법안을 만들어 내기 위해 전문가를 만나 협조를 구해야 하고, 이익 옹호 단체와 공익적 시민 단체 대표자들을 만나야 한다. 텔레비전 토론이나 방송 출연의 기회를 한 번이라도 더 얻기 위해 노심초사해야 하며, 언론에 노출될 기회를 얻기 위해 이벤트를 만들고 기자들을 초청해야 한다. 정당 간 갈등이 생기면, 더 많은 지지를 동원함으로써 승리를 구하는 것이 아니라 일단 법원으로 달려간다. 검사·변호사·판사 출신의 정치 엘리트들은 점점 더

각광을 받고, 정당과 정치 엘리트들이 문제 해결을 법원에 의탁할수록 이들과 공고한 네트워크를 구축해야 한다.

여전히 정치 엘리트들은 지지와 표와 자금을 얻기 위해 분주하지만, 그들이 접촉하는 시민의 범위는 점점 더 줄어들고 있다. 국회 주변에는 소위 전문가들과 각종 단체 대표자들로 붐비고, 정당과 정치 엘리트들은 평범한 시민들이 뭘 원하는지를 직접 시민들에게 묻는 게 아니라 전문가와 대표자들에게 묻고 있다. 그런데 공익단체와 이익 단체 대표자들이 누구를 대표하는지는 점점 더 불명확해지고, 전문가들이 표방하는 평범한 시민의 이익이 실제 당사자들에게도 이익이 되는 것인지는 확인하기가 쉽지 않다.

이 책의 저자들이 부패가 만연했던 19세기 정당 머신과 대중 동원의 시대를 이상향으로 삼지 않듯이, 당연하게도 한국 민주주의의 대안을 과거 막걸리·고무신 선거에서 찾을 수는 없는 일이다. '반부패와 깨끗한 정치'를 위한 노력은 정당과 정부, 정치 엘리트를 덜 부패하게 만드는 데 상당한 기여를 했고, 불과 10년 전, 20년 전과 비교하더라도 현재 정치는 많이 깨끗해졌다. 하지만 거대 이익과 결탁했던 부패를 쓸어내기 위해 사용된 빗자루가, 정치에서 평범한 시민들의 자리까지 함께 쓸어 내버렸다는 것은 부인하기 어려운 사실이다. 정치에서 평범한 시민들이 사라져 버리면, 정치는 점점 더 전문가와 로비스트들의 세계로 변모되며, 정치의 의제들은 '가난을 비껴간' 시민들의 고귀한 가치와 권리로만 채워지게 될 것이다. 오늘날 미국의 민주주의에서처럼 말이다.

시민과 고객

이 책에 따르면, '시민은 국가를 소유한 권리의 주체인 반면, 정부의 고객이 된다는 것은 제공되는 서비스를 수동적으로 받아들이는 존재'가 된다는 것이다. 또한 '시민의 개념은 집단적 정체성을 포함'하는 것인 반면, 고객은 '개별적으로 서비스를 구매하고 제공받는 존재'일 뿐이다. 또한 시민은 동료 시민들 간의 유대를 통해 권리 의식을 배우고 행사하지만, 고객은 동료 시민들과의 네트워크 밖에서 개인으로서 국가와 관계를 맺는다. 시민은 정치에 불만이 있을 때 집단행동을 조직할 수 있지만, 고객은 불만족스러운 서비스를 다른 서비스로 대체할 수 있을 뿐이다. 그래서 시민이 주체가 되었던 대중민주주의는 집단 동원을 핵심적 정치 기제로 했지만, 고객으로 해체된 개인민주주의는 동원 없는 민주주의를 특징으로 한다.

하지만 한국에서는, 지금과 같이 변모되기 전 미국의 시민, 시민권 개념 자체가 낯설다. 자신의 이익이 침해되었을 때 동료 시민들과의 유대 속에서 대안을 강구하고 집단의 이름으로 정치와 정당에게 당당히 권리를 요구하는 시민, 또한 집단의 구성원으로서 시민의 권리를 인정하면서 정책 등을 통해 반응하는 정치 엘리트가 정치의 세계를 지배했던 경험 자체가 부재하거나 극히 일부 시민들만의 경험이기 때문이다.

민주화 이후 아주 짧은 시기 동안 노동조합·빈민조합·철거민연합 등이 집단 행위를 적극적으로 조직하고 이들의 행위가 사회적 의제가 되었던 경험은 있었다. 하지만 그들의 이름은 '시민'이 아닌 '민중'이었고, 그들의 행위는 당연한 '시민권'의 행사가 아니라 많은 경우 불법행위로 간주되었다. 집권과 국정 운영을 위해 정당과 정치 엘리트들은 이들의 요구를 입법·정책·예산으로 반영하는 방법이 아니라 법을 고치고 정책을 바꾸면서까지 불법화하며 무력화했다.

더 나아가, 이해관계를 공유한 동료 시민들의 결사 자체도 〈국가보안법〉, 〈노동조합 및 노동관계조정법〉을 비롯한 각종 규제 법령들에 의해 제약을 받았다. 시민들은 동료 시민들의 결사와 집단 행위를 보면서, 부당한 이익 침해에 공감하고 분노하며 지지함으로써 내가 속한 집단의 결사와 집단 행위를 지지받을 수 있는 유대를 형성해 내기도 전에, 불온한 이념을 담고 있지는 않은지, 불법행위에 가담하는 것은 아닌지 스스로 검열하도록 훈육되었다. 지난 25년간의 변화라면, 불온한 이념의 경계가 조금 느슨해지고 불법 결사의 기준이 약간 완화되었으며, 허용되는 집단 행위의 목록이 좀 길어졌다는 점이다. 하지만 여전히 한국에서 집단의 동원과 참여는 어딘지 불온하고 위험하며 '올바른' 정치의 모습이 아니다.

반면, 개별적으로 정부가 제공하는 서비스를 받는 '고객'의 이미지는 상대적으로 친숙하다. 언제부터인가 한국의 공공 기관들이 앞다투어 '고객 제일주의'를 말하고, 공무원들은 대기업의 사원 교육기관에 입소해 고객 우선의 마인드를 교육받는다. 정부 공익광고에서 시민을 고객으로 격상시키는 겸손한 공무원의 모습이 등장하고, 공공 기관들이 시민들을 대상으로 서비스 만족도 조사를 실시하기 시작했다. 또한 그즈음 언제부턴가 동사무소를 비롯한 공공 기관의 공무원들이 과거의 거만하고 군림하는 태도가 아닌 상냥스러운 미소를 보이기 시작했고, 한국의 시민들은 그들로부터 시대의 변화를 체감했다. 20세기 미국의 시민들은 권리의 주체로 대접받으며 살다가 자기도 모르는 순간 서서히 고객의 지위로 내려앉았다면, 한국의 시민들은 '국가가 무엇을 해주기를 바라기 이전에 국가를 위해서 무엇을 해야 할 것인가를 먼저' 생각하도록 훈련되었다가, 어느 날부터 상냥히 웃어 주고 만족도를 물어 주며 'ㅇㅇㅇ님'이라는 호칭을 듣는 '고객'의 지위로 올라선 것 같다.

한국과 미국 민주주의에서 시민이 겪어 온 역사적으로 다른 경로는, 앞으로 국가와 시민, 정치와 시민의 관계에 관한 섣부른 예측을 조심스럽게 한다. 또한 한국의 정부와 미국의 정부가 시민을 고객으로 변형하는 과정의 외형은 비슷하지만, 그 실제 내용의 차이는 크다. 19세기 후반 혁신주의 시대에서 발원되어 20세기 초중반 격렬한 대중 동원의 시대에도 면면히 이어진 개인민주주의의 제도와 철학과 관행이 오늘날 미국 정부의 '고객'을 만들었다면, 불과 25년 남짓한 민주주의 경험의 어느 지점에서 제도와 체계를 제대로 갖추지도 못한 채 정부의 언어와 행태로부터 급조된 것이 한국의 '고객'들이다.

공공 정책의 다양한 민영화와 아웃소싱 제도, 개별 고객들에 대한 복지 서비스 유형의 발달 과정 속에서 가랑비에 옷 젖듯 서서히 '고객 만들기'가 진행된 미국과는 달리, 한국의 그것은 아직 많이 어설프다. 복지 정책이 포괄하는 시민의 범위 자체가 매우 제한적이기 때문에 국가의 지원이 필요하지만 서비스 전달 네트워크 밖에 놓인 시민이 훨씬 많고, 바우처 제도나 선택 서비스 등의 유형도 크게 발달하지 못했다. 공공 정책의 민영화와 아웃소싱은 급속도로 진행 중이지만, 여전히 많은 부분은 공공 부문의 소관으로 남아 있다. 이런 느슨함과 어설픔은 역설적이게도 한국에서 시민의 미래에 대해 아직은 다른 선택지가 남아 있을 가능성을 생각하게 한다.

대중민주주의 대 개인민주주의

이 책에서 묘사된 개인민주주의의 많은 특성들은, 기시감deja vu을 느끼게 할 만큼 한국 정치에서도 발견된다. 책의 많은 구절들은 시간과 장소, 사건과 인물을 바꾸면 그대로 한국 정치에 대한 묘사로도 손색이 없다. '벨트웨이 안 이익 옹호 행위의 폭발과 벨트웨이 저편 침묵 간의 기묘한 결합'은 '여의도 안 이익 옹호 행위 폭발과 여의도 밖 침묵 간 결합'을, 시민의 정치 동원은 부재한 채 '워싱턴 안의 정당 갈등만 양극화되는 현상'은 '여의도 안의 정당 갈등만 양극화되는 현상'을 연상시킨다. 정당의 핵심 전략으로 폭로·조사·기소가 정치 동원을 대체하는 현상, 사법부의 판결로 정책이 만들어지고 법원을 둘러싼 소수의 공모가 빈번히 발생하는 현상들은 이미 한국에서도 전혀 낯설지 않다. 정당과 집단으로서의 시민 관계는 희미해서 잘 보이지 않는 반면, 정치 엘리트와 능력 있는 개별 시민들 간의 관계만이 도드라져 보이는 모습은 익숙하기까지 하다.

이 책에서 말하는 개인민주주의와 대중민주주의는 발전론적 단계를 의미한다기보다, 영원히 불완전한 정치체제인 민주주의에서 항상적으로 긴장하며 공존하는 두 가지 경향으로 이해할 수 있다. 물론 역사적으로 어느 단계에서, 두 경향 가운데 하나가 다른 하나를 누르고 지배적인 경향으로 자리 잡을 수 있으며, 상황과 조건에 따라 이 지배적인 경향은 되돌리기 어려운 국면에 접어들 수도 있다.

하지만 생각해 보면, 민주주의에서 다수를 얻는 방법은 언제나 하나가 아니라 둘이었다. 정치 밖에 있던 이들을 정치 공간으로 불러들여 다수를 만드는 방법과, 원래 있던 이들 안에서 다수를 가리는 방법이다. 대중의 동원과 참여가 민주주의를 건강하게 한다는 발상과, '지나친 참여'는 민주주의에 해롭기 때문에 동원을 자제하고 적절한 참여의 장벽을 세우는 것이 필요하다는 발상은 늘 공존해 왔다.

이 책의 저자들이 최소한 1970년대 이후 미국 민주주의에서 주목한 것은, 후자의 민주주의가 제도화될 수 있는 경로를 정당과 정치 엘리트들이 '발견'했다는 점이다. 19세기 말 이래 엎치락뒤치락했던 두 경향 가운데 후자의 경향은, 더 이상 대중을 동원하지 않고도 정부를 운영하고 집권할 수 있는 방법을 발견했다. 그 방법은 정치자금의 모금과 선거 캠페인에서, 정부의 운영과 공공 정책의 전달에서, 정당 갈등의 해결과 정책 결정 과정에서 서서히 제도화된 어떤 결과들로부터 도출되었다. 정당과 정치 엘리트들은 능력 있는 개별 시민들에게 소송과 로비, 관료 조직에 대한 특권적 접근을 제도화해 줌으로써, 평범한 시민들을 동원하지 않고도 다수가 되는 방법을 손에 쥔 것이다.

2012년, 한국 민주주의에서도 정당과 정치인이 다수를 얻는 방법으로 이 두 가지가 공존한다. 그러나 민주화 이후 한국 민주주의의 전통에서도, 경쟁하는 두 방식 가운데 후자가 우세한 것이 현실이다. 정당과 정치인들은 대중을 초대해서 정치 공간을 확장하는 방식을 두려워하고, 간혹 필요성을 느낀다 하더라도 동원의 언어와 기술은 매우 서툴다. 혼자서 정치에 접근하기 어려운 시민들이 동료 시민들과 함께 정보를 교환하고 정치를 통해 문제 해결을 추구하는 것은 여전히 어렵다. 오랫동안 정치의 변방에 머물렀던 평범한 시민들에게, 정치로부터의 초대는 간헐적이고 낯설다.

하지만 아직 오지 않은 미래를 결정하는 것은 결국 현재를 살아가는 사람들의 선택이다. 이 책이 현재를 살아가는 정치 엘리트와 유권자들에게 한국 민주주의가 지나온 길과 발 딛고 선 현재를 고민하게 함으로써, 앞에 놓인 선택에 다른 무게를 실어 줄 수 있다면 더 바랄 것이 없겠다.

이 책에 대해

우선, 이 책의 번역을 추천하고 민주주의와 미국 정치를 이해할 수 있도록 큰 배움을 주신 최장집 선생님께 진심으로 감사한다. 오랫동안 번역 작업을 붙들고 있었음에도 끝까지 인내하고 기다려 준 박상훈 후마니타스 대표와 편집부에는, 정말이지 죄송하고 감사한 마음이다. 부족한 번역을 3교, 4교까지 봐가며 읽어 주고 꼼꼼히 수정해 준 정민용 주간과 안중철 편집장에게는 특히 감사하다. 중간중간 번역본을 함께 강독해 준 후마니타스의 독자들에게도 감사의 말씀을 전한다.

2백여 년의 미국 민주주의 역사를 촘촘한 씨줄과 날줄로 엮어 낸 크렌슨과 긴스버그 두 저자에게도 고마움을 전하고 싶다. 초벌 번역을 마치고, 나는 두 사람이 민주주의와 미국 정치를 이해하는 폭과 깊이, 엄청난 정보량에 압도되었다. 그리고 진지한 고민에 빠졌다. '과연 부족한 내가 이 책을 세상에 내놓을 수 있을까?'라는 것이 고민의 한 축이었고, '대체 내가 한국 민주주의에 대해 알고 있는 게 뭘까?'라는 것이 또 다른 축이었다. 중앙정부에서 지방정부까지, 정부 조직과 행정에서부터 공공 정책과 사회 서비스까지, 정당과 이익집단, 시민 단체, 사법부까지를 포괄하며 2백여 년의 역사를 꿰어 냈던 두 저자의 작업은 한국 정치에 대한 나의 부끄러운 지식과 지적 나태함을 진지하게 되돌아보게 했다. 두 저자가 던진 지적 자극에 진심으로 감사한다.

우여곡절 끝에 책을 세상에 내놓으면서도 마음은 무겁다. 여전히 나의 짧은 지식과 이해로, 미국 민주주의에 대한 두 저자의 깊이를 따라잡을 수는 없으리라 생각하기 때문이다. 편집부의 섬세한 교정과 노력에도 불구하고, 향후에 밝혀질 모든 오류는 모두 옮긴이의 한계에서 비롯된다. 감히 소망한다면, 독자들이 한국과 미국의 민주주의를 이해하는 데 이 책이 도움이 될 수 있기를 바란다.

2013년 1월
서복경

| 후주 |

1

1_William N. Chambers and Philip C. Davis, "Party Competition and Mass Participation, 1824-1852," Joel Silbey, Allan Gogue, and William Flanigan ed., *The History of American Electoral Behavior*(Princeton, N. J.: Princeton University Press, 1978), 180-185; Paul Kleppner, *Who voted? The Dynamics of Electoral Turnout, 1870-1980*(New York: Praeger, 1982), 18-19.

2_Michael McGerr, *The Decline of Popular Politics: The American North, 1865-1928* (New York: Oxford University Press, 1986).

3_Sidney Verba, Kay Schlozman, and Henry Brady, *Voice and Equality: Civic Voluntarism in American Politics*(Cambridge, Mass: Harvard University Press, 1995), 72-73, 531; Steven J. Rosenstone and John Mark Hansen, *Mobilization, Participation, and Democracy in America* (New York: Macmillan, 1993), 61.

4_William Glaberson, "Juries, Their Powers under Siege, Find Their Role Is Being Eroded," *New York Times*, March 2, 2001, 1.

5_R. W. Apple, "So Far, Bush Has Asked Not What You Can Do," *New York Times*, October 15, 2001, B1.

6_Michael Schudson, *The Good Citizen: A History of American Civic Life* (New York: Fress Press, 1998), 299.

7_Norman Nie, Jane Junn, and Kenneth Stehlik-Berry, *Education and Democratic Citizenship in American Politics*(Chicago: University of Chicago Press, 1996), 131: Verba, Schlozman, and Brady, *Voice and Equality*, 530.

8_Jeffrey M. Berry, *The Interest Group Society*, 2d ed. (Glenview Ill.: Scott, Foresman, 1989), Chap. 4 '이익 옹호 행위의 폭발'이라는 표현은 16쪽 참조.; Frank Baumgartner and Feffrey Talbert, "Interest Groups and Political Change," Bryan Jones ed., *The New American Politics*(Boulder, Colo: Westview Press, 1995), 87-104; Verba, Schlozman, and Brady, *Voice and Equality*, 72-73; Rosenstone and Hansen, *Mobilization, Participation, and Democracy in America*, 61.

9_밀키스(Sidney Milkis)는 갈등에 대한 대중적 무관심의 기원에 대해 설득력 있는 설명을 제시했다. *The President and the Parties: The Transformation of the American Party System* (New York: Oxford University Press, 1993), 16-17 참조.

10_V. O. Key, *Politics, Parties, and Pressure Groups,* 4th ed. (New York: Crowell, 1958), 221-223.

11_Benjamin Ginsberg, Walter Mebane, and Martin Shefter, "The Changing Relationship between Conflict and Mobilization in American Politics"[1993년 사회과학역사협회(Social Science History Association) 연례 회의에 제출된 논문, Baltimore, Md., November 1993].

12_윌슨은 맥스 페런드(Max Farrand)의 글을 인용했다. Max Farrand ed., *The Records of the Federal Convention of 1787* (New Haven, Conn.: Yale University Press, 1966), 1: 49.

13_Michale X. Delli Carpini and Scott Keeter, *What Americans Know about Politics and Why It Matters* (New Haven, Conn.: Yale University Press, 1966); Michael H. Avey, *The Demobilization of American Voters: A Comprehensive Theory of Voter Turnout* (New York: Westport Press, 1989), 27-28 참조.

14_E. Pendleton Herring, *Group Representation before Congress* (Baltimore: Johns Hopkins Press, 1929) 참조.

15_Brooks Jackson, *Honest Graft : Big Money and the American Political Process* (New York: Alfred A. Knopf, 1988) 참조.

16_Charles Merriam, *The Making of Citizens* (Chicago: University of Chicago Press, 1931).

17_뉴욕 주 교육부에서 제공했던 교사용 지침서는 어린 아이들을 위해 고안된 선거 정치 학습 내용을 담고 있는데, 투표 과정을 설명하기 위해 다음과 같은 사례를 제시한다. "척과 존은 모두 킥볼 팀 주장이 되고 싶어 한다. 두 사람 가운데 주장을 어떻게 결정할까? 아이들이 주장을 선택하는 가장 공정한 방식으로 투표 방식을 이해하도록 돕자. 칠판에 두 아이의 이름을 써라. 종이를 나눠 주라. 주장이 되고자 하는 소년의 이름을 쓰도록 아이들에게 설명하라. 다 쓴 종이를 모으고 칠판에 그 결과를 표로 만들어라. 이 선출을 대통령 선거와 비교해 주어라."
The New York State Education Department, Bureau of Elementary Curriculum Development, *Social Studies-Grade 1, A Teaching System* (Albany, N. Y.: The University of the State of New York, 1971), 32.

18_Karlene Hanko, "College, University Presidents Pledge to Encourage Participation in Politics," *Daily Pennsylvanian,* July 13, 1999, 1.

19_Dale Blyth, Rebecca Saito, and Tom Berkas, "A Quantitative Study of the Impact of Service Learning Programs," Alan Waterman ed., *Service Learning: Applications from the Research* (Mahwah, N. J.: Lawrence Erlbaum, 1997), 42-43; Jianjung Wang, Betty Greathouse, and Veronica Falcinella, "An Empirical Assessment of Self-Esteem Enhancement in a High School Challenge Service-Learning Program," *Education* 99 (Fall 1998) : 99-105. 인터뷰 대상 봉사 학습 참여자들 가운데 19퍼센트만이 자신들의 활동이, 법 개정 노력을 하거나 청원서에 서명을 받는 등 '정치적' 성격을 갖는다고 응답했다.

20_Elizabeth Crowley, "More Young People Turn Away from Politics and Concentrate Instead on Community Service," *Wall Street Journal,* June 16, 1999, A28.

21_Nina Eliasoph, *Avoiding Politics: How Americans Produce Apathy in Everyday Life* (New York: Cambridge University Press, 1998), 61.

22_Dana Milbank, "Bush Makes a Pitch for Teaching Patriotism," *Washington Post,* November 2, 2001, A2.

23_U. S. Commission on Reorganization of the Executive Branch of the Government, *General Management of the Executive Branch* (Washington, D.C.: Government Printing Office, 1949), 1; James Q. Wilson, "Reinventing Public Administration," PS 27(December 1994) : 668; Al Gore, *From Red Tape to Results: Creating a Government That Works Betters and Costs Less,* Report of the National Performance Review (Government Printing Office, 1993), 43.

24_Fritz Morstein Marx, *The Administrative State* (Chicago: University of Chicago Press, 1957), 44.

25_Steven Cohen and William Eimicke, *The New Effective Public Manager* (San Francisco: Josey-Bass, 1995), Chap. 10.

26_Will Kymlicka and Wayne Norman, "The Return of the Citizen: A Survey of Recent Work on Citizenship Theory," *Ethics* 104 (January 1994) : 352.

27_Tom Brokaw, *The Greatest Generation* (New York: Random House, 1998); 톰 브로코 지음, 김경숙 옮김, 『위대한 세대』(문예당, 2000).

28_이런 입장에서 영향력 있는 설명들은 다음을 참조할 것. Robert D. Putnam, "The Strange Disappearance of Civic America," *The American Prospect* no. 24 (winter 1996) : 34-48; Robert N. Bellah, Richard Madsen, William M. Sullivan, Ann Swidler, and Steven M. Tipton, *Habits of the Heart : Individualism and Commitment in American Life* (Berkeley: University of California Press, 1985); Lawrence Mead, *Beyond Entitlement: The Social Obligations of Citizenship* (New York: Free Press, 1986).

29_Putnam, "The Strange Disappearance of Civic America," 34-48; Putnam, "Bowling Alone: America's Declining Social Capital," *Journal of Democracy* 6, no. 1 (January 1995) : 65-78.

30_Robert D. Putnam, *Bowling Alone: The Collapse and Revival of American Community* (New York: Simon & Schuster, 2000), 128-131.

31_Ibid., 223, 231.

32_C. Everett Ladd, "Bowling with Tocqueville: Civic Engagement and Social Capital"(Bradley Lecture, American Enterprise Institute for Public Policy Research,

Washington, D. C., September 15, 1998), 8.

33_Theda Skocpol, "Unraveling from Above," *The American Prospect* no. 25 (March-April 1996) : 24.

34_Theda Sckocpol, "Advocates without Members: The Recent Transformation of American Civic Life," Theda Schocpol and Morris P. Fiorina eds., *Civic Engagement in American Democracy* (Washington D.C.: Brookings Institution Press; New York: Russell Sage Foundation, 1999), 491.

35_Sidney Tarrow, "Making Social Science Work across Space and Time: A Critical Reflection on Robert Putnam's 'Making Democracy Work,'" *American Political Science Review* 90(June 1996) : 389-397.

36_Peter Riesenberg, *Citizenship in the Western Tradition: Plato to Rousseau* (Chapel Hill: University of North Carolina Press, 1992), xvii.

37_Thucydides, *The History of the Peloponnesian War*, trans. Sir Richard Livingstone (New York: Oxford University Press, 1960), 117.

38_Otto Hintze, "Military Organization and State Organization," Felix Gilbert ed., *The Historical Essays of Otto Hintze* (New York: Oxford University Press, 1975), 196, 211; Edward W. Fox, *The Emergence of the Modern European World : From the Seventeenth to the Twentieth Century* (Cambridge, Mass.: Blackwell, 1993), 189도 참조.

39_Derek Sayer, "A Notable Administration: English State Formation and the Rise of Capitalism," *American Journal of Sociology* 97 (March 1992) : 1382-1415; David H. Sacks, "The Paradox of Taxation: Fiscal Crises, Parliament, and the Liberty of England," Philip T. Hoffman and Kathryn Norberg eds., *Fiscal Crises, Liberty, and Representative Government, 1450-1789* (Standford, Calif.: Standford University Press, 1994), 7-66.

40_Charles Tilly, *Coercion, Capital, and European States, a.d. 990-1990* (Cambridge, Mass.: Blackwell, 1992), 74-75; Kathryn Norberg, "The French Fiscal Crisis of 1788," Philip T. Hoffman and Kathryn Norberg eds., *Fiscal Crises, Liberty, and Representative Government, 1450-1789* (Standford, Calif.: Standford University Press, 1994), 253-298.

41_Rogers Brubaker, *Citizenship and Nationhood in France and Germany* (Cambridge, Mass.: Harvard University Press, 1992), 41; Sayer, "A Notable Administration," 1398-1399.

42_Martin Shefter, *Political Parties and the State: The American Historical Experience* (Princeton, N. J.: Princeton University Press, 1994), 75-81.

43_Ruth O'Brien, "Taking the Conservative State Seriously : State building and Restrictive Labor Practices in Postwar America," *Journal of Labor Studies* 21(Winter 1997) : 33-63; Ronald A. Cass, "Models of Administrative Action," *Virginia Law Review* 72(1986) : 377.

44_O'Brien, "Taking the Conservative State Seriously," 50.

45_Ibid., 61; Susan Sterett, "Legality in Administration in Britain and the United States: Toward an Institutional Explanation," *Comparative Political Studies* 25(July 1992) : 210-211.

46_R. Shep Melnick, *Regulation and the Courts: The Case of the Clean Air Act* (Washington, D.C.: Brooking Institution, 1983).

47_Jeffrey M. Berry, "Citizen Groups and the Changing Nature of Interest Group Politics in America," *The Annuals of the American Academy of Political and Social Science* 528 (July 1983) : 31-32. 이익집단에 대한 정부와 재단 기금에 대해서는 다음을 참조. Michael S. Greve, "Why 'Defunding the Left' Failed," *The Public Interest* no. 89 (Fall 1987) : 93-99; Theda Skocpol, "Associations without Members," *The American Prospect* 10, no. 45 (July-August 1999) : 66-73.

48_Mary Ann Glendon, *Rights Talk: The Impoverishment of Political Discourse* (New York: Free Press, 1991), 171.

49_Andrew Koshner, *Solving the Puzzle of Interest Group Litigation* (Westport, Conn.: Greenwood Press, 1998).

50_Steven E. Schier, *By Invitation Only: The Rise of Exclusive Politics in the United States* (Pittsburgh, Penn.: University of Pittsburgh Press, 2000).

51_Skocpol, "Associations without Members," 68.

52_Matthew A. Crenson and Francis E. Rourke, "American Bureaucracy since World War II," Louis Galambos ed., *The New American State: Bureaucracies and Policies since World War II* (Baltimore: Johns Hopkins University Press, 1987).

53_Richard A. Cloward and Frances Fox Piven, *Regulating the Poor: The Functions of Public Welfare* (New York: Pantheon, 1971), 275-276; Robert Kerstein and Dennis R. Judd, "Achieving Less Influence with More Democracy : The Permanent Influence of the War on Poverty," *Social Science Quarterly* 61 (September 1980) : 208-220; Matthew A. Crenson, "Organizational Factors in Citizen Participation," *Journal of Politics* 36 (May 1974): 356-378.

54_Theodore J. Lowi, *The End of Liberalism* (New York: W. W. Norton, 1969), 234-235.

55_Timothy Conlan, *From New Federalism to Devolution : Twenty-Five Years of Government Reform* (Washington D.C.: Brookings Institution, 1998), Chap.8.

2

1_E. E. Schattschneider, *The Semisovereign People: A Realist's View of Democracy in America* (New York: Holt, Rinehart, and Winston, 1960).

2_Hans J. Morgenthau, *The Purpose of American Politics* (New York: Vintage Books, 1964), 11.

3_Stewart Mitchell ed., *Winthrop Papers* (Boston: Massachusetts Historical Society, 1931), 2:292, 295

4_Seymour Martin Lipset, *American Exceptionalism: A Double-Edged Sword* (New York: W. W. Norton, 1996), 19, 31; G. K. Chesterton, *Collected Works* (San Francisco: Ignatius Press, 1990), 21:45; Samuel Huntington, *American Politics: The Promise of Disharmony* (Cambridge, Mass.: Harvard University Press, 1981); Louis Hartz, *The Liberal Tradition in America* (New York: Harcourt, Brace, 1955).

5_D. W. Meinig, *The Shaping of America: A Geographic Perspective on 500 Years of History* vol. 2, *Continental America, 1800-1867* (New Haven, Conn.: Yale University Press, 1993), 12-17.

6_Alexis de Tocqueville, *Democracy in America*, trans. Henry Reeve (New York: Vintage Books, 1961) 1:72-73.

7_John A. Crow, *Spain: The Root and the Flower*, 3d ed.(Berkeley: University of California Press, 1985); Henry Kammen, *Inquisition and Society in Spain in the Sixteenth and Seventeenth Centuries* (Bloomington: Indiana University Press, 1985).

8_John Brewer, *Sinews of Power : War, Money, and the English State, 1688-1783* (New York: Alfred A. Knopf, 1989), 75.; Vernon Dibble, "The Organization of Traditional Authority in English Country Government, 1558-1640," James G. March ed., *The Handbook of Organization* (Chicago: Rand McNally, 1965), 884-885.

9_Martin Shefter, *Political Parties and the State: The American Historical Experience* (Princeton, N. J.: Princeton University Press, 1994), 21-60.

10_Ibid., chap.3

11_James D. Richardson, comp., *Messages and Papers of the Presidents* (Washington, D.C.: Government Printing Office, 1896-1899), 2:448.

12_Matthew A. Crenson, *The Federal Machine: Beginnings of Bureaucracy in Jacksonian America* (Baltimore: Johns Hopkins University Press, 1975), 175.

13_Harold Gosnell, *Machine Politics: Chicago Model*, rev. ed. (Chicago: University of Chicago Press, 1968).

14_Robert K. Merton, *Social Theory and Social Structure*, rev. ed. (Glencoe, Ill.: Free Press, 1968), 74.

15_Richard Jensen, *The Winning of the Midwest* (Chicago: University of Chicago Press, 1971).

16_Robert H. Wiebe, *The Search for Order, 1877-1920* (New York: Hill and Wang, 1967).

17_Samuel Haber, *Efficiency and Uplift: Scientific Management in the Progressive Era, 1890-1920* (Chicago: University of Chicago Press, 1964).

18_Shefter, *Political Parties and the State*, 78-79.

19_Paul Van Riper, *History of the United States Civil Service* (Evanston, Ill.: Row, Peterson, 1958).

20_Ibid., 219.

21_Harold Seidman, *Politics, Position, and Power: The Dynamics of Federal Organization*, 5th ed. (New York: Oxford University Press, 1998).

22_Rudolf Braun, "Taxation, Socio-Political Structure, and State-Building: Great Britain and Brandenburg-Prussia," Charles Tilly ed., *The Formation of National States in Western Europe* (Princeton, N.J.: Princetion University Press, 1975), 243-327.

23_Margaret G. Myers, *A Financial History of the United States* (New York: Columbia University Press, 1970), 15.

24_ibid., 6.

25_Ibid., 12.

26_Richard Franklin Bensel, *Yankee Leviathan: The Origins of Central State Authority in America, 1859-1877* (New York: Cambridge University Press, 1990), 248.

27_John F. Witte, *The Politics and Development of the Federal Income Tax* (Madison: University of Wisconsin Press, 1985), chap. 4.

28_Ellis Paxson Oberholtzer, *Jay Cooke: Financier of the Civil War* (Philadelphia: Jacobs, 1907).

29_Eric L. McKitrick, "Party Politics and the Union and Confederate War Efforts," William Nisbet Chambers and Walter Dean Burnham eds., *The American Party Systems : Stages of Political Development*, 2d ed.(New York: Oxford University Press, 1975), 147.

30_Irwin Unger, *The Greenback Era: A Social and Political History of American Finance, 1865-1879* (Princeton, N.J.: Princeton University Press, 1964); Robert Sharkey, *Money, Class, and Party: An Economic History of Civil War and Reconstruction* (Baltimore: Johns

Hopkins University Press, 1959).

31_Sidney Ratner, *American Taxation: Its History as a Social Force in Democracy* (New York: W. W. Norton, 1942), 178.

32_Ray Stannard Baker and William Edward Dodd eds., *Public Papers of Woodrow Wilson* (New York: Harper and Brothers, 1925-1927), 3 : 421.

33_Myers, *Financial History of the United States*, 270.

34_Donald R. Stabile and Jeffrey A. Cantor, *The Public Debt of the United States: An Historical Perspective, 1775-1990* (New York: Praeger, 1990), 79.

35_David C. Elliott, "The Federal Reserve System, 1914-29," Herbert Prochnow ed., *The Federal Reserve System* (New York: Harper & Brothers, 1960), 295-316.

36_Myers, *Financial History of the United States*, chap. 15.

37_Stabile and Cantor, *Public Debt of the United States*, chap.6.

38_Ratner, *American Taxation*, 72.

39_Benjamin Ginsberg and Martin Shefter, *Politics by others means*, 2d rev. ed. (New York: W. W. Norton, 1999), chap. 4.

40_Michael J. Graetz, *The Decline and Fall of te Income Tax* (New York: W. W. Norton, 1997), 93.

41_Dan Morgan, "How Authorizes War Bonds," *Washington Post*, October 24, 2001, A23.

42_Samual E. Finer, "State and Nation-Building in Europe : The Role of the Military," Charles Tilly ed., *The Formation of National States in Western Europe* (Princeton, N.J.: Princeton University Press, 1975), 84-163.

43_Goran Therborn, "The Rule of Capitalism and the Rise of Democracy," *New Left Review* no. 103 (May 1977): 3-41.

44_Catherine Lyle Cleverdon, *The Woman Suffrage Movement in Canada* (Toronto: Univeristy of Toronto Press, 1950).

45_John K. Mahon, *History of the Militia and the National Guard* (New York: Macmillan, 1983), chap.3.

46_D. Christopher Leins, "The American Experience with an Organized Militia" (unpublished seminar paper, Johns Hopkins University, 1999).

47_Mahon, *History of the Militia and the National Guard*, 84.

48_Otis A. Singletary, *Negro Militias and Reconstruction* (Austin: University of Texas

Press, 1957).

49_Allen W. Trelease, *White Terror: The Ku Klux Klan Conspiracy and Southern Reconstruction* (New York: Harper, 1971).

50_Mahon, *History of the Militia and the National Guard*, 161.

51_Allan Millett and Peter Maslowski, *For the Common Defense: A Military History of the United States of America* (New York: Free Press, 1994), 350.

52_Martin Binkin and Wiliam F. Kaufman, *U.S. Army Guard and Reserve: Rhetoric, Realities, Risk* (Washington, D.C.: Brookings Institution, 1989), 49.

53_Robert Leonhard, *The Principles of War for the Information Age* (San Francisco: Presidio Press, 1998); Bill Owen and Ed Offley, *Lifting the Fog of War* (New York: Farrar, Straus and Giroux, 1999); Andrew Krepinevich, "Two Cheers for Air Power," *Wall Street Journal*, June 11, 1999, A18; Michael Ignatieff, "The New American Way of War," *New York Review of Books*, July 20, 2000, 42-46.

54_Theda Skocpol, *Protecting Soldiers and Mothers: The Political Origins of Social Policy in the United States* (Cambridge, Mass.: Belknap Press of Harvard University Press, 1992).

55_Michael D. Pearlman, *Warmaking and American Democracy* (Lawrence: University Press of Kansas, 1999), 57.

56_Chilton Williamson, *American Suffrage from Property to Democracy, 1760-1860* (Princeton, N.J.: Princeton University Press, 1960), chap.6 (quotation on p.188).

57_Benjamin Ginsberg, *The Consequences of Consent* (New York: Random House, 1982), chap.1

58_Emory Upton, *The Military Policy of the United States* (Washington, D.C.: Government Printing Office, 1917).

3

1_Steven J. Rosenstone and John Mark Hansen, *Mobilization, Participation, and Democracy in America* (New York: Macmillan, 1993), 231-232.

2_Richard Jensen, *The Winning of the Midwest* (Chicago: University of Chicago Press, 1971), chap.6

3_Mark Wahlgren Summers, *The Press Gang: Newspapers and Politics, 1863-1878* (Chapel Hill, N.C.: University of North Carolina Press, 1994).

4_19세기 미국 정당의 활동을 그린 고전적 저술로는 Moisei Ostrogoski, *Democracy and the Organization of Political Parties* (New York: Macmillan, 1902) 참조.

5_Philip E. Converse, "Change in the American Electorate," Angus Campbell and Philip E. Converse eds., *The Human Meaning of Social Change* (New York: Russell Sage Foundation, 1972), 263-337.

6_J. Morgan Kousser, *The Shaping of Southern Politics: Suffrage Restriction and the Establishment of the One-Party South, 1890-1910* (New Heaven, Conn.: Yale University Press, 1974).

7_U.S. Bureau of the Census, *Statistical Anstract of the United States* (Washington, D.C., 2000).

8_Melissa Feld, "Campaign Spending in the United States"(mater's thesis, Johns Hopkins University, 1999), 76.

9_Steven E. Schier, *By Invitation Only: The Rise of Exclusive Politics in the United States* (Pittsburgh, Penn.: University of Pittsburgh Press, 2000).

10_Dana Milbank, "Virtual Politics: Candidates' Consultants Create the Customized Campaign," *The New Republic*, July 5, 1999, 22-27.

11_Robert Shogan, "Politicians Embrace Status Quo as Nonvoter Numbers Grow," *Los Angels Times*, May 4, 1998, A5; Lars-Erik Nelson, "Undemocratic Vistas," *The New York Review of Books*, August 12, 1999, 9-12.

12_Stephen Ansolabehere and Shanto Iyengar, *Going Negative: How Political Advertisements Shrink and Polarize the Electorate* (New York: Free Press, 1995).

13_Elizabeth Drew, *The Corruption of American Politics: What Went Wrong and Why* (New York: Birch Lane, 1999); E. J. Dionne Jr., *Why Americans Hate Politics* (New York: Simon and Schuster, 1991); Joseph S. Nye, Philip D. Zelikow, and David C. King eds., *Why People Don't Trust Government* (Cambridge, Mass.: Harvard University Press, 1997).

14_David Canon, "A Pox on Both Your Parties," David Canon, Anne Khademian, and Kenneth R. Mayer ed., *The Enduring Debate* (New York: W. W. Norton, 2000), 3.

15_E. E. Schattschneider, *The Semisovereign People: A Realist's View of Democracy in America* (New York: Holt, Rinehart, and Winston, 1960), chap.4.

16_Maurice Duverger, *Political Parties* (New York: Wiley, 1963), 426.

17_Shogan, "Politicians Embrace Status Quo," A5.

18_Ibid.

19_Joan Didion, "Uncovered Washington," *The New York Review of Books*, June 24, 1999, 72-80.

20_Ruy Teixeira and Joel Rogers, *America's Forgotten Majority: Why the White Working Class Still Matters* (New York: Basic Books, 2000).; Milton J. Esman, *Government Works: Why Americans Need the Feds* (Ithaca, N.Y.: Cornell University Press, 2000).

21_Christopher Lasch, *The Revolt of the Elites: And the Betrayal of Democracy*, 1st ed. (New York: W. W. Norton, 1995).

22_Helen Dewar, "Motor Voter Agreement Is Reached," *Washington Post*, April 28, 1993, A6.

23_Peter Baker, "Motor Voter Apparently Didn't Drive Up Turnout," *Washington Post*, November 6, 1996, B7.

24_Chilton Williamson, *American Suffrage From Property to Democracy, 1760-1860* (Princeton, N.J.: Princeton University Press, 1960), 25-28.; Robert. E. Brown, *Middle-Class Democracy and the Revolution in Massachusetts* (Ithaca, N.Y. Cornell University Press, 1955).

25_Max Farrand ed., *The Records of the Federal Convention of 1787* (New Haven, Conn.: Yale University Press, 1966), 1:132.

26_Williamson, *American Suffrage*, chap.5.

27_*The Hornet*, vol. 1, no. 6, 1802.

28_*Continental Journal*, January 9, 1777.

29_Williamson, *American Suffrage*, 133.

30_Ibid.

31_Kirk H. Porter, *A History of the Suffrage in the United States* (Chicago: University of Chicago Press, 1918).; Jacob Frieze, *A Concise History of Efforts to Obtain an Extension of the Suffrage in Rhode Island* (Providence, R.I.: Thomas S. Hammond, 1842).

32_John Hope Franklin, *The Militant South, 1800-1861* (Cambridge, Mass.: Belknap Press of Harvard University Press, 1956).

33_Eric Foner, *Reconstruction: America's Unfinished Revolution, 1863-1877* (New York: Harper & Row, 1988).

34_Kousser, *Shaping of Southern Politics*.

35_Harold Gosnell, *Democracy, the Threshold of Freedom* (New York: Ronald Press, 1948).

36_Walter Dean Burnham, "Change in the American Electorate," Angus Campbell and

Philip E. Converse eds., *The Human Meaning of Social Change* (New York: Russell Sage Foundation, 1972).

37_Joseph P. Harris, *Registration of Voters in the United States* (Washington, D.C.: Brookings Institution, 1929).

38_미네소타는 현재 선거 당일 등록을 허용하는 유일한 주이다. 흥미롭게도, 전 레슬러이자 유색인종인 제시 벤추라를 주지사로 선출했던 1998년 선거에서, 투표권을 행사한 유권자의 10퍼센트 정도가 선거 당일 등록을 하고 최초로 투표권을 행사한 유권자들이었다.

39_Robert H. Wiebe, *The Search for Order, 1877-1920* (New York: Hill and Wang, 1967).

40_Samuel Haber, *Efficiency and Uplift: Scientific Management in the Progressive Era, 1890-1920* (Chicago: University of Chicago Press, 1964).

41_Martin Shefter, *Political Parties and the State: The American Historical Experience* (Princeton, N.J.: Princeton University Press, 1994), 78-79.

42_Paul Van Riper, *History of the United States Civil Service* (Evanston, Ill.: Row, Peterson, 1958).

43_Ibid., 219.

44_Grant McConnell, *Private Power and American Democracy* (New York: Alfred A. Knopf, 1966).; Shefter, *Political Parties and the State*, chap. 3.

45_홍보 노력에 대해서는 George Creel, *How We Advertised America* (New York: Harper, 1920).

46_McConnell, *Private Power and American Democracy*.

47_Kristi Andersen, *The Creation of a Democratic Majority, 1928-1936* (Chicago: University of Chicago Press, 1982).

48_James Sundquist, *Dynamics of the Party System* (Washington, D.C.: Brookings Institution, 1975).

49_Shefter, *Political Parties and the State*, Chap.3.

50_J. David Greenstone, *Labor in America Politics*, 2d ed. (Chicago: University of Chicago Press, 1977).

51_Shefter, *Political Parties and the State*, Chap.3.

52_M. Elizabeth Sanders and Richard Bensel, "The Impact of the Voting Rights Act on Southern Welfare Systems," Benjamin Ginsberg and Alan Stone eds., *Do Elections Matter?* 2d. ed. (Armonk, N.Y.: M. E. Sharpe, 1991).

53_Michael Goldfield, *The Decline of Organized Labor in the United States* (Chicago:

University of Chicago Press, 1987).

54_Richard Keller, "Pennsylvania's 'Little New Deal'," John Braeman, Robert H. Bremner, and David Brody ed., *The New Deal*, vol.2, *State and Local Levels* (Columbus: Ohio State University Press, 1975).

55_Mike Davis, *Prisoners of the American Dream* (London: Verso, 1986).

56_Benjamin Ginsberg, "Money and Power: The New Political Economy of American Elections," Thomas Ferguson and Joel Rogers eds., *The Political Economy: Readings in the Politics and Economics of American Public Policy* (New York: M. E. Sharpe, 1984).

57_Wilfred Binkley, *President and Congress* (New York: Vintage Books, 1962), Chap. 15.

58_Frances Fox Piven and Richard A. Cloward, *Why Americans Don't Vote* (New York: Pantheon, 1988), chap. 5.

59_Hugh Davis Graham, *The Civil Rights Era: Origins and Development of National Policy, 1960-1972* (New York: Oxford University Press, 1990), pt.1.

60_Arthur Schlesinger Jr., *A Thousand Days* (Boston: Houghton-Mifflin, 1965).

61_Frances Fox Piven and Richard A. Cloward, *Poor People's Movements: Why They Succeed, How They Fail* (New York: Vintage Books, 1979).

62_August Meier and Elliott Rudwick, *CORE: A Study in the Civil Rights Movement, 1942-1968* (Urbana: University of Illinois Press, 1975).

63_Theodore Sorenson, *Kennedy* (New York: Harper, 1965).

64_Howard Zinn, *SNCC : The New Abolitionists* (Boston: Beacon Press, 1964).

65_뉴딜과 전후 대통령직에 대한 자유주의적 관점에 대해서는 Grant McConnell, *The Modern Presidency* (New York: St. Martin's, 1967).; James MacGregor Burns, *Presidential Government: The Crucible of Leadership* (Boston: Hougton-Mifflin, 1965).

66_Walter Goodman, *The Committee: The Extraordinary Career of the House Committee on Un-American Activities* (New York: Farrar, Straus and Giroux, 1968).; Allen Weinstein, *Perjury: The Hiss-Chambers Case,* updated ed. (New York: Random House, 1997).

67_Benjamin Ginsberg, *The Fatal Embrace: Jews and the State* (Chicago: University of Chicago Press, 1993), 118-119.

68_Frances Fox Piven and Richard A. Cloward, *Regulating the Poor : The Functions of Public Welfare* (New York: Pantheon, 1971), 227-239.

69_Thomas Ferguson and Joel Rogers, *Right Turn: The Decline of the Democrats and the Future of American Politics* (New York: Hill and Wang, 1986), 54-55.

70_뉴스 통신원 로버트 샤크네(Robert Schakne)에 대해서는 Edward Bliss Jr., *Now the News* (New York: Columbia University Press, 1991)에서 논의된다.

71_David Garrow, *Bearing the Cross: Martin Luther King, Jr., and the Southern Christian Leadership Conference* (New York: Random House, 1986).

72_Doug McAdam, *Freedom Summer* (New York: Oxford University Press, 1988).

73_Graham, *Civil Rights Era*, 165.

74_David Garrow, *Protest at Selma: Martin Luther King and the Voting Rights Act of 1965* (New Haven, Conn.: Yale University Press, 1978).

75_Stephen Lawson, *Black Ballots: Voting Rights in the South, 1944-1969* (New York: Columbia University Press, 1976).

76_Howell Raines, *My Heart Is Rested* (New York: Putnam's, 1977).

77_Taylor Branch, *Pillar of Fire: America in the King Years, 1963-1965* (New York: Simon and Schuster, 1998).

78_Alexander P. Lamis ed., *Southern Politics in the 1990s* (Baton Rouge: Louisiana State University Press, 1999).

79_J. David Greenstone and Paul Peterson, *A Decade of Antipoverty Policies* ed. Robert Haveman (New York: Academic Press, 1977); Nicholas Lemann, *The Promised Land: The Great Black Migration and How It Changed America* (New York: Alfred A. Knopf, 1991).

80_Michael Lipsky, "Toward a Theory of Street-Level Bureaucracy," Willis Hawley ed., *Theoretical Perspectives in Urban Politics* (Englewood Cliffs, N.J.: Prentice Hall, 1976), 199, 203-204.

81_Robert Salisbury, "Urban Politics: The New Convergence of Power," *Journal of Politics* 26 (November 1964): 775-797.

82_Walter Dean Burnham, "Party Systems and the Political Process," William Nisbet Chambers and Wlater Dean Burnham eds, *The American Party Systems: Stages of Political Development* 2d. (New York: Oxford University Press, 1975).

83_Joseph A. Califano Jr., *The Triumph and Tragedy of Lyndon Johnson: The White House Years* (New York: Simon and Schuster, 1991).

84_Doris Kearns Goodwin, *Lyndon Johnson and the American Dream* (New York: Harper and Row, 1976), chap.11.

85_Ronald Radosh, *Divided They Fell: The Demise of the Democratic Party, 1964-1996*

(New York: Free Press, 1996), chap.3

86_Christopher Lasch, *Revolt of the Elites*.

87_Walter Sheridan, *The Rise and Fall of Jimmy Hoffa* (New York: Saturday Review Press, 1972).

88_Robert O'Reilly, *Racial Matters: The FBI'S Secret File on Black America, 1960-1972* (New York: Free Press, 1989).; Gerald D. McKnight, *The Last Crusade: Martin Luther King, Jr., the FBI, and the Poor People's Campaign* (Boulder, Colo.: Westview Press, 1998).

89_Arthur Schlesinger Jr., *Robert Kennedy and His Times* (New York: Ballantine, 1978), 675.

90_Jean Stein and George Plimpton, *American Journey: The Times of Robert Kennedy* (New York: Signet, 1969).

91_Ibid., 221.

92_Brian Dooley, *Robert Kennedy: The Final Years* (New York: St. Martin's, 1996), 126.

93_Ibid., 60.

94_Abbie Hoffman, *Revolution for the Hell of It* (New York: Dial, 1968), 240.

95_Dooley, *Robert Kennedy,* chap.5.

96_Paul Cowan, "Wallace in Yankeeland," *Village Voice*, July 18, 1968; Robert Coles, "Ordinary Hopes, Ordinary Fears," J. C. Raines ed., *Conspiracy: The Implications of the Harrisburg Trial for the Democratic Tradition* (New York: Harper and Row, 1974), 99.

97_Dooley, *Robert Kennedy*, chap. 4, 126, 108.

98_Nelson Polsby, *Consequences of Party Reform* (New York: Oxford University Press, 1983), chap.2.

99_David Vogel, *Fluctuating Fortunes: The Political Power of Business in America* (New York: Basic Books, 1989), chap.5.

100_Jeffrey M. Berry, *The New Liberalism: The Rising Power of Citizen Groups* (Washington, D.C.: Brookings Institution, 1999).

101_Harold Seidman, *Politics, Position, and Power: The Dynamics of Federal Organization*, 5th, ed. (New York: Oxford University Press, 1998); Ginsberg and Shefter, *Politics by Other Means*, 2d, rev. ed. (New York: W. W. Norton, 1999), chap.3.

102_Ibid., chap. 1.

103_Theodore J. Lowi, *The End of Liberalism* (New York: W. W. Norton, 1969).;

William Niskanan, *Bureaucracy and Representative Government* (Chicago: Aldine, 1971); Richard A. Harris and Sidney M. Milkis, *The Politics of Regulatory Change* (New York: Oxford University Press, 1995).

104_법원의 확대된 역할에 관해서는 Gerald N. Rosenberg, *The Hollow Hope: Can Courts Bring About Social Change?*(Chicago: University of Chicago Press, 1991).

105_예컨대 John Rawls, *A Theory of Justice* (Cambridge, Mass.: Harvard University Press, 1977). 같은 주제에 대한 더 명료한 진술로는 Herbert Gans "We Won't End the Urban Crisis until We End Majority Rule," *New York Times Magazine,* August 3, 1969.

106_보수주의 전략가 폴 웨이리치(Paul Weyrich)는 다음과 같이 천명했다. "나는 모든 사람이 투표하길 원치 않는다. 유권자들 내에서 우리의 권력은 …… 투표 인구가 줄어들수록 커진다."[Thomas Ferguson and Joel Rogers eds., *The Hidden Election: Politics and Economics in the 1980 Presidential Campaign* (New York: Pantheon, 1981), 4].

107_Ginsberg and Shefter, *Politics by Other Means*, chap. 4.

108_Sidney Verba, Kay Schlozman, and Henry Brady, *Voice and Equality : Civic Voluntarism in American Politics* (Cambridge, Mss.: Harvard University Press, 1995), chap. 16.

4

1_Anthony Downs, *An Economics Theory of Democracy* (New York: Harper & Row, 1957).

2_혁신주의에 대해서는 George Mowry, *The California Progressives* (Berkeley: University of California Press, 1951); Samuel Haber, *Efficiency and Uplift: Scientific Management in the Progressive Era, 1890-1920* (Chicago; University of Chicago Press, 1964). 기업 엘리트의 역할에 관해서는 Roberts H. Wiebe, *Businessmen and Reform* (Chicago: Quadrangle Books, 1962).

3_Benjamin Ginsberg and Martin Shefter, *Politics by Other Means*, 2d rev. ed. (New York: W. W. Norton, 1999).

4_Jill Quadagno, *The Color of Welfare: How Racism Undermined the War on Poverty* (New York: Oxford University Press, 1994), 20-24; Robert C. Lieberman, *Shifting the Color Line: Race and the American Welfare State* (Cambridge Mass.: Harvard University Press, 1998), 6-9.

5_Martin Shefter, *Political Parties and the State: The American Historical Experience*

(Princeton, N.J.: Princeton University Press, 1994), chap. 3.

6_William Schneider, quoted in Frances Fox Piven and Richard A. Cloward, *Why Americans Don't Vote: and Why Politicians Want It That Way* (Boston: Beacon Press, 2000), 118.

7_예컨대 Walter Dean Burnham, *Critical Elections and the Mainsprings of American Electoral Politics* (New York: W. W. Norton, 1970); Martin Wattenberg, *The Decline of American Political Parties* (Cambridge, Mass.: Harvard University Press, 1990); David Broder, *The Party's Over: The Failure of Politics in America* (New York: Harper & Row, 1972).

8_John Biddy, "Party Networks: National-State Intergration, Allied Groups, and Issue Activists," John Green and Daniel Shea., *The State of the Parties: The Changing Role of Contemporary Parties*, 3d ed. (New York: Rowman & Littlefield, 1999), 69-85; Paul S. Herrnson, "National Party Organizations at th Century's End," L. Sandy Maisel ed., *The Parties Respond: Changes in American Parties and Compaigns*, 3d ed. (Boulder, Colo.: Westview Press, 1998), 50-82.

9_Ginsberg and Shefter, *Politics by Other Means*.

10_Steven E. Schier, *By Invitation Only: The Rise of Exclusive Politics in the United States* (Pittsburgh, Penn.: University of Pittsburgh Press, 2000).

11_Matthew A. Crenson and Francis E. Rourke, "The Federal Bureaucracy since World War II," Louis Galambos., *The American State: Bureaucies and Policies since World War II* (Baltimore: Johns Hopkins University Press, 1987).

12_Roger Kimball, *Tenured Radicals: How Politics Has Corrupted Our Higher Education* (New York: Harper & Row, 1990).

13_Joel Aberbach and Bert Rockman, "Clashing Beliefs within the Executive Branch," *American Political Science Review* 70(June 1976): 456-468.

14_Ginsberg and Shefter, *Politics by Other Means*, 123-124.

15_Michael S. Greve, "Why 'Defunding the Left's Failed," *The Public Interest* no. 89(Fall 1987): 91-106.

16_Timothy Conlan, *From New Federalism to Devolution: Twenty-Five Years of Intergovernmental Reform* (Washington, D.C.: Brookings Institution Press, 1998); Richard Nathan, *The Plot That Failed: Nixon and the Administrative Presidency* (New York: Wiley, 1975).

17_Pamela Winston, "The Devil in Devolution: Welfare, the Nation, and the States"(Ph.D. diss., Johns Hopkins University, 1999).

18_*Atlanta Constitution,* April 3, 1993, A8.

19_Robert Garrett, "Twenty Four Years of House Work," *Louisville Courier Journal,* January 3, 1999, 5.

20_Dana Priest, "Risk and Restraint : Why the Apaches Never Flew in Kosovo," *Washington Post,* December 29, 1999, 1.

21_Helen Dewar, "Embattled Court Nominees Are Confirmed: Senate Conservatives Opposed Two for Ninth Circuit: Paez's Four-Year Wait Him," *Washington Post,* February 24, 1998,1.

22_Ginsberg and Shefter, *Politics by Other Means,* Chap. 1.

23_Peter Baker and Susan Schmidt, "Starr Searches for Sources of Staff Criticism : Private Investigator Says Clinton Team Hired Him," *Washington Post,* February 24, 1998, 1.

24_John F. Harris, "Office of Damage Control," *Washington Post,* January 31, 1998, 1.

25_"In the Courts," *San Diego Union-Tribune,* December 7, 2000, A14.

26_Kerry Lauerman, "Block the Vote," *New York Times Magazine,* January 23, 2001, 16.

27_Al Gore, quoted in "Today's News: Gore Pushes On," *Washington Post,* November 29, 2000, C15.

28_Schier, *By Invitation Only,* Chap.4.

29_George Gallup and Saul Rae, *The Pulse of Democracy: The Public Opinion Poll and How It Works* (New York: Simon and Schuster, 1940), 14.; Charles W. Roll Jr. and Albert H. Cantril, *Polls: Their Use and Misuse in Politics* (Cabin John, Md.: Seven Locks Press, 1972).

30_Benjamin Ginsberg, *The Captive Public: How Mass Opinion Promotes State Power* (New York: Basic Books, 1986); Susan Herbst, *Numbered Voices: How Opinion Polling Has Shaped American Politics* (Chicago: University of Chicago Press, 1993); J. D. Peters, "Historical Tensions in the Concept of Public Opinion," T. L. Glasser and C. T. Salmon eds., *Public Opinion and the Communication of Consent* (New York: Guilford Press, 1995), 3-32.

31_Chester F. Barnard, *Public Opinion in a Democracy,* pamphlet (Princeton, N.J.: Herbert Baker Foundation, Princeton Univeristy, 1939), 13.

32_물론 모든 여론조사가 과학적 중립성을 표방하는 것은 아니다. 예컨대 아이오와 주 공화당의 대통령 선거 비공식 여론조사는 무작위 추출 표본을 사용하지 않는다. 이 조사는, 자신이 선호하는 후보자가 공화당 대통령 지명을 받게 하기 위해 에임스(Ames) 소재 아이오와 주립 대학까지 찾아오는 수고를 아끼지 않는, 아이오와 공화당원들의 투표만을 대상으로 한다. 정치학 교

수와 대중매체는 아이오와 비공식 조사를 각 후보자의 지지세를 가늠하는 사전 지표로 간주한다. 하지만 20세기 역사에서 그 비공식 조사가 최종 승자를 예견한 적은 없었다. Richard L. Berke, "Iowa Straw Poll Proving a Little Can Mean a Lot," *New York Times*, August 13, 1999, 1.

33_Eugene Webb et al., *Unobtrusive Measures: Nonreactive Research in the Social Sciences* (Chicago: Rand McNally, 1966).

34_이 논의는 Ginsberg, *The Captive Public*에 기초한다. 이 주장에 대한 비판으로는 Philip E. Converse, "The Advent of Polling and Political Research," PS 29 (December 1996): 653-654.

35_여론조사의 실제 과정에 대한 탁월한 검토로는 Michael Traugott and Paul Lavrakas, *The Voter's Guide to Election Polls* (Chatham, N.J.: Chatham House, 1996).

36_Hadley Cantril, "The Intensity of an Attitude," *Journal of Abnormal and Social Psychology* 41 (1946): 129-135.

37_Aage R. Clausen, Philip Converse, and Warren Miller, "Electoral Myth and Reality: The 1964 Election," *The American Political Science Review* 59 (June 1965): 321-332.

38_Converse, "The Advent of Polling."

39_Dan Balz, "Rallying the Faithful for Gore: As Candidate Takes the ReinS, Speakers Aim at Core Voters," *Washington Post,* August 16, 2000, 1.

40_Roll and Cantril, Polls, 153.

41_Richard Jensen, "American Election Analysis," Seymour Martin Lipset ed., *Politics and the Social Sciences* (New York: Oxford University Press, 1969), 229.

42_Rich Morin, "Telling Polls Apart," *Washington Post*, August 16, 2000, A35.

5

1_이런 입장의 고전으로는 David B. Truman, *The Governmental Process: Political Interests and Public Opinion* (New York: Alfred A. Knopf, 1951) 참조.

2_Elisabeth S. Clemens, *The People's Lobby: Organizational Innovation and the Rise of Interest Group Politics in the United States, 1890-1925* (Chicago: University of Chicago Press, 1997), 85.

3_Ibid., 73.

4_E. Pendleton Herring, *Group Representation before Congress* (Baltimore: Johns

Hopkins Press, 1929), 41.

5_Ibid., 46-50.; Clemens, *The People's Lobby,* 73.

6_Charles Nagel, quoted in Grant McConnell, *Private Power and American Democracy* (New York: Alfred A. Knopf, 1966), 59-60.

7_Grant McConnell, *The Decline of Agrarian Democracy* (Berkeley : University of California Press, 1953), 30-32, 49; Herring, *Group Representation,* 117-118.

8_Theodore Lowi, *The Politics of Disorder* (New York: W. W. Norton, 1971), 5, 12.

9_Frances Fox Piven and Richard A. Cloward, *Poor People's Movements: Why They Succeed, How They Fail* (New York: Vintage Books, 1979), xxii.

10_Clemens, *The People's Lobby,* 211.; Christopher Howard, "Sowing the Seeds of 'Welfare' : The Transformation of Mother's Pensions, 1900-1940," *Journal of Policy History* 4(1992): 207; Molly Ladd-Taylor, *Mother Work: Women, Welfare, Child Welfare, and the State, 1890-1930* (Urbana: University of Illinois Press, 1994), 64-65; Robyn Muncy, *Creating a Female Dominion in American Reform, 1890-1935* (New York: Oxford University Press, 1991), 121; Matthew A. Crenson, *Building the Invisible Orphanage: A Prehistory of the American Welfare System* (Cambridge, Mass.: Harvard University Press, 1998), 281. 이익집단의 타락과 과두제에 관한 이론들은 미헬스(Robert Michels)의 고전에서 찾아볼 수 있다. *Political Parties: A Sociological Study of the Oligarchical Tendencies of Modern Democracy* (1915; New York: Dover Publications, 1959).

11_독립 규제 위원회와 혁신주의의 친화성에 관해서는 다음을 보라. Marver Bernstein, *Regulating Business by Independent Commission* (Princeton, N.J., Princeton University Press, 1955), 36-37.

12_Murray Edelman, *The Symbolic Uses of Politics* (Urbana: University of Illinois Press, 1967), 23-25, 57.

13_예컨대 Morton Keller, *Regulating a New Economy: Public Policy and Economic Change in America, 1900-1930* (Cambridge, Mass.: Harvard University Press, 1990).

14_Gabriel Kolko, *Railroads and Regulation, 1877-1917* (Princeton N.J.: Princeton University Press, 1965); George J. Stigler, "The Theory of Economic Regulation," *Bell Journal of Economics and Management Science* 2 (Spring 1971): 3-21. 주간 통상 위원회의 기원에 관한 지금까지의 학문적 관점들을 간략히 정리한 것으로는 다음을 보라. Elizabeth Sanders, *Roots of Reform: Farmers, Workers, and the American State, 1877-1917* (Chicago: University of Chicago Press, 1999) 179-181.

15_다음에서 인용. Robert E. Cushman, *The Independent Regulatory Commissions* (New York: Oxford University Press, 1941), 48.

16_George Miller, *Railroad and the Granger Laws* (Madison: University of Wisconsin Press, 1971), 94-96; Stephen Skowronek, *Building a New American State: The Expansion of National Administrative Capacities, 1877-1920* (New York: Cambridge University Press, 1982), 126-127.

17_Skowronek, *Building a New American State,* 131.

18_Ibid., chap. 2. 이해관계의 강도와 힘에 기초한 규제 이론은 다음을 보라. James Q. Wilson, "The Politics of Regulation," James Q. Wilson ed., The Politics of Regulation (New York: Basic Books, 1980), 357-394.

19_Ari Hoogenboom and Olive Hoogenboom, *A History of the ICC: From Panacra to Palliative* (New York: W. W. Norton, 1976), 52-53; Cushman, *Independent Regulatory Commissions,* 70; Sanders, *Roots of Reform,* 199-201.

20_더 강력한 규제에 대한 지지에 관해서는 다음을 보라. Richard H. K. Vietor, "Businessmen and the Political Economy: The Railroad Rate Controversy of 1905," *Journal of American History* 64, no. 1 (June 1997): 47-66. 불평 횟수에 관해서는 Sanders, *Roots of Reform,* 201.

21_Keller, *Regulating a New Economy,* 47.

22_Alan Stone, *Economic Regulation and the Public Interest: The Federal Trade Commission in Theory and Practice* (Ithaca, N. Y.: Cornell University Press, 1977), 22; Cushman, *Independent Regulatory Commissions,* 179-180, 187.

23_Gretchen Ritter, *Goldbugs and Greenbacks: The Antimonopoly Tradition and the Politics of Finance in America* (New York: Cambridge University Press, 1997).

24_Keller, *Regulating a New Economy,* 203.

25_E. Pendleton Herring, "Special Interests and the Interstate Commerce Commission. I. Cooperation in Regulation," *American Political Science Review* 27, no. 2 (April 1933): 746-748, 750.

26_Ibid., 743.

27_Ibid., 743-744.

28_Ibid., 912-913.

29_Charles E. Cotterill, *Address to Traffic Clubs, Railway Age,* May 3, 1930, 1070.

30_Lawrence S. Rothenberg, *Regulation, Organization, and Politics: Motor Freight Policy at the Interstate Commerce Commission* (Ann Arbor: University of Michigan Press, 1994), 42-47; Hoogenboom and Hoogenboom, *History of the ICC,* 130.

31_Theodore J. Lowi, *The End of Liberalism* (New York: W. W. Norton, 1969), 75.

32_E. Pendleton Herring, *Public Administration and the Public Interest* (New York: McGraw-Hill, 1936), 28-29, 350, 394.

33_그 주장에 대한 고전적 저술로는 McConnell, *Private Power and American Democracy, and Lowi, End of Liberalism.*

34_McConnell, *Private Power and American Democracy,* chap. 5.

6

1_Theodore Lowi, *The Politics of Disorder* (New York: W. W. Norton, 1971), 75.

2_Robert F. Himmelberg, *The Origins of the National Recovery Administration: Business, Government, and the Trade Association Issue, 1921-1933* (New York: Fodham University Press, 1976); Ellis W. Hawley, *The New Deal and the Problem of Monopoly: A Study in Economic Ambivalence* (Princeton, N.J.: Princeton University Press, 1966).

3_Leverett S. Lyon, Paul T. Haman, Lewis L. Lorwin, George Terborgh, Charles L. Dearing Leon C. Marshall, *The National Recovery Administration: An Analysis and Appraisal* (Washingtion, D.C.: Brooking Institution, 1935), 35-36, 871; J. Josep Huthmacher, *Senator Robert F. Wagner and the Rise of Urban Liberalism* (New York: Atheneum, 1968), 149-150; Michael M. Weingstein, *Recovery and Redistribution under the NIRA* (New York: North-Holland, 1980), 2-4.

4_Hawley, *New Deal and the Problem of Monopoly,* 20-21; Lyon et al., *National Recovery Administration,* 25.

5_Mancur Olson, *The Logic of Collective Action: Public Goods and the Theory of Groups* (Cambridge, Mass.: Harvard University Press, 1971), 9-11.

6_〈전국 산업 부흥법〉은 경쟁하는 기업들 가운데 집단 행위를 지탱할 강제적 권위를 갖지 못 했다. 예컨대, 동법 제7조(a)항에 따라 기업가들이 순응하는지를 감독할 책임이 있었던 전국 노동 위원회(National Labor Board)는 이 법이 집행을 강제할 제재 수단을 거의 갖지 못한다는 것을 발견했다. 단지 산업 부흥국 준법 감시 부서에 위반 사례를 보고할 수 있었고, 그 부서가 내린 최종 제재는 그 회사가 푸른 독수리 상징을 사용할 수 없도록 하는 것이었다. Harry A. Millis and Emily Clark Brown, *From the Wagner Act to Taft-Hartley: A Study of Nation Labor Policy and Labot Relations* (Chicago: University of Chicago Press, 1950), 423-425.

7_Bernard Bellush, *The Failure of the NRA* (New York: W. W. Norton, 1975), 50-51.

8_Martin Shefter, *Political Parties and the State: The American Historical Experience* (Princeton, N.J.: Princeton University Press, 1994), 153-154; Theda Skocpol, *Protection*

Soldiers and Mothers: The Political Origins of Social Policy in the United States (Cambridge, Mass.: Balknap Press of Harvard University Press, 1992), 226-229.

9_David Plotke, "The Wagner Act, Again: Politics and Labor, 1935-37," *Studies in American Political Development* 3(1989): 115, 140; Mark Barenberg, "The Political Economy of the Wagner Act: Power, Symbol, and Workplace Cooperation," *Harvard Law Review* 106 (May 1993):1393-1394; Stanley Vittoz, *New Deal Labor Policy and the American Industrial Economy* (Chapel Hill: University Of North Carolina Press, 1987), 79.

10_Lawence G. Flood ed., *Unions and Public Policy: The New Economy, Law, and Democratic Politics* (Westport, Conn.: Greenwood Press, 1995), 9.

11_Ken Kolman, *Outside Lobbying: Public Opinion and Interest Group Strategies* (Princeton, N.J.: Princeton University Press, 1998), 18-19.; Jack L. Walker Jr., *Mobilizing Interest Groups in America: Patrons, Professions, and Social Movements* (Ann Arbor: University of Michigan Press, 1991), 11.

12_Lyon et al., *National Recovery Administration* 417.

13_Millis and Brown F. Wagner, 66. 전술적 고려도 7조(a)항을 지지하는 데 일정한 역할을 했다. 루스벨트 대통령은 자신도 반대하고 기업 단체들도 반대했던 다른 입법의 대체물로 이 조항을 이용했다. 가장 유명한 것이 상원 의원 휴고 블랙(Hugo Black)이 지원한 〈30시간 법안〉(Thirty Hours Bill)이었다. 이 법안은 주간 교역에서 하루 6시간 이상, 주당 5일 이상 고용된 노동자들이 생산한 재화의 운송을 금지하자는 내용이었다. 이 법안은 일자리를 확대하고 실업을 감소시킬 목적으로 고안되었으며, 조직 노동으로부터 강력한 지지를 받았다. 하지만 루스벨트는 그 법안이 유연하지 않을 뿐만 아니라 실현 가능하지도 않다고 생각했다. 7조(a)항에 관해서도 미온적이었지만 블랙의 법안보다는 반대가 덜할 것이라 판단했고 그 조항을 백악관이 받아들일 수 있는 대안으로 제시했다. Kennet Finegold and Theda Skocpol, *State and Party in America's New Deal* (Madison: University of Wisconsin Press, 1995), 70-71; Vittoz, *New Deal Labor Policy*, 83-85.

14_Donald R. Brand, *Corporatism and the Rule of Law: A Study of the National Recovery Administration* (Ithaca, N.Y.: Cornell University Press, 1988), 312. 데이비드 플로케(David Plotke) 또한 〈와그너 법〉이 통과되는 과정에서 정치 이념이 중심 역할을 했다고 보았지만, 그는 1934~35년 노동의 격렬한 저항이 중요하다고 강조했다("Wagner Act, Again," 118). 최근 뉴딜 노동 입법에 대한 한 수정주의적 관점의 설명은, 정부의 노조 정책에서 구성적 영향력을 가진, 민주당과 공화당이 함께 공유했던 자유주의 정치 이념에 그 원인을 돌렸다 (Ruth O'Brien, *Workers' Paradox: The Republican Origins of New Deal Labor Policy, 1886-1935* (Chapel Hill: University of North Carolina Press, 1998).

15_Huthmacher, *Senator Rovert F. Wager*, 49, 66, 146-147 (quotation on p. 66). 〈와그너 법〉의 '협력자적' 의도에 관해서는 Barenberg, "Political Economy of the Wagner Act,"

1381-1496.

16_Michael Goldfield, "Woker Insurgency, Radical Organization, and New Deal Labor Legislation," *American Political Science Review* 83 (December, 1989): 1257-1282; Plotke, "Wagner Act, Again," 112.; Plotke, *Building a Democratic Political Order: Reshaping American Liberalism in the 1930s and 1940s* (Cambridge : Cambridge University Press, 1996), 117-120.

17_Frances Fox Piven and Richard A. Cloward, *Poor People's Movements: Why They Succeed, How They Fail* (New York: Vintage Books, 1979).

18_Kenneth Casebeer, "Drafting Wagner's Act: Leon Keyserling and the Precommittee Drafts of the Labor Diputes Act and the National Labor Relations Act," *Industrial Relations Law Journal* 11(1989), 73-141.

19_Finegold and Skocpol, *State and Party in America's New Deal*; Theda Skocpol, Kenneth Finegold, and Michael Goldfield, "Explaining New Deal Labor Policy," *American Political Science Review* 84 (December 1990): 1297-1316.

20_Kenneth Finegold and Theda Skocpol, "State, Party and Industry: From Business Recovery to the Wagner Act in America's New Deal," Charles Bright and Susan Harding eds., *State making and Social Movements : Essays in History and Theory* (Ann Arbor : University of Michigan Press, 1984), 165, 175.

21_Terry M. Moe, "Interests, Institutions, and Positive Theory: The Politics of the NLRB," *Studies in American Political Development* : An Annual 2 (1987): 239.

22_Millis and Brown, *From the Wagner Act to Taft-Hartley*, 49.

23_Moe, "Interests, Institutions, and Positive Theory," 244-245.

24_Taylor Dark, *The Unions and the Democrats : An Enduring Alliance* (Ithaca, N.Y.: Cornell University Press, 1999), 78-79.

25_Ibid., 38, 53.

26_Marick Masters and John Thomas Delaney, "Union Political Activities : A Review of the Empirical Literature," *Industrial and Labor Relations Review* 40 (April 1987): 338.

27_Machael Burawoy, *Manufacturing Consent: Changes in the Labor Process under Monopoly Capitalism* (Chicago: University of Chicago Press, 1979), 114-115(강조는 원저자).

28_Daniel Bell, *The End of Ideology: On the Exhaustion of Political Ideas in the Fifties*, new rev. ed. (New York: Collier Books, 1962), 214-215.

29_Moe, "Interests, Institutions, and Positive Theory," 245; Clinton S. Golden and Virginia D. Parker eds., *Causes of Industrial Peace under Collective Bargaining* (New

York: Harper Brothers, 1955), 25-26, 30-31.

30_Katherine V. W. Stone, "The Post-War Paradigm in American Labor Law," *The Yale Law Journal* 90 (June 1981): 1523, 1525-1529, 1533; Christopher L. Tomlins, *The State and the Unions: Labor Relations, Law, and the Organized Laber Movement in America, 1880-1960* (Cambridge: Cambridge University Press, 1985), 320-322.

31_Judith Stepan-Norris and Maurice Zeitlin, "'Red' Unions and 'Bourgeois' Contracts?" *American Journal of Sociology* 96 (March 1991): 1151-1200.

32_James A. Gross, *Broken Promise : The Subversion of U. S. Labor Relations Policy, 1847-1994* (Philadelphia: Temple University Press, 1995), 27-30; Tomlins, *State and the Unions,* 323-324.

33_J. David Greenstone, *Labor in American Politics,* 2d, ed. (Chicago: University of Chicago Press, 1977), xiii.

34_Dark, *Unions and the Democrats,* 84-87; Tracy Roof, "The AFL-CIO's Electoral Activities from the 1960's to the President"(paper presented at the annual meeting of the Northeastern Political Science Association, Philadelphia, 1999), 6.

35_Dark, *Unions and the Democrats,* 108-111; Gross, *Broken Promise,* 237-238; Moe, "Interests, Institutions, and Positive Theory," 263.

36_James T. Bennett, "Private Sector Unions: The Myth if Decline," *Journal of Labor Research* 12(winter 1991): 1-28.

37_John Thomas Delaney, Jack Fiorito, and Marick F. Masters, "The Effects of Union Organizational and Environmental Characteristics on Union Political Action," *American Journal of Political Science* 32 (August 1988): 632. 노조 조직화와 노조 정치 활동 사이에 반대 관계가 있다는 개념은 베넷(James T. Bennett)에 의해 확인되었다("Private Sector Unions," 8).

38_다음에서 인용. Moe, "Interests, Institutions, and Positive Theory," 263-264; Gross, *Broken Promise,* 256, 270.

39_Roof, "AFL-CIO's Electoral Activities," 7.

40_Dark, *Unions and the Democrats,* 130.

41_Ibid., 132.

42_Michael Goldfield, *The Decline of Organized Labor in the United States* (Chicago: University of Chicago Press, 1987), 182-217; Kim Moody, *An Injury to All: The Decline of American Unionism* (London: Verso, 1988).

43_Dark, *Unions and the Democrats,* 152.

44_Ibid., 172, 175-176.

45_Tracy Roof, "Down to the Grassroots: The Causes and Consequences of the AFL-CIO's Changing Legislative Strategies"(paper presented at the annual meeting of the American Political Science Association, Atlanta, 1999), 18.; Dark, *Unions and the Democrats*, 168-169.

46_Roof, "AFL-CIO's Electoral Activities," 9.

47_Gary Jacobson, "The Effect of the AFL-CIO's Voter Education Campaigns," *The Journal of Politics* 61 (February 1999): 187.

48_Roof, "AFL-CIO's Electoral Activities," 11; Thomas B. Edsall, "Unions Mibilize to Beat Bush, Regain House," *Washington Post*, March 27, 2000, 10.

49_John M. Broder and Richard A. Oppel Jr., "Companies Join Big-Donor List for Democrats," *New York Times*, August 13, 2000.

50_Dark, *Unions and the Democrats*, 130-131, 140.; Edsall, "Unions Mobilize to Beat Bush."

51_Roof, "Down to the Grassroots," 18.

52_Michael Eisenscher, "Labor: Turning the Corner Will Take More Than Mobilzation," Ray M. Tillman and Michael S. Cummings, *The Transformation of U.S. Unions: Voices, Visions, and Strategies from the grassroots* (Boulder, Colo.: Lynne Rienner, 1999), 74-75.

53_지역사회 활동 프로그램의 인종적 차원에 대해서는 J. David Greenstone and Paul Peterson, *Race and Authority in Urban Politics: Community Participation and the War on Poverty* (New York: Russell Sage Foundation, 1973)을 보라. 모델 도시 프로그램의 인종적 측면에 대해서는 Nicolas Lemann, *The Promised Land: The Great Black Migration and How It Changed America* (New York: Alfred A. Knopf, 1991), 197-198 참조.

54_Daniel Patrick Moynihan, *Maximum Feasible Misunderstanding* (New York: Free Press, 1969), 142-143.

55_Sanford D. Horwitt, *Let Them Call Me Rebel: Saul Alinsky-His Life and Legacy* (New York: Alfred A. Knopf, 1989) 472; Howard Hallman, "The Community Action Program: An Interpretive Analysis," *Power, Poverty, and Urban Policy*, Warner Bloomberg Jr. and Henry J. Schmandt, Urban Affair Annual Review (Beverly Hills, Claif., Sage Publications, 1968), 2:289; Matthew A. Crenson, "Organizational Factors in Cities Participation," *Journal of Politics* 36 (May 1974): 375-376.

56_Greenstone and Peterson, *Race and Authority in Uniban Politics*, 179-199; Crenson, "Organizational Factors in Citizen Participation," 356-378.

57_Gary Bryner, "Congress, Courts, and Agencies: Equal Employment and the Limits of Policy Implementation," *Political Science Quarterly* 96 (fall 1981): 418.

58_Maurice E. R. Munroe, "The EEOC: Pattern and Practice Imperfect," *Yale Law and Policy Review* 13(1995): 220, 254, 260-261.

59_Ibid., 261-263; Hanes Walton Jr., *When the Marching Stopped : The Politics of Civil Rights Regulatory Agencies* (Albany: State University of New York Press, 1988), 148; Hugh Davis Graham, "The Civil Rights Act and the American Regulatory State," Bernard Grofman ed., *Legacies of the 1964 Civil Rights Act* (Charlottesville: University Press of Virginia, 2000), 53; Harrell R. Rodgers Jr., "Fair Employment Laws for Minorities: An Evaluation of Federal Implementation," Charles S. Bullock III and Charles M. Lamb eds., *Implementation of Civil Rights Policy* (Monterey, Calif.: Brooks/Cole, 1984), 97-98.

60_Gary Orfield, *The Reconstruction of Southern Education* (New York: Wiley-Interscience, 1969).

61_Stephen C. Halpern, *On the Limits of the Law: The Ironic Legacy of Title VI of the 1964 Civil Rights Act* (Baltimore: Johns Hopkins University Press, 1995), 67-68.

62_Jeffrey S. Brand, "The Second Front in the Fight for Civil Rights: The Supreme Court, Congress, and Statutory Fees," *Texas Law Review* 69 (December 1990): 306, 310-311.

63_Graham, "Civil Rights Act," 51.

64_Hugh Heclo, *A Government of Strangers: Executives Politics in Washington* (Washington, D.C.: Brookings Institution, 1977), 111.

65_Walker, *Mobilizing Interest Groups*, 62-64; Richard A. Harris, "Politicized Management: The Changing Face of Business in American Politics," Richard A. Harris and Sidney M. Milkis eds., *Remaking American Politics* (Boulder, Colo.: Westview Press, 1989), 261-263; Jeffrey M. Berry, *The Interest Group Society*, 2d ed. (Glenview, Ill.: Scott Foresman/Little, Brown, 1989), chap. 2; Berry, *The New Liberalism: The Rising Power of Citizen Groups* (Washington, D.C.: Brooking Institution, 1999), 35-36.

66_그레이엄(Hugh Davis Graham)은 1960~70년대 만들어진 규제 기관에 대해 유사한 지적을 한 바 있다("Civil Rights Act," 45).

67_Harris, "Politicized Management," 264-265.

68_Ibid., 265; Michael W. McCann, *Taking Reform Seriously: Perspectives on Public Interest Liberalism* (Ithaca, N.Y: Cornell University Press, 1986) 112-113.

69_Jeffrey M. Berry, *Lobbying for the People: The Political Behavior of Public Interest Groups* (Princeton, N.J.: Princeton University Press, 1977), 186-188.

70_McCann, *Taking Reform Seriously*, 176; Theda Skocpol, "Advocates without Members: The Recent Transformation of American Civil Life," Theda Skocpol and Morris P. Fiorina eds., *Civic Engagement in American Democracy* (Washington, D.C.: Brookings

Institution Press; New York: Russell Sage Foundation, 1999), 478.

71_Michael T. Hayes, "The New Group Universe," Allen J. Cigler and Burdett A. Loomis eds., *Interest Group Politics*, 2d ed. (Washington D.C.: CQ Press, 1986), 142-143; Theda Skocpol, "Advocates without Members," 462, 480.

72_Berry, *New Liberalism*, 26.

73_Carl Tobias, "Essay: Participant Compensation in the Clinton Administration," *Connecticut Law Review* 27 (winter 1995): 563-568.

74_Allen J. Cigler and Anthony J. Nownes, "Public Interest Entrepreneurs and Group Patrons," Allen J. Cigler and Burdett A. Loomis eds., *Interest Group Politics*, 4th ed. (Washington, D. C.: CQ Press, 1995), 82-84.

75_Michael S. Greve, "Why 'Defunding the Left's Failed," *The Public Interest* no. 89(Fall 1987): 91-106; Jeff Shear, "The Ax Files," *National Journal* 27 (April 15, 1995): 924-927.

76_Shear, "Ax Files," 925.

77_Martin Sapiro, "Of Interests and Values: The New Politics and the New Political Science," Marc K. Landy and Martin A. Levin eds., *The New Politics of Public Policy* (Baltimore: Johns Hopkins University Press, 1995), 7.

78_Berry, *Interest Group Society,* chap. 7; Skocpol, "Advocates without Members," 489.

79_Steven P. Croley and William F. Funk, "The Federal Advisory Committee Act and Good Government," *Yale Journal on Regulation* 14 (spring 1997): 462.

80_Ibid., 451-557 (quotations on p. 499).

81_Steven E. Schier, *By Invitation Only: The Rise of Exclusive Politics in the United States* (Pittsburgh, Penn.: University of Pittsburgh Press, 2000), 14, 31, 36(quotations on p. 31).

82_Ibid., 175, 179-184.

83_Kenneth M. Goldman, *Interest Groups, Lobbying, and Participation in American* (Cambridge: Cambridge University Press, 1999), 125; Ken Koleman, *Outside Lobbying* (Princeton, N.J.: Princeton University Press, c1988), 63-64, 162.

7

1_David Adamany, "The Supreme Court," John B. Gates and Charles A. Johnson eds., *American Courts*, (Washington, D.C.: CQ Press, 1991), 5-34.

2_Andrew Jay Koshner, *Solving the Puzzle of Interest Group Litigation* (Westport, Conn.: Greenwood Press, 1998).

3_Martin Shapiro, "The Supreme Court: From Warren to Burger," Anthony King ed., *The New American Political System* (Washington, D.C.: American Enterprise Institute, 1978), 179-212.; Martin Shapiro, "Fathers and Sons: The Court, the Commentators, and the Search for Values," Vincent Blasi ed., *The Burger Court: The Counter-Revolution That Wasn't* (New Haven, Conn.: Yale University Press, 1983), 218-238.

4_Koshner, *Solving the Puzzle,* 13.

5_Lee Epstein, *Conservatives in Court* (Knoxville: University of Tennessee Press, 1985).

6_Susan Olson, "The Political Evolution of Interest Group Litigation," Richard Gambitta, Marlynn May, and James Foster eds., *Governing through the Courts* (Beverly Hills, Calif.: Sage Publications, 1981), 225-258.; Karen Orren, "Standing to Sue: Interest Group Conflict in the Federal Courts," *American Political Science Review* 70 (1976): 723-741.

7_Stephen C. Yeazell, *From Medieval Group Litigation to the Modern Class Action* (New Haven, Conn.: Yale University Press, 1987).; Jack B. Weinstein, *Individual Justice in Mass Tort Litigation: The Effects of Class Actions, Consolidations, and Other Multiparty Devices* (Evanston, Ill.: Northwestern University Press, 1995).

8_Samuel Issacharoff, "Governance and Legitimacy in the Law of Class Actions," *Supreme Court Review* 1999 (1999): 337.

9_Jeremy Rabkin, *Judicial Compulsions* (New York: Basic Books, 1989).

10_*Newman v. Piggie Park Enterprises, Inc.,* 390 U.S. 400 (1968). *Buckannon Board and Care Home V. West Virginia Department of Health and Human Resources* (no. 99-1848) 사건에 관한 2001년 5월 판결에서, 미 연방 대법원은, 소송이 피고 행동의 '자발적 변화'로 목적을 달성했다면 원고는 그 비용을 받을 수 없다고 판결해, 비용 전가 규정에 제한을 두었다. 일부 공익 변호사들은 이 결정이 공익 소송을 제약한다고 주장했다. 원고가 승소할 가능성이 높더라도 비용을 보상받을 수 없기 때문에 소송을 꺼리게 된다는 것이다. 하지만 다른 전문가들은 공익 소송 제기자들이 뷰캐넌 판결을 피해서 이용할 수 있는 많은 수단들이 있다고 말한다. 이 논의에 관해서는 Marcia Coyle, "Fee Change Is a Sea Change," *The National Law Journal,* June 11, 2001, A1. 참조.

11_Michael Greve, "The Private Enforcement of Environmental Law," *Tulane Law Review* 65(1990): 339.

12_Robert Percival and Geoffrey Miller, "The Role of Attorney Fee Shifting in Public Interest Litigation," *Law and Contemporary Problems* 47 (1984): 233.

13_Natalie Bussan, "All Bark and No Bite: Citizen Suits after Steel Company v. CBE,"

Wisconsin Environmental Law Journal 6 (1999): 195. 중요 사건으로는 Lujan v. Defenders of Wildlife, 504 U.S. 555 (1992); Chicago Steel and Pickling Company v. Citizens for a Better Environment, 118 Sup. Ct. 1003 (1998)이 있다.

14_Jeremy Rabkin, "Government Lawyering: The Secret Life of the Private Attorney General," *Law and Contemporary Problems* 61 (winter 1998): 179. Karen O'Conner and Lee Epstein, *Public Interest Law Groups* (Westport, Conn.: Greenwood Press, 1989).

15_Joseph Ward, "Corporate Goliaths in the Costume of David: The Question of Association Aggregation under the Equal Access to Justice Act-Should the Whole Be Greater Than Its Parts," *Florida State University Review* 26 (1998): 151.

16_Buckhannon Board and Care Home v. West Virginia Department of Health and Human Resources, 532 U.S. 598 (2001).

17_Coyle, "Fee Change Is a Sea Change," A1.

18_Richard Neely, *How Courts Govern America* (New Haven, Conn.: Yale University Press, 1981).; Michael McCann, "How the Supreme Court Matters in American Politics," Howard Gillman and Cornell Clayton eds., *The Supreme Court in American Politics* (Lawrence: University Press of Kansas, 1999).

19_Lee Epstein and Thomas Walker, "The Role of the Supreme Court in American Society," Lee Epstein ed., *Contemplating Courts* (Washingtion, D.C.: CQ Press, 1995), 315-346.

20_예컨대, 20여 년 동안 〈멸종 위기종 보호법〉에 따라 정부 활동에 영향력을 행사했던 경제적 이해관계들은, 대체로 연방 법원에서 자신의 주장을 펼칠 기회를 갖지 못했다. William Z. Buzbee, "Expanding the Zone, Tilting the Field," *Administrative Law Review* 49 (1997): 763.

21_Randall Ripley and Grace A. Franklin, *Bureaucracy and Policy Implementation* (Homewood, Ill.: Dorsey Press, 1982).

22_담배 기소에 관한 상세한 역사에 관해서는 Tucker S. Player, "After the Fall: The Cigarette Papers, the Global Settlement, and the Future of Tobacco Litigation," *South Carolina Law Review* 49 (1998): 311.

23_Ibid., 318.

24_Stanton Glantz and Edith Balbach, *Tobacco War: Inside the California Battles* (Berkeley: University of California Press, 2000).

25_Milo Geyelin, "Philip Morris Hit with Record Damages," *Wall Street Journal,* March 31, 1999, A3.

26_Junda Woo, "Mississippi Wants Tobacco Firms to Pay Its Cost of Treating Welfare

Recipients," *Wall Street Journal,* May 24, 1994, A2.

27_Hanach Dagan and James White, "Governments, Citizens, and Injurious Industries," *New York University Law Review* 75 (2000): 354.

28_Ibid., 360.

29_Maria Bianchini, "The Tobacco Agreement That Went up in Smoke," *California Law Review* 87 (1999): 703.

30_Myron Levin, "Unwillingly Allied Forces Laid Tobacco Bill to Rest," *Los Angeles Times,* June 23, 1998, A1.

31_Ann Davis, "Antitobacco Lawyers in Massachusetts Suit Awarded $775 Million," *Wall Street Journal,* July 30, 1999, A3.

32_Stuart Taylor, "How a Few Rich Lawyers Tax the Rest of Us," *National Journal* 31 (June 26, 1999): 1866.

33_Dagan and White, "Governments, Citizens, and Injurious Industries," 378.

34_Ibid., 381.

35_Eric Pianin, "House Votes to Curb Tobacco Suit Funding," *Washington Post,* June 20, 2000, 1.

36_Barry Meier, "Industry Crosses Troubling Line: But Challenging Award May Be Easy for Tobacco Companies," *New York Times,* July 11, 2000, A10.

37_Dagan and White, "Governments, Citizens, and Injurious Industries," 381.

38_Gordon Fairclough, "Tobacco Deal Has Unintended Effect: New Discount States," *Wall Street Journal,* May 1, 2001, 1.

39_"Saved By Smokers: States Are Frittering Away the Money They Extorted from Tobacco Firms," *The Economist,* November 24, 2001, 33.

40_Michael Barone, "Trying the Lawyers," *U.S. News and World Report,* June 28, 1999, 34.

41_Thomas W. Merrill, "Capture Theory and the Courts", *Chicago-Kent Law Review* 72 (1997): 1039.

42_그 현상에 대한 고전적 논의로는 Philip Selznick, *T.V.A. and the Grass Roots* (Berkeley: University of California Press, 1949). 법원이 이해 당사자 집단을 갖는 것에 대해서는 Orren, "Standing to Sue."

43_Deanne M. Barney, "The Supreme Court Gives an Endangered Act New Life," *North Carolina Law Review* 73 (1998): 1889.

44_Ibid.; the Ninth Circuit's decisions in Nevada Land Association v. U.S. Forrest Service, 8 F. 3d 713 (1993); Dan Caputo v. Russian River County Sanitation District, 749 F. 2d 571 (1984).

45_TVA v. Hill, 437 U.S. 153 (1978).

46_Association of Data Processing Service Organizations v. Camp, 397 U.S. 150 (1970).

47_Kathleen Becker, "Bennett v. Plenart: Environmental Citizen Suits and the Zone of Interest Test," *Environmental Law* 26 (1996): 107.

48_Babbitt v. Sweet Home Chapter of Communities for a Greater Oregon, 516 U.S. 687 (1995).

49_Fiorina M. Powell, "Defining Harm under the Endangered Species Act: Implications of Babbitt v. Sweet Home," *American Business Law Journal* 33 (1995): 131.

50_Daniel R. Dinger, "Throwing Canis Lupus to the Wolves: United States v. McKittrick and the Existence of the Yellowstone and Central Idaho Experimental Wolf Populations under a Flawed Provision of the Endangered Species Act," *Brigham Young University Law Review* 2000(2000): 377.

51_Sickman v. United States, 184 F. 2d 616 (7th Cir. 1950).

52_United States v. McKittrick, 142 F. 3d 1170 (9th Cir. 1998).

53_Oliver Houck, "The Endangered Species Act and Its Implementation by the U. S. Departments of Interior and Commerce," *University of Colorado Law Review* 64 (1993): 277.

54_Stuart Hardy, "The Endangered Species Act: On a Collision Course with Human Needs," *Public Land Law Review* 13 (1992): 87.; Craig Galdauf, "Courts, Congress, and Common Killers Conspire to Drive Endangered Species into Extinction," *Wake Forest Law Review* 30 (1995): 113.

55_Andrew Revkin, "Rules Shielding the Gray Wolf May Soon Ease," *New York Times*, July 3, 2000, 1.

56_Anita Huslin, "Grizzly Proposition Aims to Return Bears to Idaho," *Washington Post*, July 3, 2000, A3.

57_Bennett v. Spear, 117 S. Ct. 1154 (1997).

58_Barney, "Supreme Court."

59_AT&T 분할에 관해서는 Alan Stone, *Wrong Number: The Breakup of AT&T* (New York: Basic Books, 1989) 참조.

60_Steve Lohr, "U.S. Pursuit of Microsoft: Rare Synergy with Company's Rivals," *New

York Times, June 12, 2000, C1.

61_Ibid., C12.

62_Ted Bridis, "Microsoft-Tied Groups Report Weird Incidents," *Wall Street Journal,* June 19, 2000, A48.

63_Ibid.

64_Ted Bridis, Glenn R. Simpson, and Mylene Mangalindan, "How Piles of Trash Became Latest Focus in Bitter Software Feud," *Wall Street Journal,* June 29, 2000, 1.; Glenn R. Simpson, "Investigative Firm Played a Role in Microsoft Case," *Wall Street Journal,* June 19, 2000, A48.

65_경쟁적인 이해관계자들이 서로 이기기 위해 법원을 사용하는 방식에 대한 추가적인 사례로 는, Michael Catanzaro, "The Atitrust Club," *National Review,* September 25, 2000, 27-31.

66_Yeazell, *From Medieval Group Litigation,* 248.

67_Gerald N. Rosenberg, *The Hollow Hope: Can Courts Bring About Social Change?* (Chicago: University of Chicago Press 1991). 대안적 관점으로는, Michael McCann and Helena Silverstein, "Rethinking Law's Allurements," Austin Sarat and Stuart Scheingold eds., *Cause Lawyering* (New York: Oxford University Press, 1998), 261-292.; Ann Southworth, "Lawyers and the 'Myth of Rights' in Civil Rights and Poverty Practice," *Boston University Public Interest Law Journal* 8 (1999): 469.

68_George Stigler, "The Theory of Economic Regulation," *Bell Journal of Economics and Management Science* 2 (1971): 3-21.

69_Seymour Martin Lipset, Martin Trow, and James Coleman, *Union Democracy* (Glencoe, Ill.: Free Press, 1956).

70_William Simon, "Visions of Practice in Legal Thought," *Stanford Law Review* 36 (1984): 469.

71_John Judis, "The Contract with K Street," *The New Republic,* December 4, 1995, 18-25.

72_Mancur Olson, *The Logic of Collective Action: Public Goods and the Theory of Groups* (Cambridge, Mass.: Harvard University Press, 1971).

73_Donald Wittman, "Parties as Utility Maximizers," *American Political Science Review* 67 (June 1973): 490-498.

74_John Coffee, "Understanding the Plaintiff's Attorney : The Implication of Economic Theory for Private Enforcement of Law through Class and Derivative Actions," *Columbia Law Review* 86 (1986): 669.; Abraham Cheyes, "The Role of the Judge in Public Law

Litigation," *Harvard Law Review* 89 (1976): 1281.

75_Samuel Issacharoff, "Class Action Conflicts," *University of California Davis Law Review* 30 (1997) : 805.

76_Jonathan Macey and Geoffrey Miller, "The Plaintiff's Attorney's Role in Class Action and Derivative Litigation," *University of Chicago Law Review* 58 (1991):1.

77_Derrick Bell, "Serving Two Masters: Integration Ideals and Client Interests in School Desegregation Decisions," *Yale Law Journal* 85 (1976): 505.

78_Bryant Garth, Ilene Nagel, and Jay Plager, "The Institution of the Private Attorney General: Perspectives from an Empirical Study of Class Action Litigation," *University of Southern California Law Review* 61 (1988): 353.

79_Weinstein, *Individual Justice in Mass Tort Litigation,* 135.

80_Issacharoff, "Governance and Legitimacy," 339.; Deposit Guarantee Bank v. Roper, 445 U. S. 326 (1980).

81_John Brewer, *The Sinews of Power: War, Money, and the English State, 1688-1783* (New York: Afred A. Knopf, 1989).

82_Coffee, "Understanding," 681.

83_Terry Anderson, *The Movement and the Sixties* (New York: Oxford University Press, 1995).

84_John Coffee, "Class Action Accountability," *Columbia Law Review* 100 (2000): 243.

85_John Coffee, "The Regulation of Entrepreneurial Litigation: Balancing Fairness and Efficiency in the Large Class Action," *University of Chicago Law Review* 54 (1987): 886.

86_집단소송의 원고 확인에 관한 논의는 Sofia Anfrogue, "Mass Tort Class Actions in the New Millennium," *Review of Litigation* 17 (1998): 427.; Androgue, "Developments in the Law-The Paths of Civil Litigation. IV. Class Action Reform : An Assessment of Recent Judicial Decisions and Legislative Initiatives," *Harvard Law Review* 113 (2000): 1806. 미래 이해관계와 관련한 중요 사건에 관한 논의는 Susan P. Koniak, "Feasting While the Widow Weeps: Georgine v. Amchem Products, Inc.," *Cornell Law Review* 80 (1995): 1045.

87_Coffee, "Regulation," 883.

88_"Note: In-Kind Class Action Settlements," *Harvard Law Review* 109 (1996): 810.

89_Susan Koniak and George M. Cohen, "Under Cloak of Settlement," *University of Virginia Law Review* 82 (1996): 1051.

90_Ibid.

91_Coffee, "Understanding," 691.

92_John Coffee, "Class Action Accountability," *Columbia Law Review* 100 (2000): 370.

93_Coffee, "Understanding," 691.

94_Steven Shavell, "The Social versus the Private Incentive to Bring Suit in a Costly Legal System," *Journal of Legal Studies* 11 (1982): 333.

95_Coffee, "Understanding," 681.

96_Paula Wilson, "Attorney Investment in Class Action Litigation: The Agent Orange Example," *Case Western Reserve Law Review* 45 (1994): 291.

97_Marshall Breger, "Accountability and the Adjudication of the Public Interest," *Harvard Journal of Law and Public Policy* 8 (1985): 2.; Kenney Hegland, "Beyond Enthusiasm and Commitment," *Arizona Law Review* 13 (1971): 805; Gerald P. Lopez, *Rebellious Lawyering: One Chicano's Vision of Progressive Law Practice* (Boulder, Colo.: Westview Press, 1992).

98_"Developments in the Law-The Paths of Civil Litigation. III. Problems and Proposals in Punitive Damages Reform," *Harvard Law Review* 113 (2000): 1783.

99_Jeremy Rabkin, "Government Lawyering."

100_Ibid., 183. 판사 프랭크의 의견은 134 F. 2d 694(2d Cir. 1943).

101_Robert Anthony, "Zone-Free Standing for Private Attorneys General," *George Mason Law Review* 7 (1999): 237.; Danielle R. Axelrad, "Current Developments in the Law: Ericson v. Syracuse University," *Boston University Public Interest Law Journal* 9 (1999): 155.

102_Rabkin, "Government Lawyering," 179.

103_Stephen Yeazwll, "Collective Litigation as Collective Action," *University of Illinois Law Review* 1989 (1986): 55.

104_Bell, "Serving Two Masters," 482.

105_Martha Matthews, "Ten Thousand Tiny Clients: The Ethical Duty of Representation in Children's Class-Action Cases," *Fordham Law Review* 64 (1996): 1444.; Deborah Rhode, "Class Conflicts in Class Actions," *Standford Law Review* 34 (1982): 1211; Charles K. Rowley, *The Right to Justice* (Aldershot, Hants, England: Elgar Publishing, 1992).

106_Matthews, "Ten Thousand Tiny Clients," 1444.

107_William B. Rubenstein, "Divided We Litigate: Addressing Disputes among Group Members and Lawyers in Civil Rights Campaigns," *Yale Law Journal* 106 (1997): 1623.

108_Duncan Black, *The Theory of Committees and Elections* (Cambridge: Cambridge University Press, 1968).

109_법원은 소수 의견으로, 집단 구성원들이 행한 투표가 자칭 대표자들의 제안에 강한 반대를 나타냈을 때 주장의 부적절함을 인정했다. 하지만 다른 사건들에서는 그런 증거들을 무시했다(Rhode, "Class Conflicts," 1232).

110_로데(Deborah Rhode)가 논한 많은 사례들은 "Class Conflicts" 참조.

111_Greve, "Private Enforcement," 339.

112_이런 특별한 유형의 환경 소송은 Chicago Steel and Pickling Co. v. Citizens for a Better Environment(1003) 사건에 대한 연방 대법원의 판결로 종결될 수도 있게 되었다. 대법원은, 피고로 하여금 연방 재무성에 벌금을 내도록 하는 것이 유일한 구제 방안일 경우 원고는 소송 적격이 없다고 제시했다.

113_Stanley Holmes, "Judge to Rule Next Week in Seattle Bias Case," *Seattle Times,* September 24, 1999, C1.

114_"Once United Boeing's Black Workers Split over Discrimination Settlement," *The Associated Press State and Local Wire,* June 7, 1999.

115_Rebecca Cook, "Judge Puts Settlement on Hold While Objectors Make Their Case," *The Associated Press State and Local Wire,* May 27, 1999. 유사 사례로는 Dinesh D'Souza, *The End of Racism* (New York: Free Press, 1995).

116_Mark Hosenball and Evan Thomas, "Jesse and Al's Food Fight," *Newsweek,* April 9, 2001, 41.

117_관련 토론과 문헌은 David O'Brien, *Storm Center : The Supreme Court in American Politics,* 5th ed. (New York: W. W. Norton, 2000)을 보라.

8

1_그런 집단과 그들의 목표에 관한 논의로는 Jeffrey M. Berry, *The New Liberalism : The Rising Power of Citizen Groups* (Washington, D.C.: Brookings Institution, 1999), chap. 3.

2_Benjamin Ginsberg, *The Fatal Embrace: Jews and the State* (Chicago: University of Chicago Press, 1993), chap. 4.

3_Hugh Davis Graham, *The Civil Rights Era: Origins and Development of National Policy, 1960-1972* (New York: Oxford University Press, 1990), 286.

4_Faye Crosby and Cheryl VanDeVeer eds., *Sex, Race, and Merit: Debating Affirmative Action in Education and Employment* (Ann Arbor: University of Michigan Press, 2000).; Terry Eastland, *Ending Affirmative Action: The Case for Colorblind Justice* (New York: Basic Books, 1996).

5_William Raspberry, "The Incredible Shrinking Black Agenda," *Washington Post,* February 9, 2001, A29. 래즈버리는 인종 프로파일링[특정 인종이나 집단을 대상으로 범죄자 검거를 위해 검문, 수색, 조사하는 것]의 근절이 민권 의제에 또 다른 항목이라고 지적한다. 아프리카계 미국인들은 경찰이 범죄행위와 피부색을 동일시하기 때문에 백인보다 흑인들을 더 자주 멈춰 세우고 심문한다고 비난한다. 경찰의 인종 프로파일링은 중요한 중간계급 이슈로 여겨진다. 흑인 기업가·교수·사무직 종사자들은 자신의 사회적 지위를 무시하는 경찰의 괴롭힘에 특히 견딜 수 없어 한다. 2000년 선거에서 양측 부통령 후보들은 메릴랜드 실버 스프링에서 백악관 직원 한 사람이 인종 프로파일링 혐의를 받은 사건에 관한 의견을 요구받았다. 중상 계급 아프리카계 미국인 전문직들에게 이 사건은 자신들의 사회경제적 지위가 경찰이 노동계급이나 하층계급에게나 할 법한 대우를 받지 않도록 보호해 줄 수 없다는 것을 의미했다.

6_William Julius Wilson, "Rase-Neutral Programs and the Democratic Coalition," Francis Beckwith and Todd Jones eds., *Affirmative Action* (Amherst, N.Y.: Prometheus, 1997), chap. 10.

7_Ibid., 153.; Thomas Sowell, "From Equal Opportunity to Affirmative Action," Francis Beckwith and Todd Jones eds., *Affirmative Action* (Amherst, N.Y.: Prometheus, 1997), 155.

8_Orlando Patterson, *The Ordeal of Integration: Progress and Resentment in America's Racial Crisis* (Washington, D.C.: Civitas/Conterpoint, 1997), 155.

9_Robert Gottlieb, *Forcing the Spring: The Transformation of the American Environmental Movement* (Washington D. C.: Island Press, 1993), 125.

10_Mark Dowie, *Losing Ground: American Environmentalism at the Close of the Twentieth Century* (Cambridge, Mass.: MIT Press, 1995), 5.

11_Gottlieb, *Forcing the Spring,* 126.

12_Dowie, *Losing Ground,* 4.

13_Samuel P. Hayes, "From Conservation to Environment: Environmental Politics in the United States since World War II," *Environmental History Review* 6, no.2 (fall 1982): 14-41.

14_Dowie, *Losing Ground,* 33.

15_Ibid., 32.

16_Samuel P. Hayes, *Explorations in Environmental History* (Pittsburgh, Penn.: University of Pittsburgh Press, 1998), 422-431.

17_Dowie, *Losing Ground,* 34-38.

18_Gerald N. Rosenberg, *The Hollow Hope: Can Courts Bring About Social Change?* (Chicago: University of Chicago Press, 1991), 272.

19_Gottlieb, *Forcing the Spring,* 130.

20_Dowie, *Losing Ground,* 179.

21_Ibid., chap. 7.

22_Frank Fischer, *Citizens, Experts, and the Environment* (Durham, N.C.: Duke University Press, 2000), 113.

23_David Schlosberg, *Environmental Justice and the New Pluralism* (New York: Oxford University Press, 1999), 9.

24_Robert D. Bullard ed., *Unequal Protection: Environmental Justice and Communities of Color* (San Francisco: Sierra Club Books, 1994).

25_Robert N. Mayer, *The Consumer Movement* (Boston: Twayne Publishers, 1989).

26_John D. McCathy and Mayer N. Zald, *The Trend of Social Movements in America: Professionalization and Resource Mobilization* (Morristown, N.J.: General Learning Press, 1973).

27_Michael Pertschuk, *Giant Killers* (New York: W. W. Norton, 1986).

28_Mayer, *Consumer Movement,* 114.

29_Ibid., 46.

9

1_Robert A. Dahl and Charles E. Lindblom, *Politics, Economics, and Welfare: Planning and Politico-Economic Systems Resolved into Basic Social Processes* (New York: Harper and Row, 1953), 7, 16.

2_Daniel Bell, *The End of Ideology: On the Exhaustion of Political Ideas in the Fifties* (Cambridge, Mass.: Harvard University Press, 1988), 404-405.

3_합리적 정책 결정에 관한 이런 접근의 고전으로는 Herbert A. Simon, *Administrative Behavior: A Study of Decision-Making Processes in Administrative Organizations* (New York: Macmillan, 1945).

4_Dahl and Lindblom, *Politics, Economics, and Welfare,* 266-267.

5_Daniel Guttman, "Public Purpose and Private Service: The Twentieth Century Culture of Contracting Out and the Evolving Law of Diffused Sovereignty," *Administrative Law Review* 52 (summer 2000): 865-872.

6_David Osborne and Ted Gaebler, *Reinventing Government: How the Entrepreneurial*

Spirit Is Transforming the Public Sector from Schoolhouse to Statehouse, City Hall to Pentagon (Reading, Mass.: Addison-Wesley, 1992), 특히 chaps. 6 and 10.

7_Ronald C. Moe, "The 'Reinventing Government' Exercise: Misinterpreting the Problem, Misjudging the Consequences," *Public Administration Review* 54 (March/April 1994) : 111-123.

8_Daniel Patrick Moynihan, *The Politics of a Guaranteed Annual Income: The Nixon Administration and the Family Assistance Plan* (New York: Random House, 1973), 53.

9_현대 민영화의 역사에 관해서는 Guttman, "Public Purpose and Private Service." 그림자 정부는 Paul C. Light, *The True Size of Government* (Washington, D. C.: Brookings Institution, 1999) 참조.

10_Light, *True Size of Government*, 25.

11_Harold Seidman, *Politics, Position, and Power: The Dynamics of Federal Organization*, 5th, ed. (New York: Oxford University Press, 1998), chap. 6.

12_Michael A. Froomkin, "Reinventing the Government Corporation," *University of Illinois Law Review* vol. 1995, 548.

13_Lester M. Salamon, *Partners in Public Service* (Baltimore: Johns Hopkins University Press, 1995), pt. 3.

14_예컨대 Al Gore, *From Red Tape to Results: Creating a Government That Works Better and Costs Less, Report of the National Performance Review* (Government Printing Office, 1993); Osborne and Gaebler, *Reinventing Government*.

15_Jeffreu R. Henig, "Privatization in the United States: Theory and Practice," *Political Science Quarterly* 104 (winter 1989-1990): 656-664.

16_David Wagner, *What's Love Got to Do with It? A Critical Look at American Charity* (New York: New Press, 2000), 148.

17_Thomas H. Stanton, *Government-Sponsored Enterprises: Mercantilist Companies in the Modern World* (Washington, D.C.: AEI Press, 2001).

18_Ibid., 16.

19_Froomkin, "Reinventing," 18.

20_Kathleen Day, "Greenspan Urges Review of Fannie, Freddie Subsidies," *Washington Post,* May 24, 2000, E3.

21_Staton, *Government-Sponsored Enterprises,* 12.

22_Ibid., 44.

23_신탁받은 책임에 관해서는 Froomkin, "Reinventing," 34, 51. 공익 이사들의 배제에 관해

서는 Herman Schwartz, "Governmentally Appointed Directors in a Private Corporation," *Harvard Law Review* 79 (1965): 350; Ronald Gilson and Reinier Kraakman, "Reinventing the Outside Director," *Stanford Law Review* 43 (1991): 863.

24_Stanton, *Government-Sponsored Enterprises,* 37.

25_Ibid., 45, 48, 61.

26_Urban Institute, "A Study of the GSEs' Single Family Underwriting Guidelines: Final Report" (prepared for the U. S. Department of Housing and Urban Development, April 1999).; Michele Derus, "Mortgage Finance Giants Fail Those Who Earn Less, Critics Say," *Milwaukee Journal Sentinel,* May 14 2000, F1; and H. Jane Lehman, "Loan Goals Fall Short in Central Cities," *Washington Post,* April 23, 1994, E1.

27_Mary Kane, "Critics Say Home-Buying Push Some Consumers at Risk," *Minneapolis Star Tribune,* April 15, 2000, H7; Marvin Phaup, *Assessing the Public Costs and Benefits of Fannie Mae and Freddie Mac* (Washington, D.C.: Congress of the United States, Congressional Budget Office, 1996), xii; Froomkin, "Reinventing," 63.

28_Jerry Knight, "Fannie, Freddie in the Political Spotlight," *Washington Post,* July 31, 2000, Business section, 7.

29_Stanton, *Government-Sponsored Enterprises,* 55.

30_Ibid., 17; Knight, "Fannie, Freddie in the Political Spotlight," Business section, 7.

31_David Ignatius, "A U.S. Government Hedge Fund?" *Washington Post,* May 10, 1999, A23.

32_Froomkin, "Reinventing," 60.

33_Bloomberg News, "Freddie, Fannie Increase Giving to Campaigns," *Milwaukee Journal Sentinel,* April 30, 2000, F5.

34_Patrick Barta, "Fannie Mae, Freddie Mac Counter Critics," *Wall Street Journal,* July 19, 2000, B6.

35_Stephen Burd, "Should Borrowers Fear a Student-Loan Behemoth?" *The Chronicle of Higher Education,* August 11, 2000, A4.

36_Barta, "Fannie Mae, Freddie Mac Counter Critics," B6.

37_Mary Jacoby, "Critics Question Fannie Mae's Influence," *St. Petersburg Times,* July 17, 2000, A1.

38_Albert Crenshaw, "This Foundation Director Says Charity Begins at Home," *Washington Post,* May 6, 1996, F9.

39_Jacoby, "Critics Question."

40_Donald Kettl, *Government By Proxy:* (Mis)Managing Federal Programs (Washington, D.C.: CQ Press, 1988).

41_증거 검토를 위해서는 Elliot D. Sclar, *You Don't Always Get What You Pay For: The Economics of Privatization* (Ithaca, N.Y.: Cornell University Press, 2000).

42_헌법적 보호에 관해서는 Robert Gilmour and Laura Jensen, "Reinventing Government Accountability: Public Functions, Privatization, and the Meaning of State Action," *Public Administration Review* 58, no. 3 (May/June 1998): 247-257. 시민권에 관해서는 Guttman, "Public Purpose and Private Service," 46.

43_Joseph T. Hallinan, "Shaky Private Prisons Find Vital Customer in Federal Government," *Wall Street Journal,* May 9, 2001, 1.

44_Eric Bates, "Private Prisons," *The Nation,* January 5, 1998, 11-18; Suzanne Smalley "A Stir over Private Pens," *National Journal* 31 (May 1, 1999): 1168-1173.

45_법무부는 최근 웨켄헛 교정 회사를 상대로 소송을 제기했는데, 수감자들 가운데 한 사람이 위험에 처했고 생명을 위협받는다는 이유로 연방 판사에게 수감자 보호를 위한 긴급조치를 요청했기 때문이다(Fox Butterfield, "Justice Department Sues to Alter Conditions at a Prison," *New York Times,* March 31, 2000, A16). Ira P. Robbins, "Managed Health Care in Prisons as Cruel and Unusual Punishment," *Journal of Criminal Law and Criminology* 90, no. 1 (fall 1999): 195-237; Bates, "Private Prisons."

46_Bates, "Private Prisons."

47_Smalley, "A Stir."

48_Bates, "Private Prisons."

49_Gilbert Geis, Alan Mobley, and David Sichor, "Private Prisons, Criminological Research, and Conflict of Interest: A Case Study," *Crime and Delinquency* 45, no. 3 (July 1999): 372-389.

50_Bates, "Private Prisons."

51_Eyal Press and Jennifer Washburn, "Neglect for Sale," *The American Prospect* 11, no. 12 (May 8, 2000): 22-29.

52_Kai T. Erikson, *Wayward Puritans* (New York: Wiley, 1966).

53_Paul Posner, Robert Yetvin, Mark Schneiderman, Christopher Spiro, and Andrea Barnett, "A Study of Noucher Use: Wariations and Common Elements," C. Eugene Steuerle, Van Doorn Ooms, George E. Peterson, and Robert D. Reischauer eds., *Vouchers and the Provision of Public Services* (Washington D.C.: Brookings Institution Press, 2000), 504-513.

54_Jeffrey R. Henig, *Rethinking School Choice: Limits of the Market Metaphor* (Princeton, N.J.: Princeton University Press, 1994), 67.

55_Pedro A. Noguera, "More Democracy Not Less: Confronting the Challenge of Privatization in Public Education," *Journal of Negro Education* 63 (1994): 238.

56_Richard Rothstein, "Lessons: Vouchers Dead, Alternatives Weak," *New York Times*, June 20, 2001, B8.

57_Henry M. Levin, "The Public-Private Nexus in Education," *American Behavioral Scientist* 43 (September 1999): 124.

58_John Chubb and Terry Moe, *Politics, Markets and America's Schools* (Washington, D.C.: Brookings Institution, 1990), 54; Matthew A. Crenson, "Urban Bureaucracy in Urban Politics: Notes toward a Developmental Theory," J. David Greenstone ed., *Public Value and Private Power in American Bureaucracy* (Chicago: University of Chicago Press, 1982), 231-232.

59_Cecillia Rouse, "Private School Vouchers and Student Achivement: An Evaluation of the Milwaukee Parental Choice Program," *Quarterly Journal of Economics* 113 (May 1998): 553-602.

60_Henig, *Rethinking School Choice,* 175-178.

61_Chubb and Moe, *Politics, Markets and America's Schools,* 36-37.

62_Janet R. Beales and Maureen Wahl, "Private Vouchers in Milwaukee: The PAVE Program," Terry M. Moe ed., *Private Vouchers* (Stanford, Calif.: Hoover Institution Press, 1995), 57-59; Amy Stuart Wells, "African-American Students' View of School Choice," Bruce Fuller and Richard F. Elmore eds., *Who Choose? Who Loses? : Culture, Institutions, and the Unequal Effects of School Choice* (New York: Teachers College Press, 1996), 32, 35-36; R. Kenneth Godwin, Frank R. Kemerer, and Valerie J. Martinez, "Comparing Public Choice and Private Voucher Programs in San Antonio," Paul E. Peterson and Bryan C. Hassel eds., *Learning from School Choice* (Washington, D.C.: Brookings Institution Press, 1998), 281-282.

63_Mark Schneider, Paul Teske, Melissa Marschall, Michael Mintrom, and Christine Roch, "Institutional Arrangements and the Creation of Social Capital: The Effects of Public School Choice," *American Political Science Review* 91 (March 1997): 82 (강조는 원 저자).

64_Charles L. Schultze, *The Public Use of Private Interest* (Washington, D.C.: Brookings Institution, 1977).

65_Steven Rathgeb Smith and Michael Lipsky, *Nonprofits for Hire: The Welfare State in the Age of Contracting* (Cambridge, Mass.: Harvard University Press, 1993), 3.

66_Ibid., 55-56.

67_Alan J. Abramson, Lester M. Salamon, and C. Eugene Steuerle, "The Nonprofit Sector and the Federal Budget : Recent History and Future Directions," Elizabeth T. Boris and C. Eugene Steuerle eds., *Nonprofits and Government: Collaboration and Conflict* (Washington, D.C.: Urban Institute Press, 1999), 112.

68_Jennifer Alexander, Renee Nank, and Camilla Stivers, "Implications of Welfare Reform: Do Nonprofit Survival Strategies Threaten Civil Society?" J. Steven Ott ed., *Understanding Nonprofit Organizations: Governance, Leadership, and Management* (Boulder, Colo.: Westview Press, 2001), 277.

69_Scott Gates and Jeffrey Hill, "Democratic Accountability and Governmental Innovation in the Use of Nonprofit Organizations," *Policy Studies Review* 14 (spring/summer 1995) : 137-148.

70_Jocelyn Johnston and Barbara Romzek, "Contracting and Accountability in State Medicaid Reform," *Public Administration Review* 59, no. 5 (September/October 1999): 383-399.

71_Gates and Hill, "Democratic Accountability," 1; Smith and Lipsky, *Nonprofits for Hire*, 10.

72_Dennis R. Young, "Commercialism in Nonprofit Social Service Associations: Its Character, Significance, and Rationale," Burton Weisbrod ed., *To Profit or Not to Profit: The Commercial Transformation of the Nonprofit Sector* (Cambridge: Cambridge University Press, 1998), 195-216 (quotation on p.209).

73_사기의 사례로는, Alan Finder and Joe Sexton, "Reform Gone Awry: How Haste Made a Shambles of a Plan to Privatize Welfare," *New York Times*, April 8, 1996, A1; George Snell, "State Alleges Billing Abuses," *Worcester Telegram and Gazette*, February 18, 1999, A1; Martha Shirk, "State Contracts Can Be Lucrative: Fewer Services, Like Counseling, Means Fewer Expenses," *St. Louis Post-Dispatch*, May 26, 1996, B5; Debra Jasper and Elliot Jaspin, "Bottom Line, Not Kids' Welfare, Drives Foster System : Nonprofit Agencies Make Profit from Public Money," *Dayton Daily News,* September 29, 1999, 9A; Robert Anglen and Mark Curnutte, "Housing Group Made Deals with Insiders, Relatives," *Cincinnati Inquirer,* February 11, 2000, A1.

74_Arthur C. Brooks, "Is There a Dark Side to Government Support for Non-profits?" *Public Administration Review* 60, no. 3 (May/June 2000): 211-218.

75_Alexander, Nank, and Stivers, "Implications of Welfare Reform," 278.

76_스미스와 립스키는 비영리 정신보건 기관들이 집단적인 관심 대신 개인적인 문제에 집중하게 된 한 요인으로 메디케이드에 대한 의존을 들었다. 메디케이드 보상을 받기 위한 조건을 충족한다는 것은 사회사업과 상담의 '치료 사업화'를 의미했다. …… 결과적으로 사회사업 노동자들의 관심은 공동체나 지지 네트워크, 개인적 어려움의 환경 요인에서 벗어나 개인 병리로 옮겨갔다(Smith and Lipsky, *Nonprofits for Hire*, 68).

77_James Vanecko, "Community Mobilization and Institutional Change: The Influence of the Community Action Program in Large Cities," *Social Science Quarterly* 50 (December 1969): 609-630.

78_Matthew A. Crenson, "Organizational Factors in Citizen Participation," *Journal of Politics* 36 (May 1974): 370-371.

79_Ibid., 375.

80_Jon S. Vernick, "Lobbying and Advocacy for the Public's Health: What Are the Limits for Nonprofit Organizations?" *American Journal of Public Health* 89, no.9 (September 1999): 1425-1429.; Mary Deibel, "AARP Pays Back Taxes, Spins Off Unit," *Chicago Sun-Times,* July 15, 1999, 30.

81_Alexander, Nank, and Stivers, "Implications of Welfare Reform," 279.

82_Smith and Lipsky, *Nonprofits for Hire*, 186-187.

83_다음에서 인용. Wagner, *What's Love Got to Do with It?* 163.

84_Stanley Aronowitz, *The Death and Rebirth of American Radicalism* (New York: Routledge, 1996), 133-134.

85_Wagner, *What's Love Got to Do with It?* 168-169.

86_Aronowitz, *The Death and Rebirth of American Radicalism*, 133.

87_Matthew A. Crenson and Francis E. Rourke, "The Federal Bureaucracy since World War II," Louis Galambos ed., *The New American State: Bureaucracies and Policies since World War II* (Baltimore: Johns Hopkins Press, 1987), 157.

88_Richard Nathan, Allen D. Manvel, and Susannah E. Calkins, *Monitoring Revenue Sharing* (Washington, D.C.: Brookings Institution, 1975), 5.

89_Paul Posner and Margaret T. Wrightson, "Block Grants: A Perennial, but Unstable, Tool of Government," *Publius* 26 (summer 1996): 93.

90_Timothy Conlan, *From New Federalism to Devolution: Twenty-Five Years of Intergovernmental Reform* (Washington, D.C.: Brookings Institution Press, 1998), 109.

91_Ibid., 109, 157, 295 (p.157에서 인용).

92_John D. Donahue, *Disunited States* (New York: Basic Books, 1997), 27.

93_Paul Peterson, *The Price of Federalism* (Washington, D.C.: Brookings Institution, 1995).

94_Frank J. Thompson, "The Faces of Devolution," Frank J. Thompson and John Dilulio Jr. eds., *Medicaid and Devolution: The View from the States* (Washington, D.C.: Brookings Institution Press, 1998), 14-55.

95_Pamela Winston, "The Devil in Devolution: Welfare, the Nation, and the States," (Ph.D. diss., Johns Hopkins University, 1999).

96_Margret Brassil, "De Facto Devolution: Affordable Housing in the States"(Ph.D. diss., Johns Hopkins University, 2001).

97_E. E. Schattschneider, *The Semisovereign People: A Realist's View of Democracy in America* (New York: Holt, Rinehart, and Winston, 1960), 71.

10

1_예컨대 E. J. Hobsbawm, *Primitive Rebels* (New York: W. W. Norton, 1959).

2_George Rudé, *The Crowd in the French Revolution* (New York: Oxford University Press, 1959), chap. 15.; Barrington Moore Jr., *Injustice: The Social Bases of Obedience and Revolt* (New York: M. E. Sharpe, 1978).

3_Leon Trotsky, *The Russian Revolution,* trans. Max Eastman (New York: Simon and Schuster, 1932).

4_Aristide Zolberg, "Moments of Madness," *Politics and Society* 2 (April 1972): 183.

5_V. I. Lenin, *What Is to Be Done? Burning Question of Our Movement* (New York: International Publisers, 1929), chap. 2.

6_Robert H. Salisbury, "An Exchange Theory of Interest Groups," *Midwest Journal of Political Science* 13 (February 1969): 1-32.

7_Reinhard Bendix, *Nation-Building and Citizenship: Studies of Our Changing Social Order* (New York: Wiley, 1964), esp. pt. 1.

8_"Slavery and the Law: Time and Punishment," *The Economist,* April 13, 2002, 31.

9_Jürgen Habermas, *The Structural Transformation of the Public Sphere: An Inquiry into a Category of Bourgeois Society,* trans. Thomas Burger (Cambridge, Mass.: MIT Press, 1992).

페이퍼백 판 서설

1_Theodore Lowi, "The State of Political Science: How We Became What We Study," *American Political Science Review* 86 (March 1992): 1, 4.

2_Bernard Crick, *The American Science of Politics: Its Origins and Conditions* (Berkeley: University of California Press, 1959).

3_Committee on Political Parties of the American Political Science Association, "Toward a More Responsible Two-Party System," *American Political Science Review* 44(September 1950): Suppl.

4_Ibid., 16.

5_Ibid., 19.

6_Frank R. Baumgartner and Beth L. Leech, *Basic Interests: The Importance of Groups in Politics and Political Science* (Princeton, N.J.: Princeton University Poress, 1998), 44.

7_David B. Truman, *The Government Process: Political Interests and Public Opinion* (New York: Alfred A. Knopf, 1951), 21, 50-51; Arthur F. Bentley, *The Process of Government: A Study of Social Pressures* (Chicago: University of Chicago Press, 1908), 220-21.

8_Elisabeth S. Clemens, *The People's Lobby: Organizational Innovation and the Rise of Interest Group Politics in the United States, 1890-1925* (Chicago: University of Chicago Press, 1997), 35-37.

9_Earl Latham, *The Group Basis of Politics: A Study of Basing-Point Pricing Legislation* (Ithaca, N.Y: Cornell University Press, 1952), 3; Truman, *The Governmental Process,* 139.

10_William Kornhauser, *The Politics of Mass Society* (New York: The Free Press, 1959).

11_Robert D. Putnam, *Making Democracy Work: Civic Traditions in Modern Italy* (Princeton, N.J.: Princetion University Press, 1993), 169, 183-85.

12_Truman, *The Governmental Process,* 159.

13_Paul Lazarsfeld, Bernard Berelson, and Hazel Gaudet, *The People's Choice: How the Voter Makes Up His Mind in a Presidential Campaign,* 2d ed. (New York: Columbia University Press, 1948), 60-64; Bernard Berelsom, "Democratic Theory and Public Opinion," *Public Opinion Quarterly* 16 (Autumn 1952): 317, 327.

14_'낮은 시민 정신' 이론에 관한 초기 비판에 관해서는 Jack L. Walker, "A Critique of the Elitist Theory of Democracy," *American Political Science Review* 60 (June 1966): 285-95.

15_Truman, *The Governmental Process,* 51, 114-15.

16_E. E. Schattschneider, *The Semisovereign People: A Realist's View of Democracy* (New York: Holt, Rinehard and Winston, 1960), 29-36; Peter Bachrach, *The Theory of Democratic Elitism* (Boston: Little, Brown, 1967).

17_Schattschneider, *The Semisovereign People,* 120-21, 141.

18_Ibid., 38-41.

19_Grant McConnell, *Private Power and American Democracy* (New York: Alfred A. Knopf, 1966), 6-7, 162.

20_Theodore Lowi, *The End of Liberalism: Ideology, Policy, and the Crisis of Public Authority* (New York: W. W. Norton, 1969), 86.

21_Lowi, *The End of Liberalism,* 291, 298-99; McConnell, *Private Power and American Democracy,* 8, 107, 349.

22_매코넬과 로위의 저작은 국가 자율성에 관한 최근 연구와 직접적인 연관을 가진다. 예컨대 Eric A. Nordlinger, *On the Autonomy of the Democratic State* (Cambridge, Mass.: Harvard University Press, 1981), 44-45.

23_James G. March and Johan P. Olsen, "The New Institutionalism: Organizational Factors in Political Life," *American Political Science Review* 78 (September 1984), 738.

24_Martin Shapiro, "Of Interests and Values: The New Politics and the New Political Science," Marc. K. Landy and Martin A. Levin eds., *The New Politics of Public Policy* (Baltimore: The Johns Hopkins University Press, 1995), 7.

25_Steven Kelman, *Making Public Policy: A Hopeful View of American Government* (New York: Basic Books, 1987), 261.

26_Gary R. Orren, "Beyond Self-Interest," Robert B. Reich ed., *The Power of Public Ideas* (Cambridge, Mass: Ballinger, 1988), 24.

27_Shapiro, "Of Interests and Values," 5.

28_Ibid., 6.

29_Albert H. Cantril and Susan Davis Cantril, *Reading Mixed Signals: Ambivalence in American Public Opinion about Government* (Washington, D.C.: Woodrow Wilson Center Press, 1999), 10-11.

30_Timothy Conlan, *From New Federalism to Devolution: Twenty-Five Years of Intergovernmental Reform* (Washington, D.C.: Brookings Institution Press, 1998), 65.

31_Mancur Olson, *The Logic of Collective Action: Public Goods and the Theory of Groups* (Cambridge, Mass.: Harvard University Press, 1965).

인명 찾아보기

용어 찾아보기

법률명 찾아보기

미국의 역대 대통령

	소속 정당	이름	재임 기간
1대		조지 워싱턴 George Washington	1789~1797
2대	북부연맹	존 애덤스 John Adams	1797~1801
3대	민주공화당	토머스 제퍼슨 Thomas Jefferson	1801~1809
4대	민주공화당	제임스 매디슨 James Madison	1809~1817
5대	민주공화당	제임스 먼로 James Monroe	1817~1825
6대	국민의회	존 애덤스 John Q. Adams	1825~1829
7대	민주당	앤드루 잭슨 Andrew Jackson	1829~1837
8대	민주당	마틴 밴 뷰런 Martin Van Buren	1837~1841
9대	휘그당	윌리엄 해리슨 William H. Harrison	1841~1841
10대	휘그당	존 타일러 John Tyler	1841~1845
11대	민주당	제임스 포크 James K. Polk	1845~1849
12대	휘그당	재커리 테일러 Zachary Tayler	1849~1850
13대	휘그당	밀러드 필모어 Millard Filmore	1850~1853
14대	민주당	프랭클린 피어스 Franklin Pierce	1853~1857
15대	민주당	제임스 뷰캐넌 James Buchanan	1857~1861
16대	공화당	에이브러햄 링컨 Abraham Lincoln	1861~1865
17대	공화당	앤드루 존슨 Andrew Johnson	1865~1869
18대	공화당	율리시스 그랜트 Ulysses S. Grant	1869~1877
19대	공화당	러더퍼드 헤이스 Rutherford Hayes	1877~1881
20대	공화당	제임스 가필드 James Garfield	1881~1881
21대	공화당	체스터 아서 Chester Arthur	1881~1885
22대	민주당	그로버 클리블랜드 Grover Cleveland	1885~1889
23대	공화당	벤자민 해리슨 Benjamin Harrison	1889~1893
24대	민주당	그로버 클리블랜드 Grover Cleveland	1893~1897
25대	공화당	윌리엄 매킨리 William McKinley	1897~1901
26대	공화당	시어도어 루스벨트 Theodore Roosevelt	1901~1909
27대	공화당	윌리엄 태프트 William H. Taft	1909~1913
28대	민주당	우드로 윌슨 Woodrow Wilson	1913~1921
29대	공화당	워런 하딩 Warren Harding	1921~1923
30대	공화당	캘빈 쿨리지 Calvin Coolidge	1923~1929
31대	공화당	허버트 후버 Herbert Hoover	1929~1933
32대	민주당	프랭클린 루스벨트 Franklin Roosevelt	1933~1945
33대	민주당	해리 트루먼 Harry S. Truman	1945~1953
34대	공화당	드와이트 아이젠하워 Dwight D. Eisenhower	1953~1961
35대	민주당	존 F. 케네디 John F. Kennedy	1961~1963
36대	공화당	린든 존슨 Lyndon B. Johnson	1963~1969
37대	공화당	리처드 닉슨 Richard Nixon	1969~1974
38대	공화당	제럴드 포드 Gerald Ford	1974~1977
39대	민주당	지미 카터 Jimmy Carter	1977~1981
40대	공화당	로널드 레이건 Ronald Reagan	1981~1989
41대	공화당	조지 H. W. 부시 George H. W. Bush	1989~1993
42대	민주당	빌 클린턴 Bill Clinton	1993~2001
43대	공화당	조지 W. 부시 George W. Bush	2001~2009
44대	민주당	버락 오바마 Barack Obama	2009~